Johann Suibert Seibertz

Urkundenbuch zur Landes- und Rechtsgeschichte des Herzogtums Westfalen

Johann Suibert Seibertz

Urkundenbuch zur Landes- und Rechtsgeschichte des Herzogtums Westfalen

Inktank publishing, 2018

www.inktank-publishing.com

ISBN/EAN: 9783747767214

Urkundenbuch

zur

Landes- und Rechtsgeschichte

des

Herzogthums Westfalen

von

Joh. Suibert Seibertz.

Erster Band.

799—1300.

Arnsberg 1839.

A. L. Ritter.

Vorwort.

Von der durch den Herrn Verleger schon seit geraumer Zeit angekündigten Landes- und Rechtsgeschichte des Herzogthums Westfalen, wird hiemit zunächst der zweite Band oder der erste des Urkundenbuches geliefert, weil der Natur der Sache nach, die Beilagen, welche die Begründung des Werks enthalten, zuvor gedruckt seyn müssen, ehe sie in demselben allegirt werden können. Daß aber die Belege dem Publicum früher geboten werden, als die Darstellung, wozu sie gehören, geschieht hauptsächlich, um die durch die Ankündigung rege gemachte Nachfrage von Freunden und Gönnern des Unternehmens, in etwa zu befriedigen. Ohnehin enthält das Urkundenbuch einen so reichen Schatz für unsere Geschichte, daß er durch die Darstellung des Verfassers doch nicht ausgebeutet werden, vielmehr auch ohne dieselbe zu anderen Zwecken, namentlich zur Regulirung solcher privatrechtlichen Angelegenheiten, welche einer geschichtlichen Begründung bedürfen, gute Dienste leisten wird. Es schien daher angemessener, den ersten Band desselben jetzt schon auszugeben, als ihn bis zur Vollendung der übrigen Theile des Werks, beruhen zu lassen.

Ueber Zweck und Einrichtung des Urkundenbuchs, über die Quellen woraus es geschöpft worden, über die Art wie die Benutzung dieser Quellen geschehen, behält sich der Verfasser vor, alsdann nähere Rechenschaft zu geben, wenn das Werk durch Uebersichten, Register, Nachweisungen alter Oertlichkeiten, Anzeige der eingeschlichenen wenigen Druckfehler u. s. w. ferner durch die Darstellung der Geschichte selbst so vollendet seyn wird, daß es vor den Richterstuhl der Kritik zu treten wagen darf und muß.

Es genüge hier an der vorläufigen Nachricht, daß der nächste Band, woran schon gedruckt wird, die Urkunden bis auf unsere Tage liefern soll. Je tiefer wir aber zu der Zeit hinabsteigen, wo sich die Urkunden immer mehr zu Acten erweitern, desto mehr wird sich das Buch auf Auszüge ihres wesentlichen Inhalts beschränken, ohne sich jedoch zu bloßen Regesten zusammen zu ziehen. Der erste Band des ganzen Werks, welcher die Darstellung der Geschichte des Landes und seiner Rechte enthält, wird zuletzt ausgegeben. In ihm wird erst jede einzelne Urkunde die Rechtfertigung für ihre Aufnahme und die Art ihrer Stellung finden. Die Zahl der beizufügenden Steindrucktafeln ist auf zwölf berechnet; sie werden die Siegel aller Dynasten, Städte und Klöster des Landes darstellen und so den diplomatischen Apparat der Urkunden vollenden. Hoffentlich wird die Unterstützung des Publicums auch noch die Beifügung einer Karte, zur Verdeutlichung der früheren Territorialzustände des Landes erlauben.

Arnsberg, den 27. November 1838.

Urkunden

zur

westfälischen Geschichte.

799—1300.

1.

799. Dez. 24. weiht Papst Leo III. die Kirche des Klosters zu Eresburg, welches Carl der Große dem heil. Petrus zu Ehren gestiftet hatte, befreit dasselbe von aller weltlichen Gewalt, so daß künftig Niemand befugt seyn soll, dort kriegerische Befestigungen anzulegen und bestätigt ihm die Zehnten, welche ihm Carl auf zwei Meilen in der Runde geschenkt hatte.

Nach dem Abdrucke in *Fürstenberg* Monum. Paderb. p. 115.[1])

L*eo* servus servorum Dei. *Karolo M.* Francorum Regi. Piae tuae intentioni per omnia congaudentes. quod iubes annuere non tardamus. Igitur hunc *montem Eresburg* quem expugnatum cum tota Saxonia Deo obtulisti. et per nos B. Petro consecrasti. liberum ab omni humana potestate esse. et fratrum ibidem ad Christi servitium adunatorum ditioni tantummodo parere censemus. Qui ne aliquid in hoc impedimenti patiantur. neve regni vestri invasoribus aliqua rebellandi fiducia praeparetur. Sub anathemate B. Petri auctoritate interdicimus. ne quis unquam bellica in ipso monte praesidia collocare. aut per te collata praedia. aut decimas circa montem per duas saxonicas rastas quas illuc delegasti audeat diripere. Haec conservantibus sit pax a Deo Patre. infringentibus execratio. et a catholicorum collegio sit separatio in aeternum. Datum Eresburg per manum Joannis Bib-

---

[a] Nach der Amsterdamer Ausgabe. Es findet sich auch ein Abdruck in *Schaten* annal. Paderb. ad ann. 799. aber, wie gewöhnlich, fehlerhaft. So hat er statt execratio: excommunicatio; statt catholicorum: Beatorum; statt IX. Kal: VIII. Kal.

1

llothecarii et Cancellarii Ecclesiæ Romanæ. IX. Kal. Jan. Anno Domni (799.) Leonis tertii quarto. Indictione septima.[1]) die dedicationis Capellæ in Kresburg.

2.

826. Juni. 20. schenken Ludwig der Fromme und sein Sohn Lothar, dem Kloster Corvei, die Kirche und das Kloster zu Eresburg mit allem Zubehör.

Nach dem Abdruck in *Fürstenberg* Monum. Paderb. p. 113.

In nomine Domini Dei et Salvatoris nostri Jesu Christi. *H Ludowicus* et *H Lotharius* divina ordinante providentia Impp. Augusti. Omnibus fidelibus sanctæ Dei Ecclesiæ et nostris, præsentibus scilicet et futuris notum sit, quia nos pro divini cultus amore et animæ nostræ remedio, quoddam monasterium quod nova Corbeia vocatur in honorem B. Stephani Protomartyris infra Saxoniam supra fluvium Wisera, in loco qui dicitur Huxori construi jussimus, quod et viro venerabili Adelhardo construendum regendumque commisimus qui erat abbas in altero antiquiori monasterio quod æque Corbeia vocatur, a quo et novum supra dictum monasterium nomen constat esse sortitum. Itaque nos divina inspiratione conpuncti et cœlestis patriæ amore succensi, ob animæ nostræ salutem concessimus eidem monasterio Capellam, quam dudum Domnus et genitor noster Karolus Imperator *in castello* quod dicitur *Heresburg* construi jussit, cum omnibus rebus ac mancipiis ac decimis ad eam pertinentibus, quantumcumque Domnus et genitor noster eidem capellæ pia devotione contulisse dinoscitur, cum omni integritate prædicto monasterio ad subsidia monachorum ibidem Deo famulantium hanc nostræ auctoritatis donationem à die præsenti perpetuo habendum atque possidendum concessimus, et in ditionem ejus transtulimus, eo videlicet modo, ut quicquid ab hodierno die de prædicta capella vel de his quæ ad eam pertinent. Rectores et ministri supra memorati monasterii.[2])

---

[1]) Andere lesen: octava. *Stangefol* opus chronologicum circuli westphalici. Lib. 2. p 101.

[2]) *Schaten* ann. pad. ad Ann. 826. hat hier den Zusatz: disponere

vel fratrum in eo degentium voluerint. absque ullius injusta contradictione ordinent atque disponant. et faciant quicquid utilitatibus prædicti monasterii congruere et convenire perspexerint. Et ut hæc auctoritas largitionis nostræ per futura tempora inviolabilem atque inconvulsam obtineat firmitatem. et a fidelibus nostris tam præsentibus quam futuris seu etiam successoribus nostris verius certiusque credatur. eam manibus subter signavimus et annuli nostri inpressione signari jussimus.

signum (Monogr.)*) HLuthowici serenissimi imperatoris.

signum (Mon.) HLotharii gloriosissimi Augusti.

Durandus Diaconus ad vicem Fridagisi recognovit. Data xii. kal. Julii. Anno Christo propitio. xiii. Imperii. Domni HLudowici piissimi Augusti. Indict. iv. Actum Ingilinheim palatio regio. in Dei nomine feliciter. Amen.

3.

833. April. 1. schenkt Ludwig der Fromme dem Grafen Ribdag Güter zu Schmerlike, Ampen und Altengesecke.

Nach dem Original im Arnsberger Archive.

In nomine domini dei et saluatoris nostri Jesu Christi *HLudowicus* diuina ordinante prouidentia imperator augustus. Imperialis celsitudinis moris est fideles suos donis multiplicibus et honoribus ingentibus honorare atque sublimare. proinde morem Parentum regum videlicet prædecessorum nostrorum fidelem nostrum nomine *Rhidac* de quibusdam rebus proprietatis nostræ honorare atque in eius iuris potestatem liberalitatis no-

---

atque ordinare pro utilitate ejusdem monasterii. Der Abdruck bei ihm weicht noch an mehreren andern Stellen, aber unbedeutend ab.

*) Abbildungen sämmtlicher Monogramme der deutschen Kaiser von Carl dem Großen an, findet man in Köhlers teutscher Reichshistorie. Frankfurt 1737.

1*

stræ gratiam conferre. Idcirco nouerit experientia atque industria omnium fidelium nostrorum tam præsentium quam et futurorum quia concessimus eidem fideli nostro *Rhiday comiti* ad proprium res nostræ proprietatis sitas in *pago boratre* in *uilla* uocante *ismereleke* id est mansos tres cum terris cultis et incultis et *siluis communibus* ad eos pertinentibus similiter et in *eodem pago* in *uilla* quæ dicitur *anadopa* mansos duos cum terris cultis et incultis et *siluis communibus* ad eosdem mansos pertinentibus. Similiter et in *eodem pago* et in uilla cujus vocabulum est *Geiske* mansos quinque cum terris cultis et incultis ac *siluis communibus* ad eos pertinentibus. Memoratos itaque mansos sub omni integritate eorum sicut superius continetur per hanc nostre conscriptionis auctoritatem prescripto *Rihdag* fideli nostro ad proprium ad habendum concedimus. Et de nostro jure in jus ac potestatem illius solemni donatione transferimus. ita uidelicet ut quidquid idem ipse ab hodierno die et tempore jure proprietario ex eisdem mansis uel ex his omnibus quæ ad eos juste et legaliter pertinere noscuntur facere decreuerit. liberam et firmissimam in omnibus habeat potestatem faciendi. Et ut hæc nostræ largitionis atque donationis auctoritas perpetuam obtineat firmitatem manu propria subter eam firmavimus et anuli nostri impræssione adsignari jussimus.

Signum (Mon.) hludouuici serenissimi imperatoris.

hirminmaris notarius ad vicem theogonis recognovi.
(L. Sign. recogn.)

(L. S.)

Data Kalendas Aprilis anno Christo propitio XX. (833.) Imperii domini hludouuici serenissimi imperatoris Indictione XI. actum Wormacia civitate In dei nomine feliciter amen. *)

---

*) Die Urk. wie das aufgedruckte Siegel sind gut erhalten. Letzteres stellt das Bild des Kaisers dar mit der Umschrift: xpe protege hludouuicum imperatorem. Ein fehlerhafter und unvollständiger Abdruck dieser Urk. findet sich in Schmidt Geschichte des Großherzogthums Hessen, B. 1. S. 327. Einen correcten hat zuerst geliefert Fr. v. Medem in Wigands Archiv fur Geschichte und Alterthumskunde Westfalens. B. 1. Heft. 2. S. 86.

4.

900. Octob. 12. bestätigt Ludwig das Kind dem Kloster Eresburg das Recht der freien Abtwahl und giebt ihm einen öffentlichen Markt, Münze und Zoll in der villa Horohusun.

Nach dem Abdruck in *Falke* tradit. Corbejens. p. 513.*)

C In nomine sanctæ et indiuiduæ trinitatis. Hludouuicus diuina fauente gratia rex. Si petitiones nostrorum fidelium quas pro utilitatibus ecclesiarum dei nobis suggesserint ad effectum perducimus ad eternæ retributionis augmentum id nobis profuturum liquido credimus. Unde nouerit omnium fidelium nostrorum presentium et futurorum industria qualiter per interuentum uenerabilis ac dilecti *comitis cuonradi* monasterium quoddam noua corbeia nominatum cui preest fidelis noster bouo abbas in nostram *tuitionem* ac *mundiburde* suscepimus et omnes concessiones seu donationes antecessorum nostrorum eidem coenobio collatas nostra auctoritate firmamus atque corroboramus uidelicet ut et *immunitatem* habeant *ab omnibus publicis exactionibus* et *judiciariis potestatibus*. *homines* eiusdem ecclesiæ *liti* et *coloni* et *rectores* ipsius monasterii in expeditionem *cum suis hominibus* ire non cogantur. sicut a nostris progenitoribus olim eis concessum fuisse constat. Sed et hoc pro nostre mercedis augmento ad eorum utilitates addere decreuimus ut infra ipsam abbatiam in *uilla horohusun* nuncupata. *publicum* eis liceat habere *mercatum* et *monetam* et ibi potestatem habeant accipiendi *teloneum* quod ipsorum *aduocatus* nostro exigat *banno* ab his qui illuc causa emendi ueniunt intra marcam memorate uille et *montis eresburg* nuncupate. Preterea quod ab exordio constructionis eiusdem monasterii a nostris antecessoribus concessum in eorum preceptis cognoscitur. nos quoque iterum confirmamus. ut licenciam habeant fratres illius loci eligendi inter se abbatem dum ita res postulat quamdiu ad hoc idoneam inter se personam potuerint inuenire. Et ut hoc nostræ auctoritatis preceptum pleniorem in dei nomine obtineat

---

*) Die Abdrücke in *Fürstenberg* Monum. Paderb. p. 114 und in *Schaten* ad ann. 900. zumal der Letztere, haben mehrere Mängel und Abweichungen.

firmitatem manu propria subter firmauimus et anuli nostri impressione signari iussimus.

Signum domini hludouuici (Mon.) serenissimi regis.

Ernustus cancellarius ad uicem theotmari (L. S.) archicapellani recognoui et SSS.

Data iiii Iduum octobrium die anno incarnationis dni. DCCCC. indict. iii. anno domni hludouuici I. Actum triburias in dei nomine feliciter. Amen.

5.

913. Febr. 18. bestätigt K. Conrad I. dem Kloster zu Meschede die bereits unter den früheren Königen gehabte Immunität und die freie Äbtissinwahl.

Nach dem Original im Meschdeder Stiftarchive.

C In nomine sancte et indiuiduæ trinitatis *Chunradus* diuina fauente clementia rex: nouerit omnium fidelium nostrorum præsentium scilicet et futurorum industria qualiter nos dinino admoniti instinctu pro æternæ remunerationis commercio cogitantes. maxime de monasteriis ab antecessoribus nostris constitutis. ut etiam nostris temporibus iusticia ab eis concessa fruantur. Qua propter sanctis monialibus in *monasterio Mescedi* nuncupato propter amorem dei ac sanctorum eius sicut rogauit nos *heriman uenerabilis comes* noster immunitatem atque electionem quam temporibus precedentium regum habuerunt concedimus. vt quando cumque necessitas euenerit. potestatem inter se abbatissam eligendi habeant sicut eatenus habuerunt. jussimus quoque hoc preceptum inde conscribi per quod uolumus firmiterque iubemus. quatenus hæc auctoritas firma stabilisque permaneat. Manu quoque nostra eam firmauimus. et anuli nostri impressione assignari jussimus.

Signum domini Chuonradi (Mon.) piissimi regis.

Salomon cancellarius ad uicem Piligrimi archicappellani recognouit. (L. sign. recognit.) (L. S.)

Data. xii. kal. mar. Anno incarn. dni. dcccc. xiii. indict.

l. anno uero regni Chuonradi. ii. Actum Chassella feliciter. In dei nomine amen.[7])

6.

937. Juli. 2. bestätigt K. Otto I. die den Klosterfrauen zu Meschede von seinen Vorfahren ertheilten Privilegien; namentlich das Recht, aus ihrer Mitte eine Abtissin zu wählen.

Aus dem Original im Mescheder Stiftarchive.

C In nomine sanctæ et indiuiduæ trinitatis. *Otto* divina favente clementia rex. Si fidelium nostrorum petitionibus clementer annuerimus non solum regium morem decenter implemus verum etiam eosdem ad servitium nostrum promptiores efficimus et si eorum petitio de æcclesiasticis est rebus æternæ mercedis remunerationem accipimus. Ideo noverint omnes fideles nostri præsentes scilicet et futuri quomodo nos ob amorem dei et rogatu *fidelium nostrorum eberhardi* et *diotmari* sanctis monialibus in monasterio *meskide* nominato deo famulantibus eligendi inter se abbatissam potestatem omnesque concessiones quæ ab antecessoribus nostris eis concessæ erant concedimus. easque per nostram auctoritatem redintegrare et corroborare volumus. Proinde hoc scripto confirmare iussimus per quod præcipimus quatinus præfatæ sanctæ moniales feminæ tali fruantur immunitate et de suis rebus lege qualis ab antecessoribus nostris francorum regibus eis concessa erat. Et ut hoc a fidelibus nostris melius credatur manu nostra illud firmavimus et anulo nostro sigillari iussimus.

Signum domni Ottonis (Mon.) invictissimi regis.

Poppo cancellarius ad vicem friderici archicancellarii regognovi et (L. sign. recognit.)

---

7) Die Urkunde ist wohl erhalten; das in weißem Wachse aufgedruckte Siegel oben zerbrochen und nur noch theilweise vorhanden. Ein sehr fehlerhafter Abdruck derselben findet sich bei *Schaten* ad ann. 913.

Data VI non. iul. anno dominicæ incarnationis DCCCCXXXVII. Indictione X. anno vero Ottonis piissimi regis I. Actum in Quitilingoburg. amen. [8])

7.

945. Schenkt Kaiser Otto I. dem Grafen Haold verschiedene Güter im Gau Richtersi (Pagus Ittergow.)

Nach dem Original im Stiftarchive zu Gesecke.

C In nomine sancte et indiuidue trinitatis. *Otto* dei gratia rex notum sit omnibus fidelibus nostris et futuris quod nos cuidam fideli nostro uasallo *haold* nominato mansum quem *liafgeld* habet in *pago nihtersi* et ipse in beneficium habuit cum predicto *liafgeldo* in proprium donauimus simul tributum ecclurie in *uilla* que uocatur *latterueld anaimuthiun hirigisinchusun* et in *upspringen* excepta mansa quam habet *uuighardus* comes in uilla latterueld. jussimus hoc quoque presens preceptum conscribi ut idem prænominatus *haoldus* de his omnibus sibi nostro dono concessis liberam habeat potestatem. uendendi. commutandi. donandi. habendi. possidendi. hereditandi. seu quicquid illi libuerit inde faciendi. manu nostra signatum et anuli nostri inpressione roboratum.

(L. S. impressi.)

Signum domini serenissimi regis. (Mon.)

brun cancellarius ad uicem fritherici archicancellarii recognouit.

(L. sign. recognit.)

data . . . ao incarnat. dni nostri ihu. xpi. dcccc xluiii. Indict. u. anno regni ottonis xiii. Actum ime'hlo'uu. [9]) in dei nomine feliciter amen. [10])

---

[8]) Das Original ist wohl erhalten, unten rechter Hand ist das königliche Siegel, eine halbe Figur mit Schild und Lanze zeigend, aufgedruckt. Die Inschrift am Rande, ist bis auf einzelne Buchstaben nicht mehr vorhanden.

[9]) In einer Urkunde bei *Schaten* v. 942. Imileiha.

[10]) Die Urkunde hat sehr von Moder gelitten, so daß die mit Punkten

8.

952\. Octob. 26. bestätigt Kaiser Otto I. das von Graf Haold und seinen Geschwistern zu Gesecke neu gestiftete Kloster für Jungfrauen, nimmt es in seinen unmittelbaren Schutz und sichert der Familie Haold die nächsten Ansprüche auf die Abtissinwürde, so wie auf die Vogtei über das Kloster, welches er mit allen seinen gegenwärtigen und zukünftigen Gütern von jeder richterlichen Gewalt eximirt.

Nach dem Original im Gesecker Stiftsarchive.

C In nomine sancto et indiuiduc trinitatis. *Otto* diuina concedente clementia rex. nouerit omnium fidelium nostrorum presentium scilicet et futurorum industria. qualiter nos ob amorem dei. omniumque sanctorum, interuentuque fidelium nostrorum. *hoholti* scilicet. fratrisque eius *prunonis*. nec non et *fridirici*. sororisque eorum *Vuicpurgæ* quoddam monasterium in loco *gesiki* in illorum predio. ab illis in honore dei ejusque genitricis semper mariæ virginis sanctique ciriaci martiris nouiter constructum. qvia predictus *hoholt* dedit eiusdem monasterii edificiorumque sanctarum puellarum locum. simul cum monasterio edificiisque preparatis. et omne quod eiusdem *civitatis interioris muri ambitu* continetur solum et omnem terram quam antea prespiter illius in beneficium possedit. et insvper hobas. x. possessas in nostrum *mundiburdium* accepimus. *Prun* videlicet frater hoholti hobas ad eundem monasterium. iiii. concessit possessas. *Fridiricus* frater eius hobam dedit. I. possessam. *Vuicpurahc* illorum soror. vi. *secundum legem saxonicam cum manu advocati sui ekkiperti* cvm omni integritate ad illud ante dictum monasterium tradidit loca. sic vocata. *Sporka*. *Horttinchusen*. *Nehloha*. *Almundoraf*. *Itirlarun*. et qvicqvid habvit in loco qui dicitur *anavutto*. Cvm *curtilibus*. Edificiis. *Mancipiis*. Cam-

---

angedeuteteten Worte ganz unleserlich geworden sind. Das in weißem Wachse aufgedruckte Siegel ist zum Theile zerbröckelt; doch läßt sich noch deutlich an dem gezackten Rande und an der Umschrift: Grn. Rex erkennen, daß es das nemliche ist, welches in *Falke* Tradit. Corbejens. Tab. 1. Nr. 2. abgebildet steht. Die Orthographie des e und æ ist abwechselnd bald ein geschwänztes e bald æ bald ein Doppelee. — Ein fehlerhafter Abdruck steht in Wigand Archiv III. Hft. 3. S. 72.

pis. Pratis. Pasculs. Silvis. Aqvis. Aquarumque decvrsibus. Molendinis. Piscationibus. Viis. et inviis. Exitibus et reditibus. qvesitis et inqvirendis. omnibusque ad predicta loca iure legitimeque pertinentibus. insuper etiam iam dicta *Vuicpurahc* ad prescriptum monasterium hobas xx. in aliis locis dedit habitatas. et ea scilicet ratione illi prenotatum de sva proprietate sicvt ante exaratum est constrvxerunt monasterivm. qvatenus predicta *cuicperahc* illvd ecclesiastico possideret ivre vsque ad vitæ illius obitum. et postea quamdiu in eodem monasterio de ipsius ante dicti *hoholdi* progenie aliqua huiuscemodi honoris digna inveniatur nequaquam alia eligatur. Ac si nvlla quod absit per longa annorum curricula futurorum de eadem geneloia in eodem monasterio ad prefatum honoris promoueatur gradum femina. tunc potestatem habeant de alia inter se nutrita stirpe elegendi abbatissam. et si iterum de pretitulati *hoholdi* radice aliqua reuirescit mulier in ante dicto monasterio nutrita. et ad hoc digna de svis parentibus constructum potestative possideat monasterium. Proinde sanccimus. monasterium quod iam in nostram recepimus tutelam. ut *nullus iudex puplicus* nec aliquis *ex iudiciaria potestate* illvd ingredi aliquid iudiciariæ potestatis exercendae in uillis aut aliquibus locis prefate collatis ecclesiæ habeat potestatem vel in futvro conferendis. nisi ipse *hoholt* qvem *aduocatum* vsque ad vitæ eius discessum et post illius obitum si habet filios filium. si non habet fratris eius filium. et sic dvm seculum fiat de illius germine fore disposvimus advocatum. et nec illo. nec aliquo homini potestatiua constrictione ad quisitum *nullum* inde conficiatur *seruitium*. Et vt hæc nostra auctoritas firmius ab omnibus crederetur. hanc kartam iussimus ascribi anuloque nostro consignari manuque nostra propria decreuimus corroborari.

Signum domini (Mon.) Ottonis serenissimi regis.
(L. S. impressi.)

Olpertus cancellarius. ad uicem. Prunonis recognoui et subscripsi. (L. signi recognit.)

Data. vii. k. nouembr. Anno incar. dni. nostri ihu. xpi dcccc. l. ii. Indict. x. Anno regni ottonis regis xvj. Actum vualahusvn. feliciter. amen. [11])

---

[11]) In der Urkunde sind e und æ, ferner u und v ohne bestimmte Regel durcheinander gebraucht. Das wohl erhaltene, in gelbem Wachs aufgedruckte Siegel ist das nemliche, welches bei *Falke* tradit. corbejens. Tab. 1. Nr. 5. abgebildet steht. Fehlerhafte Abdrücke der Urkunde finden sich in *Schaten* annal. ad ann. 952. u. *Stangefol* L. II. p. 181.

9.

958. Juni. 25. schenkt K. Otto I. den Klosterfrauen zu Gesecke die Malheuer in der Gesecker Mark.

Nach dem Original im Stiftarchive zu Gesecke.

C In nomine sancte et indiuidue trinitatis *Otto* diuina gratia rex. nouerit omnium fidelium nostrorum industria presentium scilicet et futurorum qualiter nos ob remedium anime nostre. ad interuentum dilecte coniugis nostre *adelheidæ*. et amantissimi fratris nostri *brunonis* archiepi. sanctimonialibus deo sancteque marie semper virgine (sic) et sancto ciriaco deuote seruientibus. ad usum illorum proprium donauimus quidquid *malhure* in *gisici marca* habuimus. in quibuscumque rebus nostre regie potestati subiaceret. predictis uirginibus in loco *gisici*. deo deuotissime seruientibus. in proprium tradidimus iure perpetuo tenendum. et ut huius carte corroboratio omni tempore firma stabilisque permaneat. iussimus eis hoc presens preceptum conscribi et anuli nostri inpressione muniri manuque propria signauimus.

(L. S. impr.)

Signum domini ottonis inuictissimi regis. (Mon.)

Luidulfus cancellarius ad uicem Brunonis archicancellarii recognouit. (L. sign. recognit.)

data uii kl. iul. anno dominice incarn. dccccl viii. ind. i. Regnante piissimo rege ottone anno xxiii. actum pathurbrunnon. amen. [12])

---

[12]) Die Urkunde hat geschwänzte e. Das Siegel ist wohl erhalten und in gelbem Wachse aufgedruckt. Es steht abgebildet in *Falke* tradit. corbejens. Tab. 1. Nr. 2. ist jedoch etwas kleiner als die Abbilbildung, wiewohl für einen annulus, selbst wenn er einem Riesen gehört hätte, immer noch groß genug; demungeachtet scheinen die Zacken des Randes zu verburgen, daß das Siegel als Ring eingefaßt war. Fehlerhafte Abdrücke dieser Urkunde haben *Schaten* ad ann. 958 und *Stangefol* L. II. p. 192.

10.

959. Jan. 12. übergiebt Otto I. dem Stifte zu Meschede den Zoll und das Marktgeld daselbst, und verordnet, daß der Nachlaß der verstorbenen Abtissinnen und Klosterfrauen, im Besitze des Conventes verbleiben soll.

Aus dem Original im Meschdeder Archive.

C In nomine sanctæ et individuæ trinitatis *Otto* diuina favente clementia rex noverit omnium fidelium nostrorum præsentium et futurorum industria qualiter nos ob amorem dei animæque nostræ remedium et per interventum dilectissimi fratris nostri *Brunonis* archiepiscopi omne *theloneum* vel quicquid *ex macello* in loco *Messcede* peracto iure adquiri potest *excepta moneta* in proprium concedimus ad monasterium quod est ibidem constructum in honore sanctæ dei genitricis mariæ et sanctæ uualtburgæ virginis. Insuper etiam concessimus et firmavimus ut quicquid abbatissæ cuiuslibet possessionis vel sanctimoniales defunctæ reliquerint in potestate permaneat consororum sanctimonialium ibidem deo famulantium et hoc præsens preceptum iussimus exinde conscribi et annuli nostri impressione sigillari et subter manu nostra firmavimus et ut hoc nostræ largitionis indicium verius a fidelibus nostris credatur.

(L. S. impressi.)

Signum domni Ottonis (Mon.) invictissimi regis.

Liudulf.. .....llarius ad vicem uuilhelmi archicappellani recognovi. (L. sign. recognit.)

Data anno incarnationis domini DCCCCLVIIII. regni ottonis XXIII. II. id. ianr. Indictione I. actum in frideslare. [13])

---

[13]) Die Urkunde hat unten 3 Löcher, wodurch in der Recognitionformel mehrere Buchstaben (Liudulfus cancellarius) weggefallen sind. Das aufgedruckte Siegel ist zertrümmert.

11.

962. Juni. 9. giebt K. Otto I. den Einwohnern der villa Horohusun bei Eresburg die Rechte der Einwohner von Dortmund.

Nach dem Original im Stiftarchive von Corvei.

C In nomine sancte et indiuiduo trinitatis *Otto* diuina fauente clementia rex. Notum esse uolumus omnibus fidelibus nostris quod rogatu caræ prolis nostre *Ottonis* indulsimus incolis uille que dicitur *horohusun* et adiacens est *urbi* que dicitur *eresburg* eo iure uiuere et ipsa legitima habere per omnia que throtmannici habent. Nec tamen ulli aliæ potestati subiacere cum suis juris (*sic*) ac legitimis nisi cui hactenus paruit rectoribus scilicet monasterii quod noua corbeia uocitatur ad honorem ac seruitium beatorum martyrum stephani atque uiti. Et ut hoc firmum sit et nulli posthec preuaricari liceat anuli nostri sigillo iussimus signari atque firmari manu nostra subtus signantes.

(L. S. impr.)

Signum domini ottonis (Mon.) serenissimi regis.

Liudulfus cancellarius ad vicem Brunonis archicappellani recognoui. (L. sign. recognit.)

Data v. id. iun. anno incarnat. dni. dccccolxij. indict. v. regni autem serenissimi ottonis regis anno xxvii. Actum in suosat. in dei nomine feliciter amen.[14])

12.

973. Juni 5. bestätigt Kaiser Otto II. dem Erzstift Magdeburg alle Schenkungen, welche demselben von seinem Vater, Otto dem Großen, gemacht worden; insbesondere die westlich von der Weser gelegenen und unter diesen namentlich Brilon, Rösenbeck u.s.w.

Nach dem Abdrucke in Lünigs Reichs-Archiv. B. 16. Spicil. Ecclesiasticum. Fortsetz. 1. Abschn. 2. S. 23.

In Nomine sancte et indiuidue Trinitatis. Otto diuina fauente clementia Imperator Augustus. Quoniam loca Deo et Sanctis

[14]) Ein fehlerhafter Abdruck dieser Urkunde findet sich bei *Schaten* ad ann. 962. desgl. in *Falke* tradit. corbejens. p. 514. Ein correcterer in Wigand Geschichte v. Corvey. B. 1. S. 221.

ejus dicata a nostris Antecessoribus Regibus scilicet et Imperatoribus et possessionibus ampliata et priuilegiis vel decretis esse munita noscuntur. Idcirco nos pia Dominice et carissime genitricis nostre Adelheidis admonitione ab memoriam et remedium anime piissimi Genitoris nostri Ottonis priuilegia seu decreta Magdeburgensis Ecclesie quam ipse a fundamento construxit nostra etiam auctoritate roborare et confirmare decreuimus. Statuentes inprimis ne quis Comes vel Iudex vel vicarius publicus in Magdeburg ciuitate vel territoriis ejus aliquam potestatem aut bannum habeat nisi Aduocatus quem Archiepiscopus illius ecclesie secundum suum libitum sibi elegerit. Et negociatores vel judei ibi habitantes omnesque familie litorum et colonorum vel seruorum vel sclauorum illuc pertinentes a nullo alio nisi eodem aduocato secundum leges constringantur vel judicialis sententias patiantur. Preterea Magdeburg ciuitatem eandem cum teloneo et mercatu seu moneta municipium eius quod nos Burgwardum dicimus curtem quoque cum omnibus appendiciis territoriis scilicet vel edificiis ex occidentali parte Albie fluminis illuc pertinentibus sicut beate memorie noster piissimus Genitor ex suo proprio in jus et proprietatem sancti Martyris Christi Mauritii pro remedio anime sue liberaliter obtulit, nostra quoque nos munificentia vel autoritate eidem Ecclesie roboramus et confirmamus in locis subnotatis hoc est, Fridimaresleba, Pretalike, Buchumii, Frosa, Roddartestorp, Haptarestorp, Bremenestorp, Thiederistorp, Ottersleba, Ostervvadinga, Suldorp Immervvadinga, Ichtesdorp, Dudelou, Wodeneneg, Mendesleba, Mendeleba, Undridestorp, Unondisconburg, Pizimizi, Lienoldesdorp, Trumplike, et quatuor mansos in Valdorp castrum quoque Vunesburg, Burnon, Biscopesdorp, Wilmerosleba, Rodenuordi, Numkildorp, Adestendendorp, Maktestedi, Curlingen, Aldewaddinge, cum pertinentiis suis Brunxstedi, Dunenstedi, Attinge, vel quicquid sue proprietatis ad hec loca in pago Nordthuringo pertinere videtur, ex aquilonari parte Ore fluminis in locis ita nominatis Mosau, Pelmizi, Dudixi, Nuboro, Velbust, Zelici, cum pertinentiis suis. Mercatum quoque in Gettige et monetam cum teloneo et bannum sicut piissimus Genitor noster ita et nos quoque eidem sancto Magdeburgensis Ecclesie offerimus et concedimus. Etiam Medabeki, Rinthorst, Buocstaden cum appenditiis et in pago Hardogstarii Roueshem cum pertinentiis suis Varesleba, Barsdorp, Duttenstedi cum appendiciis vel quicquid ex occidentali parte Musore (Wisore) fluminis sancto Mauricio liberaliter obtulerat hoc est *Rosbeki*, *Uflon* cum pertinentiis suis, *Brilon* cum appendiciis et in *Arpesfelt* xxx. mansos. Hec et omnia a beate memorie Genitore nostro prefato Ecclesie collata hoc presenti auctoritatis nostre precepto roboramus et confirmamus. Et ut hec munificentie nostre traditio seu confirmatio certa permaneat chartam hanc conscribi et annuli nostri impressione signari jussimus quam et manu propria subtus firmauimus.

(L. Mon.) Signum Ottonis magni et inuictissimi Imperatoris Augusti.

Willegisus Cancellarius ad vicem Rodoberti Archi Cancellarii subscripsi.

Data II. Non. Junii anno Dominice Incarnationis DCCCCLxxiij. Indict. xiv. anno Imperii Domini Imp. Ottonis secundi vij. Actum Magdeburg. Amen.[15])

13.

973. Nov. 22. bestätigt K. Otto II. den Klosterfrauen zu Meschede alle bisher gehabte Rechte, namentlich das der freien Abtissinwahl.

Nach dem Original im Mescheder Stiftarchive.

C In nomine sanctæ et indiuiduæ trinitatis Otto diuina fauente clementia imperator aug. Si fidelium nostrorum petitionibus clementer annuemus non solum regium morem decenter implemus uerum etiam eosdem ad seruitium nostrum promptiores efficimus et si eorum petitio de ecclesiasticis est rebus æternæ mercedis remunerationem accipimus. Ideo nouerint omnes fideles nostri presentes scilicet et futuri quomodo nos ob amorem dei et rogatu *adetheidis* genitricis nostræ diuæ imperatricis aug. sanctismonialibus in monasterio *meskide* nominato deo famulantibus eligendi inter se abbatissam potestatem omnesque concessiones quæ ab antecessoribus nostris eis concesse erant concedimus, easque per nostram auctoritatem redintegrare et corroborare uolumus. Proinde hoc scripto

---

[15]) Ein nicht ganz correcter Abdruck dieser Urkunde findet sich auch in *Meibom* Script. rer. germanicarum. T. II. p. 373.

confirmare iussimus. Per quod precipimus quatinus prefatæ sanctæ moniales femine tali fruantur immunitate et de suis rebus lege qualis ab antecessoribus nostris francorum regibus eis concessa erat. Et ut hoc a fidelibus nostris melius credatur manu nostra illud firmauimus et annulo nostro sigillari iussimus.

Signum domni ottonis (L. Mon.) inuictissimi imperatoris.

Uuilligisus Cancellarius ad uicem rodberdi archicapellani recognoui. (Sign. recognit.) (L. S. impr.)

Data x. kal. decembr. anno domin. incarnat. dccce. lxx. iii. Indict. ii. anno uero ottonis piissimi imperatoris xiii. actum diospargo am.

14.

978. übergiebt Otto II., auf die Fürbitte seiner Gemahlin Theophania, der Abtissin Thiezswid zu Meschede den Hof Folkgeldinghuson im Gau Angeron.

Aus dem Original im Mescheder Archive.

C In nomine sanctæ et individuæ trinitatis Otto divina preordinante clementia imperator augustus: Pateat cunctis sanctæ dei æcclesiæ nostrisque presentibus atque futuris fidelibus nos ob dilectissimæ contectalis nostræ *theuphanu* rogatum atque eius precativam exhortationem. venerandæ probitatis abbatissæ *thiezsuuid* nominatæ. quandam curtem *folkgeldinghuson* nuncupatam *in pago. Angeron.* in comitatu *heremanni* comitis sitam donasse in proprium. ea ratione ut sui tutoris scilicet advocati manu. quicquid ei gratum aptumque fuerit visum. omnium contradictione despecta potestatem inde liberrimam obtineat agendi. ex utriusque sexus mancipiis ædificiis. terris cultis et incultis pratis. pascuis. silvis. aquis. piscationibus. quæsitis et inquirendis cunctisque usibus iusta constitutione ad prefatam curtem pertinentibus. Ut autem hoc nostræ largitionis donum. pro successura firmum credatur tempora. hanc cartam iussu nostro scriptam et imaginaria nostri impressione sigilli notatam propriæ manus nostræ subscriptione corroboravimus.

Signum domni ottonis (L. Mon.) invictissimi imperatoris augusti.

Hildebaldus cancellarius ad vicem uuilligisi archi capellani notavi. (L. S. impressi.)

Data VIII. Kal. Apr. Anno dominicæ incarnationis DCCCCLXXVIII. Indict. VI. Anno autem regni domni ottonis imperatoris augusti XVIII. Imperii autem XI. Actum magadeburg feliciter in Christi nomine amen.[16])

15.

985. Sept. 2. bestätigt Otto III. auf Fürbitte seiner Mutter Theophania, die dem Stift Meschede von seinen Vorfahren verliehenen Privilegien, namentlich die freie Abtissinwahl und eximirt dasselbe von aller Gerichtsbarkeit, außer der des Advocaten, welchen die Abtissin selbst zu wählen habe.

Aus einer alten beglaubigten Abschrift des Mescheder Archivs.

C In nomine sancte et individue trinitatis. *Otto* dei cuncta providentis clementia rex. Cum hoc nostre majestati iure contingat iustis quibusque nostri precibus fidelium aurem libenter accomodare, maxime tamen Deo militantibus ad effectum producendo. Qua propter sentiat omnium maiorum minorumque tam presentium quam futurorum industria: qualiter nos dilecta genitrix nostra *Theophanu* Imperatrix augusta pro sororibus *Messchetensibus* deo sancteque Walburgi virgini militantibus adiit rogatura, quatenus per cartham ex nostre maiestatis auctoritate conscriptam potestates ac iura a Serenissimis Imperatoribus avo videlicet nostro, beate memorie Ottone et a equivoco (filio) eius parente nostro sibimet perdonata ac confirmata pro nostri eterna memoria concede-

---

[16]) Das Siegel der Urkunde ist abgefallen. Sie hat kein Recognitionzeichen.

remus. Cuius iuste petitioni pro divine mercedis amore libenter consentientes hoc nostre iterationis vel confirmationis preceptum eo tenore ac ratione notari iussimus quo ex hac nostra perpetim uti ex antecessorum ac dilectorum parentum condonatione, quoties cumque inevitabilis sors mortis ordinem prefecture mutaverit, liberam intra se habeant dignam quamcumque eligendi potestatem. Insuper ex nostra clementia erga predictum monasterium Messchete constructum in honorem sancte Walburgis virginis tale beneficium concedimus ut nullus iudex publicus neque quilibet ex iudicaria potestate nec aliquis ex fidelibus nostris in predicte ecclesie loca seu reliquas possessiones *iudiciariam* exercere presumat *seritiam* nisi quem ipsa prelibati monasterii abbatissa elegerit advocatum. Deinceps comperto hoc nostre donationis precepto quilibet iudicum, tam *servilem* quam libere conditionis personam ad predictam abbatiam pertinentem vel ad causas agendas aut in quecumque iniuste subiectionis munia ullo umquam tempore stringere aut exactare presumat. Et ut hec auctoritas nostris futurisque temporibus domino protegente valeat inconvulsa manere propria manu subscripsimus et annulo nostro subtus sigillari iussimus.

Signum Domini Ottonis (Mon.) Gloriosissimi Regis.

Hildiboldus Episcopus et Cancellarius vice Wilgisi Archicappellani recognovi.

Data iiii nonas Septembr. Anno dominice incarnationis DCCCCLXXXV Indictione XIIII anno autem tertii Ottonis regnantis II° Actum Widenbrugga in dei nomine feliciter amen.

Auschultata et diligenter collationata est presens copia per me Johannem Voszlo alias Alnesmann clericum pad. publicum sacra Imperiali notarium Et concordat cum suo vero originali de verbis ad verbum quod attestor hac manu mea propria.

16.

986. Dec. 8. Eximirt Otto III. das Kloster Gesecke von aller richterlichen Gewalt, sowohl des Herzogs als des Grafen; ausgenommen die des selbstgewählten Vogts. Zugleich ertheilt er den Klosterfrauen das Recht der freien Abtissinwahl.

Nach dem Original im Gesecker Stiftarchive.

C In nomine sanctæ et indiuiduæ trinitatis. *Otto* diuina fauente clementia rex. notum sit omnibus fidelibus nostris presentibus scilicet ac futuris. quomodo nos dilecte genitricis nostre *Theophanu* uidelicet imperatrice augusta uotum sequentes. nec non et cari nepotis ac fidelis nostri *heinrici bawariorum ducis* interuentum adimplentes. ecclesie *gesici* in honore sancti cyriaci martiris constructe et consecrate cui etiam presenti tempore *Vuigsuid* uenerabilis abbatissa presidet pro dei amore et elemosina parentum nostrorum ac pro statu regni nostri dedimus ac concessimus. ut nullus dux uel comes. aut aliqua iudiciaria persona. siue alia quelibet maior aut minor potestas de hinc potestatem habeat ullo umquam tempore qualibet ex causa aut super locos uel *seruos* ipsius prelibate ecclesie ut eos in aliquibus distringant. uel eos ad *placitum* aliquod compellere presumant aut ad aliud opus vel negotium seu seruitium cogant. nisi solus ille quem prefata abbatissa et sanctimoniales deo ibidem seruientes aduocatum ad hoc constituant. nullique persone vnadimonium aliquod nisi aduocato solummodo tribuant. Ad hec etiam superius iam dicte *uuigsuuide* abbatisse et futuris que ei succedant ac sanctimonialibus regulare electionis arbitrium concessimus ut inter se quando opus euenerit quamdiu probabilis persona in illius ecclesie filiabus inueniatur nostro iussu ac consensu eligant et deo statuant. Et ut hec nostre ingenuitatis concessio firma. ac stabilis in futura permaneat tempora. hanc cartam inde conscriptam et sigilli nostri inpressione signatam. manu propria ut infra uidebitur corroborauimus.

Signum domni Ottonis (Mon.) regis inuictissimi.

Hildiboldus eps et cancellarius uice uuilligisi Archi-Capellani notaui (L. S. impr.)

Data vi. idus. Decembr. Anno dominice incarnationis. dccclxxxvi. Indict. xv. anno autem tertii Ottonis regnantis tertio. Actum Thrutmannia feliciter in xpo amen. [17])

---

[17]) Das Siegel ist in weißem Wachse aufgedruckt. Es stellt das roh geformte Brustbild des Kaisers dar, welcher mit einem faltigen Ge-

2 *

17.

997. Sept. 29. übergiebt Otto III. auf Fürbitte der Gräfin Herbirga, dem Stifte Meschede ein Gut zu Stockhausen im Gau Locdorp, welches früher ein gewisser Geächteter Hunolt besessen hatte.

Nach dem Original im Mescheder Archive.

C In nomine sanctæ et indiuiduæ trinitatis. *Otto* divina favente clementia romanorum imperator augustus. Omnibus fidelibus nostris præsentibus atque futuris notum esse volumus quomodo nos ob petitionem *herbirgæ comitissæ* dedimus ad quendam locum *Messcide* nominatum tale prædium quale *hunoltus* ex lex dum vixit habuit. in villa *stohchusun* dicta. in *pago locdorp* vocato ac comitatu *Herimanni comitis* situm. atque id ipsum prædium cum omnibus suis pertinentiis. in *mancipiis* utriusque sexus. areis. ædificiis. terris. cultis et incultis. agris pratis campis pascuis silvis aquis piscationibus viis et inviis exitibus quæsitis et inquirendis cunctisque aliis appendiciis quæ dici possunt ad prædictum locum et ad monasterium in proprium tradidimus. Et ut hæc nostra imperialis traditio nunc et in futuro firma et stabilis permaneat. hoc preceptum inde conscriptum sigilli nostri impressione signare iussimus. manuque propria ut infra videtur corroboravimus.

Signum domni Ottonis (Mon.) gloriosissimi imperatoris augusti.

Hildibaldus episcopus et cancellarius vice uuilligisi archiepiscopi recognovi. (L. S. impr.)

Data III. Kal. octob. anno dominicæ incarnationis DCCCCXCVII. Indictione X. Anno autem tertii Ottonis regnantis XIIII. Imperii vero II. Actum aquisgrani feliciter amen.[16])

---

wande angethan, in der linken Hand die Weltkugel hält und die Umschrift hat: Otto Di. gratia Rex. Es gleicht keinem der Siegel, welche von diesem Kaiser hin und wieder abgebildet sind.

[16]) Das Siegel zeigt eine aufrechtstehende Figur mit gekröntem Haupte, in der Rechten die Lanze, in der Linken den Reichsapfel haltend. Ein Recognitionzeichen hat die Urkunde nicht.

18.

1000. Mai 21. bestätigt Kaiser Otto III. die Stiftung des Nonnenklosters Oedingen, durch Gerberge, die Mutter des Grafen Hermann (v. Arnsberg) in dessen Grafschaft der Ort Oedingen und der Pagus Lohtorp, wozu er gehörte, gelegen waren und verleiht ihm ausgezeichnete Privilegien.

Nach dem Original im Stadtarchive zu Werl.

In nomine sancte et indiuiduæ trinitatis. *Otto* diuina fauente clementia romanorum imperator Augustus notum sit omnibus fidelibus nostris presentibus scilicet et futuris qualiter quedam matrona nomine *gerberga* nostræ tuitionis mundiburdio monasterium suum ab ipsa in honore et nomine sancti saluatoris sanctæque dei genitricis mariæ sanctimonialibus inibi canonice uiuentibus constructum. situm in loco *odingi* nomine. in *pago lohthorp*. in *comitatu herimanni* eius filii et cum illius licentia et consilio qui eius heres fuit cum omnibus quæ ad eundem locum diuino cultui mancipatum iam dedit et in posterum et ipsa et una queuis fidelis anima datura est commendauit. Unde et nos eiusdem monasterii curam mundiburdiumque. suscipientes episcopo coloniensi committimus. talemque libertatem quali cetera nostri monasteria regni legitima *asnidi* scilicet. *quidilingoburg*. aliaque utuntur. sibi per donauimus. ita ut nec ipse episcopus. uel dux. aut comes. aut marchio. aut quælibet potens persona. potestatem habeat inuadendi. hospicia capiendi. parafridos tollendi. aut inde quidlibet agendi. Uerum ipsa quousque uiuat cum consensu congregationis inibi deo sanctæque eius genitrici mariæ famulantis. abbatissam sibi quam uelit constituat. aduocatumque nihilo minus unde cumque sibi uideatur. eligat. Post obitum uero eius si herimannus illius filius. uel suus filius. aut filia filiam deo dicatam habeat. cum consilio coloniensis episcopi. si dignitati generis dignitas etiam concordet morum et uitæ probabilis. quæ in illo loco sanctimonialibus prosit. abbatissa constituatur. et postea nec abbatissam extra libitum congregationis aliquis imperator. aut rex uel etiam episcopus constituat. nec aduocatum eidem monasterio quis. nisi abbatissa eligat. aut statuat. nec imperialis maiestas. aut regalis potestas. vel etiam episcopalis hoc dignitas. aliquatenus prohibeat. sed respectu dei his pie consentiat.

Acta est hæc carta xii kal. iun. anno dominicæ incarnationis millesimo. indict. xiii. anno tertii Ottonis regnantis xvi. imp. iiii. actum elisopu.[19])

19.

1000. Auszüge aus einer alten Tabula traditionum der cölnischen Kirche; in *Gelenii* admiranda magnitudo Coloniæ. p. 69.

VII. *Esteruualdt* tota sylua pertinet ad beatum Petrum incipiens a loco qui dicitur *Nezzenwinkell* per dotalem mansum in *Odakker*, transiens in locum qui dicitur *Linninckhusen* et inde in flumen *Rure* et inde in quod dicitur *Almana*.

VIII. Comes *Cuno de Bichelingen*[20]) filius ducis *Ottonis* dedit beato Petro *urbem in Hakkene* et iuxta urbem tertiam partem syluæ quæ dicitur *Lur*.

IX. *Gertrudis Comitissa* mater *Reginæ Richezen* dedit per concambium *curtem in Wiglo*, insuper tertiam partem dictæ syluæ pertinentem ad eandem curtem et recepit villam in *Wanenrethe*.

X. Vda Comitissa de *Stadte*[21]) dedit beato Petro tertiam partem de *Odingender* et *Vrithengeresbeche* et *Walbertum de Huckelbech* cum omni allodio suo, *Adolphum de Basthusen* cum tota domo sua, et *Lubrandum de Butenbergh* et *Volmarum* et insuper tertiam partem einsdem syluæ.

XI. *Ludolphus* Comes dedit *Werle* et quicquid proprietatis habuit in Episcopatu Coloniensi et insuper tantum de sylua *Lur* quantum remansit fratri suo *Conrado*.

---

[19]) Die Urkunde ist nicht besiegelt; sondern sie ist ein sogenanntes cyrographum partitum, ein gradlinicht abgeschnittenes Chirographum. Die Worte, welche auf dem graden Schnitt gestanden haben, sind mit literis longioribus geschrieben, wie gewöhnlich die erste Zeile in den Urkunden der damaligen Zeit; sie sind eben deshalb nicht ohne die dazu gehörige andere, obere Hälfte zu lesen. Die Urkunde wurde wahrscheinlich einmal für das Kloster und einmal für die Familie der Stifterin ausgefertigt.

[20]) Gelenius hat, wohl durch einen Druckfehler, Bithelingen.

[21]) Bei Gelenius heißt es Stacke, welches wohl auch verdruckt ist.

20.

1005. Octob. 24. übergiebt Meinwerk, Kapellan des Königs Heinrich II., diesem sein Gut zu Böckenförde, welches Heinrich dem Bischof Rethar zu Paderborn schenkt, um es so lange er lebt, selbst zu benutzen; nach seinem Tode aber soll es ad stipendia fratrum der paderborner Kirche dienen.

Abgedruckt in *Schaten* annal. Paderb. ad ann. 1005.

Henricus — Rex — omnium — fidelium — noverit industria, qualiter nos, — ad monasterium — Padrabrunnen — tale prædium, quale nobis *Meginwerc* cappellanus noster dedit, in proprium donauimus, situm *in villa Puochinefurti* dicta, et in comitatu *Luitolfi Comitis*, cum omnibus — appendiciis, mancipiis utriusque sexus etc. — ea videlicet ratione, ut prædictus Episcopus in sua habeat *potestate* atque *seruitute*, quamdiu Deus sibi concedat dies sæcularis vitæ; finitis vero suis temporibus ad stipendia fratrum in præfato monasterio Deo sanctoque Liborio famulantium — determinamus, donamus etc. — Dat. ix. Calend. Nov. indict. iii. anno Domin. Incarnat. M°. V°. anno vero Domni Heinrici secundi regnantis iv. actum Corpheiæ.

21.

1011. Apr. 10. schenkt Kaiser Heinrich II. dem Bischof Meinwerk zu Paderborn den durch den Tod des Grafen Haold erledigten Comitat.

Abgedruckt in *Fürstenberg* Monum. Paderb. p. 46.

Heinricus — Rex. — notum esse volumus. qualiter nos divini amoris instinctu. — nec non et tertii *Ottonis*. bonæ memoriæ imperatoris. dilectæque conjugis nostræ. *Cunigundæ* reginæ interventu. atque *Meginwerc* sanctæ Padrebronnensis ecclesiæ venerabilis episcopi rogatu. sibi. suæque sanctæ ecclesiæ à Karolo magno olim fundatæ. nostris vero temporibus incendium passæ — Commitatum quem *Haheld Comes* dum vixit tenuit. situm scilicet in locis. Haverga. Limga. Thiatmalli. Aga. Patherga. *Trevcresga*. *Langaneka*. *Erpesfeld*. Silbiki. *Matfeld*. *Nihterga*. Sinatfeld. *Balleuan*. prope Spriada. *Gambiki*. Gession. Seuuardeshusun. cum omni legalitate in proprium concedimus atque largimur per hanc nostram regalem paginam. — Datum IV. idus Aprilis. indict. ix. anno dom. incarnat. m°. xi°. Anno vero domni secundi Heinrici regnantis. ix. Actum Tribura regia villa. Feliciter amen.[22])

22.

1009—1035. Bischof **Meinwerk** von Paderborn beurkundet den Erwerb der Kirche zu **Almen**, durch Bischof **Luthard**.

Ex traditionibus Meinwerci. Caps. 5. Nr. 19. lit. DD.

In nomine saluatoris mundi et in honore eiusdem patris spiritusque sancti. iam dudum quidam *illustris homo* nomine *Sidag* quandam æcclesiolam ligneam ad monasterium paderbrunnense tradidit. simul cum tertia parte hereditatis eius quæ ex genitoris eius iure contigit et habere in *pago* quod *almango* nuncupatur cumque iam pro uetustate stare eadem domuncula nequiret. et successores alodi illius inito consilio cum uoluntate et licentia domini episcopi *luithardi*[23]) in eorum possessiua hereditate iuxta locum ubi prior æclesiola stetit lapideam domum Dei construxerunt. cum uero ædificatores eiusdem domus Dei dominum antistitem *luidhardum* cum precibus cogerent eandem æclesiam dedicare. et ipse eorum petitioni faueret et in honore sti saluatoris multorumque sanctorum eius eam consecraret. tunc predicti construct ... et coheredes eiusdem eandem ad predictum paderbrunnense monasterium tradiderunt.[24])

---

[22]) Die Urkunde ist auch abgedruckt in *Schaten* annal. ad ann. 1011.

[23]) Luthard war der dritte Bischof zu Paderborn und regierte 860—885.

[24]) Diese Urk. ist auch abgedruckt in **Wigands** Archiv B. 5. S. 150. Vergl. übrigens **Bessen** paderb. Geschichte B. 1. S. 93.

23.

1014. Febr. 3. übergiebt die Abtissin zu Gesecke, Hildegunde, Enkelin des Grafen Haold, als Letzte ihres Namens, das Stift Gesecke, worüber sie und die Ihrigen, bisher als über ihr Eigen geschaltet, dem Erzbischof Heribert und dem heil. Peter zum Schutze. Sie entläßt ihren Vogt, Graf Sikko, und übergiebt es dem Erzbischöflichen Vogte Tiemo. Heribert bestätigt dem Stifte seine Privilegien und beschenkt es mit Gütern.

Nach dem Original im Stiftarchive zu Gesecke.

In nomine patris et filii et spiritus sancti. *Heribertus* Coloniensis Archiepiscopus. notum sit omnibus fidelibus presentibus et futuris qualiter nobis *Svosat* sedentibus adiit nos abbatissa de Gesike *Hildigundis* nomine. animi sui propositum nobis exponens quod ita se habet. Nam eius auus *hahold* suaque soror *Wichburh* patruus quoque eius *Fritherieus* ac eius pater *berenhardus* nec non et ipsa. ob remedium animarum suarum ex proprietatibus suis condiderunt ecclesiam seu congregationem in *Gesike*. et incipientes temporibus bonæ memoriæ *brunonis* archiepiscopi ad nos usque perduxerunt. semper libero usi arbitrio sicuti propria possidentes. Modo vero ipsa prenominata abbatissa cognationis suæ que huic predicto loco preesse potuerit in se finem conspiciens. insuper et fluctuantis seculi procellas premeditans. procurauit sagaci consilio quo ipsa æcclesia seu congregatio quassationes euadens posset post eius vitam in portu consistere. Rogauit namque nos ut aliqvo nostro fulciretur auxilio qvo stabilior permaneret. et ipsa eam sancto Petro ad nostram sedem in mundiburdium subiceret. Cui petitioni cum nos ad omnia satisfaceremus. ipsa statim cum manumissione advocati sui *Sikkonis Comitis*. accipiente eam nostro aduocato *Tiemone* nostre metropoleos tradidit mundiburdio. Eo siquidem tenore ut in eligenda abbatissa nostro eque consensv. ceterisque monasticis institutis. ea fruantur libertate. qua omnes nostri episcopatus congregationes noscuntur habere. et pro recognoscenda subiectione inde omnibus annis soluantur quinque solidi ad missam sti Petri. Nos vero hanc pactionem accipientes super ea que ad postulationem eius fecimus. quinquaginta aratra de decimatione ibi circumquaque ei concessimus de nostro iure. et hec ad manvs. bonam quoque voluntatem de futvro habentes prout locus et tempus dictauerit illa ampliare. quomodo dei seruientium ibi non deficiat sed stabiliatur in eorum memoriam qui locum deo eiusque genitrici devoverunt et nostram. Rogamus etiam omnes nostri (sic) postdecessores per aduentum domini nostri ihv. xpi. vt pro loco et tempore semper huiusmodi adaugeant. diminutionem omnimodo vetantes. Si autem aliquis eorum quod absit. hæc in aliquo infirmare voluerit vel annullare. In secundo domini aduentu nobiscum super his in presentia maiestatis domini ratiocinaturus assistat. sciatque se pro certo impunitatem minime habiturum. sicut ius est dei seruicii prevaricatorum. Vt autem hæc a nobis et per nos sciant facta. firmiusque permaneant. testibus adhibitis sigilli nostri impressione fecimus insigniri. Signum heriberti Colon. Archiep. qui hanc cartam fieri iussit. Sig. hildigundis abbatisse que pactionem fecit. Signum Sikkonis comitis et aduocati qui manumisit. Sign. Witgeri prepositi. Sign. Thiethardi. Sign. Reginhardi capell. Sign. Gelonis clerici. Sign. Wichmanni comitis. Sign. Tiemonis qui manumissionem accepit. Sign. Hemekonis. Sign. Adolfi. Sign. Bettonis. Sign. Andradi. Sign. Bvosonis. Sign. Aikonis. Sign. Alverici. Sign. Herimanni. Sign. Godefridi. Sign. Tiemonis. Sign. Herimanni et hi omnes saxones hii autem franci. Sign. Sigebodonis. Sign. Herimanni. Sign. Kvononis. Sign. Herimanni com. Sign. Hilisi. Sign. Siguuuini. Sign Witzonis. Sign. Thrusingi. Sign. Livpponis.

(L. S. impr.)

Anno incarnationis domini milesimo quartodecimo indictione xii. iiI. non. febr. regnante heinrico secundo. actum Suosat. publice. feliciter. amen.

Azzo notarius in scribendo manum adhibuit. [21])

---

[21]) Urkunde und und Siegel sind wohl erhalten. In der ersten werden æ, geschwänzte e und e, so wie u und v ohne feste Regel gebraucht. Das Siegel ist in weißem Wachse aufgedruckt und stellt in sehr roher Ausführung das Brustbild des Erzbischofs, mit der Umschrift dar: † Heribertus servus Ar. Eps.

24.

1027. April 7. schenkt Kaiser Conrad II. dem Bischofe Meinwerk, für die Kirche zu Paderborn, den Kaiserlichen Hof Erwitte im Pagus Angeri.

Abgedruckt in *Falke* tradit. Corbejens. p. 156.

Chuonradus — imperator Augustus. — nouerint xpi nostrique fideles — patherbrunnensi ecclesiæ — eiusque prouisori *Meinuuerco* qui nobis sepe et multum frequenter et fideliter seruiuit quandam curtem nomine *Eruitte* ad nostrum imperiale ius pertinentem in *pago angeri* in *comitatu* autem *marcuuardi* sitam perpetualiter habendam tradidimus cum mancipiis utriusque sexus — cum *banno* etiam et *mercatu* quod apud eandem curtem solet haberi et cum omni utilitate que inde poterit prouenire. — Dat. vii. Id. apr. indict x. anno dominice incarnat. m°. xx°. vii°. anno autem domni Chuonradi secundi regn. III. imperii uero I. actum rome feliciter amen.

25.

1030. Juni. 1. schenkt K. Conrad II. dem Bischofe Meinwerk zu Paderborn das Prædium Patberch im Gau Nichterga.

Abgedruckt in *Schaten* Annal. ad ann. 1030.

Cunradus. — Notum sit — qualiter nos ob interuentum ac petitionem nostræ dilectæ coniugis Gislæ Imperatricis videlicet augustæ et amantissimæ prolis nostræ Heinrici Regis. nec non *Meinwerci* Paderburnensis ecclesiæ episcopi quoddam *Bernhardi comitis* prædium, *Patberch* dictum, cum mansis decem circa eundem montem adiacentibus, in *Pago Nichterga* et in *comitatu Haholdi* comitis situm, quod ideo hæreditario jure in nostram potestatem successit quia idem ipse B. comes spurius erat, quod vulgo wanburtich dicunt, ad Paderbrun præscripti Episcopi monasterium — tradidimus cum mancipiis utriusque sexus etc.

Datà Calend. Junii. anno dominicæ incarnat. m°. xxx°. Indict. xiii. anno domni Counradi regnantis vi. (vii.) imperii uero iv. actum Mersburg.

26.

1036. Oct. 10. bestätigt Conrad II. einen Vergleich zwischen der Abtei Werden und ihrem Vogte Graf Hermann (von Arnsberg), wodurch dem Letzten Güter zu Arnsberg und an mehren anderen Orten des Herzogthums abgetreten werden.

Nach dem Abdrucke in Kremers akademischen Beiträg. B. 3. Urk. 13.[26])

In nomine sanctæ et individuæ Trinitatis. *Cunradus* divina favente clementia Romanorum imperator Augustus. Omnium Christi nostrorumque fidelium universitatem scire jubemus, quod fidelis noster *Hetthanricus*[27]) abba monasterii quod vocatur *Werdina*, adiit celsitudinem nostram quærimoniam faciens, tam se, quam familiam monasterii a nobis sibi commissi per advocatos gravius justo servitiorum exactionibus gravari. Quam ob rem indicavit mansuetudine nostræ inter se et *comitem Hermannum*,[28]) qui inter eos nobilitate et potentia præcipuus extiterat, conventionem factam esse hujusmodi, ut pro servitio, quod ex villicis vel familia exigere solebat hos mansus infra scriptos ex ipsis, quos sub sua tuitione habebat, electos, cum inhærentibus mancipiis in beneficium acciperet, in *Ahtisberga*[29]) duos mansus, *Hulikinghouen* unum mansum, in *Ouinghuson* duos, in *Beringthorpe* unum, in *Stokheim* unum, in *Wikki* unum, in *Hoingi* unum, in *Hunninghuson* unum, in *Dalawik* unum, in *Letneth* unum, in *Thiadninghovon* unum, in *Luideringhuson*[30]) unum, in *Lotthorpa*[31]) V mansos, tria territoria, id est tres fundos tres siclos persolventes juxta *Rurinna*, quam conventionem prædicti abbatis rogatu, nostræ auctoritatis præcepto corro-

---

[26]) Die Urk. ist auch abgedruckt nach einem Codex des 12. Jahrhund. in Kindlingers münster. Beiträgen. B. 2. Urk. Nr. 6. Dieser Abdruck ist nicht so vollständig, als der vorstehende; aber Kindlinger hat die Namen richtiger gelesen, als Kremer. Wir wollen die Varianten bemerken.

[27]) Kindlinger hat Heithenricus.

[28]) Kindlinger Herimannum.

[29]) Kindlinger hat *Ahrisberga*, Arnsberg, welches offenbar richtiger ist, weil es sonst nach damaliger Schreibart heißen müßte Athisberga. Die beiden folgenden Höfe: Höllinghofen im Amte Menden und Devinghausen im Amte Werl fehlen bei Kindlinger.

[30]) Kindlinger hat Linderinghuson.

[31]) Kindlinger hat Lottorpa.

beravimus, ne vel ab ipso comite supradicto[32]) Hermanno vel ab ullo successorum ejus res monasterii ullam servicii fatigationem[33]) sustineant ulterius. et ut hæc nostra auctoritas stabilis et inconvulsa permaneat, hanc chartam[34]) inde conscriptam propria manu corroborantes sigilli nostri impressione jussimus insigniri. Signum domini Cuuradi invictissimi Romanorum imperatoris Augusti. Burchardus cancellarius ad vicem Bardonis archicappellani recognovit. Data vi. idus octobris, indict. iv. Anno Dominicæ incarnat. m°. xxx°. vi°. Anno autem domini Cuuradi secundi imperantis[35]) xiii. Actum *Tuilide* feliciter amen.

27.

1042. Juli 18. übergiebt Erzbischof Hermann II. von Cöln, dem Stift Meschede die Kirche zu Kalle mit 8 Mark Einkünften und dem Zehnten 22 Schillinge werth; er überträgt der Äbtissin die freie Verfügung über diese Kirche.

Aus dem Original im Mescheder Stift-Archive.

In nomine sancte et individue trinitatis secundus *Herimannus* divina predestinante clementia coloniensis civitatis archiepiscopus. Si servorum vel ancillarum dei et maxime eis prepositorum quas pro ecclesiarum sibimet commissarum utilitatibus suggerunt, clementer assensum prebemus, eos promptiores ad nostre devotionis obsequium inclinamus, et ex hoc æterni regni gaudia nos incunctanter adipisci confidimus. Proinde noverit cunctorum sancte dei ecclesie fidelium presentium scilicet et futurorum industria quod nos ob juge obsequium *Gerbirgis miskidensis* ecclesie in Christo devote *abbatisse* nec minus ob assiduas ancillarum dei ibidem Christo canonice servientium ad ipsum interventiones concedimus prout iuste et legaliter possumus sancte miskidensi ecclesie

---

32) Bei Kindlinger fehlt supradicto.

33) Kindlinger hat fagitationem.

34) Kindlinger hat kartam.

35) Kindlinger hat imperatoris und das Jahr der Regierung fehlt.

quandam nostri iuris ecclesiam *Kalle* scilicet dictam *in pago et in provincia Westfalon* nec non in *comitatu bernhardi comitis* sitam, cum omnibus suis appendiciis. terris scilicet cultis et incultis. villis. pratis. pascuis. areis. edificiis. familiis utriusque sexus. viis et inviis. omnibus rebus mobilibus et inmobilibus ad iam dictam ecclesiam pertinentibus et ut nominatim dicamus mansis VIII. et decimis solidos XXV. valentibus eo videlicet stabilitatis ordine, ut eadem dicta abbatissa preclara suique successores in perpetuum de iam dicta ecclesia ob remedium animo mee, nec minus ob dignam nostri antecessoris archipresulis *piligrimi* memoriam deinceps liberam habeant facultatem tenendi, regendi, ordinandi, et disponendi, ad honorem dei et sancte uualburgis virginis ad profectum et utilitatem ancillarum dei iam dicte virgini famulantium, nostra nostrorumque successorum et omnium hominum contradictione molestatione et diminoratione remota. Unde has donationis nostre apices fieri iussimus, statuentes et enixius banno nostro confirmantes ut ab hodierna die in reliquum absque cuiusque calumniantis persone contradictione ipsa ecclesia in *callo* sita in potestate sancte uualburgis virginis tranquilla dominatione consistat et loci illius abbatisse arbitrio in omnibus disponatur et custodiatur. Et ut verius credatur et a successoribus nostris diligentius observetur, sigilli nostri inpressione iussimus insigniri. Quicumque autem successorum nostrorum ausu temerario hoc vel infringere vel emittare presumserit, fiat ei iuxta apostoli sententiam dicentis: qui nos conturbat, portabit iudicium quicumque est ille Et iterum: Utinam abscidantur qui nos conturbant. Insuper sciat se inrevocabili anathemate innexum haberi et in extremo ultionis die cum diabolo et angelis eius se cruciandum, iuxta hoc quod sanctus Basilius de pastoribus ecclesie dicit: Si is qui preest fecerit aut cuiquam quod acto prohibitum est facere iusserit vel quod preceptum est preterierit, aut preterire mandaverit, santi Pauli apostoli sententia ingerenda est dicentis: Etiamsi nos aut angelus de celo evangelizaverit vobis, propter quod evangelizavimus vobis anathema sit. Actum hoc publice in *miskidi* iam dicta ecclesia anno incarnationis dominice millesimo XLII. indictione X. XV. Kal. aug. (L. S. impr.)

28.

1056—1075. Erzbischof Anno II. oder der Heil. übergiebt dem Stift zu Gesecke die Mutterkirche ad St. Cyriacum daselbst.

Nach dem Original im Archive der Pfarrkirche des Stifts daselbst.

✝ In nomine sancto et indiuiduo trinitatis. Notum sit omnibus tam presentibus quam futuris in xpo credentibus. quod ego peccator *anno* episcopus seruus seruorum dei miserans inopiam sacri cenobii quod est in *geseke* Suadente *Hathewiga* abbatissa eiusdem loci contrado ad ecclesiam sancti Ciriaci Baptismalem id est matrem ecclesiam eiusdem *uille*. contrado scilicet propter anime mee et predecessorum siue successorum meorum omnium animarum remedio uidelicet ad perpetuum augmentum diuine laudis in ipso loco. tertio inquam contrado et auctoritate sigilli mei in testamentum eternum confirmo et corroboro. tum uero anathematis impositione defendo. nequis unquam sancte dei ecclesie disturbator hanc eandem traditionem ullatenus mutare presumat. quia in perpetuum stabilis et inconuulsa permaneat.[16])

(L. S. impr.)

29.

1068. Juli. 30. befreit Erzbischof Anno der Heil. auf Bitten der Aebtissin Gerberge, den der Kirche zu Oedingen gehörigen Hof Witenchusen in pago Sosaciensi, von aller Zehntpflicht, wogegen der Villicus von Grening eine Entschädigung erhält.

Nach dem Original im Stadt-Archive zu Werl.

In nomine sancte et indiuidue trinitatis. Notum sit omnibus xpi fidelibus. quod ego *anno* dei gracia sancte coloniensis

---

[16]) Die Urkunde ist, wie die meisten von Anno, auf einem mehr langen als breiten Pergamen in weiten Linien mit geschwänzten e geschrieben. Zwischen dem, zum Theil zerbröckelten, in weißem Wachse tief unten aufgedruckten Siegel und dem Texte der Urkunde, ist noch ein weiter Raum, welcher vielleicht dazu bestimmt war, das Datum und die

ecclesie archiepiscopus. pro peticione et seruicio domine *gerbergis* abbatisse. curiam *Witenchusen*. ecclesie *ôdingen* pertinentem. scilicet in *pago sosaciensi* jacentem. sufficienti consensu ab omni jure decimali hac condicione absolui. ut in festo sancti jacobi tres solidi villico de *grening* annuatim persoluantur. Super hec omnia predicta. A. pie de futuro cogitans. uolens omne inpedimentum huius negocii in perpetuum remouere. pacemque incontaminatam omni posteritati relinquere. discretorum uirorum consilio. octo jvgera inter *sualenbruegen* et *grenig* jacentia. domui sue *witenchusen* subtraxit. et *grening* quod dignum est memorie adiunxit. Ut autem hec tradicio banno nostro sanccita inconuulsa permaneat. hanc cartam inde conscribi iussi et sigilli nostri inpressione firmari. hoc subnecteus. ut quisquis huius decreti. presumptuosus uiolator emerserit. ira dei plectatur. et usque ad satisfactionem sancte matris ecclesie communione priuetur. Data. iii°. k. augusti. anno dominice incarnationis. m. l. xviii. jndictione. vi. Regnante Dno. H. secundo romanorum inperatore augusto. feliciter amen. Testes sunt Berengerus prepositus sancti petri. Liuzo[37]) decanus. Bertolfus sancti andree prepositus. Laici adolfus aduocatus demonte. Engelbertus predicte ecclesie odingen aduocatus primus. Geriacus de wickerode.[38]) (L. S. impr.)

30.

1072. stiftet Erzbischof Anno der Heil. das Kloster Grafschaft.

Nach dem Original im geheimen Staats- und Kabinets-Archive zu Berlin.

In nomine sanctæ et indiuiduæ trinitatis notum sit omnibus christi fidelibus tam futuris quam et præsentibus, quod ego

---

Namen von Zeugen, welche fehlen, aufzunehmen. Das Siegel ist etwas abweichend von dem unter der folgenden Urk. Der Bischof hält das Buch und den Hirtenstab nicht vor sich, sondern in jeder Hand zur Seite. Es ist auch an Umfang kleiner, übrigens dem anderen ähnlich. Die nicht so abgekürzte Inschrift lautet: anno...... ensis archiep's.

[37]) Kindlinger II. 1068.

[38]) Die Urkunde sowohl, als das aufgedruckte große Siegel sind wohl erhalten. Letzteres stellt eine aufrecht stehende Figur unbedeckten Hauptes vor, welche in der Rechten einen Hirtenstab, in der linken ein Buch vor sich hält. Die Umschrift ist: Anno. Di. Gra. Stc. Colon. eccle. Archieps.

anno dei gratia coloniensis archiepiscopus quendam locum in saxonia *grascaft* uocatum, a quadam matrona nomine *chuniza* et filio eius *tiemone* acquisiui. Post hæc cum licentia papæ *alexandri* et imperatoris *heinrici*. anno autem dominicæ incarnationis. M°. Lxx°. II°. indictione x^a^. cum totius familiæ consilio. in eodem loco regulares monachos sigebergensis ordinis constitui. et omni pace et iusticia qua cæteræ colonienses abbatiæ utuntur. confirmando stabiliui. et omnibus archiepiscopis successoribus meis aliquid sæculare seruitium ab abbate illo exigere. sub anathematis uinculo constringens interdixi. Aduocatum sibi abbas eligat. qui placidum bis tantum in anno habeat. et non plus quam XII caballos afferat. In autumno et hieme sit eius seruitium duo maldra panis. duæ uictimæ porcinæ. et unus porcellus. IIII. pulli. et unus anser. IIII. casei. et xx. oua. una ama ceruisæ et medonis quantum fit de quadra unius urnæ mellis. Pabulum caballorum tria maldra auenæ. In estate et uere. tres uictimæ. et unus agnus. et pabulum. IIII. caballorum et cætera ut supra. Si in sequenti die rursus uult placidum habere. in abbatis sit arbitrio si prandium sibi uelit exhibere. Ut autem hæc dispositio stabilis et inconuulsa in æternum perseueret. sub inuocatione sanctæ et indiuiduæ trinitatis. et sub auctoritate sancti petri apostoli et sub iudiciaria omnium sanctorum districtione. et meo pontificali banno. et sub interminatione perpetui anathematis confirmaui. et mei sigilli impressione signaui. Hæc sunt nomina ecclesiarum et locorum quæ ad uictum et uestitum monachorum deo et sancto Alexandro iuste et legitime acquisita contradidi. *Worunbach*. *Attandarra*. *Luiodolfessceide*. *Falebreht*. *Hertsceido*. *Heslipho*. *Hademare*. *Hosteruelden*. *Felmedo*. *Buodeuelden*. *Brunescapellun*. *Ruothino*. Istæ sunt curtes *Nuzlare*. *Glintfelden*. *Hademare*. item *Hademare*. *Amelinchusun*. *Pretinholo*. Decem mansi quos dedit heinricus. *Luidolfessceide*. *Attandarra*. *Smerlecco*. *Alerenen*. *Hotzhusun*. *Buodeueldun*. *Felmedo*. *Leno*. *Beigenchusun*. *Brunescapella*. Ad *dietrinchegouan* mansus unus. Ad *luttardingehusun* mansus unus. *Berendorf*. *tatena*. *Suropo*. *Lannichofon*. *gledorf*. *Harhinedorf*. *Werhinedorf*. *Wedirichuelden*. De decimatione ad *suesacen*. libræ tres et dimidia. Ad *badelecche*. VIII. libræ. De beneficio liubizonis x. solidi. De beneficio Arnoldi xxv. solidi. *bensingen*. *Allinhusun*. *Nescellestein*. Ad *tietbac* uinea una. Ad *erpelle*. uinea una. Ad *erbinchusun* una domus. *Hasichenbruchun*. Decime. *Warsten*. *Badeliko*. *Mulnheim*. *Anlagen*. *Bergheim*.

3

In *hare*. *Vlede*. *Vane*. *Hiuenehusen*. *Thietwardinhusen*. *Hiddinchusen*. FELICITER. [**])

31.

1074. October 3. schenkt Erzbischof Anno II. dem Stifte St. Kunibert in Cöln, Einkünfte von den kleinen Höfen zu Soest, welches der heilige Kunibert für die Cölnische Kirche erworben und woselbst auch der Körper desselben ruhte.

Nach dem Original im geheimen Staats- und Kabinets-Archive zu Berlin.

C In nomine sanctæ et indiuiduæ trinitatis. *Anno* secundus coloniensis archieps omnibus xpi. fidelibus; tam futuris quam presentibus. Hado prepositus sancti Kuniberti familiaris michi iuxta ætatem et sapientiam suam. cum mecum sepe multa familiariter ageret. semper recurrit pio affectu et paterno corde ad mentionem suorum fratrum de eis bene loquens. ut eos per eum et eum propter eos diligerem. eos dignissimos opima prebenda contestabatur. sed locum inopem et deuastationem loci per *eueryerum* episcopum intus et foris illatam lamentabatur quam idem episcopus ut notum est omnibus; digna ultione uisceribus; effusis et sine peccatorum confessione luebat. lamentabatur etiam preter pallia. preter auream tabulam altaris. preter carradas librorum. pretor marmorea pauimenta. uillas cum æcclesiis et uineis quæ modo sunt aliarum æcclesiarum et militum beneficia. ut non possent facile restitui ita ut iustum esset per eundem episcopum ablatas; quarum uillarum nomina hæc sunt orientalis *speio* cum æcclesia. *lechilingon* cum æcclesia. æcclesiam in *muderisheim* et X^mam^ silue in *heldein*. *fliterethe*. *belle*. Hæc huius prepositi assidua et miseranda lamentatione nequaquam mecum consumpta et a me neglecta. accidit quod in angustias peccatis meis id exigentibus, citra timorem subito illapsus sum, quæ cum sint

---

[**]) Das nicht sehr wohl erhaltene, aufgedruckte Wachssiegel zeigt die halbe Figur des Erzbischofs, der in der Linken ein geöffnetes Buch hält. Von der Umschrift liest man: O DI GRA. COLONIE.

mihi celande. gloria autem uirtutis sanctorum Kuniberti. Clementis et Ewaldorum, ad quorum intercessionem et suffragia tunc temporis specialiter confugeram propalanda est, quia ut indubitanter noui intercessione eorum timor meus in spem, tristitia mea in gaudium. in securitatem periculum transfiguratum est et multorum contra me impia consilia frustrata sunt. Procul mora igitur eodem preposito hadone ad me accersito ut consecretario et familiari. iocunde letoque animo secum computabam ut pro tempore saltem aliquid meritis eorum responderem. Et iuxta consilium suum tradidi fratribus V. *libras soluendas de areis uel de curticulis susaziæ.*[40]) *quod eam sanctus Kunibertus sancto Petro acquisiuit, et quod pius archiepiscopus Herimannus postmodum effosso corpore sancti Kuniberti in susaziam translato. ab injustis et inoportunis heredibus, eam duello defendit et optinuit.* Post non multum temporis sanctos Ewaldos quamuis indignus presumsi transferre. et fratribus illis dedi unam libram in uilla que dicitur *geceron* in *masenzel*. uel *alpheim*. soluendos de reditibus siluarum xxx modios tritici. et in *heimmoraescheim* et in *strazfeldon* decimacionem noualium ad sustentationem diurnam. ad huc illis plus daturus ubicumque deus facultatem uel locum concesserit. ut si omnium ablatorum detrimenta non possim. quotquot possim deuote. et debito uoto loco illi subpleam. Actum est autem hoc coram testibus subnotatis. Azelino preposito. berengario decano. euerhardo. Ruotberto. gobone prepositis. coram laicis quoque francone. urbis prefecto. herimanno comite. gerhardo comite et ut uerius credatur firmiusque in posterum teneatur. hanc cartam in testimonium conscribi feci. Et in eodem monasterio in memoriale futurum reposui. Translatio vero predicta facta est. Anno dominicæ incarnationis M°. LXXIIII. indictione XI. V. Nonas octobris. Siquis ergo tantillum supplementi, quod fratribus predictis impendimus clericus siue laicus. actu uel consilio subtraxerit. aut siquis successor noster quod absit hoc permiserit et non defenderit. nouerit se alligatum sancti Kuniberti. Clementis et Ewaldorum meique banno. secundum subjecta uerba.[41]) Deus conteret dentes eorum in ore ip-

---

[40]) Später, 1243, verkaufte das Stift St. Kunibert diese Einkünfte wieder an das Patrokli-Stift zu Soest. Wir werden hierauf unten zurückkommen.

[41]) Die von hier an folgende merkwürdige Bannformel ist in der Zeitschrift für Archivkunde, Diplomatik und Geschichte von Hoefer, Erhard u. v. Medem I. 336 mitgetheilt worden. Die Abweichun-

3*

eorum et malas eorum confringet dominus. ad nilchilum deuenient tamquam aqua decurrens et famem pacientur ut canes. opera eorum inutilia et opus iniquitatis in manibus eorum sit. Pedes eorum ad malum currant cogitationes inutiles habeant. vastitas et contricio in viis eorum. uiam pacis nesciant. In tenebris ambulent. Salus elongata sit ab eis vermis eorum non morietur et ignis eorum non extinguetur in æternum domine fructum eorum de terra perdes. veniat mors super illos, destrue illos in finem et disperge illos in virtute tua domine. obscurentur oculi eorum ne uideant. fiant dies eorum pauci. maledicti in agro. maledicti in domo. maledicti fructus eorum sint. habeant oculos et non uideant. aures et non audiant. nares et non odorentur. gustum et saporem nesciant. sensum et non intelligant. De libro viventium deleantur et in ignem æternum qui paratus est diabolo et angelis ejus tristes a dei conspectu discedant. Te prestante domino nostro Jehsu Christo, qui uiuis et regnas in secula seculorum. Amen.[42])

32.

1077. Mai. 17. bekundet Erzbischof Hildolf, daß er die von Erzbischof Anno II. geschehene Einverleibung der Mutterkirche zu Gesecke, mit dem dortigen Stifte, feierlich bestätigt habe.

Nach dem Original im Archive der Gesecker Stiftpfarrkirche.

In nomine sancte et indiuidue trinitatis. Hildolfus. gratia dei coloniensis archiepiscopus. Notum facimus nostris cunctis xpi fidelibus. tam uidelicet futuris quam presentibus. qualiter predecessor noster santo memorie pater ac dominus *Anno*. archieps. per amorem dei ac interuentu *Hatheuuige* abbatisse. matricem ecclesiam que sita est in *Gesecho*. cenobio eadem

---

gen des vorliegenden Abdrucks, z. B. molas st. malas; nilchilum st. nichilum sind dem Original gemäß.

[42]) Das aufgedruckte runde Siegel zeigt den Erzbischof als Kniestück, in der Linken ein aufgeschlagenes Buch, in der Rechten den Krummstab haltend. Umschrift: ANNO ...... PS.

in uilla in honorem sti Ciriaci constructo in proprietatem contradidit.[43]) ea uidelicet intentione. ut si quid utilitatis inde proueniat. ad abbatisse hoc usum proficiat. Uerum quia negligenter quodammodo ac sine testibus facta est illa traditio. uidebatur nobis cautum et bonum ac predicta apud nos domina impetrauit abbatissa. quatenus per nos illius traditionis antique diligentius fieret renouatio. Renouauimus itaque eam in *Rigglenkhuson*. Anno dominice incarnationis. m°. lxx°. vii°. indictione. xv. viii kal. febr. episcopatus uero nostri primo anno coram testibus subnotatis. huberto preposito. herimanno camerario. gerhardo. ameiungo. herimanno. gerono. reginoldo. herimanno. berengario. Coram laicis uero. *cuonrado* comite. *adolfo* comite. reginboldo. suitchero. adolfo. christiano. tiemone. euernuino. hunone. folkmaro. heinrico. thiederico. Coram his testibus. banno nostro pacem sicut et antecessor noster abbatisse fieri precepimus. in supra dicta ecclesia quam ei dedimus. hoc cupientes et subnixe deum rogantes. ut si quis huius banni transgressor presumptuosus existat. odium dei. ac sancti ciriaci. omniumque sanctorum infestationem incurrat. Quod ut unusquisque fidelium xpi hoc audiens anathema timeat. et hoc a nobis pariterque ab antecessore nostro factum esse ut certius credatur. hanc inde cartam conscribi. ac sigilli nostri impressione iussimus testimoniari. scriptam de data per manum gerhardi capellani *Sosazie*. xvi. kal. iunii.[44]) (L. S. impr.)

33.

1079—1089. schenkt Erzbischof Sigewin die Kirche zu Erwitte dem St. Patrokli-Stifte zu Soest.

Aus dem Copialbuche Privilegia Ecclie. sti. Patrocli in Susato p. 27.

In nomine sancte et individue trinitatis. Universis tam presentis quam futuri temporis fidelibus notum esse desidero quod ego *Siguiuuinus* licet indignus sancte coloniensis sedis archiepiscopus ecclesiam quandam mei iuris et dominationis in

---

[43]) S. die Urk. Nr. 28.

[44]) Die Urk. hat etwas durch Moder gelitten; sie ist in weiten Linien mit geschwänzten e geschrieben; das aufgedruckte Siegel abgefallen.

regione angria in villa que dicitur *eruete* sitam pro anima cuiusdam gloriosi militis mei nomine *Waltheri*. partim ob amorem fratris eius venerabilis scilicet secundi *Annonis* archiepiscopi. partim quod ipse in legatione mea iuxta prefatam villam interfectus est ad altare Sti martiris Patrocli. quod est in *suosaz* qua corpus eiusdem *Walteri* sepultum est episcopali mea potestate donavi et contradidi. Eo videlicet pacto quatinus annuatim canonicis huius Sti martiris Patrocli. prepositus eorum in anniversario supradicti militis nostri die de prefata ecclesia consolationem quam refectoriam uocamus largiter exhibeat. et duodecim denarios ad lumina paranda missas quoque celebrandas persolvat. Facta est autem hec donatio bannoque nostro confirmata III° Kl. septembris in *suosaz*. sub horum presencia et testimonio. Hunberti prepositi. Johannis prepositi. Gerhardi. Gereonis. Herimanni. Ecelini. Regenoldi. Bezonis capellanorum. *Luipoldi*. *Herimanni* comitum. turing... feltmanni. Marcolfi. Waltberti. Herimanni. Popponis. Randradi militum. Heinrici. Raetheri. Herimanni. Razonis. Wiunechonis. adelrici. acelmi. *Seberti*. *Lieuechonis*. Herimanni clientum. feliciter.

34.

1079—1089. bestätigt Erzbischof Sigewin von Cöln, die Schenkung der Güter zu Berchheim und Frenkeschonhodengin an das Stift Meschede; geschehen von der dortigen Aebtissin Gerberge und ihrer Schwester Adelheid.

Nach dem Original im Stadtarchive zu Werl.

In nomine sancte et indiuidue trinitatis. *Sigewinus*. cooperante gratia sti spiritus. coloniensis ecclesie archiepiscopus. Dum incerto fugientis huius seculi ac momentaneo teneamur spacio. solicitos nos oportet esse. et in futuro felix remedium nobis prouidere. et quia humane fragilitatis occasione peccatum adicimus (sic) super peccatum cottidie. optimum est et salubre consilium. sanctos dei et patronos nostros cum precibus tam facultatibus nostris implorare. quatenus eorum interuentu dei clementia nos liberare dignetur à tanto peccati contagio. et expeditiores suo reddere seruitio. Vnde notum esse cupimus cunctis xpi fidelibus. qualiter. dna. *Gerberch*. dei ancilla ac cenobii sancte Walburgis quod est in *Meskethe* abbatissa. qualiter inquam ipsa ac soror sua Dna. *adelheit* ob predictum remedium. quidquid predii uise sint habere in *Bercheim*. et in *frenkeschonhodengin*. cum omni utilitate eorum in proprietatem dederunt per manus *bernardi comitis* in cuius erant mundibordio. predicte sancti dei ecclesie ad utilitatem sororum ibidem deo seruientium. hac etiam adhibita conditione. ut post obitum predictarum sororum quecunque proxima eis consanguinitate in predicto claustro supererit. ipsa in obedientiam supradicta predia recipiat. et ut prefate statuerunt germane eadem sanctimonialibus in oblationes singulis annis amministrari caute preuideant; *Mancipia* uero que dederunt quia fastidium est enumerare. duo tantum proponuntur. *Gyntram* scilicet ac *Wendelburch* cum filiis suis. ut per hos ceterorum intelligatur traditio legalis. ita uidelicet ut quamdiu ipsorum maior natu uixerit. ipse ceteris interim non soluentibus. II°̤ˢ solummodo predictam ad ecclesiam persoluat denarios. Huic traditioni testes intererant. Vdo. Richmunt. Ruotuuart. Nithunk. Markolf. Skerfolt. Anshelm. Nos quoque huius traditionis kartulam iussimus sigilli nostri impressione corroborari. odio dei et sancte Walburgis ac banno nostro anathemizantes eum. quicunque ausu temerario predictam traditionem conabitur infringere.[41])

35.

1101. August. 21. bestätigt Erzbischof **Friedrich I.** die von dem heil. **Anno** geschehene Collation des **Decanats von Engern** an das Stift zu Meschede; welchem er unter Erzbischof **Hermann III.** durch Einzelne war entzogen worden.

Nach einer Abschrift im Pfarrarchive zu Meschede.

In nomine sancte et indiuidue trinitatis. Quia pastoralis cura maxime pontificalis sublimitas ad hoc membris suis competen-

---

[41]) Das handgroße Siegel ist abgefallen; es war unten rechts der Urkunde aufgedruckt. Die Urk. ist 2 Fuß hoch und stark 1½ Fuß breit.

tibus à Domino per Petrum et à Petro committitur vt vndique pleni oculis ante et retro circumspiciant debilia roborent et quod dissolutum est colligent et vnicuique subdito pro necessitate sui subvenire non dissimulent. Ego *Fridericus* sancte Coloniensis Ecclesie quamuis indignus Archiepiscopus sanctorum predecessorum meorum sic vestigia imitari et discernere pro capacitate divine gratie nobis collate decreuimus vt quod ab eis canonicali industria et apostolica authoritate constitutum fretum ratum esse cognoscimus consultu fidelium nostrorum non soluere firmare stabilire sed omnibus modis augere pro opportunitate nostra deuote instituimus. Qua de re notum ergo esse uolumus tam presentibus quam futuris ste Ecclesie fidelibus quod tempore domini mei *Heremanni* Archiepiscopi beate memorie — cui nos viciniori gradu in eadem sancta sede successimus — *Decania Angrie* congregationi sanctimonialium dicte *Meskethe* absque generali et synodali judicio subtracta est à quibusdam. Quam mire sanctitatis *Anno* secundus eidem loco pro redemptione tam precedentium predecessorum quam etiam sequentium sancte Coloniensis Ecclesie pontificum contulit. Quia locus ille sancte Walburgi virgini consecratus nimia paupertatis instantia grauabatur et sic ibi sancti propositi integritas habebatur. Nos ergo et justitie et compassionis regula astricti omniumque fidelium nostrorum tam abbatum quam prepositorum judicio roborati ipsiusque quoque abbatisse *Ide* ceterarumque sororum ibidem Deo et sancte Walburgi militantium querimoniis et fletibus paterne commoti predictam *Decaniam Angrie* eidem congregationi in perpetuum habendam firmiter tenendam et disponendam tradimus et confirmamus et eodem vinculo anathematis quod sancte memorie predecessor noster *Anno* secundus sanctiuit obligamus et à generatione in generationem stabilimus et vt nulli persone hoc dubium videatur huic kartæ sigillum nostro authoritatis impressimus. Huic quoque traditioni et confirmationi aderant testes et cognitores Hermannus abbas de S. Pantaleone. Rudolphus abbas S. Heriberti. Arnoldus prepositus S. Petri apli. Ingeramnus prepositus S. Seuerini. Euerardus prepositus S. Andree Apli. Bernardus prepositus de Susato. Bereuigus capellarius. Euerhelmus capellarius. Wigmannus capellarius. Hubertus capellarius. Henricus presbyter. Sigefridus palatinus comes. Lupoldus comes d. D. Albertus comes de Saffenbergh. Heremannus aduocatus de Busenhagen. ex familia sti. Petri Heremannus aduocatus. Almarus dapifer. Bruno pincerna ex familia predicte abbatisse Ide Giselbre. Regenio. Godefridus. elichin. Rimer. Nennechin. Cilo cum aliis multis. Acta sunt hec anno millesimo centesimo primo. Indictione nona. Regnante Henrico tertio Romanorum Imperatore Augusto et Friderico ste. Colon. sedis Archiepe. sub die XII. Calend. Septembris.

(L. S. majoris in alba cera infusi.)

36.

1101. beurkundet Bischof Heinrich II. von Paderborn, wie Graf Erpo von Padberg zu Boke an der Lippe ein Kloster gestiftet und mit welchen Gütern er es ausgestattet.

Vollständig abgedruckt in *Schaten* ann. Paderb. ad ann. 1101.

In nomine — trinitatis. *Henricus* — Patherbrunnensis Ecclesie Episcopus. — notificamus — qualiter fidelium nostrorum precipuus *Erpho Comes* in diœcesi nostra Cenobium in honorem s. Dei genitricis in fundo qui *Boca* nuncupatur super lippiam fluuium sito qui coniugi eius Domine *Beatrici* hereditaria successione competebat instituit et predia que vel habebat vel industria conquirebat, monachis inibi christo seruituris delegavit, de nominato autem predio nouelle institutionis Ecclesiam rogatu ipsius Domne initiari, fundari, dotari decreuit et hec sunt relique possessiones quas ipse Comes de proprio in usus fratrum separavit. In *Flietorp* Ecclesiam cum dote et duo predia cum mansis. In *Langeuorde* Ecclesiam cum dote et predium cum mansis. In *Veerhol* Ecclesiam cum dote et predium cum mansis. In *Mulenhus* Ecclesiam cum dote et vnum predium *Hassapa, Holte, Loithar, Berdinchus, Meskus, Winemarinchus, Gembike, Hulikissen Holthus.* — Actum in ipsa Ecclesia, Anno singularis natiuitatis m°. c°. i°. Indict. x^a^. Imperante Henrico iv. Testes fuerunt Abbates Erkenbertus Corbeyensis Abbas. Gumpertus Patherbrunnensis. Thietmarus Helmwardicensis. Nobiles *Thietmarus frater Comitis*. Wydikindus. Volckmarus. Thietmarus. Bernhardus. Henricus. Ministeriales Adeluuardus — et alii multi.

37.

1104. beurkundet Graf Erpo von Padberg die von ihm im J. 1101 geschehene Stiftung des Klosters Flechtorf.

Nach dem Abdruck in *Fürstenberg* monum. Paderb. p. 141.[44])

In nomine domini. *Erpo* dictus *Comes* in *Patberg*. Ad notitiam omnium fidelium peruenire desideramus, quod nos ad honorem domini nostri Jesu Christi. et sanctæ eius genetricis virginis Mariæ. et super reuerenda ossa beati Landolini confessoris, quæ sanctæ memoriæ *Baduradus* Paderbornensis Episcopus de diœcesi Cameracensi transtulit et in loco qui dicitur *Boca,* integraliter deportauit, nouellam plantationem religionis s. Benedicti construximus, super fluvium qui dicitur Lippia, quod opus structuræ meæ consilio et adjutorio domini *Henrici* Paderbornensis Episcopi inceptum comites de *Nitehe* minis et terroribus, ne perficeretur impedierunt, asserentes se veros heredes loci illius esse post mortem dominæ *Beatricis* conjugis nostræ. Unde inito consilio prædicti Episcopi transmigravimus Abbatem et fratres ejus, qui cum ipso erant, in villam nostram quæ vocatur *Fletorp* et ibi incepimus structuram nostram consummare, anno gratiæ m°. c°. i°. ad honorem piæ matris et ut ardentius instarem benignissimus Dominus flagello suo me torpentem excitavit hoc modo. Quodam tempore opidanis in *Horhusen* forte injuste in tantum offensus ut incendio oppidum totaliter destruere et consumere vellem. et iam ignem immittenti quidam de ipsis opidanis, ad Ecclesiam s. Magni gloriosi martyris fugientes, imaginem crucifixi domini rapuerunt et eam ferentes obviam mihi furenti processerunt. At ego præ furore rationem non capiens ad portatores crucifixi evaginato gladio ut stultus miser irrupi et quod crucifixo pro corona capiti impositum est, percussi et partem in terram dejeci. Nec sine mora ultio divina defuit, nam digiti mei, quibus ferrum ad contumeliam sanctarum reliquiarum strinxeram in volam manus contracti præsentiam et

---

44) Diese Urkunde ist schon viermal abgedruckt; bei Fürstenberg, bei Schaten ad ann. 1101 und zweimal bei *Stangefol* opus chronolog. L. 3 p. 288. Der Abdruck bei Schaten ist ohne Datum und der fehlerhafteste, weil er bisweilen ganz den Sinn verfehlt. Die bei Stangefol sind correcter, aber nicht vollständig; sie schließen mit den Worten virgini Mariæ contradidi. Es ist deshalb der von Fürstenberg zum Grunde gelegt und hie und da nach Stangefol berichtigt. Das Original ist verloren.

iram æterni judicii ibi adesse persensi. Tunc igitur ejus flagello castigatus et tamen de eo quod scriptum est; flagellat omnem filium quem recipit, fiduciam sumens, præsumebam a misericordia dei me diligi, quod merebar affligi, præfatæ Ecclesiæ beati Magni de meis possessionibus mansum unum et Monasterio meo *Fletorpensi* omnia mea et me ipsum, ministeriales meos cum beneficiis et possessionibus, item *servos omnes mihi bene in hoc consentientes,* dominæ meæ perpetuæ virgini Mariæ contradidi. Constituo et præsenti scripto sigillo nostro roborato jubeo ut post mortem meam aliam personam ecclesiasticam abbas et qui cum eo sunt fratres eligant et ei proprietatem monasterii mei tradant et ejus consilio et permissione advocatum ad tempus unius anni vel duorum si opus sit eligant, finito vero advocatiæ suæ termino, iterum si necesse sit, non de progenie prioris, sed alium ut caveatur ne aliquis in advocatia hereditario jure succedere possit. Ministeriales mei, qui modo sunt ministeriales Monasterii, in quacunque parochia moriantur, sepulturam in prædicto meo monasterio eligant et habeant, et optimum equum, quem quis habeat, et arma ibidem offerat. Jura vero in accipiendis vel dandis hæreditatibus, secundum jura ministerialium, ubi se tradiderint, habeant. Actum anno m°. c°. iv. tertio Nonas Julii.

38.

1114. übergeben sich mehrere freie Familien der Kapelle des Grafen Friedrich v. Arnsberg als Wachszinsige.

Nach dem Abdrucke in Kindlingers Münster. Beiträgen. B. 2. Urk. 16.

Notum sit Deo omnipotenti cum sanctis ejus et omnibus orthodoxis atque Catholicæ et apostolicæ fidei cultoribus nec non cunctis fidelibus tam vivis quam defunctis quod Bunico cum familia ejus, Herph cum sua, Huozes et sua, Hebeko cum sua, Hojo, Eppo, Voodo, Lambracht, Beneka de Dreven, Theodericus de Glodereu, Nelden, Elimarch, Hojo Parentela ingenua a liberis parentibus geniti ultro semet ipsos in *sancto Cenobio Castri Arnsbergensis* serviendos obtulerant, eo videlicet tenore, ut Auxilium ac Defensionem a *Friderico Comite egregio ejusdem Castri Provisore* impetrarent. Distincte autem ac intima relatione constitutum est, ne umquam Comiti alicui, nec Vicecomiti, sed Friderico et ejus soli successori et Capellano ibidem servienti fideliter obediant. Censum vero ex cognatione .... [47]) in Penthecoste supra sanctum altare persolvat voluntarie, scilicet denarios binos vel duas denariatas cere; femina ex illa procreatione nubens ..... [48]) sex denariis redimat. Cum autem, quod commune est omnium, quis eorum mortem consecutus occumbat, si masculus, heres ipsius jumentum vel pecus obtimum, si femina, indumentum obtimum Clerico spontaneus tribuat, quid plura —[49]) Siquis istud Cyrographum et jus constitutum causa avaritie, invidii vel odii deleri conatur, omnibus sanctis Dei vita vivens maledicatur, ac post mortem trans freto Acharonte in inferni locum jugiter mansurus demergatur. Hec acta sunt *in Pago Hengeren* in predicto *castro Arnsberg*, anno ab Incarnatione Domini m°. c°. xiiii. regnante Henrico Imperatore Augusto, et Friderico Comite, ac militante Alberone Castellano et Helingero Capellano eo tempore fideliter et non pigre famulato (famulante). Testes rei geste astiterunt Syfrid, Wall, Ludolff, Hemmo, Albero, Folger, Wecell et ceteri.

39.

(1101—1131.) bestimmt Erzbischof Friedrich I. die Erbfolge auf einem Bauernhofe Linsope, auf welchem ein Höriger (sti Patrocli minister) eine Freie geheirathet hatte, welche sich, um die Nachfolge im Gute zu behalten, mit ihren Söhnen zu Wachszinsigen des heil. Patroclus macht.

Nach dem Original im Patrocli-Stiftarchive zu Soest. [50])

In nomine sancte et individue trinitatis. Quoniam juxta illud poete: Omnia digerit aetas. Communi fratrum et ministerialium

---

[47]) Kindlinger hat den Abdruck nach einer Abschrift aus dem 14ten Jahrhundert geliefert, welche hier eine Lücke hat. Im Original stand vielleicht singulis annis; vielleicht auch senior masculus.

[48]) Im Original war diese Lücke vielleicht durch die Worte pro Bedemund ausgefüllt.

[49]) Hier ist scheinbar wieder eine Lücke, obgleich sie in der Abschrift nicht angedeutet worden.

[50]) Diese Urk. ist schon gedruckt in Kindlingers Beiträgen B. 2.

edicto. hec gesta huius scedule adaptauimus testimonio. Notum ergo sit xpianis omnibus. tam futuris quam presentibus. quia de *linsope sti patrocli minister brothiko*. coniugem liberam nomine *gundradem* ritu sibi copulauit legitimo. Hec autem ut post uiri sui obitum. predictum optineret bonum.[51]) semet cum filiis suis *uuardmundo* et *gerlago* ad sanctum tradidit patroclum. uidelicet in custrie officium. ut quam diu uel ipsa uel filii sui uiuerent. sine omni contradictione in bono *linsope* sederent. Hac tamen intermixta conditione. ut annuatim sancto patroclo duas denariatas cere in ipso die pentecosten persoluat deuote. Sed ea mortua. rursus in ipsa familia. maximus annis et etate. et predictum censum et in decreto tempore. scilicet in sancto pentecosten. cum summa mentis persoluat humilitate. His ita peractis[52]) sciendum quoque est. quod idem *brothiko*. suam et hereditatem supradicte mulieri liberisque ipsius iure donauit hereditario. Eo uidelicet pacto. quatenus morbis fatigati uel senio. bonum ecclesie si uelint exire exeant. si remanere. in eo remaneant. sed tamen si placuerit eos exire. in datam sibi hereditatem. sine omni intrent prohibitione. Hec itaque ideo sunt conscripta ut a generatione in generationem permaneant inconvulsa. si quis autem contradicere. uel infringere. uel anichilare presumpserit. proh dolor cum iuda domini proditore perpetuis penis iugiter subiacebit. Huius uero rei testes idoneos habuimus. quorum nomina hic conscribi decreuimus. Canonici. Othelricus prepositus. Hunricus[53]) decanus. *Wernherus magister scolarum*. Liuppo. Radolfus. Otbertus custos. Godescalcus cellerarius. Wanniko. Rothingerus. Ministeriales. Nizo prefectus. Lieuiko cum fratre suo ezelino. Bernhardus. Sigifridus. Thiedericus santi petri minister. lezo. Ezelinus preco.

fridericus eps.[54])

Urk. Nr. 24. aber nicht blos mit bedeutenden Abweichungen in der Orthographie, sondern auch mit mehreren Auslassungen.

[51]) Diese Worte: Hæc autem, ut post viri sui obitum prædictum obtineret bonum, welche dem Ganzen erst den richtigen Sinn geben, fehlen bei Kindlinger.

[52]) Kindlinger hat peracta.

[53]) Kindlinger hat Hinricus.

[54]) Die Unterschrift, welche bei Kindlinger fehlt, ist von einer anderen, jedoch gleichzeitigen Hand, also wahrscheinlich die des Erzbischofs Friedrichs I. und daher dieser der Aussteller der Urkunde. Das aufgedruckte große runde Siegel in gelbem Wachse ist wohl erhalten. Es stellt einen sitzenden Bischof mit dem Pallium, aber ohne Mütze vor, welcher in der Linken ein offenes Buch, in der Rechten einen Hirtenstab hält. Die Umschrift ist: † Fritherìcus. Di. Gra. Coloniensis. Archieps.

40.

1119. beurkundet Erzbischof Friedrich I. unter welchen Bedingungen ein Freier, Namens Elikin sich mit seinen Gütern zu Wetmeresledde, als Ministerialhörigen dem heil. Peter übergeben habe.

Nach dem Original im Archive des Klosters Oelinghausen.

In nomine sancte et individue trinitatis. *Fridericus* dei gratia sancte coloniensis ecclesie archiepiscopus. Nouerint omnes tam moderni quam posteri xpi fideles. iusticie et legum conseruatores. qualiter quidam fidelis homo nomine *elikin*. cum esset liber. se sua uoluntate et agros quos possedit. cuidam uille *wetmeresledde* adiacentes. patre suo. et ceteris propinquis et amicis suis astantibus et consentientibus. beato petro mancipauit. ea uidelicet conditione. ut in loco ministerialium haberetur. eandem possessionem agrorum de manu nostra suscipiens in beneficium. ita ut ipse et posteri eius absque omni redemptione permanerent. unum tamen obseruantes quod annuatim duos solidos pro omni decimatione persoluerent. Que conditio ut rata et inconuulsa permaneat. beati petri. et nostri banni auctoritate. et sigilli nostri inpressione corrobamus. nec non et annotatis testibus. tam clericis quam laicis. Quorum nomina hec sunt. Othelricus prepositus. Theodericus. Gvigmodus. wiricus. arnoldus. *Theotmarus. de pathberch*. hermannus. et filius eius gerhardus. alohmarus aduocatus. *Tiemo. uillicus*. et frater eius regenbodo. benno. et filius ipsius Theodericus. Actum est autem *susati* ab anno dominice incarnationis. m. c. xviiii. [55])

41.

1120. bekundet Erzbischof Friedrich I. wie er das Schloß Padberg von dem Edlen Dietmar und Beatrix der Wittwe dessen Bruders: Erpo von Padberg, erworben habe.

Nach dem Kopialbuche des Klosters Flechtorf.

In nomine sancte et indiuidue trinitatis. *Fridericus* dei gratia sancte Coloniensis Ecclesie Archiepiscopus, sciat omnium fidelium

[55]) Die Urkunde hat geschwänzte e. Das Siegel des Erzbischofs ist aufgedrückt.

christi tam posterorum quam presentium deuotio, qualiter nos diuina fauente clementia ad honorem beati Petri ad subsidium et monimentum nostri nostrorumque successorum Archiepiscoporum *castrum Pathberg* cum allodiis omnibusque appendiciis uidelicet Ecclesiis, *mancipiis*, campis cultis et incultis, siluis, pratis, molendinis, aquis, aquarumque decursibus, omnibusque presentibus et futuris usibus, a quodam nobili uiro *Thietmaro* et fratris eius *Erphonis* vidua *Beatrice* acquisiuimus et ab eodem *Thietmaro* predictaque uidua beato Petro contradi sine reclamatione optinuimus. Inter ceteras possessiones Ecclesiam quandam in pago *Flicztorp* beato Petro est contradita, in qua studio prememoratorum fratrum collectus erat nostrorum Monachorum pro ipsorum salute religiosam et pauperem vitam ibidem ducentium, Eandemque itaque Ecclesiam tam pro nostra predecessorum successorumque salute, quam pro ipsis fundatoribus perpetua stabilitate confirmantes, Quecunque ad ipsam Ecclesiam et ad fratrum ibidem deo seruientium necessitatem tradita sunt, uel postmodum tradentur, inconuulsa permanere ordinamus, scilicet ipsam Ecclesiam cum dotali manso et duo Voruuerc in ipsa uilla et sex mansos, quatuor in *Renecke*, duos in *Nortuuike*, duos et dimidium in *Esbike*, in *Gambike* duo Voruuerck et vnum mansum. In *Adorp* vnum mansum, in *Meskerinchus* vnum Voruuerck, in *Mulinhusun* Ecclesiam cum dotali manso, et vnum Voruuerck et vnum mansum, in *Hassaba* vnum Voruuerch et tres mansos, in *Werthol* Ecclesiam cum dotali manso et vnum Voruuerck et septem mansos. In *Langeforde* Ecclesiam cum dotali manso et vnum Voruuerck et septem mansos. In *Hotte* vnum Voruuerck et tres mansos. in *Holtorp* vnum mansum, In *Dannenbrucke* vnum Voruuerck et quinque mansos, In *Loithar* vnum mansum. In *Sinasdorp* vnum mansum, In *Holleitehus* vnum, in *Herda* vnum, in *Buka* Ecclesiam cum manso, et prædium cum mansis attinentibus, In *Cozthusz* vnum molendinum et beneficia ministerialium ad eandem ecclesiam pertinentium xxvi mansi et vnum Voruuerch. Concedimus etiam fratribus eiusdem Cenobii secundum propositum sancte conuersationis Abbatem si in loco suo inuenerint idoneum eligere uel de nostris regularibus claustris nostro et successorum nostrorum consilio assumere, ipsosque Abbates omnia que ad vsum fratrum respiciunt, libere disponere, et ne quis temerarius aliquis audeat presumere uel possessa siue possidenda ab vsu fratrum alienare auctoritate dei et beati Petri et uenerabilis domini pape Calixti banno seu nostro omnia sua eidem Ecclesie confirmamus et perpetuo iure retinenda huius preuilegii attestatione sigilliquo nostri impressione corroboramus. Si quis uero quisquam contra privilegii huius preceptionem et contra ipsius ecclesie liberam ordinationem perpetrauerit, huiusmodi tradimus sathane in interitum carnis donec digna satisfactione resipiscat. vt spiritus eius in die domini saluus fiat. Actum est hoc et confirmatum a nobis anno ab incarnatione domini m°. c°. xx°. Indictione xiii^{a}. et domini pape Calixti anno iido. Archiepiscopatus nostri anno xviii°.

42.

1120. Aelteste Statutarrechte der Stadt Soest.

Nach dem Original im Soester Stadtarchive.[16])

1) Audiat universitas antiquam et electam susattensis oppidi

---

[16]) Das Soester Recht ist in verschiedenen Handschriften und gedruckten Ausgaben vorhanden. Von den Handschriften ist diejenige, welche wir unserem Abdrucke zum Grunde gelegt haben, die älteste. Sie gehört zwar, ihren Schriftzügen und der Fassung nach, einer etwas späteren Zeit an, als worin sie hier vorkömmt; allein ihr wesentlicher Inhalt, das älteste Soester Recht, reicht zuverläßig in diese, vielleicht in eine noch frühere Zeit, weil die folgenden Urkunden Erzbischof Arnolds von 1144 und Reinalds von 1165 ausdrücklich darauf Bezug nehmen und letztere sogar einzelne Sätze daraus aufgenommen hat. Die zweite Handschrift ist etwas jünger als die vorige, sie giebt einige Sätze in veränderter Form und läßt andere, als veraltet ganz aus. Im Ganzen sind aber die Abweichungen unbedeutend, so daß sie als Varianten in den Noten angeführt werden konnten und ein wiederholter vollständiger Abdruck beider Handschriften überflüssig schien. Jedes Exemplar ist auf eine große Pergamentrolle geschrieben, beiläufig 2½ Fuß lang und breit, das jüngste jedoch etwas schmaler. Dieses hält 54, jenes 66 Zeilen ohne Absatz, welche wir hier, der bequemeren Uebersicht wegen, in 63 Artikel getheilt haben. Die dritte Handschrift ist in dem alten Soester Stadtbuche enthalten und unter dem Namen der alten Schraae bekannt; sie ist eine deutsche Uebersetzung und theilweise Umarbeitung des alten Soester Stadtrechts, mit Zusätzen seit 1350. Im Ganzen hält sie 178 Artikel. Die vierte endlich, ist eine noch jüngere ähnliche Ueberarbeitung des alten Rechts, welche aus der Veranlassung, daß das Stadtbuch mit der alten Schraae entwendet war, um 1530 angefertigt wurde. Sie enthält überhaupt 138 Artikel und ist als neue Schraae auf ein großes Pergamentblatt geschrieben. Diejenigen Artikel, welche die Schraae aus dem alten Rechte aufgenommen hat, haben wir als Parallelstellen in den Noten angeführt. — Von den gedruckten Ausgaben wollen wir nur die besten, nämlich die von Häberlin und

iusticiam.[57]) — 2) cum tria sint oppidi susatiensis iudicia. prepositi. Aduocati. et schulteti.[58]) — 3) Prepositus susattensis de iure debet facere denunciari synodum. tribus uicibus in anno. quamlibet sex septimanis ante. cui inter esse tenentur omnes qui domestici sunt infra oppidum. Dum modo sint domi.[59]) — 4) Synodus uero sine cauillatione[60]) est tenenda. — 5) Quemcunque scabinum[61]) burgenses statuerint. ipsum prepositus acceptabit.[62]) — 6) Causa que coram preposito mota fuerit. et terminata. uel per iusticiam. uel per misericordiam. ab alio iudice retractanda non est.[63]) — 7) Aduocatus susattensis de iure tribus uicibus in anno. iudicio suo presidebit. atque[64]) hoc certis temporibus. uidelicet. secunda feria. et iii

---

Emminghaus, bei denen die übrige Literatur nachgesehen werden kann, nennen. Jener gab zuerst 1748 zu Helmstädt das jus antiquissimum heraus; dieser 1749 zu Jena in den Memorabilibus Susatensibus p. 99. und 136. ebenfalls das jus antiquissimum und p. 137. die alte, p. 199. die neue Schraae. Alle diese Abdrucke sind incorrect. Im Jahr 1755 ließ Emminghaus einen Commentarius in jus Susatense antiquissimum folgen, welcher den Text des alten Rechts mit Parallelstellen aus der Schraae etwas richtiger wiedergiebt und 1764 endlich gab Häberlin seine Analecta medii ævi heraus, worin ebenfalls S. 507. u. 518. das jus antiquissimum wieder enthalten ist. Dieser Abdruck ist ziemlich, jedoch nicht ganz correct. Häberlin hat seinem Vorgänger Emminghaus alle Fehler, bisweilen zu emsig nachgerechnet. Wir haben Häberlin berichtiget und geben somit den ersten ganz diplomatisch genauen Abdruck dieses alten Rechts-Monuments.

[57]) Die jüngere Handschrift sagt: antiquam electam et approbatam opp. sus. iusticiam. Schraae Art. 1. »dat alde ghekorne vnde gherruvede Recht.«

[58]) Die jüng. Handschr. hat: cum igitur in dicto oppido Susac. tria sint iudicia. Videlicet domini archyepiscopi coloniensis, ... (dieses Wort ist ausgekratzt) ac prepositi. Schraae Art. 4: »vnses heren van Colne des Provestes unde des Raydes.«

[59]) J. H. prep. susaciens. duobus terminis in quolibet anno presidebit synodo in oppido susaciensi et dictam synodum sex septimanis ante quemlibet terminum denunciari faciet. Das Uebrige wie im Texte. Schraae Art. 5.

[60]) Die j. H. setzt hinzu et captiositate. Schraae Art. 5. »sunder Scheltword vnd sunder Vare.«

[61]) Die j. H. setzt hinzu: quod Etswere dicitur theutonice.

[62]) Die j. H. setzt hinzu: admittet et nequaquam contradicet. Schraae Art. 6. »weliken Eytswere.«

[63]) J. H. causa etiam que coram dicto preposito in dicta Synodo mota fuerit et terminata. per iustitiam. gratiam. vel misericordiam. ab alio iudice nullatenus est retractanda. Schraae Art. 5.

[64]) Häberlin p. 508. liest: et.

post octauam epyphanie. Item ii feria et iii post quasi modo geniti. Item ii et iii feria post Natiuitatem sancte marie. — 8) Presidebit autem pie. et absque cauillatione. — 9) Si forte aliquis defuerit uel nimis tarde uenerit. Unum *lotscilline* uadiabit. — 10) Quicumque etiam ibi insolens fuerit. sex solidos uadiabit in gratiam. — 11) Quemcumque etiam preconem burgenses statuerint. illum aduocatus acceptabit. — 12) Presidebit autem aduocatus. sine peticione. et omni cauillatione. quia archiepiscopus de curiis suis. quatuor marcis. qualibet uice aduocato administrabit.[65]) — 13) Preterea iuris aduocati est. hereditatem accipere frisonum et gallorum.[66]) — 14) Siquis ferro acuto. quempiam uulnerauerit, manu priuabitur. quod ad iudicium aduocati respicit. si infra oppidum contigerit.[67]) — 15) Si quis infra murum hominem occiderit. capite truncabitur.[68]) — 16) Causa que coram aduocato. uel schultheto. iuste uel amicabiliter decisa fuerit. rata esse debet et firma.[69]) — 17) Siquis contra hoc ueniens. conciuem suum ad alienum sine grauius iudicium traxerit, decem marcas burgensibus componet. et insuper carratam uini.[70]) — 18) Siquis ferro acuto quempiam uulnerauerit.[71]) duobus testibus rationabilibus conuinci potest[72]) quam reus poterit se excusare. — 19) Siquis est[73]) de homicidio pulsatus. septima manu tactis reliquiis conuinci potest. Siquis uero de homicidio uel de acuti ferri lesione conuinci nequiuerit. tactis reliquiis. duodecima manu se expurgabit,[74]) — 20) Quod si ille qui male-

---

[65]) Die Art. 7. bis 12. fehlen in der jüngeren Handschr. u. in der Schraae.

[66]) Schraae, Art. 38. »Breysen vnd der Walen Erue binnen der Stat. dat is des Gherichtes vnses Heren van Colne.«

[67]) Stimmt mit d. j. H. jedoch ist darin das Wort aduocati gestrichen und von einer jüngeren Hand darüber geschrieben: et concilium. Schraae. Art. 18. »We den anderen wundet binnen der Stat, mit — Wapene, dey hebet vorboret sine Hant.« Vom Vogt ist nicht die Rede.

[68]) Schraae Art. 16.: »Wey eynen doyt sleit binnen der Stat, efte buten — dei verburet sin Lyf, vnde nicht sin Ghut.«

[69]) J. H. causa vero que coram iudice domini Coloniensis archiepiscopi supradicti uel coram aduocato (dieses Wort ist wieder gestrichen u. darüber geschrieben: concilio) iuste uel amicabiliter decisa fuerit. rata debet esse et firma. Schraae Art. 135. »Juwelik Sake dey vor deme Rayde, efte vor deme Gherichte vnses Heren van Colne.«

[70]) Schraae Art. 135.

[71]) Häberlin p. 509. liest: vulneravit.

[72]) Die j. H. setzt hinzu poclus. Schraae Art. 16.

[73]) Häberlin p. 509. hat das Wort est übersehen.

[74]) Schraae Art. 18. Von den Reliquien ist in ihr nicht mehr die Rede.

fcium perpatrauit. aufugerit. domus eius et quicquit habet. secundum nostri iurisdictionem destruetur. et ipse proscribetur. quod uulgo. *frethelos* dicitur. si uero factum negare uoluerit duo probabiles uiri si adsunt. cogentur testimonium ueritati perhibere.[75]) et sic non admittetur rei expurgatio.[76]) — 21) Si autem predo. siue latro. uel quamcumque[77]) facinorosus muros. oppidi intrauerit. pacem firmam habebit. nisi quis eum auctoritate iudicii conuenlat, et conuictum puniri faciat. Actor uero. si inuento reo. copiam preconis habere nequiuerit. detinere reum licebit. et proclamando suam causam manifestare.[78]) — 22) Si aliquis infra muros oppidi. pacem uiolauerit. et sanguinem effuderit. et conuictus fuerit. sexaginta uadiabit solidos. uel penam statutam sustinebit. et quicquid burgenses de illis solidis decreuerint accipiendum. iudicium terciam partem habebit.[79]) — 23) Si quis conciui suo insidias tetenderit. uel ui domum ipsius appecierit. et conuictus fuerit. decem marcas et carratam uini uadiabit.[80]) — 24) Qui intempeste[81]) noctis silentio domum cuius quam intrauerit. et bona ipsius. furtim. uel ui sibi uendicauerit. et conuictus fuerit. morte punietur. — 25) Omnis causa infra bannum nostrum. quam uel mors punit. uel detruncationem membri meretur. ad iudicium pertinet aduocati.[82]) nisi prius fuerit proclamatum ad iudicium rurensis gograuii.[83]) — 26) Quicumque conciuis sui filiam. aut sororem. aut proximam ipsius consanguineam. quam ille in sua procuratione honeste seruauit. et ante suam dominam ecclesiam uisitare solebat. de domo uel tutela illius ab-

---

[75]) Häberlin liest irrig: perhiberi.

[76]) In d. j. Handschr. sind die Worte: Quodsi ille bis vredelos dicitur, durchstrichen. Schraae Art. 17. Sie kennt keine Confiscation mehr.

[77]) Häberlin p. 520. lieset in d. j. Handschr. quicumque, weil er glaubt Emminghaus habe irrig quamcumque, wie in der älteren, gelesen. Emminghaus hat aber Recht. Es steht in beiden quamcumque.

[78]) Schraae Art. 22. »Eyn Rovere efte ein juwelich unrecht Man — mit Orlovue des Raydes efte des Gherichtes.«

[79]) Neue Schraae Art. 8.

[80]) Schraae Art. 136. »Wey — weghelaghet, efte — huysoket, sall wedden dem Rayde teyn Mark ande eyn voder Wines.«

[81]) Die j. H. hat intempestate; sonst stimmen beide. Schraae Art. 24. »bi slapender Tyt.«

[82]) Das Wort aduocati ist in d. j. H. durchstrichen.

[83]) Schraae Art. 15. »Juwelich Sake binnen unser Vestene, dey an Lyf efte an Lyd to benemene ghevt, dey horet of int Gherichte unses Heren van Colne; et ne si dat umme dey Sake eyrst geschreghen si vor dem Ghogerichte.«

4*

duxerit. tenebitur eam tamquam legitimam seruare. uel cum amicis puelle amicabiliter componere.[84]) — 27) Potest clericus. aut mulier. quelibet mobilia. uel bona. uel donationes. uel caduca. que *Ratha*[85]) dicuntur. in iudicio petere. sine procuratore. sed si intersunt *mancipia*. uel predium fundale. quod uulgo dicitur *Torfhaht egen*, sine procuratore agere non potest. — 28) In contractu matrimonii. uel etiam post contractum. quamcumque donationem uir mulieri. aut mulier uiro sub testimonio bonorum uirorum dederit. si duorum bone opinionis uirorum testimonio probare poterit. super eo amplius in causam trahi non ualebit. — 29) Item constitutum est. quod si conciues nostri extra prouinciam inter se dissenserint. non se ad extranea trahant iudicia. aut uel inter se litem componant. uel si tot sunt persone. iudicem unum de consociis iudicem statuant. qui litem si potest sopiat. si non potest causam donec ad propria redeant. differant. hoc constitutum si quis infregerit. x. marcas et carratam uini uadiabit.[86]) — 30) Item. siquis conciui suo bona sua ad negociandum commiserit. presentibus uiris idoneis. si inficiari[87]) uoluerit. conuinci possit. — 31) Item siquis domum suam uel quelibet edificia in pignore dederit. et illa igne. uel alio casu perierint. si uolet is cuius erant edificia restituere alia. et hec erunt ut ante. pignus creditoris. quod si non uult. relinquet creditori reliquias incendii uel ruine. et fundum pro pignore. sic creditor nil amplius potest petere. Si uero dominus fundi reliquias inuaserit. potest creditor ab eo summam expetere creditorum.[88]) — 32) Omnes aree censuales infra oppidum. unius sunt iuris.[89]) — 33) Quod si aliquis domum suam. uel aream.[90]) dare uel uendere uoluerit. hiis[91]) cui datur uel uenditur. dabit schultheto. duplum pensionis illius. que de area illa dari solet annuatim. et sine contradictione aream recipiet.

---

[84]) Schraae Art. 131. »In syner Hoyde erlike heuet gehalden vnde vor siner Browen to kerken heuet ghezhapn.«

[85]) Die j. H. hat Gerathe. Uebrigens sind in ihr die Worte Potest clericus bis trahi non valebit durchstrichen. In der Schraae sind die Art. 27. u. 28. gar nicht aufgenommen.

[86]) Schraae Art. 114. »Were dat vnsere Borghere in anderen Landen, efte in anderen Gherichten twigeden.«

[87]) Häberlin liest irrig: inviciari. Schraae Art. 118.

[88]) Schraae Art. 147.

[89]) Schraae Art. 148. »Al dey Houesate binnen Supst, dey Wort Tyns geuet, dey sint van eyme Rechte.«

[90]) Häberlin p. 523. hat das Wort aream ausgelassen.

[91]) Die j. H. hat richtiger is.

Si autem schulthetus proponat. contra possessorem aree. quod ipsam ab auctoritate debita non receperit. sola manu tactis reliquiis ille confirmabit se recepisse. ab eo qui potuit et debuit porrigere. uel duplum dabit pensionis ut dictum est. et quiete possidebit. dum modo pensionem annuam porrigat. (liberi uero si qui fuerint[92]) integra possessione patrum sine duplatoine[93]) annue pensionis quiete perfruantur.) — 34) Quicumque de manu schultheti. uel ab eo qui auctoritatem habet. domum uel aream. uel agros. uel mansum. uel mansi partem receperit. et per annum. et diem legitimum quiete possederit. si quis in eum agere uoluerit. possessor tactis reliquiis sola manu obtinebit. et sic de cetero *sui warandus* erit. nec[94]) amplius supra predictis. grauari poterit. — 35) Si quis magister censuum. contra quempiam burgensem nostrum proposuerit. quod debitum censum non dederit. et insuper censum annum augmentare temptauerit. possessor sola manu tactis reliquiis ueritatem suam comprobabit. et sic inpetitor possessorem amplius non grauabit.[95]) — 36) Si quis inuentus fuerit habere pondera iniusta. uel funiculos iniustos.[96]) mensurationes iniustas uini et olei. hic uadiabit in domo consulum dimidiam libram burgensibus. Huius autem uadimonii quanta sit estimatio accipienda. in burgensium stabit arbitrio. et iudex terciam habebit partem. — 37) Iniuste mensurationes et mensure corrigende. pertinent de annona. et de ceruisia. iudicibus illis qui dicuntur *Bur Richtere*. in uiculis illis qui dicuntur *Ty*.[97]) — 38) Si pistores contra debitum panificauerint. in domo quinque solidos uadiabunt. quicquid inde accipiendum burgenses decreuerint. iudex terciam partem habebit.[98]) — 39) Quicumque pro aliqua causa coram consulibus terminata. testimonium ipsorum appellauerint. uterque fideiussores pro sexaginta solidis ponet et si quis

---

92) Die j. H. setzt hinzu: in. — Schraae Art. 148. »Huys, Houestat, Were,« fur domus u. area; »Pachtmeystere« für Schultetus.

93) sic statt duplatione. Die in Parenthese gesetzten Worte liberi bis perfruantur sind auf andere vorher ausgekratzte Worte geschrieben. Statt pensionis liest Häberlin irrig pansionis.

94) Häberlin p. 624. verbessert hier irrig die Leseart nec welche Emminghaus hat, in non. Schraae Art. 149.

95) Schraae Art. 149.

96) Die j. H. setzt hinzu: et. Schraae Art. 106. »Unrechte Wichte, efte eynen vnrechten Repp, efte vnrechte Mate.«

97) Schraae Art. 20. »Unrechte Maite vnd Wammaite van Korne vnde van Bere; dat sollen richten de Hovere op den Tyggen.«

98) Schraae Art. 106.

ipsorum. burgensium testimonio conuictus ceciderit. predictos sexaginta solidos. burgensibus persoluet. in gratiam.[99]) — 40) Quicumque in uehementia sua ciuilitatem suam renunciauerit. pro eo quod ledat conciuem uel in corpore. uel in rebus. ita renunciet. ut amplius ciuilitatem non recipiat.[100]) — 41) Item statuimus. quod nemo conciuem suum de criminali conueniens. ad congressionem duelli. ullo modo trahere presumat.[101]) — 42) Si conciui suo quicumque de quacumque causa. uel de suo proprio arbitrio. uel presentibus duobus testibus. confessus fuerit. uel promissionem fecerit. magis conuinci potest. quam se[102]) expurgare. — 43) Quicumque pro sua uoluntate. sine uerbo magistri consulum. uel iudicis. campanas pulsare premsumpserit. dimidiam libram burgensibus uadiabit. et hoc in arbitrio stabit burgensium quid sit accipiendum.[103]) tercia pars erit iudicis. — 44) Si quis burgensis noster sine uerbo magistri consulum legationem ex parte burgensium[104]) ad aliquem comitem, uel baronem agere presumpserit. dimidiam libram burgensibus uadiabit. — 45) Omnes precones inbeneficiati.[105]) burgensibus nostris in suo officio. ad appellandum homines ad iudicium. burgensibus nostris sine munere[106]) debent parati esse. ita. quod si per neggligentiam preconum aliquod inde dampnum prouenerit. ipsi plene actori pecuniam persoluent. — 46) Si quis uir. uel femina. plures habens filias nuptas. si qua super est innupta. matris tollet mobilia. que uulgo *Rathe*[107]) uocantur. Si uero omnes sunt nupte. senior filia

---

99) Häberlin p. 613. und Emminghaus p. 137. lesen beide irrig in gratia. Schraae Art. 105. — Succumbenzgelder.

100) Schraae Art. 116. »Wer in sineme heysten Mode, sine Burschap vorseghet, darumme dat hey eynen Borghere beswere an live efte an Ghude, deme en sol man dey Burschop nummer weder duyn.

101) Schraae Art. 117. »Sal nymmant sinen Borghere eynen Kamp aneisreken. efte dat Welt vorbeyden, ymme jenigherhande Houet sayt. so wey dat dede, dey solde wedden, deme Rayde dey hoyghesten Bute.«

102) Die j. H. setzt hinzu possit. Schraae Art. 61.

103) Die j. H. setzt hinzu: de quo. Die Worte Quicumque pro sua bis vel baronem agere, sind in ihr durchstrichen. Schraae Art. 112.

104) Die Worte ex parte burgensium fehlen in der jüng. Handsch. Die Schraae hat den Art. 44. gar nicht aufgenommen.

105) Die j. H. hat beneficiati.

106) Schraae Art. 11. »Et ne si dat en we wat gheue mit ghuden Willen.«

107) Die jungere Handsch. hat gerathe. Der ganze Art. ist übrigens in ihr durchstrichen und in der Schraae nicht aufgenommen.

matris tollet mobilia. Si autem intereet clericus. ipse matris tollet mobilia. et nullius alterius in suo genere. — **47)** Si quis consul pro iusticia pretaxatum munus ab aliquo accipere presumpserit. sexaginta solidos uadiabit. si conuictus fuerit. insuper a consilio non rediturus remouebitur. Quod si predictum uicium aliquis qui non est consul commiserit. sexaginta solidos uadiabit. et accessus ad consilium numquam ei concedetur.[108]) — **48)** Si quis arguere presumit aliquam senteuciam in iudicio datam. ad aliud iudicium[109]) trahere nitens decem marcas cum carrata uini uadiabit burgensibus. — **49)** Quicumque sentenciam iustam inuertere presumit a burgensibus editam. et conuictus fuerit. dimidiam libram burgensibus uadiabit.[110]) — **50)** Si quis illorum qui in iudicio aduocati *uorspreken*[111]) appellantur. pretaxatam mercedem accipere presumit et conuictus fuerit. dimidiam libram uadiabit. et a iudicio ut amplius nullius uerbum loquatur. remouebitur.[112]) — Statuimus etiam firmiter obseruandum. quod si quis burgensis noster pro bonis suis auferendis capiatur. nulla redemptio pro ipso uel ab ipso capto. uel ab aliquo ipsius cognato. detur quod fecerit et conuictus fuerit. decem marcas burgensibus. et carratam uini uadiabit. iudicium terciam partem habebit. In arbitrio burgensium stabit. quantum *sit de decem (preter* uinum. quod est commune ciuitatis) marcis accipiendum.[113]) — **52)** Quicumque aliquem in iudicio conuenit. de hereditate. uel de *heruuadio*. uel de *gerathen*. plenam ei uuarandiam. et fideiussionem ad annum et diem legitimum prestabit. antequam alter respondere teneatur.[114]) — **53)**[115]) Hanc autem ciuilem iustitiam ab antiquitate inconulsam hactenus obtinuimus. ut omnes in opido nostro commorantes siue liberi siue ministeriales nobiscum

---

[108]) Schraae Art. 140.

[109]) In d. j. Handschr. sind hier die Worte: extra oppidum von späterer Hand zwischen den Text geschrieben. Schraae Art. 138. »Vor eyn ander Gherichte vter der Stat schildet.«

[110]) Schraae Art. 139.

[111]) Dieses Wort ist ober das Wort advocati geschrieben.

[112]) Die j. H. hat amouebitur. Schraae Art. 141.

[113]) Die in Parenthese gesetzten Worte sind zwischen den Text geschrieben. Häberlin pag. 615. liest irrig unum statt uinum. Die j. H. hat die Worte gehörig im Texte. Schraae Art. 127.

[114]) Die Worte vel de herwadio vel de gerathen plenam, sind in der j. H. ausgekratzt. Schraae Art. 60.

[115]) Die Art. 53 — 63. sind mit etwas kleineren Buchstaben geschrieben und wie es scheint, später zugesetzt.

starent et labores nostros ad seruiendum domino nostro Archiepiscopo uel Imperatori nostro[116]) equali proportione subuenirent. — 54) Itaque precones extra oppidum manentes, licite possunt quolibet die quo forum seruatur in Susato. Cuilibet[117]) ex parte iudicii mandare, ut coram iudicio iuri pareat. Item in omnibus uigiliis et Quatuor temporibus similiter, preter in messe. — 55) Quicumque autem hominum se per iuramentum expurgare tenebitur, in arbitrio stabit actoris utrum iuramentum accipere uelit an non. Et super eo nullum ad ipsum iudicem respectum habebit, nisi forte contingat ex aliqua proclamatione.[118]) — 56) Quilibet eciam proscriptus postquam[119]) actori satisfecerit, in quantum hoc eundem proscriptum erga ciuitatem constiterit, illarum expensarum due portiones ciuitati, et tercia portio iudicio pertinebit. Et iudex receptis ab eodem proscripto[120]) denariis qui uulgo *vrethe penninge* dicuntur, ipsum paci et iuri suo restituet absque contradictione. — 57) Quicumque uero Ciuium minutus fuerit, dummodo ad uicos non exierit, nullus preconum poterit ipsum ad iudicium citare.[121]) — 58) Quicumque Ciuium se ad balneandum uestibus suis expoliauerit, si tunc citatus fuerit a precone, sequi non tenetur donec fuerit balneatus et exsiccatus.[122]) — 59) Quicumque pistorum inuentus fuerit ad pistrandum panem suum, Si tunc citatur a precone, sequi non tenetur, antequam suum perfecerit officium.[123]) — 60) Preterea quicunque ciuium res suas uenales pro manibus habuerit, si citatur a precone in continenti sequi non tenetur, donec easdem res locauerit

---

[116]) In d. j. H. sind die Worte: domino nostro Archiep. vel Imp. nostro ausgekratzt. Schraae Art. 143. »Alle deyghenne dey binnen der Stat wenet, Ghast, Vrowe, efte Man, sey sin vrygh efte eghen, dey sullen Cost, Arbeyt, Deynst vnde Schot doyn van erme Ghude, also unse Borghere doyt.«

[117]) Die j. H. hat irrig quilibet. Schraae Art. 62. »Dey Vrenen dey buten der stat wonet, dey mughen alle Marke daghe eyme juwcliken Manne ver none to Gherichte beyden.«

[118]) Schraae Art. 21.

[119]) Die j. H. hat hier noch das, später durchstrichene Wort: etiam.

[120]) In der j. H. ist zwischen den Text geschrieben: IIII[or]. Schraae Art. 59.

[121]) Neue Schraae Art. 37. »So welck Burger gelaten heuet, dem en mag gen Vrone to Rechte beiden, also verne als he nicht uitgeit, eyn geit up de strate.«

[122]) Neue Schraae Art. 38.

[123]) Neue Schraae Art. 39.

ad seruandum. et tunc statim sequi tenetur. Quod si forte iudex ipsum pro tali mora inpecierit. sola manu sua se expurgabit quod ciuitas uenire non posset.[124]) — 61) Quod si alicui ciuium ad estimationem. xii. denariorum sublatum fuerit. Hoc hii qui dicuntur *burrichtere* in suis conuentionalibus quod uulgo *thy* dicitur indicare tenentur. — 62) Similiter et prefati *burrichtere* ibidem de debitis sex denariorum cuilibet iudicare tenentur.[125]) — 63) Quod si forte quisquam hominum Ciuitatem Susaciensem super antiquo iure suo siue consuetudinibus ab antiquo seruatis inpetere uel inquietare uoluerit. magistri burgensium precipue. et totum consilium. Et si necesse fuerit. totum commune Ciuitatis. iura sua et consuetudines antiquas tactis sanctorum reliquiis obtinebunt.[126])

43.

1137—1156. Der Dechant und das Stift des heil. Patroclus zu Soest bekunden das Recht der Wachszinsigen ihrer Kirche.

Nach dem Original im Patrocli-Stiftarchive zu Soest.[127])

In nomine sancte et indiuiduo trinitatis. Ego Wenneko sosatiensis ecclesie decanus. cum godefrido custode. et[128]) reliquis canonicis ecclesie nostre. omnibus in xpo fidelibus in perpetuum. Notum esse uolumus. tam futuris quam presentibus. qualiter homines. qui se in prefata ecclesia beati patrocli censuales tradiderunt. iura et legitima sua seruauerint. que ab exordio fundationis eius habuerunt; Sicut enim[129]) antecessores instituerunt. sic ea per omnem posteritatis succes-

---

124) Neue Schraae Art. 40.

125) Die Art. 61. u. 62. sind in der j. H. durchstrichen und in der Schraae nicht aufgenommen.

126) Dieser letzte Art. ist ebenfalls in der Schraae nicht aufgenommen.

127) Die Urk. ist schon abgedruckt in Kindlingers Beiträgen II. S. 172. Außer vielen Abweichungen in der Orthographie, enthält jener Abdruck einige Fehler, welche wir nachstehend anzeigen.

128) Bei Kindl. fehlt et.

129) Kindl. hat etiam.

sionem. usque in hodiernum diem custodiunt. ac deinceps per omne tempus deo annuente et beati martiris patrocinio subueniente, conseruabunt; Sunt quippe in eadem familia. plurime cognationes. in quibus singulis qui senior fuerit. duos nummos. uel duos eiusdem precii cere fundos. annuatim ad altare patroni nostri deferre debebit. ceteris omnibus. a conditione debiti huius liberis permanentibus. Cum uero senior ille obierit. proximus[130]) etate et consanguinitate. ad persoluendum censum locum eius obtinebit; Pro defuncto autem. melius indumentum quod habuit. ad altare deferatur. sed nullus iuniorum ulta decedens. hac lege tenebitur; Obseruandum tamen. quod pro femina defuncta. de lineis tantum indumentis melius est offerendum; Sciendum est preterea. quod quilibet[131]) in tota familia illa. rerum suarum donationes facere. uxores ducere. et nuptum[132]) tradere. omnimodam libertatem habebit. nec aliquis ecclesie priorum. seu canonicorum. per exactionem quo uulgo *beddemunt* uocatur. ab aliquo quicquam extorquebit; Nec hoc pretereundum est. quod quicumque absque herede. uel absque rerum suarum donatione defunctus fuerit. tota substantia eius. cum omni fidelitate et integritate. in ditionem canonicorum transibit; Ne quis autem in posterum institutionem maiorum temerare[133]) presumat. sed ut perpetualiter inconuulsa permaneat. placuit nobis eam presentis pagine scripto commendare. et sigillo beati patrocli insignitam ac roboratam confirmare.[134])

---

130) Kindl. hat primus.

131) Kindl. hat videlicet.

132) Kindl. hat nuptui.

133) Kindl. hat temerari.

134) Das parabolisch geformte große Siegel ist in weißem Wachse der Urkunde aufgedruckt und nur am Rande abgesprungen; sonst aber wohl erhalten. Es stellt den heil. Patroclus mit der Palme in der linken Hand vor u. führt die Umschrift: S'cs. Patroclus Mr. Susaciensis Eccl. Patronus. Die Urk. ist ohne Datum. Den Schriftzügen nach, gehört sie aber in die Zeiten der beiden Arnolde 1137—1156; wohin wir sie um so unbedenklicher verweisen, weil später — zum Theil schon damals — die Siegel nicht mehr aufgedruckt, sondern angehangen wurden. Kindlinger setzt sie zwischen 1142—1150.

44.

1141—1152. Erlaubt Kaiser Conrad III. dem Grafen Gottfried I. v. Arnsberg, auf seinen Erb- oder Lehngütern ein Schloß zu bauen.

Vollständig abgedruckt in Kindlingers münst. Beitr. II. Urk. 25.

In nomine sancte et indiuidue trinitatis. *Conradus* — Rex — omnibus notum esse volumus, quod nos dilecto et fideli nostro *Godfrido Comiti de Arnsberg* et *de Cuich* hanc Licentiam concessimus quatenus fretus regia auctoritate, ubicunque voluerit in regno nostro Castrum edificare in patrimonio suo aut in beneficio suo quod uel in presenti in regno habere vel adhuc a regno acquirere poterit. Decernentes igitur et regali edicto precipimus, ne aliquis huius Concessionis nostre statutum violare presumat, sed sicut concessimus prefatus Comes G. omnia pro voluntate sua faciat.

45.

1141. schlichtet Erzbischof Arnold I. einen Streit zwischen dem Patrocli-Stifte zu Soest und dem erzbischöflichen Villicus über ein Häuschen, welches Lentzo, Höriger des Hofes Gelmen, neben dem gedachten Stifte besaß.

Nach dem Original im Archive des Patrocli-Stifts.

In nomine sancte et indiuidue trinitatis. Ego *arnoldus* dei gratia sancte coloniensis ecclesie archiepiscopus. Notum esse uolumus tam presentibus quam futuris quia *Lentzo* quidam mansionarius ecclesie sancti patrocli pertinens ad curiam nostram *gelmen*. domunculam habebat iuxta idem sancti patrocli monasterium. de qua inter villicum nostrum et canonicos diu habita erat contentio. illi enim ad ecclesiam suam uillicus uero ad curiam nostram dicebat pertinere. Hanc igitur litem dei amore et pacis dirimere uolentes. domum de qua erat contentio cum fundo suo ecclesie recognouimus. *Lentzonem* uero qui noster erat absque questione ei iure perpetuo tradidimus. Quod ne quis successorum nostrorum infringeret banni nostri auctoritate. et presentis pagine subscriptione corroborauimus. Actum est in eadem ecclesia predicti martyris anno ab incarnatione domini. M°. C°. XL. I. Indictione IIIIta. Regnante cvnrado regni eius IIII°. Pontificatus uero nostri anno IIII°. Huius rei sunt testes Vthelricus prepositus. Theobaldus prepositus. Liuppo decanus. Arnhelmus cvstos. Weneko camerarius. Adelbertus magister. Otto comes palatinus. Gozwinus de falkenburg. *Walterus advocatus*. Heinricus de volmodestein. *Marsilius uillicus*. Tiemo. Almarus. Hildegerus senior. Wulfhardus. Hildegerus iunior. Alfwinus. Bovo et alii multi boni et honesti testimonii uiri. In nomine domini amen.[135])

46.

1144. bestätigt Erzbischof Arnold I. der Stadt Medebach ihre Rechte, mit der Bestimmung, daß ihre Gesetze denen der Stadt Soest ähnlich seyn sollen.

Aus dem Original im Medebacher Stadt-Archive.[136])

Arnoldus dei gracia Coloniensis[137]) Ecclesie Archiepiscopus in perpetuum. Ex Episcopali officio nobis iniunctum est, animarum curam gerere, paci populi nostri, saluti et iusticie cura peruigili prouidere et si quos ab iniustis potestatibus ut plerumque contingit oppressos inuenerimus eis celeri adiutorio subuenire; ad hoc ergo implendum exleramus et usque ad extremos fines Episcopatus nostri ad uillam que *Medebeka* uulgariter appellatur peruenientes ibidem Ecclesiam consecrauimus et

---

135) Das große Siegel des Erzbischofs ist in gelbem Wachse aufgedruckt und wohl erhalten. Es stellt einen auf dem Stuhle sitzenden Bischof vor, welcher in der Linken ein offenes Buch, in der Rechten einen Hirtenstab hält. Die Umschrift ist: † Arnoldus dei gracia coloniensis Archieps.

136) Ein incorrecter Abdruck dieser Urk. findet sich in Cosmanns Materialien u. Beiträgen. B. 1. S. 239. und in Kleinsorgens Kirchengeschichte von Westfalen B. 3. S. 283.

137) Diese Worte, welche die oberste Zeile der Urkunde bilden, sind durchgeschnitten.

populum confirmando moram fecimus. Hoc quoque tam presentibus, quam futuris notum esse volumus, quod prenominata uilla, immo honestum oppidum *forum habens publicum* et banno regio confirmatum *Medebeka* uidelicet primum libera et peculialiter ad mensam Coloniensis seruiebat Archiepiscopi; sed longe ante tempora nostra ab antecessoribus nostris Militibus in beneficium distributa, diuersorum adhuc nunc laborat dominio. Moram ergo ut supra diximus, ibidem facientes, clamores audiuimus oppressorum, uidelicet de aggrauatione debiti et consueti seruicii, de immutatione legum suarum de nouis exactionibus in *macello* in *tecis mercatorum* unde et *forum pejoratum* et fere penitus ab ipso loco alienatum fuerat, super quibus capitalis *gerlagum* eiusdem loci *aduocatum* et quosdam alios, quorum uiolentia et potestate hec introducta dicebantur, in causam duximus, qui de iusticia diffidentes à qua recesserant, se umquam fecisse uel facere uelle, in manifesto publice negauerunt, quapropter jam non inuenientes reluctatorem, Gerlago aduocato presente, consentiente et cooperante, populo nostro easdem reddidimus leges, easdem consuetudines, quas ante benefacionem [138]) se habuisse asserebant, precepimus quoque ut in foro pax haberetur et leges illius fori *similes essent legibus fori susatiensis* et ab omnibus collaudato precepto scribi jussimus et imagine nostra signari et ne quis de cetero infringere presumat, sub districtione banni nostri firmiter interdicimus. Actum Anno ab incarnatione Dni M. C. XLIIII. sub testimonio Theodorici Prepositi s. s. Apostolorum, Gerlagerlagi aduocati. Thitmari fratris sui, Geruini subaduocati; Gerardi sacerdotis; Friderici, Gerardi, Gerlagi fratrum; Gerardi Colue; Godescalci, Meinardi, Epponis, Thegenardi, *Gerardi Monetharii*, Tamonis, Livscechiui, Alberti, Ludolphi, Hartemanni, Adelwini, Borchardi, Hermanni Aduocati de Colonia, Ameirici de Warmeldorph aliorumque. [139])

---

[138]) i. e. antequam militibus in beneficium distributa erat medebeka.

[139]) Das Siegel stellt einen sitzenden Bischof dar, welcher in der Rechten einen Hirtenstab, in der Linken ein Buch hält. Die Umschrift hat etwas gelitten.

47.

1147. Genehmigt Erzbischof Arnold I. daß der Ministerial Radolf sein beneficium, den großen Hof zu Bönkhausen, welcher nachher an das Kloster Oelinghausen kam, dem Kloster Scheda überträgt.

Nach dem Original im Archive des Klosters Oelinghausen.

In nomine sancte et indiuidue trinitatis. *Arnoldus* diuina fauente clementia sancte coloniensis ecclesie archiepiscopus. Sciant omnes dominum iesum christum sincero corde amantes. tam futuri quam presentes. et precipue nostri et ecclesie nostre fideles. quod nos cupientes quidem congregare eos qui in templo dei dicerent gloriam in diebus nostris inter cetera fecerimus. ut et sic salutem nostram annuente domino augmentaremus. Nam cum *Radolfus* quidam ecclesie nostre ministerialis consentiente sibi in id ipsum *Helingarde* sua uxore cum VI filiis. supernorum accensus desiderio. proposuisset terrena despicere et amare celestia. optinuit cum sue deuotionis rogatu. tum salubri fidelium nostrorum hortatu. quod nos beneficium à patre ei relictum in *Bövenchusen* situm. nec non et mansum in eodem territorio locatum. cum *mancipiis* et omnibus aliis appendiciis. ecclesie que est in *Schethen*. in honore ste marie perpetue uirginis et sti seuerini episcopi consecrate. in qua predictus uir delegit deo seruire cum tota familia. perpetualiter possidendum. pontificali potestate contulimus. ea certe fiducia spei concepta. ut fratres et sorores in commune inibi deo seruientes. memoriam reuerentissimorum patrum. nostrorum uidelicet predecessorum et specialiter domini *Friderici* et *Brunonis*. deuote sint imposterum acturi. et nos ac nostros successores in eadem pietate pariter sint habituri. Ut ergo hec dignitatis nostre donatio presenti ac futuro tempore firma consistat et indissolubilis. nos ad quos attinet iusta confirmare et confirmata conseruare. ipsam anno ab incarnatione dominica M.C.XL.VII. Indictione X. regnante Conrado II°.[140]) anno X. pontificatus nostri anno X. factum. et in presenti pagina descriptam. non solum banni nostri auctoritate. uerum etiam sigilli nostri impressione insigniuimus et stabiliuimus. omnemque personam quecumque sit que statuta hec infregerit seu cassauerit. per-

[140]) Conrad III. nennt sich in seinen Urkunden selbst Rex secundus. s. j. B. Nr. 50.

petui anathematis uinculis innodauimus nisi resipuerit. Testes huic sanctioni adminiculum adhibentes. hi fuerunt. Clerici. Thietbaldus..... S. Seuerini. Vdelricus prepositus svsaciensis. Wernerus prepositus mindensis. Adelbertus decanus susaciensis. Wernerus presbiter. Godefridus..... Laici. Otto comes de Rineche. et filius eius Otto. Otto comes de Rauenesberg. *Walterus aduocatus*. Hermannus advocatus. Thiemarus advoc. Tiemo. Marsilius. Henricus de alpheim. Henricus de volmud. Emelricus dapifer. Phylippus pincerna. Tietmarus camerarius. Regenbodo. Adelbertus. Hiscelinus. Hardwicus. Conradus. Euerhardus frater Radolfi. Teodericus et plures alii. Actum sôsacil. xviiii. Kal. Septembr. feliciter amen.[141])

48.

1138—1148. Giebt Erzbischof Arnold I. jedem Bischofe der nach Glindfeld kommen mögte, Erlaubniß, die dortige Kirche zu weihen.

Nach dem Original im Pfarrachive zu Medebach.

Arnoldus dei gratia coloniensis archiepiscopus omnibus in christo fidelibus salutem. In nomine sancte et indiuidue trinitatis notum sit omnibus fidelibus quod fredericus ueniens ad me. quia uidit ex commisso dignitatis officio me sepius magnis immo maximis negotiis detineri. inpetrauit ut habita mei ut metropolitani licentia. liceat cuilibet episcopo in ecclesia que est uilla *Glinthuelde* consecrandi gratia manum inponere. Ego uero habito quorundam prelatorum consilio. considerans etiam eius piam deuotionem circa predictam ecclesiam. eius petitioni prebui assensum. Concessi ergo. ut siquis deo ordinante superuenerit episcopus. consecrare deo supradictam non dubitet ecclesiam.[142])

---

[141]) Die Urkunde mit geschwänzten e ist schön geschrieben, hat aber von Moder gelitten. Das an einem zusammengeflochtenen rothseidenen Strange gehangene Siegel ist fast ganz abgefallen. Jm dorso der Urk. ist bemerkt: Dieser ist vielleicht der rechte Hauptbrief auf den großen Hof zu Boynchhausen von den Schedensibus extradirt.

[142]) Die Urkunde ist ohne Datum auf einem 2 Zoll breiten und 8 Zoll langen Pergamentblättchen geschrieben. Das Siegel hängt an einem

49.

1149. bestätigt Erzbischof Arnold II. den Einwohnern des Kirchspiels Bremen das vom St. Georgstift in Cöln erworbene Recht, ihren Pfarrer selbst zu wählen.

Vollst. abgedr. in Kindlingers Gesch. v. Volmestein B. 2. Urk. 3.

Arnoldus s. Col. Ecclesie humilis minister — volumus — notum esse — quod Ecclesia *Bremen* ex antiqua consuetudine unum ex canonicis s. Georgii Pastorem habere solebat, qui dotem Ecclesie in suos retinens usus, Vicarium loco sui in prefata Ecclesia substitutum de elemosinis pauco additamento procurare consueverat. Ratione vero temporum mutata et elemosinis ex materna parte imminutis prefati pastoris vicarii de rebus sibi nimis tenuiter determinatis necessitates suas supplere non valebant et deficientibus necessariis a servitio dicte Ecclesie se subtrahentes unus post alterum recesserunt. Cvm ergo *cives illius loci* pessimis propter absentiam sui pastoris vexarentur incommodis, impetraverunt a preposito s. georgii fratribusque ejusdem Ecclesie, quatenus sibi liceret eligere pastorem quemcumque vellent et idoneum cognoscerent, qui videlicet nulla coactus indigentia se a servitio suo removeret et in Ecclesia illa Deo serviens jugiter permaneret. Ad hujus itaque rei confirmationem redditibus, quos Ecclesie beati Georgii singulis annis persolvebant decem solidos addiderunt qui essent in memoriam permissionis sibi facte Electionem itaque bremensis Ecclesie ex consensu Prepositi ad quem donum et investitura ejusdem Ecclesie spectaverat reliquorumque fratrum s. Georgii rationabiliter permissam, sigillo nostro signare curavimus. — Anno dom. incarnat. M°. C°. XL. VIIII. Indict. XII.

---

schmalen Pergamentstreif, welcher doppelt, siebenmal quer unter der rechten Seite der Urkunde durchgezogen ist. Es ist in weißem Wachse abgedruckt, halb durchgebrochen und stellt einen sitzenden Bischof dar. Die Umschrift ist nicht mehr zu lesen.

50.

1101—1131. überträgt Erzbischof Friedrich I. dem Kloster Grafschaft gewisse Güter und Rechte zu Belecke, Soest und Tiebach, und bestätigt alle demselben von den vorigen Erzbischöfen gemachten Schenkungen an Kirchen, Höfen und Zehnten.

Nach dem Original im Archive des Klosters Grafschaft.[44])

C In nomine sancte et individue trinitatis. Fridericus divina favente clementia sancte coloniensis ecclesie archiepiscopus. Sacrarum scripturarum commonemur auctoritate. et predecessorum nostrorum huius sancte sedis coloniensis archiepiscoporum erudimur exemplis. loca sanctorum et cenobia fratrum manu caritatis visitare. ut pio predecessorum nostrorum fundamento aliquid super edificantes. apud summum pastorem premii ipsorum inveniamur consortes. Hoc studio cenobium *Grascaph* a domino *annone* felicis memorie archiepiscopo fundatum visitantes. quedam de nostris possessionibus ad usus fratrum predicte ecclesie contulimus. sperantes cum ipso eiusdem loci fundatore portionem in terra viventium optinere. Unde infra terminum curie nostre *badelich*. cum quidam *Icten* nomine allodium suum *abbati Wichberto* predicti cenobii vendidisset nos idem allodium sancto Alexandro confirmavimus. adicientes ecclesie quicquid ex iure nostro predictus Icten habuit in communione omnium utaminum quibus sub nostra potestate degentes habent perfrui. Preterea cum tres libras et dimidiam *decimationis sosatii* optineret ex dono venerabilis nostri predecessoris domni Annonis sepedicta ecclesia. et locationem eiusdem decimationis usurpasset sibi villicorum iniusta violentia, locationem ei resignavimus. et ne amplius ea privetur. debita auctoritate confirmavimus. Sed et decimationem de *vinea Tietbach* quam predecessor noster domnus *Sigewinus* in dotem ecclesie graschaphensi in die consecrationis ipsius contulerat. ab ipsa ecclesia per villicos de Bacharach alienatam restituimus. et ut vinea seu decimatio perpetua libertate fratribus conservetur. pari auctoritate stabilivimus. Et ut hec prescripta sine omni inquietudine possideat predicta graschaphensis ecclesia. seu et illa que contulit eidem sepius recolende memorie domni Annonis munificentia. beato Petro collata potestate. et banni nostri confirmamus auctoritate.

---

[44]) Diese Urkunde ist aus Versehen in der richtigen Zeitfolge nicht mitgetheilt; sie gehört vor Nr. 43.

5

conservatoribus, que nec oculus vidit nec auris audivit gaudia. et iniustis calumpniatoribus sive invasoribus comminantes gehenne supplicia ubi vermis eorum non moritur et ignis non extinguitur. Et ut hec nostre traditionis confirmatio ad posterorum transeat inconvulsa noticiam. presentis privilegii astipulatione. et sigilli nostri impressione corroboramus. subscribentes etiam iura et possessiones quos pie memorie domnus anno eidem contulit ecclesie. quas itidem confirmamus eadem qua prefati sumus auctoritate. Hec autem nostra confirmatio colonie est acta presentibus et assensum prebentibus multis beati Petri fidelibus honestis utriusque ordinis personis. quorum nomina in huius confirmationis testimonium annotari dignum duximus Prepositi Heinricus de domo sancti Petri. Ekkbertus decanus eiusdem loci. Godefridus de sancto Severino. Heinricus de sanctis apostolis. Theodoricus de sancta Maria in gradibus. Abbates. Gerhardus de sancto Pantaleone. Albanus de sancto Martino. Rupertus tuiciensis. et Cuno Sigeburgensis. *Liberi. Herimannus eiusdem ecclesie advocatus. et filii eius Gerhardus et Thietmarus.* Gerhardus comes iuliacensis. Engelbertus de Kente. *Ministeriales* santi Petri. Herimannus urbis advocatus. Almarus. Heinricus de Aldenthorph. et multi alii. Hec autem sunt possessiones graschafensi cenobio collate a munifico fundatore suo domno Annone. Ecclesie *Worunbach. Attindarra. Liudolfischet. Falebrecht. Hertschet. heslipho. Hadamare. Hosterfelde. Felmedo. Budefelde. Bruniscapelle. Rudin.* Curtes. *Nuzlare. Glintfelde. Hademare.* item *Hademare. Elvelinchusin. Bredinole.* Decem mansi iuxta *menendin.* quos dedit Heinricus de Sosatio. *Ludolfschet. Attindarra. Smerlike. Elrin. Holzhusin. Budinvelde. Felmedo. Liene. Beienchusin. Bruniscapellin. Thidinchovin. Luthardinchusin. Berendorph. Tetin. Suropo. Lenninchovin. Gledorph. Herninclhorph. Wernincthorp...*[144]) Ad *Badiliche* VIII libre. Decimationem de *Nescellistein. Gensingen.* Ad *Thietbach* vinea una. Decime. *Warstén. Badeliche. Mulnheim. Anlayen. Bergheim. In Hare. Ulede Usne. Hivenchusen. Thietwardinchusen. Hiddinchuson.*[145])

---

[144]) Hier sind mehre Worte ausradirt, die mit De decima angefangen haben. Es scheint, daß in der Angabe der Zehnten ein Schreibfehler oder Auslassungen stattgefunden haben, weshalb das Ganze ausgelöscht und am Schlusse der Urkunde vollständig bemerkt worden. Die Worte am Schlusse von decime an, sind nemlich mit anderer Dinte, aber, wie es scheint, von derselben Hand geschrieben.

[145]) Die Urk. ist mit dem aufgedruckten Siegel des Erzbischofs versehen, welches wohl erhalten ist. Sie hat geschwänzte e; und kein Datum.

51.

1150. giebt Kaiser **Conrad III.** dem Abte **Wigbold** von Corvei das Recht, zu **Eresburg** Gold, Silber, Kupfer, Blei, Zinn, überhaupt alle Metalle zu graben und zu verarbeiten.

Nach dem Abdruck in *Schaten* annal. Paderb. ad ann. 1150.

Conradus dei gratia romanorum Rex secundus *Wicboldo* Corbeiensi Abbati suisque successoribus regulariter ordinatis in perpetuum venas metalli videlicet auri argenti cupri plumbi et stanni et omnem pecuniam sive rudem sive formatam quo intra montem *Eresberg* qui Corbeiensi Ecclesie iure proprietario pertinere noscitur latet, tibi et per te Corbeiensi Ecclesie concedimus damus et presenti scripto confirmamus ut liceat tibi et successoribus tuis absque ullius persone contradictione in eodem monte fodere omne metallum, quod inventum fuerit eruere et conflare, tuisque et fratrum tuorum usibus licenter aptare ut tanto melius possit Corbeiensis Ecclesia tam divinis quam regni rebus subservire. Data est hec monimenti cartula apud Wizzeburg anno dominice incarnationis. M C L. Indictione xiii. propter servitium fidele suprascripti Abbatis.

52.

1153. Juni 14. erklärt Kaiser **Friedrich I.** nach dem Beispiel seines Vorfahrs **Conrad III.** auf einem Fürstentage alle Veräußerungen Bischöflicher Tafelgüter für ungültig und authorisirt Erzbischof **Arnold II.** von Cöln, alle Güter dieser Art, welche seine Vorfahren, besonders Erzbischof **Friedrich I.**, namentlich in **Westfalen** veräußert hatte, wieder an sich zu ziehen.

Nach der Abschrift im 2. Bde. der Auszüge aus **Gelenius** im Arnsberger Archive. p. 1588 verglich. mit d. Lib. Privil. Eccles. Col. Nr. 36.[146])

In nomine sancte et indiuidue trinitatis. *Fredericus* diuina fauente clementia Romanorum Rex augustus. Quoniam or-

---

[146]) Ein nicht correcter Abdruck dieser Urkunde findet sich in *Schannat* vindem. Lit. Collect. 2. p. 113.

5*

dinatione excellentissime majestatis in culmine Imperii constituti summam rerum regendarum suscepimus, dignum duximus singulis personis et cunctis Ecclesiis in nostro Imperio sitis sua jura inuiolabiliter conseruare et Ecclesias Dei tam in opibus quam dignitatibus locupletare, eo nimirum equitatis intuitu et nostre pietatis fauore Coloniensi Ecclesie clementer prouidentes possesiones que quorundam Archiepiscoporum negligentia a mensa seu Elemosyna Episcopali alienata fuere, sicut in conspectu Patrui nostri serenissimi Romanorum Regis *Conradi tertii* carissimo nostro ac prudentissimo nostre curie Principi *Arnoldo secundo* Coloniensi Archiepo ab innumeris Principibus et tota curia Colonie judicatum est, decreuimus autoritate nostre majestatis confirmare et rei geste seriem presenti pagine certissime annotare. Coloniensis siquidem Ecclesia opibus et dignitatibus olim florentissima nunc quorundam negligentia Archiepiscoporum et precipue *Friderici*, qui ob quosdam bellorum tumultus gratiam Imperatorie Majestatis offendit et in eadem bellorum tempestate plurima bona de mensa et elemosyna Episcopali inbeneficiauit, grauiter attrita est et conquassata et quidem Coloniensi sede vacante diuina fauente clementia electus est ibidem in Archiepiscopum *Arnoldus* maior in Colonia prepositus et Dni *Conradi III.* Romanorum Regis Cancellarius, vir utique preclarus genere, expertissimus prudentia spectabilis honestate. Hic cum a clero et populo uniformiter et regulariter in Archiepum electus ad Pontificalem dignitatem traheretur et a gloriosissimo Dno *Conrado tertio* Romanorum Rege inuestituram Episcopatus sub obtentu Regie gratie recipere Ecclesiam humiliter et cum lacrymarum deuotione ad pedes eius prostratus sepius iuberetur omnibus modis renisus est, constantissime pretendens Episcopatum usque adeo distractum et laceratum esse, ut suas pro eo diuitias suam pacem pro tanta inquietudine nullatenus velit commutare, humiliter etiam proponens se ad Pontificale onus omnino esse insufficientem. Verum serenus Augustus Dnus *Conradus III.* Rom. Rex predicti Electi personam toti regno et sancte catholice Ecclesie salutiferam agnoscens, motus etiam lacrymosis precibus deuotissimi cleri et populi eidem Electo alienatorum restaurationem et lapsorum reparationem clementer obtulit et firmiter promisit. Post hec vero in eadem urbe memoratus Dnus *Conradus III.* Rom. Rex in celebri curia a multis ac precipuis Regni Principibus judicium requisiuit super bonis a mensa seu Elemosyna Coloniensis Archiepi alienatis et iidem Principes et tota regia curia iudicium dederunt, quod quotidiana seruitia ad Episcopalem mensam pertinentia nequaquam inbeneficiari vel inuadiari jure possint, eo quod regno et Ecclesie debeantur. Quod si quis fecerit successori suo nullum faciat beneficii prejudicium vel apud eum ratum iure beneficii teneatur. Ex hoc sane judicio piissimus Romanorum Rex *Conradus III.* prefato *Arnoldo* tunc Coloniensi Electo in omnibus bonis que ab Episcopatu alienata fuerant regia authoritate pacem indixit. his nimirum bonis utilitati ipsius duntaxat Archiepi non prouideretur, uerum cunctis inbeneficiatis a Coloniensi Archiepo Baronibus et ministerialibus, Ecclesiasticis quoque personis, archidiaconis, abbatibus et prepositis, in placitis et curiis Archiepi, in curiis quoque et exercitibus Regum et Imperatorum cum suo Archiepiscopo statuta singulis stipendia debentur. Primo uero nostri Principatus anno in *Burgo Tremonia* a multis Principibus in nostro conspectu antefato *Arnoldo secundo* venerabili Coloniensi Archiepiscopo judicatum est, quatenus omnia bona que *Fridericus* quondam Coloniensis Archiepiscopus in eo bellorum tumultu quo gratiam Imperatorie Maiestatis offendit, inbeneficiauit, ad potestatem Archiepiscopi redire debere nec tales donationes, que contra pacem regni facte dinoscuntur aliquam vim juris habere. Secundo vero nostri Principatus anno in festo Penthecostes in urbe *Wormatia* solempnem curiam celebrantes rogati sumus per prefatum *Arnoldum II.* venerabilem Coloniensem Archiepiscopum testimonium veritatis audire. unde judicio curie idem *Arnoldus* Coloniensis Archiepiscopus legitimo testimonio nobilium uirorum *Godefridi* uidelicet comitis de *Arnisberch* et Marcwardi de grunbach in nostro conspectu et Principum presentia comprobarunt prefatum judicium se coram domino *Conrado* Rom. Rege tertio Colonie accepisse, scilicet ut nulli Episcoporum licitum sit bona ad mensam pertinentia inbeneficiare vel inuadare, quod si quis fecerit successori suo nullum faciat beneficii prejudicium, nec apud eum ratum jure beneficii siue pignoris teneatur. Inde illustris Dux Bauarie *Henricus* Patruus noster a nobis commonitus judicauit Coloniensem Archiepiscopum ita legitime jam dictum produxisse testimonium ut jure nostra sit illud ei authoritate confirmandum, consequenter iudicium approbantibus multis principibus quorum nomina in testimonio huius pagine subtus notata sunt. Vt igitur ea que ad nostram cognitionem peruenjunt et judicialis sententie finem accipiunt perpetuo roboro illibata et inconuulsa permaneant, presentem paginam omni euo ualituram conscribi et nostre ymaginis karactere signari jussimus, firmissime statuentes ut judicium quod coram gloriossimo Dno *Conrado III.* Romanorum Rege patruo nostro Colonie sicut prescriptum est de possessionibus Coloniensis Episcopatus à principibus prolatum et in nostra postmodum presentia prefato modo apud Wormatiam legitimo testimonio comprobatum est, judicium quoque quod de bonis Coloniensis Archiepiscopatus per *Fridericum* quondam Archiepiscopum alienatis in nostro conspectu apud Tremoniam sicut prescripsimus est promulgatum, nullus hominum audeat temerare et omnia bona que prefatus *Arnoldus II.* venerabilis Coloniensis Archiepiscopus his fretus judiciis recollegit, scilicet Theloneum vrbis Colonie et multa Episcopalia seruitia nemo ab ipsius vsu et potestate suorumque successorum auellere presumat. Nichilominus etiam sancimus et in perpetuum confirmamus, quatenus quascunque possessiones idem Coloniensis Archiepiscopus data pecunia Ecclesie conquisiuerit uel requisiuerit, ipse suique successores sempiterna pace possideant, castellum uidelicet Udenkirchen, cum ministerialibus cum seruis et ancillis et omnibus appendiciis suis. In *Wisfalia* curiam nomine *homede*, curiam quoque *Anrust*, *Brumeram*, *Segerode*, *Ouermunte*, *Winisen*, bona quoque, que habent ministeriales in *geuerstorp* confirmamus eidem *Arnoldo* Coloniensi Archiepiscopo quidquid auxiliante diuino fauore Ecclesie sue de cetero acquirere uel recolligere jure poterit, Quod si qua secularis vel ecclesiastica persona hanc nostram violauerit sanctionem Regie majestatis offensam se noscat incurrisse quousque a sua presumpsione manum retrahat et pro mandati Regii transgressione xx. libras auri in camera nostra persoluat. Huius rei testes sunt, Conradus Wormatiensis, Gunterus Spirensis, Burkardus Argentinensis, Conradus Augustensis Episcopi. Gwalterus maioris Ecclesie in Colonia Prepositus. Albertus decanus. Depoldus Xantensis prepositus. Nicolaus Abbas de Sigeberch. Arnoldus prepositus S. Andree. Odalricus prepositus de Susato. *Henricus* Dux Bauarie. *Henricus* dux Saxonie et Principes multi. de familia beati Petri. Hermannus aduocatus. Henricus de Volmudestein. Henricus de alphei. Adolphus dapifer. Raudolphus pincerna. Rabodus de Odenkirchen. Almericus de Wormistorp et alii multi.

SIGNUM ego *DOMINI* Arnoldus *FRIDERICI* cancel *ROMANOR* larius *REGIS* re (L. Monogr.) cog *INVICTISSI* novi *MI.*

Datum in vrbe Wormatia xviii kal. Julii. anno dominice Incarnationis M. C. L. III. Judict. I. regente glorioso Rege Frederico anno II. regni sui in Christo feliciter amen (L. S. impr.)[147])

[147]) Auf dem großen runden Majestätssiegel sitzt der Kaiser auf dem Throne, in der Rechten das Zepter, in der Linken den Reichsapfel haltend, mit der Umschrift: Fredericus Dei gratia Romanorum Rex.

53.

1161. bekundet Erzbischof **Reinald**, daß er Güter der Cölnischen Kirche zu **Anröchte**, **Menden** und **Hachen**, welche dem Grafen Hermann von Molenarch zu Lehn verpfändet waren, wieder eingelöset habe.

Vollständig abgedruckt in **Kremers** acad. Beiträge. B. 2. Urk. Nr. 20.

Reinaldus — Colon. Ecclesie electus Imperatorie maiestatis legatus. Notum sit — quod Comes Herimannus de Molenarken duodecim libras in beneficio habuit ab ecclesia Coloniensi quinque videlicet apud *Anruthe*, sex apud *Menethen*, vnam apud *Hage* et possessiones quasdam apud Leznich. Hec bona proscipta ego *Reinaldus* ab eodem comite Herimanno centum marcis redemi, ipseque quicquid in bonis illis iuris habuit libere resignando nobis dimisit. Huic actioni interfuerunt Abbas Sigebergensis Nicolaus, Comes *Henricus* de *Arnisberg*, Comes Euerhardus de Alzena, Constantinus de monte. — Acta *sunt hec anno* — m°. c°. Lxi°. indict. viii. regnante *Friderico Rom. Imp. Aug.* Facta sunt autem in Palatio apud Coloniam.

54.

1165. bekundet Erzbischof **Reinald**, daß er mehre Aecker vom Hofe **Gelmen**, welche bis dahin als kleine mansi in Zeitpacht ausgethan waren, gegen einen erhöhten Zins in Erbpacht gegeben habe.

Vollständig abgedr. in *Haeberlin* Analecta medii aevi. p. 201.

Reinaldus — Archiepiscopus. — Nouerint igitur uniuersi — quod in curte nostra *Gelmene* agrorum nostrorum qui uulgo *Selelant* nuncupantur, pars quedam exeoli non potuit ab incola ipsius curtis sed ea tantum que est inter uiam publicam et ipsam curtem et pontem qui dicitur *Sualebrugge*. Reliqua tota ne ob nimiam sui remotionem inculta remaneret, ab anticessoribus nostris fuit exposita, quod mansus quilibet iiii tantum solidos annuatim persoluebat. Tota vero terra hec uulgariter dicitur *Burlant* et in xiiii portiones est diuisa. Nos igitur quod postea sede incerta raro studiosus reperitur agricola. ex consilio porro venerabilium et..... sancte Ecclesie Coloniensis presentibus... curtis prenominate terre possessoribus possessionem ipsius perpetuauimus, ad eandem iustitiam qua tenetur terra nostra... et nuncupatur. Sane ea........ prius iiii. tantum solidi vix reddebantur, in posterum viiii. solidi annuatim per agricolas Villico nostro persoluantur. Et quoniam predictum *Burlant* per Nos, respectu status pristini ad unicam nostre curtis utilitatem est expositum, factum hoc perpetuis iubemus ratum manere temporibus — Testes — Hermannus maioris ecclesie Prepositus. Philippus Decanus. Symon Ecclesie s. gereonis et sifridus xantensis Prepositi. Nicolaus abbas Siburgensis. Magister Johannes et Conradus custos, Canonici Sosatienses. *Ludolfus de Dasle* Comes. Euerhardus de Altena Comes. Otto de Rauensberg. Rudolfus de steinfurthe. Constantinus de monte. *Rabodo et Conradus* de *Ruthenberg. Walterus de Dulebcrch. Walterus Aduocatus* et filius eius Walterus. Henricus de Volmesteyne. *Hermannus Coloniensis terre Aduocatus in Sosatio.* Reinbodo......... et alii quam plures viri honorati. Acta sunt hec *Sosatie in Ecclesia sancte Walburgis*. anno dom. incarn. M°. C°. Lxvi°. Indict. xiiii. Imperante Domino Frederico, Rom. Imp. inuict. anno Regni eius xiiii.Imperii xi. Anno uero Pontificatus nostri primo.[145])

---

[145]) Reinald wurde 1159 zum Erzbischofe designirt, aber erst 1165 geweiht. Das Original, wovon Häberlin die vollständige Abschrift dieser Urk. genommen, findet sich nicht mehr vor. Es war schon damals zerrissen und vermodert, weshalb mehre unleserliche Stellen mit ..... angedeutet worden. Die Namen der Brüder Ruthenberg las Häberlin Vrenthenberg. Das runde Siegel des Erzbischofs war links der Urkunde angeknüpft und stellte einen sitzenden Bischof, in der Rechten den Hirtenstab, in der Linken ein verschlossenes Buch, mit der Umschrift vor: Reinold. |Dei. Gra. Coloniensium Archieps.

55.

1165. Aug. 31. bestätigt und erweitert Erzbischof Reinald der Stadt Medebach ihre früheren Rechte.

Aus dem Original im Medebacher Stadt-Archive.[147])

In nomine sanctissime et indiuidue Trinitatis. *Rainoldus* Dei gratia Coloniensis Ecclesie Archiepiscopus dilectis suis oppidanis in *Madebach* commanentibus in perpetuum. Ex pontificiali officio injunctum nobis recognoscimus animarum curam gerere, paci populi nostri saluti ac justicie cura peruigili prouidere et quæ à uenerabilibus nostris predecessoribus recte gesta inuenerimus, misericorditer confirmare. Ideoque cunctis Christi fidelibus tam presentibus quam futuris innotescere cupimus, quod moti pietate super multiplici oppressione quam oppidani nostri de *Madebach* diutissime sustinuerant, jura cuncta, que usque ad nos sub gratia nostrorum antecessorum obtinuerunt, clementer eis confirmanda et sigilli nostri munimine in hunc modum duximus roboranda. — 1) Quodcunque negocium coram preposito nostro vel Decano terminatum fuerit sive per justiciam sive per misericordiam, in tali stabilitate manebit ut ad altiorem judicem amplius non transferatur. — 2) Quod uero coram Aduocato terminatur, sub regis banno et ciuium testimonio ratum habemus ita, ut nec Archiepiscopus nec Imperator nec aliquis judex deinceps super hoc fatigetur. — 3) Causa que coram uillico, uel coram judice quotidiano terminata fuerit ciuili justitia, stabilis et rata manebit et coram aduocato nihil amplius de ea debet retractari. — 4) Quicquid de capitali sententia tractabitur, ad justiciam aduocati pertinet. — 5) Qui infra fossam uestram hominem uulnerauerit acuto ferro, sub custodia aduocati reus erit; si uulneratus moritur, ille decollabitur, si uero euaserit uulneratus, ille qui eum uulnerauit, dextra manu truncabitur. — 6) Qui autem pugno uel baculo aliquem percusserit, quod sanguis erumpit, si ueraces homines presentes sunt, qui dicunt eum esse reum virgis uerberabitur et crines ejus abradentur, quia pacem Dei uiolauit; si in nocte contigerit qui presentes non sunt quibus credatur, si percussor de hoc incusatur et negauerit manu duodecima se expurget. — 7) Qui assumptis armis alicui conciui suo insidias fecerit, in quacumque uia;

---

[147]) Nach einer mangelhaften Copei abgedruckt in Kindlingers münst. Beiträgen. B. 3. Urk. S. 54.

si conuictus fuerit[150]) sicut justum est, decem solidos vadiabit ciuibus, quorum tercia pars pertinet ad judicem. — 8) Qui extra fossam uestram hominem occiderit infra bannum, quem nos paci nostræ addiximus, sexaginta solidos vadiabit aduocato et X solidos ciuibus: de X solidis tercia pars pertinet ad judicem. — 9) Omnia Uadimonia quo contingunt de hoc quod ciuilia jura infringuntur, sub gracia persoluentur. — 10) Omnes possessiones que tevtonice *Wuorthe* uocantur, quo infra fossam uestram continentur, unius juris sunt. — 11) Qui domum et septa inter nos emerit uel in uadimonio obtinuit de possessione que *Wuorth* uocatur: quod justum est faciat; censum quem ille, cujus erat possessio, annuatim soluit ad *frone*, duplicatum det ad *uorchure* ille qui emit et sic quamdiu uiuat in pace possideat, dum singulis annis censum statutum suo tempore persoluat. — 12) Cum pater mortuus est, filius suus uel alter qui succedit sicut dictum est de possessione annuum censum duplicatum det ad *uorchure* et deinceps annualem censum soluat et in pace possideat.[151]) — 13) Si domum suam aliquis ot curtim in uadio posuit uni ciuium suorum, si domus et alia edificia combusta fuerint, si ille domum reedificare poterit, uadimonium[152]) illius erit, qui ei pecuniam suam[153]) præstiterat, sicut ante fuit: si uero domum suam reedificare non ualuerit, quod remansit de igne cum possessione det illi, cujus uadimonium prius fuerat et sic se absoluat; Creditor postea, quantumcunque debiti superest nichil amplius ab eo extorquere secundum nostram justiciam possit. — 14) Qui uxorem legitimam uobiscum duxerit, quicquid primo mane coram paranimphis et concivibus suis uxori sue dederit et illa ei cum assensu heredum utriusque, quod tevtonice *Morengaue* vocatur, uterque integra pace optinebit; sed si forte contigerit, quod aliquis datum illud quod *moregengaue* vocatur, infringere uoluerit, ille qui datum habet in usucapione quod vulgo dicitur *angeweren*, testimonio paranimphorum et adiutorio concivium suorum, sicut justum est, sua veritate et juramento debet optinere et talis justicia debet sufficere illi qui eum impetit. — 15) Qui pecuniam suam dat alicui conciui suo ut inde negocietur in *Datia* vel *Rucia* vel in alia regione ad utilitatem utriusque assumere debet concives suos fideles ut uideant et sint

[150]) Kindlinger hat irrig: conductus fuerit.

[151]) Dieser Paragraph fehlt bei Kindlinger ganz.

[152]) Kindlinger hat irrig vadium.

[153]) Kindlinger hat eius.

testes hujus rei; si postea ille qui pecuniam accipit fraudulenter egerit et falso juramento optinere voluerit ille qui pecuniam prestitit, testimonio illorum qui aderant majori justicia debet optinere, sic justum est, quia[154]) ille possit contradicere et si illi qui presentes fuerunt, pro amicitia vel pro mercede vel pro inuidia vel pro perfidia, ueritatem negare uoluerint singuli jurent super sanctos, quod nunquam aduenerint. — 16) Quicumque vero sinodali justicie Ecclesie de *Medebach* obedientes existunt ex quacumque occasione ad majorem audientiam non vocentur, nisi prius in eadem Ecclesia in causa ponantur. — 17) Nullus eorum, qui civis vester est et esse uult, querimoniam faciat de concivi suo in alienis regionibus; sed si quis habet cum eo agere, coram conciuibus suis familiariter et amice terminet si potest; si alter eorum secundum consilium ciuium suorum terminare noluerit querimonia differatur et in oppido uestro terminetur ciuili justicia: qui istud preceptum non servaverit decem solidos uadiabit.[155]) — 18) Concedimus et vobis ut judices eligatis, qui de furto infra XII nummos inter uos debeant judicare et pastores secundum uoluntatem uestram constituere. — 19) Quod autem de majori furto judicandum est infra XXX nummos, villicus noster sine banno, cum ciuibus judicare debet.[156]) — 20) De injustis modijs et de omnibus que pertinent ad uictualia judicium pertinet ad consules nostros cum adjutorio ciuium[157]) sine banno. — 21) Debitores estis ter in anno ut seruetis colloquium aduocati et ipse querimonias que ad eum spectant judicio scabinorum absque insidijs juste terminabit. — 22) Qui possessionem conciuis sui minorare voluerit, duos assumat secum fideles et juramento optineat sine banno. — 23) Qui possessionem *wuorth* alicujus sui conciuis per sepem suam in aliquo decurtauerit, ille qui in usucapione hoc est *angeweren* habet, assumat duos conciues suos, qui domos habeant et juramento optineat; de hoc negocio nihil pertinet ad advocatum. — 24) Quicumque in *Medebach* habitare uoluerit, quod ille ciuibus dat, ad judicem non pertinet, sed ad communem utilitatem omnium civium. — 25) Ad hec firmissime precipimus ut in foro *Madebahe* pax habeatur, concedentes ut leges illius fori similes sint legibus fori *sosatiensis*. —

---

[154]) Kindlinger hat quam.

[155]) Kindlinger hat validiabit.

[156]) Kindlinger hat hier den im Original fehlenden Zusatz: et tertia pars Emendæ pertinet ad judicem.

[157]) Kindlinger hat irrig: jud. pert. ad cives.

Et ne quis supradictas concessiones nostras presumat infringere, sub obtentu gracie nostre et sub districtione banni B. Petri ac nostri firmiter interdicimus. Acta sunt hec sub testimonio Philippi Majoris Decani Coloniensis Ecclesie. Symonis Ecclesie s. Gerconis. Gerardi Bunnensis. Conradi s. Seuerini et Arnoldi s. Andree. et Brunonis s. Georgij Præpositorum. Preterea comitis Hermanni de Saphemberg Majoris Ecclesie Aduocati. Alberti de Molbach et Engelberti de monte Eberhardi de Sena Comitum. Gerardi aduocati Colon. Hermanni Camerarij. Henrici de folmodestene. Gotescalci *de Patberch*. Henrici de Alpheim. Bernardi Tuitiensis et multorum nobilium qui presentes fuerunt. Data Colonie ij Calend. Septembr. Ao dominice incarnationis M°. C°. LXV°. indictione xiii, imperante Dno Friderico Romanorum Imperatore inuictissimo, presidente Colonie Domino Rainaldo Archiepiscopo. Anno Pontificatus ejus vij°. in Dei noie feliciter Amen.[156])

56.

1166. Juli 8. giebt Erzbischof Reinald den Wald Altholt bei Soest, gegen Zins an die Erzbischöfliche Curie und gegen Zehntgeld an die von ihm geweihte Patrocli-Kirche, zur Verurbarung hin.

Nach dem Original im Archive des Patrocli-Stifts zu Soest.[157])

In nomine. sancte et indiuidue. trinitatis. *Reinaldus*. dei. gratia. sancte coloniensis ecclesie humilis minister. vniuersis

---

[156]) Das Siegel war aufgedruckt, ist aber abgefallen; an der Stelle, wo es gewesen, ist das Pergament, wie gewöhnlich kreuzweise durchschnitten. Auch ist das Original in einem Contexte fortgeschrieben, während vorstehende Abschrift, der leichteren Uebersicht wegen, in Paragraphen abgetheilt ist.

[157]) Es liegt noch eine zweite Ausfertigung dieser Urkunde, aus der Domkirche zu Cöln, v. 1. Aug. 1166 vor, welche Kindlinger Beitr. B. 2. Urk. Nr. 32. hat abdrucken lassen. Abweichungen in der Orthographie und einige geringe Fehler abgerechnet, stimmt jener Ab-

suis successoribus et eiusdem ecclesie fidelibus in perpetuum. Sine usu ea iacere ac uilescere non conuenit. quorum congrua cultura et subiectorum laboribus fructuose ualet respondere. et honesta redituum summa fiscum dominicum adaugere. Vniuersis igitur nostris successoribus. et eorum fidelibus. per presentia scripta cupimus innotescere. quod nemus quoddam nostrum prope Sosaciam situm. uulgo *Altholt* dictum. a circummanentibus tam nostris hominibus quam extraneis inutiliter succidebatur. ita quod nullum uel minimum inde nobis aut curie nostre proueniebat emolumentum. *Consultis* ergo super hoc *prioribus inbeneficiatis* et *ministerialibus* ecclesie Coloniensis. *ex communi eorum et tocius Sosaciensis familie consilio*. totam aream predicti nemoris taliter excolendam concessimus. ut de quolibet manso sex solidi sosaciensis monete nobis pro censu. et ecclesie Sancti Patrocli in Susacia. xviii. denarii pro decima persoluantur. tali quoque pacto ipsis qui uel de manu nostra vel de manu villici nostri aliquam terre nostre predicte portionem censualiter receperunt. filiisque et legitimis eorum heredibus. *possessionem eiusdem portionis perpetuauimus.* Insuper predictam decimalium denariorum pensionem de tota terra prefati nemoris pro remedio anime nostre. et predecessorum ac *successorum nostrorum* salute. prefate ecclesie beati Patrocli *sub tali determinatione* in dotem perpetuam contulimus. ut in memoriam tam eorum quam nostri. eiusdem ecclesie fratres, de altera pensionis illius medietate. in die quo ipsam ecclesiam ad honorem dei consecrauimus. et de reliqua medietate. in anniuersario obitus nostri die consolationem singulis annis habeant. Et quoniam in hoc anime nostre speramus feliciter consultum. in illo vero pensionum nostrarum summam uidemus decenter adauctam. factum utrumque presenti

---

druck mit dem vorliegenden; bis auf die Zeugen, welche zum Theile verschieden, und in der von Kindlinger mitgetheilten Ausfertigung auch hinsichtlich ihres persönlichen Standes, genauer getrennt sind. Mit den Brüdern von Rüdenberg schließen sich bei ihm die Nobiles, mit Heinrich v. Volmestein beginnen die Ministeriales, welche mit dem Münzmeister Hezelin endigen und an diese schließen sich endlich die Liberi, unter denen in unserer Ausfertigung Hezelin zuletzt genannt wird. Das Auffallende dieser Klassification, wonach die Liberi hinter den Ministerialen folgen, ist schon von Kindlinger S. 201 gerügt und bemerkt worden, daß unter diesen Liberis nur Soester Bürger zu verstehen seyen, indem die ächten Liberi, entweder bei den Nobilibus, den nachmaligen Dynasten, verblieben oder unter die Ministerialen gegangen, mit denen sie einen Mittelstand, unseren heutigen niederen Adel gebildet. Es ist hier nicht der Ort, weiter hierüber zu sprechen. Vergl. die Stiftung-Urkunde des Klosters Welver von 1240.

nostre auctoritatis pagina. et sigillo confirmamus. et ne quis umquam in futurum id infringere presumat. auctoritate dei et beati Petri. ac nostra. sub anathemate interdicimus. Testes huius rei sunt. Herimannus maioris ecclesie in Colonia prepositus. Phylippus decanus. Gerhardus Bunnensis. Sifridus xanctensis. Symon. Sancti Gereonis. Cunradus Sancti Seuerini. prepositi. Nycholaus abbas Sigebergensis. Theodericus abbas campensis. Gerhardus decanus de gradibus. Widekindus subdecanus. maioris ecclesie. Bertholdus decanus. Susaciensis. *Iohannes Magister scolarum.* Cunradus custos. Albertus. Gerhardus. et omnes canonici sosacienses. Comes Euerhardus de altena. Ludolfus de Dasle. Albertus Comes. de Molbach. Rudolfus de Steinvurde. Constantinus de monte. *Walterus aduocatus sosaciensis. Cunradus et Rabodo de Rudenberg.* Heinricus de volmutsteine. Gerhardus Aduocatus Coloniensis et Herimannus frater eius. Albertus Timo. Regenbodo et filii eius. Daniel et Regenbodo. Marsilius et filii eius. Regenbodo et Marsilius. Brunsteнus et Winandus. Hartmodus. Theodoricus de foro. et filius eius Hoio. Radolfus simplex. et Lubertus filius eius. Hecelinus *monetarius*. et alii quam plures uiri honorati.

(L. S.)

Acta sunt hec sosacie in ecclesia sancti Patrocli anno dominice incarnationis. m°. c°. Lx°. sexto. octauo idus iulii indictione xiiiia imperante. domino. Friderico. Romanorum imperatore inuictissimo. anno. regni eius. x°. iiii°. Imperii xi°. Pontificatus. uero nostri. anno. primo. in dei nomine feliciter. amen.[160])

---

[160]) Das in weißem Wachse aufgedruckte große, runde Siegel ist ganz unverletzt erhalten. Es stellt einen sitzenden Bischof mit der Bischofsmütze auf dem Haupte, einem Buche in der Linken und einem Hirtenstabe in der Rechten, mit der Umschrift vor: Reinold. Dei. Gra. Coloniensium. Archieps.

57.

1166. verkauft Erzbischof Reinald einen Wald, bei Borgeln, der Broil genannt, als Zinslehn an den Ritter Helmwig von Holthausen, um mit dem Gelde ein in Gladbach angekauftes, den dortigen Mönchen zugehörig gewesenes, aber durch einige Edle der Nachbarschaft ganz verwüstetes Gut, welches er den Canonichen der Peterskirche in Cöln überwiesen hatte, zu bezalen.

Nach dem Original im Archive des Klosters Welver.

In nomine sancte et indiuidue trinitatis. *Rainaldus* dei gratia sancte coloniensis ecclesie archiepiscopus. vniuersis suis successoribus. et eiusdem ecclesie fidelibus in perpetuum. Ecclesiastice utilitatis sollicitudo nos amonet. et pastoralis officii cura constringit. bona ecclesie sine fructu iacentia. adhibito sapientum consilio. in usus ecclesiasticos competenter redigere. et his qui pro commutatione aliqua. bona sua ecclesie conferunt. ne aliquod in posterum a successoribus nostris grauamen super hoc sustineant. salubri consilio et necessario pontificalis auctoritatis patrocinio prouidere. Proinde uniuersis sacrosancte matris ecclesie filiis. tam futuris quam presentibus notificamus. quod predium quoddam monachorum de *ura.* in *gladebach* situm. nobilium quorundam circum sedentium iniuriosa uiolentia destructum. et tamquam ad nichilum redactum. comparauimus et in usus canonicorum beati *Petri* ordinauimus. Verum cum argentum pro predicto predio persoluendum ad manus non haberemus. utpote qui multa in labore ecclesie contra palatinum Conradum expendimus. *ex deliberatione et consilio priorum coloniensium. inbeneficiatorum. et ministerialium nostrorum ex consilio quoque totius familie Sosatiensis.* lucum quendam. quem uulgo *broil* uocant. iuxta *burgelon* situm. nulli prius usui seruientem. dilecto nostro *Helmwico militi de Holthusen.* pro xxviii marcis uendidimus. et ipsum argentum in reddendo supradicti predii debito locauimus. sicque in utroque facto. in emendo. et uendendo. utilitati et ecclesie honori consulte prospeximus. Factum est enim hoc. ea mediante conditione. ut uidelicet helmwicus miles. uel legitimi heredes sui. vi. tantum solidos. pro censu fundi. et xviii. nummos pro decima annuatim persoluant. et preter hec nichil omnino nobis aut successoribus nostris seruicii aut iuris de hoc feodo aliquo modo exhibeant. Ut autem hec nostre constitutionis pagina. prudentum testimonio et consilio rationabiliter ordinata. stabilis et inuiolata. tam ipsi quam uxori sue. ac heredibus suis in perpetuum per seriem successionis coloniensium antistitum permaneat. sigilli nostri inpressione eam roboramus. et pontificatus nostri patrocinio stabilitum communimus. et ne aliquis eam successorum nostrorum infringat uel immutet. sub uinculo anathematis. auctoritate beati Petri apostoli et nostra. districte interdicimus. Pax Christi amen. Testes. Hermannus maioris ecclesie coloniensis prepositus. Philippus decanus. Sifridus xantensis prepositus. Nykolaus abbas sibergensis. Magister iohannes. Conradus custos. Bertoldus decanus. et ceteri sosatienses canonici. Comes Otto de rauensberg. et heinricus frater eius. Comes Euerhardus de altena. et filius eius arnoldus. *Luidolfus de dasla. Conradus et Rabodo de Ruthenberg.* Heinricus de uolmudestene. Heinricus de alphem. Gerhardus aduocatus coloniensis. et frater eius Hermannus. *Walterus aduocatus. et filius eus Walterus.* Thiemo. Albertus. Regenbodo et filius eius regenbodo. *Hildegerus Scultetus.* Brunstenus. Winandus. Marsilius et filii eius. Regenbodo et Marsilius. Thiodericus de lo. Regenbodo de nutenen. Thiodericus de thinkere. acta sunt hec. anno dominice incarnationis M°. C°. LX°. VI°. Indict. XIIIIa. Imperante domino Friderico Romanorum imperatore glorioso. anno regni eius xiiii°. Imperii xi° et anno Pontificatus nostri I°. in dei nomine. feliciter. amen.[161])

58.

1159—1167. beurkundet der Richter Hildeger zu Soest, mit den Ersten der Stadt den Einwohnern der Pfarrei Hoynckhausen die von Alters hergebrachte Zollfreiheit auf dem Soester Markte.

Nach dem Original im Archive des Patrokli-Stifts.

Quia retro acta a nostra excidunt memoria. nisi uiuacis scripture adhibita fuerint monimenta. cautum est presentis pagine scripto. ut huic quod pre manibus est negotio. non unquam surrepat obliuio. Nouerint ergo tam nati. quam

---

[161]) Das Siegel ist in weißem Wachse aufgedrückt u. sehr wohl erhalten.

nasrituri. tam presentes. quam futuri. quod parogia ecclesie que dicitur *hoienchusen*. ius et licentiam uendendi. atque emendi. absque omni exactione et redditione tributi. quod uulgo *tol* appellatur. *in foro susaciensis oppidi*. iure quo oportuit. et decuit a maioribus suis sibi relictum. in *pretorio* id est coram *sede iudiciaria*. presidente *iudice hildegero uillico*. et annuente. atque iusticiam suam predictis parrochianis recognoscente. *in facie meliorum. quorum auctoritate pretaxata uilla tunc pollebat. et in quibus summa iuris. et rerum consistebat*. absque omni contradictione. uolentibus omnibus equum amantibus obtinuerunt. Ne quis ergo auaricie estibus anhelans. super iure prescripto. iam sepe dictos parrochianos presumat inquietare. id est a lege prescripti iuris alienare. et pro concambio uendendi. uel emendi. ab eis tributum quod dicitur *tol*...[162]) exigere. presentis pergameni scripto statuimus infuturum precauere. et idoneos testes tamquam ueritatis assertores subnotare. Gerhardus susatiensis ecclesie canonicus. et pretaxate ecclesie decanus. Emelricus eiusdem ecclesie pastor. clerici. Laici. Gerhardus niger. Liupo. Geruinus. Albertus. Liuceko. Thetbertus fistula. Lutheuuich. Henricus de uuirenchusen. Liudolfus. Gerhardus et frater suus Linzo. *Hescelinus monetarius*. Hescelinus in foro. Brunhardus preco. Wescelinus. Sucaciensis oppidi conciues. De parrochia hoienchusen Thetmarus. Henricus. Hartmannus. Thetlef. Hermannus. Renboldus. *et uniuersa parrochia*.[163])

---

162) Hier ist ein Wort ausradirt.

163) Diese Urkunde, die bis jetzt bekannte älteste, welche die älteste unserer Städte ausgestellt hat, ist durch Form und Inhalt in mehr als einer Beziehung merkwürdig. Sie hat kein Datum, gehört aber unstreitig in die Mitte des 12ten Jahrhunderts; denn die Schriftzüge sind denen in Nr. 39. und 43. ganz ähnlich; auch ist das Siegel nicht angehängt, sondern aufgedruckt und zwar in ganz eigener Art. Es ist nemlich durch zwei Einschnitte auf dem unteren leeren Raume des Pergaments ein Pergamenstreif von hinten nach vorne durchgezogen und hier zusammengeknupft. Um diesen Knoten, den man sehen kann, weil das Siegel mitten durchgebrochen, ist das weiße Wachs, worin das Siegel abgedruckt worden, geklebt, so daß dieses zwar vorn auf der Urkunde sitzt, aber doch nicht unmittelbar auf ihr befestigt ist. Auch das Siegel ist sehr merkwurdig. Es ist das älteste von Soest und in roherer Vollendung ganz das Vorbild desjenigen, welches die Stadt seit dem 13ten Jahrhundert brauchte. Auch dieses älteste hat schon die bekannte Umschrift: Sigillum sancti Petri in Susato *Angrorum oppido*; während die Urkunde die Stadt abwech-

59.

1168. Oct. 1. schenkt Erzbischof **Philipp I.** (biduo post ordinationem suam, sagt die Rubrik der Urkunde) dem Kloster **Flechtorf** Güter, welche der Vasall der Cölnischen Kirche: **Gottschalk** (v. **Padberg**) u. dessen Frau **Luidgarde** resignirt hatten.

Nach der Abschrift im 2ten Bde. der Auszüge aus **Gelenius** im Arnsberger Archive p. 1593.[164])

In nomine sancte et indiuidue trinitatis *Philippus* dei gratia sancte Coloniensis Ecclesie Archiepiscopus et totius Italie Archicancellarius. Si honestis locis et religiosis personis patrocinium[165]) impendimus et si in Gazophilacio Dei supra id, quod ab aliis impositum est, super erogamus a vero Samaritano cum redierit in eterna nobis uita in centuplum esse reddendum indubitanter speramus et credimus. proinde uniuersorum Christi fidelium presens nouerit etas et successura posteritas, quod nos intuitu retributionis eterne, illos tres mansos, quos felicis memorie predecessor noster *Reinaldus* contulit venerabilibus fratribus de *Vliegetorph* ad eorum commodum et usum, duos videlicet in *Lengeuelt* et vnum in *Lateruelt* quem habuit *Hermigerus* in beneficio eisdem fratribus, quos omni tempore promouere et honorare uolumus per manum dilecti nostri *Ulfonis* venerabilis Abbatis, qui nunc Deo auctore[166]) predictis fratribus preest auctoritate[167]) s. Coloniensis Ecclesie

---

selnd noch villa und oppidum nennt. Wir haben ihr hier ihren Platz angewiesen, weil unter den Zeugen der Munzmeister **Hezelin** vorkömmt, welcher auch schon 1166 in Nr. 56. erscheint und der villicus oder Schultetus **Hildeger** noch 1160 (Urk. Nr. 57.) fungirte.

164) Die Auszüge führen als Quelle an: Ex lois *Gelenii* T. xx. p. 428. — In **Kindlingers** Gesch. v. Volmestein II. S. 21. ist die Urk. mit vielen orthographischen Abweichungen abgedruckt und *Gelen* T. 8. p. 42. als Quelle genannt. Die wichtigste jener Abweichungen welche der Urkunde einige Celebrität gegeben hat, besteht darin, daß **Kindlinger** lieset: et totius *Westphalie* Archicancellarius. Unser Text scheint der richtigere, wie theils aus dem Umstande, daß der Erzbischof 1168 noch nicht einmal den Ducat in Westfalen hatte, theils aus den folgenden Noten hervorgeht.

165) **Kindlinger** hat premium.

166) **Kindl.** hat auctoritate.

167) **Kindl.** hat auctore.

et nostra presentis priuilegii scripto confirmamus et corroboramus, quos etiam mansos fidelis noster *Godescalcus* et vxor sua *Ludigardis* resignauerunt de beneficio predecessori nostro *Reinaldo* qui uidelicet mansi ut liberius in vsum predictorum fratrum transirent idem *Godescalcus* et vxor sua *Ludigardis* contulerunt de proprietate sua ecclesie sancti Petri de Colonia quinque mansos. tres in *Geuardinchusen* unum in *Kathalara* et vnum in *Stormbroke*. Si quis uero ausu temerario hanc nostre auctoritatis paginam in aliquo uiolauerit, anathematis uinculo se subjacere cognouerit. Vt autem hoc uerius credatur et semper inuiolabiliter obseruetur presentem inde paginam scribi et nostro sigillo injunximus premuniri. Huius rei testes sunt Episcopi qui in nostra interfuerunt consecratione Christianus Moguntinus Archiepiscopus. Philippus Osnabrugensis. Fridericus Monasteriensis. Euergisus Paderbornensis Wernerus Mindensis. Gottefridus Trajectensis Episcopi.[168]) Nicolaus Sibergensis Abbas. *Sigfridus de Grascap* abbas. Arnoldus prepositus S. Andree. Siffridus xantensis. Bruno S. Georgii prepositi.[169]) Comes Euerhardus de altena. Comes Hermannus de Saphenberg. Henricus de Volmendistein et alii plures. Datum Colonie. kalend. Octobr. anno dominico Incarnationis M. C. LXVIII. Indict. I. regnante D. *Frederico* Rom. Imperat. Serenissimo. anno Regni eius xvi. Imperii vero xiv.

60.

1170. stiftet Erzbischof **Philipp I.** das Kloster **Bredelar** für Augustiner Nonnen. Den Ort dazu hatte er von dem Castellan **Gottschalk v. Padberg** angetauscht, der auch die Vogtei über das Kloster erhielt.

Nach dem Original im Archive des Klosters Bredelar.

In nomine sancte et indiuidue trinitatis. *Philippus* dei gratia venerabilis sancte coloniensis ecclesie archiepiscopus. Quia

---

168) Kindl. hat hinter jedem dieser Bischöfe die Bezeichnung: Episcopus.

169) Kindlinger hat hinter jedem Probste die Bezeichnung: prepositus.

6*

totius ecclesie necessitatibus utilia prouidere nostrum est. atque consulere propterea in seruientium deo augeretur multitudo. predium et molendinum. quod est in *breidelare*. quibus *castellanus godescalcus. de padberg*. inbeneficiatus erat. ex instinctu quorundam fidelium. et totius cleri. nostri. atque paderburnensis episcopatus. *nostrorumque optimatum. consilio*. ipsiusque castellani et heredum suorum consensu. ecclesie beati laurentij. que est ibidem in breidelare libere contulimus. ibique. sub regula beati augustini. deo famulantes. feminas instituimus. Curtem quoque in *grimelinchuson* duosque mansos et dimidium. in *mecchenhuson*. usibus eiusdem ecclesie mancipauimus. Ecclesiola etiam que *bremis* appellatur. cum uniuersis ipsius utilitatibus et reditibus. eidem prefate ecclesie liberrime donauimus. Curtem uero in *hemmenhuson*. hac conditione ibidem contulimus. ut inde. per singulas noctes. eidem ecclesie. atque capelle. que est in castello supradicto. luminaria prouideantur. Pro his autem omnibus. allodium quod est in *berninchuson. osnincthorpe. ostmare*. ad usum predicti castelli. atque ad supplementum beneficium *castellani*. uidelicet *Godescalci*. restituimus. Hanc uero ecclesiam ecclesie *Scheidensi* obedientem per omnia fecimus. hoc ordine. ut quicunque prelatus in illa fuerit ecclesia. secundum suam discretionem. liberrimam etiam habeat huius ecclesie in disponendo potestatem. Huius itaque ecclesie *aduocatiam. prefato castellano Godescalco*. suisque successoribus concessimus. ita duntaxat. si filii pacis erga predictam fuerint ecclesiam. siu autem. liberam inibi manentes habeant aduocatum quemcumque uoluerint eligendi facultatem. Igitur quia hec nostri banni auctoritate confirmauimus. quicumque aut uiolare. aut distrahere presumpserit. anathema sit. Anno dominice incarnationis. M°. C°. LXX°. anno autem decennouenalis cycli xii°. concurrente iii. Indictione xv. Presidente Calisto. sancte romane sedis presule. Regnante uictoriosissimo Romanorum imperatore *fritherico. Philippi*. predicti episcopi Coloniensis. anno ordinationis ii°. Hermanno israhelita. eiusdem ecclesie preposito. hec annotatio facta est. Huius rei testes sunt. Dnus Euergisus. paderburnensis episcopus. Sifridus. maioris ecclesie prepositus. Almarus. eiusdem ecclesie decanus. Vffo subdecanus. Bernhardus. capellanus. Manegoldus. canonicus. Bruno prepositus maioris domus in colonia. Hugo. ejusdem ecclesie decanus. Widekindus subdecanus. Arnoldus osenbruggensis prepositus. Thidericus canonicus sti petri in colonia. Abbas sibergensis Nicholaus. *Abbas de Grascaf*. Abbas Vffo de fliegthorpe. *Heinricus. Comes de arnesberg*. Comes otto de rauenesberg. et Herimannus. filius eius. Comes Euerhardus. et Arnoldus filius eius. Comes Heinricus de frolthisbreht. Bernhardus de Lippa. *Conradus de rudenberg. Rabodo de marcha.* Heinricus de vure. Gerhardus aduocatus de colonia. Heinricus de volmudestein. Herimannus camerariensis epi. Richezo de mulenheim. Herimannus. de unterbeke. *Euerhardus de padberg.* Ludolfus. et fratres eius. Heinricus. Iohannes. de gurcenio. Tiemmo. de susato. et Adelbertus. et Hildegerus. uillicus. Brunsten.[170])

61.

1170. Entscheidet Erzbischof Philipp I. einen Erbschaftstreit zwischen Richenze, Wittwe des Edlen Rabodo (von Hegeninghusen) und den Schwestern des Letzten.

Nach dem Original im Archive des Klosters Paradies.

In nomine sancte et indiuidue trinitatis. *Philippus* dei gratia sancte Coloniensis ecclesie archiepiscopus. Quoniam in hominibus fidem reperiri facile non est...... à posteris plerumque rata esse sinitur; ideo omnem cavillationem per.... scripta removere sollicite curauimus. Notum sit igitur uniuersis successoribus nostris ceterisque christi fidelibus. tam futuris quam presentibus. qualiter homo quidam *nobilis Rabodo* nomine.... *Richezam*. consensu suorum heredum, *omne patrimonium suum illi contulit. datumque sub imperiali banno stabilivit.* Qui cum plures ex ea genuisset filios. ad ultimum tamen absque liberis defunctus est. Eo itaque mortuo. tres sorores ipsius. magnam et mutabilem cum *prefata* domina de hereditate fratris sui ceperunt habere *disceptationem*. Nos ergo, quia nostri iuris est ad concordiam semper reuocare discordantes. et ad consensum dissentientes. mediandi gratia interuenimus. tantumque deo adiuuante fecimus. ut et pre-

---

[170]) Das in weißem Wachse aufgedruckte Siegel hängt an dick zusammen gewundenen roth seidenen Fäden. Es stellt einen sitzenden Bischof mit ausgestreckten Armen vor, der in der rechten Hand den Bischofstab, in der linken ein Buch hält.

dicto sorores domini *Rabodonis*. et prefata uxor sua eandem hereditatem beato Petro offerrent. ea tamen conditione ut domina *Richeza*. quamdiu uiueret, totam ad usus suos, *tam in hominibus inbeneficiatis quam in ministerialibus, sub tanta potestate ac libertate. quanta uir suus habuerat.* impediente nullo obtineret, reliqui uero heredes post mortem ....[171]) ab episcopo nullo contradicente acciperent ....[172]) est. ut eadem prefata domina Richeza *dotem*, que vulgari lingua dicitur *morgengaue*, quam uidelicet *a marito* suo in desponsatione sua acceperat, *propria sibi in sua semper haberet possesione*, curtem scilicet in *Aluelinchuson*.[173]) cum omnibus appendiciis et iusticiis eius. *et duos milites Fritherieum* videlicet *de Wetuelde* et *Wernerum de vilgeste. cum omnibus bonis et possessionibus suis.* Testes huius rei sunt Bruno prepositus maioris ecclesie in Colonia. Hugo. eiusdem ecclesie decanus. Sifridus xantensis prepositus. Iohannes prepositus. Abbas Sibergensis. Abbas de sancto Pantaleone. *Comes Heinricus de Arnesberg*. Comes Euerhardus de Altena. et filius eius Arnoldus. *Cunradus de Rudenberg. Euerhardus de menethen*. Heinricus de alpheim, Heinricus de volmudestein, et Gozwinus frater eius. *Godescalcus de patberg*. Gerhardus aduocatus de colonia. *Heremannus uillicus de susatia. Godescalcus uillicus de Menethen.* Item Hildegerus et Brunstenus de Susatia. Leon.. de hulesen. Godefridus de wolchenburg. Euerhardus camerarius ipsius episcopi. Ticmmo de susatia. Vt autem nulla ecclesiastica secularisue persona hec infringere aut uiolare presumat auctoritate dei omnipotentis et beatri Petri ac nostre. sub anathemate interdicimus. et nostri sigilli impressione firmamus. Facta sunt anno dominice incarnationis M°. C°. LXX°. Regnante Romanorum imperatore *Fritherico* semper augusto.[174])

---

[171]) Wahrscheinlich ejus hereditatem.

[172]) Preterea statutum.

[173]) Auf dieser Curtis wurde 1252 das Kloster Paradies gestiftet. M. s. die Urk. u. die von 1174. Nr. 65.

[174]) Das an roth seidenen Strängen hängende weiße Wachssiegel ist fast ganz zerbröckelt. Ein hinsichtlich der Orthographie nicht ganz correcter Abdruck dieser Urkunde findet sich bei Meyer in Wigands Archive B. 6. S. 171.

62.

1172. beurkundet Erzbischof Philipp I. unter welchen Bedingungen sich eine Jungfrau Hadeloch der Kirche zu Medebach als Wachszinsige hingegeben.

Nach dem Original im Waisenhause zu Soest.

In nomine sancte et individue trinitatis. Ego *philippus* dei gracia sancte coloniensis ecclesie archiepiscopus. Notum esse volumus omnibus Christi fidelibus. qualiter virgo quedam *hadeloch* nomine cum esset libera. ecclesiæ beati petri in *medebach* que in diocesi nostra sita est se censualem sub tali condicionis forma contradidit. ut quilibet qui inter posteros seminis sui veterior fuerit exemplo predicte femine duos nummos ad altare beati petri in *medebach* annuatim offerat. et tam ipsa quam omnes femine propagande ex suo semine libera ab eo jure quod *beddemunt* dicunt semper permaneat. Si vero is qui censum annuatim obtulit ex hac luce migrauerit. optimum caput in jumentis. quod possedit. ecclesiæ beati petri erit. si vero femina fuit. optimum indumentum ejus ecclesia jam dicta suscipiet. reliqua autem hereditas ad propinquiorem in cognacione consequenter transibit. a ceteris vero ejusdem cognacionis hominibus obeuntibus nec jumentum nec indumentum requirat ecclesia. Hec autem predicte femine mancipacio acta est regnante gloriosissimo *heynrico* imperatore. presidente coloniensi ecclesiæ felicis memoriæ archiepiscopo *friderico*. I°. presentibus eo tempore his testibus Giselberto predicte ecclesiæ presbitero. Thietmaro advocato. Civibus loci. adolfo. gozwino. alberto. rengero. lentfrido. elwino. unnone. azzone. wänboldo. hoiero. At quia privilegium jam dicte mulieri super tali tradicionis sue pacto ab jam memorato archiepiscopo *friderico* datum in ecclesia *medebach* casu ante nostra tempora fuit combustum. nos comperta plenissime hujus rei veritate. memorate sepius mulieris filiabus videlicet *mazeke* ac *ricswidi* earumque posteritati presentem cartam conscribi ac nostre auctoritatis caractere jussimus insigniri. Statuentes firmissime ac sub anathemate indicentes ut nullus posterorum jam dictas mulieres aut earum sequelam a talis juris forma audeat arcere. Data Susatiæ kal. junii anno dominice incarnacionis millesimo centesimo LXXII°. indictione V^{a}. Regnante *frederico* imperatore. Testibus presentibus brunono loci archidiacono. sifrido xantensi preposito. *Walthero susaciensi advocato*. Thoma sacerdote in medebach et *fratre ejus* Luithewico gougravio et aliis.[173])

63.

1173. Febr. 27. bestätigt Erzbischof Philipp I. die vom Grafen Heinrich von Arnsberg geschehene Stiftung des Klosters Wedinghausen und hebt die Kirche daselbst, aus dem Decanatverbande.

Nach dem Orig. im Archive des Klosters Wedinghausen.

✝ In nomine sancto et indiuidue Trinitatis. Ego *Philippus* dei Gratia sancte colon. ecclesie uocatus archiepiscopus notvm esse uolo tam presentibus. quam futuris in perpetuum. quod *Henricus comes de Arnesberg*. inspirante deo ecclesiam *wedinchusen* cum omnibus attinentiis suis. pro remedio anime sue ac animabus parentum suorum tradiderit in manus nostras. ad promovendum servicium dei *in loco parentum suorum ossibus honorato*. Nos uero religiosorum predecessorum nostrorum. etsi non perfectione sanctitatis. zelo tamen pie emulationis uestigia secuti. piis eius uotis non solum annuimus sed etiam quantum ad nos spectat. vt in diebus nostris servi dei et merito et numero crescant. omnem curam super impendere decreuimus. Ea propter predictam ecclesiam. quatenus in ea serui dei libere et canonice deo seruire possint. *liberam esse Statuimus. ab omni jure et exactione episcoporum. præpositorum. et decanorum*. salva tamen canonica justicia nostra. Ipsi uero fratres eundem locum inhabitantes. per omnia curam animarum gerant. tam in baptizandis rudibus. quam inungendis infirmis. et confessionibus suscipiendis. et synodali iusticia in sua parroghia. Chrisma uero et oleum. ut mater ecclesia pro se habeat. et hoc ab ecclesia s. Petri apostoli. ad quam obedientia eius spectat. accipiat. Siquid uero in sinistris corrigendis. modum uel uires prelati ipsius ecclesie excesserit. ad nos uel ad successores nostros

---

[173]) Das Siegel von weißem Wachs ist auf die Urkunde gedruckt. Es stellt den Erzbischof sitzend vor. Von der Umschrift ist nur noch: niensis ar zu lesen. In der Urkunde kömmt verschiedentlich statt æ das geschwänzte e vor, es ist dafur æ geschrieben.

referat. Possessiones itaque quas eis firmamus. Dos ecclesie et mansus. I. *Wettere*. Mansus. I. *Lenole* Mansus. I. *Buren*. Mansus. I. *hachnen*. Mansus. I. *Holthusen*. *Ekkinkhusen*. et *mons caluus*. qui porrigitur a loco, qui uocatur *thuringes winkel*. inter *Ruram* fluuium. et riuum qui uocatur *berbeke*. cum omni decima agrorum *quos ipsi nouellari fecerint*. Quecunque itaque largitione comitis in siluis. in pascuis animalium. *in piscatura totius ditionis sue*. in quibus eis pleni iuris libertatem concessit. consecuti sunt. uel largitione quorumlibet fidelium. uel sua industria iuste consecuturi sunt. libere et absque perturbatione possideant. Vt autem hoc decretum nostrum inconuulsum perpetuo maneat. Sigilli nostri auctoritate communiuimus. et banno nostro confirmauimus. Quicunque igitur temerario ausu eosdem fratres super his que eis firmauimus. perturbare et hoc decretum nostrum infringere temptauerit. iram dei et sti Petri Principis apostolorum. et omnium Sanctorum incurrat. et anathematis uinculo donec per condignam satisfactionem excessus suos correxerit. se obligatum esse sciat. Qui uero eos consilio vel Rebus adjuuerit benedictionem dei hereditate possideat. Acta sunt hec. anno Dominice incarn. M°. C°. LXXIII°. *Indict. VI.* Regnante magnifico *Friderico* imperatore et commissa in manu Fratris Reineri. quem ad hoc elegimus, coram his testibus. Bruno Prepositus maioris ecclesie. Sifridus. prepositus xantensis. Iohannes prepositus Seulecensis. *Vffo*. *Abbas de Graschaph*. Albertus sosatiensis ecclesie decanus. Conradus custos. Gerhardus Sacerdos de insula Sancti Svitberti. *Liberi homines. et nobiles*. Comes Arnoldus. Frithericus ipsius frater de altana. Heinricus de uore. *Conradus de Ruthenberg*. Engelbertus munzum. Helyas frater eius. Heinricus de Herrike. Bernhardus uan ther Lippa. *Ministeriales*. Gerhardus aduocatus colon. Hermannus frater eius. Thiemo. de suosat. Leonius de hulse. Iohannes filius eius. Hildigerus. Brunstenus. alii quam plures. Datum. Sosatio. III. kal. Martii.[175])

---

175) Das an der Urk. hängende große Siegel des Erzbischofs, ist in weißem Wachse abgedruckt. Ein Abdruck der Urk. nach der uncorrecten Abschrift in *Gelenii Farrag.* III. pag. 40 findet sich bei Meyer Gesch. der Grafen von Arnsberg. Wigands Archiv. B. 6. S. 176.

64.

1174. schlichtet Erzbischof **Philipp I.** einen Streit zwischen der cölnischen Kirche und dem Kapitel zu Soest, über das Eigenthum der sogenannten „alden Kerke“ daselbst.

Nach dem Original im Soester Stift-Archive.

✝ In nomine sancte et indiuidue trinitatis. Ego *phylippus* dei gratia sancte coloniensis ecclesie archiepiscopus omnibus christi fidelibus in perpetuum. Pii patris prouidentia. ad hoc summopere inuigilare debet. ut inter filios et subditos suos plena pace reformata. nullam altercationis seu rixe materiam que odiorum et perditionis nutrimenta sunt. derelinquat. Unde cunctis christiane fidei cultoribus. tam presentis quam futuri temporis notum facimus. quod longa questione inter predecessores meos archiepiscopos. et *sosatiensis* ecclesie canonicos habita. de ecclesia que ab incolis loci ipsius *aldekerke* dicitur. pacifica et canonica compositione decidimus. et plene terminauimus. Conuenimus enim in hoc uerbo. totius ecclesie coloniensis iudicio. ut eiusdem loci canonici septem. Bernhardus uidelicet prepositus. Albertus decanus. Conradus custos. Johannes *scolarum magister*. Thiedericus sacerdos. Johannes sudiaconus. Gerhardus subdiaconus. sacramento assignarent. quod predictam ecclesiam. tempore bone memorie predecessoris nostri *Arnoldi prioris*. qui tunc temporis fuerant canonici. in sosat. nichilominus septem. sacramento coram ecclesia colon. in generali synodo. obtinuissent. quod et quidam priores nostri. se uidisse ueraciter profitebantur. Quod et ita factum est. Et ne ullus inde scrupulus disceptationis aliquando oboriri queat. actionis huius paginam. sigillo nostro signauimus. ac beati Petri. et nostro banno corroborauimus. Testes. Bruno prepositus maior. Hugo decanus. Lotharius bunnensis prepositus. Conradus sti Seuerini prepositus. Nykolaus Sibergensis abbas. Wescelinus beati andree prepositus. Widekyndus in Reesse prepositus. Comes Albertus in Mulbach. Comes Tidericus in are. Comes Euerhardus in Seinen, Heinricus filius suus. Willelmus iuliacensis comes. Adolfus de Safenberg. Comes Euerhardus in altena. Comes Engelbertus frater suus. et Arnoldus filius suus. aliique quam plures. Acta sunt hec anno dominice incarnationis. M°. C°. LXX°. IIII°. Indict. VII. Regnante domino *Fritherico* Romanorum imperatore glorioso. anno regni eius XXII°. imperii uero XVIII°. Anno quoque presulatus nostri VII°. feliciter. Amen.[176])

65.

1174. bestätigt Erzbischof Philipp I. die Schenkung des Haupthofes Alvendinghusen, aus der Erbschaft Rabodo's von Hegeninghusen, an das Kloster Scheda.

Nach dem Original im Archive des Klosters Paradies.

✝ In nomine sancte et indiuidue trinitatis. Ego *Philippus* dei gratia sancte coloniensis ecclesie archiepiscopus omnibus christi fidelibus in perpetuum. Ad erudicionem et exemplum boni. que pie et rationabiliter a nostri temporis hominibus acta sunt. paterna sollicitudine posteris transfundenda opere precium duxi. Noverit itaque fidelium uniuersitas, quod de rebus meis hereditatem quantam *Rabodonis* uidelicet *de hegeninchusen*. defuncto eo. ab legitimis heredibus uniuersis comparaui et inter cetera *curtem Alvendighusen*. quia *Reinerum de Froytesbraht* libere inbeneficiavi. Hic, defuncta honesta uxore sua. nomine *Rikecen*. quam mortuo Rabodone uiduam duxerat a me continuis et obnixis precibus optinuit. ut resignatam michi eandem curtem. Beate virgini Marie. et fratribus deo famulantibus in *scheda*. pro remedio anime mee et dicti Rabodonis. ac Rikecen. Reineri quoque. cum omnibus usibus. sicut ipsius fuerat traderem. quod et impetrauit. Illud quoque dignum duxi pagine inserendum. quod redditus huius curtis. *Hoioni sosatiensi* in feodum ab reinero collati fuerant. excepto marcarum duarum pretio. et hoc quoque ratum ac firmum ab ecclesia dicta. et eius preposito deinceps habebit. Advocatiam quoque sibi a manu mea porrectam. sepedictus reinerus. Hoioni me coram liberaliter in beneficium contulit. Et ne id in perpetuum quisquam infringere presumat. aut valeat. paginam hanc sigilli nostri impressione signauimus et beati Petri. ac nostro banno corroboravimus. testes. Sifridus

---

[176]) Das an rothen seidenen Schnüren hangende, in weißem Wachse abgedruckte Siegel ist zum Theil zerbröckelt.

xantensis prepositus. Bernhardus sosatiensis prepositus. Johannes sefflicensis prepositus. Albertus decanus; *Nobiles. Heinricus. comes arnesbergensis*. Heinricus van ge vore. *Conradus de Ruthenberg*. Heinricus van ther rura. Engelbertus Munczun. Ilias frater suus. *Ministeriales*. Heinricus van uolmedesteine. Gerhardus. Goswinus fratres sui. *Herimannus scultheius sosatiensis*. Tiemmo. Luippo. Hildegerus. et alii quam plures. Acta sunt hec anno dominice incarnationis. M°. C°. LXX°. IIII°. Indictione septima. Regnante domino nostro Iehsu Christo. Anno regni Fritherici imperatoris XX°. II°. imperii uero XVIII°. Anno quoque presulatus nostri VI°. Feliciter. Amen.[177])

66.

1174. genehmigt Erzbischof Philipp I. die theilweise Ausrottung des Waldes Bocholt bei Soest.

Vollständig abgedruckt in Kindlingers Gesch. v. Volmestein. B. 2. S. 24.

In nomine — Trinitatis. Ego *Philippus* — Col. Eccles. Archieps. — Noverit itaque tam modernorum quam futurorum discretio, quod *Sosatiensis Ecclesie conventus* universus, *familiæ totius assensu* et *consilio* Nemoris partem, quod *Borholt* dicitur, videlicet quantum ad duos mansos agri sufficerent, succidi fecit, honestisque viris suæ civitatis Incolis agros ea pensione contradidit, ut quotannis certum censum, scilicet sex solidos *sue Monetæ* de Manso, et pro *Redemptione decimæ* itidem de Manso solidum unum persolverent, ac de cetero ejusdem juris, quo contribules eorum, qui *Aldeholt* et *Spret* incolunt, Communionem acceperint, ut videlicet soluta annuatim prescripta et Census et decimæ pensione, in *nullam singularis servicii ab aliis*, quos premisimus, compellantur exactionem. Porro cum juris mei eadem esset *decima*

---

177) Die Urkunde hat geschwänzte e. Auf der Rückseite derselben steht, Scheda habe den Hof 1294 an Paradies gegeben. Letzteres wurde 1252 auf einem Hofe des Grafen Otto von Tecklenburg zu Alvendinghusen gebaut. Das an roth seidenen Strängen gehangene Siegel ist abgefallen. Ein nicht ganz correcter Abdruck dieser Urkunde steht in Wigands Archiv B. 6. S. 176. Das Jahr der Regierung des Erzbischofs, ist statt auf VII, irrig auf VI angegeben.

pro remedio animæ meæ successorumque meorum eam jam dictæ Ecclesiæ et fratribus ibi domino famulantibus liberaliter contradidi — Testes — Bernardus sosatiensis Prepositus — *Nobiles Heinricus Comes in Arnesberg, Rabodo van ther marka*, Everhardus de dale, Heinricus van gevoure, Heinricus van ther Rura; *ministeriales* Heinricus de Volmudesteine Gerhardus et Gozwinus fratres ejus, *Herimannus schulthetus sosatiensis*, Thiemmo, Brunstenus et alii quamplures. Acta sunt hæc Anno — M°. C°. LXXIIII. Indict. VII. regnante Dno. Fritherico rom. Imp. glor. A'o Regni eius XXII. Imperii vero XVIII. Anno quoque presulatus nostri VII. feliciter amen.

67.

1174. bestätigt Erzbischof **Philipp I.** die von dem Ministerial der cölnischen Kirche **Sigenand** (von **Batthusen**) und dessen Frau **Hedwig** vollzogene Stiftung des Nonnenklosters **Delinghausen**.

Nach dem Original im Archive des Klosters Delinghausen.

✝ In nomine sancte et indiuidue trinitatis. Ego *philippus* dei gratia sancte coloniensis ecclesie archieps. omnibus xpi. fidelibus in perpetuum. Quomodo pastoralis officii sollicitudo exigit. ut oues sibi creditas. in melius semper promobat atque profectum earum bonum. in posteros transfundat. quatenus exemplo bono in potiora et uiciniora saluti. animentur. placuit huic pagine negocium presens inscribi. Notum sit igitur omnibus orthodoxis. tam futuris quam presentibus. quod quidam *Sigenandus*. beati Petri *ministerialis*. cum vxore sua *hathewiga*. multis precibus à me obtinuit. quod hereditatem suam. que hereditario jure legitime sibi provenerat. *Olenrhusen* scilicet et *bachem* sitam. cum *mancipiis* uniuersis. sic temperata iusticia seruicii illorum. ut masculus qui hactenus denarios duodecim annuatim. ei soluerat. deinceps octo. et femina. nichilominus. que ante sex dederat. quatuor ecclesie deinceps subministraret. nec non cum omnibus attinentiis. beate et gloriose semper uirgini Marie. ac beato Petro contradidit. integraliter ac libere. in memoriam patris ac patrui ipsius. qui eundem decedentes. hereditatis illius beredem reliquerant. simulque ut ipsius ac uxoris sue memoria tamquam fratrum inibi deo famulantium. in perpetuum habeatur. atque ut fundato ibi sanctimonialium cenobio. servitium dei iugiter deinceps celebrandum persistat. attamen ut ecclesie in *schedha* deuotam seruet obedientiam. Porro nichil horum quibus a nobis et a nostris antecessoribus inbeneficiatus fuerat. manumittens illo contulit. sed liberam tantum hereditatis materiam. atque hec legitimorum heredum assensu acta sunt. quorum nomina. Rikbodo. Conradus. Regenhardus Emelricus. Heinricus. qui in hunc modum assensi sunt. ut si ab eodem loco servicium dei neglectu fratrum in schedha amoueretur. heredes sine contradictione sua reciperent. et exterminator seu uastator quicunque. anathemati subiaceret. et expensa uniuersa ecclesie. si ab heredibus irruptio pacti. fuerit temere. aut quocunque casu acta. prorsus restitueretur. Et ne parte aliqua id infirmum et minus perfectum constare uideretur. consilio ac nutu nostro in loco qui dicitur *grambeke* sub banno imperiali. similiter ibi astantibus *heredibus* prenominatis. ac *aliis* et *assensum porrigentibus. qûo in banno illo predia predicta sita sunt.* datio eadem legitime et rationabiliter consummata est. quam sic celebratam suscepit schedensis ecclesie prepositus thiedericus. cui custodia sepedicti loci. fideliter a me commissa est. Quomodo autem modernorum ingenia ad destruenda ea que a patribus eorum pie acta sunt prona noscuntur. ut omnis cauillatio et turbatio excludatur. sigilli nostri impressione presentem paginam signauimus. et banni nostri auctoritate roborauimus. Testes horum. Widekindus prepositus in Resse. Johannes prepositus in Seflike. Bernhardus prepositus in *Sosat*. Thiedericus cellerarius. Albertus decanus in *Sosat*. Conradus custos. hii priores ecclesiarum. *Heinricus comes in Arnesberg*. Euerhardus comes in Seyna. Renerus comes in froytesbraht. *Rabodo uan ther marka*. Heinricus uan geuôre. Heinricus uan ther Rura. *Euerhardus de wielon*. *Jonathas* frater ipsius. *Geuehardus. qui in banno imperiali officium gessit*. wicelin unimanus. Luitfridus. Tiemo. Renezo. Rothinc. holo. Luitbertus. *hii omnes nobiles seu liberi*. Gerhardus coloniensis aduocatus. *Heremannus schultetus in Sôsat*. hermannus. Erenbertus. Arnoldus. Winemarus. uan ther kemenaden. Sifridus post. Rodolfus. *hii ministeriales*. et alii quamplures. Acta sunt hec anno dominice incarnationis. M°.C°.LXX°.IIII°. Indict. XII^a^. Regnante fritherico Romanorum imperatore inuictissimo. anno regni eius XXII°. Imperii autem XX°. Anno presulatus nostri septimo feliciter. amen. Datum Sôsat. IIII°. kal. Junii. Preterea statuimus. et firmissime banni nostri auctoritate roboramus. ne quisquam aliquod ius in aduocatia prediorum aut mancipiorum eorundem sibi uendicare presumat. ne nouella plantatio eradicetur. nisi quem prepositus loci et ecclesia sibi adoptauerit.[178])

68.

1175. bestätigt Erzbischof Philipp I. den Tausch von 2 Mansis zwischen den Klöstern Oedingen und Scheda. Derjenige welchen dadurch das Erste erwarb, lag in der Villa *Ennest*, der welcher dem Letzten zufiel, in der Villa *Birincdorb*.

Nach dem Original im Stadtarchive zu Werl.

In nomine sancte et indiuidue trinitatis. Quoniam facta hominum inconstantie procella agitantur. et uetustate temporis obnubilantur. non sine magna auctoritate ea que apud homines geruntur. scriptis obmemoriam commendantur. Ego itaque *philippus* sancte coloniensis ecclesie humilis minister. ex mea attestacione. et aliorum quam plurimorum. Notum facio christi fidelibus tam posteris quam presentibus. qualiter conuentus in *Odinge*. et conuentus in *sceide* de duobus mansis concambium fecerunt. Mansus etenim qui spectabat ecclesie in *odinge*. adiacens fuit *sceide*. in uilla que dicitur *birincdorp*. et è conuerso. mansus qui spectabat ecclesie in *sceide*. adiacens fuit *odinge*. in uilla que dicitur *ennest*. quem de eadem uilla miles quidam heidenricus nomine cum filia sua quam in cenobio sceide monastice professioni addicauit. eidem ecclesie contradidit. Predictorum itaque conuentuum uterque considerans hos mansus *pares* esse in agrorum quantitate. et in *censuum persolutione*. ex permissione et consilio prelatorum. scilicet abbatisse in *odinge alheidis. filie comitis de arnesberch*. et prepositi de sceide utraque ecclesia mansum sibi adiacentem acceptauit. Expeticione itaque utriusque conuentus huius concambii transmutationem ex debito nostre auctoritatis approbando confirmamus et presenti pagine ordinem desuper inscriptum

[178]) Die schön geschriebene und wohl erhaltene Urkunde hat geschwänzte e. Das Siegel des Erzbischofs hängt an roth seidenen Schnüren. Ein nicht genauer Abdruck der Urk. findet sich in den Annal. Præmonstratensibus Nancei 1736. Tom. 2. Urk. p. 270.

sigilli nostri inpressione insigniendo corroboramus. sub anathematis districtione precipientes. ne aliquis hoc infringere presumat. sed utraque ecclesia mansum quem acceptauit. quiete possideat. Acta sunt hec. anno dominice incarnationis M°. C°. LXX°. V°. domino calixto apostolico sedi presidente. et domino friderico imperatore regnante.[178])

69.

1176. bestätigt Erzbischof **Philipp I.** die Schenkung eines Hofs und einer Zehntlose von **Sigenand** von **Batthusen** an das Kloster **Oelinghausen**, so wie die Uebertragung der ihm zugestandenen **Vogtei** über das Kloster, an **Reiner** von **Froitsbret**.

Nach dem Orig. im Archive des Klosters Oelinghausen.

In nomine sancte et indiuidue trinitatis. Ego *Philippus* dei gratia Sancte Coloniensis ecclesie Archiepiscopus. Notum facio cunctis xpi fidelibus tam post futuris quam presentibus. quod *Sigenandus de Batthusen*. zelo dei permotus. pro remedio anime sue mansum quem a nobis in beneficio habuit. nostro consensu et coniuencia ecclesie in *Vdlenhusen* libera uoluntate in perpetuum tradidit optinendum. et insuper XX[ti] denarios eidem ecclesie singulis annis persoluendos. hoc conditionis pacto contulit. ut cum illi qui eandem decimam ab eo in feodo habent quolibet anno eosdem XX[ti] denarios iam dicte ecclesie persoluerint. *sint ab omni alia de eadem decima exactione liberi et absoluti*. adicientes quod eiusdem Sigenandi peticione qui sepe dicte ecclesie fuit *aduocatus*. *Reinero de Froisbret*. eiusdem ecclesie aduocatiam contulimus. Ne autem de his in hunc modum rationabiliter statutis postmodum ulla dissensio seu altercatio suboriatur. sicut tunc presentibus et annuentibus iustum et rationabile uisum est. hanc cartam banni nostri promulgatione et sigilli nostri im-

---

178) Die Urkunde ist gut erhalten, das Siegel aber abgefallen. Es war nicht der Urkunde inpressum, wie der Text sagt, sondern hing an durchzogenen, noch vorfindlichen Pergamenstreifen.

pressione roborare et confirmare curauimus. Si quis ergo prelatorum uel subditorum tam presencium quam futurorum hoc infringere uel aliqua in parte ausus fuerit immutare. autoritate dni nostri iesu xpi et beatorum apostolorum petri et pauli et nostri banni pronuntiatione à sanctissimo corpore et sanguine dni nostri iesu xpi et tocius sacrosancte ecclesie communione fiat extorris et alienus. ac eterno gehenne ignis incendio dampnetur cruciandus. Testes huius statuti sunt. Bruno maioris ecclesie. sti Petri prepositus. Hugo decanus. Widekindus Resensis. prepositus. Johannes sellicensis prepositus. Theodericus cellerarius Ex laicis uero *nobilibus*. *Heinricus comes Arnesbergensis*. *Heinricus de yevrre Conradus de Ruthenberg*. Heinricus de Rura. *Ex ministerialibus*. Heinricus de volmutsteine et fratres sui gerardus et gozwinus. gerardus colon. aduocatus. et alii plures magni nominis uiri. Acta sunt hec anno dominice incarnationis. M°.C°.LXX.VI. Indictione. VIIII. Regnante domino Friderico Romanorum imperatore augusto anno regni eius. XX°. V°.[100])

70.

1176. März 25. schenkt Abt Conrad von Corvei der Probstei Marsberg die St. Magnus Kirche zu Horhusen.

Vollst. abgedruckt in *Falke* tradit. Corbejens. p. 515.

C In Nomine — Trinitatis. *Conradus*. dei gratia Corbeiensis ecclesie abbas — Inde est quod nos — beato Petro — in monte *Eresberch* deuotionem nostram in aliquo demonstrare cupientes — *consilio fratrum nostrorum* Corbeiensium. nec non et *peticione ministerialium* et *aliorum fidelium* nostrorum ecclesiam sti Magni que sita est in uilla *horhusen* tradidimus ad supplementum prebende fratrum deo et beato Petro in monte prenominato seruientium cum omni integritat et pertinentiis suis. ita ut prepositus qui in monte fuerit eaiudem ecclesiam sub potestate sua habeat. postquam ab eo nq-

[100]) Das wohl erhaltene Siegel des Erzbischofs, hängt in weißem Wachse an grün seidenen Strängen. Geschwänzte e.

nunc eam habet clerico nostro Conrado, seu uiuente adhuc, siue defuncto, libera extiterit. Notum ergo uolumus esse — quod hanc traditionem prefate ecclesie solempniter fecimus in capitulo Corbeiensi, coram cunctis fratribus nostris, super reliquias beati Petri, de monte *Eresberch*, quas *prepositus Bruningus* presentes tunc habuit, et donationem de manu nostra suscepit. Nos quoque sub stola nostra in eodem capitulo auctoritate patris, et filii, et spiritus sancti et beati Petri principis apostolorum, sub anathemate interdiximus omnibus successoribus nostris, ne aliquis eorum eandem ecclesiam a prefato monte auferre, uel aliquo modo alienare presumat, sed semper in potestate prepositi qui ibidem fuerit ordinanda in perpetuum consistat. Ut autem hec traditio nostra omnibus futuris temporibus apud posteros et successores nostros rata et inconuulsa permaneat presentem paginam in testimonium facte a nobis donationis conscribi precepimus quam subter annotatis testibus sigillo nostro et ecclesie corroborari iussimus. Testes et presentes hi affuerunt etc. — Act. Corb. ao. dom. incarn. M°. C°. LXXVI°. indict. VIIII^a ao. prelationis dom. Conradi. abbatis XVI°. die anunciat. dominice. 181)

---

181) Die St. Magnuskirche zu Horhusen war von Abt Truthmar von Corvei gebaut und 1043 geweiht werden; wie aus der bei *Falke* Tradit. Corbejens. p. 210 gedruckten Urkunde hervorgeht. Es heißt darin: Ego *Truthmarus* — abbas notum facio — me diuino instinctu pro cultu dei dilatando cuiusdam ecclesie fundamenta iecisse. accedente enim mee congregationis consilio et assensu in honorem omnipotentis dei et uenerationem sti *magni basilicam* in *uilla Horohusen* que adiacet monasterio beati petri apostolorum principis in *monte Eresburg* construxi. quam uenerabilis ecclesie Patherbrunnensis episcopus *Rotho* petitione mea consecravit et sub inuocatione diuini nominis dedicauit. ne autem eadem basilica sancti magni indotata persisteret tradidi ei in dotem in presentia aduocati mei *Brunonis comitis* hanc traditionem meam confirmantis decimas uillarum *wieringerinchuson* in hessi *husin* in patherga *osterep* in almunga et *herdinghuson* in ittergo pagis. — hec autem peracta sunt presente comite Herimanno. qui pro salutatione sua et patris sui Widekindi et coniugis sue Berthe filiorumque suorum Bardonis Widekindi atque Heinrici memorate delegauit ecclesie mansum et IIII. iugera in uillis *suafharan* et *haran* in pago almunga et mansum medium atque iugera XX in *heriwardeshuson* in pago itterga. que bona ecclesie corbeiensi resignauit ego autem ecclesie sti magni tradidi. — Data in monte Eresburg VI. kal. aug. ipso consecrationis die ecclesie suprascripte anno dominice incarnationis M°. XL°. III°.

71.

1177. tritt Erzbischof **Philipp I.** dem **Schulten zu Soest** den Wald **Bocholt**, zur Verurbarung gegen Zins ganz ab.

Vollst. abgedruckt in *Haeberlin* analecta medii ævi. p. 289.

✝ In nomine — Trinitatis. *Phylippus* — s. Col. Ecclesie Archyepiscopus — Cum silua illa, que uulgo *Bukholt* dicitur, que ad *Curtem* nostram in *Susato* pertinet, Nobis penitus esset inutilis, tum quia terra arabilis iuxta commodum nostrum inde fieri non poterat, tum quia a circumhabitantibus hominibus custodiri non poterat, quare ab ipsis cottidie precideretur, ita quod frutices tantum in loco illo crescerent. Nos eam ex consilio fidelium nostrorum ad maiores, quos potuimus, usus redegimus. Innotescere itaque uolumus — quod *ex consilio hominum*, et *ministerialium* nostrorum, et *Familie predicte Curtis*. Nos eandem prenominatam siluam *Herimanno scolteto nostro Susatiensi*, et Hildegero, sub ea conditione concessimus, ut ipsi et eorum legitimi heredes, eandem ipsam siluam sub eo iure, quo *censuales Mansi* Curtis eiusdem tenentur, ad omnes usus suos in perpetuum teneant, et ipsi uel eorum heredes quicunque eandem siluam tenerent uel tenuerint, Singulis annis, in die festiuitatis Michaelis dimidiam libram, id est decem solidos Susatiensis monete, in supra nominatam Curtem inde persoluant. — Testes — Albertus Susatiensis Decanus. Et *Nobiles*. *Comes Heinricus* de *Arensberg*. Comes Arnoldus de Althena et frater suus Fridericus. Reinerus de Froisbret. *Cunradus de Ruddenberg*. *Ministeriales*. Heinricus de Volmudisteine. Thymo de Susat, Brunstein de Susat. *Rutgerus de Ruddenberg*. Leonius de Hulsa. Arnoldus de Hondorph. Cunradus de Anelage. Ekkenbertus de Anelage. Herimannus de Fromura. Arnoldus Stempel. Herimannus de Huttle. Et quam plures alii. Acta sunt hec anno — M°. C°. LXX°. VII°. Indict. XI. Regnante Friderico Romanorum Imperatore. Anno Regni eius XXVI°. Imperii uero XIIII°.

72.

1177. belehnt die Aebtissin **Adelheid** zu **Meschede**, das neu gestiftete Kloster **Küstelberg**, mit einem wüsten Bauernhofe an der Ruhr, welcher in den Haupthof **Stockhausen** gehörte; an dessen Schulten daher das Kloster jährlich zwei Denare zahlen soll.

Nach dem Orig. im Archive des Klosters Delingbausen.

✝ In nomine sancte et indiuidue trinitatis. Ego *Aleydis meschetensis abatissa* in perpetuum. Monente apostolo sic debere inter fideles equalitatem fieri, ut de quorundam habundantia, aliorum subleuetur inopia, petentibus *godescalco* et *gerhardo canonicis kustelbergensis ecclesie*, que piorum elemosinis *nuper est constructa*, in substantia tenuis, modica in allodiis, nos quendam ecclesie nostre *mansum* secus amnem *Rurennam* situm, tanto tempore desertum, ut inhabitatio loci a presentium memoria hominum exciderit, agrorumque spaciositas excreuerit in siluarum densitatem, radiis solis inpenetrabilem, communi consensu ecclesie scilicet, congregationis, et ministerialium prefate ecclesie, tali modo contulimus, ut eiusdem ecclesie prelati per successionem, abatisse loci nostri *hominii* debeant *fidelitatem*, ita sane, ut hoc beneficium magis sit ecclesie ab ecclesia, quam persone a persona. Et ne *curia* nostra in *Stochusen* cui idem mansus attinebat, dampno aliquo grauetur, duos denarios quos idem mansus antea soluere consueuerat, memorate ecclesie prelato uillico dicte curie annuatim soluat. Hec ad noticiam tam presentium quam futurorum fidelium conscribi fecimus, et signo ecclesie nostre muniuimus, inprecantes illi diuinam ultionem, si quis huic rationabili nostre dispensationi postmodum contraire uoluerit, et fratrum supradictorum labores eiusdem mansi culture inpensos, suis usibus viue doloue temptauerit. Testes rei sunt. Hadeuuigis preposita. Jutha decana. Methildis magistra. Widekindus decanus. canonici gernandus. Thetwardus, Otto. eldagus. Marcwardus. *Nobiles. Henricus comes de Arnesberg. Conradus de Rothenberg. Henricus* aduocatus. *Ministeriales.* Weremarus. Rothardus. Bouo. Hunoldus et alii plures. — Actum anno dominice incarnationis. M°. C°. LXX°. VII°. Fritherico Romanorum imperatore feliciter regnante. Phylippo archyepo Coloniensi ecclesie presidente.[182])

---

182) Die Urk. hat geschwänzte e; das Siegel ist in weißem Wachse aufgedruckt. In dorso steht: Curtis de Wetmerslede. S. d. Urk. Nr. 76.

73.

1177. Juni. 19. bestätigt Pabst Alexander III. dem Erzbischof Philipp I. alle Rechte; namentlich auch die Güter und Gerichte welche er in Westfalen erworben hatte.

Nach dem Transsumpt im Liber privilegiorum Ecclesie Coloniensis; genannt Major Correaceus Ruber. Nr. 2.

Alexander Episcopus seruus seruorum dei. Venerabili fratri *Philippo* Coloniensi Archiepiscopo eiusque successoribus canonice substituendis in perpetuum. Et si teneamur omnibus fratribus et Cœpiscopis nostris ex administratione suscepti regiminis apostolicum patrocinium exhibere hiis tamen specialiter adesse compellimur qui sicut dignitate ita preeminent et virtute, cum nostre sollicitudinis debeat et circumspectionis existere ut vniuersos iuxta qualitates personarum et merita respicere videamur. Eapropter venerabilis in christo frater Archiepiscope prudenciam et deuocionem tuam diligencius attendentes, et tuis peticionibus nostrum facilem prebentes assensum Coloniensem ecclesiam cui deo auctore preesse dinosceris sub beati Petri et nostra protectione suscipimus et presentis scripti priuilegio communimus, Statuentes ut quascunque possessiones quecunque bona eadem ecclesia in presencia iuste et canonice possidet, aut in futurum concessione Pontificum, largicione Regum uel Principum, oblacione fidelium, seu aliis iustis modis prestante domino poterit adipisci, firma tibi tuisque successoribus et illibata permaneant. Preterea tua frater Archiepiscope prudencia et deuocione pensata confirmamus tibi ea que in priuilegiis patrum et predecessorum nostrorum habentur. videlicet crucem et pallium suo tempore suoque loco ferendum Insigne quoque festiui equi quod a quibusdam vulgo nactum vocatur. Concedimus eciam et apostolica auctoritate statuimus, vt maius Altare ecclesie tue vni et vero deo in memoriam beate Marie virginis et alterum in memoriam beati Petri Apostolorum principis dedicatum reuerenter ministrando procurent septem Canonici Cardinales presbiteri induti dalmaticis quibus eciam cum totidem dyaconibus et subdiaconibus ad hoc ministerium prudenter electis ut utantur sandalibus indulgemus, sicut a patribus et predecessoribus nostris ad predicte ecclesie concessum est per auttentica priuilegia et hactenus obseruatum. Insuper eciam auttoritatem et honorem que ecclesia tua hactenus habuisse apostolici fauoris patrocinio confirmamus videlicet ut siquando synodus infra tuam diocesim a romano Pontifice aut a legato ab eius latere destinato fuerit congregata Priorem locum post ipsum Coloniensis Archiepiscopus in synodo teneat et in proferenda sacrorum canonum auctoritate. prior existat, Ita tamen ut sicut est prior in hac probabili dignitate ita eciam prior polleat honestate vite et gracia meritorum, et cuius annunciauerit verba imitetur exempla Consecracionem quoque Regum infra limites tuo diocesis fiendam presentis scripti auctoritate censemus, et ut electio Archiepiscopi secundum statuta canonum a filiis prescripte ecclesie celebretur, per huius scripti paginam duximus statuendum. Ad hec monasteria ecclesias Colonie positas et omnia sacra loca infra et circa vrbem Colonie ad jurisdictionem Coloniensis ecclesie pertinencia monetam predicte Ciuitatis Theoloneum forum et omne ius civile sub potestate tua et successorum tuorum Abbacias per diuersa loca villas vicos et Castella cum omnibus eorum pertinentiis, seruis videlicet ancillis, terris cultis et incultis, aquis pratis, campis, siluis forestis, *nec non eciam comitias in Westphalia que vulgariter Gograitschaf dicuntur et allodia dulberch, hachen, marcha, Wassenberg,* sicut hec omnia rationabiliter possides tibi tuisque successoribus auctoritate apostolica confirmamus Illud quoque statuimus vt sicut nullus Coarchiepiscoporum tuorum est tibi subiectus ita eciam tu sub nullo Primate debeas esse Salua tamen nobis in te sicut in ceteris Archiepiscopis subiectione que apostolice auctoritati debetur Decernimus ergo, ut nulli omnino hominum liceat prefatam ecclesiam temere pertubare, aut eius possessiones auferre vel ablatas retinere minuere aut aliquibus vexationibus fatigare sed omnia integra conseruentur eorum pro quorum gubernatione ac sustentatione concessa sunt vsibus omnimodis profutura Salua in omnibus apostolice sedis autoritate Si qua igitur ecclesiastica secularisue persona hanc nostre constitutionis paginam sciens contra eam temere venire temptauerit secundo tertioue commonita nisi satisfactione id emendauerit potestatis honorisque sui dignitate careat reamque se diuino judicio existere de perpatrata iniquitate cognoscat et a sacratissimo corpore ac sanguine dei et domini nostri Jesu Christi aliena fiat, atque in extremo examine diuine vltioni subiaceat. Cunctis autem eidem ecclesie iusta seruantibus sit pax domini nostri Jesu Christi quatenus et hic fructum bone actionis percipiant et apud districtum Judicem premia eterne pacis inueniant amen. Datum laterani per manum Alberti sancte Romane ecclesie presbiteri Cardinalis et Cancellarii. XIII. kal. Julii. Ind. VI. Incarnacionis dominice Anno

Mº. Cº. LXXVIII. Pontificatus vero dni Alexandri pape III. Anno decimo nono.[183])

74.

1177. bestätigt Erzbischof Philipp I. dem Patrocli-stifte zu Soest den Erwerb einiger Aecker zu Meiningsen.

Nach dem Original im Archive des Patrocli-Stifts.

In nomine — Trinitatis, — *Philippus* — Archiepiscopus — volumus innotescere quod cum quidam *liber homo*. *Hezelinus* nomine vendidisset agros suos sitos in *Merinchusen* Ecclesie beati Patrocli in susatia. *Heinricus* cognomento *Munzun*. eodem tempore apud eundem locum *super Liberos et Liberorum agros Comicia positus*. quicquid iuris in prenominatis agris habebat. *quod ad Fiscum regium pertinebat* in manus nostras resignauit. Nos ergo *prenotatum particulare ius. cum esset in manibus nostris*. ob amorem Dei et petitionem *prefati Nobilis* Ecclesie susatiensi stabili donatione contraditum scripti et sigilli nostri attestatione roborauimus. Facta est hec donatio anno — Mº. Cº. LXXº. VIIº. indict. X. — Testes aderant Bruno maior in colonia Prepositus — *Nobiles quoque Terre Heinricus Comes de Arnesberge — Conradus de Ruthenberg*. Euerhardus de *Arthei*. *Ministeriales sancti Petri* — Godescalcus *de Patberg*. Tiemo de Susatia — et alii quam plures bone opinionis et boni testimonii viri.[184])

[183]) Ganz fehlerhafte und verstümmelte Abdrücke dieser Urkunde finden sich in (Bossart) Securis ad radicem posita. Bonn 1729. fol. Beil. Nr. 104. und Apologia des Erzstifts Cöln. Bonn 1639. fol. Beil. Nr. 3.

[184]) Das in weißem Wachse abgedruckte Siegel des Erzbischofs hängt an grün seidenen Strängen. Ein vollständiger Abdruck der Urk. findet sich in Kindlingers Gesch. v. Volmestein. B. 2. Nr. 6. Sie ist mit geschwänzten e geschrieben.

75.

1178. Juni. 21. verwandelt Erzbischof Philipp I. das alte Palatium oder den Thurm zu Soest in ein Hospital.

Vollständig abgedr. in *Hæberlin* Analecta medii ævi. p. 499.

In nomine — Trinitatis. *Philippus* — Archiepiscopus. — Idcirco postulationes fidelium nostrorum et precipue apud Ciuitatem Susatium commanentium Nobis desideratas et omnibus Religiosis valde desiderabiles — exaudire et — adimplere curauimus. Diuino instinctu itaque admoniti et Spiritus sancti atque virtute firmati Beati quoque Bonifacii, Romani Pontificis, qui templum quod Pantheon vocabatur, eo quod simulacrum quoddam omnium videretur deorum esse, a Voca Cæsare impetratum, ad cultum christiane Religionis transtulit, exemplo roborati. In nomine sancte et indiuidue Trinitatis ad laudem beate Dei Genitricis et perpetue Virginis Marie ad honorem etiam beati Petri Principis Apostolorum, cui deo auctore seruimus, *communi et unanimi consensu tam Suffraganeorum et Priorum quam etiam Procerum, Bernhardi quoque Susaciensis Ecclesie Prepositi et Ministerialium Nostrorum* pro spe vite eterne Predecessorum atque Sequentium Nostrorum animarum remedio, concessimus et tradidimus *Palatium, siue Turrim in Susatia juxta veterem Ecclesiam beati Petri Apostoli titulo prefulgentem sitam,* ad summum omnipotentis Dei seruitium quod per hospitalitatem et Elcemosinarum largitionem constat, vt per auxilium et consilium Deum diligentium et precipue Susaciensium ciuium qui hoc sanctum opus nostra Auctoritate fulti initiauerunt, Domus que pridem fuerat animalium immundorum atqui omnis generis reptilium Latibulum, Cyconiarum, Miluorum, cornicum, picarum et hirundinum atque omnium prorsus volucrum nidus siue receptaculum fiat Domini nostri Jesu Christi consistorium, venerabile cenodochium Hospitale Sanctum pietatis Asylum, miserorum solatium, requies debilium, sustentatio indigentium, et certa penitus, atque cita omnium subleuatio tribulatorum. Quatenus pro hoc habitaculo, quod ita predictum est, omnipotenti Deo assignavimus in æterna ab eo tabernacula recipiamur et sancta Coloniensis Ecclesia et noster Episcopatus stabili et diuturna in hoc mundo, Domino annuente, pace fruatur, preterea omnibus fidelibus Christi huius cause promotionem in omnium statuimus remissionem peccatorum. Decreuimus ergo vt nullus — hominum presumat eandem Domum, vel eius procuratores, vel sacerdotes in ea Deo seruientes, perturbare, aut possessiones sive Eleemosinas, a fidelibus ibidem domo collatas, vel deinceps inferendas, auferre vel ablatas retinere — sed — conseruentur eorum, pro quorum gubernatione et sustentatione concessa sunt, usibus omnimodis profutura. — Actum apud Susatum. anno — M. C LXXVIII. mense Junio. XX prima die ejusdem mensis, sub adstipulatione et presentia hic subscriptorum. Domini Hermanni Monaster. Epi. Dni Arnoldi Osnab. Epi. Johannis Prepositi de Sinzake. Bernhardi Prepositi de Susato. Alberti decani de susato. Bertoldi canonici eiusdem loci et aliorum multorum ejusdem Ecclesie Canonicorum. *Henrici Comitis de Arnsberg*. Henrici Comitis de Thuringia. Simonis Comitis de Teckenaburgci. Hermanni Comitis de Ravensberg. Arnoldi Comitis de Altena et fratris ejus Friderici. *Conradi de Rudenberg*. Euerhardi Aduocati de Susato. Gotfridi de Heinesberg. Gerhardi Aduocati Coloniensis et Hermanni fratris eius villici Susaciensis. Themonis. Hildegeri. *Godescalci de Padberg*. Brunsteni de Susato. Simonis de Tuisco. Bernhardi de Heine. ministerialium nostrorum et aliornm multorum tam consulum quam ciuium eiusdem Ciuitatis.

76.

1179. März. 9. bestätigt Erzbischof Philipp I. die von der Abtissin Adelheid zu Meschede geschehene Uebertragung eines wüsten Bauernhofes an der Ruhr, so wie die vom Pfarrer zu Hellefeld geschehene Ueberlassung eines nahe dabei gelegenen Hofes an das Kloster Küstelberg und fügt selbst den Neubruchzehnten von den beiden Höfen hinzu.

Nach dem Orig. im Archive des Klosters Oelinghausen.

✝ In nomine sancte et indiuidue trinitatis. Ego *Philippus* diuina gratia sancte coloniensis ecclesie archiepiscopus in perpetuum. Notum facimus uniuersis xpi fidelibus. tam futuris quam presentibus. quod *fratres kustelbergensis cenobii*. fundum quendam super fluuium *Rurenna* situm. multis temporibus desertum, siluestri densitate, ac paludinosa profunditate inutilem, ab *abbatissa meskedensi*, congregatione sua consentiente, ac familia ecclesie approbante, tali pacto colendum susceperunt, ut prelatus prefati cenobii, per successionem in perpetuum, curie abbatisse, que dicitur *Stochusen*, cui idem fundus attinebat, annuatim duos denarios in festo sti Martini persoluat, hocque soluto, omnis laboris ac culture fructus de eodem fundo prouenieus, eorumdem fratrum usibus cedat, ipsi quoque fratres eundem fundum sub prefati pacti forma inserta, perpetua pace possideant. Preterea adiacentem mansum *ecclesie* que dicitur *hileualden* a pastore loci simili per omnia pacto colendum, idem fratres acceperunt, abbatissa meskedensi similiter hoc approbante. Sciendum quoque, quod idem fratres, fundos memoratos susceperunt, ab ecclesia meskedensi, per manum uenerabilis domine *Adeleidis abbatisse*, ac *comitis Heinrici* de *Arnesberg* aduocati ecclesie, et procuratore abbatie, et *heinrici* sacerdotis in *hileualden*. Sed et hoc sciendum quod decimam eorumdem *noualium*, que *nostri juris est*, eisdem fratribus epischopali munere damus, et confirmamus. Igitur ut hec pactio siue conuentio inter ecclesiam *meskedensem*, et cenobium ste Marie in *Kustelberg*, piorum studio concinnata, arte uel ingenio prauorum hominum postmodum dirimi non ualeat, nos formam huius pactionis carte presenti iussimus inscribi, et pro perpetua pace et stabilitate optinenda, imprecantes uiolatori ultionem diuinam nostre imaginis signo eam fecimus insigniri. Testes. Bruno maioris ecclesie in Colonia prepositus. Bernardus Sosatiens. prepositus. Johannes Seflicensis prepositus. Odalricus maioris ecclesie in colon. canonicus. Hermannus sancte Marie ad gradus canonicus. Canonici sti Patrocli in Sosato. Albertus decanus. Pilegrim cellerarius. Johannes. Bertold. *Gerhardus pastor sosatiensis*. Albertus pastor in Werla. *Nobiles*. *Comes heinricus de Arnesberg*. *heinricus filius eius*. *Conradus de Ruttenberg*. *heinrici duo de Arnesberg*. *Ministeriales*. *Hermannus uillicus in Sosato*. Tiemo. Hildegerus. De congregatione in *meskeda*. Thietwardus pastor. Bernardus sacerdos. Otto. Eldacus. Marquardus. Officiales curie. Bono dapifer. godeschalcus pincerna. Rothardus camerarius. Wermarus Mareschalcus. — Actum anno dominice incarnationis M°. C°. LXX°. IX°. Indict. XII. — Datum *Sosatie Angrorum oppido* VII. Idus martii.[103])

---

[103]) Das wohl erhaltene Siegel des Erzbischofs hängt an grün seidenen Fäden und ist in weißem Wachse abgedruckt. In dorso steht: fundus qui nunc temporis *Wethmarsen* dicitur.
S. d. Urk. Nr. 72.

77.

1179. März. 12. bekundet Erzbischof Philipp I. einen Tausch zwischen den Klöstern Oedingen und Oelinghausen, über zwei Bauernhöfe zu Bredenbeck und Oelinghausen, wovon der Letzte zu dem Haupthofe Geveren gehörte.

Nach dem Original im Archive des Klosters Oelinghausen.

† In nomine sancte et indiuidue trinitatis. Ego *Philippus* dei gratia sancte coloniensis ecclesie archiepiscopus, omnibus xpi fidelibus in perpetuum. Placet nobis ad omnium peruenire noticiam. quod *fratres* manentes in ecclesia que est *olinchusen*. pro comoditate domus sue. mansum quendam situm in ipsa *uilla olenchusen* conterminum agris suis. ab ecclesia que est in *odinge*. tali concambio sibi acquisierint. quod alium mansum in *uilla bredenbeke* situm. odingensis ecclesie *curti geueren*. cui alter mansus attinebat. in proprietatem cum omnibus atinentiis suis tradiderunt. memoratum mansum in olinhusen sue ecclesie in proprietatem recipientes. *adhibitis omnibus confirmationibus. per quas rite concambia siue traditiones fieri solent.* Acta enim sunt hec pro parte odingensis ecclesie et congregationis sanctimonialium inibi deo famulantium per manus domine *Adeleidis abatisse*. et per manus comitis *heinrici de Arnesberg aduocati ecclesie. et procuratoris abbatie. et Pilegrimi inferioris aduocati.* ac *friderici uillici in geueren. consentiente congregatione.* ac *tota familia ecclesie. mansionariis quoque curie factum fideliter approbantibus.* Pro parte autem ecclesie de olinchusen. acta sunt hec per manus *tiderici prepositi*. et *comitis Reinneri*[186]) *aduocati*. fratribus ecclesie consentientibus Vt igitur utrique ecclesie huius forme conditio rata et inconuulsa permaneat. auctoritate sti. Petri. et nostra precipimus et diuinam uindictam ei qui postmodum concambium hoc dissoluere temtauerit. Comminantes. presentem paginam nostro sigillo includi statuimus. Testes. Bruno majoris ecclesie in colonia prepositus et archidiaconus. Sosatiensis ecclesie prepositus Bernardus. Seflicensis ecclesie prepositus Johannes. Othelricus majoris domus in Colonia canonicus. Hermannus ste Marie ad gradus canonicus. godescalcus sacerdos in kustelberg. albertus et Albero canonici. *Nobiles. Conradus*

[186]) de Froitsbreth. vergl. Urk. Nr. 69. und 78.

de Ruthenberg. Euerhardus de arthey. *Wicboldus de Weluere*. Ministeriales. Leonius. *Hermannus Schultetus Sosatiens*. Tiemo. hoio. Radolfus. Heribertus. Bernardus de Lon. Osdagus uan then berge. Volmarus uan ther Rura. Thietmarus de Meldrike. Nithunc. Gerbertus de urilincthorpe. et alii quam plures. — Acta sunt hec anno dominice incarnationis. M°. C°. LXXIX. Indict. XII. Epacta XI. Concurrente II. — Datum Sosat. IIII. Idus martii.[167])

78.

1179. Aug. 12. schenkt Erzbischof Philipp I. den Brüdern und Schwestern im Kloster Oelinghausen den dortigen Zehnten, welchen Lutfried von Müsche seinem Lehnherrn Conrad von Rüdenberg und dieser dem Erzbischof als Oberlehnherrn aufgelassen hatte.

Nach dem Orig. im Archive des Klosters Oelinghausen.

✝ In nomine sancte et indiuidue trinitatis. *Philippus* diuina fauente clementia. sancte coloniensis ecclesie archyepiscop. omnibus xpi fidelibus. tam presentibus quam futuris in perpetuum. Placet nobis ad omnium peruenire noticiam tam modernorum quam posterorum. quod *Luthfridus de muche*. partem illam decimarum de olenkhusen. quam in beneficio de *Conrado de Ruthenberg* tenuit. ipse sponte. et ex uoluntate propria in manus eiusdem Cvnradi. cum omni jvre et integritate sua resignauit. et *exfestucauit*. Similiter quoque omnes heredes sui super eadem decimatione fecerunt. renunciantes omni jvri suo. super ea. Postea Conradus hanc eandem decimam. quam sic a Luthfrido isto. et suis heredibus resignatam acceperat. in manus nostras ita libere. et integre resignauit. sicut eam predicto modo resignatam. et exfestucatam receperat. Cumque hec pars decime nobis istis modis omni ex parte libere uacaret. nos eam ob reuerentiam sancte

---

[167]) An der schön geschriebenen Urkunde — sie hat geschwänzte e — hängt das besonders wohl erhaltene Siegel an grün seidenen Schnüren, in weißem Wachse abgedruckt.

et imaculate uirginis marie. fratribus et sororibus deuote deo deseruientibus in *Olenckusen*. ad supplementum stipendiorum suorum contulimus. et assignauimus. quam statim ibidem presentialiter *Reinerus de froisbret*. olenkhusensis ecclesie *aduocatus*. in suam protectionem. sicut debuit recepit. similiter etiam *Hildegerus subaduocatus*. fecit. Statuimus igitur atque firmiter precipimus. ne in possesione harum decimarum ullatenus ab aliquo ecclesia prefata molestetur. Si quis autem huic nostro donationi. et constitutioni contraire presumserit. ille omnipotentis dei et beate virginis Marie. et sancti apostoli Petri iram et indignationem. incurrat. et se anathematis reum esse sciat. Testes huius rei sunt. Arnoldus. Osnebruggensis episc. Bernardus Svsatiensis prepositus, Johannes seflichensis prepositus. Albertus decanus Svsatiensis. *Heinricus comes de arnisberg*. et *filius eius comes Heinricus*. Herimannus comes de Ravesnisberg. *Reinerus de froisbret*. Constantinus de borge. *Conradus de Rothenberg*. *Herimannus scultetus Susatiensis*. Hildegerus. Tymo. Brunstenus. et alii quam plures tam Nobiles. quam ministeriales. Acta sunt hec anno dominice incarnationis M°. C°. LXX°. IX°. Indictione XII. Alexandro papa tertio. Regnante Friderico Romanorum imperatore. Datum Svsatie. Pridie idus Avgusti.[186])

79.

1179. schlichtet Erzbischof **Philipp I.** Irrungen zwischen dem **Pfarrer zu Hüsten** und dem Kloster **Oelinghausen** über die Pfarrrechte des Ersten.

Nach dem Orig. im Archive des Klosters Oelinghausen.[187])

In nomine — Trinitatis. *Philippus* — Archiepiscopus. — No-

---

[186]) Die Urk. hat geschwänzte e. Das wohl erhaltene Siegel des Erzbischofs hängt an roth seidenen Strängen und ist in weißem Wachse abgedruckt.

[187]) Die Urk. ist nach einem Copiarium abgedruckt in **Kindlingers** Gesch. v. Volmestein. B. 2. N. 7. Dieser Abdruck ist vollständig, weicht jedoch in der Orthographie sehr ab. Nach dem Original ist sie abgedruckt in den Annal. Præmonstrat. II. Urk. p. 273. aber weder correct noch vollständig. Es fehlen die Zeugen.

uerit uniuersitas fidelium. controuersiam illam, que aliquando fuit inter Pastorem Ecclesie in *Hustene* Alexandrum. et inter Fratres cellae de *Ulinchusen* sub tali forma concordie ex pari consensu utriusque partis coram nobis esse determinatam, ut Fratres prefate celle de Ulinchusen, libere diuina cum plenitudine officii in cella sua celebrent sibi et Sororibus suis, ac omnibus in ea cella deservientibus, tam conductitiis, quam professis, omnesque infra ambitum ejusdem celle manentes et habitantes, qui ad cellam istam siue ex professione sive ex mercedis conductu spectant, cujuscumque sexus vel conditionis fuerint. si diem obitus sui ibidem acceperint in atrio et cymiterio hujus celle sepeliantur. nec preter hujusmodi homines alii ibi sepeliri debent. nisi ex licentia Ecclesiastici supradicte matricis Ecclesiæ in Hustene. Si uero extra ambitum cellariæ mansionis, iidem Fratres aliquas possessionum mansiones nacti fuerint, et in eis, vel Fratres, uel Sorores professi e uita decesserint, corpora eorum ad cellam sepelienda referantur. Si autem mercenarii aliqui in eis obierint. illi ad prenominatam Ecclesiam matricem ad tumulandum deferantur. Crisma quoque et Oleum Cathecumenorum[190]) predictis Fratribus de Ecclesia in Hustene, ut in Sabbato sancto Pasche et in Vigilia Pentecostes infantem unum ad perfectionem officii baptizare ualeant. singulis annis dari et assignari debet. Oleum autem infirmorum per totum anni circuitum eis ministrabitur. ut infirmos suos cum necesse fuerit inungant. Pro hac ergo libertate et ut in perpetuum de Missali annona. et de synodo. et de operibus. et de omni jure ad Ecclesiam matricem et ad Parochiam illam attinente quod alii homines prestare deberent si eundem locum tenerent. ipsi Fratres sint penitus et prorsus immunes. Pro hoc utique de hac predicta cella dabuntur singulis annis matrici Ecclesie XVIII denarii Sosatienses, et hoc tamdiu fiet, quousque in bonis determinatis, XII denarii ex annuis redditibus matrici Ecclesie ab hac cella dentur et assignentur, quos redditus XII denariorum ex his bonis matrix Ecclesia in perpetuum ex tunc possideat. Hec autem fauente et annuente Brunone majore in Colonia preposito *et Archidiacono* facta sunt, assentiente Conrado sancti Severini Preposito, *in cujus decania Ecclesia in Hustene sita est*, et Alberto Decano, qui ejusdem *Decanie Prouisor* et Dispensator est, et Helmrico Vicario praefate Ecclesie in Hustene. Testes Dominus Arnoldus Osnabrugensis Episcopus, Sifridus Paderburnensis Electus — *Gerhardus susatiensis Ecclesie Pastor*. Godeschalcus et Gerhardus de Kustelberg. *Nobiles*

190) Kindlinger hat: infirmorum.

Henricus Comes in Arnesbergh, Arnoldus Comes in Altena, *Renerus Comes in Frottesbrath*. *Conradus de Ruthenbergh*. Euerhardus in Arthey. Ministeriales Henricus de Volmudesteine, *Godescalcus de Patbergh*, Hermannus Sosatiensis Schultetus — et alii quam plures. Acta sunt anno — M. C. L. XXVIIII. Indictione XII. Epacte XI.

80.

s. a. (1167—1179.) beschenkt Erzbischof **Philipp I.** das von seinem Vorfahr **Rainald** gestiftete St. **Walburgiskloster** bei Soest mit einigen Gütern.

Vollständig abgedruckt in **Wigands** Archiv. B. 1. Hft. 2. S. 93.

In nomine — trinitatis — *Philippus* — bonum propositum predecessoris mei felicis memorie domini *Reinaldi* Archiepiscopi cupiens promouere ecclesiam sancte dei genitricis — Marie et beate Walburgis Sosacie. in qua ipse congregationem sancti monialium secundum regulam b. Augustini deo sub canonica districtione seruitura libere instituit. quibusdam possessiunculis. que subter notate sunt. augmentare curaui. Itaque mansum unum in uilla que dicitur *Witmarenchusen*. et dimidium mansum in uilla que uocatur *Anedoppen*. quo Rutgerus quidam ministerialis uidelicet in feudo habuerat. — tres quoque mansos et quartam partem mansi in silua nostra que *Hagne* uocata est. preterea *Walterus aduocatus* quatuor agros suos permittente domino Alberto comite de *Molbach*. a quo eos in beneficio habebat eidem ecclesie in nostra presentia contulit. habet quoque allodium quoddam in *Ebbechusen*. quod ei *godescalcus de patberg*. ministerialis noster uendidit. item mansum in *Husen*. *domum salinam in sassendorp* mansum unum in *Lerke*. allodium in *Wiggerenchusen*. dimidium mansi in *Anedoppen* allodium unum in *Eiden*. dimid. mansi in *Bruchusen*. mansum unum *in pago qui dicitur Hare*. domum unam in *Cudulenbeke* cum pertinentiis suis. allodium quoddam in *Hildewarenchusen* in uilla *Heppen* domum iuxta tiliam cum omnibus appendiciis suis. et extra muros oppidi sosaciensis tres domos censuales et intra murum censum VIIII. solidorum. — Subnotatis idoneis testibus. quorum hec sunt nomina. Bruno maj. ecclie preposit. — *Johannes magister scolarum* et Sefflicens. prepos. — *Henricus comes de Arnesberg*. Arnoldus comes de Huvele. *Cunradus de Rudenberg*. et de ministerialibus nostris. Heinricus de Volmutsteine. Gerhardus aduocatus et frater eius *Herimannus villicus sosaciensis* Timo Hildegerus. Brunsteinus et de ciuibus sosac. Luppo. Hecelinus. Lubertus. Gerlacus. Hildegerus et plures alii.[191])

81.

1180. Apr. 13. schenkt Kaiser Friedrich I. dem dem Erzbischof Philipp I. von Cöln das Herzogthum in Engern und Westfalen.

Nach dem Abdrucke in *Gelenii* Libri de admiranda magnitudine Colonia p. 78.[192])

In nomine Sanctæ et Indiuiduæ Trinitatis.[193]) *Fridericus*

---

[191]) Die Urk. ist besiegelt; aber ohne Datum. Ihrer Fassung nach gehört sie in die ersten Regierungjahre Philipps und wenigstens in 1179, weil später der Zeuge Conrad von Rüdenberg als lebend in Urkunden nicht mehr vorkömmt.

[192]) Diese Urk. ist schon mehrmals gedruckt; namentlich in: Lünig Reichs-Arch. Pars. Spec. Churcöln betr. p. 434. v. Seida Maximilian Franz, letzter Kurfürst zu Köln. Nürnberg 1803. S. 116. *Scheid* origines guelficæ. T. 3. p. 101. Alle diese Abdrücke sind nach dem von Gelenius; welcher vom Originale selbst genommen seyn soll. Der von *Schaten* ad ann. 1180 ist, wie gewöhnlich, fehlerhaft. Im Liber Privilegiorum Ecclesiæ Coloniensis, genannt Major Correaceus Ruber. Nr. 40. heißt es von dieser Urk. folgendermaaßen: Sciendum autem, quod priuilegium subsequens, inter alias litteras in Capitulo Coloniensi inuentum ex vetustate in scriptura litere abolitum in sui principio vsque ad medium legibile non apparet. Sed a medio vsque in finem tenor ipsius subtiliter inspectus videtur esse talis. Der Correaceus ruber wurde in den Zeiten Erzbischof Friedrichs III. 1370—1414, also lange vor Gelenius geschrieben und zwar aus den Original-Urkunden des Kapitel-Archivs. War nun damals das Original dieser Urkunde so verdorben, daß der Anfang gar nicht mehr gelesen und der übrige Inhalt durch eine subtilis inspectio nur wahrscheinlich hergestellt werden konnte, so müssen, wenn Gelenius dennoch ebenfalls aus dem Original geschöpft hat und dieses seinem ganzen Inhalte nach lesen konnte, mehre Aussertigungen desselben gemacht worden seyn.

[193]) Der Corr. rub. setzt hinzu: Amen.

Diuina fauente Clementia Romanorum Imperator[194]) Augustus. Quoniam humana labilis est memoria, et turbæ rerum non sufficit: prædecessorum ætatis nostræ Diuorum Imperatorum et regum decreuit authoritas, literis annotare quæ fluentium temporum antiquitas a notitia hominum consueuit alienare. Proinde tam præsentium quam futurorum Imperii fidelium nouerit vniuersitas, qualiter *Henricus* quondam *Dux Bauariæ* et *Westphaliæ*, eo quod ecclesiarum Dei et Nobilium Imperii libertatem, possessiones eorum occupando et iura eorum imminuendo, grauiter oppresserit. Ex instanti Principum querimonia et Nobilium plurimorum; quia citatione vocatus Maiestati nostræ presentari contempserit, et pro hac contumacia proscripsionis nostræ inciderit sententiam. Deinde quoniam in ecclesias Dei et Principum et Nobilium jura et libertatem grassari non destiterit, tam pro illorum iniuria quam pro multiplici contemptu Nobis exhibito, ac præcipue pro euidenti reatu Maiestatis, et sub Fœdali iure legitimo, trino edicto ad Nostram citatus audientiam, eo quod se absentasset, nec aliquem pro se misisset responsalem, contumax iudicatus est, ac proinde tam Ducatus Bauariæ quam Westphaliæ, et Angariæ quam etiam vniuersa quæ ab imperio tenuerit beneficia per vnanimem principum sententiam, in solemni curia Wirzlburc celebrata ei abiudicata sunt. Nostroque iuri addicta et potestati: Nos itaque habita cum principibus deliberatione communi ipsorum consilio[195]) *Ducatum, qui dicitur Westphaliæ et Angariæ* in (duo) diuisimus et consideratione meritorum quibus dilectus Princeps noster *Philippus* Coloniensis Archiepiscopus ob honorem imperialis (sceptri) coronæ promouendum et manu tenendum nec rerum dispendia, nec personæ formidans pericula, Gratiæ Imperialis promeruit priuilegium[196]) vnam partem eam videlicet, quæ in Episcopatum Coloniensem et per totam Patheburnensem Episcopatum protendebatur, cum omni jure et iurisdictione,[197]) videlicet cum *Comitatibus*, cum *Aduocatiis*, cum *Conductibus*, cum *Mansis*, cum *Curtibus*, cum *Beneficiis*, cum *Ministerialibus*, cum *Mancipiis*, et cum omnibus ad eundem Ducatum pertinentibus ecclesiæ Coloniensi legitimo donationis

---

[194]) Der Corr. rub. setzt hinzu: et semper. Die Worte Quoniam humana bis addicta et potestati fehlen im Corr. rub.

[195]) Der Corr. rub. sagt: decretum est quod ducatum Westphalie et Angarie in duo diuisimus.

[196]) Der Corr. rub. sagt: Imperiali promeruit priuilegio.

[197]) Der Corr. rub. sagt: cum dominiis et jurisdictionibus.

8

titulo Imperatoria liberalitate contulimus, et requisita à Principibus sententia an id fieri liceret, adiudicata[198]) et communi[199]) Principum et totius curiæ assensu approbata, accedente quoque publico[200]) consensu dilecti Consanguinei nostri Ducis *Bernhardi*, cui reliquam partem Ducatus concessimus; præmemoratum Archiepiscopum Philippum portione illa ducatus suæ collata ecclesiæ vexillo imperiali solemniter inuestiuimus: Hanc igitur legitimam Maiestatis Nostræ donationem et inuestituram Coloniensi Ecclesiæ et saepedicto Principi nostro Philippo. Archiepiscopo[201]) omnibusque suis successoribus confirmamus,[202]) et in omne posteritatis æuum eis ratam permanere volentes, ne quis eam[203]) ausu temerario infringere, vel quomodolibet violare attemptauerit, Imperiali edicto inhibemus, et hanc nostram constitutionem præsenti priuilegio aurea[204]) Excellentiæ Nostræ Bulla insignito corroboramus authentice: Testibus annotatis[205]) qui huic facto interfuerunt. Sunt autem hi. Arnoldus Treuirensis Archiepiscopus; Wigmannus[206]). Madeburgensis Archiepiscopus. Conradus[207]). Salsburgensis, Sifridus Bromen.[208]) Electus. Conradus Wormaciensis Episcopus. Rudolphus Leodiensis Episcopus. Bertramus Metensis Episcopus. Arnoldus Osnaburgensis Episcopus. Conradus Abbas Faldensis. Adolphus Abbas Hirsfeldensis.[209]) Lotharius Præpositus Bunnensis. Luduicus Palatinus[210]) Saxoniæ et Landgrauius Thuringiæ. *Bernhardus Dux Westphaliæ et Angariæ.* Godefridus Dux Lotharingiæ. Fridericus Dux Sueuiæ. Otto[211]) Marchio de Brandeburg. Theodoricus Marchio de Lusiz.[212]) Dedo Comes de Groix, Sifridus Comes

---

198) Der Corr. rub. sagt: et iudicata.
199) Communi fehlt im Corr. rub.
200) D. Corr. rub. hat publice.
201) D. Corr. rub. setzt hinzu Coloniensi.
202) D. Corr. rub. sagt: confirmantes.
203) D. Corr. rub. sagt: ne quisquam.
204) Das Wort aurea fehlt im Corr. rub.
205) D. Corr. rub. hat: aduocatus.
206) D. Corr. rub. hat: Wynandus Magdeburgensis.
207) D. Corr. rub. hat: Hermannus.
208) D. Corr. rub. hat: Bremensis.
209) D. Corr. rub. hat: Hersfeldensis.
210) D. Corr. rub. hat: Ludowicus palantinus.
211) D. Corr. rub. hat: Vdo.
212) D. Corr. rub. hat: Swynitz.

de Orlamunde, Robertus Comes de Nassoue, Emicho Comes de Linninche,[213]) Engelbertus Comes de Monte, Theodoricus Comes de Hostaden, Gerhardus Comes de Nurberc, *Henricus Comes de Arnisberc*. Hermannus Comes de Rauinsberch. Henricus (*Hermannus*) *Comes de Kuc*, Wernerus Comes de Vittinckinstein,[214]) Widikindus de Waltecke, Fridericus de Arrifurde.[215]) Hartmannus de Butingin,[216]) Wernerus de Boulande. Conradus Pincerna. Henricus Marschalcus de Bappenheim, Sibodo de Groix Camerarius, et alii quam plures.

Signum Domini Friderici Romani Imperatoris Inuictissimi.

Ego Godefridus Imperialis aulæ Cancellarius Vice Christiani Moguntiensis Sedis Archiepiscopi et Germaniæ archicancellarii recognoui. Acta sunt hæc anno Dominicæ Incarnationis MCLXXX Indict. XIII. Regnante Domino Friderico Romanor. Imperatore Inuictissimo, Anno regni eius XXIX. Imperii vero XXVI Fæliciter. Amen.

Datum in solemni curia in Gelinhusen in territorio Moguntino Idibus Aprilis.

82.

1181. schenkt Graf Heinrich I. v. Arnsberg dem Kloster Liesborn die Herrin Goda mit ihren Söhnen und Töchtern.

Vollständig abgedruckt in Kindlingers Beitr. III. Urk. Nr. 24.

In nomine — Trinitatis. Notum esse volumus — quod ego *Hinricus Comes de Arnesberch* et duo filii mei H(enricus) et G(odefridus) *Dominam Godam* cum omnibus filiis et filiabus suis tradidimus Æcclesie de Lesborn perpetuo possidendam;

---

[213]) D. Corr. rub. hat: Hontho Comes de Bayngen.

[214]) Der Corr. rub. nennt diese Zeugen folgendermaaßen: Hermannus comes de Haßberg, für den Graf von Kuc ist eine Lücke, Wernerus comes de Wytenhorst.

[215]) D. Corr. rub. hat: Aufurde.

[216]) D. Corr. rub. hat: Bittingen. und Werner v. Buland fehlt bei ihm.

nos vero unum de filiis, Egbertum nomine, nobis retinuimus. Et quoniam id jam dudum factum fuerat, nec tamen ita firmatum, quin annihilaretur, volumus ut omni cavillatione sopita, ita inenodabiliter firmetur, ut in perpetuum inconvulsum et stabile perseveret. *Nam civili jure consensu condomesticorum suorum et judiciali sententia tam liberorum quam ministerialium meorum confirmatum est.* — Acta sunt hec anno — MCLXXXI indict. XV, Regnante Fretherico Rom. Imp. Aug. — Coram his testibus: *Presbiteri*, Reinerus, Albertus, Wasmodus. *Liberi Conradus de Ruttenberg*, Heinricus Munzun, Heinricus filius Widegonis. *Ministeriales*, Helengerus — et alii quam plures.

83.

1182. Nov. 20. schenkt Erzbischof **Philipp I.** dem Kloster **Wedinghausen** den Rottzehnten in der ganzen Pfarrei desselben.

Nach dem Orig. im Archive des Klosters Wedinghausen.

In Nomine sancto et individue trinitatis *Philippus* divina favente clemencia sancte coloniensis ecclesie Archiepiscopus. omnibus Christi fidelibus. tam presentibus quam futuris in perpetuum. Sicut predecessorum nostrorum beneficiis. servitium dei in multis ecclesiis promotum est. ita nos eorum vestigia sequuti omnem *decimam sartorum* per omnes terminos parrochie in Weddinchusen. que nostri juris est et a nostris temporibus cepimus. ipsi ecclesie. et fratribus in ea Christo servientibus. perpetuo possidendam concedimus. ut nostri in spiritualibus suis sint perpetuo memores. quibus temporalia nostra largimur. Et ne in posterum aliquis temerario ausu super hoc illos gravare presumat. presens scriptum fieri precepimus. autoritate sigilli nostri communitum. Si quis vero huic pagelle contraire temptaverit. horrendo anathematis vinculo auctoritate dei omnipotentis et omnium sanctorum illum percellimus. Huius rei testes sunt. Ulricus prepositus de resne. Alexander abbas insule. *Liberi homines*. *Heinricus comes* cuius petitione id actum est. *Godefridus* filius eius. Reinerus comes. *Heinricus niger*. *Heinricus monzen*. denique quam plures alii. Acta sunt hec anno ab incarnatione dominica M°. C°. LXXXII°. Indictione XIIII^{a}. XII Kalendas decembris Susatie.[217])

84.

1184. März. 7. bestätigt Pabst Lucius III. dem Erzbischof Philipp I. alle Besitzungen der cölnischen Kirche; insbesondere seine Erwerbungen für dieselbe z. B. zu Arnsberg, Saffenberg, Pyrmont, Ossendorp, Hachen, Mark, Dülberg u. s. w.

Nach dem Transsumpt im Liber Privilegiorum Ecclesie Colon. Nr. 8.[218])

Lucius Episcopus servus servorum dei Venerabili fratri *Philippo* Coloniensi Archiepo Salutem et aplicam benedictionem. Ex injuncto nobis apostolatus officio fratres et Coepiscopos nostros sincere debemus diligere caritatis affectu et ecclesiis in quibus domino militare noscuntur, suam dignitatem et iustitiam conseruare, et ne hiis etiam que devotione fidelium vel iusto quocunque titulo consecute fuerint alterius temeritate priuentur, apostolico ea presidio communire. Eapropter venerabilis in christo frater, devotionem quam ad nos et Romanam

---

217) An der Urk. hängt das große Siegel des Erzbischofs. Meyer in Wigands Archiv. B. 6. S. 177. giebt auch einen Abdruck davon, der außer mehren kleinen Abweichungen in der Orthographie, unter anderen statt Alexander *abbas* insule, irrig lieset Alex. *albertus* insule. Der Comes Reinerus ist gewiß Reiner v. Froitsbret (Frönsvert) der in den meisten hiesigen Urkunden Philipps vorkömmt.

218) Der hier mitgetheilte Text stimmt, bis auf einige unbedeutende Kleinigkeiten, mit der Abschrift, welche sich in Kindlingers Urk. Sammlung T. 70. p. 227 findet. Ein Abdruck dieser Urkunde in *Gelenii* admiranda Magnitudo Coloniæ. p. 73. hat einige Abweichungen in den Namen, z. B. statt Arinsberg: *Arnisberg*, s. Saffenberg: *Wassenberg*, s. Hemenchusen: *Heinenckhusen*. Es findet sich auch noch ein Abdruck in Lünigs Reichsarchiv. Spicileg. Ecclesiast. Fortsetz. I. p. 337. welcher in den Namen mit Gelenius stimmt. Bei Letzterem fehlt jedoch das Datum der Urkunde. Lucius III. wurde am 29. Aug. 1181 Pabst u. starb am 25. Nov. 1185.

ecclesiam habere, dinosceris sicut conuenit attendentes, ea que per sollicitudinem tuam eidem ecclesie rationabiliter acquisiuisti, uel ab aliis illi rationabili prudentia sunt collata, sicut ea juste ac sine controuersia possides, tibi et per te ipsi et ecclesie auctoritate apostolica confirmamus et presentis scripti patrocinio communimus, videlicet *castrum Arinsberg* cum toto allodio, castrum Saffenberg castrum Pirremont cum allodio de ozendorp et ministerialibus *castrum Hachgene* cum suo allodio, *castrum marcha* cum toto allodio *Rabodonis* et cum attinentiis et ministerialibus suis. *Allodium Waltheri de Dulberg* cum ministerialibus suis, allodium de *Hemenchusen* cum ministerialibus et attinentiis suis, allodium de Spurne quod fuit marchionis Terrici de Landisberg cum pertinentiis suis allodium quod fuit fratrum de Caminata Allodium stephani de Oya cum ipsius loci castro, allodium Terrici de Hurnenich, Advocatiam in Rense, castrum Odenkirchen et totum allodium comitisse de Mere, quod cum ministerialibus et beneficiatis ipsius, jamdicta comitissa eidem ecclesie pia deuotione donauit. Decernimus ergo, vt nulli omnino hominum liceat, hanc paginam nostre confirmationis infringere uel ei ausu temerario contraire. Si quis autem hoc attemtare presumpserit indignationem omnipotentis dei et beatorum Petri et Pauli apostolorum eius se nouerit incursurum. Datum Anagij nonas Martij.

85.

1184. Octob 29. bestätigt Pabst Lucius III. dem Abte Conrad zu Corvey die Besitzungen seiner Kirche und insbesondere auch des Klosters zu Eresburg.

Aus Kindlingers Urk. Sammlung B. 70. S. 220. verglichen mit *Falke* Tradit. Corbejens. p. 773.

Lucius episcopus seruus seruorum dei dilectis filiis *Conrado* corbeiensi abbati eiusque fratribus — Ea propter — corbeiense monasterium — sub beati Petri et nostra protectione suscipimus — statuentes ut — quecunque bona idem monasterium — possidet — vobis vestrisque successoribus illibata permaneant. In quibus hec propriis duximus exprimenda uocabulis, uidelicet

— decimam de curia *Munden*. dec. de curia *Boderike*. dec. de curia *Munichusen* — dec. de curia *Volkmarese* — dec. de curia *Hottepe*. dec. de cur. *Nuthlon*. dec. de cur. *Keflike*. dec. de cur. *Nen*. — adiicientes quod *monasterium Heresburg* cum decimis circa montem per duas Saxonicas rastas sicut a beato memorie *Leone* P. P. ex petitione *Karoli magni* imprimis qui ipsum montem expugnauerat collate noscuntur. quorum hi sunt termini. ad orientem *bredtbrucke*. ad meridiem *Werlium*. ad occidentem *Briloin*. ad aquilonem *Bredtacilain*. — nunquam ab eodem Corbeiensi alienentur cenobio. — adiicimus etiam ut de dominicatis mansis habitis vel post acquirendis a reddendis decimis idem monasterium plenam immunitatem habeat. sicut hactenus noscitur obseruatum et *dentur ad portam in susceptione hospitum et peregrinorum*. — Ego Lucius catholice ecclesie eps s. s. — Cardinales — Data verone per manum Hugonis sancte Romane Ecclesie notarii. IV. kal. nov. Indict. III. anno incarnat. dominice. M°. C°. LXXX°. IIII°. Pontificatus Lucii P. P. III. anno IIII.[210])

86.

1184. bestätigt Erzbischof Philipp I. den von Graf Simon von Teckeneburg geschehenen Uebertrag seiner Güter zu Oelinghausen an das dortige Kloster.

Vollst. abgedr. in Kindlingers Gesch. v. Volmestein. B. 2. Urk. Nr. 8

In nomine — Trinitatis. *Philippus* Archiepiscopus. — Justum et ratum intimare duximus — qualiter Comes *Symon de*

[210]) Falke hat in seinen Traditionen p. 741 u. 773 zwei Abdrücke dieser Urkunde, die letztere nach dem Originale, geliefert. In beiden fehlt a) die nähere Grenzbestimmung der Marsberger Zehnten: quorum sunt hi termini etc., b) die Stelle adiicimus etiam u. s. w. Beide finden sich in dem Auszuge bei Kindlinger und sind auch Kleinsorgen Kirchengeschichte v. Westfalen B. 2. S. 78. bekannt gewesen.

Tekeneburg cum matre sua Eileken[220]) bona que eis attinebant in *Olinchusen* — fratribus in eodem loco conuersantibus uendidit et donauit, ministerialibus suis Hermanno scilicet et Honoldo fratre eius cum filiis eorum et heredibus, qui ab ipso Comite et Matre eius super his bonis inbeneficiati erant, presentibus et astantibus, *qui in nostri presentia et multorum bona worpiuerunt et resignauerunt coram Arnoldo de wiclo, qui .unc temporis bannum imperialem in loco qui dicitur Grambeke, super his administrabat,* — Huius rei testes sunt Bernardus Prepositus susatiensis etc. — *Nobiles Comes de Arnesberg Heinricus* et filius eius *Godefridus, Reinerus Comes de Froyzebrat,* Euerhardus de Ardeys. *Ministeriales* Heinricus de Volmothesteine, Gerhardus frater eius, *Hermannus Schultetus susatensis,* Tymo, Brunstenus; de Laicis Hoyo — et alii quamplures. Acta sunt hec anno — M°. C°. LXXXIIII°. Indictione VIII^a. Præsidente — Papa Lucio, Regnante — Imp. Friderico.

87.

1185. zu Soest, bestätigt Erzbischof Philipp I. die Schenkung der dem Kloster Wedinghausen von Graf Heinrich v. Arnsberg übergebenen Höfe, Marsfeld, Rumbeck und Evenho, des Eichholzes u. s. w.

Nach dem Original im Archive des Klosters Wedinghausen.

In Nomine — Trinitatis — *Phylippus* — archyepiscopus Notum facio — quod *Heinricus comes de arnesberg* diuino ammonitus instinctu pro remissione peccatorum suorum ecclesie in *Weddenchusen*, in qua ipse nostro consilio et consensu constitutis fratribus secundum Regulam Beati Augustini canonicam iniciauit religionem, presentibus atque con-

---

[220]) Cilicke, Gemahlin des Grafen Heinrich v. Teckeneburg, war durch ihre Mutter Cilicke, (Gemahlin Grafen Egilmars v. Oldenburg,) eine Enkelin des Grafen Heinrich v. Rietberg, Sohns des Grafen Conrad v. Arnsberg, von welchem wahrscheinlich diese Güter herkamen.

sentientibus filiis suis *Henrico* et *Godefrido* curiam in *marsuelde*, que sibi ab omnibus antecessoribus suis hereditario iure pertinebat, perpetuo possidendam contradidit cum omnibus attinentiis suis, scilicet silvis, pratis et aquis, terris cultis et incultis, excepta *decima que* IIII^{or} *solidis redimi solebat.* Si uero postmodum fratres eiusdem loci in succidendis arboribus, eruendisque rudibus et arbustis laborantes ibi *agros effecerint*, omnem decimam, quo inde euenerit, *et nostri iuris esse deberet* in perpetuam nostri memoriam eidem ecclesie concedimus possidendam. Est et alia curtis, que dicitur *Rumbeke*, quam predictus comes eidem contulit ecclesie, cuius decimam dominus *Cunradus de Rudenberg* et filii eius *Herimannus* et *Heinricus* in feodo a domino archiepiscopo habuerant, ipsius assensu pro remedio anime domine *Gisle* eidem ecclesie obtulerunt, Curiam etiam, que est iuxta castrum in loco, qui dicitur *evenho*, et montem, qui dicitur *ekholt* ab omni exactione decime prorsus liberam esse constituimus. — Testes huius rei sunt Bernardus prepositus susatiensis, — *Heinricus* et *Godefridus filii comitis Heinrici de arnisberg*, Herimannus comes de rauenisberg, Arnoldus comes de altena, *Reynerus de froyzeprahl*, *Herimannus de rudenberg*, *Heinricus niger de arnisberg*, Elyas de Buren et Bertoldus et Thietmarus fratres eius, *Euerrardus de ardey*, *Herimannus Scultetus susatiensis*, Thyemo susatiensis, Brunstenus susatiensis, Rudolfus de Ernete, Rudolfus de Burbeme, Folkerus de thiunen, et Erpo de thiunen et alii quam plures. Acta sunt hec Anno — M^{o}. C^{o}. LXXXV°. Indictione III^{a}. Presidente apostolico (e) sedi Urbano papa III°, Regnante Friderico Romanorum imperatore semper Augusto, et filio eius Heinrico Rege. Data Susatie VI° Idus Martii.[221])

---

[221]) An der schön geschriebenen Urkunde hängt an roth seidenen Strängen das große Siegel des Erzbischofs. Ein ganz vollständiger Abdruck derselben findet sich bei Meyer in Wigands Archiv. B. 6. S. 161.

88.

1185. Zur Feier des Antrits seiner Regierung und zum Danke für einen an der Echthauser Ruhrbrücke über fünf Grafen erfochtenen Sieges, schenkt Graf Gottfried II. von Arnsberg dem Kloster Scheda Weide- und Fischereirechte auf dem Hofe zu Wickede und auf der Ruhr.

Nach dem Original im Archive des Klosters Scheda.

In nomine sancte et indiuidue trinitatis. Ego *Godefridus comes in Arnesberg. filius comitis Henrici fundatoris ecclesie sancti s. Laurentii martyris in Wedenkhouen* tam futuris quam presentibus Christi fidelibus in perpetuum. Diuine ordinationis respectum humiliter venerantes. quo misericordie initium stillauit in nos. non solum in hereditate patris. cui *adhuc incolumi et uiuenti* tam *nobilium omnium* quam *ministerialium consensu successimus*, sed etiam in uictoria de inimicis nostris ne ingrati ab eo iudicemur qui terribilis est in consiliis super filios hominum. honoramus eum de nostra substantia et de primitiis glorie nostre que tamquam flos feni arescit. pauperibus Christi donum impertimur.... enim diuitiarum ut ait quidam sapiens. non in ærario est diuitum sed in alimentis pauperum. Fratrum igitur qui sunt in *Scheida* inopie miserantes simul et molestie occasionem, quam suscitare eis posset *uillicus* nostre *curtis in Wikke* precidentes. communionem omnium pascuarum ad eandem curtem pertinentium piscationis etiam in *Rhura* licentiam plenariam ut decet liberalis pectoris munificentiam eis contradimus. a ponte uidelicet in *Egtesen* vbi cum *comite Engelberto*[227]) et quatuor aliis comitibus quorum tres captiuos duximus victoriose confliximus. anno dominice incarnationis M°. C°. LXXXV°. indictione III. regnum Romanum gubernante Friderico imperatore gloriosousque *Appeldersbusch* iuxta *Berdinkhouen*. ut temporalibus adiuti stipendiis tanto expeditius pro eternis bonis deo seruiant. et pro perpetua et presenti prosperitate nostra eius Clementiam deuote exorent. Huius donationis testes fuerunt. *Euerhardus de Ardeia* aduocatus supradicte ecclesie. Heinricus domini Widegonis filius. *Herimannus de Rudenberg*. Rodolfus de Eruete. Rodolfus de Burbenne. *Emundus de*

---

227) War Graf Engelbert von Berg

Wikke. et tota prenominate curtis familia. anno primo victorie nostre.[113])

89.

1186. April. 10. verkauft Ritter Heinrich der Schwarze von Arnsberg dem Kloster Wedinghausen seinen Hof zu Massen.

Nach dem Original im Archive des Klosters Wedinghausen.

Hinricus miles dictus ***niger de Arnesberg*** — Sciant ergo tam presentes quam futuri. quod nos de consensu coniugis nostre et omnium heredum nostrorum. sicut nomina tenent vendidimus uiro religioso domino ***christiano abbati in Wedinchusen*** et conuentui ibidem mansum nostrum situm in ***Massen*** cum omnibus appendiciis suis. qui nobis ab omnibus genitoribus et progenitoribus nostris iure hereditario attinebat. ***soluentem*** nobis ***annuatim*** tria malta annone tremoniensis mensure uidelicet unum maltum siliginis et ordei unum et unum auene et unum maldrum tritici. pro quadraginta marcis susatiensium denariorum nobis traditis et solutis libere et quiete perpetuo possidendum. Testes fuerunt ***Hinricus nobilis comes de Arnesberg***. Arnoldus comes de Altena. ***Hermannus de Rudenberg***. ***euerhardus de ardeya***. ***Hermannus scultetus de susato*** — et alii quam plures. — Acta sunt hec anno — M°. C°. octogesimo sexto. — Datum Susatie quarto idus aprilis.[114])

---

113) Das Siegel ist abgefallen. Die Urk. ist auch abgedruckt bei Meyer in Wigands Archiv. B. 6. S. 183.

114) Schrift und Form sind neuer als in den meisten Urkunden der damaligen Zeit. Das Siegel stellt einen zweiköpfigen Arnsberger Adler vor. Es ist vielleicht das älteste dieser Art in der Heraldik. Heinrich der Schwarze brauchte es immer. Ein ganz vollständiger Abdruck der Urk. findet sich bei Meyer in Wigands Archiv. B. 6. S. 184.

80.

1186. Juli 19. erneuert und bestätigt Erzbischof Philipp I. die Rechte der Oberhöfe Hattrop, Gelmen, Borgeln, Oestinghausen und Elffen bei Soest.

Nach einer Abschrift des 14ten Jahrhunderts im Soester Stadtarchive.

Datum per copiam. In nomine sancte et individue trinitatis. *Philippus* divina favente clemencia sancte Coloniensis Ecclesie humilis minister universis Christi fidelibus in perpetuum. Predecessorum nostrorum exempla sequentes familiam beati petri in suo iure et tranquillitate conservare dignum duximus et ea que ad commodum ipsius familie spectant ad noticiam posteritatis transmittere. Cum itaque familia beati petri *manens Susati* et in circuitu ejus pertinens in *Gelmen* sive *hattorp, Osinchusen, Borgelen,* et *Elfendehusen* instrumentum de jure suo scriptum incendio perdidisse (1) nobis quidem ostensa fuisset instrumenti continencia, rescripto et attestacione fidelium nostrorum sacramento quoque ipsius familie, Nos *assensu et consilio priorum* ac *fidelium* nostrorum tam *nobilium* quam *ministerialium* scripti tenorem reformavimus, equitatis sik et pietatis intuitu provocati, Ex eo quidem tempore quo *predium* quod *Susati* sancte coloniensis Ecclesie collatum est *ut familia pertinens ad curtes illas* quieta esset et ad servitutem coloniensis Ecclesie gauderet se esse translatam *frequensque fieret apud Susatum eorum collectio,* concessum est eis clemencioris gracie privilegium Scilicet, si vir de familia illa quicunque uxorem ducat de ipsa familia villico curtis quatuor solidos non amplius daro teneatur et sic optento illius assensu domum agros curtis aut quidque habuerit mobile aut immobile tradat uxori et filiis si habuerit, nec tenebitur uxor aut filii agros seu quidque eis traditum fuerit, de manu villici vel cujuscunque alterius suscipere, viri sive patris donacione contenti. Cum autem mortuus fuerit vir, uxor seu filii medietatem omnium quadrupedum dabunt Curti celebrato tricesimo defuncti. Prius tamen poterunt in exequias illius bovem et porcum unum accipere. Et si plenum mansum habuit defunctus, debet uxor vel filii sive legitimi heredes duos porcos quales dantur pro censu mansi, aut si dimidium habuit mansum, potest porcum unum de quadrupedibus accipere et solvere censum pro agris suis, Quod si aream habuit defunctus, unde solvenda esset ovis, debet uxor aut filii aut heredes ejus unam sibi ovem sumere si oves habuit defunctus, reliquas cum curte equaliter dividere, equos quoque cum curte equaliter dividet, excepto prius meliore, qui ad proximum heredem masculum pertinebit nomine *herewede*. Cumque *una* sit *harum curtium familia*, possunt licite de qualibet earum ad alia transire matrimonia, obtento ut dictum est villici assensu quatuor solidis. *Si* autem vir non de familia ducat uxorem de familia, vel *si vir* de familia ducat uxorem de non familia, contractus ille matrimonii et donaciones inter sponsum et sponsam erunt pro bene placito villici, Quod si vir non fuerit de familia, uxor sive filii seu heredes accipient heredidatem defuncti nichil relinquentes curti et *matris condicionem sequentur filii, nullam trahentes maculam de paterna servitute si nati fuerint de libera matre.* Si vero de familia moriatur quispiam, qui agros curtis non habuit, sed censum annuum pro se dedit, sive in cera sive in nummis, pro eo quadropedia non dabuntur, Talium filii cum censum dare incipient parentes honore census alleviabuntur, Qui agros censuales habent alium pro se censum non dabunt, Quod si aliquis de predictis familiis beneficio ad alium dominum transferetur, *non licebit novo domino graviori eum subicere angarie vel servituti.* Porro qui censum debitum dare supersederit, duodecim solidos componet. *Litones* igitur harum Curcium filiis suis et uxoribus, sive fuerint sue condicionis sive alterius, omnia sua tam mobilia quam immobilia. exceptis quadrupedibus, ut dictum est, relinquent. Quod si nec filios nec uxores habuerint, ad proximos suos sue condicionis transibit hereditas, Hoc sane indultum est eis, *ut et ipsi in loco suo multiplicentur, et qui liberi sunt, ad eorum consorcium transire non abhorreant,* Indultum est eis preterea, ut coram *Comite* qui *vrigreve* dicitur, sive *advocato loco liberorum sentencias proferant, advocati esse possunt* et *patroni causarum.* Quod si aliquis liber, se ad condicionem hanc contulerit, habens predia vel mancipia, possidebit ea, et *pro eis stabit loco liberi absque mundiburdo infra ipsum bannum.* Et ut hec in perpetuum rata permaneant et inconvulsa presentem inde conscriptam paginam, *sigilli nostri* auctoritate communiri fecimus, et banno ea firmavimus beati petri, sedis quoque apostolice auctoritate ac nostra statuentes, ut nulla omnino persona humilis aut alta, secularis vel ecclesiastica presumat hanc nostram constitucionem violare et ausu temerario ei contraire. Testes bruno major prepositus, adolphus major decanus sancti Cuniberti, et Theodericus de Gradibus. Comes Hermannus de Ravensberg, *Henricus comes de arnesberg,* comes Wernerus de Widegensteyne, *adolphus de dasle. Everhardus de arthey,* Henricus de Volmustene, Gerhardus advocatus coloniensis, Hermannus civis Theymo, Hildegerus villicus, brunstenus, et Regenbodo, et alii quam plures. Acta sunt hec anno dominice incarnacionis M°. C°. LXXX°. sexto. regnante domino friderico Romanorum imperatore magnifico et domino Henrico filio ejus Romanorum rege augusto. Data Susati XIIII kal. augusti, feliciter amen.[225])

91.

1186. vermittelt Erzbischof **Philipp I.** einen Vergleich zwischen dem Abte von **Liesborn** und Ritter **Adolph v. Bettinghausen** über die Rechte des Hofes zu Bettinghausen.

Nach einem Copiarium im Archive des Klosters Liesborn.

In nomine Domini Amen. *Philippus* Dei favente clementia Coloniensis Archi Episcopus ad universorum notitiam deduci-

---

[225]) **Geck** in seiner Zusammenstellung der Soester Statutarrechte. (**Wigand** Archiv B. 2. S. 167.) datirt diese Urk. vom 13. August und nennt sie eine den Brautschatz und die Erbfolge der Eheleute betreffende Verordnung. — Von dem früheren Soester Hofrechte, dessen die vorstehende Urkunde erwähnt, ist leider nichts auf uns gekommen; denn eine Urkunde **Bruno's** II. vom 12. Juni 1134, worin er über einseitige Herabsetzung der Pächte des Hofes **Gelmen** durch die Schulten (villicos) klagt und solche, mit Ausnahme einzelner verdienter Hofhöriger, wieder heraussetzt, kann nicht dahin gerechnet werden. Wir geben diese Urkunde, welche vollständig in **Kindlingers** Geschichte der deutschen Hörigkeit S. 235. abgedruckt ist, nachstehend im Auszuge.

† In nomine — Trinitatis. *Bruno* — Archiepiscopus. Quoniam negligentia et remissione Villicorum Curia nostra, quæ est in *Gelmene,* prioribus temporibus pene attenuata est, eo quod homines familiæ utriusque sexus de diversis Conditionibus ipsi curiæ accedentes indictione (in datione) Census sui quedam beneficii gratia magna ex parte exonerabant, scilicet unicuique, sive masculo sive feminæ, medietatem debiti sui, vel multo amplius remittentes: non sumus passi nostris diebus indiscreta servitii nostri dispendia, sed eidem curiæ nostræ antiquum jus suum et plenariam census redditionem, cum labore

pans quod sub dato hujus scedulæ Nos de consilio nostrorum fidelium et amicorum tractavimus realiter et pronunciavimus compositionem amicabilem hereditariam et perpetuis temporibus duraturam inviolabiliter inter religiosum virum Abbatem in Liesborn et suos successores et conventum parte ex una et strenuum virum Dominum *Adolphum de Bettinghusen* militem et suos heredes parte ex altera de omnibus et *singulis* juribus quæ dictus Abbas et sui prædecessores hactenus *habuerunt* in prædictum Bettinghus et sui successores perpetuis temporibus habebunt in futurum Unde et Nobis præfatus Abbas quod literis sigillo et facto datis Nobili Comiti Adolpho de Saffenberg fideliter commendavit postulans ut justitiam eorum innovaremus — Tenor literarum erat in modum et formam articulorum subsequentium ques in uulgari teutunicali fecimus conscribere propter minus intelligentes latinum.

to dem yrsten so gehet Bettinghusen to lene van dem stichte to Liesborn vnde de van Bettinghusen syn des Erff-Vogede vnd solen des entvanghen mit V marcken in enem budell die VII ß wehrt syn soistschen pagiments vnd solen dem Abde sweren dat se lude vnd gude by alder gewonde vnd rechte laten und off des wat in vnrechter were stunde, dat sulen se na erer macht infurderen mit hulpe des Abdes.

to dem anderen heuet dat sticht to Liesborn VIII marck gheldes vt Bettinghusen soistschen pagiments.

to dem derden so sulen de Erff-Vogede noch Eniger, Bettinghusen mit siner tobehoringe ein deill eder all nit vorsetten off vorkopen eder vorwesselen, vtgesacht off de Erff-Voged geuangen worde so moghe he myt wetten vnd willen des Abdes vurgemelt vor CC gulden setten und nit hoger und sweren

---

quidem et judiciali decreto, resignauimus, exceptis duntaxat eis, qui leviora sibi imposita coram examine nostro comprobare potuerint, vel a nobis et successoribus nostris propter servitia sua alleviari promeruerint. Itaque duobus germanis fratribus *Wernhero et Iboni*, liberis progenitoribus editis et postea sancto Petro gratis datis; *Bernhardo* quoque et *Gerhardo* fratribus, libera etiam matre sed spontanee tradita genitis, quorum pater datus est ecclesie pro quodam ex nostris peremto; item *Alvino* et uxori ejus *Gertrudi*, quæ et ipsa liberis orta natalibus simili modo se ultro ecclesie contradidit, cum consilio *Priorum, Liberorum* et *Ministerialium* nostrorum tale privilegium concessionis nostræ indulsimus, ut *ipsi* et *secutura proles eorum* non amplius quam *duos denarios* annuatim persolvant, *sine mundiburdio nubant, major natu in eis solus tributarius fiat*, et *liberi ab omni exactionis incommoditate de reliquo vivant siqua vero mulier ex eis viro integrum censum solventi nupserit nati ex ea filii patris lege teneantur.* — Datum XVII. julii anno incarnationis dominicæ M°C°XXXIIII° indictione XIIa. —

vnd borgen setten dat bynnen dre jaren weder to loesen. schehe dat dan nit so sol de Abd dat to dren malen vor synen mannen yntedigen vnd lenen Junckfrowen eder mannen de dar van derseluen syden geboren syn.

tom verden wenhe der hoffhorigen lude welcker sick fryet van dem twange des Erf. Vogedes so sal he enen brengen an syner hand vur den Abd de in synen vtganck geyt vnd dre rynsche gulden dem abde ehe vt beiahet. Die Abd magh en anders weder infurdern.

tom viften so sulen de eruen ere Erffhoue entfahen malck mit enem verdel wyns vnd dre penningen dat düdet dat se dar niet dan bede vnde denst daraff pflichtig syn vnd solen dem Abde to lenrecht deynen as andere syne manne.

tom sesten so ys de teinde penninck des Abdes von dem gerichte dar sal men alle saken richten sunder ouerrechtig vngerichte vnd bloet vnd blae.

tom seuenden wenne der hoffhorigen lude ener steruet so sal syn negeste erue syn ouerste kleyd brengen up sent symeons altaer vnd loesen dat myt VIII penningen.

tom achteden so sulen de Erff-Vogede der hoffhorigen lude erue nit deylen des dar lyff eruen syn, dann en Vogetgrep dat sy perd kuhe eder andere wehre.

tom negenden wan se sick echtet so boert dem Abde VI den. dem Koster III den.

Testes huius scedulæ sunt Bruno Major præpositus Adolphus Major decanus Lotharius Bunnensis præpositus Theodericus de Gradibus Otto Decanus de Meschede Hinricus Dux de Lünneburg Engelbertus Comes *Arnoldus et Fridericus Comites de Arnsberghe* Gerhardus Advocatus Coloniensis. Acta sunt hæc anno Dominicæ Incarnationis MCLXXXVI regnante Friderico Imperatore.[126])

---

[126]) Das Original der Urkunde lag uns leider nicht vor; welches um so mehr zu bedauern, da zwei verschiedene Abschriften der Uebersetzung des alten Hofrechts welche wir hatten, abweichend und fehlerhaft waren auch das Copiarium, woraus sie genommen worden, in den Namen der Zeugen geirrt zu haben scheint. Es kommen unter ihnen vor: **Arnoldus et Fridericus Comites de Arnsberghe**, welche sich in keiner anderen Urkunde dieser Zeit finden und auch zur Genealogie der Grafen gar nicht passen.

92.

1187. bewilligt Erzbischof **Philipp I.** dem Kloster **Oelinghausen** Naturalzehntfreiheit für das Haus zu **Wetmarse** und verordnet, daß der große und kleine Zehnten mit jährlich 30 *Denaren gelöset* werden solle.

Nach dem Orig. im Archive des Klosters Oelinghausen.

In nomine sancte et indiuidue trinitatis. *Phylippus* diuina fauente gratia. Colon. Archieps. uniuersis xpi fidelibus. in perpetuum. Amministrationis nostre ratio nos admonet, iustis supplicationibus consentire. Cenobio igitur sancte Marie in *Olenkhusen* concedimus. ne de domo sua *Wethmarsledhede* et agris illi domui attinentibus. *decima minor uel maior colligatur. sed pro ipsa triginta denarii annuatim ei cujus intererit persoluantur.* Petente uero. Clementia. sanctarum uirginum abbatissa. ad cuius ecclesiam pertinet decima. per consensum Theoderici de Pepenkhonen. et filii eius Godescalci. quorum erat in beneficio. presentem paginam sigillo nostro signauimus. sub banno prohibentes. ne quis huic ordinationi temere renitatur. Huius rei testes sunt. *Reinerus de Vroinbreth.* Volmarus de Afien. Sifridus de Stockheim. Sifridus de Eldene. Heidolphus de plettenbrath. Heinricus de menedenh. Andreas de holzhusen. Heinricus de heisepe. Widekindus de Attendarne. Gerardus de Voswinkele. Acta sunt hec Colonie anno dominice incarnationis. *millesimo*. centes. LXXXVII°. Indictione V^a^. Regnante Friderico. Romanorum imperatore augusto. et filio eius Henrico rege.[126])

---

126) Die Urk. hat geschwänzte e. Das Siegel des Erzbischofs in weißem Wachse, hängt an grün und roth seidenen Schnüren.

9

93.

1188. Juli. 7. bekundet Erzbischof **Philipp I.** daß er dem **Walburgiskloster** bei Soest 30 Schill. Renten, die es von den zum Haupthofe **Gelmen** gehörigen Aeckern im **Spreyt** zahlen mußte, zuerst auf seine Lebenzeit erlassen, dann aber aus Rücksicht auf die Armuth der Nonnen, ihm die Güter ganz geschenkt habe.

Nach dem Original im Archive des Walburgisklosters.

In nomine — trinitatis. *Phylippus* — archiepiscopus — Notum — esse uolumus — quod cum ecclesia *beate Walburgis* apud Sosatiam a curte nostra in *gelmene* in loco qui *Spreyth* dicitur. quedam bona teneret. de quibus annuatim XXX[ta]. solidos Sosatiensis monete solvi oportebat. nos hanc pensionem quoad usque uiueremus eidem ecclesie remisimus. Postmodum uero considerata inopia et egestate sororum ibidem deo seruientium predicta bona *cum communi consensu priorum Coloniensis ecclesie. quorum nomina inferius scripta inveniuntur.* supradicte ecclesie beate Walburgis perpetuo libere possidenda donauimus. — Huius rei testes sunt. Bruno maior in Colonia prepositus. Adolfus maior decanus. Lotharius Bunnensis prepositus. Godefridus sancti Gereonis prepositus. Cunradus prepositus santi Seuerini. Thiricus prepositus sanctorum apostolorum. Bernardus prepositus Susaciensis, Vlricus capellarius, Pylegrimus decanus Susaciensis. Gerlacus canonicus Susaciensis. *Henricus comes de Arnisberg* et filii eius *Henricus* et *Godefridus,* Arnoldus et Fridericus comites de Althena. Herimannus comes de Rauensberg. Henricus comes de Dale. Henricus de Volmudsteine et Gerardus frater suus. Gozwinus de Volmudsteine. *Herimannus Scoltetus Sosatiensis.* Thimo Sosatiensis. Brunsteynus Sosatiensis. Reinbodo Sosatiensis. Eckebertus de Anlogen'. Conradus frater suus. Acta sunt hec anno — M°. C°. XXXVIII°. Indict. VI[a]. — Datum Coloniæ Nonas Julii.[227])

---

[227]) Das an roth und grün seidenen Strängen gehangene Siegel ist abgefallen. Auf dem Rücken der Urk. ist von gleichzeitiger Hand bemerkt: Phyl. de censu de curia in Gelmene qui dicitur vronescult. Einen ganz vollständigen Abdruck derselben hat Meyer in Wigands Archive B. 6. S. 179. geliefert. Daselbst ist aber das Jahr der Ausstellung der Urk. irrig auf 1183 angegeben.

94.

1190. bestätigt Erzbischof Philipp I. als Lehnherr die Schenkung des Zehnten zu Marsfeld durch Heinrich v. Rudenberg und die des Zehnten zu Wande durch Eberhard v. Ardey an das Kloster Wedinghausen und fügt selbst den Neubruchzehnten von beiden Orten hinzu.

Vollst. abgedruckt in Kindlingers Gesch. v. Volmestein. B. 2. Nr. 9. D

In nomine — Trinitatis. Ego *Philippus* — Archiepiscopus — in perpetuum. — notum facimus — quod dilectus noster *Hermannus de Rudenberg* decimam *Marsfeld*. quam a nobis in beneficio tenuit. nobis resignault. petens ut *in memoriam patris sui Conradi* eadem decima monasterio *Wedinchusen* assignaretur. Nos igitur piis uotis eius annuentes eandem decimam dicto monasterio donauimus. Dilectus etiam *Euerhardus de Ardey* decimam *Wande*. quam a nobis habuit. resignans dari dicto monasterio petiit. cuius uotis similiter annuimus. Nos etiam quicquid decimarum emergit *de nouellis agris* attinentibus Marsfeldo et Wando predicto monasterio addiximus. — Testes Bernardus prepositus sosatiensis — Patronus ipsius monasterii *Henricus* comes *de Arnesberg* et filii sui *Henricus* et *Godefridus*. *Reinerus de Froyzepracht*. *Henricus de vore*. Heinricus de volmunsteine. *Godescalcus de Pathberg* — Acta sunt hec anno — M. C. LXXXX. Indict. VIII.

95.

1191. Aug. 10. weiht Erzbischof Philipp I. die neue Kirche zu Miste bei Rüden und nimmt die zu ihrer Dotation hergegebenen Güter in seinen besonderen Schutz.

Nach einer alten Abschrift in Brandis Gesch. v. Rüden.

Nos *Philippus* diuina fauente clementia, Sanctæ Ecclesiæ Coloniensis archiepiscopus, Imperii per Italiam archicancellarius,

9*

notum esse volumus vniuersis Christi fidelibus. cum nos in *Miste* ecclesiam consecraremus. quod Syfridus maioris Paderbornensis Ecclesiæ prepositus et alii quam plures bonæ famæ viri et officium ipsius exercentes de suo patrimonio et de suis bonis ex communi consensu et consilio. quosdam agros qui *Bestwich. Eluerlith* et *Borghlith* uocantur et quedam nemora quæ *Bodenstruckh* et *Bolenlohe* vocantur, tam in agris quam in lignis. cum omni fructu. Deo et beatæ Mariæ in cuius honore constructa est ecclesia in Miste. pia deuotione. pro salute animarum et successorum suorum irreuocabiliter obtulerunt. Aliorum nomina hæc sunt. Almarus de *Horste*. Bertramus miles. anselmus fratres de *Bruerdinckhusen*. qui dotem Ecclesie contulerunt. Goschalcus *de Miste*. qui locum ecclesie beate Marie obtulit. Oseke Claudus qui Holtgreue fuit. Oseke Caluus. Andreas miles. Richardus Niger. Volcerus. Egebertus. Herebertus et Lupoldus fratres de *Meeste*. Marbodo de *Barckhusen*. Wolberth de *Hathemar*. Henricus de *Kedlinghhusen*. Herboldus de *Meschede* et alii quam plures ad quos pertinebat donatio. Nos igitur predicta bona sub statu et auctoritate omnipotentis Dei et beatæ Mariæ virginis et quecunque de ceteris eidem bona porrigentur ecclesiæ recepimus. Quicunque vero hec attentare vel infringere presumpserint. auctoritate beati petri excommunicamus. et excommunicatos. omnibus Christi fidelibus denunciamus. precipientes arctius eos vitari. vsque ad condignam satisfactionem. Testes sunt Bruno maior prepositus. Widekindus Decanus maioris ecclesiæ Coloniensis. prepositus Susatensis Ioannes de Keflike. Euerhardus Comes de Altenae. Henricus *comes* de Volmestein. *Godschalcus de Padbergh*. Renardus de Sydinghusen. *Ernestus de Rutenbergh*. plebanus *Hilgerus Schultetus in Susato* et alii quam plures. Datum anno Domini M° C° LXXXXI° ipsa S. Laurentii.[218])

---

218) Diese und die folgende Urkunde sind nach sehr fehlerhaften Abschriften aus Brandis Geschichte der Stadt Rüden, abgedruckt in v. Steinen westf. Gesch. St. 22 S. 1636. Die hier mitgetheilten Abdrücke sind vollständiger und wenigstens der Abschrift, welche Brandis selbst gemacht hat, ganz gleichlautend. Die Originale lagen nicht vor.

96.

1191. Sept. 29. bestätigt Erzbischof Philipp I. bei Einweihung des Kirchhofes zu Miste, die der Kirche daselbst geschehenen Schenkungen, namentlich des Waldes Rischnei.

Nach einer alten Abschrift in Brandis Geschichte v. Rüden.

Philippus Dei gratia sancte Coloniensis Ecclesie Archiepiscopus, tam presentibus quam futuris et omnibus ad quos presens scriptum peruenerit salutem veram a vero salutari. Vniuersitati nostre notum esse volumus; cum nos *locum ampliorem in cemiterio Miste* consecraremus, quod homines illi qui *Marcknothenn* in Miste dicuntur, singuli et vniuersi ex commmuni consensu et consilio, perpetuam virginem Mariam, de innocatione fideli ac digno venerabantur obsequio, quoddam *nemus*, quod *Ryschnei* dicitur, cum omni usufructu, ecclesie in Miste, que in honore ipsius consecrata est, irreuocabiliter contulerunt, et nos *decimam exinde, que ad nostram respectum habet iurisdictionem*, eidem ecclesie pio affectu, *cum agris qui sationales ibidem forent* porreximus. Propterea nos, de communicatione fidelium, omnes turbatores predicte capelle, in prefatis bonis et in aliis agris, qui temporibus antecessoris nostri, Domini predecessoris venerabilis Coloniensis Archiepiscopi[219]) eidem porrecti, similiter et illos, qui decimas eorundem bonorum indebite et sub periculo animarum subtrahunt, quos idem Archiepiscopus sepe dicte contulit ecclesie rationabiliter et canonice excommunicamus et excommunicatos esse, cunctis fidelibus denunciamus. Agrorum predictorum nomina hec sunt.. *Hesterlith, Rolenloh, Eluerlith, Budighstruckh.* Nomina maiorum virorum illorum, qui dederunt, sunt hec.. *Andreas, Anselmus, milites de Miste, fratres* de *Bruerdinghusen*, Anthonius de *Barckhusen*, Fridericus de *Hatemar*, Herboldus de *Hedinckhusen* et alii quam plures. Huius facti testes sunt.. *Harwicus abbas de Graueschafft*, Theodoricus prepositus, S. Gereonis in Colonia. Bernhardus frater ipsius. Arnoldus de Altenae comes. Henricus, Gerhardus fratres de Volmestein, Otto Camerarius. Adam pincerna, Henricus dapifer. *Godschalcus de Padbergh. Hermannus Schultetus*. Brunstenius de Susato et alii quam plures. Datum anno Domini M° C° LXXXXI° in profesto Michaelis.

[219]) Also Erzbischof Reinalds.

97.

s. a. (1179—1191.) Erzbischof Philipp I. theilt die bis dahin einzige, zu volkreich gewordene, Pfarrei zu Soest in sechs einzelne Pfarreien und bestimmt den Sprengel der Petri-Pfarre.

Aus dem Copialbuche: Privilegia Ecclie. sti. Patrocli in Susato. p. 12. Nr. 14.[110]

In Nomine S. et Individue trinitatis. *Philippus* divina fauente clementia s. ecclesie coloniensis archiepiscopus omnibus Christi fidelibus tam presentibus quam futuris in perpetuum. Cum ea que pie et rationabiliter fiunt ad indelebilem posterorum memoriam transmitti debeant placet nobis ad omnium tam modernorum quam futurorum peruenire notitiam quod *opidum susaciense* ex *consilio priorum coloniensium* et ex *consensu prepositi susaciensis* et *fratrum suorum* et *omnium ciuium* in *sex parochias* divisimus. Quod prius ex primitiua sui institutione cum universa plebe sua sub *una sola parochya* collectum erat. Id autem ideo fecimus quia populus eiusdem opidi adeo auctus et multiplicatus erat, quod ab uno pastore nullatenus sufficienter regi poterat. Unde quamlibet parochyarum titulo suo ecclesie asscripsimus et certis eam terminis inclusimus. — Ad ecclesiam itaque bti. petri pertineant *duo Westhouen*, pretera omnes *uille extra jacentes* que prius et ad Parochyam opidi pertinebant Exceptis hiis que secuntur *Ludrenchusen, Thodenchusen, Cuthenbeke, Heppen, Gelmen, Upmene, Eueldenchusen* que ad alias ecclesias certis distinctionibus determinate sunt. placuit autem nobis et omnibus qui huic parochyarum divisioni inter erant quod conuentualis ecclesia Sti. Patrocli et ecclesia Ste Walburgis cuilibet petenti olei innunctionem et sepulturam licite prestare possint. Itaque pastor ecclesie beati Petri sicut et pastores aliarum ecclesiarum baptismalium refragari non debeat, et quod ipse sicut et alii sacerdotes ceterarum parochiarum in summis festiuitatibus apud ecclesiam sti. Patrocli matutinis interesse et ibi usque ad sextam lectionem manere debeat, et quod in Sancto sabbato pasche et pentecostes infantem unum de sua parochia

---

[110]) Die Urk. ist ohne Datum und wie es scheint ohne Schluß. Ob das Original damit versehen ist, wissen wir nicht. Jedenfalls scheint sie später als 1179 zu seyn, weil es in zwei Urkunden von diesem Jahre Nr. 76. und 79. noch heißt Gerhardus ecclesie Susatiensis Pastor; also damals nur ein Pfarrer in Soest war.

ad ecclesiam Sti. Patrocli baptizandum transmittat, et quod nullam dominicis diebus infra pascha et octavam penthecostes in ecclesia sua processionem celebret sed populum suum ad ecclesiam Sti Patrocli ad faciendam ibi solemnem processionem transmittat, et quod fundi donum a preposito susatiensi investituram vero Altaris a majore preposito coloniensi *ex jure archidiaconatus* recipiat. quia autem hec ordinatio a nobis facta est ex consilio prudentum et religiosorum virorum presentem inde Cartam conscribi et sigilli nostri impressione muniri fecimus statuentes atque sub intimatione horrendi anathematis districte prohibentes ne aliquis huic nostro ordinationi contraire sive eam infringere presumat. Si quis vero hoc facere attemptaverit ille omnipotentis dei et beati Petri apostoli iram et indignationem incurrat et perpetui anathematis, nisi recipuerit. reus permaneat.

98.

s. a. (1167—1191.) Erzbischof **Philipp** I. bekundet, daß er die Stiftkirche zu **Meschede** eingeweiht habe und befiehlt, daß am Kirchweihtage von allen Kirchen innerhalb des Bannes der Mescheder Kirche, zu ihr eine Procession geführt werden solle.

Nach dem Original im Mescheder Stiftarchive.

In nomine sancte et individue trinitatis. *Philippus* dei gratia sancte coloniensis ecclesie humilis minister Notum sit universis tam presentibus quam futuris *in banno meskedensis ecclesie* cohabitantibus quod eadem ecclesia iam dudum a retroactis temporibus multa honestate multisque privilegiis corroborata, gaudebat, sed diversis adversitatum procellis passa, a pristini status fulgore magna ex parte humiliata usque ad tempora nostra descendit. Nos vero intuitu divine remunerationis, et pro debito officii nostri archiepiscopatus, quo omnibus ecclesiis nobis commissis prospicere tenemur, pretaxatam ecclesiam ad antiquum statum pro possibilitate nostra divina favente clementia reformare volentes dedicavimus, et universis pastoribus et parrochianis in termino eiusdem banni manentibus sub interdicto excommunicationis precepimus ut unanimiter, in vigilia eiusdem dedicationis, scilicet in die sancte Marie magdalene, ad laudem dei et sanctorum ob quorum memoriam consecrata est, et ad remissionem peccatorum suorum, cum crucibus et reliquiis sanctorum illuc convenirent, et firmam pacem euntibus et inde redeuntibus *a telonio et omnibus inquietationibus, sive a iudicibus sive ab aliis,* sub vinculo excommunicationis constituimus, nisi forte aliquis communem pacem ibidem violaverit, et in eadem sollempnitate in alio temere deliquerit. Insuper eandem dedicationis sollempnitatem a iam dictis pastoribus parrochianis celebrari mandavimus et iterum mandamus. Si quis vero in aliquo predictorum temerator sive ingressor extiterit, iram dei beati petri et nostram reatumque excommunicationis se incurrere non dubitet.[331])

99.

s. a. (1167—1191.) Gütererwerbungen Erzbischof Philipps im Herzogthum Westfalen.

Nach der Abschrift in Kindlingers Urk. Samml. B. 52. S. 1.[332])

Hec sunt allodia que dominus *Philippus* Coloniensis Archiepiscopus Colonie acquisiuit. — Item de Allodio *Cunradi* de *Gudenberg* et *Euerardi* fratris sui juxta *Brilon* valens annuatim VI marc. sexaginta marc. solut. — Item omne Allodium *Rabodonis* de *Stormede* sexaginta marc. sol. — Item omne allodium *Regneri* de *Stormede* sexaginta marc. sol. — Item *Lippia* Bernardi cum oppido suo. CCC marc. sol. — Item de *Brunwardinchusen* quatuor fratres cum omni allodio suo, sexaginta marc. sol. — Item Curtis *Heyle Munzen* scilicet *Velmede* ad V marc. XX marc. sol. —

---

[331]) Das an einer roth seidenen Schnur angehängt gewesene Siegel ist abgefallen. Das Datum der Urkunde fehlt.

[332]) Nach Kindlingers Vermuthung ist dieses Verzeichniß am Ende des 12ten Jahrhunderts geschrieben und zwar vor 1197. Es ist vollständig abgedruckt in v. Ledeburs Geschichte von Vlotho. S. 109. Wir haben nur die Stellen aufgenommen, welche sich auf das Herzogthum Westfalen und seine unmittelbarste Nähe beziehen.

Item Castrum *Iohannis Ahus*, gratis datum. — Item Allodium *Walteri de Dulberg* CCCC marc. preter beneficia. sol. — Item Allodium *Rabodonis de Dalawic*. M. CC marc. et XX marc. annuatim in feodo concesse sol. — Item Allodium *Rabodonis de Marchia* CCCC marc. sol. — Item Allodium *Henrici de Hagnen* CC marc. sol. — Item Allodium *Henrici de Rura* ... sol — Item Allodium Curtis *Hermanni de Altena* apud *Katerberg* XXV. marc. sol.

100.

1191. übergiebt die Abtissin Adelheid zu Meschede von dem Wetterhofe einige Aecker nahe bei dem Kloster Wedinghausen, an das Letzte, gegen die Verbindlichkeit, davon jährlich 8 Denare an den Villicus des gedachten Hofes zu entrichten.

Nach dem Orig. im Archive des Klosters Wedinghausen.

In nomine sancte et individve trinitatis. Notum sit tam posteris quam presentibus quod ego *alheidis* ecclesie sancte walburgis in *meschethe* humilis abbatissa. agros quosdam in *campo wettere* claustralibus officinis adiacentes. et *curti nostre* que *endrepe* dicitur attinentes. *presentibus* et *consentientibus* uidelicet *prepositissa mehthilde. cum uniuersa sanctimonialium congregatione*. nec non *euerhardo* prefate *curtis uillico. totiusque familie assensu.* concessimus fratribus ecclesie sancte marie in *weddenchusen* perpetuo possidendos. hac conditione media. ut fratres eiusdem loci singulis annis predicte curtis uillico. viii denarios inde persoluant. Et ut omni cauillatione sopita. hoc in perpetuum stabile perseueret. nec longinquitate temporis obliteratum obliuioni tradatur irritumque fiat. elegimus nos et dominus *arnoldus* supradicti cenobii dictus abbas. rem ipsam cyrographatis litteris corroborare. eo tenore ut littere que nobis cederent sigillo domini abbatis. que autem eius. sigillo nostro munite forent. Acta sunt hec anno dominice incarnationis. M°. C°. LXXXXI°. Regnante romanorum rege henrico. Huius rei testes presentes fuerunt. Sacerdotes. Eldachus. Gernandus. Thegenhardus. laici.

Buno dapifer. Gerhardus. Isfridus. Giselherus. et alii quam plures.[233])

101.

s. a. (1191.) Probst Gerhard zu Werden übergiebt dem Kloster Wedinghausen Güter zu Embere (Ober- und Niedereimer) gegen Fortentrichtung der davon bisher bezahlten jährlichen Abgabe und Zahlung eines Gewinngeldes bei dem Abgange jedes Abts.

Nach dem Orig. im Archive des Klosters Wedinghausen.

In. nomine. sancte. trinitatis. Ego *Gerardus* dei gratia prepositus et custos in *Werthina*. omnibus christi fidelibus in perpetuum. Accedens ad nos relligiosus. et bone memorie dominus *Arnoldus in Arnesberg abbas*. a nobis postulauit. quatinus ei bona ecclesie in *Embere*. III. sol. Custodi in die palmarum persoluentia. ad luminaria ecclesie. conferremus. sub eodem censu. Nos uero *usi conuentus. et ministerialium prudentum uirorum consilio*. pie peticioni. et rationabili. predicti abbatis assensum accomodantes. ipsi prefata bona contulimus. sub eo pactu. ut annuatim III sol. in palmis. de isdem bonis. abbatie custodi persoluat Werthinensi. Et in decessu abbatis siue moriendo. siue uiuendo. quocunque casu discesserit. successor suus eadem bona a manu custodis. sub predicto censu trium. solidorum recipiat. datis pro innouatione scilicet uorehure'. III^bus^ solidis. Ne autem hoc factum irritari uel mutari possit. per temporum spacia. sigillo ecclesie nostre muniuimus. et testes subscripsimus. Godefridus prior. Adolphus cellerarius. Herimannus scolasticus. Cesarius officiarius custos. Werinbertus. Henricus. Gerlagus. Reinherus. Symon. Reinholdus. Bruno. et alii plures.[234])

---

[233]) An der Urkunde hängt das Mescheder Stiftsiegel, sie ist unten von der gleichlautenden Abschrift geschnitten. Das Stichwort ist nicht zu lesen.

[234]) Das an einem Pergamenstreif gehangene Siegel ist abgefallen. Die Urk. hat geschwänzte e; sie ist ohne Datum, fällt aber den Schriftzügen nach in die Zeiten Erzbischof Philipps I., weshalb wir sie auf die vorige, worin Abt Arnold zum ersten Male vorkömmt, gleich folgen lassen.

102.

1193. hebt Erzbischof **Bruno III.** die Kirche zu **Wedinghausen** aus dem Archidiaconatverbande, bestätigt ihr alle frühere Rechte und Besitzungen, versetzt die daselbst wohnenden Klosterbrüder nach **Rumbeck** und überträgt alle Rechte jener Kirche auf die an letzterem Orte; von wo aus die Geistlichen alle Pfarrechte zu Wedinghausen ausüben sollen.

Nach dem Orig. im Archive des Klosters Wedinghausen.[117])

In Nomine Sancte et indiuidue trinitatis. Ego *bruno* dei gratia sancte coloniensis ecclesie uocatus archieps notum esse uolo tam presentibus quam futuris in perpetuum. quod *Heinricus comes de Arnesberg.* inspirante deo ecclesiam Wedinchusen. cum omnibus attinentiis suis. pro remedio anime sue. et parentum suorum. tradiderit in manus felicis memorie *Philippi* archiepiscopi predecessoris nostri ad promouendum seruitium dei loco parentum suorum ossibus honorato. Nos uero religiosorum predecessorum nostrorum. etsi non perfectione sanctitatis. zelo tamen pie emulationis uestigia secuti piis eius uotis non solum annuimus. sed etiam quantum ad nos spectat ut in diebus nostris serui dei et merito et numero crescant. omnem curam super impendere decreuimus. Ea propter ecclesiam Wedinchusen quoniam in ea serui dei libere et canonice seruierunt. *liberam esse statuimus ab omni iure et exactione episcoporum. prepositorum.* et *decanorum.* salua tamen canonica iusticia. nostra. consensu *heredum predicti comitis heinrici et filiorum suorum. heinrici.* et *Godefridi.* et *consilio abbatum.* et *religiosorum uirorum* cum priuilegiis et omnibus attinentiis suis *in ecclesiam Rumbeke commutamus* et illi ecclesie sicut priori plenum robur nostre auctoritatis accommodamus. Ipsi uero *fratres Rumbeke inhabitantes* per omnia curam animarum gerant in Wedinchusen tam in baptizandis pueris quam in ungendis infirmis et confessionibus suscipiendis. et synodali iusticia in illa parrochia. Crisma autem et oleum a matre ecclesia beati

[117]) Einen nicht correcten Abdruck dieser Urkunde, nach der Farrago Geleni hat geliefert Kindlinger Geschichte v. Volmestein. B. 2. Nr. 10. B.

Petri accipiant. ad quam obedientia utriusque ecclesie spectat. Siquid uero in sinistris excessibus corrigendis modum uel uires corrigentis prelati ipsius ecclesie excesserit ad nos uel ad successores nostros referatur. Possessiones quas fratres ibi possederant. eis confirmamus. dotem ecclesie. et *echolt*. et duos mansos *Welthere*. et tres mansos *lenole*. mansum unum *Glusinchem*. et unum mansum in *buren*. et unum mansum *hachnen*. et unum mansum in *holthusen*. dimidium mansum *Witmarinchusen*. mansum unum *eckinchusar*. et *mons caluus* qui porrigitur a loco qui uocatur *thurinkeswinkel* inter *ruram* fluuium et riuum qui uocatur *berbeke* cum omni *decima agrorum* quas ipsi *nouellari* fecerint. Alias etiam curtes *marsuelde* et *Greuele* et *wande*. Quecunque itaque largitione comitis et filiorum suorum in siluis. ripis. pratis. pascuis animalium. in *piscatura totius ditionis eorum*. in quibus eis pleni iuris libertatem concesserunt. et que cultis et incultis consecuti sunt uel largitione fidelium uel sua industria iuste consecuturi sunt libere et absque ulla perturbatione possideant. Vt autem hec rata et inconuulsa permaneant. sigilli nostri impressione communiuimus. et banno nostro confirmauimus. Quicunque igitur temerario ausu eosdem fratres super hiis que eis firmauimus. perturbare. et hoc factum nostrum infringere temptauerit. iram dei et sancti Petri principis apostolorum. et omnium sanctorum incurrat. et anathematis uinculo donec per condignam satisfactionem excessus suos correxerit. se obligatum esse sciat. qui uero eos consilio uel auxilio adiuuerit. benedictionem dei in eternum possideat. Testes aderant. Bernhardus sosatiens. ecclesie prepositus. Pilegrimus decanus. Willehelmus custos. Wernherus canonicus. Gotmarus canonicus. Winandus magister scolarum. *Heinricus comes de arnesberg*. et *filij eius*. *Heinricus et Godefridus*. comes Arnoldus de altena. Bernhardus de lippia. *Heinricus niger de Arnesberch*. *Euerhardus de arthey*. Heinricus de uolmutsteine; Gerhardus snar. *Hermannus uillicus sosatiensis*. Albertus et Hermannus filii eius. Brunstenius sconekint. Conradus et Erbertus de allagen. et alii quam plures. Acta sunt hec anno dominico incarnationis. M°. C°. LXXXX°. III°. Indictione decima. Regnante Dno Heinrico Romanorum imperatore augusto. Anno presulatus nostri. I°.[236])

---

[236]) Die Urkunde hat geschwänzte e. Das an roth seidenen Faden gehangene Siegel ist abgefallen.

103

1193. genehmigt Erzbischof **Bruno III.** die Uebertragung des Guts **Udenhusen** an das **Nonnenkloster** zu **Rumbeck** und verordnet, daß es statt des Zehnten, wie vor Alters her, nur 3 Schillinge geben solle.

Nach dem Orig. im Archive des Klosters Rumbeck.

In nomine sancte et indiuidue trinitatis. Ego *bruno* sancte coloniensis ecclesie archieps, uniuersis xpi fidelibus in perpetuum. Presulatus nostri officium postulat. ut locis et personis maximo religiosis. non solum in spiritualibus sed et in temporalibus prouideamus. Hac inducti ratione sicut felicis memorie *Philippus* archieps predecessor noster ordinauit. nos etiam consensum nostrum adhibeamus et auctoritatem. ut *domus vdenhusen* cum attientibus agris. et siluis. conuertatur in usum cenobii *Rumbeke*. Ex bonarum siquidem matronarum et uirginum donationibus data pecunia. dicta domus redempta est a *ludewico de wicke*. et a filiis suis. cum consensu dilecti nostri *Gerhardi de Wassenberch*. qui domum eandem a predecessore nostro habuit in feodo. et eam dederat in beneficio *luitberto de voswinkele* cuius similiter aderat assensus. Istis igitur singulis juri suo renunciantibus et similiter petentibus predictam domum cum omnibus ad eam pertinentibus contradidit ste Marie ad usum *sanctimonialium in cenobio Rumbeke* seruientium deo. *Heinricus* itaque comes de *arnesberch*. *ipsius cenobii aduocatus*. cum filijs suis. *Heinrico* et *Godefrido*. recepit *in jus sue aduocatie dictam domum vdenhusen*. et sicut predecessor noster prohibuit. de ea quicquid solui uel exigi pro *decima*. preter solitam et antiquam *pensionem* trium solidorum omnino prohibemus. et eam cum omnibus attinentiis suis Rumbeke confirmamus. Vt autem hec intomerata seruentur. presentem paginam sigillo nostro muniri fecimus. auctoritate dei et beati Petri et nostra sub banno sanctientes. nequis aliquid horum immutare presumat. Testes aderant bernardus sosatiens. ecclesie prepositus. pilegrinus decanus. willehelmus. custos. Wernherus canonicus. Gotmarus canonicus. *Winandus magister scolarum*. *heinricus comes de arnesberch* et filii ejus. *heinricus* et *Godefridus*. comes arnoldus de altena. *heinricus niger de arnesberch*. *hermannus de Ruthenberch*. *euerhardus de arthey*. heinricus de uolmutsteine;

Godeschalcus de pathberch. *hermannus villicus sosatiensis*. et albertus filius eius. brunsten sconekint. Conradus et ecbert de allagen. wilhelmus de ole. et alii quam plures. Acta sunt hec anno dominice incarnationis. M°. C°. LXXXX°. III°. Indictione Xa. Epactis IIIIor, concurentibus tribus. Regnante dno heinrico Romanorum imperatore Augusto. Anno presulatus nostri. I°. [137])

104.

1196. März. 7. nimmt Pabst Coelestin III. das Kloster Wedinghausen in seinen unmittelbaren Schutz und bestätigt ihm den Besitz seiner Güter und Rechte.

Nach dem Orig. im Archive des Klosters Wedinghausen.

Coelestinus Episcopus servus servorum dei dilectis filiis *Christiano* Abbati monasterii s. Laurentii in *Wedinghusen* ejusque fratribus — Ea propter — præfatum monasterium — sub B. Petri et nostra protectione suscipimus — Inprimis — statuentes ut ordo canonicus, qui secundum deum et B. Augustini regulam atque institutionem Premonstratensium fratrum in eodem loco institutus est, perpetuis ibidem temporibus inviolabiliter observetur Præterea quecunque possessiones — bona — firma vobis — et illibata permaneant, in quibus hæc propriis duximus exprimenda vocabulis: Locum ipsum in quo prefatum monasterium situm est cum omnibus pertinentiis suis. curiam in *Marsvelde*. quam *Henricus Comes de Arnsberg*. qui monasterium vestrum pia consideratione inductus fundavit. *concedentibus Henrico et Godefrido filiis suis* eidem monasterio tradidit perpetuo possidendam cum omnibus pertinentiis suis. curiam que dicitur *Evenho*. Montem qui dicitur *Echolt*. et montem qui dicitur *calvus*. mansum unum *Wettere*. mans. un. *Lenole*. m. u. *Buren*. m. u. *Hagnen*.

---

[137]) Das an roth seidenen Fäden hängende Siegel ist zum Theile zerbröckelt.

m. u. *Holthusen*. *Ermele*.[239]) *Hagenbole*. *Mollenslede*. *Berge*. Decimam *Wanden*, quam habetis ex dono *Everhardi de Arthei*. et fratris ejus *Jonathae*. *Ecclesiam in Werle*, quam supradicti fratres *Henricus et Godefridus* monasterio vestro cum omnibus pertinentiis suis deliberatione provisa concesserunt. Ius quoque quod habetis in monasterio *monialium in Rumbeke*. Sane Novalium vestrorum — nullus a vobis decimas exigere — presumat. Liceat — vobis Clericos vel Laicos, liberos et absolutos a seculo fugientes ad conversionem recipere et eos absque contradictione aliqua retinere — cum — generale Interdictum terræ fuerit liceat vobis clausis januis, exclusis excommunicatis et interdictis, non pulsatis campanis, suppressa voce divina officia celebrare. Crisma vero, oleum sacrum, consecrationes altarium seu Basilicarum, ordinationes Clericorum qui ad sacros ordines fuerint promovendi a diœcesano suscipietis Episcopo — Prohibemus insuper ut infra fines Parrochie vestre nullus sine assensu diœcesani Episcopi et vestro capellam seu oratorium de novo construere audeat sepulturam quoque ipsius loci liberam esse decernimus, ut eorum devotioni et extreme voluntati, qui se illic sepeliri deliberaverint, nisi forte excommunicati vel interdicti sint nullus obsistat, salva tamen justitia illarum Ecclesiarum, a quibus mortuorum corpora assumuntur — Paci quoque et tranquillitati vestræ — providere volentes, auctoritate apostolica prohibemus ut intra clausuras locorum seu grangiarum vestrarum nullus rapinam seu furtum facere, ignem apponere sanguinem fundere, hominem temere capere vel interficere seu violentiam audeat exercere — Amen. Ego Celestinus Catholicæ Ecclesie Episcopus. Ego octavianus etc. (18 Cardinales). Datum Laterani — nonas martii. Indict. XV. Incarnat. dominicæ anno M°. C°. XC°. VI. Pontificatus vero Domini Cœlestini P. P. III. anno sexto.

---

239) Meyer, welcher in Wigands Archiv B. 6. S. 186. einen vollständigen Abdruck dieser Urk. aus Kindlingers Handschriften. B. 44. S. 12. mittheilt, liest richtiger: *Ericele*.

105.

1196. Mai. 3. entscheiden päbstliche Commissarien einen Streit zwischen Erzbischof **Adolf I.** und dem **Kapitel zu Soest** über die Wahl des Probstes daselbst. Diese wird dem Kapitel attribuirt und demselben zugleich vom Erzbischofe **die Kirche zu Brilon** übergeben.

Nach dem Original im Archive des Patrocli-Stifts.

In nomine sancte et indiuidue trinitatis. Gardolfus dei gratia halberstadensis ecclesie episcopus. Conradus eiusdem ecclesie prepositus. Hartbertus hildesiensis ecclesie maior prepositus. Hylarius decanus. Ludoldus sancte crucis prepositus in hildesen. iudices delegati. Causas quas cum domino archiepiscopo coloniensi habuerunt. *ecclesia Susacensis* super libertate eligendi prepositum. et dominus *everhardus de uolmotstene* super electione in se facta. apostolica delegatione suscepimus cognoscendas et terminandas. Ex consensu autem parcium. uiam pacis et concordie primo attemptantes communicato discretorum consilio. equum iudicauimus inter patrem et filios. equitatis pocius moderamine quam stricti iuris rigore agendum. et sub hac transactionis forma omnem hanc dissensionem fauente domino complanauimus. Ex consilio nostro dominus archiepiscopus *facto* suo circa puerum cognatum suum quem prepositum instituerat sua tantum auctoritate. et dominus everhardus electioni sue penitus renunciauit. fratribus quoque svsaciensis ecclesie libertatem eligendi prepositum quam ab antiquo se habere dixerunt dominus archiepiscopus coloniensis plene recognoscens. super eadem electionis libertate firmamentum dabit svsaciensi ecclesie priuilegii sui priorum et ecclesie coloniensis sicut certissime repromisit. De consilio item nostro dominus archiepiscopus *ecclesiam in brilon* fratribus svsaciensibus plene recognouit et cum omni promisit integritate libere disponendam *iuxta suppremam ordinationem pie Recordationis Bernardi prepositi.*[239]) et domum magistri amelrici eisdem fratribus recognouit ac libere promisit. Postmodum ex consilio nostro fatres Svsacienses dominum everhardum in canonicum ad stipendium tempore uacans elegerunt. et dominus archiepiscopus cum decano svsaciensi

---

[239]) Probst **Bernhard** lebte unter Erzbischof **Reinald**, wie aus der folgenden Urkunde hervorgeht.

eum continenter inuestiuit, non tamen continue ibi deseruire cogendum. Dominus etiam archiepiscopus ex consilio nostro domino everhardo redditus x. marcarum iure feodi contulit ex certis bonis susatensis prepositure annuatim percipiendos, sine omni contradictione prepositi quicunque fuerit nisi forte ei in aliis compensentur redditibus. Ecclesiam preterea ex eadem prepositura proximo uacantem que domino everhardo complacat. prepositus svsatensis ex ordinatione nostra conferet. vel ei uel amico suo cui eam conferri postulauerit. Ex consilio item et ordinatione nostra. puerum predictum fratres svsaciensis ecclesie concordi uoluntate in prepositum elegerunt. et sic annuente domino huius dissensionis turbacio conquieuit. Vt ergo hec apostolice auctoritatis ordinacio nullo inposterum conuelli possit malignitatis ingenio. presentem paginam conscriptam sigillis nostris communiuimus. Testes. sanctensis prepositus. B. (ertoldus). De colonia Gerhardus decanus sancti gereonis. Theodericus decanus de gradibus. Ive scolasticus, Lambertus scolasticus. Hermannus de uore. Henricus lupus. De hildonesheim. Eilbertus prepositus de alsburg. Bertoldus custos. Johannes marc ..... lutardus scolasticus sancti mauricii. De sladem burghardus, Hermannus sti pauli in haluerstad. De patherburn oliuerus. Hermannus de oriente. De minden Wernerus maior prepositus. De hamele conradus canna. amelungus et quam plures alii. Acta sunt hec anno dominice incarnacionis. M°. C°. XC°. VI°. Indictione XIIII^a V°. nonas maii. presidente sedi apostolice celestino. Regnante Romanorum imperatore. heinrico. glorioso. Presidente. cathedre. coloniensi. atholfo. Locus huius transactionis in qvernhamolen.[341])

106.

1196. bestätigt Erzbischof Adolf I. dem Stifte des heil. Patroclus zu Soest, das Recht der freien Probstwahl.

Nach dem Orig. im Archive des Patrocli-Stifts.

In nomine sancte et indiuidue Trinitatis. *Adolphus* dei gracia sancte Coloniensis ecclesie archiepiscopus. vniuersis christi

[341]) Die Urkunde liegt in zwei Ausfertigungen vom nemlichen Tage vor, welche nur in ganz unwesentlichen Punkten voneinander abweichen. Die daran hängenden Siegel sind meist gut erhalten.

10

fidelibus imperpetuum. Racio suadet et sanctorum patrum decernit auctoritas unicuique, maximo locis religiosis intemerata sua iura seruari. Proinde notum esse uolumus cunctis christi fidelibus. quod cum canonici *Susatiensis ecclesie* coram iudicibus; a summo pontifice delegatis constanter assererent se habere libertatem eligendi prepositum in ecclesia sua. idque iureiurando iam probassent quatuor sacerdotes. Pilegrimus decanus. Johannes crispus. Brunsten. Johannes niger. omnibus aliis paratis inidipsum iurare, nos prepositum quem preter eorum electionem institueramus. iure cogente destituimus. recognoscentes ipsis plenam et absolutam libertatem eligendi prepositum. Id enim ius habere svsatiensem ecclesiam priorum nostrorum relatione cognouimus. Multi namque alii testati sunt. quod bone memorie dominus *Renoldus* Coloniensis archiepiscopus. *Bernardum* ad electionem fratrum svsatiensium quondam prepositura inuestisset. nos eciam electum eorum Herimannum scil. modo defunctum eadem prepositura inuestiuimus. Ne igitur deinceps ueniat in dubium. quod tot rationibus et exemplis euidenter est probatum presentem paginam sigillo nostro. de *priorum ecclesie Coloniensis fecimus consensu communiri*. districte prohibentes sub anathematis uinculo. ne quis fratres predictos. super libera electione prepositi sui perturbare conetur. Facta sunt hec anno dominice incarnationis. M°. C°. nonagesimo. VI°. Presidente apostolice sedi Celestino. Regnante Romanorum imperatore Heinrico. Testes adherunt. Gardolfus episcopus. Conradus maior prepositus haluerstadensis. Maior prepositus harbertus. Maior decanus hylarius. prepositus sto Crucis Lvdoldus hildenessemensis. jvdices delegati. Prepositus maior Lvdewicus. Decanus maior vthelricus. Coloniensis. prepositus xanctensis Conradus. prepositus Bvnnensis Bruno. Gerhardus decanus sti Gereonis. Elbertus prepositus. Luthardus hildenesh. Ivo. Lambertus magistri. [242])

---

[242]) Das an der Urk. hangende Siegel des Erzbischofs ist wohl erhalten.

107.

1196. verwandelt Erzbischof **Adolf I.** das Nonnenkloster **Bredelar** in eine Cisterzienser Mönchs-Abtei; **Gottschalk** v. **Padberg** schenkt dem neuen Kloster Güter zu **Grimlinghausen** und **Suitheringhausen.**

Nach dem Original im Archive des Klosters Bredelar.

In nomine sancte et indiuidue trinitatis *Adolfus* dei gratia sancte Coloniensis ecclesie archiepiscopus inperpetuum, Scimus quoniam deo placita sunt semper officia pietatis precipue tum cum in promouendis ad cultum et honorem ipsius, personis obsecuntur ecclesiasticis. Hinc est quod omni studio satagimus ecclesiarum dei iura efficaciter defensare, vel etiam ipsa sancte conuersationis studia pro ut res expostulat in melius commutare. Nouerit ergo fidelium vniuersitas tam presentium quam futurorum, quod predecessor noster pie memorie dominus *philippus* archiepiscopus predium *predelare* quo castellanus *Godescalcus de palberg* in beneficiatus erat petitione quorundam fidelium et totius cleri sui, atque paderburnensis episcopatus *suorumque optimatum consilio* ipsiusque castellani et heredum suorum consensu, ecclesie beati laurentii que est ibidem in *Bredelare* cum omnibus attinentiis suis libere contulit, ibique sub regula beati Augustini deo famulantes feminas instituit. Nos autem predictarum feminarum minus laudabilem conuersationem in melius commutare cupientes pro petitione *Godescalci de padtberg* filii supradicti Godescalci et aliorum prudentum virorum consilio, necnon et proprie considerationis intuitu prefatam ecclesiam Bredelare cum consensu et voluntate earundem feminarum in ordinem cisterciensium cum omni sue libertatis integritate transtulimus, emancipantes eam a iure aduocacie et ab omnibus impedimentis que videntur ordinis et regule ipsorum consuetudini contraire. Predictus vero Godescalcus curtem quandam in *Grimelinchusen* et bona quedam in *suitherinchusen*, ductu bone voluntatis, precipue diuine retributionis intuitu et pro remedio anime sue nec non parentum suorum eidem ecclesie libere contulit. *Sceithenses* enim quorum cure prefata conmissa fuit ecclesia, iuri suo in ea perpetualiter renunciauerunt. Porro ne tam piis factis et rationabilibus institutis accedere possit temptator quis temerarius presentem paginam talium factorum confirmatiuam sigilli nostri appositione communiuimus omnem qui

10*

huic nostre confirmationi contraire presumpserit auctoritate beatorum apostolorum petri et Pauli, sedis apostolice, et nostri perpetuo subiacentes anathemati. Acta sunt hec anno dominice incarnationis M° C° XC° VI° indictione XIIII^a. Domino Celestino presidente sedi apostolice Regnante Heinrico Romanorum imperatore glorioso ordinationis nostre anno tertio, Testes hii sunt Gerhardus parburnensis episcopus. Hermannus choralis episcopus in colonia, Euerhardus de volmotstene Godefridus de Colonia. pilegrimus decanus susatiensis. wernerus canonicus. Lupoldus canonicus. Radolfus canonicus. *Nobiles*, Comes wilhelmus Iuliacensis Comes Symon de tekneburg Comes wernerus de widegenstene Hermannus de Waldeke et frater suus, henricus, hermannus scultetus et filius suus hermannus. *Gerbertus de patberg*. *Arnoldus de hottepe* Godescalcus de Kellinchusen, Wigannus de Budeke Et quam plures alii. [245])

108.

1196. schlichtet Abt Hermann v. Cappenberg einen Streit zwischen den Kloster-Brüdern zu Wedinghausen u. den Schwestern zu Rumbeck, über den Wald an der Rurbeke, der in zwei Hälften unter ihnen getheilt war, dahin, daß Wedinghausen gegen den Besitz der Curtis Grevele, auf seine Hälfte verzichtete. Zugleich bestimmt er das Unterwürfigkeitverhältniß von Rumbeck zu Wedinghausen genau.

Nach dem Original im Archive des Klosters Rumbeck.

In nomine domini amen. Hermannus dei gratia Capenbergensis Abbas uniuersis xpi fidelibus in perpetuum. Notum sit omnibus tam presentibus quam futuris quod cum uitando discordie malo statutum esset ut *fratres de Wedinchusen* haberent medietatem *nemoris in Rurabeke* post ut penitus discordie tolleretur occasio prudentum uirorum et nobilium consilio statutum est. ut fratres de Wedinchusen pro medietate

---

[245]) Das Siegel ist noch ziemlich erhalten. Ein Abdruck dieser Urkunde nach einer fehlerhaften Abschrift des 17ten Jahrhunderts findet sich Kindlingers Gesch. v. Volmestein. II. Nr. 12.

memoris et recompensatione *Rumbeke* possideant *curtim* que dicitur *Greuele.* Sorores uero totum nemus cum fundo quiete possiderent. Hec autem lex inter utramque congregationem seruanda est ut *sorores sub magisterio et obedientia uiuant Abbatis Arnesbergensis*. Nullam tamen eis temporalis commodi exactionem inponat sed quidquid de laboribus propriis, quicquid de fidelium elemosinis diuina eis largitas contulerit. inde earum necessitatibus a suo prouisore consulatur. Siquis uero frater apud ipsas manens seu clericus seu conuersus a religionis tramite exorbitauerit et incorrigibilitas eius manifestata fuerit Abbas illum ad suum conuentum reuocet et discipline censura coherceat. si *de seculo uenientes clerici uel laici* maluerint apud sorores *habitare* nemo prohibebit. dum tantum apud ipsas Rvmbeke non plures clerici quam duo uel tres uel quot Abbas secundum quod ordini perspexerit expedire dispensabit. Hec est forma compositionis que facta est consilio Capenbergensis Abbatis confirmantis eam auctoritate capituli premonstratensis et sub anathemate interdicentis ne quis eam temere immutare presumat. et consilio comitis *Godefridi de Arnesberg* multis presentibus quorum hec sunt nomina. *Xpistianus Abbas*, Arnoldus prior. Johannes cellerarius. Wilhelmus prior de Svsatia. *Arnoldus quondam Abbas*. Daniel. Baldewinus conuersi. Albero. Johannes. Hartmannus. Wetcelinus. Anshelmus. Albertus cappelanus. Theodericus stokelcth. Wilhelmus de Olo. et alii quam plures. Acta sunt hec anno domini M°. centesimo. nonagesimo sexto.[244])

109.

1196. genehmigt Erzbischof **Adolf**, als Oberlehnherr die Verwandlung eines vom Kloster **Oelinghausen** zu entrichtenden Blut- und Fruchtzehnten in eine **Zehntlöse**, welchen **Egbert von Herdringen** von **Eberhard Slue**, dieser von den **Herren von Rüdenberg** und Letztere von dem Erzbischof zu Lehn trugen.

Nach dem Orig. im Archive des Klosters Oelinghausen.

In nomine sancte et indiuidue trinitatis. *Adolphus* dei gratia

[244]) Die Urkunde ist sehr schön in weiten Linien geschrieben, wie ein

sancto coloniensis ecclesie archiepiscopus. Omnibus xpi fidelibus in perpetuum. Quia licet indigni speculatoris · uice in ecclesia fungimur. pro pace et quiete nobis commissorum. dictis et scriptis uigilare tenemur. Unde tam futurorum quam presentium fidelium xpi nosse uolumus uniuersitatem. quod inter *fratres de vlenkhusen*. et *Egbertum* quendam de *herdringe*. pro decime exactione. contentionis et jurgiorum aculeis quondam uersabantur. Proinde consilio inito. ita inter ipsos transactum est. quod idem Egbertus acceptis a jam dictis fratribus. duodecim marcis examinati argenti. nouem solidos sosaticensis monete acceptauit. pro annua decime maioris et minoris redemptione. Venit itaque in presentiam domini sui *Euerhardi Sluc*.[245]) a quo eandem decimam in beneficio habebat. et *adjuncta sibi duorum fratrum et coheredum suorum. pariterque matris manu. exfestucauit manipulorum collectionem*. et quicquid ex nutrimentis animalium prouenire solet. predictamque redemptionis summam. nouem uidelicet solidos. fratribus de vlenchusen. in festo beati Iacobi persoluendos stabiliuit. predictusque Egbertus tria jugera que ab episcopo in beneficio habebat ecclesie de vlenchusen contulit. similiterque ipse Euerhardus sluc. cum suis coheredibus. in presentia dni sui. uidelicet *Hermanni de Rudenberg*. jam dictam decime redemptionem eisdem fratribus confirmauit. Quod cum similiter Hermannus de Rudenberg. una cum fratre suo *Henrico de Stromberg*. in presentia nostra fecerit. nos *fratrum et sororum de vlenchusen* utilitati et quieti in futurum. paterno prospicientes affectu. sepe dictam decime redemptionem. eis pontificali auctoritate confirmamus. districta prohibitione interdicentes. *ne aliquis umquam decimator. sororum illarum manipulos tangere. seu de nutrimentis animalium. ibi quicquam exigere presumat. sed contentus sit nouem solidis. pro redemptione persoluendis*. Si quis autem hoc cassare temptauerit. et si non cito resipuerit. indissolubili eum anathematis uinculo innodamus. Acta sunt hec. anno dominice incarnationis. M°. C°. LXXXX°. VI°. Hujus rei testes sunt. Lodewicus maior in colonia prepositus. Pilegrinus ecclesie sosatiensis decanus. Willelmus custos. Radolphus scolasticus. Wernherus. Johannes. eiusdem ecclesie canonici. Arnoldus comes. et Fridericus frater ejus. Hermannus de Waldeke. *Euerhardus de Ardej*. et *Ionathas* frater eius.

Kaiserliches Diplom. Das in weißem Wachse abgedruckt gewesene Siegel ist unkenntlich.

[245]) In einer Urk. des Graf Gottfried II. von 1198. heißt er: Everhardus Sluck de Werel. Wigands Archiv. B. 6. S. 191.

Dithmarus de buren. et Bertholdus frater suus. *Conradus de haenen*. *Ministeriales*. Henricus de uolmudesteine. *Godescalcus de pathberg*. *Hermannus villicus de Susath*. Thimo. et Theodericus frater ejus. Conradus de allagen. Hereberdus de Suanbule. Hermannus de enkere. Harmuthdus de biedencaph. et alii quamplures.[346])

110.

1197. genehmigt Erzbischof Adolf I. die Uebertragung des Haupthofes Odenhusen, welchen von ihm die Herren von Arden und von diesen Arnold von Wiglon, ferner des Zehnten daselbst, welchen Hermann von Rüdenberg von ihm zu Lehn trug, an das Kloster Rumbeck.

Nach dem Original im Archive des Klosters Rumbeck.

In nomine sancte et indiuidue trinitatis. Ego *adolfus* dei gratia sancte coloniensis ecclie archiepiscopus. xti fidelibus in perpetuum. Quia tenemur omnibus et maxime locis religiosis prouidere. notum facimus xpi fidelibus. quod curtim odenhusen cum attinentibus agris. pascuis et lignis. priorum nostrorum assensu tradidimus beate marie in *Runbeke* ad usum sanctimonialium ibidem deo deseruientium. quicquid enim iuris in eadem curti habuerunt *everhardus et ionathas de arthei* quorum erat beneficium. in manus nostras resignauerunt. quod et fecit in manus eorum *arnoldus de wiglon* cuius erat beneficium. similiter et decimam curtis eiusdem quam nobis resignauit *hermannus de ruthenberg* cuius erat beneficium. eidem cenobio contradidimus. quia igitur hec facta sunt per consensum coheredum predictorum hominum. nos presenti scripto dictum cenobium communimus. reum anathematis decernentes quicunque hanc nostram donationem irritare presumpserit. Testes hii Ludewicus maior prepositus in colonia. vlricus maior decanus colonie. Rodolfus scolas-

---

[346]) Das große Siegel des Erzbischofs hängt an roth und grün seidenen Fäden. Die Urkunde ist viel schöner und sorgfältiger geschrieben als die Urkunden Adolfs gewöhnlich zu seyn pflegen.

ticus. comes arnoldus de altana. et frater suus comes frethericus, *henricus niger de arnsberg hermannus villicus* et filius suus hermannus. brunsteyn sconckint. wilhelmus de ole. theodericus stokeleth. arnoldus stokeleth. Acta sunt hec anno dominice incarnationis. M°. C°. XC°. VII°. Indictione XV. Regnante heinrico Romanorum imperatore glorioso.[247])

111.

1200. Febr. 3. verzichten Kaiser Otto IV. und seine Brüder auf alle Güter im Herzogthum Westfalen, zu Gunsten der cölnischen Kirche.

Nach dem Transsumpt im Liber Privil. Eccl. Col. Nr. 49.[248])

In Nomine sancte et indiuidue trinitatis. Otto dei gratia Romanorum Rex et semper Augustus, omnibus xpi fidelibus imperpetuum notum facimus tam futuris quam presentibus, quod nos pro fideli et preclaro seruicio dilecti ac fidelis principis nostri Adolphi venerabilis Coloniensis Archiepiscopi et totius Coloniensis ecclesie nobis sepius exhibito, dilectos fratres nostros henricum Comitem palatinum Reni et wilhelmum ad hoc induximus, quod vniuersa illa bona que Phillippus quondam Coloniensis Archiepiscopus de Ducatu quondam patris nostri jllustris ducis Saxonie siue in Allodiis siue in feudis seu in ministerialibus aut in seruis obtinuerat de bona voluntate Coloniensi ecclesie dimiserunt perpetualiter in pace sine conditione qualibet possidenda, juramento firmantes, quod neque per se, neque per suos Coloniensem ecclesiam super eorundem bonorum possessione nullo vmquam tempore debeant molestare. Ponentes etiam obsides Comitem de lyningen, Comitem Conradum de regenstein Georgium Comitem de witha, henricum de jsenberg, qui jurauerunt, quod si predicti fratres nostri contra constitutionem istam venire attemptauerint, de bonis que a palatino Comite reni tenent in feudo, ecclesie

---

[247]) Das in weißem Wachse abgedruckte, sehr gut erhaltene Siegel hängt an dicken wulstigen roth seidenen Schnüren.

[248]) Diese Urkunde ist abgedruckt in *Gelenii* vita s. Engelberti p. 37. und nach diesem Abdrucke in *Scheid* Origines Guelfic. T. 3. p. 762.

Coloniensi contra palatinum seruiens, quousque eos ad satisfactionem inducant, Hiis etiam tales adiidixerunt Ghiselbertum de Brunsberse, henricum de mirwalt, Dytmarum de vlogelinken marscalcum, wernerum dapiferum, Insarium pincernam, Henricum de wunnenberg, qui jurauerunt, quod si fratres nostri contra hoc sacramentum venire temptauerint, Coloniam accedant, ad vocationem Coloniensis ecclesie Archiepiscopi, omni cessante contradictione, inde sine licentia Coloniensis ecclesie nullatenus recessuri. Vt igitur hec rata permaneant et inconuulsa presentem paginam conscribi et sigilli nostri munimine confirmari fecimus, Precipientes districte, ne prenominati fratres *nostri* aut aliqui eorum nomine huic constitutioni contraire presumant, Testes sunt Syfridus maguntinus Electus, Hermannus monasteriensis episcopus, imperialis Aule Cancellarius, Bruno Bunnensis prepositus, Henricus comes Sojen. Simon comes de Tekeneburg, Gerardus comes de Are, Henricus comes de Cesselo, *Godefridus comes Arnesbergensis*, Adolphus comes de Monte, Bernardus de Wilepe, Burckardus comes de Aldenberg, Hermannus de Lippe, Godescalcus de Pirremunt, Godefridus de Eppenstein, Wolframus comes Reni, Rutgerus de Merheim, Rutgerus de Brempt. Wernerus de Bolant, et frater suus Philippus, Hermannus Aduocatus Coloniensis, Hermannus de Aluetre Marescalcus, Otto de Schonenberg, Reymarus de Rothe, Cunradus de Wilre, Simon Aquensis et alii quam plures. Acta sunt hec Anno dominice jncarnationis M° CC°. Datum apud wirzeburg III. nonas februarii per manus Hermanni venerabilis monasteriensis Episcopi Imperialis Aule Cancellarii.

112.

1200. Aug. 20. genehmigt Erzbischof Adolf I. die von den Brüdern Gottfried u. Heinrich von Arnsberg geschehene Schenkung der Pfarrkirche zu Werl an das Kloster Wedinghausen.

Nach dem Original im Archive des Klosters Wedinghausen.

In nomine. sancte. et. individue Trinitatis. Ego *Adolfus* dei gratia sancte Coloniensis ecclesie archiepiscopus. notum esse uolo tam presentibus quam futuris, quod. *Godefridus Comes de Arnesberg*. et *Henricus frater suus*. provida deliberatione pro remedio animarum suarum et parentum suorum: *ecclesiam Werle* cum omnibus attinentiis suis fratribus in *Wedinchusen* Deo seruientibus perpetuo possidendam contulerint. salva tamen justicia sacerdotis Jacobi, qui eandem ecclesiam habuit. cum hec facta est donatio. ita ut fratres allenata amicabiliter a possessoribus redimant et absolvant. vt autem hec rata permaneant. presentem paginam in testimonium illis sigillo nostro damus communitam. Huius rei testes sunt: Udo maior Decanus. Bruno bunnensis prepositus. Theodericus prepositus sancti Gereonis. Herimannus prepositus sancti Severini. Theodericus prepositus sancti Andree. Gerardus decanus sancti Gereonis. Theodericus decanus de Gradibus. et alii quam plures coloniensis ecclesie priores. *Laici*.. *Euerhardus de Ardeie*. *Jonathas* frater ejus. *Herimannus de Rûhenberg*. *Henricus niger de Arnesberg*. Rudolfus de Erwethe et alii quam plures *nobiles* uiri et *ministeriales*. Decimam; quoque per omnem parrochiam Wedinchusen. *de agris novellis* predictis fratribus ab antecessore nostro Phylippo datam et privilegiatam. hoc eodem scripto eis confirmamus. Si quis igitur hoc cassare aut infirmare presumpserit anathematis uinculo ad perpetuam dampnationem nisi resipuerit se sciat esse obligatum. Acta sunt heo anno dominice incarnationis M° CC° Indictione III^a. Pontificatus nostri anno sexto. Datum Colonie XIII° Kalendas Septembris.[249])

113.

1200. Sept. 29. zu Soest, verleiht Erzbischof Adolf I. die Hälfte der Einkünfte aus der von ihm erbauten Stadt Rüden dem Grafen Gottfried II. v. Arnsberg.

Nach der Abschrift in *Gelenii* Farrago etc. B. 3. S. 242.[250])

In nomine sancte et individue Trinitatis *Adolphus* divina

---

[249]) Das große Siegel des Erzbischofs ist, gleich der Urkunde, sehr gut erhalten. Einen nur in der Orthographie etwas abweichenden Abdruck derselben hat geliefert Meyer in Wigands Archiv. B. 6. S. 191.

[250]) Danach ist sie auch abgedruckt bei Meyer in Wigands Archiv. B. 6. S. 198.

favente clementia sanctæ coloniensis Ecclesiæ Archiepiscopus omnibus tam futuris, quam presentibus Christi fidelibus in perpetuum. Ea, quæ a mortalibus aguntur, dignum est scripto commendari, ne forte per temporis intervalla in oblivionem trahantur, sed ex scripti declaratione memoriter teneantur. Inde est, quod hominibus tam futuris quam presentibus Christi fidelibus notum facimus presentis scripti attestatione, quod *cum quondam temporalis discordia inter nos et alios Imperii principes exorta de Rege eligendo*, Coloniensi Ecclesiæ et nobis magnum incumberet periculum, et eodem tempore a *Godefrido Comite Arnsbergensi* super quibusdam factis suis Satisfactionem expeteremus, ipse *ad consilium priorum coloniensium* et *nobilium nec non et fidelium tam suorum quam nostrorum* juxta debitæ satisfactionis exhibitionem, quemadmodum fidelis homo beati Petri, fide interposita et juramento prestito suos ministeriales obsides nobis dedit, Rutholfum scilicet Burgbenne, Everhardum de Ervethe, Andream Clusener, Gervasium et Wilhelmum fratres de Budricke, Theodericum Stokeleit, Alexandrum de Menighen, Hermannum de Kurbike, Hermannum de Meneden, Lutbertum Plateren, *Gerhardum de Ruthen, Theodoricum de Padberg*, quod a fidelitate coloniensis Ecclesiæ nunquam recederet fidelo et semper devotum coloniensi Ecclesiæ exhibiturus servitium necessitate quacunque imminente, quod si forte observare neglexerit aliquid contra nos vel nostros presumendo, prædicti obsides nobis et nostris successoribus tam in personis, quam de beneficiis, quæ a comitibus tenuerunt Arnsbergensibus, servient de cætero, a servitio Comitum exempti. quod et tactis reliquys se observaturos juraverunt. Nos igitur in hoc comitis jam dicti considerantes fidelitatis constantiam, animadvertentes quoque quod ipse et ejus antecessores coloniensi Ecclesiæ, nostris Predecessoribus ac nobis sæpius præclarum et honestum exhibuerunt servitium, beneficium, quod a coloniensi ecclesia tenet, duximus augmentandum medietatem reddituum, quicunque *infra muros et fossata oppidi, quod apud Ruden pro pace terræ de novo construximus*, provenerint sive de *censu arearum*, sive de *Theloneo* aut de *moneta*, vel de *judicys* seu de aliis quibuscunque emergentibus, ipsi libere contradentes, nos autem liberam habemus potestatem *ibi Scultetum instituendi*, et quemcunque de ministerialibus beati Petri instituere decreverimus, eum comes absque contradictione recipiet. Et tam nos, quam Comes *communicata manu villicationem ipsi committemus. Hoc oppidum eo jure gaudebit et libertate, qua etiam oppidum Susatum sive aliæ nostræ civitates habent.* Nec nos, nec Comes

Arnsbergensis de hoc Oppido inimicis nostris Werram movebimus nec non in eo castrum faciemus, nisi de consensu utriusque. Ut igitur hæc rata permaneant, et inconvulsa, presentis paginæ annotatione et sigilli nostri munimine confirmamus, sub anathematis districtione precipientes, ne quis ausu temerario hæc infringere attentet. Testes sunt Bruno Bunnensis Præpositus Ivo Decanus sanctorum Apostolorum in Colonia, Arnoldus majoris Ecclesiæ in Colonia Canonicus, Bruno Ecclesiæ B. Mariæ ad gradus canonicus, Ecbertus Susatensis Canonicus, Henricus Comes Seinensis, Arnoldus de Altena Comes, Gerhardus senior de Volmutsteine, Hermannus Advocatus Coloniensis *Hermannus Schultetus Susatiensis* et filius ejus Hermannus, Brunstenus de Susato, Otto Camerarius, Henricus Dapifer, Adam Pincerna, Henricus de Benesheim, Marscalcus, Bertoldus de Pirremunt Marscalcus, Rudolfus de Ervethe, et filius suus Rutolfus, Tirricus Stokeleit, Arnoldus Stokeleit, Pincerna, — Gervasius de Bodrike. Acta sunt hæc anno Dominicæ Incarnationis M° CC° anno Pontificatus nostri septimo. Datum apud Susatum III° Kalendas Octobris.

114.

1200. Das Stift Meschede bescheinigt daß der Schulte zu Ostwich von Alters her den Zehnten mit 12 Denaren abkaufe.

Nach dem Original im Archive des Stifts Meschede.

In nomine sancte et individue trinitatis. *Mehteldis* preposita, *Margareta* decana et *universus conventus in Meskeda*, omnibus fidelibus in perpetuum. Universitati fidelium tam futurorum quam presentium cupimus innotescere, *curtim* nostram in *Ostwich* ratam et rationabilem ex antiquo usque ad nos habuisse consuetudinem, *ut villicus decimam ipsius annuatim 12 denariis redimeret*, et illos in festo beati Jacobi apostoli persolveret. Igitur ne aliqua malignantium importunitas, que plurimum invaluit nostris diebus, contra hanc consuetudinem facile possit aboriri, huius scripture attestatione et sigilli ecclesie nostre auctoritate eam in perpetuum conservandam roboravimus, consentientibus in hoc Bernhardo milite et Regenhardo filio ejus, eandem decimam iure feodali possidentibus.

Testes huius rei sunt sacerdotes: Eldacus, Gernandus, Tegenhardus, Godefridus. Laici: Alexander dapifer, Ilfridus, Giselherus.

Actum est anno dominice incarnationis millesimo ducentesimo, nullo Romanum imperium gubernante, sed duobus principibus, Phylippo duce Suevorum et Ottone pro ipso dissentientibus, Domino Adolpho coloniensi ecclesie presidente, eodem etiam vice abbatisse nostram procurante ecclesiam, Godefrido comite in Arnesberg, Godefrido advocato ecclesie nostre.[251])

115.

1201. Apr. 30. bekundet Probst Brüning zu Marsberg, die Tradition einiger Güter zu Erlinghausen an das Stift.

Nach dem Original im Marsberger Stift-Archive.

In nomine sancte et indiuidue trinitatis. amen. Ego *bruninegus* montis martis ecclesie gratia dei prepositus, omnibus quibus hoc scriptum ostensum fuerit. in domino salutem. Quocienscumque aliqua memorie digna in nostri presentia aguntur. uel constituuntur. dignum iudicamus. ut per aliquod monumentum posteris nostris. nostre occasiones innotescant. ut ratum sit quod agitur. et nostre institutiones non infringantur. Notum sit ergo cunctis xpi fidelibus tam presentibus quam futuris. quod *beringerus* dictus *de harchusen*. cum filio suo *Johanne* qui nobis in capitulo nostro professionem fecit. nouem mansos sue proprietatis in *erdelinghusen*. heredibus suis hoc annuentibus nostre contulit ecclesie. in perpetuum possidendos. ut post obitum ipsorum apud nos predictorum memoria seruetvr. Vt autem hoc factum firmum ratumque habeatur. presentem literam. sigillo dni mei abbatis

251) Die Urkunde ist wohl erhalten; das Siegel mit dem Bilde der h. Walburgis, am Rande etwas abgefallen.

widekindi et ecclesie Corbeiensis. fecimus roborari. acta sunt hec anno gratie. M°. CC°. I°. pridie kal. maii. in presentia dni w. abbatis. Conradi prepositi. Conradi. Cononis. scriptoris. Conradi de Amelungessen. *thiderici Comitis dicti de horhusen*, Wasmodi marscalci. Ludolfi burgrauli.[232])

116.

1202. Juli 2. verleiht Erzbischof Adolf I. den Brüdern Hermann v. Rüdenberg und Heinrich Burggraf von Strömberg, für den Schaden, den sie durch den Bau der Stadt Rüden an ihren Einkünften in dem Dorfe Rüden (Altenrüden) erlitten, 10 Malt Korn aus dem Zehnten zu Katerbeck.

Nach dem Orig. im Archive des Klosters Benninghausen.

In nomine sancte et indiuidue trinitatis. *Adolfus* diuina fauente clementia. sancte coloniensis ecclesie archiepiscopus in perpetuum. Dignum est. ut que iuste ac rationabiliter facimus; scripto commendemus. ne per temporis interualla. in obliuionem trahantur. sed ex scripti declaratione. tam futurorum quam présentium memorie tansmittantur. Notum itaque facimus. cunctis xpi fidelibus. quod dilectis ac fidelibus nostris. *Hermanno de rudenberg*. et fratri suo *Henrico. castellano de stromberg*. in recompensationem dampni. quod *per constructionem oppidi nostri Ruden*. in diminutione suorum redituum. quos habent in *uilla ruden*. perceperunt X^cem^ maltos siliginis. ordei. et auene. in feodo concessimus in decima nostra. *Caterbeke*. per ipsorum nuntios. siue manipuli colligantur siue non. annuatim accipiendos. quousque aliis incertis bonis. tot. maltos predicti frumenti. eis assignemus. ad ipsorum heredes. jure hereditario. deuoluendos. Vt ergo hoc factum nostrum robur habeat. presentis scripti. et sigilli nostri impressione. muniri fecimus. sub anathematis interminatione districte precipientes. ne quis id aliqua temo-

---

[232]) Die Siegel sind abgefallen.

ritate infringat. testes sunt. Arnoldus comes de altena. Henricus comes de bokensuage. Arnoldus maioris ecclesie in colonia canonicus. Bruno de beneshem. Ecbertus de aulagen notarius. Hermannus scultetus susatiensis. et filius suus Hermannus. Hermannus aduocatus Coloniensis. Brunstenus de Susato. et alii quam plures. Acta sunt hec. anno dominice incarnationis. millesimo. ducentesimo. secundo. sexta nonas julii.[213])

117.

1202. überträgt Graf Gottfried II. von Arnsberg dem Kloster Wedinghausen, weil es ihm die größeren Bäume in der Marsfelder Mark, zum Werthe von 150 Mark, verkauft habe, den Hof zu Herdringen mit noch anderen Gütern zu Wintrop, Ricklingsen und Asbeck.

Nach dem Original im Archive des Klosters Wedinghausen.

In nomine. — Trinitatis Ego *Godefridus* dei gracia comes in Arnesberg vniuersis Christi fidelibus in perpetuum. — quod ecclesia in *Wedinchusen* communi consensu promisit nobis vendere maiores arbores nemoris sui, attinentis curie *Marsfelde* ita tamen, vt fundus ipsius nemoris cum arboribus non succisis nequaquam ab ipsa sequestraretur ecclesia, sed sicut fuit ita in eius permaneret proprietate. Nos autem considerata beniuolentia conuentus predicte ecclesie, et nostra vtilitate, cum pretium arborum prefati nemoris venditarum fuerunt Cl. marce, nos pro recompensatione tanti et tam euidentis dampni contulimus jam sepedicte ecclesie, vxore nostra et heredibus nostris voluntarium dantibus consensum, curiam in *Hertherincgen* cum omnibus suis appendiciis preter decimam, que duobus solidis redimitur, mansos tres in eadem villa, domos duas cum suis attinentiis in *Winthorp*, mansum

[213]) Das in gelbem Wachse abgedruckte, sehr gut erhaltene Siegel des Erzbischofs hängt an grau seidenen Strängen. Im J. 1282 verkaufte Conrad v. Rudenberg den Katerbecker Zehnten an das Kloster Benninghausen, worüber unten die Urk. folgen wird.

quoque vnum in *Rikelenchusen*, et vnum mansum in *Asbeke.* — Testes hujus rei sunt *Jonathas* de *Arthei*, *Heinricus niger*, *Hermannus* de *Ruthenberg*, Rotholphus de ernete, et filii ipsius Boimundus et Rutholphus, Rutgerus de Burbenne, et frater suus fritherious. Theodericus de odenege, Hermannus de Kurbeke, Lubertus platero, Albertus de Balleuo, et alii ipsius piligrimus et Hermannus de nihem, et filii suj wilhelmus et Hermannus, Adamus et Hermannus de timenthoue, Teodericus stokeleit, Arnoldus pincerna, Bertoldus cisinc, Florentius de tunen, Alexander de menenchusen, et frater suus albertus, Euerhardus wrethe et alii quam plures Acta sunt hec anno gracie M° CC° II sub cismate romani Inperii, anno VIII° pontificatus Adolphi coloniensis archiepiscopi.[234])

118.

1203. Sept. 27. beurkundet Erzbischof Adolf I. wie Graf Gottfried II. v. Arnsberg dem Kloster Oelinghausen mehre Güter, namentlich die Frankenmühle, ein Salzhaus in Werl und drei Bauernhöfe überläßt.

Nach dem Original im Archive des Klosters Oelinghausen.

✝ In nomine saucte et indiuidue trinitatis. *Adolfus* dei gratia saucte Coloniensis ecclesie Archiepiscopus vniuersis xpi fidelibus in perpetuum. Iustitie ratio nos inuitat vt ea que caritatis studio ad religionis augmentum acta fuerint approbemus, et vt in posterum rata permaneant, studeamus diligenter prouidere. Quapropter notum facimus vniuersis presentibus et futuris, quod dilectus noster *Godefridus Comes Arnsbergensis*, accepta quadam summa pecunie, ab ecclesia in *Olinchusen* per modum venditionis legitime, *Henrici* fratris sui et omnium heredum suorum ad hoc accedente consensu, pro sua et parentum quoque suorum salute, ad

---

234) An der schon geschriebenen Urkunde hängt das Siegel des Grafen Gottfried; sie ist vollständig abgedruckt bei Meyer in Wigands Archiv. B. 6. S. 196.

honorem dei sueque sanctissime matris, transtulit ad eandem ecclesiam *molendinum* quod dicitur *vrenkenemolen* et *domum salinariam in Werle*, et tres mansos cum suis pertinentiis, quorum vnus situs est *Olinhusen*, alius *effenesberg*, tertius *hauebole*, nichil sibi vel heredibus suis quibuscunque iuris aut dominii reseruando in eisdem. Preterea fratres Huio, Radolfus, Theodericus, et Alardus tres domos cum omnibus suis pertinentiis que fuerunt eorum predia, quorum una sita est *Luneren*, altera *Kirseburen*, tertia *Slammene*, de consensu omnium heredum suorum dicto cenobio contulerunt. Vt igitur talis donatio rata permaneat, *Henricus Rumescotele cuius erat ius Comescie* de predictis domibus et bonis, ius suum resignauit, *Hermanno de altena, Hermannus Comiti Arnsbergensi Comes nobis*, Vnde nos easdem donationes, simul quoque venditiones sic rite factas coram nobis approbamus et in nomine domini confirmamus, easdem domos et bona cum suis pertinentiis eximentes *ab onere fiscali* quod dicitur *Grascult*, Preterea venerabilis predecessoris nostri dni *Philippi* vestigiis inherentes, donationem factam per *Sigenandum* militem et *Hatewiyam* vxorem suam de bonis suis in *Olinhusen* et *Bachem* cum mancipiis suis vniuersis, nec non bona alia post dictam donationem rite et iuste conquesita, et precipue curtem in *Emenberg* ab ecclesia in *Sceyda* comparatam eidem Cenobio in Olinchusen confirmamus, districtius inhibentes ne quis ibidem de aliquo iure aduocacie se aliquatenus in posterum aut presenti intromittat. Quia igitur predicta acta sunt, coram nobis per viros suprascriptos, rite, laudabiliter, et honeste, presentem paginam inde conscribi iussimus, et tam nostro quam ipsius Comitis Godefridi sigillis communiri, auctoritate dei et beatorum apostolorum et nostra sub interminatione Banni precipientes ne quis item iam dictum Cenobium in predictis omnibus presumat, quomodolibet molestare, Quod qui fecerit anathematis vinculo innodetur, et omnipotentis dei districta in perpetuum feriatur vicione, pauidus quoque compareat coram eterni iudicis tribunali Cuius rei et ordinationis .estes sunt, Godefridus cappellarius noster, Hermannus prepositus in Nuwenkerken. Sibodo Prepositus in vdelenberge, Hermannus scolasticus sti Georgii in Colonia, Wernerus, Johannes Custos, Johannes de sto Thoma. Erpo, Ecbertus, Rudolfus Susacienses canonici, Elbertus Rathardus, Albertus, Pastores ecclesiarum Susaciens. Comes Arnoldus de Altena, Comes Adolfus de monte, *Henricus niger*, Herebertus de Ouerhagen, Riebodo de merchinchusen, Gozwinus villici filius, Brunstenus Sconekint, Henricus Hildegeri filius, Ecbertus de allagen, et alii quam plures fidedigni. Acta sunt anno dominice incarnationis Millesimo ducentesimo tercio, Innocencio Papa tercio. Romanam ecclesiam regente, Pontificatus nostri anno decimo. V°. kal. Octobris.[111])

119.

1203. stiftet Graf Heinrich II. v. Arnsberg für sich und seine Gemalin Ermgarde ein Jahrgedächtniß in der Kirche zu Wedinghausen.

Nach dem Orig. im Archive des Klosters Wedinghausen.

In nomine sancte et indiuidue trinitatis. Notum sit omnibus tam futuris quam presentibus quod *Henricus* Comes de *Arnesberg fundator et filius fundatoris* ecclesie dei in *wedinchusen* testamentum suum disposuit Abbate et fratribus iam dicte ecclesie consentientibus et consensum suum hoc scripto confirmantibus, ut iam dicti fratres annuatim habeant marcam ad seruicium de reditibus quos beneficio suorum fundatorum predicta ecclesia percipit in *Werle*. Dimidiam autem marcam habebunt in festo Johannis ante latinam portam memoriam agentes comitisse *Ermengardis* coniugis comitis *Henrici* et dimidiam in translatione beati nicolai memoriam agentes ipsius comitis *Henrici* quoad vixerint. Cum vero obierint. hec seruicia in dies obitus ipsorum transferentur et memoria eorum solempni deuotione in vigiliis et commendatione agetur. Item comes *Heinricus* constituit et scripto confirmauit, vt si ipse et coniux sua seculo abrenunciare deo inspirante decreuerint secundum consilium abbatis in wedinchusen id agant. et sepulturam habeant apud predictam ecclesiam nullo contradicente ubi in consortium plene *fraternitatis* sunt suscepti. Item comes Heinricus promisit aput se et coniugem suam ratum esse et semper futurum ratum hoc scripto confirmauit quicquid pater vel frater suus consensu suo prefate ecclesie contulerunt. et quicquid frater suus

---

[111]) An der schön geschriebenen Urkunde hängen 3 Siegel in weißem Wachse. Das erste ist das des Grafen Heinrich v. Arnsberg (Tab. 1. Nr. 2.), das zweite das des Erzbischofs, das dritte das des Grafen Gottfried v. Arnsberg. (Tab. 1. Nr. 3.) Das Siegel des Erzbischofs hängt an grünen, die der Grafen hängen an roth seidenen Strängen.

deincepes conferre voluerit. Acta sunt heo anno dominice incarnationis M° CC° III° Indictione VI. Epactis. III. Concurrente II. sub scismate romani imperii. Quicunque heo infringere temptauerit excommunicationis Sententie subjaceat donec satisfecerit.[256])

120.

1203. bekundet Kaiser Otto IV. welche Länder und Güter seinem Bruder, Herzog Heinrich, bei Vertheilung der Erbschaft ihres Vaters Heinrich des Löwen zugefallen. Es gehörten dazu namentlich die Schlösser Desenberg, Aldenvels und alle Güter in Westfalen.

Vollständig abgedruckt in *Scheid* orig. Guelficæ T. 3. p. 626.

Otto Dei gratia Romanorum Rex et semper Augustus. — Notum sit ergo tam futuri quam presentis eui fidelibus quod nos vna cum dilectis fratribus nostris. *Heinrico*. preinclyto Saxonie duce. eodem Rheni Palatino comite. et *Gwillehelmo* patrimonii nostri diuisione fraterne et vnanimi consensu in Padilburnin. celebrata. portionem nuperdicto fratri nostro. Heinrico duci a nostris segregatam. et sibi prouenientem istis terminorum certis interstitiis distinximus. Incipit itaque — usque in mare. Quicquid — est infra terminum istum quod patris nostri pie recordationis fuit. in prediis. cessit in partem fratris. Heinrici. Heinrici ducis sepenumerati. Preter hoc prouenit sibi. *Stadium*. oppidum. — *Desinberg*. cum suis appenditiis. *Aldinvels*. et illi attinentia. *Preter prenumerata cesserunt parti sue omnia predia in Wesfalia*. et predia que communia habuimus in Ditmarsia. et in Haicle. — *et omnes ministeriales qui sunt infra terminos istos*. Interserant autem huic nostre diuisioni principes. (Episcopi et abbates) Laici nobiles (Comites et domini) ministeriales — et alii quam plures, Acta sunt hec anno — M°. CC°. III°. Indict. V^a^. anno uero Regni nostri IIII°.[257]) —

---

[256]) Das runde Siegel des Grafen Heinrich ist am Rande etwas abgesprungen, sonst wohl erhalten.

[257]) Eine ähnliche Urkunde ist ausgestellt von Herzog Heinrich, über

11*

121.

1204. Jan. 12. bestätigt K. Philipp II. der cölnischen Kirche das Herzogthum in Engern u. Westfalen.

Nach dem Transsumpt im Liber Privil. Ecclesie Colon. Nr. 43.[159])

In Nomine sancte et indiuidue trinitatis. *Philippus* secundus diuina fauente clemencia Romanorum Rex et semper Augustus Regie maiestatis nostre sublimitas deuota fidelium suorum seruicia consueuit animo diligenti respicere eisque pro meritis digna munificentie sue beneficia liberaliter impertiri. Quapropter notum facimus vniuersis Regni nostri fidelibus presentibus et futuris quod nos attendentes sinceram deuotionem dilecti principis nostri *Adolphi* Coloniensis ecclesie.. Archiepiscopi quam ad sublimitatis nostre promotionem feruenter exhibuit, ad dignam fidelitatis sue remunerationem ipsi et ecclesie Coloniensi concedimus et confirmamus *Ducatum Angarie et Westfalie* omnesque possessiones et Jura eius cum hominibus et ministerialibus omnibusque pertinenciis iuuabimus ipsi et ecclesie Coloniensi pro posse nostro diligenter conseruare. Insuper in Andernaco et in Eckenhagen quidquid juris habuimus ipsi Archiepiscopo et ecclesie Coloniensi concedimus sicut serenissimus pater noster *fridericus* diuus Augustus *Reinaldo* quondam Coloniensi.. Archiepiscopo post victoriam a Romanis in conflictu habitam dinoscitur concessisse. Preterea Innouamus et concedimus ipsi.. Archiepiscopo Coloniensi monetas theolonea et nundinas sub eo modo et jure sicut carrissimus frater noster *Henricus* Romanorum jmperator diue memorie Philippo.. Archiepiscopo Coloniensi per priuilegium suum confirmauit, Ad ampliorem quoque dilectionis sue euidentiam liberali munificentia concedimus et confirmamus sepedicto Coloniensi.. Archiepiscopo Curtem nostram in Brakele et ecclesiam nostram in Kerpena preter villicationem et Curtem eiusdem ville quam ad manus nostras specialiter

---

den Antheil seines Bruders Otto. Von beiden finden sich Facsimile's in den Originibus guelficis T. III. p. 620. nach welchen die Abdrucke, welche Scheid daselbst giebt, keineswegs diplomatisch genau sind. Der Abdruck, den Schaten ad ann. 1203 liefert, ist fehlerhaft.

159) Diese Urkunde wurde zuerst abgedruckt in *Gelenii* vita S. Engelberti p. 32. und nach diesem Abdrucke in *Scheid* Origines Guelficæ. T. 3. p. 633.

retineamus. Statuimus igitur et imperiali sancimus edicto, vt nulla omnino persona humilis uel alta, secularis uel ecclesiastica predictum fidelem nostrum Adolphum Coloniensem.. Archiepiscopum et ecclesiam Coloniensem in hac maiestatis nostre concessione audeat molestare, uel aliquo modo perturbare. Quod qui facere attemptauerit a gratia nostra exclusus Centum libras auri pro pena componat, dimidium Camere nostre et reliquum passo iniuriam. Ad cuius rei certam imperpetuum euidentiam presentem paginam inde conscribi iussimus et maiestatis nostre Sigillo communiri. Huius rei testes sunt Dyethelmus Constantinensis Episcopus, Conradus Spirensis Episcopus, Henricus Wirtzeburgensis Electus, Henricus Argentinensis Electus, Gerhardus Prepositus Xantensis, Theodericus Werdensis Prepositus, Ludewicus Dux Bauarie, Henricus Dux Louanie, *Bernardus Dux Saxonie*. Simon Dux Lotharingie, *Henricus Palatinus comes Reni*, Otto comes Geldriensis, Wilhelmus comes Iuliacensis, Lotharius comes de Hostaden, Gebehardus Burgrauius de Magdeburg, Henricus Marschalcus de Kallendin et alii quam plures.

Signum domini Philippi secundi (Monogr.) Romanorum Regis inuictissimi.

Ego Conradus Ratisponens. Electus Regalis Aule Cancellarius recognoui. Acta sunt hec Anno dominice jncarnationis M° CC° quarto. jnd. VIIª. Regnante domino *Philippo* secundo Romanorum Rege gloriosissimo Anno Regni eius VI°. Datum per manus Syfridi Regalis aule prothonotarii in Ciuitate Aquisgrani. II. jdus Januarii.

122.

1204. Febr. 2. bekundet Erzbischof **Adolf**, daß der Ritter **Hermann Hundertmark** dem Kloster **Rumbeck**, bei Verlobung seiner Tochter, ein Haus in **Oerlenchusen** und ein anderes in **Ulethe**, als freies Eigenthum geschenkt habe.

Aus dem Copiar. des Klosters Rumbeck.

In nomine sancte et indiuidue trinitatis. *Adolfus* — sancte Coloniensis ecclesie archiepiscopus uniuersis xpi fidelibus in perpetuum — Quod *Hermannus miles* qui *hundermark* dicitur, ut faciem domini pie deuotionis munificentia preueniret et anime sue eternitatis domicilium prepararet duas domos, vnam in *gerlenchusen*, aliam in *vlethe*, quas non in feodo uel aliquo alieno titulo in sua proprietate, sine pensionis onere quiete possidebat in filie sue desponsatione *cenobio in Rombecke* omni conditione explosa liberali donatione suis heredibus consentientibus assignauit. Vt igitur presentis pagine illibata maneat promulgatio et iam dictum cenobium predicte donationis beneficio nequeat defraudari, sigilli nostri munimine ipsam roborauimus et perpetuo valituram sub horrendi anathematis districtione stabilimus. Presentes erant Godefridus Cappellarius Godefridus notarius Gerhardus cappellanus Siffridus de meschethe canonici susatienses Pilegrinus decanus Johannes custos Erpo. Johannes de sancto thoma Radolfus de sancto paulo. Hildegerus comes arnoldus et filius eius Comes euerhardus de altena, Hermannus de lippia Euerhardus aduocatus et frater eius Tidericus Hermannus villicus et filius eius Hermannus Rodolfus de ernete Regenbode de weslere acta sunt hec anno dni M°. CC°. IIII°. anno presulatus nostri datum Sosati IIII°. nonas februarii Indictione VII^a.[259])

123.

1204. schenkt Probst L. zu Marsberg dem Abte Albert zu Bredelar, 12 Morgen Acker, neben dem Bredelarer Felde, gegen einen Erbzins von 12 Denaren.

Nach dem Orig. aus dem Archive der Probstei Marsberg.

In nomine sancte et indiuidue trinitatis. Ego L. prepositus in monte qui dicitur martis. salutem A. dei gratia in *bredlare* abbati totique. capitulo in perpetuum; Scriptum nostrum sub bulla nostra, secundum monasterium vestrum disponentes in filii forma vestrum recipimus. vt sit nostris nostrisque. po-

[259]) Das Haus in Ulethe, welches das Kloster hier erwarb, vertauschte es 1220 an das Stift Meschede. Die Urkunde darüber folgt weiter unten.

steris obligatio perpetua. super eo quod. XII. ivgera nobis pertinencia sed vostris adiacentia campis irrevocabiliter in vsus vestros concessimus. et annuatim nobis in passione beatorum petri et pauli apostolorum. XII denarios graves persolvetis. sive colatis eosdem agros sive neglexeritis. dum modo per nos impedimentum nullum habeatis; Igitur super eos qui hanc ordinationem temptauerint infringere. sine dilatione ferat dnus episcopus patherburnensis sententiam excommunicationis. nisi forsitan loco predicte pensionis de communi consensu nobis aliud equm quantum et utile postmodum prouidere potueritis; Testes. Nicolaus abbas in hersvedehusen. bozuvinus in bredlare prior. et monachi eius ibidem contemporanei. nostri quoque Berteramus. Nicolaus. et alii; Acta sunt hec Anno dominice incarnationis. M. CC. II.[260])

124.

1204. beurkundet Albert erster Abt zu Bredelar, den Erwerb der Zehnten zu Suiderinchusen und Grimelinchusen.

Nach dem Original im Archive des Klosters Bredelar.

In nomine sancte et individue trinitatis *Frater Albertus* primus abbas in *Bredenlare* collegio ibidem in perpetuum. Scire oportet universitatem tam posterorum quam modernorum quod in primo introitu nostro preter alias que nouitatem comitantur incommoditates annuatim super decima quorundam agrorum nostrorum in *Suittherinchusen* et *Grimelinchusen* quorum numerus circiter. III. mansos estimabatur fuimus inquietati. Quippe miles quidam *Godscalcus* nomine de *Keldinchusen* dewoto monasterio cum jus quod habebat in predictis decimis nec integre nobis relinquere. nec sine multa cenobii perturbatione posset colligere mediante domino *Godescalco* de *patbery* qui nostro tempore iunior. vocabatur. maturo super hac re finem fecit consilio Si quidem conventum inter nos, ut primo anno predicto. G(odescalco) novem modios

---

[260]) Die Urkunde ist auf Pergamen geschrieben; zwei, an dünnen Pergamentriemen gehangene, Siegel sind abgefallen.

avene. I. modium et dimidium siliginis et dimidium ordei persolveremus. sub ea que *Horchusen* habetur mensura. sequentibus vero annis, quando et alios in *grimelinchusen* solebat decimare. II. uidelicet qui nondum nostri erant II^os^. modios siliginis. II^os^. modios ordei. XII. avene perpetuo solveremus. et ita simul omnibus computatis decimas de. V. mansis sine omni onere possidebimus. et contra quemlibet contradictorem dominum G(odscalcum) de patberg et heredes ipsius, quia coram ipso firmiter stabilitum est, defensorem habebimus. Annona hec *in foro patberg* circa festum sancti Martini presentabitur. Testes. G(odscalcus) de patberg Harwicus capellanus. Gozwinus prior. cum monachis et conversis sui temporis. Arnoldus de hottepe. Werno. Henricus cocus. Adelwardus, et alii quam plures. Datum anno ab incarnatione domini M°. ducentesimo quarto.[261])

125.

1204. übertragen Graf **Gottfried** II. von **Arnsberg** und Graf **Adolf** von **Dassel** mit Bewilligung der Markgenossen, das Recht welches das Haus zu **Effeneshus** in der **Hachener Mark** hatte, zu Gunsten des Klosters **Oelinghausen** auf das Haus zu **Stipel**.

Nach dem Orig. im Archive des Klosters Oelinghausen.

Godefridus dei gratia *comes Arnesbergensis*. et comes *Adolfus* de *dasle*. Vniuersis christi fidelibus. ad quos presens pagina peruenerit. pacem et ueritatem diligere. Justicie ratio nos inuitat, ut ea que pietatis studio coram nobis et per nos rationabiliter acta sunt. fideliter et studiose approbemus. et ut in posterum rata permaneant. caritatis studio super hiis testimonium perhibere curemus. Proinde presentis scripti (sic) notum facimus. quod intuitu diuine remunerationis. et beate

---

[261]) An der Urk. hängt das kleine Siegel des Abts, welches in parabolischer Form sehr roh gearbeitet ist und wie es scheint eine Hand mit einem Hirtenstabe vorstellen soll. Die Umschrift ist: S. Abbatis in Bredelare.

dei genitricis marie. et pro participatione orationum conuentus in *Olinchusen*. quicquid iuris domus in *effenesberg* habuit. *in hagnere marka*. cum omni integritate domui in *stipele* assignauimus. et hoc *pleno consensu omnium markanotorum*. eo uidelicet tenore. ut quicumque *Selehuue* plures porcos in markam miserit. tot de predicta domo in stipele immittantur. Atque ut hec rata permaneant. presentem paginam sigillorum nostrorum impressione muniuimus. Testes aderant. Herimannus capellanus. Luthewicus ecclesiasticus de ekenchusen. *Henricus niger*. Arnoldus de vilten. castellani de hagnen. Conradus et otto. Theodericus et helmicus. vichmannus uillicus in hagnen. Herimannus de retheren. Sigenandus frater cap. Albertus bischof. Ethenricus. Rutgerus. lambertus et frater eius de Weuenclo. et omnes *ciues eiusdem uille*. Acta sunt hec anno dominice incarnationis. M°. duducentesimo. IIII°. [262])

126.

s. a. (1193—1205.) genehmigt Erzbischof Adolf I. die Uebertragung eines, zum Haupthofe Wiglon gehörigen Gehölzes, welches Arnold von Wiglon, von Genitasius von Ardey und dieser vom Erzbischof zu Lehn trug, an das Kloster Oelinghausen. Er sichert ihm zugleich Zehntfreiheit zu, wenn es urbar mögte gemacht werden.

Nach dem Orig. im Archive des Klosters Oelinghausen.

A(dolfus) dei gracia sancte Coloniensis ecclesie Archiepiscopus vniuersis xpi fidelibus. ad quos presens pagina peruenerit salutem. Significamus uniuersitati uestre quod *Arnoldus* de *Wiclon*. quendam lucum curie in *Wiclon* attinentem. qui lucus situs est inter Effenesberg. et Dalchusen. domino suo *Genitasio* de *Arthey* resignauit. Genitasius nobis. nos autem memoratum lucum ecclesie in *Olinchusen* plena

---

[262]) Das an diesen Zwirnsträngen gehangene Siegel des Grafen Gottfried ist abgefallen; das des Grafen Adolf hängt noch an schmalen Schnüren, in weißem Wachse abgedruckt.

uoluntate contulimus. et si forte contigerit quod rubus exstirpetur. nemo eos de decima molestare presumat. Vt autem hec rata et inconuulsa permaneant presentem paginam conscribi fecimus. et sigillo nostro communiuimus. Testes Comes Arnoldus. et filius eius Everhardus. Herimannus uullicus (sic) Rodolfus de Eructe. et filius eius Rodolfus. et alii quam plures.[263])

127.

s. a. (1193—1205.) erklärt Erzbischof Adolf die Güter des Klosters Rumbeck zu Berwicke in der Soester Börde für exempt.

Nach dem Orig. im Archive des Klosters Rumbeck.

Adolfus dei gratia sancte Coloniensis ecclesie Archiepiscopus. Quoniam nostri officij interest promotioni et utilitati ecclesiarum dei intendere. notum facimus omnibus xpi fidelibus. quod bona in Berewich nouelle plantationi in Rvbeke attinentia. ab omni onere exactionis eximimus. uolentes ut sub nostra protectione constituta. quieta pace gaudeant. Rogamus et nostros successores. ut hoc factum nostrum pium et laudabile. ratum habentes. predictos pauperes xpi sue gratie et protectioni commendatos habeant. vt autem nostre auctoritatis robur optineat. presenti scripto et sigilli nostri munimine confirmamus.[264])

---

263) Das Siegel ist abgefallen.

264) Die Urkunde ist mit kleiner Cursiv geschrieben. Das an einem Pergamenstreif hängende, gut conservirte Siegel, ist in weißgelbem Wachse abgedruckt.

128.

s. a. (1193—1205.) verleiht Erzbischof Adolf den Brüdern und Schwestern im Kloster Delinghausen geistliche Jurisdiction unter sich.

Nach dem Orig. im Archive des Klosters Delinghausen.

Adolfus dei gratia sancte Coloniensis ecclesie archiepiscopus omnibus xpi fidelibus in perpetuum. Monasterium in *Olichusen* in quo pauperes xpi sanctimoniales deo laudabiliter deseruiunt quoniam deuotionem comendatam habemus in domino. specialis gratie prerogatiua duximus honorandum. Notum itaque sit omnibus ad quos hec littere perueniunt. quod nos eiusdem monasterii priori et fratribus indulsimus nostra pontificali auctoritate. ut per se iudicia faciant ecclesiastica. in his nec archidiaconi nec decani requirentes consensum. Vt ergo hoc robur habeat. presentem paginam conscribi fecimus et sigillo nostro muniri.[265])

129.

1206. übergiebt der Probst von St. Peter und Andreas in Paderborn, Güter zu Essike, welche Ritter Gerlach Dickeber nach Hofesrechte besessen hatte, dem Kloster Bredelar zu gleichem Rechte.

Nach einem Copiarium des Klosters Bredelar.

In nomine sancte et indiuidue trinitatis *Heinricus* dei gratia ecclesie apostolorum Petri et andree in Paderburnen prepositus Ad presencium futurorumque *volumus peruenire* noticiam Quod *Gerlacus miles dikkeber agnominatus*, cum predium ecclesie beatorum apostolorum Petri et Andree in Paderburnen, ad cuius ministerium diuina sumus gratia ordinati quod in *villa Essike,* situm est, *villicationis iure* teneret, in manus nostras illud resignauit Nos autem de communi fratrum no-

265) Die Urk. ist mit kleiner Cursiv geschrieben. Das in weißem Wachse abgedruckte Siegel ist noch vorhanden aber durchgebrochen.

strorum prefate ecclesie canonicorum consilio atque consensu, idem predium monasterio contulimus *Bredelarensi*, nomine annue pensionis, ita ut ipsius Monasterii prouisores nobis exinde aueno quatuordecim mensuras, que vulgariter *horewescipel* dicuntur, et nouem solidos grauis monete persoluant annuatim, et predictorum bonorum curam gerant fideles, siluas etiam eisdem bonis attinentes, que *sundern* solent appellari, ad edificia curie necessaria conseruantes, quarum vsum in structuras alias conuertendi, ipsis omnino facultatem denegamus, adicientes, ut culpas et negligentias de sepedictis bonis *iure emendent villicali*, Vt autem hec firma permaneant et inconuulsa, presentem paginam inde conscribi fecimus et sigillo nostro muniri Acta sunt hec anno dominice incarnationis M° CC° VI°, et coram testibus annotatis Alberto decano. Heinrico custode. Heinrico, Cesario. Rodolfo. Ludolfo. Thietmaro, Frederico, Wernone, Johanne, Heinrico, Lamberto, fratribus nostris Canonicis ecclesie prememorate, et aliis quam pluribus.

130.

1207. überträgt *Jutta*, Abtissin zu *Meschede*, dem Kloster *Wedinghausen*, den Haupthof *Wetter*, gegen gewisse jährliche Abgaben.

Nach dem Original im Wedinghauser Archive.

Ego *Jutta* dei gratia abbatissa in *meschede*. notum facio omnibus tam futuris quam presentibus Christi fidelibus. quod *assensu canonicorum* et *Concanonicarum* et *ministerialium meorum*. curtim *wettere* habentem jvgera octo minus quam centum. cum omnibus attinentiis suis perpetuo possidendam fratribus in *wedinchusen* contuli. hac uidelicet conditione. ut annuatim ex ea soluant in natiuitate beate Marie. *thue malder haveren ande thue scepel. thue scepel wethes. thue scepel rouchen. thue malder brodes alsemen vire vmme einen hellin coped vire penningwerd wasses vire scaph.* In festo thome sex solidos. de tribus mansibus de *unningthorp*. de *imbere*. et *imbere*. [266]) *ande thue spec*

[266]) Die hier genannten Orte sind Uentrop, Obereimer und Niedereimer. Die Urk. ist mit dem Siegel der Abtissin, in weißem Wachse, versehen.

srin thi thriere ringere vel sin. In purificatione sancte marie *vire malder hauerrn ande vire scepel. vire scepel rouchen. vire scepel weithes. vire malder brodes ther men vire umme einen helling coped. achte penning uuerd wasses. vire srin thie ringeres vel sin.* Vt autem hec rata et inconuulsa permaneant quam diu prescriptum debitum persolverint, presentem paginam sigilli nostri cautione munitam in testimonium eis contradimus. Acta sunt hec anno dominice incarnationis M°. ducentesimo VII°. Epacta XX^{a}. Indictione X^{a}. Concurrente VII°.

131.

1207. Sept. 27. schlichtet Graf Heinrich II. v. Arnsberg, einen Streit zwischen der Stadt Arnsberg und dem Stift Meschede, nachher dem Kloster Wedinghausen, über die Rechte des Letzten, als Besitzer des Hofes Wetter in der Arnsberger Mark.

Nach dem Orig. im Archive des Klosters Wedinghausen.

In nomine sancte et indiuidue trinitatis. Nos *Hinricus* Comes de *Arnesberg* vniuersis christi fidelibus notum facimus tam presentibus quam futuris quod dissencio et questio vertebatur inter Ecclesiam de meschede ex vna parte et *ciues nostros* de *Arnsberyh* ex altera super tertia parte lignorum et glandium in *marcha Arnesberg* tandem in nostra presentia constituti examinatis Ecclesie meschedensis *priuilegiis* inuenimus predictam Ecclesiam plenum jus habentem in premissis et illud jus videlicet tertie partis lignorum et glandium domina *Jutta* eo tempore abbatissa et conuentus et ministeriales sui vnanimi consensu tradiderunt cum curte sua *wettere* viris religiosis in *Wedinchusen* iure perpetuo possidendum. predicta etiam curtis habet pasturam porcorum in marcha *ennenctorp* drye XXX et sectionem lignorum ad vnum currum quod similiter viris religiosis de wedinchusen cum bonis predictis perpetuo tradiderunt. Ne igitur inposterum error vel questio secundo oriatur ad petitionem partium vtrarumque presentem literam sigillo nostro roboratam domino *Arnoldo* tunc abbati in wedinchusen et fratribus ibidem commisimus obseruandam. Presentes fuerunt Dominus *Hermannus* de *rudenberg*. *Euerhardus* de *Ardeya*. *Jonathas* frater eius. Johannes Plebanus in arnesberg. Waltherus judex. Hinricus prius. Officialis in meschede. Euerhardus qui fuerat predicte curtis villicus et alii quam plures fide digni et honesti. Datum et actum anno ab incarnatione dominica millesimo Ducentesimo septimo in die sanctorum martirum Cosme et Damianj.[267])

132.

1208. bekundet Abtissin Jutta zu Meschede, wie ein Wachszinsiger des Walburgisstifts über gewisse Aecker disponirt habe.

Nach dem Orig. im Archive des Stifts Meschede.

In nomine sancte et indiuidue trinitatis. *Jutta* dei gratia meschedensis abbatissa. Notum sit omnibus tam presentibus quam futuris. quod *iohannes cerocensualis* ecclesie beate walbvrgis in meschede. agros quosdam in *arthey*. decem mudde seminis capientes. qvos auia sua *wilgardis* predicte ecclesie contulit. qvia ad ipsam legitima successione devenerant. cuidam sorori sue *mehtheldi* reliquit. vt singulis annis de eisdem agris. in festo beati martini sex denarios custodi meschedensis ecclesie persoluat. hoc eciam pacto apposito. quod si predicta mehtheldis sine liberis decesserit. predictus iohannes frater ipsius. in eisdem agris ei svccedat. vel eo non existente. ad dvos fratres ipsius *fretthericum*. et *elricum* devolvantur. his vero mortuis. ad ecclesiam meschedensem cui proprietas eorum competit. libere revertantur. Inde est quod tam racionabile factum. presenti scripto et ecclesie nostre sigillo firmamus. et transgressoribus eternam dampnacionem obicimus. hvivs rei testes sunt sacerdotes. bvvo. Gernandus. tegenhardus. laici. *Godefridus advocatus*. alexander dapifer. giselerus. domine claustrales Margareta

---

[267]) Das Siegel des Grafen Heinrich hängt an einem ganz schmalen Pergamenstreif und ist wohl erhalten.

preposita. fretherᴠnis cᴠstos. actum est anno dominice incarnationis. Mᵒ. CCᵒ. VIII. brᴠnone colon. archiepo.[240])

133.

1208. befreit Erzbischof Bruno IV. das Kloster Oelinghausen von aller Gewalt des Vogts.

Nach dem Orig. im Archive des Klosters Oelinghausen.

✝ In nomine sancte et indiuidue trinitatis. *Bruno* dei gratia sancte Coloniensis ecclesie archiepiscopus. vniuersis xpi fidelibus ad quos presens pagina peruenerit. salutem in vero salutari. Humilitati nostre commisso gregi dominico in omnibus adesse tenemur. et in uiros maxime religiosos affectuose opera caritatis extendere. ut in statu lubrico fluctuantis seculi possint perturbationes varias aut incomoda que subnasci poterunt. declinare. Hinc est quod ad noticiam tam modernorum quam futurorum volumus peruenire. nos circumspecta ac prouida consideratione saluti nouelle plantationis in *elenchusen* invigilare. et eam sub alis nostre protectionis paterne confouentes. ab omni honere et conditionis consuetudine *aduocatie* alicujus vel aliquorum aduocatorum eximimus auctoritate nostra decernentes vt ad nos tantum et successores nostros in perpetuum respectum habeat. et locus cultui deputatus diuino ab uniuersa sollicitudine secularis potentie liber. felici surgat incremento. in laudem et gloriam nostri redemptoris. Ut autem res ista maneret stabilis et integra seruaretur in posterum ecclesie prefate. placuit presentem conscribi cartulam et sigilli nostri mvnimine confirmari. Siquis vero furore correptus diabolico hanc nostre concessionis paginam infringere aut eandem ecclesiam ad leges vel insolentias aduocatorum trahere attemptauerit. Indignationem omnipotentis dei et beatorum apostolorum petri et pauli anathematis sententiam se nouerit incurrisse. Acta sunt hec anno dominice incarnationis. Mᵒ. CCᵒ. VIIIᵒ. pontificatus nostri anno IIIᵒ. Huius rei facto interfuit. Conradus majoris ecclesie decanus. Colon. Theodericus

[240]) Das an einer grün seidenen Schnur hängende Stiftsiegel ist etwas abgesprungen.

storum apostolorum prepositus. heinricus decanus ste marie in gradibus. Gerardus prepositus de kerpen. Gerlacus sti gereonis canonicus. abbas in arnesberch Arnoldus. prior in rumbeke. Arnoldus. *Godefridus* comes de *arnesberch*. *heinricus niger*. *Ionathas* de *ardhey*. Arnoldus comes de hokeneswage. Sigere marscalcus episcopi. Data per manum Godefridi cappellarii.[269])

134.

1209. Juli. genehmigt Erzbischof Dietrich I. die von Graf Adolf von Dassel geschehene Uebertragung einer Zehntlöse von Gütern bei Oelinghausen, an dieses Kloster.

Nach dem Orig. im Archive des Klosters Oelinghausen.

In nomine sancte et indiuidue triuitatis. *Teodericus* dei gratia sancte Coloniensis ecclesie archiepiscopus. uniuersis xpi fidelibus ad quos pagina peruenerit. salutem in uero salutari. Humilitati nostre commisso gregi dominico in omnibus adesse tenemur. et in uiros maxime religiosos affectuose opera karitatis extendere. Hinc est quod ad noticiam tam modernorum quam futurorum uolumus peruenire. quod comes *Adolfus* de *Dasla* dimidium talentum decime de quibusdam bonis prope *Olinchusen* existentibus quod a nobis tenuit. in manus nostras resignauit. Nos uero iam dictum dimidium talentum diuine remunerationis intuitu. ecclesie in Olinchusen contulimus. Ut autem factum nostrum stabile et integrum seruetur in posterum. ecclesie prefate placuit presentem cartulam sigilli nostri munimine confirmari. Siquis autem hanc nostre concessionis paginam infringere attemptauerit. Indignationem omnipotentis dei et beatorum apostolorum Petri et Pauli anathematis sententiam incurret. Acta sunt hec anno dominice. M°. CC°. VIIII°. Pontificatus nostri anno primo. VIII°. kal. Augusti. Testes. Teodericus prepositus sancti

---

269) Das Siegel des Erzbischofs hängt an roth seidenen Fäden. Fast mit denselben Worten haben die folgenden Erzbischöfe diese Exemtion des Klosters bestätigt.

Gereonis. Teodericus prepositus sancti Cuniberti in Colonia. Decanus Svsat. Magister Radolfus. Thomas plebanus. Rathardus noue ecclesie pastor. Duo heinrici scriptores. herimannus capellanus de hachnen. Comes *Godefridus de arnesberg*. Comes Adholfus de monte. hartmodus et hartleuus de hachnen. Euerhardus hane. Arnoldus de Wiclon.[270])

135.

1210. schenkt Graf Gottfried II. von Arnsberg einen Hof zu Radberg und einen zu Langeneicke, welchen früher Eberhard Vogt von Soest zu Lehn trug, an das Kloster Oelinghausen.

Nach dem Original im Archive des Klosters Oelinghausen.

Godefridus dei gratia *Comes arnesbergensis* vniuersis xpi fidelibus ad quos presens scriptum peruenerit, pacem et ueritatem diligere. Iusticie ratio nos inuitat ut ea que pietatis studio coram nobis et per nos. rationabiliter acta sunt. fideliter ac studiose approbemus. et ut in posterum rata permaneant. caritatis studio super hiis testimonium perhibere curemus. Proinde presentis scripti notum facimus quod intuitu diuine remvnerationis et beate marie allodium nostrum scilicet *mansum in Rathberch*. et *mansum in langeneken* quem dominus *ererhardus aduocatus sosatiensis* a nobis in feodo tenuit. cum omnibus attinentiis integraliter ecclesie in *olinchusen* in proprietatem contulimus uxore nostra *Agnes comitissa*. et *Alheith* filia nostra beniuole consentientibus. insuper *decimam* iam dicti mansus in Rathberch sicut in possessione habuimus. predicte ecclesie in olinchusen assignauimus. et ut hec rata et inconuulsa permaneant presentem paginam sigillorum nostrorum inpressione mvniuimus Testes. Arnoldus abbas in wedinchusen. Arnoldus prior in Rumbike. Radolfus prior in Olinchusen. Hartmodus plebanus in wedinchusen. heremannus celerarius. Lvdtheuuicus capellanus. hermannus capellanus de

[270]) Das an roth und grün seidenen Strängen gehangene Siegel ist abgefallen.

12

Hachnen. *heinricus niger*. *Ionatas de artheie*. Rötgerus et fredericus fratres de burbenne. lubertus platere. Bolemundus. et Rodolfus. et Godescalcus de ervete. adam de ulmischoven. Arnoldus pincerna. Wilhelmus de ole. Conradus de brochusen. heinricus de stenenhem. Tidericus et filij eius de odinege. Wilhelmus de bodrike. heremannus dapifer. heinricus de wicke. et alii quam plures. hec acta sunt anno dominice incarnationis. M°. CC°. X°.[271])

136.

1210. bekennt Graf Gottfried II. von Arnsberg, daß das Kloster Wedinghausen ein Echtwerk in der Hüstener Mark an sich gekauft habe.

Nach dem Original im Wedinghauser Archive.

Godefridus comes in arnesberg. Nouerint tam futuri quam presentes. quod dominus *Arnoldus* abbas et conuentus in *Arnesberg* emerunt *unam warandiam integram* que uulgo dicitur *ehtwort* in *marcha hustene presentibus marchenotis* et *consentientibus* tam in pascendis porcis in glandibus quam in sectione lignorum. erga *Lambertum* de *hustene* et uxorem suam. nobile uiro domino *Ionatha* de *arthei* a quo idem Lambertus eam in feodo tenuit approbante. et consentiente. Ex parte uero mea *thetmaro dicto frisone* et ex parte dni Ionathe *domino Arnoldo de wiglon iudicio presidentibus et affirmantibus*. Prefati autem fratres eandem warandiam curti in *marsuelde* assignarunt. Testes aderant dnus Hartmodus plebanus in Arnesberg. dnus Hermannus de stouifenberg. dnus Erenfridus plebanus de hustene. dnus Godefridus plebanus in egginchusen. sacerdotes. dnus Rotgerus dictus post. miles. frater Bruno. Pilegrinus. Godefridus dictus kykenmast. Alardus. Gerardus. Waltherus. et alii quam plures. Ne uero

---

[271]) An der Urkunde sind zwei Siegel, mit weiß und grünen Strängen befestigt; sie sind in weißem Wachse abgedruckt und stellen in dem des Grafen blos den Arnsberger Adler, in dem der Gräfin einen schreitenden Hund und einen auf diesem stehenden großen Vogel dar. (Tab. 1. Nr. 3. 4.)

in posterum aliquis hoc factum queat debilitare presens scriptum sigilli mei appensione muniui. Acta sunt hec anno dni M°. CC°. X°.[172])

137.

1210. beurkundet Bischof Bernhard III. v. Paderborn wie Abt Titmar zu Bredelar ein Gut Bruninchusen, mit Bewilligung des Lehnherrn, des Grafen Theodorich von Horhusen käuflich erworben habe.

Nach einem Copiarium des Klosters Bredelar.

In Nomine Sancte et indiuidue trinitatis *Bernhardus* tertius dei gratia Patherbornensis episcopus, *cenobio Breidelarensi* inperpetuum. Notum sit vniuersis tam futuris quam presentibus quod dominus *Titmarus* prefati cenobii abbas. fratresque sui predium quoddam vocabulo *Bruninchusen* cum omnibus eiusdem attinentiis nouem marcis comparauerunt a quodam *Frideboldo* eiusque filiis. herimanno videlicet. heribordo. et gerhardo. Ipsum autem predium quando eo inbeneficiati fuerant a *comite Theoderico de horhusen* in manus eius resignauerunt. ipseque comes cum filiis suis Stephano et Friderico iam dicto abbati contradiderunt *omnique iure seculari vti moris est et id fieri decebat confirmauerunt* acta sunt hec anno dominice incarnationis M° CC° X° Testes autem hii sunt lampertus prepositus maior in patherbornen. Milites. Godescalcus verkin. andreas de dorslon. et Conradus frater eius. *et pene omnes nominatissimi qui sunt in villa horhusen.* Ad huius rei confirmationem sigilli testimonio presentem paginam iussimus confirmari. *ne aliquis ausu* temerario violenter aut indebite *attemptet* hec irritare.

---

172) Das Siegel ist abgefallen. Die Urk. ist auch abgedruckt bei Meyer in Wigands Archiv. B. 6. S. 199.

138.

1212. April. 23. entscheidet Graf Gottfried II. von Arnsberg einen Streit zwischen dem Kloster Oelinghausen und den Markgenossen von Herdringen über ihre Rechte in der Herdringer Mark.

Nach dem Orig. im Archive des Klosters Oelinghausen.

Godefridus dei gratia Comes in Arnesberg. Omnibus presens scriptum inspecturis. salutem in uero salutari. Cum questio uerteretur super *iure marchie ville de Herderinge* inter Priorem *Radolfum* et Conuentum in Vlinchusen ex una parte et *marchanotos* de Herderinge ex altera. tandem coram nobis consensum est a partibus in testes fide dignos conscios ueritatis. de quibus iurati. Antonius. Ertmarus. Hermannus. Johannes. Gerwinus. Albertus. et alii quam plures *sub datione fidei et conseruatione christianitatis requisiti* dixerunt quod *tercia pars locius iuris marchie* in Vlinchusen *et unum scarambeth et unum vorstambeth* attineret cum omnibus suis attinentiis. residue due partes marchanotis. ita et quod ecclesia glandibus emergentibus specialem suum pastorem porcorum de jure deberet habere. sicut retroactis temporibus semper habebat et pascua utrisque debere esse communia. et ita controuersia totalis omnino sopita coram nobis quieuit. Vt autem hec ordinatio nostra mediatione confirmata rata permaneat et a nullo ualeat labefactari presens scriptum super ea confectum. sigilli nostri munimine roboramus. Presentes erant. *Hermannus de Rudenberg. Ionathas de Ardeya. Heinricus niger nobiles.* Rodolfus. Ruthgerus. Godescalcus. Arnoldus pincerna. Wilhelmus de ole. et alii quam plures. Datum in Arnesberg. anno dni. M°. CC°. XII°. In die beati Georgii martiris.[173])

---

173) Das an grün und gelb seidenen Fäden hangende Siegel ist in weißem Wachse abgedruckt. Der aufsteigende Aar hat die Umschrift: Aquila moras nescit. (Tab. 1. Nr. 7.)

139.

1214. bekundet Jutta Abtissin zu Meschede und Odingen, einen Tausch zwischen dem letzten Stifte und dem Kloster Oelinghausen, über zwei Höfe zu Dalhausen und Wetmarsen.

Nach dem Orig. im Archive des Klosters Oelinghausen.

In nomine sancte et indiuidue trinitatis. Ego *iutta dei gratia mescedensis* et *odingensis abbatissa* omnibus xpi fidelibus in perpetuum. Debitum officii nostri expostulat. ut que coram nobis ad promotionem religionis iuste ac pie tractantur. firmitatem debitam optinere faciamus. Qua propter notum facimus. quod ecclesia *olinchusen* pro commoditate sua mansum quendam in *dalhusen* situm ab ecclesia que est in *odinge* tali concambio conquisiuit. quod alium mansum in *wetmaresledde* situm cum omnibus attinentiis in proprietatem tradidit. memoratum in odinge mansum cum omnibus attinentiis in proprietatem recipiens. *adhibitis omnibus confirmationibus per quas rite concambia siue traditiones fieri solent.* Acta sunt hec pro parte utraque *consensu theoderici* odingensis ecclesie *aduocati* et *consilio bruninegi in rurene uillici cui idem mansus attinebat et totius sue curie familie*. hec ad noticiam tam presentium quam futurorum fidelium. conscribi fecimus. et sigillo nostro communiuimus inprecantes illi diuinam ultionem siquis huic rationabili dispensationi postmodum contraire uoluerit. Testes huius rei sunt. degenhardus plebanus in mescede. et frater suus Hermannus sacerdotes. Godfridus et andreas dapiferi ibidem. andreas marscalcus. hermannus cappellanus in hagnen. Conradus miles ibidem. Johannes et Theodericus. Conradus et Johannes filii aduocati in odinge. Pilegrinus ibidem. Lutbertus de stochem, *familia curie in rurene*. Theodericus Rvkker. Lvec. Gotscalcus. Bernardus. Gerwinus. Henricus. Wasmodus. fobertus. Theodericus. Sebastian frater eius. Acta sunt hec anno dominice incarnationis. M°. CC°. XIIII°.

140.

1214. Nov. 23. überläßt Graf Gottfried II. v. Arnsberg, dem Kloster Grafschaft den Zehnten zu Warstein, mit Vorbehalt des Hochwaldes für sich.

Nach dem Original im Archive des Klosters Grafschaft.

In nomine sancte et indiuidue trinitatis. G. dei gratia comes arnesbergensis. Uniuersis xpi fidelibus presentem paginam inspecturis. salutem in uero salutari. Ex processu temporum facta hominum de facili mentibus humanis exciderent. nisi scripture mandarentur memorie. Unde uniuersitati fidelium tam futurorum quam presencium duximus innotescendum. nos cum dno *adolfo abbate grasscaph* super decima *warsten* nobis pertinente diu litigasse. donec idem abbas cum consensu suorum confratrum. mediante discretorum uirorum consilio nobiscum composuit. Ita uidelicet ut nos quicquid iuris in prenominata decima habemus ecclesie grasscaph integraliter et perpetualiter relinqueremus. Nos itaque excipientes ab hac compositione *siluam arduam que in uulgari uorst nuncupatur* quam nec ipsis nec aliis succidendam licenciamus. iam dictam decimam. et maxime *aslon*. cum certis noualibus ante compositionem nostram excultis. in manus dicti abbatis curam ecclesie grasscaph gerentis resignauimus. Preterea spopondimus nos eadem bona coram archiepiscopo coloniensi futuro resignaturos. quatinus ecclesia sepedicta bona ipsa de manibus archiepiscopi suscepta securius possideat. Hanc igitur compositionem rationabiliter ordinatam. et honestorum uirorum qui operam adhibuerunt testimonio confirmatam sigilli nostri appensione roborauimus. districte precipientes. ne quis successorum. aut heredum nostrorum eam perturbare. uel ei ausu temerario presumat obuiare. Acta sunt hec in castro arnesberg. anno dominice incarnationis. M°. CC°. XIIII°. VIII°. kal. decembris. Presidente apostolice sedi Innocencio. *Sub cismate romani imperii. durante werra archiepiscopatus coloniensis.* sub testimonio uirorum subscriptorum. Arnoldi uenerabilis abbatis in wedinchusen. Godefridi sacerdotis eiusdem cenobli confratris. Stephani sacerdotis et confratris grasscaph. Henrici decani de uelmethe. *Heinrici nobilis uiri de arnesberg*. Rotgeri militis de burbenne. Lutberti plateren. Hermanni de elsepe. Domino nostro Iesu christo regnante. et uiuente. In secula seculorum Amen.[274])

141.

1216. Jan. 5. bestätigt Pabst Innocenz III. die Stiftung des Hospitals zum heiligen Geist zu Soest.

Nach dem Orig. im Archive des Waisenhauses zu Soest.

Innocentius episcopus servus servorum dei. Dilectis filiis.. Rectori et fratribus domus pauperum hospitalis sancti spiritus in *Susacia*. Salutem et apostolicam benedictionem. Justis petencium desideriis dignum est nos facilem prebere assensum et vota que a racionis tramite non discordant. effectu prosequente complere. Eapropter dilecti in domino filii vestris postulacionibus grato concurentes assensu, personas vestras et locum in quo divino estis obsequio mancipati cum omnibus bonis que impresenciarum racionabiliter possidetis aut in futurum justis modis prestante domino poteritis adipisci sub beati petri et nostra protectione suscipimus. possessiones autem et alia bona domus ejusdem sicut ea juste et pacifice possidetis vobis et per vos vestre domui auctoritate apostolica confirmamus. et presentis scripti patrocinio communimus. Nulli ergo omnino hominum liceat hanc paginam nostre protectionis et confirmacionis infringere vel ei ausu temerario contraire. Siquis autem hoc attemptare presumpserit. indignacionem omnipotentis dei et beatorum petri et pauli apostolorum ejus se noverit incursurum. Datum Laterani in nonis Januarii Pontificatus nostri anno octavodecimo.[275])

---

[274]) Das an grün und roth seidenen Fäden gehangene Siegel ist abgefallen. Nach einer uncorrecten Abschrift in der Farrago Gelenii ist diese Urk. abgedruckt bei Meyer in Wigands Archiv. B. 6. S. 201.

[275]) Das Siegel, welches an roth und gelben seidenen Fäden gehangen, ist abgerissen.

142.

1216. beurkundet **Jutta** Abtissin zu **Meschede** daß gewisse Geschwister als **Wachszinsige** der Kirche zu Meschede, unter dem Banne des Advocaten dieser Kirche stehen und giebt an, was dieselben als Wachszinsige der Kirche zu entrichten schuldig sind.

Nach dem Original im Archive des Stifts Meschede.

In nomine sancte et individue trinitatis. *Jutta Meskedensis abbatissa.* Notum sit omnibus tam presentibus quam futuris quod sorores quasdam *cerocensuales* ecclesie nostre videlicet *Gerwigim, Mutheldim* et *Decunam* cum fratribus suis *Hartwico* et *Siberto,* quia instrumentum conscriptum super iure suo casu quodam sibi subtractum exhibere minime potuerunt, dominus *Tidericus Stokeledus* auctoritate domini *Godescalci de Pathberg* a quo eos in feodo se tenere asseruit, molestare non cessabat, Verum predicti homines post multas queremonias quas fecerunt super gravamine sibi illato *confirmationem iuris sui sub banno advocati ecclesie nostre* obtinuerunt. Nos itaque indempnitati ecclesie nostre consulere volentes quo iure predicti homines ecclesie nostre pertineant rescribi fecimus sub priori forma, ut maior natu singulis annis duos denarios vel ceram duorum denariorum persolvat; pro *beddemundo* sex denarii solvantur. Post obitum vero si masculus fuerit optimum equum aut aliud animal vel saltem vestem meliorem; si mulier fuerit optimam vestem pro *curemedo* relinquant et sic hereditas ad heredes suos devolvatur. Hoc rationabile factum ne aliquis infringere valeat sigillo ecclesie nostre corroboravimus. Actum est anno gratie M. C. C. XVI. Indictione IIII[ta], Ottone imperatore et Fretherico electo super Romano imperio litigantibus, Enkelberto coloniens. electo. Huius rei testes sunt domine claustrales Fretherunis preposita, Margareta custos, Meitheldis. claricla. Sacerdotes: Israhel, Hermannus, Ekbertus, Tegenhardus. Laici: *Godefridus advocatus,* Andreas dapifer, Henricus camerarius, Andreas marchalcus, Giselerus.[276])

---

[276]) Das Siegel des Stifts mit dem Bilde der h. Walburgis ist größtentheils abgefallen. (Tab. 10. Nr. 2.)

143.

1216. Dec. 13. übergiebt Graf **Volkwin** III. von **Waldeck**, dem Bischof **Bernhard** III. von **Paderborn** die Advocatie über **Essike** und **Ricswithehusen**, welche **Gerlach Dickeber** in die Hände **Gotschalks** v. **Padberg** und dieser in die Hände des Grafen **Volkwin** resignirt hatte, mit der Bitte, solche dem Kloster **Bredelar** zu übertragen.

Nach einem Copiarium des Klosters Bredelar.

Reuerendo domino suo domino B(ernardo) *paterburnensi* Episcopo V(olculnus) de *waldeke* tam deuotum quam debitum suum obsequium. Sanctitati vestre significamus, quod nos auditis multis vexationibus et indebitis exactionibus, quibus fratres Monasterii *Breidelarensis* nimium se turbari et molestari miserabiliter conquerebantur, intime eis condolentes, et timentes, ne id quasi nostra Auctoritate fieret ut eorum quieti prospiceremus in futurum cum *Godescalco* de *Pathbergh* et *Gerlaco Thikkeber* qui se feodotarios esse dicebant cepimus habere tractatum, valde eos pro eo quod malliciose in rebus monasterii versati essent redarguentes In quo siquidem tractatu per dei gratiam in tantum profecimus, quod Gerlacus in manu Godescalci, Godescalcus in manu nostra aduocatie de duobus prediis *Essike* et *Ricswithehusen* que prefatum monasterium ab ecclesia Sancti Petri in paterburn ad certam et perpetuam accepit pensionem renunciauit Nos quoque retributionem a domino deo expectantes predictam aduocatiam sic vacantem vobis resignamus de vestra Clemencia spem habentes et fiduciam quod vos quieti monachorum prospiciendo Sancte Marie matri ihu xpi eam libenter et liberaliter conferatis. Huic facto nostro interfuerunt *Godescalcus de patberch*. Willelmus de Godeburch. Thetmarus de Appolte. Olricus de Wlfersen. Ekehardus dapifer. Regenhardus dapifer. Heinricus de Metthinchusen. *Stephanus de Horhusen*. Godescalcus de Mulenhusen. Hermannus de Hacforde. Conradus Bulemast et alii quam plures. Acta sunt hec anno dominice incarnationis M° CC° XVI° Idus decembris.

144.

1216. vertauschen die Klöster Oedingen und Rumbeck, mit Bewilligung ihrer Vögte Güter, welche zu den Haupthöfen Sirenchusen und Berge gehörten.

Nach dem Original im Archive des Klosters Rumbeck.

In nomine sancte et indiuidue trinitatis. H. dei gratia prepositissa in *odinge* cum eiusdem ecclesie conuentu. A. dictus prior in *Rumbeke* cum dicti loci collegio. Uniuersis xpi fidelibus in perpetuum. Cum haberent curtes nostre in *berge*. et in *sirenchusen* quosdam agros situ loci sibi minus utiles et incommodos *accedente aduocatorum nostrorum* dni *comitis de arnesberg* scil. et *theoderici militis de odinge* consensu. permutationem hinc inde fecimus. vt curtis in *sirenchusen* agros curtis in *berge*. sibi vicinos et commodos titulo proprietatis uendicaret. simili jure curtis in *berge* agros curtis in *sirenchusen* usibus suis applicaret. vt autem hec permutatio ecclesiis et curtibus nostris utilis et commoda rata in perpetuum maneat et inconuulsa presens scriptum sigillorum nostrorum fecimus impressione muniri. Acta sunt hec anno dominice incarnationis. M°. CC°. XVI°. Presentes erant.[277])

145.

1217. Jan. 31. bestätigen die Aebte Werner von Liesborn und Arnold von Wedinghausen, so wie der Prior Rudolf von Oelinghausen, als päbstliche Commissarien dem St. Patrocli-Stifte zu Soest das Recht der freien Probstwahl.

Nach dem Orig. im Archive des Patrocli-Stifts.

In nomine domini amen. Anno eiusdem M°. CC°. XVII°.

---

277) Die presentes fehlen. Die Urkunde ist übrigens schön mit Minuskel, in weiten Linien geschrieben. Das Siegel des Klosters Oedingen hängt an platt geflochtenen weißen Schnüren und ist in weißem Wachse abgedruckt. Es stellt scheinbar einen Joh. d. Täufer mit dem Lamm in der linken Hand vor und hat die Umschrift: Sigillum sci. Johis ...... in Odinge. (T. 10. N. 6.)

Indictione V. Pridie kal. februarii. Nos. *wernerus*. et *Arnoldus*. in *Lisbernen*. et in *wedenchusen* abbates. et *Radolfus*. Prior in *Olinchusen*. confirmatores a domino Papa deputati. perspectis et discussis. publicis. et auctenticis instrumentis. manifeste deprehendimus. ex diffinitione. H. tunc Hildens. Prepositi suorum quoque conludicum super hoc a sede apostolica delegatorum. *Capitulo Susatensi* sibi eligendi prepositum competere libertatem. Auctoritate igitur domini Pape qua fungimur libertatem eligendi prepositum confirmamus Capitulo Susatensi. precipientes per censuram ecclesiasticam hanc confirmationem ab omnibus firmiter obseruari. Contradictores si qui fuerint uinculo anathematis pronunciantes innodatos.[275])

146.

1217. Apr. 10. bestätigt Pabst Honorius III. dem Patroclistift zu Soest das Recht der freien Probstwahl.

Nach dem Original im Archive des Patrocli-Stifts.

Honorius episcopus seruus seruorum dei. Dilectis filijs.. Decano et Capitulo *Susatiensi* Coloniensis Diocesis. Salutem et apostolicam benedictionem. Cum a nobis petitur quod iustum est et honestum tam uigor equitatis quam ordo exigit rationis. ut id per sollicitudinem officii nostri ad debitum perducatur effectum. Ea propter dilecti in domino filii uestris precibus inclinati. Libertatem eligendj uobis in ecclesia uestra Prepositum. sicut eam iuste ac pacifice possidetis, uobis et per uos ipsi ecclesie uestre auctoritate apostolica confirmamus. et presentis scripti patrocinio communimus. Nulli ergo omnino hominum liceat hanc paginam nostre confirmationis infringere uel ei ausu temerario contraire. Siquis autem hoc attemptare presumpserit indignationem omnipotentis dei et beatorum Petri et Pauli apostolorum eius se nouerit incur-

---

[275]) An der Urkunde haben 3 Siegel gehangen, von denen das Letzte ganz, die beiden ersten theilweise abgefallen sind.

surum, Datum Laterani. IIII. Idus. aprilis, Pontificatus nostri anno Primo.[278])

147.

1217. erkennen päbstliche Commissarien dem Patrocli-Stifte zu Soest, wiederholt das Recht der freien Probstwahl zu.

Nach dem Orig. im Archive des Patrocli-Stifts.

In nomine Sancte et Indiuidue Trinitatis Amen. Diuina miseratione, *wernerus* et *arnoldus*, in *Lisbern* et in *wedenchusen* abbates, et *Radolfus*, Prior in *Olenchusen*, Coloniensis, et monasteriensis diocesis, confirmatores a domino papa deputatj. Omnibus xpi fidelibus presens scriptum intuentibus. Salutem in eo qui est omnium salus. Mandatum domini pape recepimus in hunc modum. *Honorius* episcopus seruus seruorum dej, dilectis filiis.. de Lisbern et de wedenchusen abbatibus. et. Priori de Olinchusen. Coloniensis. et Monasteriensis diocesis. Salutem et apostolicam benedictionem. Dilectj filij. Capitulum Susaciense nobis humiliter suplicarunt. ut diffinitiuam sententiam. quam. pro eis. H. prepositus Hildensis et coniudices sui auctoritate apostolica contra. A(dolfum) quondam Coloniensem archiepiscopum super electione prepositi Susatiensis ecclesie exigente iustitia protulerunt. apostolico dignaremur munimine roborare. Quo circa discretioni uestre per apostolica scripta mandamus. quatinus sententiam ipsam sicut est iusta faciatis per censuram ecclesiasticam sublato appellationis obstaculo firmiter obseruarj. Quod si non omnes hiis exequendis potueritis interesse. duo uestrum ea nichilominus exequantur. Datum Laterani. IIII. Idus. Octobris. Pontificatus nostrj anno Primo.,. Perspecto igitur et discusso instrumento. a H. Hildensi preposito et coniudicibus suis. auctoritate apostolica delegatis confecto super libertate eligendi prepositum in Ecclesia Susatensi manifeste deprehendimus.

---

278) Die Bleibulle hängt an roth und gelb seidenen Strängen. Am 18. Juli 1218 ließ sich das Kapitel zu Soest, noch einen besondern Schutzbrief von Honorius für alle seine Rechte und Güter geben. Honorius wurde am 24. Juli 1216 consecrirt.

quod cum. A. tum Coloniensis archiepiscopus. ecclesie Susatensi super libertate eligendi sibi prepositum questionem moueret. et Prefata ecclesia ius et libertatem. et libertatis continuam possessionem a qua nunquam ceciderat, modis omnibus defensaret. partes tandem instanter ad pacem hortato precise in hoc consenserunt. ut quicquid dictus. H. Hildensis prepositus. et eius coniudices super questione electionis libere in eorum iudicium deducta. diffinirent. partes absque omni contradictione illi parerent. Diffinierunt ergo. ut sepedictus dominus. A. tunc Coloniensis archiepiscopus libertatem eligendi Prepositum Ecclesie Susatiensi pure ac absolute in figura eorum iudicij recognosceret. qui et recognouit. et recognitionem suam proprio sigillo et subscriptione firmauit. Diffinierunt etiam. *ut ecclesia Susatiensis libertate eligendi Prepositum libere et absolute utens eligeret*. que et elegit in continentj. Apostolica igitur auctoritate supra inserta nos urgente. que circa dictam electionis libertatem sepefatus. H. Hildensis prepositus et eius coniudices contra. A. tunc Coloniensem arhiepiscopum diffinitiue pronuntiarunt. ut pote iusta et rationabiliter diffinita. auctoritate dominj pape qua fungimur confirmamus. precipientes ipsa per censuram ecclesiasticam firmiter ab omnibus obseruari. contradictores si qui fuerint uinculo anathematis innodatos pronunciantes. vt igitur hec nostre confirmationis pagina rata permaneat et inconuulsa. eam sigillorum nostrorum munimine duximus roborandam. Acta sunt hec anno dominice Incarnationis M° CC° XVII° Indictione. V. Presidente apostolice Sedi domino Honorio papa III Anno eius primo. Rege frederico in Romanum Imperatorem Electo. Domino Engilberto Coloniensi Electo. Presentes erant. Albertus prior de wedinchusen. Johannes decanus. Radolfus Scholasticus. Heinricus. Helo. Thomas. Hartradus. Canonicj Susatenses. Magister Jacobus canonicus Osnaburgensis. et magister heinricus Susatensis.[280])

148.

1217. Mai 14. verkauft Graf Gottfried II. von Arnsberg, dem Kloster Wedinghausen, den Haupthof Rithem, um Reisegeld zu einem Zuge ins heilige Land zu erhalten.

Nach dem Original im Archive des Klosters Wedinghausen.

In nomine sancte et indiuiduo trinitatis. *Godefridus* dei gratia comes in arnesberg vniuersis Christi fidelibus in perpetuum. Que rationabiliter et bene gesta sunt, perpetuam decet obtinere firmitatem. Modernorum igitur seculo et longeue futurorum posteritati transmittimus, quod nos *cum ad terram sanctam cum aliis innumeris cruce signatis proficisci deberemus, propter defectum pecunie* vendidimus curiam nostram in *Rithem* cum pratis et molendino quodam in *ufflen* et aliis omnibus appendiciis suis ecclesie in wedinchusen pro CL.ⁿ marcis. Dominus autem *Arnoldus*, qui tunc temporis eidem prefuit ecclesie et totus conuentus nostre compatientes necessitati et instantia multa a nobis victi, predictam pecuniam licet idem allodium tanti non valeret, totam nobis dederunt. Nos igitur *omnem, quam potuimus adhibentes cautelam*, vt posteris nostris tolleretur occasio, predictam venditionem rescindendi, dictum allodium *presente conuentu in Wedinchusen super principale altare obtulimus*, conferentes illud ecclesie titulo proprietatis perpetuo possidendum, *exore* nostra et liberis nostris *Godefrido, Aleithe*, et *agnete consensum viua* et *libera voce dantibus*. Postea cum jam in procinctu essemus peregrinandi ad habundantem cautelam apud *druggere*, constituti sepedictum allodium predicte ecclesie multis corampositis iterato contulimus, cuius venditionem et donationem vxor nostra cum heredibus nostris jam prius se ratam habituros erant professi. Vt igitur jam dictum cenobium predicte donationis beneficio nequeat defraudari, seriem rei geste presenti pagina conscriptam sigilli nostri munimine roborauimus. Presentes erant *Ionathas de arthej, Heinricus niger de arnesberg, et filius suus heinricus, Hermannus de Ruthenberg, Waltherus aduocatus de Sosato, Hermannus villicus de Susat* et frater suus Gozwinus, Timo miles de susat et frater suus teodericus, Euerhardus de ernethe, Rutgerus de burbenne, et frater suus fritheriicus, Teodericus de Odencke, Gerhardus de brule, Kone de hemerthe, Hermannus de rüthen et frater suus heinricus,

Wilhelmus de nihem et fratres sui Hermannus et bruno, Geruasius de budike, Reinfridus de scurlemere, Hermannus de elsepe, et fratres sui rudolfus et antonius, Hermannus sosatiensis canonicus. Ambrosius notarius, Albertus de sturmethe et alii quam plures. Acta sunt hec anno domini M° CC° XVII° II° Idus Maii sacro die pentecostes, Honorio papa, Fritherico rege, Anno secundo electionis Enkelberti coloniensis archiepiscopi. [illegible])

149.

1217. Sept. 5. bekundet Erzbischof Engelbert I. oder der heil. daß Gottschalk v. Padberg und sein Sohn Johann, ihm und der cölnischen Kirche versprochen haben, ihr Schloß Padberg als offenes Haus für sie zu halten.

Nach dem Transsumpt im Liber Privil. Eccl. Col. Nr. 311.

In nomine sancte et indiuidue trinitatis. *Engilbertus* diuina fauente clementia sancte Coloniensis ecclesie Electus. Omnibus

---

[illegible]) An der schön geschriebenen und gut erhaltenen Urkunde, welche auch bei Meyer in Wigands Archiv B. 6. S. 203. abgedruckt worden, hängt das gewöhnliche Siegel des Grafen Gottfried. (T. 1. N. 5.) In einer andern Urk. ohne Datum notifizirt er dem Richter zu Werl den Verkauf mit folgenden Worten: G.(odefridus) dei gratia in Arnesberg. judici de Werle. et vniuersis qui presens scriptvm inspexerint uel audinerint. salutem. in perpetuum. Litteris presentibus bulla nostra munitis libere profitemur. quod nos curtem nostram in Rithem cum omnibus attinentiis suis. contulimus conuentui in wedinchusen in meram proprietatem. omnibus heredibus nostris plenum dantibus consensum. quod eidem conuentui damus. et semper dabimus plenam et absolutam warandiam super memoratis bonis. nichilque juris recognoscimus uel heinrico qui dicitur loshart de werle. uel alii cuicunque. in uniuersis que ad curtem pertinent predictam. — Das an einem durchgezogenen Pergamentstreif hangende Siegel ist zerbrochen. — Vier Jahre früher hatte Gottfried einen zum Haupthofe Rithem gehörigen Mansus, schon besonders an Wedinghausen für 45 Mark verkauft. Die nicht sehr merkwürdige Urkunde ist abgedruckt bei Meyer in Wigands Archiv. B. 6. S. 200. Unter den Zeugen kommen vor: Jonatas de Ardeija. Hermannus de rudenberg. Henricus niger de arnesberghe et filius suus henricus.

ad quos presens pagina peruenerit, Salutem in domino. vt omnis ambiguitas et obliuio super ordinatione subscripta imposterum euitentur, declaratione scripti presentis vniuersitati vestre cupimus innotescere, quod *Godescalcus* de *Padeberg* et *Johannes* filius eius, in manus tam nostras, quam Adolphi et Friderici de Altzena comitum, Hermanni de Lippia et Bertoldi de Buren virorum nobilium, atque Hermanni de Aluetre marscalci nostri, assecurarunt juramento firmantes, et sex nobis insuper dantes obsides, quod *castrum* in *Padeberg* nobis et ecclesie Coloniensi quoad vixerint fideliter tenebunt, illud nobis et nunciis nostris ad hoc destinatis necessitate exigente ad voluntatem et beneplacitum nostrum aperturi. Nullum vero hominem contra voluntatem et inhibitionem nostram in predicto castro vel villa adiacente seruabunt, nec alicui de ipso guerram mouebunt sine mandato nostro speciali, vniuersis qui lesionem et dampna sustinuerunt ab eisdem ad consilium et iussionem nostram satisfacturi competenter. Si vero contra juramentum suum venire presumpserint, non obseruantes que premissa sunt, obsides prelibati per obstagium perpetuo nostre potestati sine qualibet contradictione subiacebunt, et omnia bona que antefatus Godescalcus et Johannes suus filius de manu nostra tenuerunt, libera et soluta ad nos et ecclesiam Coloniensem redibunt, et fideiussores subnotati quos nobis constituerunt, mille marcas nobis vel successoribus nostris dabunt. Quod si in solutione huius pecunie defecerint commoniti *Ruden* intrabunt, inde non exituri añte pretaxate pecunie persolutionem, omnes pro ea in solidum obligati. Nomina fideiussorum hec sunt, Wernerus de Wedegenstene, *Henricus de Geuure,* Conradus Hake, Boymundus de Eruete, Albertus de Sturmede, Rudolphus de Eruete, Hermannus de Eructe, Arnoldus de Eysene, Godescalcus de Eruete, Henricus de Volmodestene, Andreas de Durslo, Gozwinus de Susat, Albertus de palude, Alexander de Oysenbr. *Godefridus de muntzun* Euerhardus vlecke Arnoldus de Hottepe, Israhel de Nyheim, Constantinus de Ellenchoue, Arnoldus de Effele. Ad maiorem quoque firmitatem castellani prenominati castri et custodes turrium nobis juramentum prestabunt quod sepedictum castrum contra omnem hominem nobis et ecclesie Coloniensi tenebunt et si memoratus Godescalcus et Joh. filius suus sine heredibus ecclesie Coloniensi non pertinentibus decesserint, ipsi idem castrum nobis et ecclesie Coloniensi libere et absolute, qualibet exclusa contradictione assignabunt, vt igitur hec que prescripta sunt inuiolabiliter obseruentur presentem exinde paginam conscriptam Sigilli nostri Adolphi et frederici Comitum de Altzena appensione fecimus communiri. Acta sunt hec Rudes anno dominice incarnationis. M°. CC°. XVII°. nonas Septembris.[265])

150.

1217. bekunden Graf **Gottfried** II. v. **Arnsberg** und **Hartmodus** Probst zu **Wedinghausen**, wie die Brüder des Letzten, **Ludwig** Priester **Heinrich** und **Lambert** von **Stenhus** eine Hofstelle mit 15 Morgen Land in **Thiderichesshusen**, dem Kloster **Bredelar** geschenkt haben, welches ihnen dafür in einer Gefahr Leibes und der Seele, Fraternität und ein Klosterbegräbniß bewilligt hatte.

Nach einem Copiarium des Klosters Bredelar.

Godefridus dei gratia Comes *Arnesburgensis* vniuersis fidei cultoribus ad quos presens scriptum peruenerit salutem et veritatem diligere. Notum esse volumus tam presentibus quam futuris quod dominus *Heinricus* et frater suus *lambertus* de *stenhus* diuina admonicione inspirati, pro remedio animarum suarum Quindecim iugera cum area de proprietatibus suis in *Thidericheshusen* que vocantur *Wermarsegen* contulerunt ecclesie in *Breidlar*, et dominus *Thetmarus* Abbas Totusque Conuentus iam dicte ecclesie, eis conpacientes, cum vita et anima periclitarent, pro multa dilectione et deuotione fraternitatem et sepulturam eis concesserunt. Nos vero beniuole hiis consencientes quicquid iure dominii nostri inde cedit totaliter iam dicte ecclesie libenti animo conferrimus Et ut hec rata maneant et inconuulsa, hoc scriptum *sigillo* nostro signauimus. *Hartmodus* dei gratia prepositus in Wedinghusen. Omnibus hoc scriptum inspicientibus salutem et orationes in domino vniuersitati vestre significamus et secundum meram veritatem testamur sicut ex relatione fratris nostri *Ludewici* sacerdotis audiuimus quod ipse cum fratribus

[265]) Die Urk. ist mit einigen geringen Abweichungen auch gedruckt in *Gelenii* vita s. Engelberti p. 65.

13

suis *Heinrico* et *Lamberto* Quindecim iugera in *Thiderikeshusen* quo vocantur *Wermarsegen* et proprie possederunt, ecclesie in *Breidelar* libere contulerunt verum quoque hanc collationem eidem ecclesie dominus *Godefridus* Comes Arnesbergensis priuilegio suo roborauit. Rogamus obnixe ut iam dictam ecclesiam in percipiendis illis agris omnimodis promouere curetis Acta sunt hoc Anno gratie M° CC° XVII° Indictione quinta.

151.

1218. beurkundet Erzbischof Engelbert I. d. heil. die vor dem Freigerichte geschehene Schenkung einiger Güter bei der Husekermühle und zu Stochem von den Edlen Brüdern von Hustede an das Stift Gesecke.

Nach dem Original im Gesecker Stift Archive.

In nomine sancte et indiuidue trinitatis. *Engelbertus* dei gratia sancte coloniensis ecclesie archiepiscopus totumque maioris ecclesie capitulum in perpetuum. Notum sit uniuersis. quod *nobiles fratres de hustede, Waltherus* uidelicet maioris ecclesie monasteriensis canonicus atque *Iwanus* miles. cum suis coheredibus. sicut eorum predecessores saluti sue consulentes. ob innouandam predecessorum coheredum quam suorum memoriam. *particulam quandam sui patrimonii*. scilicet agros prope *husekemule* qui soluunt XVIII. modios mediam partem siliginis et mediam ordei. magne mensure sosatiensis. atque *mansum unum stochem*. sub bonis dni *sifridi de stochem* et filiorum fratris sui. Arnoldi atque henrici iacentem. qui soluit tres solidos. Preterea areas prope ecclesiam sancti petri sibi pertinentes cum omni integritate. excepta area godefridi. que *dimissa est ei coram pretorio in iure ciuili*. et suis heredibus. de qua ipse atque sui heredes annuatim soluunt XVIII denarios. Cum magna deuotione resignauerunt deo. atque beato dei genitrici Marie. et sancto cyriaco in *Gescka*. Cuius ecclesiam predicti nobiles cum suis heredibus. *nichilominus quam sui predecessores dotauerunt*. atque prebendis sororum assignauerunt. ita ut quolibet anno, anniuersarium patris eorum. *Rotholphi* atque matris eorum *beatricis* et suum. in uigiliis in missa animarum cum campanarum pulsatione suis temporibus quater in anno seruent sollempniter. atque pensionem predictorum bonorum in quatuor partes diuidant. ut quelibet pars. quolibet anniuersario deseruiat. et sorores que uigiliis. atque misse animarum interfuerint. consolationem portionis tunc dande inter se diuidant. Tres etiam sacerdotes qui ibi deseruiunt. in quolibet anniuersario prelibato. uigilias. et missam animarum sollempniter dicent et ad quamlibet missam tres obuli offerrendi sunt. insuper campanariis obulus. pro thure obulus. ad luminaria facienda duo denarij dabuntur. Eorundem autem bonorum iuridictionem. sicut predicti nobiles nobis libere contulerunt. ita liberam a iure aduocatie uolumus esse et immunem *Juri enim et rationi consentaneum est. ut quisque de sua re legem ponat quam desiderat*. atque nichil eidem iuridictioni. in sua libertate deperire. verum eo iure quo predicti nobiles usi sunt. eandem iuridictionem bonorum nostre defensioni. inuiolabiliter conseruare. Sed solum possessoribus in omnibus prouentibus eorundem bonorum. liberam iudicandi. sicut nobis collata est indulgemus facultatem. ita tamen ut de principali iuridictione bonorum. ad nos principalis habeatur respectus. Ut igitur tale donum tam aput posteros. quam aput presentes stabile permaneat. sigilli nostri munimine roborauimus. atque sigillum nostre ecclesie scilicet sti petri. et sigillum ecclesie cui bona collata sunt, atque sigillum nobilium qui contulerunt apponi fecimus. ne aliqua litis accessio successoribus relinquatur. Uolumus etiam ut eadem bona. a communi capitulo recipiantur possidenda. ratum statuentes. si certis diebus pensiones anniuersario supradicto deputatas possessores non persoluerint. sciant se excommunicationis uinculo subiacere. et sacerdotibus districto mandamus. eos in presenti excommunicatos denunciare. atque de cetero bonis carere. Huic uero collationi testes sunt. Bernhardus plebanus forensis ecclesie. Hermannus. Arnoldus. Godefridus. sacerdotes in conuentuali ecclesia. *Godescalcus aduocatus eiusdem ecclesie. Gerhardus qui presedit iudicio. quod in uulgari dicitur urieban. et sub banno regio donationem factam confirmauit*. Bernhardus miles de tuthorp. *Insuper liberi illi banno attinentes*. Preterea ministeriales ecclesie. Thethardus. Henricus. Conradus. hermannus. heinricus. et alii quam plures. Acta sunt hec anno dominice incarnationis. M°. CC°. XVIII°. Indictione VI^{a}. presidente sancte romane ecclesie. honorio papa. Pontificatus sui anno secundo.[283])

152.

1218—1250. kauft das St. Walburgiskloster zu Soest, mit Bewilligung des Herrn Heinrich von Volmestein einen Hof in Katerbeck.

Nach dem Original im Archive des Walburgisklosters.

In nomine sancte et indiuidue trinitatis. Notum sit uniuersis tam presentibus quam succedentibus presens scriptum inspecturis. quod *conuentus sancte Walburgis* mansum quendam in *Katerbeke* a ueris heredibus XXX marcis comparauit domino *hinrico de Wolmotstene* consenciente. et ab omni exactionis, hospitandi grauamine colonos eiusdem mansi absoluente. pro qua libertate XVIII denarii et mensura auene que dicitur *scepel* et pullus. excepta certa pensione quam eiusdem mansi colonus reddit, persoluentur. Testes huius actionis sunt hartwicus sacerdos. *Dominus hermannus. scultheius*. tymo miles. theodoricus miles de hinrickic. Lambertus besike. Johannes sacerdos. Jordanis conuersus.[284])

---

283) Es liegen zwei ganz gleichlautende Ausfertigungen dieser Urkunde vor. An der einen haben zwei Siegel gehangen, wovon nur noch das zweite, nemlich das Siegel des Domkapitels zu Cöln vorhanden ist. An der anderen haben vier gehangen, wovon nur noch das vierte theilweise vorhanden ist. Es gehörte dem Walther von Hüstede und stellt eine stehende Figur in weitem Gewande vor. Die Umschrift ist: Walt....... canonic. monaster. — Ueber die nemliche Schenkung hat Erzbischof Engelbert schon im Jahre zuvor 1217, eine ähnliche aber nicht so ausführliche Urkunde, vor denselben Zeugen ausgestellt. Die geschenkten Güter heißen jetzt Hüßer Güter bei der Hüßer Mühle gelegen.

284) Das herzförmige Siegel in weißem Wachse, hängt an roth seidenen Strängen. Es ist sehr wohl erhalten und zeichnet sich vor den späteren Volmesteiner Siegeln dadurch aus, daß es statt der drei Blätter welche mit den Stielen zusammengefugt sind, vielmehr drei birnförmige Früchte darstellt, welche auf dem oberen breiten Ende mit einem Stachel versehen sind, mit den unteren spitzen Enden aber in einem Knörschen, ohne Stiele, zusammenlaufen. Es führt die roh geformte Umschrift: † Sigillum Hinrici de volmutstene. Die Urkunde ist

153.

1219. Oct. 3. vertauscht Abt Hugold von Corvei dem Kloster Rumbeck ein Gut zu Lo bei Soest.

Nach dem Original im Archive des Klosters Rumbeck.

Hugoldus dei gratia Corbeiensis Abbas, vniuersis xpi fidelibus in perpetuum. Que rationabiliter et bene gesta sunt, perpetuam decet obtinere firmitatem. Proinde modernorum seculo et futurorum posteritati transmittimus, quod cum *karolus* miles de *Exelen*, predium quod *lo* dicitur juxta *Sosatum* à suis abauis ad ipsum deuolutum, à nobis teneret in pheodo, apud nobilem virum *fridericum* de *pirremunt* obtinuit, quod idem f. allodium suum in *pustessen* ecclesie nostre situ loci commodius, et estimatione iusta utilius, in proprietatem contradidit, ut dictum predium, ecclesie in *Rumbeke* conferremus. Nos igitur considerata rationis equitate, cum ecclesie nostre indempnitati sit in hac permutatione plene prouisum, predium karoli, fratris sui Ludolfi, et omnium coheredum suorum atque ecclesie nostre consensu, cum omnibus suis appendiciis ecclesie prelibate contulimus, titulo proprietatis perpetuo possidendum. Vt autem hoc nostrum actum ratum maneat et inconuulsum, seriem rei geste presenti paginam conscriptam nostri et ecclesie nostre sigillis fecimus communiri. Testes huius rei sunt, fratres ecclesie nostre, Conradus prior, Johannes prepositus, Hermannus de pirremunt, Hermannus portarius, Albertus cellerarius, Nobiles fritherieus de pirremunt, Themarus de Buren, Conradus de Honboken, Hermannus de Jttero, Bernardus et hermannus Bercule. Dapifer noster conradus de scerno. Thidericus pincerna. Ministeriales, Herboldus de amelungessen. Albero de Rekelighusen, et fratres ipsius. Arnoldus de porta et alii quam plures. Acta

---

ohne Datum. Nach Kindlinger Gesch. v. Volmestein. B. 1. S. 135. ist Heinrich III. von Volmestein der Erste seiner Familie, welcher selbst Urkunden ausstellte. Die vorliegende ist also wohl auch von ihm; der Handschrift nach gehört sie wenigstens in den Anfang des 13ten Jahrhunderts. Die Beschreibung welche Kindlinger a. a. O. B. 2. S. 117. von dem Volmesteinschen Siegel giebt, paßt auf das vorliegende bis auf die 3 birnförmige Früchte, welche Kindlinger darum für Blätter angesehen haben mag, weil sie in dem Siegel was er vor sich hatte, platt gedrückt waren und weil die späteren Siegel dieser Familie, wirklich 3 halbgeöffnete Blätter zeigen.

sunt hoc anno dominico incarnationis. M°. CC°. XVIIII°. Indictione VII°. Electionis vero nostre in Corbeia. anno IIII°. Datum apd Mersberch. V°. Non. oct.[215])

154.

1219. beurkundet Erzbischof **Engelbert I.** d. heil., wie er den Zehnten der **Hellefelder Mark** und Gefälle in **Radberg**, welche ihm Graf **Gottfried** v. **Arnsberg** resignirt, sodann Güter zu **Enkhausen** vom Kloster **Scheda**, und ein Gut des Ritters **Thimo von Soest** dem Kloster **Oelinghausen** überwiesen.

Nach dem Orig. im Archive des Klosters Oelinghausen.

In nomine sancte et indiuidue trinitatis. Ego *Engelbertus* dei gratia sancte coloniensis ecclesie archiepiscopus vniuersis xpi fidelibus presentem paginam inspecturis salutem in vero salutari. Presenti pagine res gesta inseritur. ne processu temporis a memoria labatur. Notum sit uniuersis tam presentibus quam futuris. quod *Godefridus* comes de *Arnesberg*. in suorum peccaminum remissionem *decimam sitam super indagine in heleueldermarke* et duos solidos annuos in *Ratberge* in manus nostras resignauit. Nos uero eandem decimam cum duobus solidis annuis propter resignationem factam ecclesie *Olinchusen* contulimus. Preterea prepositus *scedensis* allodium iacens in *Ekyinchusen* ecclesie prefate annexum cum capituli sui conniuentia integraliter coram nobis libere ecclesie *Olinchusen* assignauit. Sane dominus *Jonathas* de *Ardeie aduocatus scedensis ecclesie* quidquid iuris siue dominii in eodem allodio nomine aduocatie sibi addixit. in presentia nostra constitutus sponte resignauit. et donationem factam a scedensi preposito. approbauit. Insuper sciant uniuersi quod contractus cuiusdam concambii de quibusdam allodiis inter

[215]) Die Urkunde ist schön geschrieben und mit den Siegeln gut conservirt. Letztere hängen an dickgeflochtenen gelb seidenen Schnuren und sind in weißem Wachse abgedruckt. In dorso der Urk. steht: Sassentrop.

ecclesiam de *olinchusen* et *Timmonem militem susaticnsem* in nostra celebratus est presentia. Ecclesia de Olinchusen allodium suum situm in *allagen* cum decima coram nobis, T. militi prefato cum omnibus suis libere donauit appenditiis, E conuerso iam dictus. T. miles. nobis presentibus allodium ipsius quod habet in *Ostunen*. cum omnibus attinentiis contulit ecclesie iam dicto in eius allodii restaurationem. *preter paruam decimam que afhuste appellatur* quam conferre non potuit. ob hoc eandem in manus nostras resignauit et nos eam ecclesie Olinchusen benigna contulimus uoluntate. Ea propter sciro uolumus tam presentes quam posteros ad quos presens scriptum peruenerit. ut celebrati contractus nullius ingenio possint impediri et que coram nobis acta sunt per omnia rata maneant et illibata nos presentem paginam cum sigilli nostri karactere communire decreuimus. huius rei testes sunt. Theodericus monasteriensis electus. Rudolfus scolasticus Svsatiencis. Thomas ueteris ecclesie plebanus. Gerhardus sacerdos. *Godefridus comes in Arnesberg*. Adolfus comes de marka. fredericus comes de isenberg. *henricus niger*. Bertoldus de buren. et alii quam plures. Acta sunt hec dominice incarnationis. M°. CC°. XIX°.[246])

155.

1220. März. 17. überträgt der Abt Bruno von Deutz, auf Resignation des Schulten Anton (Ritters v. Blomendael) die Villicationen der Haupthöfe Linne und Rugginghusen, als eine einzige Villication unter dem Namen Linne (Kirchlinne im Amt Balve) dem Kloster Delinghausen und bestimmt die Abgaben, welche davon jährlich geleistet werden sollen.

Nach dem Original im Archive des Klosters Delinghausen.

Ego *bruno* dei prouidentia Tuiciensis abbas omnibus presentibus et futuris in perpetuum. Ad noticiam cupimus

---

[246]) Das an grün seidenen Schnüren hängende Siegel ist zerbrochen.

peruenire vniuersorum. qualiter ad instantiam prioris et conuentus *olinchusen*. nostro. et nostri conuentus inclinato ad hoc assensu. *Antonium* villicum ecclesie nostre in curti *Linne* et *Rogginchusen* nuncupata. ipsam uillicationem in manus nostras sub totius conuentus nostri presentia et anniuentia cum vxore sua vdelheldi resignauit. quam nos in personam domini *Radolfi* prioris *olinchusen* et *fratrum suorum*. sibi ex sui conuentus parte et precatione negotii cœssentium. perpetuo possidendam transtulimus ita sane: ut omnem iusticiam pensionis qua sepedicta curtis ecclesie nostre tenebatur. secundum sui primi donatoris institutum. ab antiquis usque ad tempora nostra deuolutum. ecclesia olinchusen inuiolabiliter quot annis persoluat et cum successores nostri ipsam curtim in sue promotionis nouitate uisitandam adierint. inibi seruitium debita decentia prelatus uel prouisor olinchus. sibi procurabit. quibus silicet prelatis uel procuratoribus decedentibus uel succedentibus. uillicationem per nostrorum successorum porrectiones. prout sibi successerint. sine difficultate qualibet. sollempniter sunt suscepturi. tam diu eadem fruituri. quam diu uoluerint et ualuerint prelibatas Amministrare pensiones. quarum pensionum rationes ne altera partium in posterum auara curiositate alteram exigendo uel denegando grauare conetur. taliter annotare curauimus. In festo sancti michahelis de linno. XVI. maldra brasii mensure curie Tuiciensis. familia XXI. maldrum auene et brasil sue mensure. et VII. solidos ad pisces Svsatiens. monete. Camerario pellem bouis. et hyrel. vel II. solidos. Salmonem capitalem in festo sti heriberti. Celerario VI. maldra caseorum et D.C. oua. de Rvgginchusen. XXX. maldra brasii et auene sue mensure. In februario Celerario VI. solidos. Pro arietibus IIII. solidos. VI. porcos quorum quiuis X. nummis compensatur. VII. uero XII. nummis taxantur. villicus autas M. abbati pro duobus seruiciis altero in festo sti michahelis. altero in purificatione beate uirginis marie componet ministrandis. saluo omni iure seruicii superius memorati abbatis noui suscipiendi. Quedam autem secundum tenorem antiquarum nostrarum litterarum infeodata aut neglecta per abbates et uillicos. si contingat recuperari. nostra ecclesia ab olinchus. secundum statutum recipiet de eisdem et alias non exiget. Preterea si a quouis super sepe dicta uillicatione fuerint inpetiti. de hoc nobis nulla infestatione molesti. pro suo stabunt iure. nosque nostre porrectionis ubique erimus professores. Ceterum. ne locorum nominum. pensionumue diuersitas. cauillandi in futurum gignat occasiones. *non duas sed unam uillicationem. Linne et Rugginghusen* diffinimus. hec duo unius uillicationis nomina in nulla diuisione ab aliquo per nos teneri confirmantes. Verum ut hoc nostre ordinationis conuenientia rata et inconuulsa omni permaneat euo. presentem paginam nostro nostrique conuentus. necnon conuentus olinchusen sigillis fecimus roborari. Testes. Theodericus prior et custos. Jordanus hospitarius. Theodericus celerarius Theodericus camerarius. de conuentu tuiciensi. De ministerialibus et hominibus. Bruno aduocatus. Cvnradus pincerna abbatis. theodericus dictus de domo. Lvdewicus dictus ense. albertus manipulus. scaht camerarius abbatis tviciensis. Theodericus de stenbvkele. Johannes villicus de antwilre. Theodericus uillicus de Rode. Gotscalcus villicus de waldo. Leonius uillicus de merhem. et alii tam de clero quam de populo idonee persone. quam plures. Acta sunt hec anno dnice incarnationis. M°. CC°. XX°. Datum Tuitii XVI°. kal. aprilis.[257])

156.

1220. Juni. 13. erkennen päbstliche Commissarien in der Streitsache zwischen dem Erzbischofe und dem Kapitel zu Soest, über das Recht der freien Probstwahl des Letzten.

Nach dem Orig. im Archive des Patrocli-Stifts.

Sanctissimo patri ac domino. H(onorio) sacrosancto Romano sedis summo Pontifici. W. dictus abbas in *Heyern*. Cisterciensis ordinis. M. Prior in *Aldenberch*. C. custos *vritesJariensis*. Iudices a sede apostolica delegati ad sanctos pedes oscula cum debite subiectionis reuerentia. Cum delegasset nobis sanctitas uestra causam que uertebatur inter dominum Archiepiscopum coloniensem. et *Th(idericum) de broyle* canonicum coloniensem ex una parte et capitulum susatense. et Th(omam) ipsius electum ex altera super *prepositura susatensi* et rebus aliis sub certa forma terminandam. dictum archiepiscopum et T. de broyle peremptorie citauimus. diem eis tertio idus maji

[257]) Die wohl erhaltenen Siegel hängen an grün und roth gewundenen seidenen Strängen. Die Urkunde ist doppelt ausgefertigt, denn an der rechten Seite ist sie auf das Wort Cyrograph abgeschnitten.

prefigentes. libello citationis nostro auctentici continenciam fideliter insercutos ut ex eo plenius intelligerent, qualiter ipsorum procurator contra processum priorum iudicum in curia excepisset. et super singulis articulis nobis commissis deliberatione prehabita ad diem sibi prefixum uenire possent instrvcti. Constitutis igitur partibus prefixo die coram duobus ex nobis in ecclesia beati patrocli in susato Tertio coniudice nostro videlicet priore de aldenberch legitime excusato. petiit procurator capituli ac Th. ipsius electus in prepositum ut secundum formam mandati apostolici ad publicationem attestationum nobis a curia missarum procederemus. Procuratore archiepiscopi ac Thl. de broyle personaliter ad hoc respondentibus, quod inducie, deliberatorie eis essent dande. Verum quia eadem causa diu nimis fuerat agitata et quia nobis ex rescripto patuit, quod nolletis ecclesiam dictam diucius irreparabili ruine subiacere. Ad instantiam parcium interlocuti fuimus. Cum spatium peremptory legitimum dedissemus. auctentico citationi nostre inserto et cum super nullo questio moueretur nisi quod esset expressum in contextu rescripti et tempore citationis ipsis et procuratoribus ipsorum fuisset notissimum super quo questio moueretur. plena deliberatio haberi potuit. et jdeo deliberatorias inducias non deberi. quo facto procuratore capituli ac T. ipsius electo publicationem attestationum iterato petentibus pars aduersa respondit quod cum secundum formam mandati apostolici prius nobis constare deberet. an decanus bunnensis. tempore receptionis testium a suis collegis fuisset contemptus annon ipsa num a prefatis collegis fuisse comtemptus uellet probare ad hoc probandum petens inducias. Pars altera dilationem eis ad hoc non esse danda allegabat. eo quod procurator archiepiscopi et T. de broyle coram domino auditore in curia, ne dicta testium ibi publicarentur proposuissent quod testes fuerant recepti a duobus iudicibus, tercio contempto et jdeo ad eundem contemptum probandum uenisse debuissent instrvcti / ad hec eadem pars offerebat se in continenti probaturam quod decanus bunnensis tempore receptionis testium a suis collegis presens fuit conmonitus ut cum eis presideret et publice ab ipsis requisitus an presidere uellet an non. resp. quod nollet. statim recedens sic uolens ostendere decanum non fuisse contemptum. super hiis ab utraque parte petita interlocutoria. Interlocutj sumus utriusque partis testes esse recipiendos monentes partes ut eligerent auditores coram quibus omnes productiones sibi ex iure debitas tempore congruo propter pericula susatiensis capituli infra susatum complerent. quod procurator archiepiscopi et T. de broyl renuerunt acceptare vnde nos ipsis propter diuersa pericula susatiensis ecclesie inminencia de consensu partium ita precise indulsimus terminum conpetentem. ut in illum diem producerent omnes testes quibus uti uellent ad probandum articulum memoratum. sic. ut exstante die publicatis attestationibus exceptioni super contemptu decani finis imponeretur. Procurator igitur archiepiscopi et T. de broyle diem eundem acceptantes plures testes coram nobis produxerunt in continenti et inde recedentes statuerunt Regenbodonem sacerdotem procuratorem, qui similiter produceret testes super hoc articulo producendos similiter pars aduersa suos testes produxit cum protestatione hinc inde facta quod die prefixo publicatis attestationibus salue essent eis exceptiones in personas et in dicta testium. exstante termino cum collega nostro de aldenborch nobiscum presidente per totum illum diem testes utriusque partis recepimus. et quadraginta et amplius super contemptu decani hinc inde productis usque in proximum diem presenciam archiepiscopi exspectauimus. cui presenti totum diem illum tractatum pacis indulsimus. Partibus offerentes ut si adhuc aliquos testes haberent. illo die reciperemus eosdem. quo neutra parcium aliquem testem produxit. IIII° jdus junij presente domino archiepiscopo et Th de broylo petiuit capitulum et electus in figura iudicij ut super contemptu decani attestationes publicaremus. et illi articulo, sicut alio die preconceptum erat finem inponeremus. Domini archiepiscopus et Th. de broyle Responderunt quod plures eis conpeterent testium productiones. capitulum et electus Responderunt quod ulterioribus productionibus gaudere super prefato articulo non deberent. tum ex eo quod terminus producendi testibus de consensu parcium a iudicibus ita precise fuit prefixus ut in illum diem partes omnes testes quibus uti uellent ad probandum hunc articulum producerent. tum ex eo quod effrenatam multitudinem testium jam hinc inde productorum. iudices ex officio suo deberent refrenare. Petentibus igitur partibus interlocutoriam an ulteriores inducie super prefato articulo deberentur. an non. Animaduertentes quod prefatus archiepiscopus et T. de broyle dictas inducias non peterent ex necessitate sed pocius ut nostrum morarentur processum maximo quod ipsorum procurator ad impediendam publicationem attestationum ut apparet ex rescripto coram domino auditore in curia istud proposuerat ex parte ipsorum et ideo ad hoc probandum ab initio uenire debuerant instructi quia etiam pars eadem in eo consenserat ut datis induciis esset contenta. Interlocuti fuimus ulteriores inducias eisdem dandas non esse ad testes super hoc articulo producendos. cum propter pericula ecclesie susatiensis et alias circumstantias nos ad hoc mouentes huiusmodi inducias etiam ex officio nostro possemus de iure moderari. Archiepiscopus ergo graues comminationes tam per se quam per suos in figura iudicij nobis incutiens habito consilio cum T de broylo et suis. Cedulam quandam super forma interlocutorie nostre pro uoluntate sua conscriptam sibi sigillari petiuerunt quibus Respondimus quod omnia iudicij nostri acta loco et tempore si exspectare uellent conscripta et sigillata eisdem traderemus. ab hac interlocutoria proximo lata dictus archiepiscopus et T. de broyl appellarunt. appellationi sue terminum diem egidii prefigentes. Capitulo igitur et T. electo super premisso articulo attestationes petentibus publicari, quesiuimus ab aduersariis. si qua pro defensione sue appellationis uellent dicere uel aliqua super principali uel circa ea que erant in forma mandati nostri docere uel probare. nos nullomodo ea que de iure ipsis competerent denegaremus sed parati essemus ipsos audire. Responderunt quod nostro nollent astare iudicio neo aliqua coram nobis probare sed suo stare uellent appellationi. et sic a figura iudicij nostri contumaciter abcesserunt. nos uero quamuis contumaciter abcedentibus omnia que iuris beneficio competere possent eisdem sepius obtulissemus ex superhabundanti tamen tres nuncios idoneos post ipsos destinauimus eisdem mandantes ut ad nostrum redirent judicium si qua eisdem de iure conpeterent propositurí inducii reuersi nobis sacramento declarauerunt eis fore responsum quod nostro non curarent astaro iudicico nec aliqua de contentis in forma mandati nostri coram nobis uelle docere sed suo stare uellent appellationi. Quo circa proximo die reuersi ad iudicium ratione preuia iudicauimus appellatione interposita ut pote friuola non obstante attestationes super prefato articulo productas esse publicandas. et sic de consilio assessorum nostrorum videlicet decani vriteslariensis. Decani lluxariensis. Magistri Gregorii de scopingen plebanj. Magistri Rolandi canonici Monasteriensis. et Markwordi canonici vriteslariensis attestationes super contemptu decani fecimus aperiri quibus diligenter examinatis. ita fuimus interlocuti. Cum nec ex dictis testium nec aliunde nobis constet decanum bunnensem causo uolentem adesse a conindicibus suis fuisse contemptum processum eorundem iudicum minime cassantes. Interloquendo dicimus attestationes quas sub bulla sua interclusas dominus papa nobis transmisit esse publicandas. consequenter dictis attestationibus publicatis et fideliter examinatis sufficienter nobis fuit ostensum. quod T de broylo preter electionem a capitulo susatensi celebratam et appellationem legitimam ad sedem apostolicam interpositam. in prepositurām susatensem a domino archiepiscopo fuerat institutus. vnde et ita de consilio assessorum nostrorum pronunciauimus. Quia ex depositionibus testium et allegationibus nobis constat euidenter quod preter electionem a capitulo susatiensi celebratam et appellationem legitimam T. de broyle per archiepiscopum Coloniensem in preposituram susatensem fuerat institutus, secundum formam mandatj apostolici institutionem ipsius et quod de ipso attemptatum est auctoritate apostolica omnino cassamus. Deinde electionem capituli factam in Tho. examinauimus studiose et inuenientes in ea forma concilij faciendis electionibus prescriptam non penitus per omnia seruatam. mandato domini pape sollicito inherentes cassauimus eandem, non vicio electe persone neque vicio eligentium. sed pocius propter hoc, quia scriptum super examinatione uotorum confectum mox in communj non fuit publicatum licet tres canonici ad hoc statuti communj publicassent dictum T. eligendum, Demum quum in forma mandati uestri patenter expressum inuenimus sanctitatem uestram nolle susatensem ecclesiam diucius flagellari que tanto tempore languerat uiduata pastore. iuxta formam mandati uestri personam jdoneam quam preficere possemus in prepositum ecclesie susatensis. sollicite quesiuimus. et merita singularum personarum ipsius ecclesie sollicite ac diligenter inuestigantes inuenimus sepedictum Tho. Castum. conpetenter litteratum. hospitalem. et aliis moribus honestis insignitum. vnde ipsum auctoritate apostolica ecclesie sepedicte prefecimus prepositum et possessionem dicte prepositure conferentes eidem installauimus eundem. excommunicantes omnem qui huic nostro jmmo domini apostolici facto presumeret contraire. sic tamen ut neutri parcium circa ius eligendi preiudicium generetur. Hiis gestis dicta testium super eligendi iure fideliter et diligenter discutientes inuenimus plerosque testes in eo concordare quod eadem ecclesia per XL annos et amplius quosciens casus se optulit prepositum elegit. nec de iure eligendi, nec de quasi possessione iuris qui contra ecclesiam testaretur fuit uel unus repertus. ea propter de consilio assessorum nostrorum jta pronunciauimus sentenciando. Cum de iure canonico electio prelati conuentuales ecclesie pertineant ad capitulum ipsius et cum ex dictis testium constet euidenter quod ecclesia susatensis per XL annos et amplius sibi prepositos elegit nec aliquid nobis in contrarium probatum est eidem ecclesie ius et libertatem sibi eligendi prepositos auctoritate qua fungimur adiudicamus super hoc articulo coloniensi archiepiscopo silencium inponentes. Deinde ad examen articulorum super quibus lis fuerat contestata procedentes quia legitime nobis constitit quod archiepiscopus coloniensis preter appellationem legitimam susatensem ecclesiam et prouisorem curtis Nutheneu in eadem Curte in XL^a. marcas dampnificauerat. Ipsum archiepiscopum in XL marcas. ecclesie et prouisori dictis condempnauimus. Quia et legitime nobis constitit quod archiepiscopus coloniensis pendente lite inter ipsum et capitulum susatense et ipsius electum super prepositura susatensi et omnibus et annexis quendam Regenbodoucm in prebenda ad sarthatecta ecclesie pertinentem et in cappellam sancti Johannis. et volmarum ad altare sancte marie capitulo et preposito susatensi pertinencia institui fecit. Institutiones eorundem cassauimus. Senienciam etiam excommunicationis quam archiepiscopus preter legitimam capituli. et electi appellationem contra formam concilij in prefatos capitulum et electum promulgauerat nullam fuisse pronunciauimus. fidelitates etiam et Homaya facta T. de broylo instituto per archiepiscopum coloniensem relaxauimus et irritauimus. dictumque T. de broyle ad restitutionem fructuum prepositure susatensis quos a die sue institutionis percepit uel percipere potuisset capitulo susatensi condempnauimus. pronunciauimus et prefato susatensi capitulo actionem de iure competere super litis expensis. et hec omnia fideliter conscripta sigillis nostris et assessorum nostrorum clausa sanctitati uestre transmittimus. Acta sunt hec anno domini M° CC° XX° Idus Iunij publice in ecclesia beati patrocli in susato Presentibus multis clericis et laicis.[284])

157.

1220. Juli. 9. verleiht Erzbischof Engelbert I. oder der Heilige, der Stadt Medebach die Rechte der Städte Brilon und Rüden.

Nach einer alten Abschrift im Medebacher Stadt-Archiv.

Nos *Engelbertus* Dei gratia s. coloniensis Ecclesie Archiepiscopus sacri jmperii per Italiam Archicancellarius notum facimus universis presentes literas visuris et audituris, quod

---

284) Die Urkunde ist in zwei Ausfertigungen vorhanden, welche beide, wegen außerordentlich häufiger Abbreviaturen schwer zu lesen sind. Von einer sind die meisten, von der anderen ist nur 1 Siegel abgefallen.

licet.. Scabini.. Consules ac vniversitas Oppidi nostri in *Medebeke* multis libertatibus et priuilegiis ab.. antecessoribus nostris libertati sint et fuerint ab antiquo, Tamen quia dictum Opidum, quod est ab antiquioribus membris Ecclesie coloniensis in partibus Westphalie, vt eo vberius incrementum recipere valeat, fauore et gratia prosequimur speciali, eisdem Scabinis Consulibus ac vniuersitati Opidi in *Medebeke* predicti. concedimus et indulgemus, omnes libertates; jura et priuilegia. Opidanis nostris in *Ruden* et *Brilon* ab antecessoribus nostris et nobis in prima sui fundatione. vel postmodum concessa et indulta. Ita videlicet quod nullus judex secularis. cum *Gladio* et *Clamore. quod wlgariter Serye* dicitur, Scabinos Consules seu quoscumque alios de vniversitate Opidi de meydebeke. vel ipsi Scabini Consules ac vniuersitas. extra opidum suum. sequelam facere tenebuntur. nisi in quantum in *Brilon* et *Ruden.* Opidani nostri et ecclesie coloniensis extra opida sua, facere consueuerunt. Acta sunt hec anno Dni M. CC. XX. VII. idus Julii. Regnante Romanorum Rege Friderico inuictissimo presentibus in *castro* nostro *Rûden* Henrico s. Seuerini preposito. Piligrino s. Andree Coloniensis et Gerardo Susatensis canonicis. Wernero. Wittikindo et Hermanno fratribus comitibus in battenberg. Hermanno de Lippa. *Hermanno de Rudenberg.* Bertoldo et Thetmaro de buren fratribus et adhuc quam pluribus.[289])

158.

1220. Juli. 9. schenkt Erzbischof Engelbert der Heilige, dem Probste der Kirche zu Küstelberg, das Patronatrecht über die Kirche zu Medebach.

Nach dem Original im Medebacher Pfarrarchive.

In nomine sancte et indiuidue trinitatis. *Engilbertus* dei gratia sancte Coloniensis ecclesie archiepiscopus vniuersis christi fidelibus in perpetuum utriusque uite salutem. Ex

---

[289]) Das Siegel des Originals war abgefallen, als die Abschrift davon genommen wurde. Später ist die Urk. ganz verloren gegangen. Erzbischof Siegfried bestätigte das Privilegium Engelberts ebenfalls zu Rüden auf Cäcilien-Tag (22. Nov.) 1289.

officio nostro tenemur ecclesias nostre diocesis utilitatibus sollicite prouidere presertim eis que sui nouitate rerum tenuitate laborant et fauorem nostre benignitatis ad ipsarum promotionem obedienter exoptant. Notum igitur facimus presentibus et futuris quod cum *nobilis uir heilas de Bruninchusen patronatum ecclesie medebach* quem a predecessoribus nostris et a nobis tenuit liberaliter in manus nostras resignasset nos ob ipsius deuotionem pro salute anime nostre et ad perpetuam nostri memoriam ecclesie beate marie in *Questelberg* archidiaconi saluo iure de *consilio fidelium nostrorum* patronatum contulimus eundem, ita sane quod idem patronatus *prepositure Questelberg sit annexus* et eiusdem loci prepositus sicut hactenus preposituram sic a nobis et nostris successoribus in perpetuum recipiat utrumque. Ne igitur hec donatio, liberaliter et rite facta possit a quoquam in posterum perperam retractari presentem paginam super ea conscriptam sigilli nostri fecimus impressione muniri. Acta sunt hec anno Dni. M°. CC°. XX°. Indictione VIII^a. VII°. Idus Julii Regnante romanorum rege Friderico inuictissimo. Presentibus in *castro nostro Ruden* heinrico sancti Seuerini preposito. piligrimo S. Andree Coloniensis et Gerardo Susatensis canonicis. Wernero witikindo et Hermanno fratribus, comitibus in battenberg. hermanno de lippa. *hermanno de Rudenberg*. Bertoldo et Thetmaro de Buren fratribus et aliis quam pluribus.[290])

159.

1220. vertauscht das Stift Meschede dem Kloster Rumbeck Aecker zu dem Haupthofe Sirinchusen, gegen ein Haus in Ulethe.

Nach dem Orig. im Archive des Klosters Rumbeck.

In nomine sancte et indiuidue trinitatis. *G.* dei gratia *abbatissa* in *meskethe* cum eiusdem ecclesie collegio. A.

---

[290]) Die Urkunde ist auf Pergament, schön geschrieben; das Siegel, welches an dicken grün, roth und gelb gewundenen Schnüren gehangen ist abgefallen.

dictus prior in *Rumbike* cum eiusdem loci conuentu uniuersis xpi fidelibus in perpetuum. Modernorum seculorum longeue futurorum posteritati declaramus quod cum ecclesia in meskethe haberet quosdam agros circumsitos agris *curtis* in *Sirinchusen* nec ab eis de facili possent segregari. *accedente aduocatorum nostrorum*. dni. *Godefridi* comitis de *Arnesberg*. scilicet et *godefridi munzun*. *consensu ministerialibus quoque* et *officialibus ecclesie* in *meskethe approbantibus*. factum est hinc inde concambium ecclesiis nostris utrobique commedum et utile. Ecclesia igitur in *meskethe* agros suos ecclesie in *Rumbike* contulit in proprietatem perpetuo possidendam. Ecclesia uero in *Rumbike* domum quam habuit in *vlethe* in reconpensationem contulit ecclesie in meskethe simili iure perhenniter utendam. Vt autem hoc nostrum concambium per quod utilitatibus ecclesiarum nostrarum prouisum est ratum maneat et inconuulsum presentem paginam Sigillorum nostrorum munimus inpressione. Acta sunt hec anno incarnationis M°. CC°. XX°. huius rei testes sunt sacerdotes. Heremannus. ecbert. Giselerus. Dne claustrales. preposita frederunis. margareta custos. cellereria claricia. laici officiales et ministeriales. Andreas dapifer. andreas marscalcus. heinricus kamerarius. hartwicus. giselerus. Regenbodo et alii quam plures.[191])

160.

1221. Oct. 7. Schiedspruch päbstlicher Commissarien zwischen dem Erzbischof **Engelbert I.** von Cöln und dem Kapitel zu **Soest**, über die streitige Probstwahl. Letztere wird dem Kapitel zugesichert.

Nach dem Orig. im Archive des Patrocli-Stifts.

In nomine sancte et indiuidue trinitatis. Anno incarnationis domini. M°. CC°. XXI°. Nos *Conradus* dei gratia *Episcopus* et *monachus* in *sychem*. G. prior in *Hersuidehusen*

---

[191]) Die Urkunde ist schön mit Minuskel in weiten Linien geschrieben. Das Siegel der Abtissin von Meschede, in weißem Wachse abgedruckt, hängt an statt geflochtenen weißen Schnüren.

judices a sede apostolica delegati. vniuersis presentem paginam inspicientibus uel interpretationem audientibus salutem in uero salutari. Nouerint vniuersi presens scriptum inspecturi quod nostra jurisdictione ad arbitrandum prorogata cum consensu coniudicis nostri *Remundi* scolastici sti stephani in maguntia super causa que inter dominum Archiepiscopum Coloniensem. E(ngelbertum) et dominum *Thidericum de broyle* Canonicum Colon. ex una parte. et *Thomam* prepositum et *Capitulum Sosatiense* ex altera super prepositura et quibusdam aliis Capitulis uertebatur sic pronuntiauimus arbitrando. Prepositus Thomas et Capitulum Sosatiense submittent se gratie domini Archiepiscopi Coloniensis de iniuriis et expensis factis. Dnus Archiepiscopus dictum prepositum et Capitulum plene in gratia sua recipiet et fratrem prepositi et alios amicos eius uidelicet magistrum Jacobum. Henricum de urekenhorst. Alardum. Johannem de Rumbeke. Wicelum. Lippoldum et si quos alios prescripsit cum bonis prescriptis iuri suo restituet a die arbitrationis infra mensem. et medio tempore sub protectione dni Pape et nostra consistent. Omnis actio super captiuitate Gerhardi conquiescet. et si qua actio uel molestia a tempore mote questionis super prepositura et Capitulum uel amicos prepositi pullulauit nunquam de cetero super illis molestabuntur. et dnus Archiepiscopus inter amicos prepositi et capitulum et amicos eius plene componet usque ad festum Andree apostoli proximo futuri. Adam officio Domegeratus, gaudebit. Regenbodo capellam sancti Johannis optinebit. et prebendam fabrice deputatam de qua soluet ad opus fabrice annuatim. XVIII. solidos. et si quid de prebenda fratrum detinuit restituet. Dominus Archiepiscopus obligationem *decime in brilon* et in *osnen* restituet. Si quid factum est per dominum Archiepiscopum siue per dominum Thidericum circa puerum brunsteini. uel circa alios in bonis que ad ecclesiam Sosatiensem pertinent irritum erit et inane. *Comitem Fredericum* ab iniuriis quas ecclesie fecit in predio *Thinkere* cessare faciet secundum juris ordinem Capitulo concurrente. Quidquid de prebenda fratrum per dominum Thidericum uel per suos subtractum est usque ad festum beati Andree apostoli proximo instantis restituet Capitulo Sosatiensi. Prepositus Thomas diebus uite sue prepositura Sosatiensi libere gaudebit. et tam ipse quam successores sui jus et locum priorum in ecclesia Coloniensi habebunt. Similiter dominus Archiepiscopus et maior prepositus efficient quod Decanus Sosatiensis sit prior Coloniensis ecclesie et ad utrumque istorum Archiepiscopus et maior prepositus predicti bona fide laborabunt. Preposito Thome saluum erit jus presentandi personam ad ueterem ecclesiam per spacium sex mensium. et iterum idem prepositus gaudebit eadem ecclesia cum fructibus suis. domino Archiepiscopo et maiore preposito nil contra agentibus. qui etiam ad impetrandam dispensationem domini Pape super eadem ecclesia fideliter eidem comparabunt. Item uacante prepositura Sosatiensi Canonici Sosatienses unum quem uoluerint de gremio solius maioris ecclesie Coloniensis elegent in prepositum in perpetuum et ille nichil juris addicet sibi in prebenda Sosatiensi nisi eandem in gratia Capituli possit adipisci. Electioni Canonicorum prebendis uacantibus in ecclesia Sosatiensi non intererit. Siqua sententia suspensionis excommunicationis uel comminationis hinc inde lata est judices de consensu partium nullas esse nuntiauerunt. et ad cautelam partes absoluerunt. Si que sententie suspensionis excommunicationis uel comminationis in dominum Thomam prepositum uel in aliquem de conuentu Sosatiensi ab Archiepiscopo uel decano maiore Coloniensi pretextu captiuitatis Gerardi uel alias late sunt penitus sunt irritate. Item prepositus nullum bannum uel Decanatum uacantem extra ecclesiam locabit. Dominus Thidericus de broyle renuntiauit omni actioni et iuri quod uidebatur habere ex donatione domini Archiepiscopi in prepositura Sosatiensi et cessit. Capitulum uero ob reuerentiam domini Archiepiscopi assignabit eidem Thiderico predium de Thinkere de quo si annuatim septem marcas percipere non poterit defectum illarum Capitulum supplebit donec ob reuerentiam et peticionem domini Arhiepiscopi eidem Thiderico in prebenda uacante a Capitulo prouideatur. et tunc predium sibi assignatum ad usus ecclesie reuertetur absolute. medietatem defectus predicti in assumptione sancte marie. reliquam uero in festo beati martini predicto Thiderico singulis annis jussimus persolui. scilicet in festo martini nunc instantis nichil persoluetur. Item dictus dominus Thidericus de redditibus prepositure quas usque ad diem arbitrationis nostre non percepit siue percipere debuisset siue non se nullatenus intromittet. Ad huius arbitrii nostri obseruationem dominus archiepiscopus sub datione fidei et pena mille marcarum. dictus dominus Thidericus de broyle sub datione fidei et pena trecentarum marcarum. Item Thomas prepositus Susatiensis sub donatione fidei et pena trecentarum marcarum. et Capitulum sub datione fidei et pena trecentarum marcarum se obligarunt quam penam pars contra arbitrium nostrum ueniens parti prestabit aduerse. nostra jurisdictione per omnia salua permanente adeo etiam ut ad prestationem pene partem contra arbitrium uenientem per censuram ecclesiasticam possimus coercere. Acta sunt hec presentibus. Conrado Decano sancte cracis hildesemensis. Amelungo Cantore Paderbornensi. Ratardo noue ecclesie plebano. Alberto. Johanne de Paderborn. Gerardo stedden. Thiderico Capellano ueteris ecclesie. Thiderico stokeloth. Helgero. Wirmaro. Houerhardo. Philyppo. Josepho. Johanne Albo. Regenhardo Heinrico. Sacerdotibus Adolpho plebano sancte marie alte. — Datum Sosatie Pridie Nonas Octobris Pontificatus domini Honorii pape. III. anno sexto. — Ego Conradus noue ecclesie Canonicus presens uidi et audiui ea que dicta sunt et ad petitionem partium hanc cartulam fideliter conscripsi et consummaui.[292])

161.

1185—1236. Graf Gottfried II. von Arnsberg, verzichtet zum Vortheil des Patrocli-Stifts zu Soest, auf das Patronatrecht über die Pfarrei Mülheim.

Nach dem Orig. im Archive des Patrocli-Stifts.

Venerabilibus dominis. Th(ome) Susatiensis ecclesie preposito. J. decano. totique capitulo. G(odefridus) Comes Arnesbergensis salutem et tocius dilectionis obsequium. Significamus uniuersitati uestre quod ab actione quam de iure patronatus in ecclesia mvlnhem uidebamur habere prorsus recedimus. Ius igitur patronatus ecclesie Susatiensi recognoscentes in posterum nulli prebebimus warandiam.[293])

---

[292]) Die Siegel sind meist sehr verletzt; eines ist ganz abgefallen.

[293]) Die Urkunde ist ohne Datum. Das daran hangende Siegel ist zerbrochen und an dem darin befindlichen Adler nur noch zu erkennen, daß es Graf Gottfried II. gehörte. (T. 1. Nr. 3.) Wir lassen sie auf die vorige Urkunde folgen, weil durch diese Probst Thomas, in seiner Würde zuerst vom Erzbischof anerkannt wurde.

162.

1221. schenkt Erzbischof Engelbert d. heil. dem Kloster Wedinghausen einen Hof zu Wintrop, welchen Jonathas v. Ardei früher zu Lehn getragen, aber dem Erzbischofe resignirt hatte.

Nach dem Orig. im Archive des Klosters Wedinghausen.

In nomine sancte et indiuidue trinitatis. *Engelbertus* dei gratia sancte Coloniensis ecclesie archieps. vniuersis xpi fidelibus. jn perpetuum. Que rationabiliter et bene gesta sunt perpetuam decet optinere firmitatem. Proinde. presentibus et futuris declaramus. quod cum nobilis uir *Jonatas* de *Ardeige*. quendam mansum in *Wnninctorpe* a nobis teneret in feodo ipso petente suisque heredibus consentientibus proprietatem dicti mansi pro remedio anime nostre nostrorumque successorum *Priorum ecclesie nostre approbatione. et fidelium nostrorum assensu*. Conuentui in *Wedinchusen* contulimus perpetuo possidendum. Vt autem quod a nobis rationabiliter actum est. firmum maneat et inconuulsum. presentem paginam seriem rei geste continentem. sigilli nostri roborauimus impressione. sub horrendi anathematis interminatione districtius inhibentes: ne persona humilis uel alta. prefatum Conuentum super manso prelibato presumat in posterum molestare. Quod siquis attemptauerit. indignationem dei patris omnipotentis. et beatorum apostolorum eius. Petri. et Pauli. se nouerit incursurum: Presentes erant. Lutgerus de Claholte et Hermannus de Stopbenberge. Prepositi. Comes adolfus de marchia. Bertoldus de Buren. *Hermannus de Rudenberge*. milites. et alii quam plures. Acta sunt hec anno dni. M°. CC°. XXI°. indictione nona. regnante Frederico romanorum imperatore et semper augusto. anno imperii eius primo. Anno uero pontificatus nostri V°. [294])

---

[294]) Das in weißem Wachse abgedruckte Siegel des Erzbischofs, ist gut erhalten und hängt an gelb seidenen Strängen.

163.

1221. verkaufen Adolf und Adolf, Grafen in Nigenover (v. Dassel) dem Kloster Wedinghausen den Zehnten zu Wintrop, den früher die Ritter Theoderich und Arnold Stockeleth von ihnen zu Lehn getragen. Sie versprechen zugleich, diesen Zehnten dem Erzbischofe von Cöln, als ihrem Lehnherrn resigniren zu wollen, damit derselbe die Rechte des Klosters an dem erworbenen Zehnten noch mehr befestige.

Nach dem Orig. im Archive des Klosters Wedinghausen.

In nomine sancte et indiuiduo trinitatis. *Adolfus* et *adolfus* dei gratia comites in *nigenouere*. uniuersis xpi fidelibus ad quos presens scriptum peruenerit. utriusque uite salutem. Quoniam diminute sunt ueritates a filiis hominum. ne quod geritur in tempore cum tempore labatur precipuum est scripti memoria perhennari. Sciant ergo presentes ac futuri quod conuentus in *Wedinchusen decimam in Wintdorp* quam *theodericus* et *arnoldus* dicti *stokeleth* milites. a nobis in feodo tenuerunt de consensu heredum utriusque pro viginti quinque marcis comparauerunt. Post obitum quorum nos eandem decimam cum eadem integritate qua eam prefati milites possederunt ob fidele obsequium et deuotionem ecclesie memorate et petitionem domini comitis arnesbergensis receptis ab ea duodecim marcis consensu heredum nostrorum liberaliter dedimus in perpetuum possidendum expensis ante factis pie compatientes; Promisimus insuper bona fide quod quantocius possumus domino nostro archiepiscopo coloniensi decimam resignabimus eandem ut ipsius auctoritate ac titulo ecclesie sepe dicte decime prefate possessio stabiliatur; Ne igitur a nobis uel heredibus nostris uel a quoquam in posterum ecclesie prefate super eadem decima questio possit suboriri presentem paginam super eo conscriptam sigillorum nostrorum fecimus inpressione roborari; Testes aderant *Hermannus de rudenberg*. *Henricus niger*. Hartmodus prepositus. Hildegerus custos. Hartmodus conuersus in wedinchusen. Rutgerus de burbenne. Lutbertus platere. Helmicus prius. Conradus de hachnen. Hartmodus de hachnen. Tetherus cigelin. Hermannus de burseth. Hermannus bobbe. Henricus pincerna. Godefridus de bogene. Henricus Wrede.

Wisandus chasterei. et alii quam plures. Acta sunt hec anno incarnationis dni. M°. CC°. XXI°.[295])

164.

1221. befreit Erzbischof Engelbert I. das St. Walburgiskloster von aller Vogteigewalt.

Nach dem Orig. im Archive des Walburgis-Klosters.

In nomine sancte et indiuidue trinitatis. *Engelbertus* dei gratia sancte Colonlensis Ecclesie Archiepiscopus. vniuersis Christi fidelibus in perpetuum salutem in salutis auctore. Officii nostri dignitas exigit ecclesiarum grauamina sollicite prouidere. ac pro posse nostro sollerter obuiare prouisis. Proinde notum facimus presentibus ac posteris. quod cum diu *Conuentus sancte Walburgis* in Susato per *thymonem* fidelem nostrum militem Susatiensem qui se dicebat ecclesie sancte Walburgis *aduocatum* defatigata suspiraret tandem propter Conuentus et ecclesie dicte seruitium prefatus *Thymo* jus aduocatie si quod habere uidebatur de consensu heredum suorum precise in manus nostras resignauit. nobili uiro *Godefrido* Comite de *Arnesberg* etiam jus quod sibi dicebat in eadem aduocatia liberaliter in manus nostras resignante. Nos igitur ecclesie diu tribulate prouidere cupientes ipsam ab impetitione aduocati deinceps declaramus absolutam. Ne igitur super hoc facto cuiquam in posterum litis occasio prestari debeat aut possit presentem paginam super eo conscriptam sigilli nostri fecimus inpressione roborari. libertatem talem ecclesie sollicite conquisitam uinculo anathematis sancientes. ipsamque sub beati Petri ac nostra cum omnibus bonis suis. habitis et in posterum iuste habendis. inmediate suscipientes protectione. Sub anathematis uinculo inhibentes districtius. ne quis successorum nostrorum alicui persone

---

[295]) An seidenen gelb und rothen Strängen hängen die beiden Siegel der Aussteller. In beiden sind die bekannten Hirschgeweihe der Familie Dassel zu sehen. (T. 5. Nr. 6.) Im ersten sind außer den Buckeln zwischen den äußeren Enden der Geweihe, noch 9 zwischen beiden angebracht; im zweiten fehlen alle Buckeln. Das erste führt die Umschrift: Sigillum comitis Adolfi de Dassele, das zweite: Sigillum comitis Ado[illegible] de . . . .

seculari aduocatiam Conobii memorati deinceps conferre presumat. sed eadem ecclesia non alium preterquam Coloniensem Archiepiscopum habeat defensorem. Acta sunt hec. Anno gratie M°. CC° XXI°. Indictione Nona. presidente apostolice sedi. Domno Honorio. papa. III°. Regnante gloriosissimo Imperatore nostro. Domno friderico. augusto. Presentibus coram nobis in Susato. Domino Adolfo. Osnabrugensi episcopo. Herberto Abbate Werdensi. Ottone maiore preposito. Wicboldo Decano Osnabrugensi. Codefrido preposito sancte Walburgis. Godefrido Canonico Monasteriensi. Hermanno in wedenchusen canonico. Ottone Comite de Thekenburg. Rudolfo de Stenuorde. Bertoldo de buren. *Hermanno de Ruthenberg nobilibus.* Hermanno *uillico Susatiensi.* et Gotzino fratribus: wernero de braole. Euerhardo de Eruete. Henrico. Regenbodone. fratribus. Marsilio. Militibus et aliis quam pluribus tam laicis quam clericis. apud Susatum feliciter Amen.[296])

165.

1222. bestätigt Erzbischof Engelbert I. das in Soest gebauete Armenhospital und nimmt es in seinen besonderen Schutz.

Nach dem Orig. im Archive des Waisenhauses zu Soest.

In nomine sancte et indiuidue trinitatis. *Engelbertus* diuina fauente clementia sancte Coloniensis ecclesie Archiepiscopus. omnibus christi fidelibus hanc paginam inspecturis in perpetuum. Cum largitor omnium bonorum deus precipue salutem desideret animarum pro quibus se dedit pretium ad hanc autem ieiunium et oratio et inter pietatis opera maxime proficiat elemosinarum largitio. nos piis fidelium uotis qui ad opus pauperum *hospitale in Susato* de suis et pauperum elemosinis construxerunt congaudentes. hospitale ipsum personas et possessiones quas nunc possident uel in posterum rationabiliter adipiscentur. et omnia que ad hospitale ipsum pertinent. mo-

---

[296]) Das an roth und gelb seidenen Strängen gehangene Siegel ist abgefallen.

bilia seu immobilia sub beati petri apostolorum principis et nostra protectione suscipimus sub anathematis interminatione inhibentes. ne quis eos in his audeat ausu temerario molestare. et cum dicat auctoritas. quid meretur qui aliena rapit. si in eternum dampnatur. qui de suo non dedit. si quis contra hanc nostram inhibitionem hospitale prefatum in personis seu rebus suis molestare presumpserit. indignationem omnipotentis dei et beatorum apostolorum principis. et nostram se nouerit incursurum. et quia legitur in tobia. elemosina a morte liberat. et ipsa est que purgat peccata. et facit inuenire uitam eternam. et secundum ecclesiasticum elemosina uiri quasi sacculus cum ipso. gratiam hominis quasi pupillam oculi conseruabit. in magne signum clementie et sue ostensionem pietatis dominus oportunitatem tribuit in prefato loco pro temporalibus celestia. pro transitorijs permanentia promerendi. cui omnes fideles intendere et pro posse suo pauperibus predicti hospitalis subuenire in domino consulimus et in suorum iniungimus remedium peccatorum. Acta sunt hec anno domini M° CC° XXII°. 297)

166.

1222. verleiht Erzbischof Engelbert I. der Stadt Attendorn die Rechte von Soest.

Nach einer vidimirten Abschrift des 17. Jahrhunderts.

In nomine sancte et indiuidue trinitatis. *Engelbertus* diuina fauente clementia sancte Coloniensis Ecclesie Archiepiscopus, omnibus ad quos presens scriptum peruenerit in perpetuum. Cum ex suscepti regiminis officio omnium in diœcesi et ducatu nostro constitutis defensioni et commodis intendere teneamur, ampliori tamen sollicitudine eorum promotioni ac quieti nos conuenit insistere et gratie nostre fauorem impertiri eis propensius, qui nobis et Ecclesie Coloniensi propensiori fidelitatis nexu pre ceteris sunt adstricti, ideoque presentis scripti declaratione cupimus uniuersis innotescere, quod nos oppidum nostrum *Attendorn, quod de nouo fos-*

---

297) Das an gelb und roth seidenen Strängen gehangene Siegel ist abgefallen.

satis et edificiis muniri fecimus, in honoris augmentum extollere volentes et paterna conferere prouisione ei, ciuibus nostris in eo degentibus libertatem et omnia jura, que oppidum nostrum *Susatiense* ab antiquis habere dignoscitur, concessimus perpetuo tenenda, sub Anathemathe districtius inhibentes, ne quis ipsos in libertate eadem molestare vel eorum jura infringere ausu temerario presumat. Igitur ut hec nostra rationabilis concessio debitam obtineat firmitatem, presentem paginam exinde conscribi fecimus et sigillo nostro et ecclesie majoris insigniri. Acta sunt hec anno dominice incarnationis millesimo ducentesimo vigesimo secundo.[198])

167.

1222. bemeiert Abt **Hugold** von **Corvei**, mit Zustimmung des **Probsts Wilhelm** zu **Marsberg**, den **Bertram** von **Brakel** und dessen 2 Söhne mit einigen Höfen zu **Blecten**.

Nach dem Original im Marsberger Stift-Archive.

In nomine sancto et indiuidue trinitatis. *Hugoldus* dei gratia *Corbeiensis abbas*. Notum sit presentibus ac posteris quod nos quosdam *mansos in vlecten* pertinentes preposituro in *Kresberch*, circa principium prelationis nostre *bertramo de brakel* porrexeramus ad debitam inde pensionem persoluendam. Postmodum uero. *Wilhelmus prepositus in Kresberch* plurimam coram nobis querelam deposuit quod ipsi fecissemus iniuriam quia pertineret ad eum predictorum mansorum locatio. donec habita deliberatione immo capituli Corbeiensis accedente peticione. prefatam locationem preposito recognouimus. restituimus. et sententiando fecimus adiudicari. reuocantes rationabiliter quod circa bertramum feceramus. Prepositus ergo liberam habens locandi potestatem. habito consilio de nostra peticione predicto. B. et duobus filiis suis Lamberto et Bertramo. quos coram nobis exhibuit. iam dictorum mansorum comisit uillicationem. hoc pacto. ut horum trium moriente uno sequens succedat ad amministrationem. et annuam ad ius prepositi

---

[198]) An der Urkunde hiengen zwei Siegel.

soluat pensionem; uxore Bertrami. suo iure quod H/tucht interim gaudente. et his defunctis. liberam habebit prepositus de supradictis ordinationem. Ne igitur hoc factum posteris ueniat in dubium. et nequis infringere ualeat in posterum. omnem precidere uolentes calumpniam. scriptum super hoc facto. sigilli nostri. et capituli corbeiensis. et prepositure in Eresberch appensione et testium subscriptione fecimus communiri. Testes hi sunt. Hugo prior. Conradus Camerarius; et totum capitulum Corbeiense. Ernestus sacerdos de Brakel; Conradus. de hombeke. Conradus et herboldus filius eius de Amelungessen. Rabano. Karolus de Erclen. Herbolus de Rimbike. Conradus dapifer. Regenbodo. Thidericus. Johannes de Padorbornen. actum. Anno incarnationis. dni. M°. CC°. XXII°. Indict. X. Anno prelationis nostre. VIII°. [209])

168.

1222. beurkundet Erzbischof Engelbert der Heil. daß der Edle Theoderich, als er sich aus der Welt zurückgezogen, mit Bewilligung seines Vetters, des Soester Vogts Walther, sein Haus in Clotingen der Kirche in Kappenberg zu eigen übergeben; ferner daß der gedachte Walther den dazu gehörigen Zehnten ihm Erzbischof als Lehnherrn resignirt, er aber solchen der Kirche zu Kappenberg geschenkt habe.

Nach dem Original im Archive des Klosters Welver.

In nomine sancte et indiuidue trinitatis. Engelbertus dei gratia sancte Coloniensis ecclesie archieps. Suscepti cura regiminis hoc exigit ut ecclesiis dei consulamus. et utilitatibus deo seruientium prospiciamus. quatinus in diuinis laudibus subsistere ualeant. sitque apud eos memoria nostri in benedictione. Unde notum facimus tam futuris quam presentibus

---

[209]) Von den, an weißen Schnüren gehangenen, Siegeln, ist das erste und letzte abgefallen. Das Mittelste ist nur noch zum Theile vorhanden und stellt — in weißem Wachse — das Brustbild einer sitzenden Figur, ohne Kopf und Umschrift dar.

quod *Thedericus homo nobilis* cum seculo renunciaret, consensu nepotis sui *Waltheri Susatiensis aduocati* et heredum suorum *domum in Clotinge* contulit ecclesie Capenbergensi proprietario iure possidendam. Cumque [illegible] Tremonie accessit ad nos idem *Waltherus* aduocatus, et decimam de iam dicta domo prouenientem nobis resignauit, eo tenore ut eam preposito Andree, et ecclesie Capenbergensi concederemus. Quod et fecimus, statimque postea concessionem hanc Colonie in presentia priorum de eorum assensu confirmauimus. Preterea si succidi contigerit nemus quod predicte domui attinet, decimam inde prouenientem, ex nostra concessione ecclesia Capenbergensis possidebit. Ut igitur hec rata et inconuulsa permaneant, paginam hanc sigilli nostri impressione roborauimus anathemati subicientes omnem hominem, qui hec temerario ausu cassare uel infringere presumpserit, subnotatis testibus quorum ista sunt nomina. Cunradus maior prepositus. Gozwinus maior decanus in Colonia. Bruno prepositus sti Cuniberti. Lambertus de dullendorp. maioris ecclesie canonicus. Engelbertus canonicus sti Andree. Thitmarus abbas de Bredelere. Pilegrimus capellanus et notarius. Adolphus comes de Altena. Ludolphus de Boine. Heinricus cognomento franzois. Petrus de wickede. et alii quam plures. Actum anno dominice incarnationis M°. CC°. XX°. II°. Indictione X^a. concurrente V^a.[300])

169.

1223. März. 3. bestätigt Erzbischof **Engelbert** der Heil. die von Erzbischof **Philipp I.** getroffene Uebereinkunft zwischen der Pfarrkirche zu **Hüsten** und dem Kloster **Oelinghausen** über die Pfarrrechte jener Kirche.

Nach dem Orig. im Archive des Klosters Oelinghausen.

In nomine sancte et indiuidue trinitatis. *Engilbertus* dei gratia sancte Coloniensis ecclesie Archiepiscopus. vniuersis

---

300) Das in weißem Wachse abgedruckte, gut erhaltene Siegel des Erzbischofs, hängt an blau gefärbten baumwollenen Strängen.

xpi fidelibus in perpetuum. vtriusque uite salutem. Officii nostri ratio deposcit. ut jura ecclesiarum nostre diocesis. ab antecessoribus nostris ad nos rite deuoluta integra conseruemus. et rationabiliter emendata pro temporum uarietate corroboremus. venerabilis igitur predecessoris nostri. Dni *Philippi* pie recordationis Coloniensis Archiepi uestigiis inherentes, ea que rationabiliter ab ispo super controuersia matricis ecclesie in *hustene*. Conuentusque in *Olinchusen* de consensu partium sunt determinata et postmodum per arbitrium bonorum uirorum, item de consensu partium super ecclesia in olinchusen cum omnibus possessionibus suis. et omnibus inhabitantibus easdem tam ante ordinationem Dni Philippi Archiepi. quam post, usque ad nos nacta. scilicet in audiendis confessionibus. et infirmorum uisitationibus. sepulturis. seruitiis. siue operibus. Annona missali. Synodo. et omnibus eis quo matrix ecclesia hustene. ab ecclesia Olinchusen ratione parochie petere consueuerat *de consensu Dni henrici prepositi sti Seuerini Coloniensis in cuius Decania sita est ecclesia hustene*. confirmamus. indempnitati ecclesie hustene ita cauentes. ut ecclesia iam dicta de Decima in *herderinge* à fundatoribus ecclesie sepe dicte quondam alienata. que per expensas ecclesie Olinchusen ipsi iam reuocata est, decem solidos annuatim percipiat in restaurum et ita Ecclesia Olinchusen in perpetuum *libera sit et exempta*. Nos autem hanc ordinationem rationabilem approbantes. sub interminatione districti anathematis precipimus inuiolabiliter obseruari. presentem paginam super ea conscriptam impressione sigilli nostri communientes. Si quis autem huic nostre approbationi. et confirmationi ausu temerario presumpserit obuiare, iram omnipotentis dei. et Beati Petri principis apostolorum. se nouerit incursurum. Actum anno gratie. M°. CC°. XXIII. Indictione XI. Quinto Nonas martii. Die Dominica. publice in capella. Gotswini Susatie. Presidente apostolice sedi Domino honorio papa III° Regnante Inuictissimo Romanorum Imperatore Dno Friderico semper augusto. Presentibus. Henrico Sancti Seuerini Coloniensi. Thoma Susatiensi prepositis. Erpone. Decano. Radolfo Scolastico. Gerardo Custode. Hartrado cellerario. Henrico camerario. Johanne. Tiderico. canonicis Susat. Ludolfo sancte Cecilie Coloniensi canonico. Radolfo priore. Alberto in Olinchusen et aliis quam pluribus. feliciter. Amen.[361])

---

[361]) Das an roth und grün seidenen Fäden gehangene Siegel ist zerbrochen.

170.

1223. März. 6. überläßt das Kloster St. Walburg bei Soest einen Mansus in Wicmaringhusen drei Brüdern und ihren Erben gegen eine Jahrrente, behält sich aber die Untheilbarkeit des Hofes vor.

Nach dem Orig. im Archive des Walburgis-Klosters.

In nomine sancte. et. indiuidue. Trinitatis. *Godefridus* dej gratia prepositus cum deuoto conuentu Sancte Walburgis in Susato uniuersis xpi fidelibus in perpetuum. utriusque uite salutem. Que ab humano geruntur ingenio ne per obliuionem depereant, scripto solent perennarj. Proinde notum facimus. presentibus et futuris. quod mansum quendam in *wicmarinchusen* de quo questio fuit inter nos ex parte vna. et *Gerbertum. Luzonem*. et *Berningum*. fratres ex altera recognoscimus dictis fratribus et eorum legitimis heredibus quiete possidendum sub annua pensione. ita quod *unus* fratrum. uel in posterum *unus* heredum ecclesie nostre soluat annuatim in festo martinj episcopi octo modios auene. et quatuor modios ordej. et sic ab omni penitus liberi permaneant exactione. Si uero pro necessitatibus suis ipsum uendj contingat. emens de consensu ecclesie nostre nobis sub eadem deseruiat pensione annuatim. ita sane quod a quocumque possidente dictus *mansus integer maneat et indiuisus*. et possesor eiusdem mansi *certus* ecclesie nostre presentetur. Vt autem hec ordinatio non possit in posterum a quoquam indebite calumpniari uel infringi, presentem paginam super ea conscribi fecimus et inpressione sigilli nostri roborari. Actum Anno gratie M° CC° XXIII°. Indictione XIa. Pridie Nonas martij. feria. quarta. Presidente sacrosancto Romano sedi Domino Honorio papa III°. Regnante inuictissimo Romanorum Imperatore Domino Friderico semper Augusto. Gubernante Coloniensem ecclesiam Domino Engilberto. Presentibus Hartrado canonico Susatiensi. et Arnoldo, subdiaconis. Tiderico. Iohanne. Susatiensib. Reynero et Gerardo fratribus de Holthusen. Wasmodo de Curbach. Godefrido *institore*. Arnoldo de Werle, Hartrado de Anedope et aliis feliciter. Amen.[302])

---

[302]) Das an grün, roth und gelb seidenen Strängen gehangene Siegel ist abgefallen.

171.

1223. März. 16. erlaubt Erzbischof Engelbert I. der Kirche zu Soest, weil sie mit wenig Dienern versehen, zu solchem Zwecke auch die Stiftung geringerer Stipendien als die gewöhnlichen, anzunehmen.

Nach dem Orig. im Archive des Patrocli-Stifts.

Engelbertus dei gratia sancte Coloniensis Ecclesie Archiepiscopus. Dilectis filiis.. Decano. Totique Capitulo Susatensi. Salutem in eo qui est omnium salus. Ex parte uestra fuit nobis humiliter supplicatum. ut cum *ecclesia Susatensis* paucos habeat seruitores si quis fidelium uellt ordinare stipendium in eadem licet aliis stipendiis inequale illud recipere de nostra uobis permissione liceret. Nos igitur uestris precibus inclinati auctoritate presentium super hoc uobis seruata canonica honestate liberam concedimus facultatem. Nulli ergo omnino hominum salua sedis apostolice reuerentia liceat huiusmodi nostre concessionis paginam infringere. uel ei ausu temerario contraire. Siquis autem hoc attemptare presumpserit. iram omnipotentis dei. et Beatorum Apostolorum eius. Petri et Pauli. se nouerit incursurum. Datum Susati XVII. kal Aprilis. Pontificatus nostri Anno septimo.[303])

172.

1223. übergiebt Erzbischof Engelbert der Heil. dem Kloster Delinghausen die Vogteirechte über den Haupthof Linne, welche Heinrich der Schwarze von Arnsberg vom Erzbischofe und Anton von Werl von Heinrich zu Lehn getragen, beide aber dem Erzbischofe resignirt hatten.

Nach dem Orig. im Archive des Klosters Delinghausen.

Engelbertus dei gratia sancte Coloniensis (Eccles.) Archiepiscopus vniuersis presentem paginam inspecturis salutem in

---

303) Das an roth, grün und gelb seidenen Strängen gehangene Siegel ist abgefallen.

dno. Notum esse uolumus quod *nobilis uir Hinricus miles dictus niger de Arnesberg*. et *Antonius de Werle* aduocatiam curtis cuiusdam in *Linne* ecclesie *olinchusen* pertinentis, quam. H. prefatus a nobis et A. dictus ab ipso. H. in feodo tenuerant in manus nostras precise resignauerunt. Nos autem predicte curtis aduocatiam cum familia et mansis attinentibus memorate ecclesie libere contulimus, nolentes ipsam aliquo iure racione aduocatie grauari uel molestari, sed cum ceteris bonis suis sub nostra et successorum nostrorum esse protectione. Siquis uero hanc paginam nostre donationis infringere attemptauerit sciat se indignationem omnipotentis dei et beatorum Apostolorum Petri et Pauli incurrisse et vinculo anathematis innodatum. Datum in Colonia. anno dni. M°. CC°. XXXIII°.[304])

173.

1223. Dez. 26. bekundet Erzbischof **Engelbert** der Heil. wie Graf **Gottfried II.** von **Arnsberg** und die Gebrüder von **Erwitte**, dem Kloster **Oelinghausen** die Höfe **Holthusen** und **Driesberg** übertragen.

Nach dem Original im Archive des Klosters Oelinghausen.

In nomine sancte et indiuidue trinitatis. *Engelbertus* dei gratia sancte Coloniensis ecclesie archiepiscopus vniuersis xpi fidelibus in perpetuum. vtriusque uite salutem. Quoniam singulas ecclesias nostre diocesis in iure suo conseruare debemus ut possumus. notum esse cupimus presentibus et futuris quod nobilis uir *Godefridus comes de Arnesberg*. *Boymundus*. *Rodolfus*. et *Gotscalcus*. in *Ervete* milites fratres: *Gotscalco* dicto pro fratre ipsorum *Hermanno* milite ratihabitionem in

---

[304]) Die Urkunde ist mit kleiner Cursive geschrieben; das an einem Pergamentriemen hängende Siegel in weißem Wachse abgedruckt. — Am 31. Aug. 1223 bestätigte Erzbischof Engelbert die 1220 von Ritter Anton von Werl oder von Blomendael geschehene Resignation der Villication von Linne und Ruggingshusen zu Gunsten des Klosters Oelinghausen und die hierauf von Abt Bruno zu Deutz geschehene Collation derselben an Oelinghausen. (S. Urk. Nr. 153.)

id ipsum spondente. Curtem in *Holthusen* cum incedua silua, que uulgo *sundere* dicitur. et omnibus attinentiis aliis eiusdem curtis. Curtem in *Driesberg* cum omni iure suo. et sex jurnales ville dicte holthusen exceptis mansis curti dicte Driesberg attinentibus. ecclesie beate marie in *Olinchusen*. pari uoto et consensu propter multimoda ecclesie dicte obsequia. pro salute anime sue suorumque liberaliter tradiderunt. Ut autem hec donatio preter calumpniam in posterum rata permaneat et firma. de consensu et petitione partium presentem paginam conscribi. et sigilli nostri fecimus impressione roborari. Acta sunt hec anno dni. M°. CC°. XX°. III°. Indictione. X. VII°. kal. Ianuarii. feria II^a. jn curia Gotzvini militis in Susato. Presentes erant. Thomas. prepositus Svsat. magister Henricus. canonicus in Svsat. Alardus clericus. Theodericus. Conradus. henricus de allagen. milites. Henricus. luppoldus de paderburne. milites fratres. Arnoldus de nichem. et alii quam plures. feliciter amen.[305])

174.

1223. überträgt Erzbischof **Engelbert** der Heil. dem Kloster **Wedinghausen** den Zehnten zu **Wintrop**, welchen die Ritter **Stokeleith** früher von **Adolf** von **Dassel** zu Lehn getragen, aber resignirt hatten.

Nach dem Orig. im Archive des Klosters Wedinghausen.

E(ngelbertus) dei gratia Sancte Coloniensis ecclesie Archiepiscopus. Vniuersis xpi fidelibus; has litteras inspecturis. in perpetuum. Ea que pie geruntur ac prouide ne per temporis interualla ualeant deperire sigillatis apicibus conuenit roborari. Ea propter nouerint vniuersi. presentes ac posteri. quod *theodericus stokeleit* et *arnoldus* milites. ex consensu heredum suorum decimam *wintdorp*. quam a dno *Adolfo de dasle* nobili viro in feodo tenuerant. in manus iam dicti Adolfi resignarunt. eodem Adolfo dictam decimam in manus

---

305) Das in weißem Wachse abgedruckte, wohl erhaltene Siegel des Erzbischofs hängt an roth-grünen seidenen Strängen.

nostras. et ad nos spectantem. cum filiis suis *Ludolfo et adolfo*. et filio fratris sui *adolfo*. resignante. et nos dictam decimam ad resignationem uoluntatem et consensum Adolfi nobilis et filiorum suorum L. et A. et filii fratris sui A. prenominatorum ecclesie in *wedinchusen* presentibus prioribus nostris in xpo dilectis. hoc approbantibus; contulimus in perpetuum pleno jure possidendam. Confirmauimus etiam eidem ecclesie decimam omnium noualium sue parrochie s. wedinchusen. quam venerabiles archiepi antecessores nostri philippus et adolfus eis sub confirmatione priuilegiorum suorum contulerant. Et ut hoc rata permaneant. et inconuulsa. presentem paginam sigilli nostri muuimine decreuimus roborandam. sub horrendi anathematis districtione inhibentes. ne quisquam hominum in decimis prefatis ausu temerario memoratam ecclesiam molestare presumat. Hujus rei testes sunt. Cunradus major prepositus. Gozwinus major decanus, Godefridus prepositus xantensis. Heinricus prepositus bunnensis. Archidiaconi. Arnoldus prepositus sancti Gereonis. Engelbertus prepositus sti georgii. Theodericus preposit. Resensis. Gerhardus decanus sti Seuerini. Lupertus decanus ste Marie ad gradus. Luthewicus canonicus sti georgii. Magister Arnoldus canonicus de gradibus. Pelegrinus notarius canonicus s. Andree. coloniensis. et alii quam plures uiri probi et honesti. datum Colonie. anno gratie M°. CC°. XXIII°. Pontificatus nostri anno septimo.[306])

175.

1224. vermeiert der Abt **Heribert** von **Werden** dem Kloster **Küstelberg** ein Gut in **Dorfeld** gegen einen zu entrichtenden jährlichen Zins, den der Probst zu **Wedinghausen** heben und nach **Werden** befördern soll.

Nach dem Original im Medebacher Pfarrarchive.

In nomine domini. amen. *Heribertrs dei gratia abbas Werdinensis*. gerardus prepositus. Gerardus prior. hermannus

---

[306]) Das an einem Pergamenstreif hängende große Siegel des Erzbischofs, ist um den Rand herum meist zerbröckelt und in weißem Wachse abgedruckt. Es liegt noch eine andere Bestätigung-Urkunde über den Zehnten von Wintrop vor; worin aber des Novalzehnten in der Pfarrei Wedinghausen nicht gedacht ist.

custos. uniuersitasque conuentus werdinensis. xpi fidelibus in perpetuum utriusque uite. salutem. Opere dignum duximus. quod ad promotionem ecclesie nostre utiliter agitur. et rite scripti memoria perennare. Proinde. notum facimus presentibus et futuris. quod cum de predio in *doreuelde*. quod ecclesie nostre pertinet ad officium custodie. duos tantum denarios pro recognitione reciperemus annuatim. à *hadewiga*. que predium idem heriditaria successione. sub eo censu. sibi dicebat pertinere. nos id recuperatum ab ipsa. beate *marie* in *Costelberg*. concessimus. perpetuo possidendum. acceptis ab eadem quatuor marcis et quod prepositus eiusdem loci quicumque fuerit. de dicto predio duos solidos. et de agris Thidmari rufi. XII. denarios soluat annuatim. et iidem dennarii *preposito de Weddenchusen* assignabuntur *custodi Werdinensi transmittendi*. in Nat. sti Livdgeri. cum censu. quem illa ecclesia predicto custodi tenetur annuatim persoluere. III. uidel. sol. Preposito uero defuncto. successor ipsius. pro recognicione juris. quod *vorhure* dicitur. XII. dabit denarios eadem semper annua pensione manente. et sic ab omni alterius exactionis onere. liberi permaneant et inmunes. Preterea plenam ipsi ecclesie concessimus. et ab ipsa recepimus fraternitatem. Et ecclesia dicta. in hujus facti robur. beati ludgeri patroni nostri sicut et nos cum officio statuto. celebrabit sollempnitatem. et in die sequenti. fratrum nostrorum defunctorum. et tocius beati lvdgeri familie faciet commemorationem. Pro abbate uero defuncto. supra solitum morem. VII extendet commemorationis officia. Nequis igitur in posterum huic ordinationi temere presumat obuiare. presentem paginam super ea conscriptam. sigillis. nostro. et ecclesie nostre. fecimus communiri. Actum anno millesimo. CC°. XXIIII. regnante friderico imperatore. tempore Engilberti colon. archiepi. Et hii testes interfuerunt. Gerardus cellerarius. Godefridus quondam prior. Symon. Euererardus. Heinricus. Euerardus. Philippus. Gerardus. Gerardus. Rutgerus. Wernerus. Et. hii. ministeriales. Cesarius officiarius custodis. Wecelinus aduocatus. Werinbertus. Symon. Reinoldus. Thomas. gerlagus. heinricus. de Rudensch. Johannes. Henricus prior et alii plures. Et Herimannus capellanus dni abbatis.[307])

---

[307]) Die Urkunde ist gut erhalten. An rothen dicken seidenen Schnüren hingen zwei Siegel. Das erste in weißem Wachse ist abgefallen. Das andere in rothem Wachse ist noch vorhanden. Es stellt einen Heiligen mit einem bischöflichen Pallium über Schultern und Brust dar. Von der Umschrift lieset man: SIGNV. S. LIVDGERI. Das ganze Siegel ist sehr undeutlich gravirt.

176.

1224. Sept. 9. bestätigt König **Heinrich** VII. zu **Soest**, (damals 14 Jahre alt) dem Kloster **Rumbeck**, den Besitz des ihm vom Abte **Hugold** von **Corvei** vertauschten Gutes zu **Lo**.

Nach dem Original im Archive des Klosters Rumbeck.

Heinricus dei gratia Romanorum Rex et semper Augustus. Vniuersis ad quos presens scriptum peruenerit, gratiam suam et omne bonum. Predium in *Lo* quod ecclesia de *Rumbike* ab ecclesia *Corbeiensi* per commutationem predii in *Pustesne* partibus placitam obtinuit. permutationem eandem ratam habentes. ecclesie in Rumbike confirmamus. ipsam cum dicto predio et aliis bonis licite aquisitis et in posterum aquirendis sub speciali protectione nostra recipientes. Datum apud Susatum. Quinto Idus. Septembris. anno dni. M°. CC°. XXIIII°. Indictione duodecima.[308])

177.

1225. bekundet Graf **Gottfried** II. von **Arnsberg** wie Herr **Diedrich** von **Bilstein** dem Kloster **Rumbeck** sein Gut in **Sewardinchusen** übertragen habe.

Nach dem Orig. im Archive des Klosters Rumbeck.

In nomine sancte et indiuidue trinitatis. Ego *Godefridus comes in arnesberg* uniuersis ad quos presens scriptum peruenerit in perpetuum. Tam posteris quam presentibus scripto presenti declaro quod *theodericus nobilis vir de bilstene* consensu heredum suorum *allodium suum in sewardinchusen* cum mancipiis. Rubis. pascuis. et terris. et omnibus appendiciis suis ecclesie in *Rumbeke* pro nonaginta

---

[308]) Das wohl erhaltene, in weißem Wachse abgedruckte Siegel, hängt an 38 feinen, schön gesponnenen und noch jetzt außerordentlich festen weißen Zwirnfäden.

quatuor marcis uendidit. In qua quia *mater* ipsius theoderici et *soror* eiusdem celibem uitam duxerunt omnem cautelam quam potuit adhibuit ut posteris suis tolleretur omnis occasio predictam uenditionem rescindendi. Videlicet cum idem *theodericus*. et fratres sui. dnus *henricus* sti seuerini prepositus. et *Godefridus* majoris ecclesie in colonia canonicus. et *patruus eorundem bernardus de yewre* dictum allodium ecclesie in Rumbeke contulissent. ideoque presente conuentu in Rumbeke super altare obtulissent. tamen ad habundantem cautelam predictus theodericus cum pernardo patruo suo coram venerabili dno. engelberto tunc coloniensi archiepiscopo sepedictum allodium conuentui predicto in ueram et meram proprietatem iterato contulit. omnique iuri quod in eo habuerant theodericus. et bernardus. et henricus filius eiusdem theoderici. sub banno regio. *Rudolfo milite de eruethe auctoritate regia banno in volkelinchusen presidente*. pro se et heredibus suis renuntiauerunt. ibidem ecclesie sepe dicte proprietatem allodii predicti iterum recognoscentes. *licet ex prima sui institutione fisco regio in nullo teneatur obnoxium. Vxor etiam* predicti theoderici in castro bilstene *presente marito suo* uendicionem et donationem ipsius confessa est se ratam habituram. simulque ibidem *cum filio suo. henrico.* allodium predictum ecclesie predicte contulit in proprietatem. et *tam ipsa quam maritus eius pro puero quem tunc uiuum sicut putabatur ipsa gestabat in utero promittebant dum natus esset. ad idem faciendum eum inducerent.* Preterea *marcwardus* eiusdem allodii *colonus* cum *uxore* sua et *duobus filiis* iurauerunt se seruos fideles prefate ecclesie futuros. plurimum super tali commutatione gaudentes. Presentes erant thetmarus uolhart. hermannus dapifer. antonius frater suus. conradus de thusentscuren. Godefridus miles. conradus seruus prepositi sti seuerini. Donationi autem coram dno engelberto quondam coloniensi archiepo facte. interfuerunt. bertoldus de buren. *hermannus uillicus sosatiensis*. Gerhardus capellanus duj archiepiscopi. hermannus de stophenberg. hermannus dapifer et antonius frater suus. Robertus filius iudicis. Recognitioni quoque sub banno regio habite affuerunt. hermannus filius volberti. Johannes frater suus. Volbertus de buchem. bernhardus vandhenwodhen. holko de berenbruke. Rotgerus de riuo. Johannes filius domine wendelburgis. witardus. Richardus. henricus. Bertoldus de husnen. hadhewero. gerhardus de eclon. gerbraht de husnen. Item ubi marcwardus cum uxore sua et filiis *se in seruos sepe dicte ecclesie sacramento iuramenti interposito spontanee dederunt*. presentes erant. Thomas prepositus Sosatiensis. Arnoldus prior in Rambeke. hartmannus conuersus. *henricus monetarius*. lubbertus de vlerike. Johannes de alta porta. *fredericus aurifex*. Acta sunt hec anno gratie millesimo. ducentesimo. vicesimo quinto.[309])

178.

1225—1237. erlaubt Erzbischof Heinrich I. der Kirche zu Wedinghausen, das Chrisma und das heilige Oel, welches sie bis dahin von der St. Peterskirche in Cöln, als Mutterkirche nehmen mußte, aus jeder beliebigen Kirche in ihrer Nähe nehmen zu dürfen.

Nach dem Original im Archive des Klosters Wedinghausen.

In nomine sancte et indiuidue trinitatis amen. Ego *hinricus* dei gratia sancte coloniensis ecclesie archiepiscopus. vniuersis ad quos presens scriptum peruenerit salutem in domino. Cum ecclesia in *Wedinchusen*. crisma. oleum sacrum. et oleum infirmorum. ab ecclesia beati petri in colonia. ad quam eius spectat obedientia. secundum priuilegia eiusdem ecclesie ab antecessoribus nostris rationabiliter indulta recipere teneatur. fratres ibidem domino famulantes longioris uie et expense incommoditatem nobis supplicatione humili demonstrarunt. Vnde nos predictos fratres attendentes tunc diuinis officiis plurimum occupatos. ne quis eorum occasione prescripta in hiis impediatur. scil. ut omnes deuotius et liberius possint eisdem uacare. licentiam eisdem ut prefata sacramenta recipiant a quacunque uelint ecclesia vicina cuius ecclesie prouisori mandamus ut eadem beniuole impertiantur eisdem. vt autem hec nostra licentia eisdem rata semper perseueret presentem paginam sigilli nostri appensione roborauimus.[310])

---

[309]) Die Urkunde ist sehr schön in weiten Linien geschrieben. Das gut erhaltene, in weißem Wachse abgedruckte Siegel, hängt an stark gedrehten leinenen Schnuren.

[310]) Das an einem Pergamenstreif gehangene Siegel ist abgefallen.

179.

1228. bestätigt König Heinrich VII. dem Abte von Corvei den Besitz Marsbergs und widerruft die darüber dem Erzbischofe Heinrich von Cöln früher gegebenen Zusicherungen.

Nach dem Abdrucke in *Fürstenberg* Monum. Paderb. p. 107.

Henricus dei gratia Romanorum Rex et semper Augustus. Vniuersis Imperii fidelibus quibus presens scriptum exhibitum fuerit gratiam suam et omne bonum. Ad notitiam vniuersorum volumus peruenire. Nos mandatum domini Imperatoris patris nostri recepisse. quod nequaquam ratam habere vellet Warandiam. quam in solemni curia nostra apud Herbipolim fecisse dinoscimur de *monte Martis* Archiepiscopo Coloniensi in Abbatis dilecti principis nostri prejudicium Corbeiensis. Et quod eundem Abbatem in possessionem dicti montis remitteremus. eidem plenam warandiam prestando predictus dominus noster Imperator nobis firmiter injunxit. Nos vero mandatum domini Imperatoris patris nostri conservare et implere in omnibus cupientes. auctoritate presentium in possessionem ejusdem montis dictum principem nostrum Abbatem Corbeiensem mittimus cum omni jure. nullam jurisdictionem in ejusdem montis possessione recognoscentes Archiepiscopo Coloniensi. Mandamus itaque per gratiam nostram firmiter precipientes. quatenus nullus ausu ductus temerario. memoratum Abbatem in possessione sepedicti montis impedire vel molestare presumat. Quod qui fecerit gravem indignationem nostre celsitudinis se nouerit incursurum. Testes hi sunt. Henricus venerabilis Eistetensis Episcopus. Henricus illustris dux Bauarie. Comes H. de Dilingen. F. de Druhendingen. E. dapifer de Walpruc. C. Pincerna de Winterstede. et alii quam plures. Datum apud Ulmam. Anno domini M. CC. XXVIII°. Indictione prima.[311])

---

311) Die Urk. ist auch abgedruckt in *Schaten* Annal. Paderb. ad ann. 1228.

180.

1228. beschließt das General-Capitel des Prämonstratenser-Ordens, daß die Kirche zu Oelinghausen, statt der zu Scheda, künftig die zu Wedinghausen als Mutterkirche betrachten soll.

Nach dem Orig. im Archive des Klosters Wedinghausen.

F. C. Premonstratensis abbas et capitulum generale notum esse volumus — quod cum ecclesia *Arnsbergensis* diu fuit in possessione paternitatis de *Hulingkehusen* et ad ipsam respectum habuerit a temporibus retroactis: de communi consilio fuit in generali capitulo deffinitum quod paternitas ipsa de *Hulinkehusen* ad prepositum et ecclesiam *Arnsbergensem* respectum habeat specialem et eidem abbati et ecclesie sue cum reuerentia in spiritualibus tamquam patri teneatur de cetero respondere et obediat etiam in omnibus, que ad ordinem pertinebunt. — Preposito *Scheydensi* perpetuum silentium imponitur de illa paternitate. Datum Premonstrati. aa. M. CC. XXVIII.

181.

1228. bestätigt Erzbischof Heinrich I. die dem Kloster Bredelar von Johann v. Padberg geschehene Schenkung einiger Güter in Ober-Upsprunge.

Nach dem Original im Archive des Klosters Bredelar.

In nomine sancte et indiuidue trinitatis *Heinricus* dei gratia Coloniensis ecclesie archiepiscopus. Vniuersis hanc paginam inspecturis. in perpetuum. Quoniam quidem ordinatione moderatricis uniuersorum diuine sapientie dati sumus in tuitionem humilium. in depressionem superborum et in religionis augmentum. apposuimus animum eisdem rebus. ut quies fratrum nostrorum in *Breidelare* nutriatur. et emolumentum capiant ipsi temporalium. nostraque spes ex hoc amplior in deum excrescat. Quapropter norint uniuersi quod *Johannes* de *Patberg* ministerialis noster. bona quedam sita in uilla que dicitur *superior Vbspringe*. que iure proprietario ex paterna successione ad se fuerant deuoluta. propter spem eternitatis et gaudia mansura contulit fratribus in *Breidelare* integraliter. Reputans autem idem *Jo.* si per nos eadem bona cenobio iam dicto deuenirent donationem suam nullatenus posse infringi. deposuit in manus nostras nos quoque pontificali munificentia transmisimus eidem loco. in agris cultis et incultis. siluis. pratis. pascuis. cunctis quoque attinentiis totaliter dedentes. Preterea renunciauit dictus. Jo. omni. iuri suo in bonis sepe fati monasterii habito uel habendo. nichil quoque posteris suis in hac parte cavillationis contra cenobium reliquit. Ad hec adicimus in bonum eidem loco. confirmantes, si qua ab antecessoribus nostris pietatis impendia suscepit que cuncta eidem cenobio rata censemus et inconuulsa. eo usque, ut qui uim prefatis fratribus et eorum bonis irrogarit. summi iudicis, nostre quoque animaduersionis indubitanter excipiat sententiam. Anno gratie M°. CC°. XXVIII°. Imperante Frederico. Indictione XIII^a. Datum Ruthen. Pontificatus nostri anno III°.[312])

182.

1229. bekundet Jutta Abtissin zu Meschede, wie sie sich mit dem Convente des Stifts, wegen Vergebung der Prabenden verglichen habe.

Nach dem Orig. im Archive des Stifts Meschede.

In Nomine Sancte et individue trinitatis. *Jetta* dei gratia *Meschedensis abbatissa* in perpetuum. Notum facimus omnibus. tam presentibus quam fvturis. presens scriptum inspecturis. quod cum inter nos et conuentum nostrum. mota esset discordia. pro personis instituendis in ecclesia nostra. tam in prebendis sacerdotum. quam aliorum ordinum inferiorum. et nos prebendarum donationem eciam temporis prescriptione ad nos spectare proponeremus. conuentus autem noster ius eligendi personas. et eas nobis ad inuestiendum presentandi se habere allegarat. tandem prvdentum uirorum consilio

---

312) An der schon geschriebenen Urkunde hängt das wohl erhaltene Siegel des Erzbischofs, in weißem Wachse.

mediante in arbitros conuenimus. ut quicquid arbitrarentur ratum....... ex utraque parte arbitrio teneremur. Nolentes igitur conuentus nostri uoluntati. et arbitrorum ordinationi obuiare. svb hac forma concordauimus. cum eodem. ut de cetero in prefatis prebendis sine consensu et electione conuentus nostri personas non instituamus. Vt uero hec compositio sic inter nos ordinata inconcussa perduraret presenti pagine eam inseruimus et sigilli nostri et ecclesie nostre appensione roborauimus. Acta autem sunt hec sub tocius conuentus testimonio. tam canonicorum quam canonicarum. Sacerdotum. Gyseleri. Ecberti. Radolfi. Remboldi. Canonicarum. Metheldis preposite. Lutgardis custodis. claricie decane. Gysle. Aleidis. et aliorum quam plurimorum. Anno gratie. M°. CC°. XX°. VIIII°. indictione VIIII. sub papa Gregorio. Inperatore friderico. Episcopo coloniensi henrico. *Godefrido comite arnesberchiense* aduocato in Meschede. Regnante domino nostro iesu in secula seculorum. Amen. Siquis vero hec infringere presumpserit cum datan et abyron anathema coram districto sit ivdice.[313])

183.

1229. Febr. 21. bestätigt Ritter Theoderich in Soest, dem Kloster Wedinghausen den Besitz eines Hofes in Bergstraße, den sein Vater dem Kloster geschenkt hatte, um dafür ein Anniversarium am Todestage seines Vaters (2. Nov.) zu halten.

Nach dem Orig. im Archive des Klosters Wedinghausen.

Teodericus miles in Susato — cum nos super manso quodam in ***Berstrate*** ad curtem in ***Greuinchoue*** pertinentem venissemus in causam cum preposito et conuentu in ***Wedinchusen*** qui mansum eundem ex donatione Elgeri ciuis Susatensis — possidebant ad annuam pensionem V solidorum et III denariorum: nos pro salute anime patris nostri ius idem — preposito recognoscimus. ita sane — quod in anniuersario nostri patris

---

313) An der schön geschriebenen Urkunde hängen die gut erhaltenen Siegel der Abtissin und des Stifts, in dicken weißen Wachsklumpen vermittels platt geflochtener leinener weißer Schnüre.

IV Non. Nov. dicta pensio persoluatur et idem conuentus memoriam tunc ipsius agat annuatim ut fratris defuncti. Ne igitur id a nobis uel a nostris heredibus in posterum possit retractari, presens scriptum sigillis. Nobilis viri dni *Godefridi comitis de Arnesbergh*. patrui nostri dni Gerlaci canonici monasteriensis Burgensium Susatiensium et nostro communitum. Acta sunt hec anno gratie M°. CC°. XX°. VIIII°. Non. kal. martii. —[314])

184.

1229. März. 6. überweisen päbstliche Commissarien, die sechs Pfarrer der Stadt Soest, mit ihrer Einwilligung, so wie auch ihre Gemeinden, der dortigen Patrocli-Stiftkirche und ertheilen der Letzten besondere Rechte, da ihr Probst zugleich Pfarrer der alten Kirche und aller übrigen Patron ist.

Nach dem Orig. im Archive der Patrocli-Kirche zu Soest.

In Nomine Sancte et individue trinitatis. Voldradus dei gratia prepositus. Amelungus decanus. Conradus custos. maioris Ecclesie Paderbornensis. confirmatores à Domino papa constituti. uniuersis christi fidelibus in perpetuum. utriusque uite salutem. Tale recepimus mandatum. *Gregorius* (IX.) Episcopus servus servorum dei. dilectis filiis.. preposito.. Decano.. et.. Thesaurario Paderborensi salutem et apostolicam benedictionem. Ea que pro ecclesiarum utilitatibus prouide statuuntur, firma debent et illibata persistere. et ne cuiuscunque presumptione temeraria violentur. apostolico sunt munimine roboranda. Ex parte siquidem dilectorum filiorum.. Decani et Capituli susaciensis. fuit propositum coram nobis. quod cum olim in *oppido Susatiensi* tantum una parochialis ecclesia existeret. et usque adeo faciente domino populus auctus esset in eo. quod ab uno pastore sine periculo animarum regi non posset. bone memorie. P(hilippus) Coloniensis

---

[314]) Von den an roth seidenen Strängen gehangenen 3 Siegeln ist nur noch das des Grafen Gottfried II. vorhanden. Das der Stadt Soest und des Ritters Theoderich sind abgefallen.

Archiepiscopus[315]) loci dioecesanus cum capituli sui et decani et capituli predictorum assensu preter illam. quinque parochiales ecclesias fieri fecit in opido memorato. et populum iuxta numerum ecclesiarum diuisit. ipsos certis terminis distinguendo. quibusdam statutis super reverentia conuentuali ecclesie ab aliis impendenda de predictorum consilio salubriter ordinatis. que dicti .. Decanus et Capitulum auctoritate petierunt apostolica confirmari. Ideoque discretioni uestre per apostolica scripta mandamus. quatenus eadem statuta sicut prouide secundum deum noveritis ordinata. faciatis auctoritate nostra sicut iustum fuerit inviolabiter obseruari. Contradictores per censuram ecclesiasticam appellatione postposita compescendo. Quod si non omnes hiis exequendis potueritis interesse duo vestrum ea nichilominus exequantur. presentibus post triennium minime ualituris. Datum Anagnie idibus Augusti. Pontificatus nostri anno primo. Nos igitur instrumentis. et confessione. Thome prepositi. et ueteris ecclesie. Radolfi sti. Pauli. Radolfi sti. Georgii. Jacobi sti. Thome. Adolfi. ste. marie Alte, Gerardi ste. marie in palude. plebanorum Susatensium sufficienter instructi. secundum ordinationem bone memorie. Domini Ph(ilippi). prefati. tunc Coloniensis archiepiscopi. loci diocesani. de consensu. Decani et Capituli. et plebanorum predictorum statuta super reuerentia conuentuali ecclesie beati Patrocli ab aliis ecclesiis impendenda. de predictorum consilio. et assensu salubriter ordinata que talia sunt. quod in conuentuali ecclesia beati Patrocli. licite baptizari. possint baptizandi. infirmi communicari. inungi. Defuncti sepeliri. petentes. et quod nullus plebanorum contradicere debeat et possit. Decano uel maiori ecclesie inungendo manum imponenti. subserviat infirmi plebanus. et recipiat quod ipsi specialiter attribuerit infirmus. et quod capitulo specialiter assignetur. recipiat Decanus. presentibus fratribus distribuendum. Nullus etiam plebanorum uel uicariorum ipsorum. uel Canonicorum uel sacerdotum in conuentuali ecclesia servientium. inunctionem uel sepulturam in conuentuali ecclesia petenti. manifeste uel occulte. consilio. uel uerbo dissuadebit. uel contra dicet. Item. quod omnes plebani debeant interesse matutinis. In natiuitate domini. usque ad sextam lectionem. in Pascha. et Pentecostes usque ad finem. quibus licite abesse possunt. A Decano licentia petita. que non denegabitur eisdem. pro quo ceteris in festiuitatibus. quando bini cantant versus. que tales sunt. in festo Patrocli. in assconsione. in festo Petri.

---

315) Man vergl. die Urk. Nr. 97. — Die obenstehende ist auch abgedruckt in Troß Westphalia v. 1825. S. 45.

et Pauli. in dedicatione ecclesie. in assumptione Beate Virginis. festiuitate omnium Sanctorum intererunt matutinis usque ad finem et summe misse. Item quilibet plebanus in Pascha et Pentecostes ad ecclesiam Bti. Patrocli. transmittere debet unum puerum baptizandum. si plures habet. Item infra Palmas et octauam Pentecostes. nullus plebanorum in ecclesiis suis processionem celebrare debet. sed populum suum transmittere debet ad solempnem processionem. in ecclesia Btl. Patrocli faciendam. Item patronatus ecclesiarum parrochialium pertinebit preposito. susatensi. donum uero altaris majori preposito. et archidiacono coloniensi. singulis ecclesiis contentis distinctionibus sibi determinatis. auctoritate apostolica confirmamus. sicut prouide secundum deum eadem statuta nouimus ordinata. et precipimus auctoritate apostolica inuiolabiliter obseruari. Contradictores si qui deinceps fuerint, uel huius nostre confirmationis occulti uel manifesti transgressores. omnibus denunciantes excommunicatos. Ne quis igitur in posterum hanc nostre confirmationis paginam infringere vel ei ausu temerario presumpserit obuiare. nos ad perpetuum robur ipsam sigillorum nostrorum ac predictorum plebanorum impressione communiuimus. Actum. anno gratie M°. CC°. XXIX°. Indictione secunda. pridie idus martii. feria quarta. Presentibus in Capitulio nostro. Tiderico preposito de Scheide. Volquino preposito Storum. Petri et Andree. Thetmaro. scolastico. Hermanno Boliken. Volberto. cellerario. Hugone de Hildenesheim. Ludolfo de Osdaxen. Volrado. Cantore. Widekindo. cammerario. Brunone. de Borlen. Conrado forensis ecclesie plebano. Henrico preposito. in Schillete. Hermanno de Fructe Rabodone. de Brakele. Gerungo, de Susat. Everhardo de Heruorde. Johanne. de Schillete. rudolpho de Schonenberg. Johanne de Elsen. Canonico paderborn. magistro. Hartrado canonico. et procuratore. susat. ecclie Ruberto. et Sifrido. ciuibus. Susaciensibus. feliciter amen.[216])

---

[216]) An der Urkunde hängen 9 Siegel an grün, roth, gelb und schwarzen seidenen Strängen; das 3te ist abgefallen. Die Siegel sind theils roth mit grünen, theils grün mit rothen Figuren.

185.

1229. März. 6. verspricht Erzbischof **Heinrich** der Stadt **Soest**, daß ihr die von ihm verliehene Münze verbleiben solle, damit sie den Münzumlauf immer emsiger befördere.

Nach dem Original im Stadt-Archive zu Soest.

H(enricus) dei gratia sancte Coloniensis ecclesie archiepiscopus. Vniuersis presentem cartam intuentibus salutem in auctore salutis. Ad illos nos gratie nostre fauorem propensius concupimus intendere. qui feruentius nostrum zelantur honorem. de quorumque fidei puritate certa collegimus et habemus argumenta. Proinde nouerint vniuersi. quod nos attendentes deuotionem et obsequia dilectorum et fidelium Burgensium nostrorum de *Susato*. que nobis deuote sepius exhibuerunt. gratiam quam de *moneta nostra Susatensi* fecimus eisdem. ratam obseruabimus et inconuulsam. quatinus ipsi diligentiori studio cursum monete eiusdem promoueant. et ex deuotis nobis reddantur deuotiores. In cuius rei testimonium. presenti pagine sigillum nostrum fecimus appendi. Datum Colonie. anno dni M°. CC°. XXIX. Tertia feria post dominicam Inuocauit.[317])

186.

1229. Aug. 26. bekunden die Bürgermeister und ganze Gemeinde der aus **Horhusen** (Niedermarsberg) auf den **Heresberg** (Obermarsberg) gezogenen Bürger, daß sie auch hier der geistlichen Jurisdiction des Bischofs von Paderborn unterthan bleiben wollen.

Nach dem Abdrucke in *Fürstenberg* Monum. Paderb. p. 105.

Nos consules et vniuersitas *Montis* qui dicitur *Heresberg* vniuersis presentem paginam inspecturis presentium tenore

---

[317]) Das Siegel des Erzbischofs ist in weißem Wachse abgedruckt; jedoch großentheils zerbrochen.

significandum duximus. quod cum nos a *uilla Horehusen* ad montem qui dicitur *Heresberg* Paderbornensis diocesis nostra domicilia transtulissemus. ac montem munientes eundem ab obedientia Ecclesie Paderburnensis. qua eidem in spiritualibus eramus subjecti. inobedienter recessissemus. tandem cum eadem Ecclesia conuenientes. inter ipsam et nostram vniuersitatem talis ordinatio interuenit. quod nos errorem nostrum recognoscentes. et ad obedientiam matris nostre Ecclesie videlicet Paderburnensis redeuntes. debitum in spiritualibus ad ipsam habebimus respectum. et clericum quem Episcopus Paderburnensis. apud nos Ecclesie constructe siue construende. et a nostra vniuersitate dotande. prefecerit. quemque Archidiaconus loci. dono altaris inuestiuerit. tanquam nostrum plebanum modo ad presens recipiemus reuerenter. remanente nihilominus apud nos post mortem ejusdem plebani, alium nobis eligendi plebanum libertate. dummodo electus a nobis Archidiacono. ad recipiendum donum altaris et curam animarum presentetur. ipsamque Ecclesiam nostram dominus Episcopus parrochialem faciendo. et sepulturam ibidem indulgendo. tempore oportuno consecrabit. Preterea Archidiaconum de capitulo majoris ecclesie Paderburnensis. qui *synodo Horehusen* presidere consueuit. in monte et prefata Ecclesia synodo presidentem tamquam nostrum Archidiaconum cum omni jure quod ipse Archidiaconus antequam nos ad montem transferremus [in capella s. Dyonisii *Horehusen* habuit. et adhuc circa vniuersam plebem ejusdem Archidiaconatus habere dinoscitur. admisimus. duobus tamen articulis non de jure sed de benignitate et gratia Archidiaconi et Ecclesie. exceptis. quod nec denarios vel obulos synodales persoluemus. et quod homines inter nos seruilis conditionis. *a scabinis accusati. non in ferro candenti. sicut alias consuetum est. sed manu duodecima suam expurgationem prestabunt.* Ne autem hec prescripta ordinatio. tam ab Ecclesia Paderburnensi. quam a nostra vniuersitate valeat inposterum reuocari. vel aliquid in ipsa immutari. presentem cartam sigilli nostre vniuersitatis appensione. ac testium annotatione roboratam. quam cartam etiam sub eodem tenore. domini Episcopi et Capituli sigillorum impressione munitam. ab ipsa Ecclesia accepimus. ad exhibendum pro et contra nos si necesse fuerit. Ecclesie dedimus eidem. Acta sunt hec anno dominice incarnationis. M°. CC°. XXIX°. VII. kalend. Septembris. Testes huius rei sunt. Herman de Vesperthe. Johan de Eleren. Tetmar de Durslo. Johan de sto Magno. Johan de Westhem. plebani. Milites vero Andreas de Durslo. Olricus de Westhem. Alradus. Hinric de Brochike. stephanus. fratres de Dalhem.

Tideric de Etlen. Bodo. Henric et Johan de Schneuethe. Consules vero Vollant. Alrat. Hermann. Conrat. Monetarii. Tideric de Gesmaria. Tideric de Nelrebergh. Ludolff de Capella. Henric Westual. Henric de Dune. Regenhart de Hoburgehusen. Regenhart de Hottepe. Johan de Fabrica et tota vniuersitas montis ejusdem.[318])

187.

1229. verkauft das Walburgiskloster bei Soest dem Kloster Wedinghausen seinen Hof zu Wigmaringhusen (Wipperingsen).

Nach dem Original im Wedinghauser Archive.

In nomine domini amen. Hermannus Prepositus. Rikece. priorissa. Totusque conuentus sancte Walburgis prope Susatum. vniuersis xpi fidelibus presentibus et futuris. Salutem in auctore salutis. Presenti scripto profitemur quod nos unanimi consensu pro viginti quatuor marcis ecclesie de *Wedinchusen* vendidimus *Curtem Wigemarenchusen* cum omnibus attinentiis suis. omnem proprietatem et jus nostrum quod in eadem habuimus, *coram domino Godefrido Comite de Arnisberg, in Susato tunc aduocatiam agente publice resignantes.* Ut autem hec venditio nostris successoribus rata sit, et ecclesie memorate quieta possessione et irreuocabili in perpetuum perseueret. presentem paginam super eo conscriptam sigillorum nostrorum fecimus inpressione roborari. Testes aderant. Hartmodus. Hermannus prepositi. Henricus prior. Albertus plebanus in werle. Johannes canonicus Arnisbergensis. Jordanus conuersus ecclesie sancte Walburgis. Radolfus iudex susatiensis. Robertus filius eiusdem. Thitbertus. Elgerus. Radolfus. ciues susatienses. Et alii quam plures. Acta sunt hec anno gratie. M°. CC°. XXIX. feliciter. Amen.[319])

[318]) Die Urk. ist auch abgedruckt in *Schaten* Annal. Paderb. ad ann. 1229.

[319]) Die wohl erhaltenen Siegel hängen an seinen weißen Zwirnsträngen in weißem Wachse. Das des Probsts ist eine weibliche Figur in weltlicher Kleidung, in der Linken ein Buch, in der Rechten einen Palmzweig haltend. Das andere ebenfalls eine weibliche Figur aber in Nonnenkleidung, hält in der Linken ein offenes Buch, in der Rechten einen Palmzweig. Jegliches führt die Umschrift: Sigillum s. Walburgis Susati. (S. Taf. 12. Nr. 4. u. 5.)

188.

1229. übertragen die Grafen **Adolf** und **Ludolf** von **Nigenovere** (**Dassel**) dem Kloster **Weding-hausen** den lehnpflichtigen Zehnten zu **Havebole**, den früher **Bernhard** von **Wiglon** zu Lehn getragen.

Nach dem Original im Wedinghauser Archive.

In nomine domini. amen. *Adolfus* et *Ludolfus* dei gratia *Comites de Nigenouere*. Uniuersis xpi fidelibus ad quos presens scriptum peruenerit vtriusque uite salutem. Ne obliuionis litura contingat presentis etatis negotia obscurari. litterarum testimonio ea conuenit perhennari. Sciant ergo presentes ac futuri. quod cum conuentus de *wedinchusen* ab *arnoldo de husten* et *Bernardo milite de wiglon* consensu heredum utriusque comparasset *decimam de hauebole*, pro cuius solutione annuatim quinque solidi soluebantur. quam a nobis dictus B. tenuit in feodo. nos ob deuotionem ecclesie supradicte. et petitionem domini *Godefridi Comitis Arnes-bergensis* receptis ab ea tribus marcis consensu heredum nostrorum liberaliter eandem dedimus in perpetuum possidendam. expensis antefactis pie conpatientes. Promisimus insuper bona fide quod quantocius possumus Dno nostro Archiepo Coloniensi decimam resignabimus eandem. ut ipsius auctoritate et titulo prefate decime possessio stabiliatur ecclesie memorate. Ne igitur a nobis uel nostris heredibus. uel a quoquam in posterum ecclesie prefate super eadem decima possit questio suboriri. presentem paginam super eo conscriptam sigillorum nostrorum inpressione facimus roborari. Testes aderant. *Godefridus comes de arnesbergh*. Harmodus prepositus. Radolfus prior de vlinchusen. Ludewicus plebanus. Albertus custos in wedinchusen. Hermannus canonicus susatiensis. *Thidericus de susato*. Godescalcus de Brochusen. Helmicus prls. *Hermannus de dasle*. Johannes dapifer. Geruasius de Bederike et alii quam plures. Acta sunt hec. anno gratie. M°. CC°. XX°. VIIII°.[310])

---

310) Das erste Siegel ist abgefallen; das zweite hängt an roth seidenen Strängen und zeigt die Dasseler Hirschgeweihe, mit den Buckeln zwischen den Enden und 9 Buckeln in der Mitte. Es hat die Umschrift: Sigillum Comitis Ludolfi de Dassele.

189.

1230. im August. vergleichen sich die Stifter Cöln und Corvei über den Besitz von Marsberg.

Nach dem Orig. im Archive des Stifts Marsberg.

In nomine sancte et indiuidue trinitatis. *Henricus* diuina fauente clementia sancte Coloniensis Ecclesie Archiepiscopus. vniuersis xpi fidelibus ad quos presens pagina peruenerit in perpetuum. Ad obliuionis confusionem euitandam. notum esse cupimus tam presentibus quam futuris. quod super controuersia inter nos. et *Herimannum* abbatem Corbeygensem. super *monte martis* et aliis habita. nos tum propter pacem terre. tum propter ecclesie nostre et sue mutuam in perpetuum promotionem et familiaritatem. prudentum consilio et ecclesie nostre consensu. amicabiliter cum ipso composuimus in hunc modum. quod nos uidelicet et ecclesia coloniensis. retinebimus medietatem iam dicti montis cum omni iure et prouentu. *excepto claustro in monte sito* quod Abbatis et ecclesie Corbeygensis. spirituali iurisdictioni et dominio solummodo subiacebit. Neuter nostrum castellanum in dicto monte locabit uel edificium aliquod construet. sine alterius consensu et uoluntate. Si uero aliquid edificandum est. fiet de consilio amborum et communibus expensis. Nos autem in restaurum iam dicte medietatis montis cum consilio Priorum et consensu capituli ecclesie maioris curtim in *Driuere*. ecclesie Corbeygensi. cum omni iure contulimus perpetuo possidendam. Ad amplioris quoque dilectionis et familiaritatis firmitatem. memoratus abbas de consilio suorum fidelium et ecclesie sue consensu. Castri *lichtenuils* medietatem nobis et ecclesie Coloniensi assignauit. et nos oppidum prope castrum idem. communibus edificabimus expensis. et muniemus. quod in omni prouentu nobis erit commune. In castro autem nullus instituetur castellanus nisi de consilio partis utriusque. Si uero molendina prope castrum edificata fuerint. medietas prouentuum nobis et ecclesie nostre cedet. Item bona abbatis et ecclesie sue et suorum ministerialium et castrensium. tam in oppidis quam uillis et hominibus. et aliis ad eum et ipsos pertinentibus. ab exactionibus et quibuslibet iniuriis salua erunt. et in nostra tuitione consistent. nisi forte ad proclamationem terre ad iusta iudicia contra malefactores exercenda iidem homines Corbeygenses. debeant subseruire. Item prenotato abbati. XII dedimus fideiussores subnotatos. qui fide data promiserunt quod si aliquis hominum nostrorum. ipsum vel homines suos ad summam uiginti marcarum uel infra leserit. nos commoniti infra IIII[or] septimanas faciemus emendari. alioquin nostri fideiussores facta sibi commonitione *mersberg* intrabunt. inde ante satisfactionem non exituri. Si uero nos iustum iudicium in ipsum malefactorem exercuerimus. uel eum de oppidis et castris nostris et terra expulerimus. ipsi fideiussores ex eo sunt absoluti. Hii autem sunt fideiussores. Herimannus aduocatus coloniensis. Theodericus dapifer. Franco pincerna. Godefridus camerarius. *Gozwinus marscalcus. Richwinus marscalcus. Johannes de padeberg. Gozwinus Scultetus Susatiensis.* Theodericus et Herbordus de hildeno. Hermannus spigil. Henricus de Werle. Si uero aliquem fideiussorum predictorum decedere contigerit. loco ipsius alius substituetur. Item ministeriales et castrenses nostri et abbatis non debent in oppidis nobis communibus per iudicium detineri. nisi in manifestis excessibus. ut furto. rapina et similibus deliquerint. propter quod ibidem iudicabuntur. et si aliquis a nobis proscriptus fuerit. ille nostre seruabitur iurisdictioni. Item si ministerialis noster uel castrensis uel aliquis in oppidis et castris nostris residens nostra sera firmatis et uigilibus custoditis. erga ecclesiam Corbeyg. deliquerit. nos. uel si absentes fuerimus a Prioribus nostris.[321]) ab Abbate uel si ipse presens non fuerit à conuentu suo commoniti. infra tres menses faciemus emendari. Quod si emendare noluerit. nos eum a castris et oppidis nostris expellemus. et contra eum Abbati assistemus. Quod si non fecerimus. mons martis totaliter ecclesie Corb. cedet. Vt autem inter Colonien. et Corb. ecclesias propensior perpetuo uigeat et obseruetur dilectio. ea inter nos interuenit confederatio ut nos et ipse ecclesie sibi contra omnem hominem excepto Imperio in suo iure assistent. et si nos uel aliquis successorum nostrorum premoniti ad. IIII[or]. septimanas domino Abbati uel alicui successorum suorum non astiterimus. mons martis ipsi et ecclesie sue totus cedet. et ipse uersa uice cum suis successoribus in in simili casu pene consimili subiacebit. Vt autem hoc factum ratum permaneat et inconuulsum. presentem paginam exinde conscriptam. nostri et maioris ecclesie Colon. sigillorum appensione fecimus communiri. Testes huius rei sunt. Conradus maior prepositus et archidiaconus colon. Johannes prepositus Bunnensis et archidiaconus. Godefridus prepositus xantensis et archidiaconus. Arnoldus prepositus sancti Gereonis. Henricus prepositus sti seuerini. Bruno prepositus sti kuniberti.

---

[321]) Statt a prioribus nostris würde es richtiger heißen priores nostri; aber die Urkunde liest so.

Henricus prepositus sti Georgii. Albertus subdecanus. Gozwinus choriepiscopus. Bonefacius scolasticus. Godefridus prepositus monasteriensis. Henricus comes seinensis. Adolfus comes de marcha. *Godefridus comes de arnsberg*. Bernardus de lippia. Volquinus de Sualenberg. et Adolfus frater eius. Conradus de Itere. Bernardus de Osde. *Ionatas de ardei*. *Henricus niger*. Herimannus aduocatus Colon. *Hermannus marscalcus* et *Gozwinus filius eius*. Theodericus dapifer. Franco pincerna. Godefridus camerarius. *Riquinus marscalcus*. *Gozwinus scultetus Susatiensis*. *Johannes de padeberg*. Albertus de sturmede. Wernerus et Bertolfus de Brakele. Theodericus et Heribordus de hildene. Herimannus spigil. Conradus de amelunx. et Herbordus filius eius. Hermannus de nienkirken. Gerardus badeke. Godefridus de Godelumen. Ordemarus. Bernardus de Dalheim. Henricus de luttardessen. Albertus dictus vrie. Theodericus de weten. Albero de reelenchusin. Alardus et alii quam plures. Acta sunt hec apud Susatum. anno dni. M°. CC°. XXX°. mense augusto.[422])

190.

1230. bekundet Graf Gottfried II. von Arnsberg, wie Herr Walther Vogt von Soest sein Gut in Gembeck dem Kloster Rumbeck für 61 Mark verkauft habe.

Nach dem Original im Archive des Klosters Rumbeck.

In nomine sancte et indiuidue trinitatis amen. Ego *Godefridus* dei gratia *Comes in Arnesberg* uniuersis xpi fidelibus tam futuris quam presentibus presenti declaro scripto. quod dominus *Waltherus aduocatus Sosatiensis*, consensu heredum suorum *allodium in Gembeke* cum omnibus appendiciis suis. ecclesie in *Rumbeke* pro sexaginta una marcis uendidit. Ut autem posteris suis omnis occasio tolleretur predictam uenditionem rescindendi. ipse cum uxore sua *dna Sophia* prefatum

---

[422]) Die an roth seidenen Strängen gehangenen Siegel sind abgefallen. Die Urkunde ist auch abgedruckt bei *Schaten* annal. ad ann. 1230, aber nicht diplomatisch genau. Insbesondere sind viele Eigennamen ganz entstellt.

allodium dicte ecclesie in ueram et meram proprietatem in domo conradi parui Sosatie contulit. Presentes erant filius meus *Godefridus*. dnus Lvdolphus de valle. Rotgerus de borben. Helmicus Rump. Gerhardus de Rvden. Rabodo de Holthusen. Hunoldus de odenge. milites. Conradus paruus., Ludolphus de Minden. burgenses. Sequenti quoque die proxima predictus aduocatus dnus. W. ut sufficienter predicte caueret ecclesie. sepedictum allodium *in domo consulum* in *Sosato me presidente iudicio quod teutonice vogethinc dicitur*. iterato eidem ecclesie in ueram contulit proprietatem. coram omnibus confitens uxorem suam supra nominatam altera diè idem fecisse. Presentes erant dnus Henricus de volmutstein. Gozwinus scultetus. Timo iuuenis. Rvtgerus de burben. Helmicus Rump. Regenbodo filius dne margarete. Gerhardus de Rvden. Conradus de allagen. milites. Tietbertus. Henricus stangeuole. *Arnoldus cum ferrea manu*. burgenses. et alii quam plures. Acta sunt hec anno gratie. M°. CC°. XXX°.[323])

191.

1231. März. 8. überträgt Erzbischof Heinrich die ihm von Hermann von Rüdenberg resignirten Zehnten in Lenole, Deventrop, Dinschede und Glösingen nebst einer Jahrrente von 6 Pfennigen, an das Kloster Wedinghausen.

Nach dem Original im Wedinghauser Archive.

In nomine sancte et indiuidue trinitatis. *Henricus* dei gratia sancte coloniensis ecclesie archiepiscopus. Uniuersis xpi fidelibus imperpetuum. vtriusque uite salutem. Ut ecclesias nostre diocesis conseruemus indempnes. *precipue que laborant ad redemptionem decimarum*. Notum facimus presentibus et futuris. quod Nobilis uir *Hermannus de Ruthenberg* fidelis noster. decimam in *lenole*. *Ouerendorp*. *Dinterschede*. *Clusinchem*. et VI. solidos pro solutione quarumdam domorum

---

[323]) Die Urk. ist sehr schön mit Minuskel in weiten Linien geschrieben. Das an gedrehten runden weißen Schnüren hängende Siegel ist in weißem Wachse abgedruckt.

in uillis predictis cum minucliis attinentibus in manus nostras precise resignauit. que nos ob deuotionem dicti Hermanni. et consensum heredum suorum ratum id habentium (in) nostri memoriam contulimus ecclesie beate Marie. et sancti laurentij in *Weddinchusen*. in perpetuum possidenda. vt autem hec collatio rata permaneat et inconuulsa presentem paginam super ea conscriptam sigilli nostri fecimus appensione muniri. sub anathematis uinculo precipientes eam inuiolabiliter obseruari. Actum anno gratie M°. CC°. XXXI°. Indictione quinta. octauo Idus martij. Pontificatus nostri anno septimo. Apud Susatum. Presidente sacrosancte Romane sedi. Dno Gregorio papa nono. Regnante jnvictissimo Romanorum jmperatore Friderico. et illustri filio eius Rege Henrico. Presentibus testibus. Henrico preposito sancti Seuerini. Preposito Godefrido in susato. Hermanno preposito sti Suiberti in werdina. *Godefrido comite de arnesberg*. et *filio eius Godefrido*. Adolfo de marca. et *adolfo de dasla* comitibus. *Gozwino uillico de susato* Alberto dapifero de lippia. Rolgero de borbenne. Alberto de horthe. Wilhelmo de ole. et aliis quam pluribus boni testimonii uiris.[324])

192.

1231. verkauft das Kloster Scheda dem Kloster Wedinghausen einen Hof in Müsche, nebst einer jährlichen Zehntlöse von 2 Schillingen aus dem Hause der Arnsberger Kirche zu Herdringen.

Nach dem Original im Wedinghauser Archive.

In nomine sancte et indiuidue trinitatis. amen. Nos dei gratia Teodericus prepositus. Marquardus prior. totusque conuentus in *Scheida*. vniuersis xpi fidelibus in perpetuum utriusque uite salutem. Quia rei geste memoria uolubilitate temporis preteriens euanescit. necessario litteris commendamus, quod ad nostre posteritatis notitiam transmitti desideramus. Nouerint igitur tam futuri quam presentes. quod mansum

---

[324]) Das Siegel des Erzbischofs hängt an roth und weißen baumwollenen Strängen.

nostrum in *Musche*. cum omnibus iusticiis et attinenciis suis. et pensionem duorum solidorum. quos domus ecclesie de Arnesberg in *Herderinc* sita. *pro redemptione decime* annuatim nobis persoluit. pro XVIII°. marcis *Arnesbergensi ecclesie* uendidimus consentiente nostro aduocato. spondentes quod omnem actionem personalem. sive realem. que in eandem ecclesiam ratione predictorum bonorum fuerit intentata. penitus absoluemus. plenariam warandiam ipsorum prestantes. Profata autem pecunia locauimus in ecclesia *Storfenberg* filiam *Keberti* militis de *Herderinc*. a quo ipsum mansum habuimus donata nobis proprietate ipsius ab *Engelberto* Archiepiscopo Coloniensi. Ut autem hec rata et inconuulsa permaneant. presens scriptum tam nostra quam patris abbatis Capenbergensis scilicet prepositi bulla signamus. Acta sunt hec publice in Capenberg. die dedicationis ecclesie. Anno gratie. M°. CC°. XXXI°. presentibus hiis testibus. Andrea preposito. Hugone priore. Bernardo cellerario. de Capenberg. Volquino preposito de Bertelinctorp. Alberto plebano de Werla. Alberto canonico de Scheida. Hartmanno conuerso de Rumbeke. et aliis quam pluribus.[325])

193.

1231. März. 11. überläßt Graf Gottfried II. von Arnsberg dem Kloster Rumbeck die Zehntlöse des Hofes Odenhusen, welche Gottfried von Snevardinghusen zu Lehn getragen hatte.

Nach dem Orig. im Archive des Klosters Rumbeck

Godefridus comes de *Arnesberg*. vniuersis xpi fidelibus tam presentibus quam futuris. In perpetuum. Cupientes ea que a nobis pie geruntur firma et stabilia permanere. per presens scriptum notum fieri volumus vniuersis. quod cum *Henfridus* de *sneyuardenchusen* a nobis teneret. tres solidos. de *solutione decime* curtis in *odenhusen*. et dictus H. cum conuentu

325) Das erste an gelb seidenen Strängen gehangene Siegel ist abgefallen, das zweite an grünen und das dritte an rothen, sind noch vorhanden und wohl erhalten.

de *Rumbeke*. receptis ab ipso tribus marcis consenserunt. vt feodum suum nobis resignaret. Nos cum consensu heredum nostrorum. prefatam pensionem trium solidorum. nostre proprietati pertinentem. pro Reuerentia xpi et dilectione loci sepe dicto cenobio liberaliter duximus conferendum. Huius rei testes sunt. *Conradus burgrauius de Stromberg*. *Henricus Niger de Arnesberg*. Hartmodus prepositus de wedinchusen. Radolfus de Engelant et alii quam plures. Datum apud Arnesberg. anno dni M°. CC°. XXX primo. pridie ante festum Gregorii.[326])

194.

1231. März. 21. verkaufen die Vettern (fratrueles) Adolf und Ludolf von Dassel dem Grafen Gottfried II. von Arnsberg die Burg Hachen, welche sie vom Erzbischofe von Cöln zu Lehn trugen.

Nach einer Abschrift in der Farrago *Gelenii* T. VII. p. 3.

In Nomine Domini amen. *Godefridus* Dei gratia *Comes Arnsbergensis* et filius eius *Godefridus*. *Adolphus* et *Ludolphus* fratrueles de *Dasle* vniuersis Christi fidelibus presens scriptum inspecturis salutem in Domino. Nos fratrueles *Adolphus* et *Ludolphus* presentium tenore significamus vniuersis et protestamur, quod nos unanimi consensu de consilio fidelium nostrorum *castrum in Hachene* quod a Beato Petro et Archiepiscopo Coloniensi hactenus feudi nomine possedimus, nobili viro *Arnsbergensi Comiti Godfrido* et filio suo *Godfrido* tam in hominibus quam mancipiis, Aduocatiis, decimis, vineis, terris cultis et incultis, siluis, pratis, pascuis et impascuis, vsuagijs, vijs, Semitis, aquis, piscarijs et ceteris attinentijs pro septingentis et sexaginta marcis vendidimus, de quibus recepimus ad manus trecentas marcas et quinquaginta quatuor solidos et sex denarios cum tantum ducentas et viginti recipere deberemus ad presens, que summa supra

---

[326]) Das in weißem Wachse abgedruckte Siegel hängt an einem Pergamentstreife. Vergl. die Urk. Nr. 110.

excrescens Comiti cedet in recompensationem ducentarum marcarum in festo Jacobi próxime venturi soluendarum exceptis viginti septem marcis in purificatione B. Marie summe tunc soluenda recompensandas, reliquas ad certos terminos recipiemus scilicet post Pascha ad tres hebdomadas centum marcas, in festo Jacobi ducentas. centum ex hijs soluet sine intercessione, Susatum pro reliquis centum intrabit si velit non exiturus donec persoluat. Item residuum soluet in purificatione sancte Marie. Nos vero fratrueles idem castrum cum attinentiis antedictis Rutgero Burcbene, Rudolpho de Ervete, Wilhelmo de Nehem, Geruasio de Bodrike, Johanni Coluer, hunoldo Gotschalco de Broichusen militibus tam diu infeodauimus, donec idem Comes et filius eius a Domino Archiepiscopo Coloniense meritis suis poterint obtinere ipsis ea infeodari, nobis idem feudum debentibus resignare. Iidem uero feodatarii sepedictum castrum cum omnibus attinentiis pro tribus millibus marcarum dicto Comiti et filio eius impignorarunt donec hec obtenta fuerint et persoluta. Hec autem predictus Comes cum suis videlicet preposito sancti Seuerini *Thiderico* de *Bilstene, Goiswino vilico*, Thiderico Themone de Sosato, Gotschalco de Broichusen, Rodolpho de Eruncte, Rutgero de Burcbeune. Alberto Dapifero, Wilhelmo de Nehem, Henrico de Werle, Ioanne dicto Colne dapifero, Hunoldo de Oedingen, Geruasio de Bodrike, Gotschalco Wilep. et nos cum nostris scilicet Renboldo, Hartmodo militibus, Gelmico et Henrico communibus vtrique parti fide data firmiter promisimus obseruari. Preterea feodatarii predicti quibus castrum sepedictum in feodo sub conditione supra specificata concessimus, si aliqua feoda particularia predicto castro annexa vacabunt nullis existentibus legitimis heredibus hec ad comitem Godfridum et ad eius filium licet adhuc non fuerit omnimodo executum vt debet non hoc obstante redibunt tanquam ad verum dominum. Et ut hec rata permaneant et firma presens scriptum super eo confectum prefati Comitis et nostris sigillis est communitum. Acta sunt anno domini M°. CC°. XXXI. XII. kalend. Aprilis.[327])

---

[327]) Die Urk. ist auch abgedruckt bei Meyer in Wigands Archiv. B. 6. S. 211.

195.

1231. Juli. 25. resignirt **Johann von Padberg** den Zehnten zu **Calle**, den er vom **Stift Meschede** zu Lehn trug, demselben für 62 Mark. Die von ihm gestellten Bürgen versprechen, daß sein Sohn **Johann**, wenn er zu seinen Jahren gekommen, die Resignation genehmigen werde.

Nach dem Original im Archive des Stifts Meschede.

In nomine Domini Amen. Nos. Heinricus. sancti Seuerini Coloniensis. Godefridus Susatensis. prepositi. *Tidericus de Bilsteinne*. Rodolfus. Gotscalcus de Eructe. Milites. Thidericus walbodo. et Hugo de Eruete. fideiussores a domino *Johanne de Patberg*. presentium tenore protestamur. quod idem Johannes. *Decimam in Calle* quam de manu Abbatisse tenuit. Abbatisse ac conuentui *Meschedensi* cum uxore sua. *Ermentruda*. precise resignauit. pro qua ab eisdem sexaginta marcas et duas recepit. et nos spopondimus. quod cum Johannes filius eorum ad annos debite peruenerit etatis eandem decimam resignabit. et factum parentum ratum habebit. Et ut id ratum seruetur a nobis et ab ipsis impressione sigillorum nostrorum roboramus. Acta sunt Anno Domini M°. CC°. XXXI°. Indictione quarta. VIII kal. Augusti. feria Sexta. Presentibus *Godefrido domicello de Arnesberg*. Bernardo de Lippa. *Waltero aduocato*. Nobilibus. *Gotzvino Sculteto Susatensi*. Rotgero de Burbenne. Helmico Rump. Gotscalco welp. Andrea marscalco. Godefrido Dapifero. Erenfrido. Militibus. Roberto Iudice. Theberto. Hermanno de wirinchusen. Heinrico Semigallo. Gerlaco perle. ciuibus Susatensibus Giselero et Wilhelmo. sacerdotibus et aliis quam pluribus.[326])

---

[326]) Von den angehängten 4 Siegeln ist nur noch das Padberg'sche theilweise vorhanden. — 1247. März. 28. bestätigt Erzbischof Conrad dem Stifte den Besitz des zum Gebrauche gemeiner Präbenden angeschafften Zehnten zu Calle.

196.

1231. Nov. 12. verzichtet Graf Adolf von Waldeck wiederholt auf das Patronatrecht über die Kirche zu Medebach, zum Vortheil des Klosters Questelberg und verspricht zugleich die Einwilligung seiner Brüder Heinrich und Volquin.

Nach dem Orig. im Archive der Pfarrkirche zu Medebach.

In nomine. sancte. et indiuidue. trinitatis. *Adolfus* dei gratia *comes in Waltecke*. vniuersis xpi fidelibus in perpetuum salutem. Ad indelebilem memoriam posterorum notum facimus. presentibus et futuris. quod nos omni iuri et actioni. que habuimus. uel habere uidebamur. in *patronatu ecclesie. Medebach* et pertinentiis eius. omnino renunciauimus. et fratres nostros. *heinricum* canonicum paderbornensem et *volquinum* comitem in Svalenberg. compescemus. ad impetitione (sic) dicti patronatus. ratam habentes donationem sollempnis et pie memorie. Dni *Engilberti* Coloniens. Archiepi. cui tunc rite uacabat idem patronatus. et postmodum. Dni nostri. *heinrici*. Archiepi colon. successoris ipsius. confirmationem sicut in priuilegiis ipsorum continetur expresse. sancte marie dei genitricis *ecclesie in Questelberg*. ob perpetuam nostri memoriam. et nostrorum. presentem paginam quoque super hiis conscriptam impressione sigilli nostri corroborantes. Actum anno. Dni. M°. CC°. XXXI. pridie Idus. Nouembris. in ecclesia. Berche. presentibus. Gerardo in Questelberg. hermanno in Berche. heinrico in werbe. prepositis. Sifrido in Bruninchusen. plebano. heinrico pambiz. Thetmaro de Waltecke. Nobilibus. Iohanne dapifero. nostro. Conrado Bulemast. Ottone de voele. Gotscalco de mulnhusen. militibus. *hermanno de megeuelde*. Iohanne de Weten. et aliis. *Scriptori dominus* propicietur. Amen.[329])

---

[329]) Die Urkunde ist gut erhalten. Das an grün, gelb und roth gewundenen Schnüren gehangene Siegel, in weißem Wachse, ist zum Theil zerbröckelt; jedoch der darauf befindliche große waldeckische Stern noch kenntlich. Die erste Schenkung des Patronatrechts über die Kirche zu Medebach an das Kloster Küstelberg von Engelbert dem Heil. (Urk. Nr. 158.) wurde bestätigt von Erzbischof Heinrich I. 1227. (Urk. bei Meyer in Wigands Archive. B. 6. S. 208.) Graf Adolf von Waldeck verzichtete zuerst darauf 1231. März. 9. (Urk. bei Meyer in Wigands Archive. B. 6. S. 209.) Die vorstehende Urk. bestätigt alles frühere.

197.

1232. verzichtet Gottschalk von Padberg auf alle bisher an Upsprunge, Keldinghausen und Bredelar gemachten Ansprüche, zu Gunsten des Klosters Bredelar.

Nach dem Orig. im Archive des Klosters Bredelar.

In nomine sancte et individue Trinitatis. Notum sit presentibus et futuris. quod dominus *Godescalcus* de *pathberg* future intendens felicitati quandam iusticiam quam sibi cum fratribus suis tam laicis quam Clericis. uxore et pueris. jure hereditario dixit pertinendam. videlicet in *ubsprunyen*. in *Keldinchusen*. et in ipso fundo *Breydelare*. in silvis. pratis. pascuis. aquarumque decursibus. ipso tamen cenobio a fundatione sui sine omni inpulsione quiete obtentam. prudentum virorum consilio et interventu. in remissionem peccaminum suorum. quicquid iuris habere videbantur unanimiter ad honorem domini nostri iesu xpi. et beate dei genitricis. in manus domini *Sifridi* abbatis et sui conventus de *Breydelare*. domini Alradi de harehusen et Alradi magni cum ipsis suscipientibus pio resignaverint. Testes huius rei sunt. dominus Willehelmus sancti Petri in monte Heresberig prepositus. Bertoldus mulo magister consulum. Alradus magnus. Hermannus monetarius. Vrethechardus. Johannes de Sneuede. Tidericus de *oddenhusen*, Henricus Westphal. Henricus quattele. Tidericus de velceberg. Ludolfus de cappella. Werno de westhem. consules montis. Gozwinus de wethen. Tidericus de paderburne. Hermannus de lellebike. milites. Conradus super aqua. Johannes alph. Richardus pistor. Cesarius fusor. et alii quam plures. Vt autem hec rationalis actio a memoria non recedat futurorum. et ne quis ausu temerario eam infirmare presumat, sed ut semper maneat ratum quod veritatis habet adminiculum. sigillorum beati Petri et ipsorum civium in monte Heresberg impressione extat communita. Acta sunt hec in monte Heresberg coram dictis testibus. Anno ab incarnatione domini. M°. CC°. XXXII°. Temporibus domini Hermani. Corbegensis abbatis. Regnante domino Friderico potentissimo romanorum imperatore.[330])

---

330) An der schön geschriebenen und gut erhaltenen Urkunde hängen 2 Siegel, nemlich 1) das Siegel des Stifts (zerbrochen), 2) das der

198.

1232. März. 15. verleiht Abt Adolf zu Grafschaft dem Kloster Oelinghausen das Patronatrecht über die Kirche zu Altenrüden.

Nach dem Orig. im Archive des Klosters Oelinghausen.

In nomine sancte et indiuidue trinitatis amen. *Adolphus* dei gratia abbas totusque conuentus in *grascaph*. vniuersis xpi fidelibus in perpetuum. vtriusque uite salutem. Ea que liberaliter geruntur et rationabiliter. presertim inter ecclesias peruitile ducitur memoriter scriptis commendari. ne turpi uetustate uilescant. aut lapsu temporis labili depereant obliuione. Proinde notum facimus presentibus et futuris. quod nos unanimi consensu ad laudem dei patris omnipotentis. et uenerationem beate ac gloriose marie uirginis ac matris dei. *ecclesiam in Aldenruden* cum attinentiis suis. cuius patronatus ad nos et ecclesiam nostram noscitur pertinere. contulimus in perpetuum ecclesie beate marie in *olinchusen* ad pauperum fratrum et sororum inibi deo deseruientium subleuationem et sustentationem. Ita sane quod quicunque prepositus uel prouisor eiusdem loci fuerit. a nobis ipsam recipere teneatur sine contradictione. Quo decedente uel cedente. idem fiat succedenti. Archidiaconi iure per omnia saluo. cui a nobis et a nostris successoribus est rite presentandus. Vt autem hec rata permaneant et firma. presentem paginam super hiis conscriptam sigillorum nostrorum fecimus impressione muniri. Acta sunt hec anno dni. M°. CC°. XXX°. II°. Indictione quinta. Idus marcij. Presidente sacrosancte romane sedi dno. Gregorio papa Nono. Regnante inuictissimo romanorum imperatore dno Frederico. et illustri filio eius rege henrico. Gubernante sanctam coloniensem ecclesiam dno archiepiscopo henrico. Presentes erant. henricus prior. Gerhardus cellerarius. henricus custos. Gerbertus. Stephanus. Andreas. Gerlagus. henricus. hedenricus. Johannes. cunradus. Ditmarus. Herebordus. Burchardus. Tho-

---

Stadt Eresburg; beide sind in weißem Wachse abgedruckt und hängen an plattgeflochtenen weißen Schnüren. Das Eresberger Siegel ist das älteste der Stadt, schlecht gravirt, mit unleserlicher Umschrift. Es stellt eine Mauer und ein Thor mit Zinnen, dahinter 3 Thürme, wovon der mittelste der niedrigste ist, dar. Es kömmt später nicht mehr vor; die Stadt brauchte vielmehr seitdem das größere. Tab. 8. Nr. 1.

mas. henricus. Euerhardus. Alexander. Winandus. Et alii quam plures.[331])

199.

1232. Juni. 2. übergeben die Vorsteher der St. Clemenskirche zu Drolshagen, Güter zu Hoverinchusen und Gaverbeke gegen einen jährlichen Zins von 2 Soliden an die Eheleute Gozwin und Swanehilde.

Nach dem Original im Archive des Klosters Drolshagen.

Notum sit tam presentibus quam futuris presentem paginam inspecturis quod ego Conradus et Sifridus custodes *ecclesie beati Clementis in Droleshagen* cum consensu volcwini Cellerarii bona quedam in *houerinchusen*. et *Gauerbeke* prefate ecclesie attinencia *Gozwino* et *Sveneheldi* uxori sue et Godefrido filio eius libere porreximus tali conditione adiuncta quod singulis annis de predictis bonis in festo beati Clementis super altare suum soluere duos solidos denariorum teneantur. Igitur ne contra hoc racionabile factum aliquis in posterum possit malignari. presens scriptum sigillo beati Clementis decreuimus roborari. Huius rei testes sunt. Winandus plebanus. Arnoldus eiusdem ecclesie aduocatus. Henricus pater Johannis sacerdotis. Hildegerus uillicus. hohicus Campanarius. Conradus de herteshole. et Sifridus custodes siue prouisores. Albertus Gnube de holipe. Acta sunt hec anno incarnacionis. M°. CC°. tricesimo secundo. Secunda feria post Octauam Pentecosten.[332])

---

[331]) Das Siegel des Abts und das alte Conventsiegel (Tab. 11. Nr. 5.), beide in weißem Wachse abgedruckt, haben eine parabolische Form und hängen an grün und roth seidenen Strängen. Das des Abts ist so groß wie ein Erzbischöfliches der damaligen Zeit. Es stellt eine sitzende Figur in faltigem Gewande dar, welche in der Linken ein offen geschlagenes Buch, in der Rechten den Hirtenstab hält. Umschrift: Adol(fus) de(i) gracia abbas de Graschp.

[332]) Das in weißem Wachse verkehrt, das Unterste zu oberst, abgedruckte Siegel ist zum Theile zerbröckelt; die Umschrift nicht mehr zu lesen. (Tab. 9. Nr. 5.)

200.

1232. übertragen die Abtissin **Jutta** zu **Meschede** und die Probstin **Guda** zu **Oedingen** mit Bewilligung ihres Vogts, des **Grafen von Arnsberg**, dem Kloster **Wedinghausen** die Aecker zu **Odensvelt**, mit der Verbindlichkeit, davon jährlich 6 Denare an den **Haupthof Ruren** zu entrichten. Der Villicus und die ganze zu diesem Hof gehörige Familie sind damit einverstanden.

Nach dem Orig. im Archive des Klosters Wedinghausen.

Iutta dei gratia abbatissa et conuentus suus in *meschede*. et *Guda* preposita cum conuentu suo in *odinge*. vniuersis christi fidelibus in perpetuum. Notum facimus tam futuris quam presentibus quod nos *de consensu domini comitis de arnesberg aduocati nostri* contulimus ecclesie in *wedinchusen* in *perpetuam possessionem* agros qui dicuntur *odensuelt* cum omnibus appendiciis suis que habet in agris in pascuis in silua vel alio quocunque iure. tali condicione interposita. quod predicta ecclesia dabit singulis annis. VI. den. *in curiam ruren*. in die martini *cuius uillicus nomine bruninc et uniuersa familia ad eandem curiam pertinens prefate donationi beniuolum dederunt assensum*. Vt igitur hec in perpetuum sine omni turbatione inconcussa permaneant presentem paginam sigillorum nostrorum impressione muniuimus. Acta sunt hec anno gratie M°. CC°. XXXII°. indictione V^a. presidente sedi Romane Gregorio papa. frederico imperatore. henrico coloniensi archiepiscopo. presentibus Hartmodo preposito. henrico priore. Johanne plebano. in wedinchusen. Lodowico priore in rumbeke. Gosewino notario. Johanne dapifero. alberto de sunherc. Thetmaro uillico. aliisque quam plurimis.[333])

---

[333]) An der Urkunde hängen die Siegel der Abtissin Jutta, des Klosters Oedingen und des Grafen Gottfried von Arnsberg.

201.

1232. befreit König Erich IV. von Dänemark die Soester Bürger vom Strandrechte und verspricht, daß die Güter der in seinen Staaten etwa Sterbenden, Jahr und Tag für ihre Erben aufbewahrt werden sollen.

Nach dem Abdruck in *Hæberlin* Analecta medii ævi. p. 226.

In nomine sancte et indiuidue trinitatis. *Ericus* dei gratia *Danorum sclauorumque Rex* uniuersis Christi fidelibus imperpetuum vtriusque vite salutem. Ea que tam per nos quam per illustrem Regem Danorum *Waldemarum* karissimum patrem nostrum liberaliter et benigne gesta cognouimus, dignum duximus ueritatis testimonio roborare. Proinde presentibus et futuris presentium duximus auctoritate significandum, quod nos *tam per liberale factum patris nostri dudum precedens, principaliter inducti*, quam *Civium Susatiensium* deuotis supplicationibus inclinati: eandem gratiam et libertatem a prefato patre nostro iam dictis Susatiensibus indultam: de pia liberalitate nostra concessimus et indulsimus eisdem perpetuo perfruendam. Talem uidelicet: quod ubicumque infra terminos Regni nostri *periculum naufragii* forsan inciderit: omnia quecumque de suis facultatibus liberare ualuerint ad terram a periculo maris ex propriis laboribus et expensis educendo: cuiuslibet impedimenti uel contradictionis obstaculo cessante, sibi salua remaneant et integra propriis usibus disponenda. Preterea concessimus et indulsimus eisdem quod si fortasse quemquam *ciuium Susatiensium* in terminis Regni nostri *mori contigerit:* bona ipsius apud aliquem honestum deposita, per annum et diem fideliter reseruentur, difficultate qualibet et contradictione remota suis heredibus integraliter assignanda, dummodo contigerit, ipsos infra predictum terminum superuenire. Insuper de gratia nostra concessimus et indulsimus *eisdem Susatiensibus* ut in Regni nostri terminis in omnibus rebus suis et agendis, eodem iure eademque gratia et libertate plene perfruantur et gaudeant: quam memoratus *pater noster, nostrique predecessores ciuibus Coloniensibus* ex regali liberalitate dinoscuntur indulsisse ac priuilegio suo confirmasse. Nos igitur tam presens factum nostrum quam karissimi patris nostri nostrorumque predecessorum: in omnibus predictis ratum habere uolentes et perpetuum firmitatis robur obtinere cupientes presentem paginam super eo conscriptam, sigilli nostri fecimus impressione muniri. Quod si quisquam hominum ausu temerario aliquatenus e contra uenire uel attemptare presumpserit: Regie Maiestatis offensam se procul dubio nouerit incursurum et à gratia nostra penitus alienum. Acta sunt hec anno dominico incarnationis M°. CC°. XXXII°.[334])

202.

1233. Juli 17. bestätigt Erzbischof Heinrich I. dem Kloster Bredelar alle Privilegien und Güter, welche es bis dahin erworben.

Nach dem Original im Archive des Klosters Bredelar.

Henricus dei gratia sancte Coloniensis ecclesie Archiepiscopus. Vniuersis presentem paginam inspecturis in perpetuum. Eius intuitu et respectu qui nos ad pontificalis dignitatis apicem sublimauit. tanto uigilantius sacram religionem plantare fouere ac defensare tenemur. quanto gratius obsequium in religionis obseruantia et rigore discipline ecclesiastico ihu xpo prestatur. et laus eius per viros religiosos sumit incrementum. Cum igitur nouella plantatio monasterium scilicet in *Breidelare* Cystercicnsis ordinis in seruicio dei et gloriose genitricis ipsius proficiat. deus qui omnium merita pensat. et mensuras similes remetitur. ob materne reuerentie claritatem fratribus in ipso sibi deseruientibus gratiam continue propiciationis impendit. et labores eorum in fructu multiplici amplificat. et in germine dilatat honestatis. Nos ergo contemplantes memoratam ecclesiam diuina instauratione fulciri cum dominus ordini cisterciensi à mari benedixit usque ad mare, circa ipsius promotionem operam duximus inpendendam. quatinus nostris et ecclesie Coloniensis patrociniis adiuta. ab invasoribus iniquis libera consistat. in laude dei crescat. fructificet in flore uirtutis et in obsequio ejus stabilis perseueret. vel igitur hac meditatione prouida priuilegia ipsi a dominis *Adolpho* et *Engelberto* felicis recordationis antecessoribus nostris Coloniensibus Archiepiscopis concessa. et bona videlicet. VI. mansos in *upspringe*. et predium in *mere*. et VI. mansos in *flucto*. vniuersa

---

[334]) Das Siegel des Königs hieng an gelb und weiß seidenen Fäden. Es ist bei Häberlin in Kupfer abgebildet.

17

quoque bona. que in presentia possident. vel adhuc domino dante poterunt adipisci. sigilli nostri munimine confirmamus. recipientes ipsam ecclesiam cum personis et omnibus attinentiis suis sub nostram et beati petri patroni nostri protectionem. sub anathemate districtius inhibentes. ne quis ausu temerario molestare presumat eandem. sicut judicium diuinum. et nostre jurisdictionis effugere cupit ultionem. Datum *in obsidione castri stormethe*, anno gratie. M°. CC°. XXXIII°. XVI. kal. Augusti.[315])

203.

1233. Aug. 2. schenkt Graf Gottfried II. v. Arnsberg, dem Kloster Rumbeck das Eigenthum eines Bauernhofes in Madewich und eines Novalzehnten, welche Hermann v. Rüdenberg und durch diesen Wulfhard, Bürger zu Soest, von ihm zu Lehn trugen.

Nach dem Original im Archive des Klosters Rumbeck.

In Nomine sancte et indiuidue trinitatis. *Godefridus* dei gratia *Comes Arnesbergensis*. Vniuersis xpi fidelibus in perpetuum. vtriusque uite Salutem. Quia desideramus ecclesiam et cenobium sancte marie. sanctique Johannis ewangeliste in *Rumbike* indempnem conseruari. notum facimus omnibus presens scriptum inspectaris. quod proprietatem cuiusdam mansi in *madvic*. et decimam quorundam nouallium. que nobilis uir. *Hermannus de Rudenberg*. a nobis in feudo tenebat. et Wulfardus ciuis susatensis ab ipso. in manus nostras liberaliter resignata. et ecclesie prefate de consensu nobilis uiri *Conradi. Burgrauij de Stromberg filii prefati Hermanni*. collata a dicto wulfardo. *de consensu filii nostri Godefridi*. donauimus in perpetuum possidenda. et ne quis in posterum questionis alicuius scrupulus. super hiis ei possit suboriri. presentem paginam sigilli nostri fecimus im-

[315]) Die Urkunde ist wohl erhalten und schön geschrieben; das in weißem Wachse abgedruckte Siegel, hängt an weißen leinenen Schnüren und ist zum Theile zerbrochen.

pressione munlri. Actum Anno dnj. M°. CC°. XXXIII°. Indictione sexta. quarto nonas augusti. Presentibus *Jonatha de Ardey*. *Henrico nigro nobilibus*. Rolgero de Burbenne. Gotscalco de Brochusen. Hermanno de Elsepe. Helmwico Rump. Bernardo de Wiclo. Bertoldo appolderbike. Antonio de Binolo. Theoderico de mellene. Antonio de Schedinge. widekindo de mullesberg. militibus. Gotzvino notario. et aliis quam pluribus. feliciter Amen.[336])

204.

1233. Octob. 25. schenkt Erzbischof Heinrich dem Kloster Rumbeck den Neubruchzehnten zu Ardey welchen Graf Gottfried v. Arnsberg von der Cölnischen Kirche und Hermann v. Rüdenberg vom Grafen zu Lehn trug.

Aus dem Copiar. des Klosters Rumbeck.

In nomine domini amen. *Henricus* dei gratia Sancte Coloniensis ecclesie Archieps vniuersis xpi fidelibus salutem in vero salutari. Ad honorem et laudem dei genitricis et virginis marie sanctique. Johannis euangeliste patronorum cenobii pauperis in *Rumbeke* Decime noualium in *Ardeye* modo cultorum, quam tenuit a nobis nobilis vir fidelis noster *Godefridus comes de Arnesberg* et ab ipso nobilis vir *Hermannus de Rudenberg* in feodo tenuit eandem liberaliter ecclesie contulimus proprietatem in Rumbike quiete possidendam, quam prefatus comes in manus nostras resignauit et id presentium tenore protestamur Sigilli nostri presens scriptum munimine roborantes. Actum anno gratie M°. CC°. XXX°. III°. indictione sexta octauo kalend. nouembr. Pontificatus nostri anno octauo.

---

[336]) Das an dieser Urkunde hängende Siegel ist das mit dem aufsteigenden Adler und der Umschrift: aquila moras nescit. (Tab. 1. Nr. 7.)

17*

205.

1235. dotiren **Heinrich Graf v. Sayn** und dessen Gemahlin **Mechtilde**, das Cisterzienser-Nonnen-Kloster zu **Drolshagen**, mit der dortigen Kirche, mit zwei Kanonicatpräbenden und vielen anderen Gütern, mit Vorbehalt der zu der Kirche gehörigen Leute und des Eigenthums der Vogtei über alles Geschenkte.

Nach dem Original im Archive des Klosters Drolshagen.

In nomine ste et indiuidue trinitatis. amen. Ego *Henricus Comes Seynensis*, et *megthildis comitissa* uxor ejus, pro remedio animarum nostrarum, et omnium parentum nostrorum, contulimus sanctimonialibus in *Drulshaen* ordinis cisterciensis *ecclesiam ipsam in Drulshaen*. duas prebendas ibidem. custodiam. cum allodio. molendino. curia juxta villam. nouem mansis. aquis, pratis, nemoribus omnibus bonis et prouentibus dicte ecclie attinentibus. contulimus scilicet, integre perpetuo possidendas. exceptis hominibus ad ipsam ecclesiam pertinentibus. quos et ipsorum servitia nobis retinemus. Scilicet *census capitum* et jura eorum quo dicte custodie soluere et facere consueuerunt, ipsi ecclesie relinquimus. Cum autem in predictis duabus prebendis, à canonicis primitus in donatione nostra sentirent obstaculum. decem marcas singulis annis eisdem dominabus spopondimus. donec locatis canonicis in aliis beneficiis. ipsas in possessione supradictarum prebendarum plenarie quietaremus. Scilicet de prelibatis omnibus, *aduocatie dominium* et si quid ex hoc provenerit. *nobis censuimus reseruandum*. Astiterunt autem huic donationi nostre. Henricus abbas de Heisterbag. Lambertus Henricus monachi sui Ricolphus prior de monte ste Walburgis. Roricus aduocatus de Hackenberg. Henricus de hepenete. Roricus de Geuarzhan. et alii quam plures. Et ne huiusmodi factum nostrum ulla successorum nostrorum valeat calumpnia conturbari. horum subscriptione testium et sigillorum nostrorum munimine hanc cartulam exinde conscriptam firmiter communiuimus. Acta sunt hec. anno Dni M°. CC°. XXXV^to^ concurrente VIImo. indictione VIII^a^. Epacta XVIII^a^.[337])

[337]) An der Urkunde hangen die Siegel des Grafen und der Gräfin in glänzend weißem Wachse abgedruckt. Ersteres ist ein großes rundes

206.

1235. Aug. 2. verzichtet Graf Gottfried II. von Arnsberg auf alle Ansprüche, welche er noch an den Höfen Marsfeld, Evenho und Wetter hatte, zu Gunsten des Klosters Wedinghausen.

Nach dem Original im Wedinghauser Archive.

In nomine sancto et indiuiduo trinitatis amen. Nos *Godefridus* dei gratia *comes Arnesbergensis* omnibus Christi fidelibus in perpetuum. Cum proprio voluntatis motu questionem mouissemus ecclesie *Weddinchusen* non ex iure vel ratione super bonis *Marsuelde* et diductu fluuii molendinum impellente, super *inceduis*. quod uulgo *Sundere* dicitur. et aliis eidem curti pertinentibus. et super iure curtis *euenho*. tam in agris quam in pascuis et nouellis. et *super seruitio* de curte *wettere*. *quod ab aduocatis petitur*. et super aliis siue noualibus siue decimis. tam a patre nostro *Henrico*. quam a nobis ecclesie dicte liberaliter collatis. Zelo pietatis et iusticie permoti de *consensu filii nostri Godefridi* et *consilio fidelium nostrorum* omnem deponimus questionem. et ecclesiam memoratam super omni iure suo plena in perpetuum concedimus et uolumus libertate gaudere saluis per omnia priuilegiis ecclesie dicte tam a pontificibus quam ab archiepiscopis et patre nostro Henrico et nobis liberaliter collatis. Acta sunt hec anno domini millesimo ducentesimo tricesimo quinto. Indictione octaua. quarto nonas augusti. Presentes erant prepositus Hartmundus. Johannes prior. Albertus plebanus. Hildegerus. Bertoldus. Heinricus. Hermannus de Weddinchusen sacerdotes. Ludewicus prior de Rumbeke. Hermannus canonicus susatiensis. Rutgerus de Burbenne. Hermannus de Kliepe milites. Ludolphus, Albertus susatienses et alii quam plures.[336])

Reiter-Siegel mit unleserlicher Umschrift; letzteres viel kleiner, stellt die Flucht nach Egypten dar. Joseph, hinter ihm Maria mit dem Kinde auf einem Esel. Im Vordergrunde nach Maria gewendet, sitzt eine knieende Matrone mit gefaltenen Händen. Von der Umschrift ist nur noch das Wort Metildis zu lesen.

[336]) Das Siegel ist gut erhalten. Die Urk. steht auch abgedruckt bei Meyer in Wigands Archive B. 6. S. 214.

207.

1236. schenkt Graf Gottfried III. von Arnsberg, dem Kloster Wedinghausen, drei Hausstätten bei dem Kirchhofe zu Werl.

Nach dem Original im Archive des Klosters Wedinghausen.

Ego *Godefridus* dei gratia *comes in Arnesberg* vniuersis quibus hoc scriptum fuerit exhibitum in perpetuum. Ne ea que geruntur in tempore simul ualeant deperire cum tempore. sigillatis apicibus et a uoce testium conuenit roborari. Huius rei gratia notum sit tam presenti etati quam future posteritati quod nos *pro commendatione parentum nostrorum*. et pro nostra memoria iugiter recolenda *tres areas in Werle cimiterio adiacentes*. aream videlicet quam dominus theodericus aneke quondam tenebat. et aream quam hoburgis cum filia sua habebat diuisam. sed nunc integram et indiuisam cum quadam area media inter istas posita cum bona nostra uoluntate contulimus ecclesie in *Wedinchusen*. omni iuri nostro renuntiantes. et fratribus illic deo seruientibus cum omni integritate liberaliter assignantes. Verum ut hanc nostram donationem constet in posterum omnino ualituram sub sigilli nostri appensione fecimus inuiolabiliter communiri. Testes aderant. Prefate ecclesie prepositus dominus hartmodus. Johannes prior. Albertus plebanus. Nobilis uir dominus *hinricus niger*. Arnoldus clericus et miles. Albertus de sunhere. et alii quam plures. feliciter. Acta sunt hec anno gratie. M°. CC°. XXXVI. Presidente apostolice sedi domino Gregorio papa. Imperatore friderico. Coloniensem ecclesiam gubernante hinrico archiepo.[339])

---

339) Das Siegel des Grafen hängt an schwarz und weißen Zwirnsträngen. In einer anderen Urk. vom nemlichen Jahre (Meyer in Wigands Archive B. 6. S. 215.) worin ebenfalls die hier gedachten 3 Hausplätze zu der Kirche in Werl geschenkt werden, bestätigt Graf Gottfried III. zugleich die von seinem Vater an jene Kirche geschehene Schenkung der Güter in Ridelinclo. Er sagt darin: pater noster *bone memorie* Godefridus Comes illustris. Gottfried II. ist also wohl 1236 gestorben.

209.

1236. Mai 2. überläßt Graf Gottfried III. von Arnsberg, dem Kloster Rumbeck den Zehnten in Altenhellefeld, den er vom Erzbischofe, von ihm aber Gozwin, Schulte zu Soest, zu Lehn trug.

Nach dem Original im Archive des Klosters Rumbeck.

In nomine sancte et indiuidue trinitatis Amen. Ego *Godefridus* dei gratia *Comes Arnesbergensis*. Uniuersis xpi fidelibus presens scriptum inspecturis. Salutem in eo qui est omnium salus. Notum facimus presentibus et futuris quod decimam in *aldenheleyuede* quam *gotzuinus uillicus Susatiensis* a nobis in pheodo tenuit. cum *Regelcyde* uxore sua et *bertoldo* filio ejus nobis omnimodis resignauerunt. promittentibus id idem *heynricum filium suum* so *ratum habiturum* quam decimam nos Ruberto judici. et menrico filio ejus. Lutberto de vlerike. Radolfo de anglia. et Radolfo et volcquino filiis volcquini lipen. in pheodo concessimus titulo ecclesie beati Johannis in *Rumbike* de consensu Ludewici prioris et conuentus ibidem. ad cautelam. ut eadem ecclesia quocumque casu contigente *a militaris quod herewadium dicitur* uel alterius seruitutis onere. tam à nobis quam a nostris successoribus omnimodis indempnis permaneret. donec nostra collatio à dno nostro archiepo colon. super eadem decima quam ab ipso in pheodo tenemus a nobis resignata. ecclesie dicata perpetuaretur. quam sepius ecclesia memorata. sexaginta marcis conparauit a prefato villico viginti marcis datis eidem. Brunoni militi de Nihem quadraginta qui a pre dicto willico titulo pignoris detinuerant eandem. Ut autem factum nostrum ratum permaneat sigillo nostro communitum sigillo burgensium Susaciensium consensimus communiri. Acta sunt hec anno incarnationis. Milesimo. Ducentesimo. Tricesimo. VI°. Non. Maij. Presentibus dno holone et *dno hermanno fratre comitis canonicis* Godescalco de Brochusen arnoldo de Wernen. militibus. Ruberto judice. Ludolfo humbractinc. Lutberto de vlerike. Radolfo de anglia. volcquino lipen. menrico filio judicis. Ludolfo de minden. eubeze famulo villicis et aliis multis.[340])

---

[340]) Die in weißem Wachse abgedruckten Siegel hängen an plattgeflochtenen weißen Schnüren.

209.

1237. Sept. 1. setzen sich Graf Gottfried III. v. Arnsberg und Graf Conrad von Rietberg wegen ihrer Stammgüter auseinander.

Nach einem Abdrucke von dem in Münster befindlichen Original.

In nomine sanctæ et individuæ trinitatis. Ego *Godefridus, Comes in Arnesberg* et Ego *Conradus, Comes de Retberg* universis tam præsentibus quam futuris presens scriptum intuentibus salutem in perpetuum. Cum ea quæ geruntur in tempore ne labantur cum tempore litterarum solent memoria perennari. Notum esse volumus universis, quod talis inter nos compositio intercessit. Ita quod ego *Conradus,* Comes *bona in kue* et *Malsnen* eo jure quo pater Meus tenuit integraliter obtinebo. Insuper adjectum est quod Ego *Godefridus,* Comes in Arnesberg *bona trans Lippiam* cum omnibus tam fidelibus quam ministerialibus jam dicto *Conrado* Comiti meo consanguineo libero dimisi et absolute, ita quod *Conradus* Comes universos tam fideles quam ministeriales ab eisdem bonis infeudandos sine pecunia insuper omni contradictione posposita infeudabit. Item ordinatum est, quod si aliqui, qui ab ipso Comite *Conrado* infeudandi sunt, et a manibus suis forte recipere noluerint vel recepta resignaverint, eidem Comiti eadem feuda permanebunt absoluta. Si vero aliqui ab eis, qui contradictores extiterint, infeudati sunt, a Comite *Conrado* feuda sua requirent et eis porrigere non negabit. Item districte dictum est, quod neuter nostrum homines alterius cuiuscunque condictionis extiterint, qui ante hanc compositionem jurisdictione alius non manserint, si ad alterutrum nostrum declinaverint eos sine voluntate alterius sibi non usurpabit. Item si aliquis hominum nostrorum aliqua parte contra nos deliquit alter ipsum in damnum vel præjudicium alterius non tenebit. Præterea Ego *Godefridus* Comes in Arnesberg omni actioni quam habui in memoratis bonis videlicet *kue* et *Malesnen* et *trans Lippiam* una cum uxore mea et meis heredibus integraliter resignavi. Similiter et Ego *Conradus* Comes præsentibus profiteor quod omni actioni quam *in dominio Arnesberg* habere potui una cum uxore mea et heredibus mihi succedentibus resignavi. Præterea condictum est, quod si aliquis nostrum hujus compositionis formam infregerit vel ob invidiam contra alium surrexerit; Nobiles viri quorum sigilla præsentibus sunt appensa, cum omnibus ipsorum voluntati pertinentibus contra delinquentem auxilium præstabunt. Hanc vero compositionis formam fide data insuper juramento præstito promisimus observare. Ut autem hæc ordinatio rata permaneat et inconvulsa præsentem kartulam exinde conscriptam placuit sigillis nostris nec non et nobilium præpositi S. Severini in colonia videlicet Dni Herici fratris Werneri de Wisentaulde quondam comitis in Battenberg. Dni Henrici Comitis Seynensis. Nobilis viri Dni Bernhardi de Lippia et Dni Bertholdi de Buren, qui huic compositioni personaliter interfuerunt firmiter communiri. Aderant dum hæc fierent et nobiles viri Henricus Burgravius coloniensis. Rovicus advocatus in Haggenberg. *Henricus de Grascap* et *Adolphus filius eius. Henricus niger de Arnesberg;* ministeriales vero Bertoldus de Brakelo. Rodolvus de Erveto. Rotgerus de Burbenne. Lutbertus gogravius de Alen. Wihelmus de Ole. Wilhelmus de Nyem. Godescalcus de Brochusen. Bertoldus de Bilenchusen. Achilles judex Lippiensis. Alradus dapifer Lippiensis. Hunoldus dapifer Arnesbergensis. Lutbertus de Bevera. Omarus de Ostenfelde. Hermannus de Elscpe. Helmicus de Hagnen. Themo de Widenbrucke. Henricus Top. Ecbertus de Rokinchusen. Rodolvus de Burbenne. Themo de Susato et Thidericus de Susato et alii quam plures tam et ministeriales quam fideles. Acta sunt hæc anno Dni M°. CC°. XXXVII°. apud *Arnesberg* kl. Septembris ipso die Aegidii regnante gloriosissimo Romanorum imperatore Dno Frederico et venerabili Dno Henrico coloniensi Archiepiscopo. Dat. Arnesberg.[341])

---

[341]) Das Original der Urk. befand sich in der Sammlung des verstorbenen Paters Ferdinand Tyrell zu Münster. Ihm verdankte Troß eine genaue Abschrift desselben, welche in der Westfalia 1824. S. 179. abgedruckt ist. Nach diesem Abdrucke, welcher übrigens hinsichtlich der Orthographie und Interpunction wohl nicht ganz genau ist, ist die Urk. hier wieder abgedruckt, weil andere Abdrücke z. B. bei *Schaten* ad ann. 1237 zu fehlerhaft sind. Von den an der Urk. gehangenen sieben Siegeln, ist nur noch das des Grafen von Arnsberg vorhanden.

210.

1238. Apr. 24. übergiebt Jutta Abtissin von Meschede und Odingen, dem Grafen Gottfried II. von Arnsberg, einen zum Odinger Haupthofe in Melrich gehörenden Wald, wogegen der Graf auf gewisse Einkünfte und Rechte, die er als Advocat zu Odingen von dem Hofe hatte, verzichtet und den Schulten zu Bau- Geschirr- und Brandholz, so wie zur Mast im Odacker Walde berechtiget.

Nach dem Original im Archive des Stifts Meschede.

In nomine Domini Amen. *Iutta* Dei gratia abbatissa in *Meschede* et *Odinche* cum universitate conventus in *Odinche* omnibus presens scriptum inspecturis inperpetuum utriusque vite salutem. Quoniam, que in tempore aguntur ne cum tempore labantur, scriptorum solent apicibus roborari. Hinc igitur cupientes, que per nos acta sunt tam futuris quam modernis declarare presentis scripti tenore significamus et protestamur, quod cum quidam *lucus sive forestus apud Melderiche* curie nostre ibidem pertinens et ecclesie in *Odinche* a circumiacentibus et vicinis undique vastaretur, communi consilio conventus, nec non nobilis viri *G(odefridi) comitis in Arnesberch* advocati in Odinche cum predicto comite convenimus, ut predictum lucum suis usibus sine fundo assignaremus, timentes ab aliis adeo devastari, ut curia in pensione debita posset nullatenus permanere. contra dictus comes redditibus octo solidorum et duorum denariorum, quos villicus ei solvere et familia curie pertinens tenebatur, penitus renunciavit ut curia in pensione debita permaneret. Preterea *duo hospicia*, unum yemale, aliud estivale, *in quibus villicus eidem providere tenebatur*, curie relaxavit. Preterea si *domus* vel *aliud edificium* in curia villici casu inopinato non ex culpa villici proveniente incendio fuerit devastata ad reedificacionem *succidat in Odacchere necessaria*, insuper quicunque fuerit in curia predicta *utensilia curros* vel *aratri non ad vendendum sed in usus villicales* resecabit, preterea ad recenpensationem luci quicumque villicus fuerit in eodem *luco Odacchere* pertinente, *ligna iacentia et et inutilia sive per ventum lapsa ad comburendum* quantum voluerit uno cum curru deportabit, si vero ibidem defectum habuerit alias pernemus ubi voluerit ex warandia comitis colligat supplementum. Preterea quoties fuerint glandes idem villicus pastus viginti porcorum in predicto *luco Odacchere* singulis annis habebit, de quibus nichil preter pretium subulci persolvat; pretera dictus comes reditus unius marce, in qua advocatus nil iuris habebit, curie in Melderike assignavit. Ne vero ullus heredum comitis vel alterius violentia tam rationabile factum infringere potuerit tam sigillo comitis quam nostro et ecclesie in Odinche et testium subscriptione fecimus roborari. Huius rei testes sunt sacerdotes: Giselerus, Wilhelmus, Albertus de Velmede. Milites: Hartmodus de Hagnen, Bernardus de Wiglon. Johannes Dana, Hunoldus dapifer, Gerwinus, Theodericus; ministeriales ecclesie in Meschede et officiales: Bernolfus, Ameluncus, Johannes et alii. Walbertus Thegenhardus villicus, et alii curie pertinentes: Henricus waltherus, Deitmarus, Fredericus, Hildebrandus, Wlbodo et alii quam plures. Acta sunt hec anno incarnationis domini M°. CC°. XXXVIII°. presidente Romane sedis presule Gregorio, regnante Romanorum imperatore Frederico, Conrado coloniensis ecclesie electo, Godefrido comite in Arnesberch. Dat. in Meschede VIII°. kald. maii [342])

211.

1238. bestätigt Graf Gottfried III. von Arnsberg, dem Kloster Wedinghausen, welches übernommen hatte, durch einen auf eigene Kosten zu ziehenden Graben sich in die Befestigungen der von dem Grafen gefreieten Stadt Arnsberg mit einzuschließen, alle früheren Rechte und Privilegien, namentlich verspricht er ihm Freiheit von allen Bürgerlasten, Wachen, Vertheidigung der Mauern, Bürgerumlagen rc.

Nach dem Original im Wedinghauser Archive.

Odefridus dei gratia *comes in arnesberg* omnibus presens scriptum inspecturis salutem in christo Jesu. Felix est me-

---

[342]) Die Siegel der Mescheder und der Odinger Kirche sind abgefallen. Das parabolische Siegel des Grafen von Arnsberg mit einem Adler ist bis auf die Umschrift noch deutlich. (Tab. 1. N. 8.)

moria conscriptorum. quo a voce testium et vivacitate scripture robur sumit ac firmamentum. Huius rei gratia notum sit tam presenti etati quam future posteritati. quod *cum nos civitatem de arnesberg cum incolis suis liberam esse decrevissemus*. fundationem nostram in *Wedinchusem* etiam securam esse cupientes. infra nostre civitatis munitiones. placuit nobis contineri. ad habundantem tam loci illius quam nostram cautelam. fratres igitur prenominati consensum ac beneplacitum suum super eo nobis obtulerunt. quod pro nostra dilectione et pro conservatione spiritualis discipline hoc facerent in subsidium ut in parte curie sue usque ad portam. fossato. munitionem. laboribus propriis. sumptibus. expensis. velint elaborare. Nos igitur. pro tali beneficio. b. (bene) respondentes. non minuimus immo confirmavimus ut fruantur eodem jure ac libertate que ab antecessoribus nostris constat eidem ecclesie indulta. *nec volumus ut iure alioque introducto. graventur ut cives. sive in vigiliis. sive munitionibus defendendis. sive in collecta pro iure civitatis facienda*. sed potius liberam esse volumus et immunem. Preterea *cum aree ipsi ecclesie pertinentes fuerint occupate. iusticiam pensionis in his exigendi debitam. eidem ecclesie recognoscimus* ac confirmamus. Verum ut constet hanc nostram et ecclesie convenientiam in postmodum validitatem. sigilli nostri impressione fecimus communiri. Testes aderant. *Godefridus comes. Alheidis comitissa. Hinricus niger*. Rutgerus de Burbenne. Hinricus de Berstrate. Helmicus rump. Hermannus de nihem. Helmicus miles. Hinricus notarius. Bernhardus. Antonius. Gerhardus. milites et alii quam plures. Acta sunt anno gratie M°. CC°. XXX°. VIII°. 843)

---

843) Das an seidenen Fäden hangende Siegel hat etwas gelitten, so daß die Umschrift desselben nicht mehr zu lesen ist. — Die civitas Arnsberg scheint also als oppidum, als Stadt erst um diese Zeit, nicht schon 1207, wo Heinrich II. von Arnsberg einen Streit zwischen den dortigen Bürgern und dem Kloster Wedinghausen schlichtete, (Urk. Nr. 131.) ihre Rechte erhalten zu haben.

212.

1238. Nov. 9. verspricht Graf Gottfried III. von Arnsberg dem Erzbischof Conrad v. Cöln, mit 50 Rittern beschwören zu wollen, daß er bei der Tödtung mehrer Menschen zu Berwich, den Frieden nicht gebrochen habe; er gelobt wegen jenes Vorfalls dem Erzbischofe Genugthuung, ferner daß er die Vogteien über Soest, Menden, Sümmern, Eysborn und Graffschaft nur in hergebrachter Art üben, dem Erzbischof mit 200 Bewaffneten im Kriege beistehen und ihm mit 300 Rittern zu Cöln fußfällig Abbitte leisten wolle.

Nach dem Original im Provinzial-Archive zu Düsseldorf.

Ego *Godefridus comes de Arnsberg* tenore presentium profiteor, quod cum L. militibus domino meo *Conrado* Coloniensi Electo juramentum prestabo, quod in occisione hominum de Berwich treugas non rupi quas de jure emendare debeam nec in hoc aliquid feci in prejudicium vel dedecus ipsius Electi vel Ecclesie Coloniensis. Verumtamen ei super morte eorum in gratia sua satisfaciam competenter. Item . . . sti Gereonis et . . . sti Seuerini prepositi. Comes adolfus de Marcha. Bernardus vir nobilis de Lippia. Comes Conradus de Reytberg. *Hermannus de Rudenberg. Henricus niger.* Rutgerus de Burben. Albertus dictus Abbas. Theodericus de Hylden. Susatum personaliter accedent et sub sacramento veritatem diligenter inquirent qualiter *Comes Wilhelmus Juliacensis* et *pater meus bone memorie aduocatiam Susatiensem tenuerint et ego eam eodem jure tenebo*. et ijdem prepositi cum alijs supradictis de *silua Warstene* inter me et dominum meum Electum discutient. Item *aduocatias* in *Meneden, Sumberyn, Eysbern*. et de bonis Ecclesie in *Graschaf* eo jure possidebo *quo Dominus Adolfus de Dassele eas tenebat* et ut hoc ratum et firmum obseruem XXIIII^{or} fideiussores quos pater meus domino H.(enrico) felicis recordationis Coloniensi Archiepiscopo dederat domino meo Electo constituam. et si aliquis eorum decessit alium loco suo substituam et si contra hoc venero fideiussores nobilis conditionis *bona que à me tenent ab Ecclesia Coloniensi perpetuo in feodo tenebunt, ministeriales autem cum bonis et personis Ecclesie eidem pertinebunt.* Ceterum cum ducentis viris armatis et dextrarijs *ferro* coopertis domino meo Electo seruiam in suis expensis sine dampno suo cum ab ipso *fuero* requisitus ubi cum honore meo ei seruire potero. Ut autem hoc acceptare dignetur Colonie ante palacium suum cum CCO militibus ad pedes ejus procidam. Si vero questionem aliquam contra Arnoldum dictum clericum vel quoscunque castrenses vel ministeriales suos habuero coram ipsum proponam justitiam ab eo recepturus. Si quid autem questionis inter ipsum et me subortum fuerit, XII milites ex parte sua et totidem ex parte mea ad hoc deputandi infra mensem unum decident. In hujus igitur rei testimonium presentem paginam sigillo meo communivi. Datum Colonie III^a feria ante festum Martini. ao dni. M°. CCC°. XXXVIII.[344])

213.

1239. überläßt Eberhard v. Erwitte dem Kloster Liesborn Aecker zu einer Mühle, welche er von dem Edlen v. Itter zu Lehn hatte, gegen Pacht und giebt dazu andere, womit sein Vetter Johann von Erwitte vom Kloster Rastede (im Oldenburgischen) beliehen war.

Nach dem Copiar. des Klosters Benninghausen.

Vniuersis presentem litteram inspecturis *Euerhardus de Eruethe* miles salutem in auctore salutis. Nouerint vniuersi quorum scire interest quod concremato molendino *lesbernensis ecclesie in Gulinge* cum abbas et conuentus lesbernensis in locis inferioribus in quibus antiquitus vsum molendini possederant reedificare proponerent conuentione inter me et ipsos facta de certa pecunie summa quatuor videlicet marcis fertone minus agros eidem molendino adiacentes versus australem partem lippie fluminis quos de manu nobilium virorum *Sege-*

[344]) Die Urkunde ist etwas beschädigt. Das Siegel des Erzbischofs ist größtentheils, das des Grafen theilweise abgefallen. Es liegt noch eine ganz gleichlautende Ausfertigung der Urk. vor, welche der Erzbischof 1254 (IV. non. Martii) unter seinem Siegel machen ließ. Sie ist auch abgedruckt bei Mieper im Wigands Archive. B. 6. S. 217.

bodonis et Conradi de Ittere a progenitoribus meis *loco hominis* in feodo tenebam dicto abbati et conuentui sine omni prestatione decimarum cum filia mea *Siracie* adhuc virgine sed in annis pubertatis constituta *que sola ex filiabus meis eadem bona de manu dictorum nobilium susceperat* pro annua pensione IIII^{or}. modiorum auene lippensis mensure ad omnem vsum ipsorum perpetuo tradidi possidendos nichilominus etiam partem agrorum que vulgo *corlanth* dicitur quos *Johannes de Kruethe* consanguineus meus de *ecclesia Rastedensi* in feodo tenebat meis agris adiacentem sub eadem pensione dicto abbati et conuentui tradidi possidendam prefato consanguineo meo alios agros eiusdem estimationis michi attinentes in recompensatione assignans. Acta sunt hec anno domini M°. CC°. XXXIX coram testibus ad hoc rogatis quorum hec sunt nomina. Leonius prepositus cappellensis. Godescalcus abbas lesberuensis. Hildegerus prior. Hermannus cellerarius. Hinricus. Bertoldus. Wernherus sacerdotes ibidem. Johannes de Kevethe. Themo de vredehardeskereken. Fretherieus bolike. Hinricus lepus et alii quam plures. Et ad maiorem cautelam litteris presentibus rogaui apponi Sigilla de lippia et capellen prepositorum.

214.

1240. stiften **Johann von Erwitte** Ritter und seine Gemalin **Hildegunde** aus ihrer Kirche u. ihren Gütern zu **Benninghausen**, welche sie von der Kirche zu **Rastede** (im Oldenburgischen) zu Lehn trugen, das Cisterzienser=Nonnenkloster Benninghausen.

Nach dem Original im Archive des Klosters Benninghausen.

In nomine sancte et indiuidue trinitatis. Notum sit omnibus tam presentibus quam futuris, quod Ego *Johannes miles de Kruethe* et *vxor mea hildegundis* sufficienti habita deliberatione et sano mei consilio pro remedio animarum nostrarum *Ecclesiam nostram in Benninginchusen* cum Doto et redditibus suis, agros, siluas, aquas et pascua, homines, et cuncta Bona que ab *Ecclesia Rastedensi* tenemus in honore sancto dei genitricis Marie *Ecclesie in Gyuelberg* liberaliter contradidimus. ea conditione mediante. quod ibidem conuentum sanctimonialium cysterciensis ordinis statuant in perpetuum domino seruiturum. cui eadem Bona integraliter cum omni jure debent assignari. hoc etiam addito quod post annos duos proximo instantes semper deinceps tertiam partem frugum in prefatis agris percipiemus. nisi aliter facere de libera voluntate decernimus. Post mortem uero nostram cuncti prouentus totaliter omni exclusa contradictione ad prefatam Ecclesiam deuoluentur. Huic ordinationi interfuerunt . . viri uenerabiles. dnus Gozwinus decanus et archidiaconus maior Ecclesie in Colonia. Heinricus prepositus S. Seuerini et Wyricus custos Ecclie maioris in Colonia. Otto plebanus de Botdorp. Johannes frater conuersus de Gyuelberg. *Godefridus marscalcus Westfalie*. Luprecht Scoltetus Nussiens. Vlricus Camerarius Dni Archiepi Colon et alii quam plures. Ne autem hec posteris ueniant in dubium. Sygillo meo et sygillo Ecclie de Gyuelberg presentem paginam communiuimus. Acta sunt hec Dulleb. anno dni. M°. CC°. XL°.[343])

215.

1240. Jan. 16. trit Abt Lambert zu Rastede für 50 Mark Silber, das Eigenthum der Kirche und der Güter zu Benninghausen ab, welche Ritter Johann v. Erwitte von ihm zu Lehn trug und worauf dieser nebst seiner Gemahlin Hildegunde ein Nonnenkloster stiften wollte.

Nach dem Original im Archive des Klosters Benninghausen.

Lambertus ex diuina misericordia *Rastadensis ecclesie* dictus Abbas. cum vniuersali suo capitulo. Omnibus in

---

[343]) Die Urkunde ist schön in weiten Linien geschrieben. Beide Siegel hängen an Pergamentstreifen. Das erste stellt eine sitzende Frauengestalt mit übereinandergelegten Armen vor, so daß die linke Hand auf dem rechten Knie und die rechte auf dem linken ruht. Die Umschrift ist unleserlich. Das zweite stellt einen geflügelten aufrechtstehenden gekronten Löwen vor, wenn es nicht etwa gar ein Drache seyn soll. Es ist ziemlich groß, hat eine Herzform, die Umschrift ist ganz unleserlich. Beide Siegel sind in weißem Wachse abgedruckt.

fidelium communione manentibus. ad quos presens scriptum peruenerit. uite presentis prosperitatem. et eterne beatitudinis participium. Ne gestarum rerum memoria processu temporis simul euanescat et pereat. solet eas discretio prudentum uirorum per litteras eternare. Nos igitur tam natis. quam natorum posteritati dignum duximus significare. quod cum dnus *Johannes miles de Kructe*. una cum consorte thalami sui *Dna Hildegunde*. diuinitus inspirati. suo deflxisset in proposito. ut dno sibi cooperante. super bonis in *Benekeghusen*. quo iure feodali de nostra jam dudum possederant ecclesia. ob sui memoriam usque in consummationem seculorum. cenobium cystercienis ordinis summopere initiare. initiatique operis pro posse suo consummationem aspirare. sollerter animaduertit. quod irrequisito super hoc nostro consensu. inconcessaque sibi edificandi facultate. tutius foret et salubrius in proposito tepescere quam talem nobis iniuriam irrogare. Sane uenit ad nos Dna Abbatissa xpina in *Geuelberge*. latrix presentium. venerabilis dni Osnaburgensis episcopi Engelberti litteris intercessoriis destinata. humiliter supplicans. quatinus laudabili prefatorum coniugum proposito. beniuolum preberemus assensum. Nos itaque ex deliberato fratrum nostrorum consilio. accipientes quinquaginta marcas argenti. quas nobis memorata abbatissa exhibuit vltronea, omnem proprietatem possessionum earundem. quas supradicti coniuges à nobis tenuerant. tam in prediis quam in lignis quam etiam cum omnibus suis appenditiis *ecclesiam uidelicet cum litonibus*. eidem uendidimus perpetuo possidendam. Et ne quis collectum ibidem domino amabilem conuentum processu temporis ausu temerario presumat calumpniari presentem paginam sigillorum nostrorum appensione communiuimus. Sciatis profecto quod ad id faciendum orationum ceterarumque elemosinarum que in eodem fient cenobio. nos magis inclinauit participatio. quam taxato summe exhibitio. Illud mentis oculis intuentes quod primorum mereantur esse participes. qui se bonorum operum constituunt adiutores. et ut nostris fundatoribus hinc inde meritum accrescat indeficiens. Acta sunt hec anno gratie Millesimo ducentesimo. XL°. Testes autem huius rei sunt. Dnus Osnaburg. episc. suprascriptus. Prepositi. Dudo et Wernherus sanctimonialium in malegarden. et in monte sto Gertrudis. Comes otto de Oldenborg. Rodolfus et Godescalcus fratres et milites in dhetholte. Conradus custos nostre ecclesie cum ceteris suis confratribus. Otto sacerdos et Henricus laycus. et alii quam plures. Datum Rastede marcelli pape.[446])

446) Die Urkunde ist sehr schön mit gothischer Minuskel geschrieben. Das Siegel des Abts, mit der Umschrift: Lambertus Di. gra. Rasta-

216.

1240. Febr. 25. stiften Walther Vogt von Soest und Sophie seine Gemalin, aus ihren Gütern zu Welver, Clotingen und Scheidingen, das Cistercienser-Nonnenkloster zu Welver.

Nach dem Original im Archive des Klosters Welver.

In nomine domini amen. *Waltherus aduocatus Susatiensis* et *Sophia uxor eius*. Vniuersis christi fidelibus. salutem in domino. Cupientes ea que per nos rationabiliter et pie gesta sunt. ueritatis testimonio roborare. modernis et futuris notum facimus. recognoscimus et protestamur. quod nos de pleno heredum nostrorum consensu, quedam libera et absoluta bona nostra uidelicet in *Weluere*. in *Clotinge*. et in *Schedinge* sita. cum omnibus attinenciis suis. et cum omnimoda fructuum utilitate ac integritate. religiose domine methildi abbatisse. totique Conuentui de *Ramesdorpe* cisterciensis ordinis, uendidimus possidenda usque ad seculi consummacionem. Insuper *Ecclesiam in Weluere* cuius patronatus ad nos spectabat, ob salutem animarum nostrarum et pro anorum nostrorum liberaliter et pie contulimus eisdem perpetualiter obtinendam. vnde iam dictus conuentus ad laudem dei et pie matris eius die noctuque personandam conuentum ibidem sui ordinis fundauerunt. Ne quis igitur heredum nostrorum in posterum memoratam *Ecclesiam in Weluere* uel in bonis prelibatis uel in personis suis aliquo malignandi studio molestare uel inquietare presumpserit presens scriptum sigillorum nostrorum impressione munitum in testimonium sufficiens contulimus memoratis perpetualiter ualiturum. Acta sunt hec anno dnj millesimo. ducentesimo. XL°. quinto kal. martij. Hiis presentibus. viris religiosis. Hartmodo de wedinchusen.

densis ecclesie Abbas hängt an roth und grün seidenen Fäden; das des Convents ist abgefallen. — Außerdem liegt noch eine andere Ausfertigung dieser Urkunde vor, welche folgendermaßen anfängt: Engelbertus dei gratia Osnaburgensis ecclie Episcopus. Omnibus in perpetuum. Innotescat tam singulis quam uniuersis presentem paginam inspecturis quod nos impressione sigilli nostri ex certa scientia testimonium perhibemus. eo quod interfuimus contractui subnotato secundum hanc formam. Nun folgt die Urkunde Abt Lamberts, welche mit der vorstehenden wörtlich übereinstimmt, ausgenommen, daß die Zeugen: Bruder Rudolf und Gottschalk hier milites: *de dehtholte* genannt werden. Das an grün seidenen Fäden gehangene Siegel des Bischofs, ist abgefallen.

Theoderico de Olinchusen. Prepositis et hildegero conuerso de wedinchusen. hildegero conuerso de Olinchusen. Theoderico de honrode. Lamberto de prouestine. Conrado albo et henrico fratribus de allagen. Rudolpho de Elsepo. Johanne de Echtorpe. Henrico Corf. Henrico de vlerike. militibus. Preterea Burgensibus Susatensibus. Radolpho ferrero. Radolpho de anglia. Gotmaro de medebeke. Johanne de keflike. Theoderico de Curbike. Herbodo de Ceraso. Richardo de Ruden. Tetmaro dicto aduocato. Bernhardo de mellare. walraueno de Endeke. walraueno de Rellinchusen. *presentibus et liberis hominibus.*[347]) *Seberto* ciue Susatensi. Henrico et wigero de madewic. Lutberto de medrike. Henrico. Wilhelmo et Pilegrimo Ciuibus de ostunen. Wilhelmo de Rithem. wiegero et Hildegero de Echtorpe. Arnoldo de Hundelinchusen et aliis quam pluribus uiris honoratis.[348])

217.

1240. Febr. 28. verpfändet **Gottschalk** v. **Erwitte** als Vogt des Stifts **Geseke**, sein Vogteirecht über zwei Bauernhöfe in **Ober-Upsprunge** (Girshagen) an das Kloster **Bredelar.**

Nach dem Original im Archive des Klosters Bredelar.

In nomine domini amen. Ego *Godescalcus aduocatus de Gesike*, monasterio breydelar in perpetuum. Uniuersitati fidelium presentibus et futuris quibus hoc presens scriptum fuerit exhibitum notum sit quedam bona circa II^{os}. mansos. in *superiori upsprunge* sita *ecclesie Gesikensi* pertinentia. quorum exinde ius aduocatie me contingit. quod dominus abbas et sui fratres de *breydelar* de consensu abbatisse et dominarum de *Gesike* ad firmam receperunt annuam pensionem inde persoluentes. Quapropter dum controuersiam cum monasterio iam dicto breydelar pro eadem aduocatia haberem. pro bono pacis et

---

347) Vergl. die Urk. **Rainalds** v. 1166. Nr. 58.

348) Die an roth und gelb gewundenen, seidenen Strängen hangenden Siegel sind gut erhalten. Das des Vogts ist roth in grünem Rucken das seiner Gemalin grün in rothem Rücken. (Tab. 4. Nr. 9. u. 10).

18*

concordie mediantibus honestis uiris et discretis quorum consilio et instantia. quandam summam pecunie uidelicet tres marcas grauis moncte tunc michi accredidit ecclesia memorata. pro quibus ipsam aduocatiam de habitione rati *Rodolfi filii mei*. et heredum meorum. ab anno incarnationis domini M°. CC°.XL°. usque ad expletionem decem annorum eidem ecclesie impignoravi. omni iuri meo una cum filio meo R. totaliter interim cedens. ita. ut infra hos annos nec redimere mihi liceat nec aliquam in ea usurpare iurisdictionem. Si uero hiis decem annis trans actis. creditam mihi pecuniam restituero. aduocatiam predictam solutam rehabebo. Sin autem ex eo tempore quousque redimere tardauero. totius iuris mei expers ero. et interim prefatus dominus abbas et suus conuentus de breydelar nullam omnino inpetitionem uel offensam de sepedicta aduocatia sustinebit. sed libere et quiete omni impulsatione seposita supradicta bona possidebunt. Huius promissi fideiussores mei sunt. *Johannes de pathberg*. *Godescalcus* frater suus. et Stephanus de horchusen. qui mecum et filio meo R. in manus alradi militis et bertoldi magistri consulum fide militari promiserunt. ut si quid per me aut filium meum. R. uel heredes meos ecclesie memorate in hac re depereat ipsi subplere digne debeant. Insuper ut hoc factum nec filius meus R. qui omnibus hiis mecum concordat. nec heredum meorum aliquis infringere queat. presentem paginam exinde conscriptam. tam sigilli mei et Johannis de pathberg. quam burgensium de Mersberg. appensione ad sufficientem cautelam cupio roborari. et testimonio illorum qui huic promissioni ut omnis calue occasionis securitas excludatur communiri. quorum nomina hec sunt. *Johannes de pathberg. Godescalcus frater suus. Theodericus* et *Reinboldus fratres dicti de vore*. frater meus *Rodolfus de Eruethe*. et filius suus Wecelinus. Stephanus de horhusen. et filius suus theodericus. Alradus de mersberg. Adam dictus de Aspe. Godescalcus de Mulenhusen. Bernhardus de dalewic. et Elgerus frater suus. Albertus de eligenhusen. Consules de mersberg. Bertoldus consulum magister. frater suus Conradus et Heinricus filius suus. Alradus magnus et filius suus bertoldus. Volnandus iudex. Hermannus monetarius et filius suus conradus. et frater suus Conradus. Theodericus de geismaria. Ludolfus de capella. Heinricus morel. Euerhardus de buren. Fredehardus. Hildewordus. Ricolfus. Retherus. Theodericus de odenhusen. Rabodo rufus. Conradus iuxta aquam. Johannes de fabrica. et alii quam plures. Acta sunt hec in mersberg. Anno dni M°. CC°. XL°. huius promissi primo. II.

kal. martii. Epacta XXV^a. Concurrente VII. Indictione XIII.[349])

218.

1240. März. 1. bestätigt Erzbischof Conrad die Stiftung des Klosters Benninghausen.

Nach dem Orig. im Archive des Klosters Benninghausen.

Conradus dei gratia sancte Coloniensis ecclesie minister. Italie archicancellarius. Dilectis in xpo Abbatisse totique conuentui in *Gynilberg*. cysterciensis ordinis. salutem in dno. Iustis petentium desideriis dignum est nos facilem prebere consensum. et uota que a rationis tramite non discordant. effectu prosequente complere. Eapropter dilecte(e) in xpo. uestris iustis postulationibus. grato. concurrentes assensu. bona sita in *Beninkakhusen*. Coloniensis dyocesis. que *Johes miles de Eruethe* et *hildegundis* uxor sua. ab abbate et Conuentu de *Rasteden*. in feodo tenuerunt et nobis. accedente eiusdem abbatis et Conuentus assensu pro anime sue salute liberaliter et unanimi uoto. et communi manu contulerunt. perpetuo possidenda. ut in priuilegio nostro. super hoc uobis indulto quod perspeximus. continetur. expressum. sicut ea iuste possidetis et quiete. auctoritate uobis presentium confirmamus et presentis scripti patrocinio communimus. Nulli ergo omnino hominum liceat. hanc nostre confirmationis paginam infringere uel ei ausu temerario contraire. Siquis autem hoc attemptare presumpserit. indignationem. nostram se nouerit incursurum. et excommunicationis Summa puniendum. Dat. Tuicij. anno domini millesimo. ducentesimo. quadragesimo. kalend. marcij.[350])

---

349) An der Urkunde, welche nur 4 Zoll breit und beiläufig eine Elle lang ist, hängen in weißem Wachse die Siegel des Vogts Gottschalk von Geseke, Johann's von Padberg und der Stadt Marsberg. Das des Vogts stellt einen aufrecht stehenden Löwen in einem Schilde mit 3 Querbalken vor. Der Löwe hat ein Wolfgebiß und mitten im Schweife den gewöhnlichen dicken Haarbüschel oder Knoten des Erwitter Löwen.

350) Das an roth und gelb seidenen Fäden hangende, in halbgrünem Wachse abgedruckte Siegel des Erzbischofs, ist noch ziemlich erhalten.

219.

1240. Sept. 27. überträgt **Jutta** Abtissin zu Meschede, dem Hospital zu Soest den Mansus **Sprethove** zu **Ampen**.

Nach einer Abschrift C. **Rademachers** im Archive des Waisenhauses zu Soest.

In nomine domini amen. *Jutta* dei gracia Abbatissa in *Meschede* universis Christi fidelibus in perpetuum utriusque vite salutem. Ea que per nos racionabiliter acta sunt dignum duximus veritatis testimonio roborare. Proinde modernis et futuris notum facimus et protestamur, quod nos de communi fidelium nostrorum consilio, *nec non familie nostre curtis in Ebbedesskinc consensu et approbacione* mansum unum qui *Sprethove* dicitur, curtis ejusdem in *Anedopen* situm cum suis attinenciis, *hospitali sancti spiritus in Susato*, in manus Friderici provisoris ejusdem hospitalis concessimus, *jure familie curtis ejusdem et sub annua pensione* exinde debita perpetuo possidendum. Ne quis igitur in posterum hoc factum nostrum aliquo malignandi studio retractare conetur presentem paginam super eo conscriptam sigilli nostri fecimus impressione muniri. Acta sunt hec anno dominice incarnacionis M°. CC°. XXXX^{mo} quinto kalend. octobris videlicet in festo sanctorum Cosmi et Damiani martyrum. Presentibus et approbantibus hoc factum Alberto decano de volmethe, Giselero canonico et aliis quam pluribus.

220.

1240. im Dez. verleiht Erzbischof **Conrad** denjenigen, welche zum Bau der neuen Kirche zu **Benninghausen** beitragen, einen Ablaß.

Nach dem Orig. im Archive des Klosters Benninghausen.

C(onradus) dei gratia sancte Coloniensis Ecclesie minister. Ytalie Archicancellarius. vniuersis christi fidelibus ad quos presens scriptum peruenerit. eternam in domino salutem.

Quoniam ut ait apostolus omnes stabimus ante tribunal xpi recepturi prout in corpore gessimus. siue bonum fuerit. siue malum. oportet nos diem messionis extremo misericordie operibus preuenire ac eternorum intuitu seminare in terris. quod reddente domino cum multiplicato fructu recolligere debeamus in celis. firmam spem fiduciamque tenentes. quoniam qui parce seminat parce et metet. et qui seminat in benedictionibus. de benedictionibus et metet uitam eternam. Cum igitur, abbatissa et Conuentus de *Gyerilbery* ordinis cystercieusis. Colon. diocesis. vbi predecessor noster. E. (Engelbertus) felicis recordationis venerabilis Coloniensis Archiops pro iusticia gladijs impiorum occubuit. pro cuius meritis dnus multa dignatus est operari miracula. apud *Bennikenhusin*. Col. dioc. ad laudem dei. et beate marie. ecclesiam sui ordinis de nouo incepit edificare. nec eis proprie suppetant facultates. vnde opus inceptum consummare possint. nisi fidelium elemosinis adiuuentur. caritatem vestram. monemus et in domino exhortamur. necnon et in remissionem peccatorum vobis iniungimus. quatinus elemosinas vestras ad structuram dicte ecclesie largiri dignemini. Nosque de omnipotentis dei misericordia confidentes. omnibus qui causa deuotionis ad ecclesiam predictam accesserint. et elemosinas suas ad inceptum opus consummandum obtulerint. XX^{ti} dies de iniuncta sibi penitentia et dimidiam carenam. peccata oblita. vota fracta si ad ea redierint. offensas patrum et matrum sine manuum iniectione misericorditer relaxamus. Verum quia plerique tam propter debilitatem corporis quam propter alias occupationes iniunctas sibi carenas quia pro suorum salute proximior susceperit non possunt exsoluere nos ipsorum saluti consulere. ac predicte Ecclesie profectibus et promotioni prouidere cupientes. Indulgemus vt singuli eorum de prudentum virorum consilio de bonis sibi a deo collatis pro redemptione vnius carene secundum facultates proprias largiantur Ecclesie memorate. Dat. Colon. anno Dni. M°. CC°. XL°. mense Decembr.[351])

---

[351]) Die Urkunde ist schön in weiten Reihen und mit großen Buchstaben geschrieben. Das daran hängende in rothem Wachse abgedruckte Siegel, ist nicht das gewöhnliche Conrads; aber auch parobolischer Form, wiewohl kleiner. Es sind mehre menschliche Figuren und Wappenschilde daran sichtbar.

221.

1241. Mai. 18. bekundet die Stadt Lübeck, daß die zwischen ihr und Soest bestandene Streitigkeit beigelegt und die alte Freundschaft wieder hergestellt sey.

Vollst. abgedruckt in *Haeberlin* analecta. p. 229.

Aduocatus. *consilium* et *commune Lubicensis Ciuitatis*. Omnibus — Innotescat. quod discordia. que uertebatur inter Burgenses *Susacenses* et Burgenses de *Lubeke* taliter. proborum et discretorum uirorum prouido mediante consilio. ad bonum pacis et compositionis. ad meram et stabilem concordiam est reuocata. quod inter ipsos ex utraque parte debet pristina et antiqua amicitia integraliter per omnia conseruari. Ita quod Burgenses *Lubicenses* Burgenses de *Susato* in omnibus benigne ac fauorabiliter sicut antea fecerunt promoueant. et quod Burgenses *Susacenses* Burgenses de *Lubeke* in omnibus tam benigne et affectuose, sicut antea fecerunt promoueant uice uersa. — Acta sunt hec in *Lubeke*. Anno dominice incarnationis. M°. CC°. XLI°. in Vigilia Pentecostes.

222.

1241. Sept. 16. schenkt Erzbischof Conrad dem Hospital zu Soest Güter zu Siwardinchusen.

Nach dem Orig. im Archive des Waisenhauses zu Soest.

In nomine sancte et indiuidue trinitatis. *Conradus* divina fauente clemencia sancte coloniensis ecclesie minister. Italie archicancellarius. uniuersis christi fidelibus in perpetuum utriusque vite salutem. Suscepti regiminis cura nos ammonet. uniuersos jurisdictione nostre subjectos. in suo jure confouere et occasionem litium futurarum penitus extirpare. Proinde modernis. et futuris. presenti scripto notum facimus et protestamur. quod cum provisores *hospitalis sancti Spiritus in Susato*. quedam bona in *Siwardinchusen* sita. et ecclesie Coloniensi spectancia. *ergo ministeriales nostros* Arnoldum et Radolfum fratres denariis suis de pleno heredum suorum assensu comparassent. cum omnibus attinenciis suis et cum omnimoda fructuum utilitate perpetuo possidenda. Nos devotis supplicacionibus ejusdem hospitalis et Burgensium nostrorum Susaciensium inducti. proprietatem predictorum bonorum in Slwardinchusen cum suis attinenciis. *de consilio et connivencia priorum Coloniensium fidelium eciam et ministerialium nostrorum assensu et approbacione*. prefato contulimus hospitali. perpetuo libere possidendam. Et ut omnis in posterum malignandi materia tollatur. et ne quis successorum nostrorum hoc factum nostrum valeat aliquatenus infirmare. presentem paginam super eo conscriptam. sigilli nostri fecimus impressione muniri. ad perpetuum robur et stabilimen. Acta sunt hec anno ab incarnacione domini M°. CC°. XL°. primo. XVI. kal. Octobris *in stupa villici susaciensis*. Presentibus venerabili domino S. Archiepiscopo Maguntino. Henrico preposito sancti Seuerini in Colonia. *Godefrido marscalco*. Thiderico de Heldene. Lutberto de Vieriko. et Wigmano tunc magistris Burgensium. Henrico semegallo. Hildegero genero suo. Radolfo ferrero. Gotmaro de medebeke. Rudengero dicto Rosen. et Herbordo de ceraso. et aliis quam pluribus.[312])

223.

1242. verkauft Graf Gottfried III. von Arnsberg dem Probst zu Oelinghausen, von einem Mansus zu Müsche ein Echtwort in der Müscheder Mark, welches zum Haupthof Wickede gehörte; mit Bewilligung des Schulten zu Wickede und der Markgenossen.

Nach dem Copialbuche des Klosters Oelinghausen.

Godefridus comes de *Arnesberg*. Vniuersis christi fidelibus tam futuris. quam presentem paginam inspecturis in perpetuum. Quoniam que aguntur ne labantur cum tempore uiuaci memo-

---

312) Das Siegel ist abgerissen.

ria litterarum conuenit perhennari, presentis scripti testimonio notum facimus vniuersis, quod nos acceptis a domino Adam preposito de *Vlinchusen* quinque marcis *quandam Uuarandiam que uulgo Rehtwart dicitur*, quam habuit *mansus in musche attinens prope curti in Uuicke* in *marka musche* cum consensu vxoris nostre et heredum nostrorum et *Walberti uillici nostri in Uuicke*, allodio in *stipele* liberaliter contulimus in perpetuum quiete possidendam, tali scilicet iure, quod cum habentur glandes in eadem marka, dictum allodium *ratione illius warandie* pascat ibi *decem porcos* sine adiectione porcorum, que *selfTucht* dicitur. Si autem propter defectum glandium aliis markenoten porci pascendi minorantur dicta warandia tantum duobus porcis minoretur illo tempore. Insuper est adiectum, vt allodium stipele plena et libera fungatur potestate in pecoribus pascendis in dicta marka sine omni impedimento et in scisura lignorum qua alter quisque fungitur mansionarius. Presentes erant dum hec fierent. Godefridus plebanus de Egginchusen. Bernhardus de wiglon. Henricus de asle milites. Sifridus de setuelde tunc officialis noster. Walbertus uillicus noster de wicke. Erenbertus de musche et Conradus frater suus. *Albertus dictus Bischop et alii markenote. omnes huic facto consentientes.* Ne autem hoc factum a nobis uel ab aliquo imposterum possit infringi, presens scriptum sigilli nostri munimine duximus roborandum. acta sunt hec anno incarnationis domini M°. CC°. XL.° II°.

224.

1242. Sept. 13. erläßt das Capitel zu Meschede dem Hospital zu Soest die Verbindlichkeit, von einem Mansus in Ampen Heergewette an die Curtis zu Epsingsen zu geben.

Nach dem Original im Archive des Waisenhauses zu Soest.

In nomine domini amen. *Jutta* dei gracia abbatissa. werentrudis preposita totusque conuentus in *meschede*. Uniuersis Christi fidelibus in perpetuum utriusque vite salutem. Cupientes ea que per nos pie ac racionabiliter acta sunt, veritatis testimonio roborare. modernis et futuris, presenti scripto notum facimus et protestamur, quod cum Johannes dictus tudio civis Susaciensis quondam procurator et provisor hospitalis sancti spiritus in *Susato* mansum unum in *Anedopen* situm. Curti nostre in *Ebbedeschine* pertinentem. cum pecunia dicti hospitalis et ex parte sua. jure pensionalium bonorum perpetuo possidendum comparasset. et eundem mansum *secundum jus familie jam dicte Curtis* et sub debita pensione. *de consensu et consilio Sifridi villici ac familie curtis* sollempniter suscepisset. et multo tempore nomine dicti hospitalis quieto possedisset. tandem dicto Johanne defuncto. fritherieus dictus de Roma civis Susaciensis ejus loco substitutus. et ejusdem hospitalis procurator et provisor effectus. nobis et Sifrido villico nostro in Ebbedeschine adeo care servivit. quod nos de communi consilio et consensu. nec non familie prelibate curtis approbacione. predictum hospitale. ac omnes provisores seu procuratores ejus. in perpetuum liberaliter absolvimus et liberos denunciamus. *ab omni herwadio. quod quilibet eorum post obitum suum de prefato manso villico in Ebbedeschine dare tenetur.* Insuper specialem graciam memorato concessimus hospitali. quod quilibet in perpetuum futurus villicus in Ebbedeschine cuilibet sepedicti hospitalis provisori futuro. deinceps eundem mansum jure familie dicte Curtis et sub debita pensione. *semper absque contradictione porrigere tenebitur. preter omnem pecunie requisicionem sive recepcionem.* Ut igitur omnia predicta semper rata serventur et firma. presentem paginam super eo conscriptam nos Jutta abbatissa sigilli nostri fecimus impressione muniri. Acta sunt hec anno dominice incarnacionis M°. CC°. XLII°. Idibus septembris. Presentibus Henrico decano Susaciensi. Giselero cappellano nostro. Wilhelmo plebano de Callo. Gerwino de Bokenevorde milite. Amelungo dapifero nostro. Presentibus eciam Burgensibus Susaciensibus Henrico Semegallo. Hildegero genero suo. et Ruthengero dicto Rosen. [381])

---

[381]) Das Siegel, welches an Faden von roth und gelber Seide gehangen, ist abgefallen.

225.

1242. bestätigt Erzbischof Conrad die Stiftung des Klosters Welver.

Nach dem Original im Archive des Klosters Welver.

In nomine sancte et indiuidue trinitatis amen. *Conradus* diuina fauente clementia sancte Coloniensis ecclesie minister ytalie archicancellarius. Uniuersis christi fidelibus in perpetuum vtriusque uite salutem. Suscepti regiminis cura nos ammonet. Uniuersos iurisdictioni nostre subiectos. et precipue personas ecclesiasticas. in iure suo confouere. et occasionem litium futurarum penitus extirpare. Proinde modernis et futuris presenti scripto notum facimus et protestamur. quod cum *Waltherus aduocatus Susatiensis. et Sophia uxor eius genere nobiles* quedam libera bona sua scilicet in *Weluere* in *Clotinge*. et in *Schethinge* sita. cum omnibus attinentiis suis. et cum omnimoda fructuum integritate ac vtilitate. de pleno heredum suorum consensu. abbatisse et conuentui de Ramesdorpe. Cisterciensis ordinis perpetuo possidenda uendidissent. Et insuper *ecclesiam parrochialem in Weluere sitam*. donationi sue vacantem. ob remedium animarum suarum et progenitorum suorum prefato conuentui liberaliter et pie contulissent. Et eadem abbatissa idemque conuentus. ibidem apud Weluere Conuentum sui ordinis. de nouo fundare cepissent. Tandem partes vtrobique videlicet abbatissa et conuentus ex una parte. prefatus aduocatus et uxor eius ex altera. ad presentiam nostram accedentes. iam dictus aduocatus et vxor eius. prelibata bona eidem conuentui perpetuo possidenda recognouerunt. vtrobique deuote postulantes quatinus eandem nouellam plantationem in Weluere. cum personis et bonis ab (sic) eandem spectantibus. paterno tueri dignaremur. Nos ergo iustis postulationibus eorum gratum adhibentes assensum. eidem ecclesie cum personis et bonis omnibus que tunc temporis possedit. et in futuro possidebit auctoritate dei et pie matris eius. beatorum Petri et Pauli apostolorum. domini pape. ac nostra. sub anathematis vinculo. nec non sub banno Regali. firmam pacem stabilimus et confirmamus. et presentis scripti patrocinio communimus. In uirtute sancti spiritus et obedientie districtius inhibentes ne quis hanc paginam nostre confirmationis infringere. uel ei ausu temerario contraire presumat. Si quis autem hoc attemptare presumpserit. indignationem dei omnipotentis ac pie matris eius. beatorum Petri et Pauli apostolorum. domini pape. ac nostram se nouerit incursurum. Et nisi resipuerit. cum leuiathan eternis Jehenne incendiis et penis cruciandum et condempnandum. Acta sunt hec anno Dominice Incarnationis. Millesimo. Ducentesimo. Quadragesimo. secundo. Indictione Qvintadecima. Pontificatus nostri anno Qvinto. Pre..ntibus. fratre Lodewico de Nuwenbvrch conuerso. Bernhardo de Osede. Wilhelmo de Hvnebrvke. nobilibus. Gerhardo aduocato Coloniensi. Lvtberto de Swanesbule. *Godefrido marscalco*. Teoderico de Heldene. Gerhardo magistro coquine. Henrico de Medrike. ceterisque nostre curie officialibus. Datum per manus magistri Godescalci. notarii nostri. feliciter Amen.[354])

226.

1242. Febr. 25. erlaubt Erzbischof Conrad den Nonnen zu Welver, von dem Kirchhofe soviel Raum einzunehmen, als sie zur Erweiterung der Kirche und ihrer sonstigen Gebäude nöthig haben.

Nach dem Original im Archive des Klosters Welver.

C.(onradus) dei gratia sancte Coloniensis ecclesie minister ytalie archicancellarius vniuersis presens scriptum inspecturis salutem in domino. Presentibus litteris sigillo nostro signatis notum esse uolumus. quod nos sanctimoniales ecclesie in *Weluere* licenciauimus et concedimus. ut de area cimiterii tantum spacij possint occupare. in quantum et ad ecclesiam extendendam et ad alia edificia sua construenda sibi uidebitur expedire. Unde in uirtute obediencie districtius inibemus

---

354) Das parabolisch geformte Siegel des Erzbischofs ist in weißem Wachse abgedruckt und hängt an gelb und rothen seidenen Strängen. Es stellt einen sitzenden Bischof vor, mit der Mither auf dem Haupte aber ohne Pallium ein offenes Buch in der linken und einen Hirtenstab in der rechten Hand haltend. Es führt die Umschrift: Conradus Dei gra. sac. Coloniensis Ecclesie Minister. Das Rücksiegel ist rund und stellt das einfache cölnische Kreuz mit der Umschrift dar: Secretum Conradi. †

nequis econtra quicquam presumat attemptare. Datum apud Susatum, anno dni. M°. CC°. XLII°. V. kal. martij.[355])

227.

1242. im December, verleiht Erzbischof Conrad denjenigen, welche zum Bau der neuen Kloster-Kirche in Drolshagen beitragen, einen Ablaß.

Nach dem Original im Archive des Klosters Drolshagen.

Conradus dei gratia sancte Coloniensis Ecclesie humilis minister. ytalie Archicancellarius. dilectis in christo . . Propositis. Decanis . . Pastoribus. nec non. et vniuersis Ecclesiarum Rectoribus per Prouinçiam Coloniensem constitutis, quibus presens scriptum fuerit oblatum. in domino salutis augmentum.[356]) — Cum igitur . . Abbatissa. et Conuentus. in *Drulshan* ordinis Cysterciensis Coloniensis diocesis. Ecclesiam ad laudem dei. et beate marie virginis. de Nouo inceperint edificare. nec eis proprie suppetant facultates vnde opus laudabiliter inchoatum valeant consummare in fidelium elemosinis adiuentur. vniuersitatem vestram rogamus. monemus. et in domino exhortamur. atque in remissionem vobis vestrorum injungimus peccatorum. quatinus cum Nuncij dicte Ecclesie ad vos venerint. eos benigne recipiatis. et eis locum petendi fidelium elemosinas in Ecclesiis vestris concedatis. et pro eis dum ab eisdem Nunciis requisiti fueritis. verbum dei subditis vestris super acquirendis fidelium elemosinis fideliter. et diligenter proponatis. vt per hec. et alia bona que domino inspirante feceritis ad eterne felicitatis gaudia peruenire valeatis. Nos enim de omnipotentis dei misericordia confidentes omnibus qui ad structuram dicte Ecclesie elemosinas suas transmiserint. XL^a. dies de iniunctis sibi penitenciis. peccata oblita. vota fracta si ad ea redierint. offensas patrum et matrum. sine manuum iniectione violenta quod domino pape reseruamus. misericorditer relaxamus. Preterea omnibus illis qui deuotionis

[355]) Das an einem Pergamentstreif hängende Siegel ist theilweise zerbröckelt. Das Contrasiegel ein Kreuz.

[356]) Hier folgt der nemliche Passus wie in der Urk. Nr. 220. Quoniam ut ait apostolus — metet vitam eternam.

causa singulis annis proxima Dominica post festum beati Johannis baptiste predictam Ecclesiam visitauerint. de dei omnipotentis misericordia confisi. indulgemus. vnum annum. et vnam caronam. Datum anno dni. M°. CC°. XLII°. mense Decembris.[357])

228.

1242. befestigt Erzbischof Conrad die Stadt Schmalenberg und legt für sich einen Burgmann hinein.

Nach dem Original im Archive des Klosters Grafschaft.

In nomine sancte et indiuidue trinitatis Amen. *Conradus* dei gratia sancte Coloniensis ecclie minister. Sacri Imperij per Ytaliam archicancellarius. Vniuersis xpi fidelibus quibus hec presens pagina fuerit exhibita. Salutem in uero salutari. Quia presentis temporis malitia ad nocendum prona. ea que pie et rationabiliter facta sunt. insidiosa calliditate retractare conatur. Proin notum facimus tam presentibus quam futuris ad quos presentes littere peruenerint. quod cum nos *Johanni* militi dicto *coluen* et suis heredibus. *de consilio fidelium nostrorum Ruthen.* Quinque marcas pro feodo castrensi concessissemus de prouentibus nostris *Smalenberg* in festo martini annuatim recipiendas. et insuper duas marcas dare debebat vigili nomine nostro. Cum igitur *Attenderenses* quod tam graues expensas inutiliter faceremus. et nullum

---

357) Das in grünem Wachse abgedruckte, zerbrochene Siegel des Erzbischofs, hängt an roth seidenen Schnüren. Es liegt noch eine kleinere Ausfertigung derselben Urkunde vor. In einer anderen Urkunde aus dem September des folgenden Jahres 1343, verleiht Erzbischof Conrad, bei Gelegenheit, daß der Conuentus Ecclesie sancti Clementis in Drulshan, in der Kirche einen Altar weihen lassen wollte, allen denjenigen, welche zu gewissen Zeiten die Kirche mit Andacht besuchen, fernere Ablässe. Ein ganz gleichlautender Ablaßbrief wie der von 1242 ist ausgestellt 1272 von Erzbischof Engelbert von Falkenburg, obgleich damals die Kirche wohl längst fertig war. 1408 verlegt Erzbischof Friedrich III. das Kirchweihfest an dem der Hauptablaß zu verdienen war, weil dieses mit der Kirchweihe von Attendorn zusammen fiel, auf den vorhergehenden Sonntag; welches Erzbischof Diedrich II. 1420 bestätigt. 1321 verleiht Erzbischof Heinr. v. Virneburg allen Denjenigen, die zum Unterhalt der Nonnen und ihrer Sachen rc. in Drolshagen etwas hergeben, besonderen Ablaß.

profectum vel promotionem de *castro* predicto *apud smalenberg* in quo jam dictus miles Johannes mansit. haberemus. necnon opidani nostri incessanter periculum rerum suarum et vite. *propter collapsionem et destructionem castri* coram nobis proponerent. de consilio fidelium cum *ecclesia grascapiensi* sub hac forma concordauimus. videlicet *quod opidum nostrum firmaremus.* Castro prenotato adiacente excluso. et munitionem quandam exspensis communibus edificari faceremus ad securitatem opidi nostri. In qua munitione jam sepe dictus Johannes uel sui heredes manebunt. et nos eisdem qui ibidem resederint. pro feodo castrensi. triginta solid. in prouentibus judiciorum nostrorum quos in ipso optinemus opido in festo martini annuatim concessimus recipiendos. et sic de cetero cum ecclesia grascapiensi in Castro nullas exspensas faciemus. Aream vero in qua manet infra opidum et *mansionem suam liberam esse volumus á seculari judicio et immunem* et tres denarios et vnum pullum de area eadem soluendos sibi in feodo porreximus. Ad maiorem vero huius facti notitiam et ne aliquis successorum nostrorum hoc factum nostrum publicum et rationabile possit infirmare presentem paginam conscriptam. sigilli nostri inpressione fecimus roborari. Datum et actum. anno dni. millesimo. Ducentesimo. XLtertio. Presentibus hiis. Gerhardo de benisele dapifero nostro. *Godefrido marscalco nostro per westfaliam.* Godefrido de meschede. Wichardo de Snellenberg. Gerwino de bokevort. militibus. et aliis multis.[338])

229.

1243. bekennt **Walther Edler Herr von Dülberg**, daß **Heinrich von Mederich** einen Wald, **Helle** genannt, den dieser von ihm zu Lehn getragen, mit seiner Bewilligung dem Kloster **Welver** verkauft, er aber dem Kloster das lehnherrliche Eigenthum daran geschenkt habe.

Nach dem Orig. im Archive des Klosters Welver.

In nomine domini amen. Nos *Waltherus vir nobilis de dulberg*, notum facimus vniuersis, presens scriptum inspecturis

[338]) Das an einem Pergamenriemen hängende Siegel, mit dem Rücksiegel, ist in weißem Wachse abgedruckt und wohl erhalten. Die Urkunde ist schlecht geschrieben.

vel auditaris in perpetuum. quod cum *hinricus de mederich rubetum seu nemus dictum helle*, vendidisset conuentui in *Weluere* ordinis cisterciensis, prefatus h. predictum nemus, nobis a' quo in pheodo tenuerat, reddidit resignando, Nos vero circa prefatum conuentum in Weluere, pium gerentes affectum, quicquid iuris in prefatis bonis habuimus, de consensu vxoris nostre Cunegundis, ceterorumque heredum nostrorum liberaliter et integraliter sibi contulimus pleno iure in perpetuum possidenda. In cuius uenditionis, resignationis, et nostre collationis testimonium, hanc litteram super hiis confectam, sigilli nostri iussimus munimine roborari. Datum et actum anno domini M°, CC°, XLIII°, presentes erant dominus Wilhelmus de hekescede cum filio suo Tho. hinricus de Wlerike, Theodericus Godefridus fratres de letene, et alii quam plures fide digni.[339])

230.

1244. Jan. 27. bekunden Probst Thimo zu Marsberg und der Stadtrath daselbst, wie Gottschalk Ritter von Padberg seine väterlichen Güter zu Northolte und einige Aecker zu Esbicke, mit Bewilligung seiner Brüder, dem Kloster Bredelar feierlich verkauft und überlassen habe.

Nach dem Original im Archive von Bredelar.

In nomine sancte et indiuidue trinitatis amen. *Thimo* dei gratia prepositus in *monte martis* et consules eiusdem oppidi, vniuersis xpi fidelibus hoc scriptum contuentibus pacem et ueritatem diligere. Quia labente tempore labitur et etas, sicque res que interim aguntur nube obliuionis inuoluuntur quin iuxta seniorum decreta memorie posterorum reuocentur per scripta et sigilla ne quis sub pretextu ignorancie presumptionem sue excuset perfidie. Nouerint idcirco tam moderni quam post futuri quod *Godescalcus miles de Pathberg inter cetera bona que ex hereditate patris sui ipsum*

[339]) Das in weißem Wachse abgedruckte Siegel hängt an roth seidenen Strängen. (Tab. 4. Nr. 8.)

contingebant quedam bona nomine *Northolthe* habebat, que *cum ipse et fratres sui bona patris inter se partirentur* in partem suam cedebant, et *hec specialiter a progenitoribus suis* proprietario iure possidebantur, sicque ad ipsum ut prediximus sunt deuoluta sicut in presentia honestorum virorum est probatum quibus fuit notorium quo etiam nostro tempore quiete possedit. de quibus domnum *Wydekindum* abbatem de *Breydelar* et suum conuentum ordinis cytercicns. conuenit prebens eis immo nimia instancia petens ut emere uellent. Ad quod cum responderent quia eis emere non conpeteret humiliter rogantes ut à tali proposito cessaret, grauiter accepit et ab intentione sua minime quieuit. Tunc abbas et sui fratres habito consilio hesitantes quid facerent cum angustie eis forent undique quidam fideles se interposuerunt consulentes quia cum predicta bona pro situ suo monasterio eidem contigua forent et commoda ut emerent et quatuor partes agrorum bonis suis in *esbike* pertinencium, hoc adicientes quia idem Godescalcus tam pro agris quam bonis XXti. et VI. marcas acceptasset, in quo tandem Abbas et conuentus consenserunt, dummodo certificati fierent ne postmodum periculo subiacerentur. Deinde sepedictus Godescalcus ad nos in *Mersberg* ueniens presentibus honestis uiris ubi agros jam dictos et bona prefata cum agris cultis et incultis. siluis, pratis, paschuis, aquis, aquarumque decursibus et cum omni integritate utilitatis sicuti ipse possedit *assentientibus fratribus suis. Johanne castellano in Pathberg. Johanne. Wernhero clericis. Hermanno milite.* ecclesie obtulit memorate, in manus nunciorum uidelicet. Heinrici prioris. Cesarii camerarii et Iohis de fleictorph qui ex parte ecclesie ipsum negotium procurando ad nos fuerant destinati assignans, omniquo iure suo tam in bonis quam in agris habito totaliter cedens, *insuper promittens quod uxor et parui similiter renunciarent.* Sicque in continenti de predicta summa XIIIIor. marcas recepit. Postea nuncii claustri Leicthenuyls uenerunt *ubi uxor predicti Godescalci dna Alheidis, filii sui Hermannus Godescalcus et Theodericus. filie gertrudis et Cunegundis* et *soror sua dna Cunegundis supradicto modo renunciauerunt.* Quo facto idem Godescalcus ad ipsum claustrum Breydelar accessit agros et bona presente abbate et conuentu *super altare beate Marie offerrens* omni iuri suo sollempniter renunciauit. tuncque residuas XII. marcas statute pecunie percepit. *Ego Johannes castellanus in Pathberg subscribo, facto fratris mei Godescalci consentiens,* claustroque de emptis bonis plurimum fauco *quia ius in eis non habeo* et hoc sigillo meo huic pagine appenso publico pretestor. Nosque hunc contractum coram nobis legitime terminatum ne quis infringat presens scriptum sigillo nostro et burgensium roboramus. testium nomina annotantes: Conradus de Nuthlon plebanus. Sygebodo de ittere. Adam de Aspo. Alradus de Horhusen. Gerlacus dykeber et filius suus Gerlacus. Germinus de Boeneuorde. Conradus de Walberlchusen. milites: Castrenses de leictennis. *Adelungus de froizberch*. Bernhardus et Elgerus fratres de dalewich. Volpertus de Meinrinchusen. Bertoldus Godefridus et Elgerus fratres de Lutherbike. Gerlacus Bliuar. Burchardus de Benvilth. milites et militares: Fredehardus magister consulum in monte martis. Volnandus iudex. Bertoldus filius Alradi. Hermannus monetarius et Conradus frater suus. Ludolfus de capella et Heinricus filius suus. Heinricus crispus. Hermannus *superius teatro*. Johannes monatarius. Johannes vundengot. Theodericus de oddenhusen. et filius suus Heinricus. Godefridus de Elren. Conradus de Yburg. Heinricus de kulte. Luthbrandus sartor. Johannes scathbalg. et consules omnes. et alij quam plures. Acta sunt hec anno incarnationis dominice. M°. CC°. XLIIII°. Indictione II. Epacta IX. Concurrente V. VI. kalendas februarii.[360])

231.

1244. Febr. 14. bestätigt Erzbischof Conrad dem Kloster zu Drolshagen alle Güter und Privilegien, welche ihm von der Gräfin Mechtilde v. Sayn und ihrem verstorbenen Manne geschenkt worden.

Nach dem Original im Archive des Klosters Drolshagen.

C(onradus). Dei gratia Sancte Coloniensis Ecclie Archyeps, Sacri Imp. per Ytaliam Archycancellarius. vniuersis has

---

360) Die Urkunde ist sehr schön mit gothischer Schrift, auf Linien geschrieben und wohl erhalten. Die Siegel in weißem Wachse abgedruckt, hängen an platt geflochtenen, blau, roth und weißen Schnuren. Das Siegel des Probstes, stellt das Brustbild St. Peters mit Schlüssel dar und hat die Umschrift: S. Secretum in Marsberg. Das 2te ist das Siegel der Stadt. (Tab. 8. Nr. 1.) Das 3te Johanns von Padberg (Tab. 5. Nr. 10.)

litteras inspecturis, notum facimus, quod nos ad petitionem matrone nobilis, Megthildis *quondam comitisse Seynensis*, monasterium sanctimonialium in *drulshaen*, cisterciensis ordinis gaudere volumus stabiliter, omnibus bonis, hominibus, juribus, libertatibus, priuilegiis et immunitatibus, quo et quas eidem monasterio dicta comitissa et maritus ejus bone memorie contulerunt. Sicut in instrumento super hoc confecto plenius continetur quo et omnia eidem monasterio auctoritate ordinaria firmiter confirmamus. Item nos monasterium predictum, cum vniuersis suis bonis, juribus omnibus ac attinentiis, sub nostra ac beati petri apostolorum principis suscipimus protectione. Volumus etiam vt *nullus officialium* vel hominum nostrorum, aut quiuis alius, *in vecturis et ceteris servitiis* [361]) presumat dictum monasterium aliquatenus aggrauare. Nos etiam idem monasterium *molestare nolumus importunis petitionibus super prebendis suis conferendis*, nec illud à quoquam in hujusmodi petitionibus et instanciis impeti permittemus. Nulli igitur hominum liceat huius nostre confirmationis et protectionis factum infringere, aut ipsi ausu temerario contraire. Si quis autem hoc fecerit, aut attemptare presumpserit, indignationem omnipotentis dei, ac beatorum petri et pauli aplorum ejus, et nostram, se noverit incurrisse. In cuius rei certitudinem, presentem cartulam exinde conscriptam, sigilli nostri munimine fecimus roborari. Actum et datum Colonie. Anno Dni. M°. ducentesimo, quadragesimo quarto. In dominica qua cantatur Esto michi.[362])

---

[361]) Als Herzog in Westfalen hatte der Erzbischof das Recht, von den Oberhöfen Spannfuhren rc. zu fordern.

[362]) Das zerbrochene Siegel des Erzbischofs hängt an roth seidenen Fäden. Im Jahr 1281 bestätigt Erzbischof Siegfried auf Bitten: Alcidis abbatisse, dilecte consanguinee nostre, die Rechte und Privilegien des Klosters, fast mit denselben Worten. Actum et datum apud Hoydinchusen propo Sigen, feria quarta ante festum beati Petri ad vincula.

232.

1244. Sept. 29. bestimmt Abt Philipp zu Deutz die Rechte der Leute, auf dem vom Kloster Delinghausen besessenen Hofe Linne.

Nach dem Original im Archive des Klosters Delinghausen.

Philippus Dei gratia abbas tuiciensis omnibus christi fidelibus pacem et veritatem diligere. Nouerint vniuersi quod homines curtis nostre in *Linne*. quam a nobis ecclesia in *olinchusen* possidet. jus tale optinebunt ut cum ipsos mori contigerit. ecclesia in olinchusen nullam de frumento recipiat in hereditate portionem. si eiusdem fuerint juris et conditionis. Si vero vir vel mulier familie curtis nostre contraxerint matrimonium cum talibus. qui de jure ipsorum non fuerint et eos decedere contigerit. conuentus jam sepefate ecclesie ius suum plene vendicabit tam in frumento quam in aliis. que ad jus quod dicitur *Kruedele* cognoscitur pertinere. Vt autem hoc a nullo possit infirmari. sigillo nostro et ecclesie presens scriptum fecimus communiri. Datum anno Domini M°. CC°. XLIV°. in festo S. Michaelis.[363])

---

[363]) Außer dieser und den schon früher unter Nr. 155. u. 173. mitgetheilten beiden Urkunden, finden sich noch mehre von 1229, 1230, 1231, 1233, 1330 u. s. w. über die Curtis Linne im Archive des Klosters Delinghausen. Sie beziehen sich entweder auf den Verzicht des früheren Schulten Ritter Anton v. Blomendael oder seiner Nachfolger und einiger anderen Prätendenten auf ihre Ansprüche an dem Hofe Linne oder auf Streitigkeiten zwischen Delinghausen und dem Abte zu Deutz, über unregelmäßige Leistung der Hofes-Abgaben. Sie sind aber alle nicht interessant genug, um hier mitgetheilt zu werden. Durch eine sehr weitläufige Urkunde von 1347 übertrug Abt Otto zu Deutz dem Kloster Delinghausen die Curtis als Emphyteuse mit Vorbehalt des sofortigen Rückfalls, wenn die Abgaben nicht pünktlich entrichtet werden möchten. 1498 u. 1592 wurden auf den Grund dessen mehrfache Caduzitätprozesse eingeleitet, aber wieder verglichen.

233.

1244. Juni. 12. giebt Erzbischof **Conrad** dem Stift **Gesecke** die Hebung gewisser Hühner und Denare zurück, welche ihm der Marschall abgenommen hatte.

Nach dem Copialbuche des Stifts Gesecke.

Conradus dei gratia sancte coloniensis ecclesie archiepiscopus ytalie archicancellarius notum facimus vniuersis quod nos pullos et denarios *de pomerio* et *custodia* quos marschalcus noster temporibus nostris abstulit, dilectis in christo abbatisse et capitulo in *ghesike* vsque ad presens remittimus et remisimus eisdem ut dicte Abbatissa et capitulum eosdem pullos et denarios pacifice et quiete cum ea integritate, qua dicti pulli et denarii ad ipsas pertinere dinoscuntur optineant in futurum. In cuius rei testimonium presentes litteras conscribi et nostro sigillo fecimus communiri. Datum apud *ghesike* crastino barnabe apostoli. Anno dni M°. CC°. quadragesimo quarto.

234.

1244. Nov. 22. schenkt Graf **Gottfried III.** von **Arnsberg** dem Kloster **Oelinghausen** das Eigenthum eines Lehnguts in **Bule**, welches ihm Ritter **Hermann** von **Elspe** resignirt hatte. Der Act geschah vor dem Freigerichte von **Emmenlo**.

Nach dem Orig. im Archive des Klosters Oelinghausen.

In nomine domini amen. *Nos Godefridus* dei gratia *comes in Arnesberg* uniuersis xpi fidelibus salutem in perpetuum. Cum ea que aguntur multociens lapsu temporis propter fragilitatem humane conditionis a memoria hominum elabantur. uisum est plurimum expedire eadem scripture uiuaci testimonio commendare. Nouerint proinde uniuersi sacrosancte matris ecclesie filij. tam presentes quam posteri. quod cum *hermannus miles* dictus *de elsepe* noster ministerialis. curtim suam in *Bule* quam a nobis tenebat in pheodo in manus nostras resignasset. et eandem conuentui sanctimonialium in *Olinchusen* de consensu heredum suorum cum omnibus suis attinentiis uendidisset. Nos zolo pietatis inducti pro remedio anime nostre de consensu heredum nostrorum proprietatem dicte curtis conuentui pretaxato contulimus perpetuo iure possidendam. liberam prorsus in posterum ab omni iure aduocatie. Preterea *Ambrosius dincgrauius de embere* in loco qui dicitur *Emmenlo*. *in iudicio suo* quod uulgo *uriedinc* dicitur predictam nostram collationem debito modo confirmauit. Vt autem huiusmodi rei series rata permaneat et inconcussa presentem paginam super ea conscriptam sigilli nostri munimine fecimus roborari. Testes aderant. Herenfridus de husteue. Godefridus de Ekkinchusen. plebani. henricus albertus sacerdotes. Nobiles uiri dnus *Hermannus de Rudenberg*. dnus *Ionathas de Ardey*. dnus *henricus niger*. Theodericus de Ellere. Rudolphus. Wecelinus. hermannus de Elsepe. Rutgerus filius eius. Theodericus uilarich. Albertus de Sunnere. hedenricus. milites. Gotscalcus. Arnoldus. Renoldus. hildegerus. et alij quam plures. Datum anno dni M°. CC°. XLIIII°. in festo sancte cecilie. X°. kl. decembris.[364])

235.

1244. verspricht Graf Gottfried III. von Arnsberg das Kloster Rumbeck nicht mehr mit Precisten belästigen zu wollen.

Nach dem Orig. im Archive des Klosters Rumbeck

Nos *Godefridus Comes de Arnesberg*. Notum facimus vniuersis presens scriptum inspecturis. quod nos Cenobium in *Rumbeke*. quod in recipiendis personis *per peticiones*

---

[364]) Das in weißem Wachse abgedruckte Siegel des Grafen hängt an grün seidenen Strängen. In dorso der Urkunde steht: de Bvle. pro hac curti receperunt ollughusant ex permutato decimam in Holthausen.

nostras iam sepius satis est honeratum ab omni petitione recipiendi uolumus vlterius omnimodis supportare. quod presentibus litteris protestamur. Dat. anno domini. M°. CC°. XL°. quarto.[365])

236.

s. a. (1244.) giebt Graf Gottfried III. von Arnsberg dem Kloster Rumbeck einen Almosenbrief.

Nach dem Original im Archive des Klosters Rumbeck.

Vniuersis pastoribus et prioribus ecclesiarum in dominio suo constitutis. *G. Comes de Arnsberg* salutem et omne bonum. Cum dilecte nobis ecclesie de *Rumbeke* facultates minime suppetant ad plurima deo deseruientibus ibidem necessaria. Rogamus diligentissime quatinus propter deum et nostre dilectionis intuitu nuncium eiusdem ecclesie cum ad uos uenerit benigne receptum benignius pertractetis, commissas a deo uobis plebes ut subsidium ibi prout deus ipsis inspirauit faciant fideliter exhortando.[366])

237.

1245. im Juli, verleiht Erzbischof Conrad den Kanonichen des Patroclistifts zu Soest, dafür daß sie ihm ein Jahr den Zehnten und das andere den Zwanzigsten ihrer Früchte, zur Unterstützung bewilligt, außer dem bisher üblich gewesenen, noch einen annum gratiæ.

Nach dem Orig. im Archive des Patrocli-Stifts.

Conradus diuina fauente clementia Sancte Coloniensis Ecclesie archiepiscopus. Sacri Imperii per ytaliam archicancellarius.

[365]) Die Urkunde ist mit kleiner Cursiv geschrieben. Das in weißem Wachse abgedruckte Siegel, hängt an durchgezogenen Pergamenstreifen und ist wohl erhalten.

[366]) Die mit kleiner Cursiv geschriebene Urkunde scheint als Paß ziemlich gebraucht zu seyn. Das in weißem Wachse abgedruckte Siegel hängt an einem abgeschnittenen, nicht durchgezogenen, schmalen Pergamenstreifchen und ist zum Theile zerbröckelt.

Dilectis suis.. Preposito.. Decano. et Capitulo. sancti Patrocli in *Susato*. eternam in domino salutem. Cum vos nostris compatiendo necessitatibus. et dampnis. de mera vestra liberalitate et voluntate spontanea. Decimam fructuum prebendarum vestrarum. presentis anni et sequentis anni vicesimam in nostrum subsidium. donare decreuitis. Nos vestro beniuolentie gratam cupientes vicissitudinem rependere. vobis jndulgemus. vt post annum gratie. quem hactenus consueuistis habere. annum vnum gratie singuli vestrum. siue moriamini in claustro vestro. in eo statu in quo nunc estis. siue Religionem intraueritis a tempore istius nostre concessionis. tam vos. quam successores vestri in perpetuum obtineatis. Ita quod quicquid de fructibus prebende vestre. per ipsum annum. siue per vos. siue per manufideles vestros. fuerit ordinatum. Ratum et firmum permaneat. et precipimus predictam nostram concessionem siue Indulgentiam sub pena excommunicationis jam lato. jnuiolabiliter jnperpetuum obseruari. Datum Colonie Anno dni. M. CC. XL. quinto. mense Iulio. [367])

238.

1245. Sept. 29. schreibt Erzbischof Conrad dem Marschall, dem Schultheiß und Stadtrath zu Soest, durch genauere Untersuchung habe sich herausgestellt, daß die Münze zu Soest, von dem Dechant und Capitel der heil. Apostel in Cöln zu empfangen sey; da nun der Münzmeister in Soest die Münze wirklich von jenem empfangen habe, so sey sich hienach zu achten.

Nach einer Abschrift aus dem 15. Jahrh. im Stadtarchive zu Soest.

Conradus dei gratia sancte Coloniensis ecclesie Archiepiscopus, Sacri Imperii per Italiam Archicancellarius, *Gerardo marschalco, Gerardo scultecto, Consulibus et ciuibus Susaciensibus,* dilectis fidelibus suis, salutem et omne bonum, Inquisita diligentius ueritate super *moneta Susaciensi,* jnuenimus

[367]) Das große Siegel des Erzbischofs mit dem kleineren Rücksiegel, ist zum Theil zerbrochen. Es hängt an roth und gelb seidenen Strängen.

Decanum et capitulum ecclesie sanctorum apostolorum in Colonia id habere juris, quod moneta est recipienda ab eis et tenenda. Volumus igitur eis in suis adesse juribus potius, quam facere preiudicium, vos scire cupimus quod nos monetarium ibidem existentem qui a prefato decano et capitulo monetam recepit, uolumus monetam tenere a capitulo ecclesie memorato, nostro et eorum per omnia jure saluo. Datum Colonie anno dni M°. CC°. XLV°. tertio kal. octobris, pontificatus nostri anno octauo.

239.

s. a. (1245.) bekunden Dechant und Kapitel der Domkirche zu Cöln, daß dem Kapitel der Apostelkirche daselbst, die Münzgerechtigkeit zu Soest zustehe und daß es solche dem Münzmeister Hardung in Pacht gegeben habe.

Nach einer Abschrift aus dem 15. Jahrh. im Stadtarchive zu Soest.

Conradus dei gratia maior decanus et Archidiaconus et ceteri Priores Coloniensis ecclesie, venerabilibus viris Decano et conuentui sti Patrocli in Susato et Burgensibus pacem et veritatem diligere. Supprimere ueritatem et loqui mendacium utrumque abhominabile est apud deum et conducit ad portas inferi. Inde est quod ueritatem quam nouimus de *moneta Susaciensi*, presentis scripture testimonio, vniuersitati vestre scribendam duximus, tam uobis quam presentis ac postere etatis fidelibus, fideli assertione insinuantes, quod proprietas et possessio monete Susatiensis, cum omnibus attinentiis suis, a LX retro annis, ita integre et totaliter ad ecclesiam sanctorum apostolorum in Colonia pertinet, quod nullus mortalium in predicta moneta aliquid vnquam juris ordinandi uel disponendi habuit usque in diem hanc, nisi soli fratres deo et duodecim apostolis in iam dicta ecclesia deseruientes, fratres etiam eiusdem ecclesie in presentia nostra constituti, confessi sunt ab Hardungo conciue vestro pensionem quinque marcarum accepisse, eo pacto, ut si moneta per sententiam ab eis euicta fuerit, ipsi Hardungo pecuniam suam restituant et si aliquid questionis eis motum fuerit de moneta, ipsi ad conseruationem juris sui pro Hardungo et cum Hardungo rebus et personis iniurias suas prosequi non desistent.[368])

240.

1245. Nov. 6. verkaufen die Edlen von Itter den Osthof an das Kloster Benninghausen.

Nach dem Original im Archive des Klosters Benninghausen.

In nomine domini amen. Nos *Sigebodo et Hermannus fratres*, *Regenhardus et Conradus fratres*, Item *Sigebodo et Themarus fratres*, et *Hermannus dictus Peirzelere*, *nobiles de Itere*, tam modernis quam futuris presentium tenore notum facimus protestamur et recognoscimus imperpetuum, quod nos pari uoto et unanimi consensu, acceptis ab ecclesia in *Bennekinchusen* viginti quatuor marcis. Curtim que dicitur *Osthof* quam à Comite de Arnesberge iusto

---

[368]) Das Kapitel der Apostelkirche zu Cöln gab später die Soester Münze, dem Sohne des Münzmeisters Hardung, Johann, auf die Zeit seines Lebens in Pacht, wie aus folgender Urkunde hervorgeht: Godefridus dei gratia ecclesie sanctorum apostolorum in Colonia decanus et totus eiusdem ecclesie conuentus — presentis ac postere etatis fidelibus fidelis scripture testimonio significandum duximus quod Johanni filio Hardungi ordinationem et administrationem monete nostre apud Susat ad tempus uite sue, eo pacto concessimus ut annatim in vigilia ascensionis quatuor libras scilicet octuaginta solid. Coloniens de eadem moneta ecclesie nostre sine contradictione et difficultate persoluat et si non persoluerit, nos ab omni obligatione, qua ratione huius instricti et obligati uidebamur perpetuo et in totum liberati et absoluti simus et ipse pretextu huius instrumenti, nulla defensione seu adiutorio legum uel canonum contra nos utatur. Die Urkunde ist wie die obenstehende ohne Datum, aber von der nemlichen Hand geschrieben. Welchen Erfolg die Münzverpachtung damals gehabt, ist nicht bekannt. Im J. 1481 machte das Kapitel der Apostelkirche zu Cöln wiederholt Ansprüche auf die Münzgerechtigkeit in Soest. Allein die Stadt Soest wollte sie nicht anerkennen, sie stellte vielmehr zwei noch vorliegende Vollmachten auf Heinrich Gevlen Pastor zu St. Peter in Cöln und Johann Rötteken Pastor zu Bremen aus, um auf die Klage, welche der Probst, Dechant und Kapitel von St. Aposteln, zu Werl gegen sie erhoben hatten, dahin zu antworten, daß ihr die gemachten Ansprüche völlig unbekannt seyen. Soest blieb immer im Besitze der Münzgerechtigkeit.

phcodi nomine tenebamus.[369]) et quam *Eucrhardus de Eructe* ulterius a nobis pheodi titulo possidebat. eidem ecclesie in Bennekinchusen dimisimus et recognoscimus cum omnibus attinenciis suis. et cum omnimoda fructuum utilitate perpetuo possidendam. Vnde nos eiusdem pheodi nostri. et omni juri quod in eadem Curte uidebamur habere. coram uiris honestis. et Consulibus tam apud *Susatum*, quam apud *Medebiko* plane renuntiauimus et absolute. Nequis igitur heredum nostrorum im posterum hoc factum nostrum aliquatenus infringere uel in irritum reuocare conetur. presentem paginam super eo conscriptam. tam domini Henrici prepositi sancti Seuerini in Colonia. quam domini Ecberti prepositi in Custelberge. et domini Henrici de Ittere rectoris ecclesie noue in Susato nomine fratris sui Hermanni. Preterea nobilis uiri domini Bertoldi de Buren. nostrorumque. necnon opidorum tam Susatiensis. quam Medebeccnsis sigillorum consensimus impressione muniri ad perpetuum robur et stabilimen. Huius rei testes aderant apud Medebeke dominus Henricus prepositus sancti Seuerini. in Colonia. Ecbertus prepositus in Custelberge. Henricus de Ittere rector noue ecclesie in Susato. *Heinricus et Theodericus fratres de Bilstene. Adolfus aduocatus de Grascab*. Hermannus Gograuius de Medebeke. Vdo miles de Elsepe. Item Burgenses de Medebeke. Wigandus. Albertus de slethere et Conradus frater suus. Preterea coram consulibus Susatiensibus eidem iuri nostro renuntiauimus absolute. Videlicet Thitberto et Rudengero tunc magistris Burgensium. Hildegero genere Simegalli. Radolfo ferrero. Wernero. Endecorste. Wigmanno Suelingo. Radolfo de anglia. Thitmaro aduocato. Henrico de Thremonia. Johanne de kefliko. Henrico de Bochen et aliis quam pluribus. Acta sunt heo anno dominice incarnationis. M°. CC°. XLV°. octauo idus nouembris feliciter amen.[370])

---

[369]) Die Bestätigung-Urkunde Graf Gottfrieds III. ist vom 29. April 1245. III. kal. maji scilicet vitalis mart. In diesem Datum ist ein Irrthum; denn Vitalis fällt auf den 28. April. Es müßte also heißen IV. kal. maji. Die Urk. ist ausgestellt: in curte nostra Gunethe. presentibus et hoc factum nostrum approbantibus fidelibus et ministerialibus nostris. Henrico nigro — preterea presentibus — Godescalco de Brilon sacerdote —. Vergl. auch die Urk. Nr. 254.

[370]) Es haben an der Urkunde 8 Siegel an roth seidenen Strängen gehangen, wovon nur noch 3 vorhanden sind.

211.

1245. schenkt Graf **Gottfried III.** von **Arnsberg** das lehnherrliche Eigenthum über den Wald **Welschholt**, welchen der Edle Herr, **Heinrich** genannt **der Schwarze** von Arnsberg, von ihm zu Lehn getragen und dem Kloster **Welver** verkauft hatte, dem gedachten Kloster.

Nach dem Original im Archive des Klosters Welver.

In nomine domini amen. *Godefridus* dei gratia *Comes arnesbergensis. Alheydis Cometissa* cum filiis eorum. Uniuersis christi fidelibus in perpetuum vtriusque uite salutem. Ea que per nos. et coram nobis rationabiliter acta sunt. dignum duximus testimonio ueritatis roborare. Proinde modernis et futuris notum esse uolumus. protestamur et recognoscimus. quod cum nobilis uir dominus *Henricus dictus niger*. quandam siluam siue ligna que *Welscholt* dicuntur. que idem Henricus de manu nostra iusto pheodi titulo dudum possederat. ecclesie in *Weluere* cum fundo circa XL. iugera de nostro consensu perpetuo possidenda uendidisset.[371]) et idem. H. eadem ligna cum fundo in manus nostras *cum uxore ac pueris suis* absolute resignasset. nos ob diuinam reuerentiam et perpetuam nostri et progenitorum nostrorum memoriam. et ad instantiam dicti. H. proprietatem predictorum lignorum cum fundo. ecclesie in Weluere bona uoluntate contulimus perpetualiter obtinendam. Nequis igitur heredum nostrorum. uel etiam prefati. H. donationem nostram. et suam uenditionem aliquo malignandi studio in posterum irritare conetur. presentem paginam super eo conscriptam. sigilli nostri fecimus inpressione muniri. ad perpetuum robur. et stabilimen. Acta sunt hec anno domini millesimo. Ducentesimo. Quadragesimo. Quinto. Indictione octaua. Presentibus Arturo preposito. Sigefrido sacerdote. theoderico de einere. et filio suo. Hunoldo de odenken. Bernardo de Wichlon. Alberto de mellene. Hermanno de hagnen militibus. Sigefrido de holte. Johannne de buderke. *Gerlaco qui habet filiam nigri* Ceterisque quam pluribus.[372])

---

[371]) Der Kaufbrief ist v. 13. Dec. 1244. Idus decembris videlicet in die sancte Lucie apud Hamme.

[372]) Das Siegel des Grafen und der Gräfin hangen an kreuzweise durchgezogenen roth und grün seidenen Strängen, jenes in rothem, dieses in grünem Wachse abgedruckt.

242.

1246. Mai. 19. genehmigt Graf Adolf von der Mark den Verkauf der Curie Thorinchof an das Hospital zu Soest.

Nach dem Orig. im Archive des Waisenhauses zu Soest.

Nos *Adolfus.* Comes de marcha Notum esse volumus omnibus littere presentis inspectoribus. Quod Hermannus. miles dictus de Aggere curiam que *Thorinchof* dicitur cujus proprietas nobis pertinebat cum consensu nostro *Hospitali susaciensi* cum omni integritate attinenti perpetuo vendidit quiete possidendam. unde nos proprietatem dicte curie dicto Hospitali animo nostre dedimus ob salutem. omne jus quod in eadem habebamus integraliter per nostras patentes litteras memorato Hospitali resignando. Astiterunt autem cum hoc fieret. Comes *G. de arnesberg.* Clericus Hospitalis. *Godefridus marscalcus de ruden.* volcuinus. albertus magistri burgensium. Consules: Hinricus semegallere. Hilgerus maritus filie sue. Gotmarus. Thetmarus fratres. et Gerhardus de medebeke. et alii quam plures. Acta sunt hec *in pretorio susaciensi.* Anno dmni M°. CC°. quadragesimo sexto sabbato proximo post ascensionem domini.[373])

243.

1246. März. 31. verkauft Johann Herr des Schlosses Padberg, mit Bewilligung seines Bruders Gottschalk, einen Theil der ihm gehörigen Berninghauser Aecker, welche dem Kloster Bredelar gelegen waren, an dieses Kloster um mit dem Gelde den ganzen Hof Berninghausen, der an seinen Bruder Gottschalk versetzt war, wieder einzulösen.

Nach dem Original im Archive des Klosters Bredelar.

Ego *Johannes dnus castri in pathberg.* Omnibus hoc scriptum uisuris significo. quod cum curia mea in *Bernine-*

---

373) Das an Fäden von grüner, rother und gelber Seide hängende Siegel von weißem Wachs, stellt den Grafen Adolf zu Pferde sitzend dar. Es ist sehr schadhaft und die Umschrift fehlt bis auf wenige Buchstaben.

husen. *Godescalco* fratri meo pro quindecim marcis impignorata foret, nec aliquid ex hac summa minueretur usque ad redemptionem ipsius curie consilio amicorum meorum dominum Widekyndum abbatem de *Breidelar* ac suum conuentum ordinis cyst. in hec uerba conueni. ut si *partem agrorum eiusdem curie* claustro adiacentium emere uellet cum filiis meis consentirem. Qui agri cum pro situ suo claustro contigui forent et comodi. et quia per aquam ad molendinum decurrentem et in fractione lapidum et pascuis ibidem. iam dictus abbas et conuentus sepius fuissent molestati emerunt partem agrorum eorundem circa mansum unum pro XX. marcis et una legalium denariorum cum omnibus pertinentiis suis. campis uidelicet. cultis. et incultis. pratis. pascuis. siluis. viis. inviis. aquis aquarumque decursibus. piscationibus. a claustro uersus uillam *berninchusen*. usque ad terminum quo duo cruces fixe sunt. una prope montem *Beldestein*. altera iuxta montem *vorstenberg*. et a monte Beldestein iam dicto uersus *grangiam Breydelar*. usque ad terminum quo incipit ipsius grangie proprietas. Ita quod omnia que infra predictum terminum continentur cum omnibus pertinentiis suis sicut dictum ex iure proprietatis claustro pertinebunt. Hiis rite ordinatis mox abbas et conuentus prefatam mihi ex integro persoluerunt summam de qua XV. marcis curiam iam dictam redemi. reliquis sex marcis utilitatibus aliis deputatis. Dein *ego et filii mei* et *godescalcus* frater meus obtulimus eosdem agros sub pena excommunicationis super altare beate Marie. virginis gloriose in presentia abbatis et conuentus iure ueri dominii claustro perpetuo pertinentes. omni iuri nostro tam ego et filii mei *Johannes*. *thetmarus* et *godescalcus*. quam frater meus *godescalcus* in eisdem agris habito sollempniter renunciantes. ita ut siquis predictos agros de claustro auferat anathema sit. quousque ab illata iniuria resipiscat. Hanc conuentionem et oblationem sicut supra dictum est anno gratie M°. CC°. XLVI°. Indictione IIII^a^. in vigilia palmarum fuisse pactam presenti scripto sigillo meo roborato publice profiteor. Huius rei testes sunt. Henricus abbas de fleictorp. et Heinricus monachus suus. Godefridus sacerdos de pathberg. thetmarus capellanus ibidem. Elgerus de dalewich. Alradus de horhusen. Albertus de eligenhusen. ciues de pathberg. godescalcus de keldinchusen et frater suus helmwicus. Johannes braxator. et alii quam plures.[374])

---

[374]) Die Urkunde ist schön aber mit sehr vielen Abbreviaturen, von der nemlichen Hand, wie alle Briton Bredelarer Urkunden dieser

244.

1246. Juni 30. bekundet Graf **Gottfried III.** von **Arnsberg**, daß Probst Adam zu **Oelinghausen**, einen **Sundern** in der Herdringer Mark, vor dem **Freigericht** zu **Swidinghausen** gekauft habe.

Nach dem Orig. im Archive des Klosters Oelinghausen.

Uniuersa negocia litteris et uoci commissa testium ab utroque trahunt immobile firmamentum. Sciant igitur tam presentes quam posteri. Adam prepositum et Conuentum de *Olenchusen* in presencia nostri uidelicet *Comitis de Arnesberg*. a *Johanne* milite de *Nihem* medietatem luci qui wlgo *Sundere* dicitur in *marchia herdringen* siti. quem dudum quiete communem ipsis possederant. cum consensu elyzabet matris suo. sororis. et ceterorum heredum ad *opus hospitalis sui*. quinque marcarum precio comparasse. maxime ad elidendum omnis dissensionis occasiones que ex succisione lignorum ibidem poterant emersisse. et quod prefati. Johs. et mater eiusdem. soror. cum omnibus heredibus *Swidhenehusen in judicio quod vriedhinc appellatur* eandem medietatem consensu benigno et unanimi resignarunt. Ne autem premissum negocium calumpnis ualeat infirmare uel obliuio presentem paginam ad utriusque partis instanciam sigilli nostri munimine duximus roborandam. Testes sunt. albertus de Olenchusen. Cunradus de wedenchusen sacerdotes. Helmicus pris. Cunradus de anlagen milites. Erenfridus notarius. Iohannes claniger de hachnen. *Ambrosius dhinegrauius*. Theodericus. timo. wezelus de wenecle. Johannes de bodrike et alij quam plures. Actum anno dni. M°. CC°. XLVI°. jn crastino petri et pauli apostolorum.[375])

Zeit, geschrieben; die ganze Gegend scheint sich desselben Schreibers bedient zu haben. Das an platt geflochtenen weißen Schnuren hangende Siegel, ist in rothem Wachse abgedruckt.

[375]) Das in weißem Wachse abgedruckte Siegel hängt an weiß leinenen Strängen.

245.

1246. Juli 4. verkauft Graf Gottfried III. von Arnsberg dem Kloster Wedinghausen die Kalenberger Mühle, nebst der Fischerei vom Mühlenteich bis an die Schlacht.

Nach dem Original im Archive des Klosters Wedinghausen.

(G)odefridus dei gratia comes in *Arnesberg*. Vniuersis presens scriptum inspecturis salutem. Notum esse uolumus omnibus quibus hoc scriptum fuerit exhibitum. quod nos cum consensu uxoris nostre. et heredum nostrorum. *Communicato quoque consilio Nobilium atque ministerialium nostrorum* ecclesie nostre de *wedinchusen*. quam speciali amplectimur dilectione. uendidimus *molendinum* nostrum. de *kalenberg*. quod nos hereditario iure contingebat pro marcis XXX^a^. cum piscatione. et aqua que appellatur. *mulendic*. usque ad locum ubi terminatur *sclacht*. ut deinceps habeat ecclesia memorata cum omni integritate iuris atque emolumento quod exinde poterit prouenire. sitque ipsum molendinum ab omni exactione exemptum. et ab omni inquietatione liberum. que inde requiri posset atque a seruitute. Vt igitur hoc factum nostrum constet inposterum ualiturum fecimus communiri tam sigillo nostro quam uxoris nostre. insuper et sigillo dni *Jonathe de arthey*. atque ciuitatis susatiensis. Testes huius rei sunt. Hinricus prepositus sancti Seuerini. Giezellerus plebanus ueteris ecclesie Susatiensis. *Nobiles uiri de Rudenberg dominus Hermannus et dominus Ionathas. Hinricus niger de Arnesberg*. Tidericus de Ellere miles. Hunoldus de odinege. gerlacus miles. Tidericus villarg. Hinricus wredo. Johannes Rise. de susato. Wigmannus. Hunoldus de foro. Hildegerus doue. et alii quam plures. Acta sunt hec anno gratie. M°. CC°. XL°. VI°. die vdelrici confessoris.[376])

---

[376]) Das Siegel des Grafen Gottfried, (Tab. I. Nr. 8.) der Gräfin Adelheid, (Tab. I. Nr. 6.) Jonathans von Arbei und der Stadt Soest, sind sämmtlich in weißem Wachse abgedruckt und bis auf das Letzte noch ziemlich wohl erhalten.

246.

1246. Juli. 12. bestätigt Erzbischof **Conrad** den **Erbsälzern** zu **Werl** die Rechte, welche ihnen vom Erzbischof **Engelbert** gegeben worden.

Nach dem Original im Archive der Erbsälzer zu Werl.

Conradus dei gratia sancte Coloniensis Ecclesie Archiepiscopus. vniuersis has litteras inspecturis Notum facimus et presentis scripti testimonio protestamur quod nos. Oppidanos nostros in. *Werle*. prosequentes eo amplius dono gratie et fauoris quo deuotiores ipsos semper in nostris et Ecclesie nostre obsequiis inuenimus. *Coctores salis* in ipso Oppido manentes, *eo iure ac consuetudine* quam olim. sub venerabili predecessore nostro. felicis recordationis. dno. *Engelberto*. Archiepiscopo obtinuisse dinoscuntur, *in coctione salis eiusdem*. gaudere pacifice volumus et quiete. et nullum in huiusmodi iure. prestabimus aut prestari per alios volumus impedimentum *hiis ad quos iure hereditario dicti salis decoctio dinoscitur pertinere*. Et ne contra hec in posterum aliqua possit calumpnia suboriri. litteram presentem conscribi et nostro sigillo fecimus communiri. Actum et datum. Colonie anno domini. M°. CC°. XLVI°. IIII°. Id. Iulij.[377])

247.

1246. Juli. 19. bestätigt Erzbischof **Conrad** die von der Gräfin **Adelheid** von **Arnsberg** gemachte Stiftung des Klosters **Himmelpforten**.

Nach dem Original im Archive des Klosters Himmelpforten.

Conradus diuina fauente clementia sto Coloniensis Ecclie Archieps. sacri Imperij per Jtaliam archicancellarius. vniuersis xpi fidelibus presens scriptum inspecturis. salutem in vero salutari. Cum excepti regiminis officio hijs que ad

---

[377]) Das in weißem Wachse abgedruckte Siegel des Erzbischofs mit dem Contrasiegel ist theilweise zerbröckelt.

decorem domus dei et eius obsequium fieri dinoscuntur vigilantius intendere teneamur. vniuorsorum noticie cupimus declarari. quod nobilis dna. *Aleidis, comitissa de Arnsberch*. zelo deuotionis accensa. in quodam loco qui situs est in parrochia *Bremensi*.[378]) Coloniensis diocesis. quem suis denarijs proprijs comparauit. Ecclesiam in honorem dei genitricis marie construere proponit. in qua sanctimoniales ordinis cysterciensis. secundum obseruantiam eiusdem ordinis domino famulentur. Nos igitur ipsius propositum salubre in domino comendantes. duximus eidem concedendum. vt de licentia et auctoritate nostra Ecclesiam in loco edificet memorato. Ita quod plebanus ecclesie de Bremin. in omnibus juribus eidem ecclesie suo attinentibus indempnis conseructur. Considerantes itaque quod dnus Jesus christus ob materne claritatis reuerentiam. locum sibi preelegerit prefatum. vt laus ejus et gloria in eo multiplicentur. et deuotio fidelium accrescat. eundem locum. et personas. in eo dno deseruientes. ac bona earundem. que in posterum dno concedente poterint adipisci. sub nostram. et Ecclesie Coloniensis recepimus protectionem. districtius sub anathematis exterminatione inhibentes. ne quis personas dicti loci in loco eodem. seu bonis earundem molestare presumat. quod qui fecerit excommunicationis vinculo se nouerit innodatum. In huius igitur facti nostri Robur. et euidentiam presentem paginam exinde conscribi fecimus. et sigillo nostro communiri. Datum. Colonie. anno dnj. M°. CC°. XL. Sexto. quarta feria ante festum beate marie magdalene.[379])

---

[378]) Vergl. die Urk. Nr. 259.

[379]) Das Siegel des Erzbischofs ist in rothem Wachse abgedruckt, mit dem gewöhnlichen Contrasiegel versehen und hängt an roth seidenen Fäden.

248.

1247. Jan. 13. verkauft Mechtilde Gräfin von Sayn, Witwe, ihre Güter, namentlich das Schloß Waldenburg, Drolshagen, mit Ausnahme des dort von ihr und ihrem verstorbenen Manne gestifteten Klosters, Meinerzhagen, mit Ausnahme dessen was der Abt und Convent zu Deutz an dem Walde Grisim hat und den Wald Ebbe, mit Vorbehalt der Rechte Anderer in demselben, an Erzbischof Conrad von Cöln.

Nach dem Transsumpt im Liber Privil. Ecclesie Colon. Nr. 236.

Metildis quondam comitissa Seynensis Vniuersis has literas visuris notum esse volo, quod discretorum virorum habito consilio, vendidi venerabili dno meo *Conrado* Archiepo Coloniensi, *Castrum meum Waldenberg* et bona mea in *Drulshain* cum omnibus suis attinentijs, excepto monasterio sanctimonialium ibidem, ordinis cisterciensis, quod ego et maritus meus bone memorie. H. comes Seynensis, *fundauimus et dotauimus,* quod monasterium gaudebit inposterum omni jure suo, omnibusque possessionibus et bonis, que ipsi monasterio donauimus. secundum quod in instrumentis ejusdem monasterii super hoc confectis plenius continetur. Insuper vendidi eidem Archyepo bona mea in *Meinershain* cum omnibus attinentijs suis excepto eo quod abbas et conuentus Tuyciensis jus suum saluum habebit in silva que dicitur *grisim.* Preterea vendidi eidem Archiepo siluam que dicitur *Ebbe*, sed tantummodo eo jure, quod ego habui in eadem, quia saluum esse debet in eadem silva jus per omnia aliorum. Hec vero bona omnia predicta dicto Archiepo vendidi pro duobus millibus marcarum. coloniens. denariorum nouorum et legalium. duodecim solidis pro marca qualibet computandis. quarum ducentas. marcas idem Archieps michi sollempniter stipulanti solvere promisit in crastino conuersionis bti Pauli proximo futuro. Item michi soluere promisit alias trecentas marcas, in die purificationis proximo futuro. Insuper michi soluere promisit. alias quingentas marcas in dominica Inuocauit proxime futura. Preterea michi solvere promisit, alias quingentas marcas in dominica qua cantatur lætare Ierusalem proxime futura. Insuper michi solvere promisit, alias quingentas marcas in die pasche proximo futuro, vel in tribus diebus sequentibus immediate. Hec autem solutio fiet michi vel meo certo nuncio, in ciuitate coloniensi et in terminis prenunciatis. hoc expresse apposito. si dictus Archieps dictas ducentas marcas predicto termino michi non solverit, ego ero ab hoc contractu venditionis penitus absoluta. si vero dictas ducentas marcas dicto suo termino solverit, sed non soluerit postea dictas trecentas marcas dicto suo termino ut est dictum, elegit et acceptat, et preterea mihi firmiter ab eo stipulanti promittit, quod ille ducente marce erunt mee, et insuper ego ab hoc contractu ero penitus absoluta. Simili modo quoscumque denarios michi soluerit suis terminis, residuos vero denarios in aliis suis terminis non soluerit, retinebo michi illos denarios, qui soluti fuerint, retinebo etiam castrum predictum et omnia mea bona. et preterea ero à contractu venditionis hujusmodi penitus absoluta. Hec vero omnia que sunt dicta hinc inde observabuntur, captione, fraude, et dolo undique exclusis. Vt autem dictus Archieps ex parte sua et ego ex parte mea simus certiores, assignatum est dictum castrum de consensu Archiepi et meo, nobili viro Henrico burggravio colon. custodiendum. qui expensis Archiepi muniet. et in sua habebit custodia dictum castrum. hoc tamen modo, si Archieps solucrit michi dicta duo marcarum milia, modis et terminis prenotatis. Burchgrauius illud castrum Archiepo assignabit. si vero non solucrit michi, ut est dictum, ipso illud castrum restituet michi. si vero quod absit ante solutionem plene factam Archieps decesserit, Ecclesia Colon. illos denarios mihi plene persoluet. et hoc facto, castrum illud assignabitur Ecclesie Coloniensi. Si vero ego ante terminos morior solutionis tunc solvetur dicta pecunia meo nomine. gerardo fratri ordinis minorum. Volperto fratri ordinis domus theutonice. Gerardo dno de Rennenberg et conrado militi de Brysko. vel duobus ex ipsis. si ceteri mortui fuerint aut absentes. si vero idem Archyeps vel Ecclesia Colon. michi infra dictos terminos non soluerint et ego nichilominus morior infra terminos illos, idem Burchgrauius nomine meo reddet dictum castrum G. Dno de Rennenberg et C. militi de Bryske jam predictis. si vero pendentibus terminis solutionis Burchgravius moriatur, tunc custodes turrium et castri, tamdiu castrum tenebunt, donec Archieps et ego de communi consensu loco Burchgravii alium statuamus. predictis autem omnibus interfuerunt. Gozwinus major decanus. Conradus subdecanus. H. dictus Burchgravius Coloniensis. Gerardus Dnus de Rennenberg. frater volpertus predictus. Gerardus dapifer de Bernsouwo. Volkoldus dnus de Bure. Hermannus Marescalcus de Alfre. Ulricus ircus. Mgr Godescalcus Canon. de gradibus et Mgr

Baldewinus Canonicus s. Seuerini Colon. et ceteri quam plures. Et ut hijs firmiter credatur presentem cartam exinde conscriptam sigillo meo pendente feci communiri. Actum et datum in palatio Colon. Ao. Dni. M°. CC°. XLVII°. dominica post octauas Epiphanie.

249.

1247. April. 6. Vereinigung zwischen Cöln und Paderborn über Salzkotten und Vilsen.

Nach dem Transsumpt im Liber Privil. Eccl. Col. Nr. 123.

Conradus dei gratia sancte Coloniensis ecclesie.. Archiepiscopus Italie Archicancellarius. et. S(imon) eadem gratia Padeburnensis Electus Omnibus ad quos presens scriptum peruenerit Salutem in domino. Discordia que inter nos super edificatione Castri *villese* et *Saltkoten* vertebatur domino.. Electo monasteriense et Abbate Curbiense mediantibus sopita est amicabiliter sub hac forma, quod nos Padeburnensis Electus Opidum *Saltkoten* venerabili domino Conrado Coloniensi.. Archiepiscopo sine aliqua condicione tribuimus ad destruendam municionem, ut villa remaneat sicut ante, Et villicationem Curtis in *villese* et possessionem eius cum ipsius pertinencijs *Alberto de Stormede* ministeriali nostro cognoscimus eo jure quo ipse et antecesores sui habuerunt nobis iusticia quam antecessores nostri habuerunt in eadem villicacione reseruerta. Et si aliqui agri de villicacione predicta Castro vilese adiacentes ipsi Castro necessarii visi fuerint domino Coloniensi Archiepiscopo et Electo Monasteriensi vel hiis qui ab ipsis ad hoc fuerint deputati nos secundum consilium predictorum dicto Alberto reconpensacionem dictorum agrorum faciemus Ceterum dampna que alijs extra guerram nostram existentibus siue in vino Abbatisse Heruordensis in curribus uel alias in Ducatu.. Archiepiscopi predicti intulimus ante expedicionem suam secundum generosam moderacionem ipsius Coloniensis.. Archiepiscopi et Monastericusis.. Electi et eorum quos ipsi sibi assumere voluerunt persoluemus. Item *nullam municionem in Ducatu domini Coloniensis Archiepiscopi sine sua licentia faciemus nisi nos in judicio quod Boldinc appellatur cum Abbate Corbiense et aliis nobilibus in*

Ducatu constitutis aliud per sentenciam obtinere possimus Item confitemur quod omnis discordia que erat inter dominum Coloniensem Archiepiscopum et suos Coadiutores ex parte vna et nos et nostros Coadiutores ex altera Ita quod quilibet remaneat in hereditate sua est per pacem amicabiliter et totaliter terminata Nos vero Conradus Coloniensis.. Archiepiscopus propter honorem nobis a venerabili Padeburnensi Electo in Compositione predicta exhibitum, edificationi Castri in *rilese in Ducatu nostro* facte consentimus et ei damus licenciam hoc habendi Nos vero Electus Padeburnensis ut prescripta Compositio rata et firma permaneat data fide in manibus dicti Coloniensis Archiepiscopi ad eius obseruacionem nos obligamus vigintiquinque militibus subscriptis fideiussoribus a nobis constitutis qui fide data ad obseruacionem compositionis predicte se pro nobis domino Coloniensi Archiepiscopo similiter astrixerunt Taliter quod si eadem compositio violata fuerit nisi hoc infra mensem emendetur ipsi moniti infra mensem *Susatum* intrabunt, inde non recessuri donec de violacione fuerit satisfactum, nisi contra composicionem huiusmodi veniamus municionem faciendo tunc predicti fideiussores ex parte domini Coloniensis Archiepiscopi moniti statim Susatum intrabunt inde non recessuri donec ipsi Archiepiscopo fuerit satisfactum Nomina fideiussorum nostrorum sunt hec Conradus Comes de Reytberge Conradus de Schonenberg viri nobiles, Bertoldus et Hermannus de Brakel. Rauene de Papenheim Albertus et Hermannus de Scardenberg Conradus de Amelungessen, Ludolphus de herse Conradus luscus dapifer Amelungus de padeburn Herbordus pincerna Goyswinus de Wetene Borchardus de Westheim. Henricus Camerarius Conradus de Welledo Wernerus et Heinricus de Weuere florinus de freseuhosen Henricus de Grinere Andreas de sola domo, Borchardus de Holthusen Albertus de nedere Bertoldus de nette. Conradus et Albertus de etlen In cuius rei testimonium presentes litteras conscribi et nostris fecimus Sigillis communiri. Nos quoque Monasteriensis Electus et Abbas Corbeiensis et B. dominus de Lippia, qui dicte compositioni etiam interfuimus Sigilla nostra rogati duximus apponenda Acta sunt hec apud Saltkoten Anno domini M° CC° XLVII° in Crastino Dominice Iudica quod fuit VIII Idus Aprilis.[380])

---

[380]) Die Urk. ist, wiewohl sehr ungenau, abgedruckt in *Schaten* annal. Paderb. ad ann. 1247.

250.

1247. April. 8. verkauft Abt Hermann zu Corvei eine Fruchtrente, welche das Kloster Bredelar der Kirche ad s. Magnum in Horhusen jährlich zu zahlen hatte, für eine Summe von 61 Mark schweren Geldes.

Nach dem Original im Archive des Klosters Bredelar.

In Nomine sancte et indiuiduo trinitatis Amen. *Hermannus* dei gratia *Corbeyensis* ecclesie Abbas et conuentus. Omnibus hanc litteram inspecturis eternam in domino salutem. Ad amputandam cuiuslibet dubietatis calumpniam statuit discretorum prudentia ut gesta hominum ne nubo obliuionis inuoluantur scripture et sigillorum testimonio roborentur. Nouerint igitur presentes et posteri quod nos *unanimi consensu* et *uoluntate ministerialiumque nostrorum consilio* pensionem quam fratres monasterii in Breydelar ordinis cyst. de decima in *superiori epsprunge* capelle sti magni in *horhusen* annuatim soluerunt. uidelicet sex moldra *siliginis*. IIII^{or}. *ordei*. duo *spelte*. unum *pise*. septem *auene* mediantibus honestis uiris LX^{a}. marcas et I grauis monete ab eisdem fratribus monasterii prelibati recepimus et pensionem predicte decime ipsis in proprietatem et uerum dominium dedimus firmitate perpetua possidendam. In hiis omnibus dilectis filiis *Thimone* preposito montis martis et suis fratribus plenum assensum prebentibus ex eo quod eidem ecclesie montis martis *capellam in horhusen* ex decessu Johannis ibidem plebani nobis uacantem dederamus excepto quod pensionem decime *superioris uille in epsprunge* eidem capelle quandoque pertinentem. monasterio in *Breydelar* urgente necessitate ecclesie nostre proprietario iure sicut supradictum est libere contulimus omni prouentui nostro et iuri in eadem pensione decime prefate habito uel habendo sollempniter et integre renunciantes. nec ulli hominum modo uel imposterum ius aliquod in ea recognoscentes. scilicet libertate iam dicta fratres monasterii memorati pociantur. Quo circa ne aliquis successorum nostrorum siue alia ecclesiastica secularisue persona hoc factum nostrum rationabile infringere irreuerenter timore dei postposito attemptet presentem paginam exinde conscriptam contra omnium malignantium calumpnias domino largiente perpetuo ualituram. sub sigillorum tam nostri et ecclesie nostre quam ecclesie montis martis appensione incomutabiliter communiuimus. Acta sunt hec in monte martis anno M°. CC°. XLVII°. ab incarnatione dni. Indictione quinta. VI°. id. april. Huius rei testes sunt. Albertus prior. Strigerus prepositus corbeyens. Thymo prepositus montis martis et sui fratres heinricus de voswinkele. hermannus caluus. lambertus. Milites Alradus de horhusen. Adamus de aspe. hermannus de noua ecclesia. Arnoldus dapifer. Alexander de gundeleshelm. gothwinus de wethen. Stephanus de besvilthe. Burgenses. fredohardus magister consulum in marsberg. hermaunus monetarius et frater suus conradus. ludolfus de capella. bertoldus. voluandus iudex. Johannes wndengoth. et consules omnes. et alii quam plures.[381])

251.

1247. Sept. 9. vergleichen sich die Stifter Paderborn und Corvey über die Diocesanrechte zu Marsberg.

Nach dem Original im Marsberger Stift-Archive.[382])

Symon dei gratia *paderburnensis electus*. Heinricus prepositus. Rabodo decanus et capitulum paderburnense. Uniuersis xpi fidelibus hanc paginam inspecturis eternam in domino salutem. Super dissensione mota inter nos ex parte una et dominum *Hermannum* abbatem et conuentum *Corbeyensem* necnon *Thymonem* prepositum *montis martis* et fratres suos eiusdem montis ex altera. super *parrochia archidiaconatu*. et *jurisdictione diocesiani ordinaria montis martis* quam nos ratione iuris communis petebamus. et ipsi se priuilegiis et prescriptione defendebant. Ottone decano Bremense et magistro Themaro canonico monasteriense. et Heinrico decano et Hermanno scolastico noue ecclesie mediantibus talis com-

[381]) Die Urkunde und die Siegel sind wohl erhalten. Das des Abts hängt an roth und weißen Schnüren; in roth und weiß gefleckten Wachse. Die Form ist parabolisch. Das zweite hängt an blau und weiß geflochtenen Schnüren, ist rund und in grünem Wachse abgedruckt. Das dritte gleichfalls rund und wie das erste in roth und weißem Wachse ist im Abdrucken verdreht; es hat die Umschrift: S. sti. Petri Mersberg.

[382]) Das im Wesentlichen hiemit übereinstimmende Gegen-Exemplar dieses Vergleichs, ausgestellt vom Stifte Corvei, ist abgedruckt bei *Schaten* ad ann. 1247.

positio interuenit. quod tenore presentium publice et sollempniter confitemur quod antedicti uidelicet abbas et capitulum Corbegense et prepositus montis martis et sui fratres predicti nobis et ecclesie nostre ordinariam jurisdictionem et iura spiritualia diocesiano iure communi debito in monte predicto secundum formam que infra scribitur recognoscunt. Consentientes et eligentes quod volradus canonicus paderbornensis. *archidiaconus in horhusen* et sui successores qui pro tempore fuerint. habitatoribus montis eiusdem siue *in monte in capella beati Nicolai* siue in *horhusen* in *ecclesia sancti Dionisii* prout ipsis placuerit presidebunt. et quod *prepositus et fratres predicti montis* ad Abbatem tantummodo et conuentum Corbegensem in spiritualibus et temporalibus respectum habere debent. *ipsi tam archidiaconorum quam episcoporum paderbornensium iuribus exempti.* Consensum est etiam inter paderbornensem et corbegensem ecclesias quod illi tantummodo sint excepti a frequentatione synodi. et a iuribus synodalibus qui infra ambitum claustri cum preposito et fratribus habitant. et in emunitate existentes eorum seruitiis sunt specialiter deputati. Preterea prepositus eiusdem loci nomine abbatis et conuentus Corbegensis denarios synodales tantum de habitatoribus montis colliget annuatim. archidiacono contra eosdem habitatores si necesse fuerit in hoc per censuram ecclesiasticam adiuuante. de quibus denariis synodalibus. prepositus idem sex solidos graues archidiacono statim dum collecti fuerint annis singulis sine qualibet difficultate persoluet. Thymo etiam nunc prepositus qui parrochie preest in eodem monte à domino volrado archidiacono curam animarum et donum altaris recepit. et obedientiam debitam archidiacono repromisit. et deinceps prepositi montis martis uel alii qui ab abbate Corbegensi archidiacono in horhusen canonico paderbornensi. fuerint presentati ad eandem parrochiam. donum altaris et curam animarum perpetuo recipient in futurum. prepositi ratione eiusdem parrochie uel alii qui parochiam eandem habuerint in ecclesia paderbornensi. episcopales synodos frequentabunt. Quod autem ea que prescripta sunt ecclesie Corbegensi perpetuo seruabimus. nos et ecclesiam nostram paderbornensem. Corbegensi ecclesie sub pena quingentarum marcarum hiis litteris obligamus. Acta et completa sunt hec in ecclesia Corbegensi. Anno dni millesimo ducentesimo quadragesimo septimo. jn crastino natiuitatis beate *Marie* virginis.[333])

---

[333]) Die an leinenen roth und weißen und blau und weißen platt geflochtenen Schnüren gehangenen Siegel sind abgefallen.

252.

1247. Dec. 10. verkaufen Graf Gottfried III. von Arnsberg und seine Gemalin Adelheid dem Kloster Himmelpforten die Risenberger Mühle und schenken ihm dazu die Fischerei.

Nach dem Origin. im Archive des Klosters Himmelpforten.

In Nomine sancte et indiuidue trinitatis. Nos *Godefridus Comes Arnesbergensis*. Nos *Aleydis cometissa* vxor eius. nostri quoque filii *Henricus* et *Godefridus*. vniuersis xpi fidelibus in perpetuum vtriusque vite salutem. Ea que per nos rationabiliter et pie gesta sunt. perpetuam decet obtinere firmitatem. Proinde modernis et futuris notum facimus protestamur et recognoscimus. quod nos *molendinum Risenberge* dictum. quod ad resignationem Brunonis de Niehem et vxoris sue ac puerorum suorum nobis absolute uacabat. cum agris et omnibus attinentiis suis. Conuentui et ecclie in *Hymelporte nouelle plantationj*. de consilio fidelium et ministerialium nostrorum approbatione. Triginta et nouem marcis vendidimus. et assignauimus cum omnimoda fructuum utilitate. nomine proprietatis perpetualiter obtinendum. et suis vsibus per omnia disponendum. Preterea *piscationem aque*. que ab eo termino qui *slacht* dicitur incipit. et vsque ad extremam partem septorum eiusdem ecclesie pervertitur ex opposita parte directe libera voluntate contulimus eidem. suis vsibus perpetuo disponendam. Verumtamen si nos aliquando ad predictum locum personaliter accedere contigerit. predicta piscatio tunc temporis nostre patebit voluntati. Nequis igitur heredum nostrorum inposterum. uel quelibet alia persona. hoc factum nostrum. tam rationabiliter ordinatum. aliquo malignandi studio in irritum reuocare. uel infringere conetur. presentem paginam super eo conscriptam. eidem contulimus ecclesie. sigillorum nostrorum appensione munitam. Acta sunt hec anno dnj. M°. CC°. XLVII°. IIII°. Id. decembris. Hujus rei testes sunt Hartmodus prepositus in Wechinchusen. Hinricus Decanus svsat. Giselerus Rector veteris ecclesie. Godefridus capellanus noster de hachnen. *Hinricus niger*. Henricus wrede. Hunoldus de Odinge. Bernardus de Wichlon. Thidericus vilarch. Rabodo ouelgest. Rotgerus clericus. Hermannus de Binole. milites. et frater eius Hinricus. Hermannus de Beukinchusen. Radolfus lusor. Conradus de modebeke. ciues susat. Menhardus senior.

Helenwordus monetarius. henricus puls. ciues arnesbergenses. et alii quam plures.[384])

253.

1247. bekunden die Edlen von Itter, dem Grafen Gottfried III. von Arnsberg, als ihrem Lehnherrn, daß sie und die Gebrüder Penteline auf den Osthoff zu Gunsten des Klosters Benninghausen verzichtet haben.

Nach dem Copialbuche des Klosters Benninghausen.

Glorioso domino suo G(odefrido) comiti in *Arnesberg* nobilis vir de *yttere* promptam ad obsequia voluntatem. vestra nouerit excellentia quod ego et frater meus *Tetmarus* accepta quadam pecunie summa a conuentu sanctimonialium cisterciensis ordinis in *Benckinchusen* omne jus quod in curia que dicitur *Osthof* quam de manu vestra tenebamus cum omnibus attinentibus vobis nec non et eidem conuentui resignamus absolute quod similiter fecerunt et faciunt *Regenhardus* et *Conradus* fratres et *Hermannus* dictus *pentelin*. nec in posterum ratione cognationis vel jure hereditario sepe dictum conuentum valeant impulsare. Testes vero huius facti sunt dnus *Johannes de patberg* Conradus de walberninchusen Godescalcus de keldinchusen. Godefridus plebanus et suus socius Tetmarus et consules oppidi patberg. Albertus de mulhusen. Johannes *apud teatrum*. Conradus *in foro*. Godefridus de ottlare. Conradus *vinitor* et frater suus Albertus et Hermannus de Ittere et alii quam plures datum patberg anno dni M. CC°. XLVII°.[385])

[384]) Das Siegel des Grafen ist in grün und weißem Wachse abgedruckt und hängt an roth und grün gewundenen seidenen Fäden. Das der Gräfin ist abgefallen.

[385]) Im nemlichen Jahre verzichten vor dem Stadtrathe zu Lippstadt auch Lambert v. Suderlage und Siradis seine Frau mit ihren Kindern, auf ihre Ansprüche am Osthofe. Vergl. die Urk. Nr. 240.

254.

1247. schenkt Conrad Burggraf von Stromberg, das Eigenthum der Güter zu Distelhoven, welche die von Lethene von ihm zu Lehn getragen und an das Kloster Welver verkauft hatten, dem gedachten Kloster, vor seinem Freigerichte. Er bestätigt Kauf und Schenkung, kraft Königlicher Authorität für ewige Zeiten.

Nach dem Orig. im Archive des Klosters Welver.

In nomine domini amen. Nos *conradus de stromberge* vniuersis christi fidelibus ad quos presens scriptum peruenerit. salutem in domino. Ea que coram nobis et per nos rationabiliter acta sunt. dignum duximus ueritatis testimonio roborare. Proinde modernis et futuris notum facimus prostestamur et recognoscimus. quod cum *elysabeth* relicta theoderici militis de *lethene* et filii eius. christianus. theodericus una cum filia quam tunc temporis solam generauerat. et *Godefridus*. quedam propria bona nostra *distelhouen* nuncupata. que de manu nostra multo tempore pheodi titulo quiete possederant. ecclesie sancte marie in *weluere*. scilicet Abbatisse ceterisque personis ibidem deo militantibus de nostro consensu cum omnibus attinentiis suis. et cum omnimoda fructuum integritate et utilitate vnanimi consensu uendidissent. et eadem bona in manus nostras resignassent. et eisdem coram nobis *in iudicio nostro quod vridinch dicitur* absolute renunciassent. nos ob diuinam reuerentiam. et perpetuam nostri et progenitorum nostrorum memoriam ibidem obseruandam. proprietatem eorundem bonorum nobis de iure spectantem. pia uoluntate prefate contulimus ecclesie perpetualiter obtinendam. Ne quis igitur inposterum heredum nostrorum hanc uendicionem. nostramque donationem. aliquo malignandi studio. in irritum reuocare conetur. presentem paginam. super eo conscriptam. sigilli nostri inpressione fecimus communiri. et *in iudicio nostro quod vridinch dicitur sub banno regali perpetuo stabiliri. auctoritate regia inhibentes.* ne quis de cetero memoratam ecclesiam in bonis prelibatis aliquatenus molestare uel inpedire contendat. Acta sunt hec presente domino arturo plebano in weluere. et dno Siffrido socio suo. Hermanno milite de hachnen. domino lamberto aduocato de werle. conrado de madulc. dno Paschedach. *Sebertus* liber. et uniuersi liberi quorum testimonium inducimus. Datum anno dominice incarnationis. M°. CC°. XL°. VII°.[386])

255.

1248. Aug. 17. versprechen Bürgermeister und Rath zu Brilon, dem Kloster Bredelar, in Gemäßheit eines, mit Johann von Padberg dem Jüngeren abgeschlossenen Vergleiches, eine Jahrrente von einer Mark Pfennige, zu einem Jahrgedächtnisse für Johann von Padberg den Aelteren.

Nach dem Original im Archive des Klosters Bredelar.

In nomine dni Amen. *Consules in Brilon*. vniuersis xpi fidelibus huius pagine inspectoribus. utriusque uite perfrui suauitate. Presenti scripto sigillo nostro roborato publice protestamur quod nos sicut in compositione ordinatum est que inter *Johannem iuniorem de patberg*. et amicos ejus ex una parte et ciuitatem nostram ex altera. rationabiliter facta est claustro in *Bredelar* pro remedio anime domini *Johannis senioris de pathberg* iam pridem defuncti. nec non pro spe retributionis eterne. dabimus annuatim absque contradictione in festo beati Martini marcam legalium denariorum quousque eidem claustro efficaciter redditum unius marce comparemus. Statuta sunt hec anno gratie M°. CC°. XL°. VIII. Indictione sexta XVI°. kL Sept. Testes huius rei sunt. heinricus abbas de flectorph. heinricus propositus sti Seuerini. *Lambertus noster plebanus*. *Adolfus prouisor scolarium*. hermannus capellanus. Arnoldus de Curbike plebanus. Godefridus de pathberg plebanus et capellanus suus thetmarus. Dominus Bertoldus de Buren. et patruelis suus Bertoldus. *Arnoldus Marscalcus in Ruden*. Godescalcus et fratres sui. hermannus miles. Johannes et Wernherus canonici. Rodolfus de Eructhe. et filius suus Wezel. Godescalcus aduocatus de gesike. et filii sui Rodolfus. Ekehardus. Johannes et Rodolfus fratres de helpenberg. hermannus de Elnene.

---

[386]) Das in weißem Wachse abgedruckte Siegel des Burggrafen, ohne Contrasiegel, ist gut erhalten.

Gobelo de Meskede. Bernardus de boderike. Ambrorsius gogravius de fleictorph. *Swickerus et frater suus Olricus. Johannes de piscina. Johannes de wlfethe.* et *filius suus Godefridus. ludolfus de Mezenchusen. Berengerus de brilon.* et alii quam plures.[387])

256.

1248. im Sept. belehnt Herbord von Dortmund den Gottschalk Torck mit der Curie Alvelingshusen bei Soest.

Nach einem Copiarium des Klosters Paradies.

Ego *herebordus de tremonia.* Omnibus tam futuris quam presentibus hoc scriptum intuentibus Notum facio quod ego *Godescalco* militi dicto *tork* et uxori suo methildi curiam prope *susatum* dictam *Alveldinchus* una cum consensu uxoris mee et heredum meorum in *feodo firmo* quod teutonice dicitur *Regt len* porrexi cum omnimodo questu perhenniter possidendam. Ita vero quod nullam penitus Warandiam domino in predicta curia residenti, cum ullam ipsi dederim, nec alicui in ipsa curia potero exhibere. hujus facti testes sunt dominus albertus de Leenete. heinricus Welagger. Gerhardus de linnebeke. theodericus de bergho. Lutbertus de herenge. Heinricus de aslen. Hermannus de Genegge. Hermannus kule et alii quam plures. Ne vero in hoc facto meo calumpnia possit novercari presentem cartam jussi sigilli mei munimino roborari. datum anno dom. M° CC° XLVIII°. mense septembris.

---

[387]) Diese Urkunde, die bis jetzt bekannte älteste von der Stadt Brilon, ist mit vielen Abbreviaturen, aber sehr schön auf Pergament geschrieben und wohl erhalten. Das alte große Stadtsiegel, in weißem Wachse abgedruckt, hängt an weißen, platt geflochtenen leinenen Schnüren. (Tab. 6. Nr. 4.)

257.

1248. Oct. 15. Vergleich zwischen dem Kloster Bredelar und Vogt Gottschalk von Gesecke, über die Vogteirechte des Letzten an zwei Bauernhöfen in Oberupsprunge.

Nach dem Original im Archive des Klosters Bredelar.

In Nomine domini amen. *Johannes castellanus* in *Pathberg*. et *Consules in Mersberg*. Notum sit omnibus hoc scriptum contuentibus duos mansos in *superiori epsprunge* fore sitos. quos parentela Alradi magni dicti de horhusen ab abbatissa de *Gesike* hominii iure tenuit. dimidiam marcam annuatim in kathedra sancti Petri inde soluens. Qui mansi cum pro situ suo Monasterio *Breydelarensi* ordinis Cysterciensis contigui forent et commodi de consensu abbatisse et prefate parentele ad predictam pensionem eosdem recepit dimidiam uidelicet marcam annuatim inde pendens. Quod cum fieret mox *Godescalcus aduocatus de Gesike* una cum filio suo *Rodolfo* Monasterium grauiter impetens jus aduocatie in eisdem mansis sibi usurpabat. vnde cum fratribus dicti Monasterii grauis existeret (lis) mediantibus honestis uiris tres marcas grauis monete ab eisdem recepit. quatinus usque ad decem annos ab omni iure penitus cessaret. et deinceps usque ad restitutionem trium marcarum earundem nullum ius haberet quod et acceptauit. Medio uero tempore. X annis adhuc nondum expletis. iterum idem aduocatus et filius suus. cum fratribus prelibati Monasterii *de succisione quarumdam arborum fructiferarum* eisdem mansis pertinentium litigium nouum habuit minas graues et dampna quedam eisdem inferendo. cui litigio quidam fideles se affectuose interponentes pro bono pacis et concordie decreuerunt quod. claustrum sibi et filio suo sex marcas grauis monete accredidit pro quibus ipsum ius quod se dicebat in eisdem mansis habere apud claustrum obligauit. illis tribus marcis primitus datis. his sex in obligatione adiunctis. deinde actioni impetitionis renuntiauit. tunc claustrum predictas sex marcas sibi transmisit Buren. et eas ibidem filio suo presentauit. hac tamen conditione interposita. ut si in proximo festo pasche anno dni M°. CC°. XL°. VIIII°. predictas tres marcas et has sex. claustro integraliter solueret. ius quod se affirmabat habere sibi uacaret. Si uero soluere tardaret. extunc claustrum ius prefatum usque ad XII.cim. annos obligatum libere et quiete teneret.

in quibus sibi redimere non liceret. Post expletionem uero XII. annorum si predictus aduocatus uel filius suus Rodolfus nouem marcas claustro persoluerit. ius quod obligauerat rehabebit. si autem tunc non redemerit omni iuri quod se in mansis predictis astruebat (sic) habere. una cum filio suo. usque ad restitutionem nouem marcarum penitus carebit. et interim claustrum memoratos mansos omni occasione uexationis radicitus precisa quiete possidebit. et merito quia tam ipse aduocatus quam filius suus omni iuri in eisdem mansis habito uel habendo totaliter sicut supradictum est renuntiauerunt. nulli alii heredum suorum ius aliquod in hac re recognoscentes. vnde ad euidentiam huius rei sigillum proprium et meum. et burgensium de Mersberg. huic scripto apposuerunt. Ceterum ego Godescalcus et filius meus Rodolfus huic scripto subscribimus his supradictis in omnibus assentientes. nos IX marcas à claustro recepisse. et preterea nos omni iuri nostro in eisdem mansis habito usque ad restitutionem ipsarum cessisse. et actioni. sicut superius satis dictum est. et hanc cessionem nos ratam habituros et claustrum semper pro posse nostro promoturos dno W. abbati et nuntiis claustri et aliis honestis uiris fideliter promisisse. nullumque ius in hac re preter nos duos habere. et hoc sub consanguinei nostri Johannis de Pathberg et Burgensium de mersberg. et nostri. sigillorum appensione presenti scripto munito publice profitemur. Acta sunt hec anno gratie M°. CC°. XLVIII°. Indictione VI^a. in vigilia beati Galli. Huius rei testes sunt. Alradus miles. *Hermannus de pathberg*. Adam de aspe. Hermannus monetarius et frater suus Conradus. Ludolfus de capella. Bertoldus. Godefridus de heleren. Hermanus de Vlensenger. Fredehardus magister consulum. Volnandus iudex. et consules omnes in Mersberg. Conradus de walberninchusen. Albertus de mulenhusen. Heinricus de bune. Albertus dapifer. Hartmodus de Beinchusen. et Consules omnes in pathberg. In Buren ubi dati sunt denarii. Helmwicus sacerdos et cappellanus ibidem. Orator de Breyke. Bernardus de Boderike. milites. *Godefridus caupo*. et frater suus Gerhardus et alii quam plures.[338])

---

[338]) An der Urkunde hängen die Siegel Johanns v. Padberg, der Stadt Marsberg und des Vogts Gottschalk. Das erste und letzte an Pergamentstreifen in weißem, das zweite an leinenen, blau, roth u. weiß geflochtenen Strangen in rothem Wachse.

258.

1249. Aug. 28. verleiht Erzbischof Conrad denjenigen, welche zum Bau der Kirche in Himmelpforten beitragen, einen Ablaß.

Nach dem Original im Archive des Klosters Himmelpforten.

Conradus dei gratia sancte Coloniensis Ecclie archiepiscopus. sacri Imperij per Italiam Archicancellarius. apostolice sedis legatus. Omnibus xpi fidelibus presens scriptum inspecturis. salutem in dno.[389]) Cum igitur nobilis dna. *Alcidis. Comitissa de Arnsberg.* in loco qui *himilporte* dicitur. sito in parrochia *Bremin.* Coloniens. dioces. quem suis propriis denariis comparauit. Ecclesiam ad laudem dei et beate marie gloriose virginis construere inceperit. in qua santimoniales ordinis cysterciensis. dno valeant famulari. nec ad ejus consummationem. et alia necessaria edificanda proprie suppetant facultates. nisi fidelium elemosinis adiuuentur. Vniuersitatem vestram rogamus monemus et in dno exhortamur. quatinus ipsis manum porrigatis adjutricem. grata eis caritatis subsidia erogantes. Nos autem de omnipotentis dei misericordia confidentes. omnibus qui ad dictum locum deuotionis causa accesserint et suas elargiti fuerint elemosinas. dando aut mittendo. XL. dies de injunctis sibi penitencijs et vnam carenam. peccata oblita. vota fracta si ad ea redierint. offensas patrum et matrum sine manuum injectione violenta. misericorditer. legationis qua fungimur auctoritate Relaxamus. Datum anno dni M°. CC°. X LVIIII°. V°. kl. Septembr.[390])

---

389) Hier folgt wieder die Stelle: Quoniam ut ait apostolus — in celis; wie in der Urk. Nr. 220.

390) Das gewöhnliche Haupt- und Rücksiegel des Erzbischofs hängt an roth und gelben seidenen Fäden und ist in grünem Wachse abgedruckt.

259.

1249. überträgt Graf Gottfried III. von Arnsberg vor dem Freigerichte zu Weniglohe dem Kloster Himmelpforten einen Hof in Wiboldinghusen.

Nach dem Origin. im Archive des Klosters Himmelpforten.

In nomine sancte et indiuidue trinitatis. amen. *Godefridus* dei gratia Comes in *Arnesberg* vniuersis xpi fidelibus ad quos presens littera peruenerit in perpetuum. Vt ea que geruntur in tempore non simul labantur cum tempore poni solent in lingua testium et scripture memoria perhennari. Nouerint igitur tam presentes quam posteri quod *Ambrosio de Embere thincgrauio nostro presidente in Weneclon jurisdictioni que vulgo vridhinc dicitur* proprietatem mansi quem *Hermannus* dictus *vriman* dilecto nobis ecclesie de *porta celi* uendidit scil. *Wibodinchusen* cum nemoribus pasculs et omnibus eidem attinentibus contulimus dicto ecclesie perpetuo possidendum. cum beniuola uxoris nostre *Heinrici* et *Godefridi* filiorum nostrorum noluntate et consensu. *Thanquardo milite de hegeninchusen pro nobis id agente quia personaliter nequiuimus interesse.* Vt autem talis nostra donacio ab aliquo heredum nostrorum non possit inposterum perperam retractari presens scriptum nostro et vxoris nostre sigill. fecimus communiri. Actum anno dni. M°. CC°. XLIX. Presentes erant Godefridus capellanus de hachnen. Godescalcus miles de berichouen. villici de wildeshusen et de Rurene. hermannus de hamme. Wrzel et Timo et theodericus nanus de wenenclon. hermannus cuius erat mansus supradictus et theodericus frater suus. Alb. scokeln. Godefridus de benchere. Volmarus et heinricus de monte. heinricus. heinricus. Alf et volquinus de Wenenclon. heinricus de bedenbeke. Albertus rex de hachnen et alii quam plures.[391])

[391]) Das Siegel des Grafen hängt an roth und gelb gewundenen seidenen Fäden und ist in weißem Wachse abgedruckt; eben so das Siegel der Gräfin, welches jedoch an einem durchgezogenen Pergamenstreif hängt. Die Urkunde ist groß und schön geschrieben.

260.

1250. März. 31. bestätigt Erzbischof Conrad dem Patroclistifte den Besitz der Aecker bei Soest, Spretland genannt, welche ihm durch den Canonicus Adolf waren übertragen worden. Vorbehaltlich der Rechte des Villicus und der Stadt Soest.

Nach dem Orig. im Archive des Patrocli-Stifts.

Conradus dej gratia sancte Coloniensis Ecclesie Archiepiscopus. Jtalie archicancellarius. Apostolice sedis legatus. Dilecto in xpo.. Scolastico Ecclesie Sanctorum Apostolorum Coloniensis. Salutem in domino. Iustis petentium desiderijs dignum est nos facilem prebere consensum, et uota que a rationis tramite non discordant, effectu prosequente complere. Eapropter Dilectorum in xpo.. Prepositi.. Decanj et Capituli *Ecclesie Susatiensis*, Coloniensis Dyocesis. supplicationibus inclinati. ipsis collationem agrorum sitorum prope Susatum, qui vulgariter *sprellant* appellantur. saluis iuribus.. villici Susatiensis. et Opidi eiusdem, per Adolfum ipsorum concanonicum. eis factam, sicut iuste et rationabiliter facta est, *Legationis auctoritate*, qua fungimur duximus confirmandam, et scripti nostri patrocinio muniendam. Ideoque discretioni tue presentium auctoritate mandamus, quatinus memoratos. Prepositum. Decanum. et.. Capitulum, contra nostre confirmationis tenorem non permittas a quoquam indebite molestari. Molestatores huiusmodi per censuram ecclesiasticam compescendo. Datum Colonie II. kalendas. Aprilis. Anno domini. millesimo CC. Quinquagesimo.[392])

---

[392]) Das zum Theil zerbrochene Siegel des Erzbischofs in gelbem Wachse, hängt an roth und gelb seidenen Strängen.

261.

1250. Juli. 12. verzichten Graf Gottfried III. von Arnsberg, Conrad von Rüdenberg, Burggraf zu Stromberg und Heinrich Schulte zu Soest, auf ihre Rechte am Zehnten zu Altenhellefeld zu Gunsten des Klosters Rumbeck.

Nach dem Orig. im Archive des Klosters Rumbeck.

In nomine domini Amen. *Godefridus* dei gratia *Comes Arnesbergensis*, *Conradus de Redenberch* et Byrchgrauius de stromberch et *Henricus* filius ipsius. *Henricus Schultthetus Sysatiensis*. ac Wernherus et Bertoldus fratres ipsius. Vniuersis hanc litteram inspecturis salutem in dno. Presentium tenore sub appensione sigillorum nostrorum protestamur et recognoscimus quod nos Prioris. Priorisse et conuentus in *Rembeke*. et amicorum ipsius Ecclesie precibus inclinati omni iuri quod nobis in *decima in Aldenheleuelde* competebat uel deinceps competere posset. de plena (sic) consensu heredum nostrorum renuntiauimus libere et absolute. Recognoscentes eidem Ecclesie Decimam ipsam. cum vniuersis suis attinentiis pertinere. Ut igitur prefata Ecclesia in *Rembeke*. eiusdem Decime. quieta possessione gaudeat in futurum. Nequis etiam heredum nostrorum ipsam Ecclesiam in predicte Decime possessione. conetur postmodum inpedire presentem litteram super eo conscriptam Sigillis nostris fecimus roborari. Acta sunt hec anno dnj M°. CC°. L°. in die beate margarete virginis. Presentes erant Erenfridus notarius comitis de Arnesberg. Ambrosius notarius Schultheti Svsatiens. Arnoldus miles dictus masce. Menricus judex Svsatiensis. Ekkezo. Hermannus de Brochusen. Conradus. clauier. Schulteti. Menricus dictus Bvdel. fredericus famulus Schulteti. Philippus famulus dni Bvrgrauii de Stromberch. et alii quam plures.[393])

---

[393]) Die Urkunde ist schön wie ein kaiserliches Diplom in weiten Linien geschrieben. An derselben hängen an roth und gelben seidenen Fäden a. das bekannte Siegel des Grafen Gottfried, b. das des Burggrafen von Stromberg mit seinem Rücksiegel als Herr von Rudenberg (Tab. 3. Nr. 1.) und c. das des Schulten von Soest; ein aufrecht stehender, mit einem sogenannten Helmkragen versehener Löwe, in einem Schilde mit Querbalken. Alle sind vorzüglich wohl erhalten und in grünem Wachse abgedruckt.

262.

1250. Octob. 15. überläßt Abt Lambert zu Rastede dem Kloster Himmelpforten einen Hof in Wiboldinghusen.

Nach dem Orig. im Archive des Klosters Himmelpforten.

In nomine domini amen... Lambertus dei gratia Abbas Ecclesie in *Razstede* vniuersis ad quos presens scriptum peruenerit eternam in domino salutem. Ea que per nos rationabiliter acta sunt. dignum duximus ueritatis testimonio roborare. Proinde notum esse cupimus presentibus et futuris. quod cum Bruno et Hermannus sacerdotes. Arnoldus. Wilhelmus. Geruasius. et Bernhardus. fratres de Bremen. mansum in *Wiboldinchusen* cuius mansi proprietas Ecclesie nostre in *Razstede* ab antiquo pertinere dinoscitur Priorisse et conuentui de *porta celi* cysterciensis ordinis. cum vniuersis attinentiis suis et cum omnimoda fructuum utilitate prǫ certa summa pecunie uendidissent. Nos ad petitionem in fauorem frederici de Honestat. qui mansum eundem a nobis et ecclesia nostra inmediate tenebat. proprietatem ipsius mansi. supradictis priorisse et conuentui de Porta celi. de consensu et permissione nostri conuentus. contulimus pleno iure in perpetuum possidendam. Recepta tamen prius ab eodem Frederico. proprietate cuiusdam mansi in Weslere. in concambium et commutationem. ut ecclesia nostra per omnia conseruetur indempnis. Vt igitur huiusmodi nostra collatio rata permaneat et firma. Nequis etiam ipsam postmodum conetur infringere. presentem litteram super eo conscriptam. nostro et ecclesie nostre sigillis. roborari fecimus in perpetuum stabilimen. Acta sunt hec *in curte nostra Bettinchusen.* Anno dnj M°. CC°. L°. in vigilia beati Galli. Presentes erant Gerebodo sacerdos. Altmannus. It. Godescalcus de Broehusen. Hermannus de Erueto. Hermannus bvlcke. milites. Ricwinus et Iohannes de Berchlere. Johs de Houestat. Erembertuș de Ekeneberne. It. Johs villicus de Bettinchusen. Bvso. Ricwinus. luthardus et Henricus frater suus. Johs. Otbertus. Johs. Giselbertus et *uniuersa familia curtis in Bettinchusen.*[894])

---

[894]) Die Urkunde ist in weiten Linien schön geschrieben; die Siegel hängen an langen Pergamentstreifen und sind in weißem Wachse abgedruckt. In dorso der Urkunde steht: Wybbelinckhusen.

263.

1250. Nov. 7. bekunden Bürgermeister und Rath zu Brilon, daß Johann von Piscina, dem Kloster Bredelar, für die Seele seines Vaters Gernand, (von Brilon) Güter zu Rösenbeck geschenkt habe.

Nach dem Original im Archive von Bredelar.

In nomine sancte et indiuidue trinitatis amen. *Consules in Brilon*. Omnibus hanc litteram uisuris. iusticie semper inherere et ueritati testimonium perhibere. Quia generatio preterit et generatio aduenit. homo cum tempore transit. et res que interim aguntur. nube obliuionis facile inuoluuntur. (hinc) per scripta et sigilla et testium nomina memorie imprimantur posterorum. ne quis sub pretextu ignorantie irritet decreta seniorum. Nouerint igitur tam moderni quam postea futuri quod *Johannes de piscina* nondum adhuc miles zelo deuotionis succensus bona quedam in villa *Rosbike* sita *fertonem soluentia*. proprietario iure ad ipsum deuoluta. claustro in *Breidelar*. pro anima patris sui *gernandi militis* ibidem sepulti tam diu habenda assignauit quousque de eisdem bonis XVIII°. solidos claustrum percepisset. Medio uero tempore idem *Johannes* dominum *Widekyndum* predicti claustri abbatem et suum conuentum conuenit. ut si eis in bonis eisdem complaceret ut emerent libenti animo consentiret. itaque facta conuentione sex marcas legalium denariorum idem Johannes pro eisdem bonis acceptauit. et ut de *fertone* quem adhuc claustrum de ipsis bonis percipere debuit. et dimidia marca *qua pro matre sua idem Johannes claustro tenebatur* solutio esset sicque interim processum est. quod idem Johannes ipsa bona super altare beate Marie virginis gloriose in presentia conuentus deuote obtulit. omni iuri suo cedens. quam cessionem qui irreuereutor temerauerit abbas uinculo anathematis innodauit. Post hec prefatus Johannes coram nobis et nuntiis claustri aliisque honestis uiris eadem bona de *consensu et uoluntate matris sue. vxoris. unici parui sui. sororis. swickeri. olrici. Ambrosii fratrum. filiorum patrui sui*. ceterorumque heredum suorum. claustro contulit memorato pro septem marcis absque fertone. libere et quiete possidenda cum omnibus pertinentiis suis. campis uidelicet. cultis et incultis. siluis. pratis. pascuis. uiis. inuiis. aquis aquarumque decursibus. warandiam de hiis omnibus sincere fuit prestare paratus.

Deinde ius ueri dominii eorundem bonorum claustro recognouit. omnique iuri suo in eisdem bonis habito cum uniuersis heredibus suis sicut predictum est sollempniter cedens. et hec cessio uti moris est. et ut id fieri decebat forma seculari est confirmata. Preterea ut huius emptionis contractus ratus et firmus in euentum permaneat presentem paginam sigilli nostri impressione communiuimus. Acta sunt hec anno gratie M°. CC°. L. indictione octaua. VII°. jdus Nouembris. Huius rei testes sunt *Lambertus noster plebanus*. *Adolfus prouisor scolarium*. Hermannus capellanus. *Ludolfus de Mezenchusen*. *Godefridus de wlfete*. Hermannus colno. Johannes et gerhardus fratres. Salatini filii. *Berengerus quondam iudex*. *Siffridus de ponte. magister Consulum*. Godefridus de Medebike. Burghardus de Othmarinchusen. Gerhardus Scelewalth. et consules pene omnes. aliique quam plures.[394])

264.

1250. schenkt Ritter Adam von Aspe mehren Kirchen und Klöstern eine Rente zur Anschaffung von Meßwein.

Nach dem Orig. im Archive des Stifts Marsberg.

In nomine sancte et indiuidue trinitatis. Frater *Widekyndus* dictus Abbas in *Breydelar*. *Thimo* prepositus *montis martis* Bertoldus prepositus in Aroldessen. Consules quoque in *marsberg*. Omnibus hanc litteram uisuris notum esse cupimus. quod *Adam miles de aspe* libere conditionis homo pronus ad omne opus bonum. aream quandam in *horhusen* sitam et agros quosdam proprio sibi pertinentes. ex ista parte aque fertonem et tres obolos soluentes ecclesie sancti petri in monte martis pro remedio anime sue et suorum fidelium de consensu filie sue Sophie et mariti sui Arnoldi militis et alterius filie sue alheydis nondum adhuc maritate proprietario iure assig-

---

[394]) Die Urkunde in Form eines halben Bogens — nicht quer — beschrieben, ist nebst dem Siegel ganz vorzüglich gut erhalten. Die Handschrift ist sehr schön, obgleich voll Abbreviaturen. Das alte große Siegel ist in weißem Wachse abgedruckt und hängt an weißen plattgeflochtenen Schnüren.

nauit. omni iuri suo cedens. Ita tamen ut prepositus ecclesie iam dicte perpetuo tribus uicibus in anno uidelicet in natiuitate domini in Pascha et Pentecoste. monasteriis Breydelar Aroldessen et sue ecclesie duos denarios graues de fertone omni excusatione remota dare non omittat. quibus vinum ad sacrificium comparetur. in festis memoratis. Reliquos XVIII. denarios et tres obolos adhuc superstites idem prepositus. XIII ecclesiis. Ecclesie sancti *magni* in *horhusen*. et sancti *dionisii*. Esnethe. Westhem. Dorpethe. Bilenchusen. Hadebergeshusen. Hermarinchusen. Elygenhusen. *Vrdorp*. vassenbike. *Heldichusen*. Osnynge in opus simile taliter distribuens uidelicet. in festo thome apostoli. in Cena domini. et vigilia Pentecostes. semper cuilibet harum ecclesiarum nuntiis obulatam vini ad sacrificium procurabit. Hoc adiecto quod in his tribus sollemnitatibus *sicut actenus fecerunt* vinum non mendicabitur. Si quis tunc non indiguerit uel forte afferre distulerit. In sacris diebus afferre poterit. si tunc neglexerit. prepositus illa vice solutus erit. Vt igitur huius donationis ordinatio rata et inconuulsa in euentum consistat. presentem paginam sigillorum nostrorum appensione communimus. Siquis uero ipsum vinarii domum irreuerenter quolibet modo temerare presumpserit. sanguis domini qui ex eo confici debuit de manibus eius requiratur. quin super reatu suo resipiscendo citius conteratur. Ceterum sciendum quo dñlle Adame (sic) iam dicti et gener eius prefatus. ratum et habent quidquid de bonis que in thuissene habet idem adam ordinare uoluerit. aut uendendo uel pro dono largiendo omni iuri in eisdem bonis habito sollempniter renunciantes. Acta sunt hec anno gratie M°. CC°. L°. Indictione octaua. Huius rei testes sunt. Alradus miles. Fredehardus magister consulum. Hermannus monetarius et frater suus Conradus. Ludolfus de capella. Bertoldus. Godefridus de eleren. Albertus de mulenhusen et consules omnes. et alii quam plures.[396])

---

[396]) Das parabolische Siegel des Abts von Bredelar in grünem und das runde kleinere Probsteisiegel von Marsberg in rothem Wachse, hängen noch an der Urkunde. Die übrigen sind abgefallen.

265.

1250. bekundet Conrad Burggraf von Stromberg, daß Diedrich von Honrode vor dem Freigerichte auf ein Haus zu Buke und eins in Clotingen, der Stern genannt, zu Gunsten des Klosters Welver verzichtet habe.

Nach dem Original im Archive des Klosters Welver.

In nomine domini amen. Nos *Conradus burchgrauius de Stromberge* vniuersis xpi fidelibus ad quos presens scriptum peruenit salutem in domino. Ea que coram nobis rationabiliter acta sunt dignum duximus ueritatis testimonio roborare. Proinde modernis et futuris notum facimus. protestamur et recognoscimus quod dominus *Theodericus dictus de honrodhe* domum quandam que *buke* dicitur cum omnibus suis attinentiis. et proprietatem domus cuiusdam in *clotinge* site que *stella* nuncupatur quam dominus winricus ciuis sosatiensis ab eo tenuerat. de consensu heredum suorum uendidit conuentui in *Weluere* pro centum marcis. et in iudicio nostro quod dicitur *eridinch* eisdem bonis renunciauit et ecclesie iam dicte assignauit. Nos uero quia hec coram nobis rationabiliter acta sunt ad petitionem partis utriusque presentem paginam sigilli nostri munimine roboramus. *auctoritate regia* inhibentes ne quis de cetero memoratam ecclesiam in prelibatis bonis aliquatenus molestare uel impedire contendat. Acta sunt hec anno gratie M°. CC°. L°. in iudicio nostro quod dicitur *eridinch* in loco qui dicitur *vane*. Presentes erant. Paschedach. Albertus aduocatus. Henricus de medereke. Luthfridus de mozum. Ekbertus de foro. Phillppus de borgolen. Remboldus de thunen. Henricus liber de madhewich. *Sebertus* et filius suus Regenbodo. Henricus liber de Rithem. Johannes liber de thunen. Hermannus de anedopen. et alii quam plures. *Liberi. scabini. clerici. milites*. quorum testimonium inducimus.[397])

---

[397]) An der Urkunde hängt in weißem Wachse das herzförmige Siegel Conrads ohne Rücksiegel. Auf dem Rücken der Urk. steht bemerkt, daß sie den Sternschulten betreffe.

266.

1250. (circa) bestimmt das Stift Meschede die Abgaben des Haupthofes Lippborg.

Nach dem Original im Archive des Klosters Welver.

B. preposita totusque conuentus ecclesie *Meschedensis*. strenuo militi et honesto. H. dicto *schredere de alen*. salutem cum dilectionis integritate. Noueritis absque omni ambiguitate quod curtis in *Lippenborg* preposite nostre pertinens quolibet anno in cathedra beati petri conuentui nostro soluet XII mensuras ordeacei bracii. sex mensuras *siliginis*. IIII^or mensuras *tritici*. duos *uersingos*. uel duos solidos. mensuram *fabe cume borde*. IIII^or. denarios ad *ceram*. Iste mensure non erunt *houeschepel* sed integre. quam pensionem si conuentus in *weluere* nobis annuatim soluere promisit, uobis absolutionis litteras uoluntarie transmittemus. et sciatis quod antequam dictus conuentus in weluere dicta bona emerent (sic) uenit ad nos eorum prepositus querens quo esset pensio dictorum bonorum. et nos in antiquis scriptis nostris eidem monstrauimus pensionem. Sigillo preposite nostre sumus contenti.[398])

267.

1250. Febr. 13. schenkt Graf Gottfried III. von Arnsberg dem Kloster Oelinghausen den Caldehof im Kirchspiel Enkhausen.

Nach dem Copialbuche des Klosters Oelinghausen.

In nomine domini amen. *Godefridus* comes de *arnesberg*. vniuersis ad quos presens scriptum peruenerit, eternam in domino salutem. Notum facimus et protestamur presentium

[398]) Die kleine enge geschriebene Urkunde ist ohne Datum, gehört aber nach ihren Zügen in die Mitte des 13. Jahrhunderts. Das in weißem Wachse abgedruckte, an einem abgeschnittenen schmalen Pergamentstreif hängende Siegel der Probstei, ist zum Theile zerbrochen.

tenore. quod nos de consensu *Alheydis* vxoris nostre et *gobelini.*[399]) *frederici. Ludewici.* nec non aliorum heredum nostrorum consensui in *Vlinchusen* proprietatem curtis. que dicitur *Caldehof* site in parochia *Hechinchusen* in remissionem peccaminum nostrorum liberaliter contulimus perpetuo posidendam. In cuius rei testimonium presens scriptum eidem ecclesie dedimus nostri sigilli munimine roboratum. presentibus hermanno de nyhem. wezelino de Eruethe. *Theoderico de bilstene nobili*. Theoderico de heldene. Vdone et Johanne dicto Rise militibus. Wenhero dapifero nostro. et aliis quam pluribus. Datum et actum in arnesberg. Anno domini M°. CC°. L°. dominica inuocauit.

268.

1250—1280. Verordnung des Raths zu Soest wegen des Gewichts und der Preise des Brodes.

Nach dem Original im alten Soester Statutenbuche.

Nos Magistratus. Consules. et universi opidani *susacienses*. omnibus presens scriptum visuris Notum esse cupimus. quod Nos intuitu equitatis et justicie et propter deum precipue. qui equitatem et justiciam diligit nec non et pro honore nostri opidi et propter communem utilitatem omnium ibidem degencium advenienciam et transeuncium Quin eciam ad imitacionem matris nostre sancte Colonie. ac aliarum bonarum civitatum. in quibus panes ad forum venales sub justo pondere venundantur. Panes quoque in opido nostro ad forum venales sub pondere justo statuimus venundandos. et hoc juxta computacionem et ordinacionem subnotatam. que tam vendentibus quam ementibus panes tolerabilis est probata. Cumque diligenti facta investigacione, mediante consilio talium, quibus de arte pistoria constare dinoscitur compertum sit quod modius Tritici nostre mensure. deposito furfure. in panes redactus debet LXII et dimidiam libram. que theutonice dicuntur *punde* in pondere obtinere. Nos pro favore ac utilitate pistorum II et dimidia libris de predicto numero extra computacionem relictis, a

---

[399]) In andern Urkunden heißt er immer Gottfried.

sexagenario librarum numero duximus computandum. Cum itaque panes de modio tritici facti sive pisti LX libras in pondere obtineant. consequens est quod cum modius tritici emitur in communi foro XII denariis. denariata panis triticei videlicet duo cunei oblati debent X marcas in pondere obtinere Item tritico ejusdem mensure stante in precio XIII. denariorum. dicti cunei debent IX marcas et fertonem in pondere obtinere Item tritico stante in precio XIIII denariorum dicti cunei debent VIII marcas et dimidiam et unum *lot* in pondere obtinere Item tritico stante in precio XV denariorum dicti cunei debent VIII marcas in pondere obtinere. Item tritico stante in precio XVI den. dicti cunei debent VII. m. et dimidiam in pondere obtinere Item tritico stante in precio XVII den. dicti cunei debent VII. m. et unum *lot* in pondere obtinere Item tritico stante in precio XVIII den. dicti cunei debent VI. m. et dimidiam et tria *lot* in pondere obtinere Item tritico stante in precio XIX den. dicti cunei debent VI. m. et tria *lot* in pondere obtinere. Item tritico stante in precio XX den. dicti cunei debent VI. m. in pondere obtinere. Item tritico stante in precio XXI den. dicti cunei debent VI. m. et unum *Cethyn* in pondere obtinere uno fertone minus Item tritico stante in precio XXII den. dicti cunei debent V. m. et dimidiam et unum *cethyn* in pondere obtinere. Item tritico stante in precio XXIII den. dicti cunei debent V. m. unum fertonem et unum *cethyn* in pondere obtinere Item tritico stante in precio XXIIII den. dicti cunei debent V. m. in pondere obtinere Item tritico stante in precio XXV den. dicti cunei debent V. m. et unum *cethyn* uno fertone minus in pondere obtinere. Item tritico stante in precio XXVI den. dicti cunei debent IIII. m. et dimidiam et dimidium fertonem in pondere obtinere Item tritico stante in precio XXVII den. dicti cunei debent IIII. m. fertonem et unum *lot* in pondere obtinere Item tritico stante in precio XXVIII den. dicti cunei debent IIII. m. fertonem et unum *cethyn* in pondere obtinere Item tritico stante in precio XXVIIII den. dicti cunei debent IIII. m. et unum *cethyn* in pondere obtinere Item tritico stante in precio XXX den. dicti cunei debent IIII. m. in pondere obtinere. Sequitur de pane coloniensi facto de tritico et siligine hujusmodi diversa materia hinc et inde equali quantitate commixta. Cumque panes huiusmodi generis de uno modio predicte commixte annone provenientes LXX libras et dimidiam marcam in pondere obtineant, Consequens est ut cum mensura tritici que theutonice *schepel* dicitur emitur in communi foro sex denariorum et cum eadem mensura siliginis emitur IIII. den. denariata predicti panis. videlicet duo panes obulati debent XI. m. et dimidiam et unum *cethyn* in pondere obtinere Item tritico ejusdem mensure stante in precio VII den. et obuli siligine vero ejusdem mensure stante in precio IIII den. et obuli dicti panes debent XI. m. uno fertone et uno *cethyn* minus in pondere obtinere Item tritico stante in precio VIII den. siligine autem in precio V den. dicti panes debent X in pondere obtinere marcas. Item tritico stante in precio VIII. den. et obuli et siligine stante in precio V. den. et obuli dicti panes debent IX marcas fertonem et dimidium fertonem in pondere obtinere Item tritico stante in IX den. precio et siligine in precio VI. den. dicti panes VIII. m. et dimidiam et tria lot in pondere obtinebunt Item tritico stante in precio IX den. et obuli et siligine stante in precio VI den. et obuli dicti panes VIII. m. fertonem et unum *cethyn* in pondere obtinebunt. Item tritico stante in precio X den. et siligine in precio VII den. dicti panes VIII. M. fertone minus in pondere optinebunt. Item tritico stante in precio X. den. et obuli et siligine in precio VII den. et obuli dicti panes VII. m. et dimidiam in pondere obtinebunt. Item tritico stante in precio XI den. et siligine in precio VIII. den. dicti panes VII. m. et dimidium fertonem in pondere obtinebunt. Item tritico stante in precio XI den. et obuli et siligine stante in precio VIII den. et obuli dicti panes VII marcas et unum *cethyn* fertone minus in pondere obtinebunt. Item tritico stante in precio XII den. et siligine in precio IX den. dicti panes VI m. et fertonem in pondere obtinebunt. Et sciendum quod in isto genere panis taliter est ordinatum quod de quolibet modio cedent pistori duo denarii per quos. cum aliis emolumentis inde provenientibus sibi satisfactum erit de suis laboribus et impensis. Sequitur de rotundo pane siligineo qui in vulgo *cleynerogge* dicitur. Cumque panes hujusmodi generis de uno modio siliginis provenientes LXXVIII libras in pondere obtineant. Consequens est. ut denariata dicti panis videlicet duo panes obulati. siliginis modio stante in precio sex den. debent XVIIII. m. et dimidiam in pondere obtinere. Item siligine jam dicte mensure stante in precio VII den. dicti panes XVII. m. et dimidiam uno *lot* minus obtinebunt in pondere. Item siligine stante in precio VIII. den. dicti panes XVI m. uno fertone et dimidio fertone et uno *cethyn* minus in pondere obtinebunt. Item siligine stante in precio IX den. dicti panes XIIII m. unum fertonem et unum *cethyn* in pondere obtinebunt. Item siligine stante in precio X den. dicti panes XIII. m. in pondere obtinebunt. Item siligine stante in precio XI den. dicti panes XII. m. in pondere obtinebunt. Item siligine stante in precio XII. den. isti panes XI. m. et dimidium fertonem in pondere obtinebunt.

Item siligine stante in precio XIII. den. dicti panes X. m. unum fertonem et dimidium fertonem in pondere obtinebunt. Item siligine stante in precio XIIII den. dicti panes X. m. fertone minus in pondere obtinebunt. Item siligine stante in precio XV. den. dicti panes IX. m. et tria *lot* in pondere obtinebunt. Item siligine stante in precio XVI. den. dicti panes IX m. quinque lot minus in pondere obtinebunt. Item siligine stante in precio XVII den. dicti panes VIII. m. fertonem et unum *cethyn* in pondere obtinebunt. Item siligine stante in precio XVIII. den. dicti panes VIII. m. et unum *lot* uno fertone minus in pondere obtinebunt. In hijs omnibus de hoc genere panis taliter computatis. labores impense et emolumenta. sive lucra pistorum totaliter sunt inclusa Sequitur de grosso pane siligineo. Cumque panes hujusmodi de uno modio provenientes. centum et XII libras in pondere obtineant. Consequens est ut cum modius siliginis emitur in communi foro sex denariis. denariata predicti panis. videlicet duo panes obulati XXV. m. dimidio fertone minus in pondere obtinebunt Item siligine stante in precio VII den. dicti panes XXII m. unum fertonem et unum *cethyn* in pondere obtinebunt Item siligine stante in precio VIII den. dicti panes XX. m. fertonem et dimidium fertonem in pondere obtinebunt. Item siligine stante in precio IX den. dicti panes XVIII. m. et dimidiam et tria *lot* in pondere obtinebunt. Item siligine stante in precio X den. dicti panes XVII. m. et dimidium et unum cethyn in pondere obtinebunt. Item siligine stante in precio XI den. dicti panes XVI. m. in pondere obtinebunt. Item siligine stante in precio XII. den. dicti panes XV. m. uno *lot* minus in pondere obtinebunt Item siligine stante in precio XIII. den. dicti panes XIIII. m. in pondere obtinebunt. Item siligine stante in precio XIIII. den. dicti panes XIII. m. et tria lot in pondere obtinebunt. Item siligine stante in precio XV. den. dicti panes XII m. et dimidiam et unum *lot* in pondere obtinebunt. Item siligine stante in precio XVI. den. dicti panes XI. m. et dimidiam uno *cethyn* minus in pondere obtinebunt. Item siligine stante in precio XVII. den. dicti panes X. m. et dimidiam uno *cethyn* minus in pondere obtinebunt. Item siligine stante in precio XVIII. den. dicti panes X m. unum fertonem et dimidium fertonem et unum *cethyn* in pondere obtinebunt. Hijs omnibus computacionibus in hoc genere panis pistorum impense. labores et lucra pariter includuntur. Nam et extra computacionem predictam tres denariate panis de quolibet modio pistoribus supercrescunt. Hoc quoque condictum est. quod in hac panificacione licet pistoribus tantummodo quatuo(r) cratheras vicio cuilibet modio siliginis admiscere.

269.

1251. Januar 4. giebt Erzbischof Conrad, den Bürgern der Stadt Brilon ein Exemtions-Privileg gegen das Femgericht.

Nach dem Original im Archive der Stadt Brilon.

Conradus dei gratia sancte Coloniensis Ecclesie Archieps. Sacri Imperij per Ytaliam archicancellarius. Judici. consulibus. et opidanis vniuersis in *Brilon*. fidelibus suis salutem et omne bonum. Uestre deuotionis ac fidei digna laude sinceritas. erga matrem nostram et dominam. Coloniensem ecclesiam que semper constans inuenta, in nostris adeo grata resplendet oculis. quod dignum ac conueniens arbitramur, à nobis merito, et ab ipsa ecclesia, uos in uestris iuribus libertatibus, et bonis consuetudinibus cum omni fauoris, ampletudine confoueri. Ea propter, ad uestrum opidum, *cuius fundum*, venerabilis predecessor noster. Olim dnus *Engelbertus* archiepiscopus, recolende memorie, *a quondam. Gernando. et. Hermanno. militibus. iusto emptionis titulo comparauit*, eo ampliorem. satagentes extendere sinceritatis affectum. quo specialius loci hujus munitionem, ipsi Ecclesie. Coloniensi, proficuam, paci quoque, et tuitioni patrie oportunam. prefatus quondam Archiepiscopus. prudens quidem pater familias, rationabili consideratione preuidit, Ecce preter cetera, libertatis, seu etiam gratiarum, beneficia, uobis ab ipso nostro predecessore concessa, bonasque consuetudines hactenus obseruatas, vos et uestros perpetuo posteros *de nostri consensu capituli*, ea cupimus et annuimus, libertatis prerogatiua gaudere. *quod illud occultum judicium quod vulgariter. Vehma. seu. vridinch. appellari consuenit*. nullo unquam tempore, contra uos, aut e uobis aliquem infra ipsum debeat opidum exerceri. Saluo nobis et nostris successoribus, alias nostro iudicio seu iuriditione, (sic) quam hactenus infra opidum ipsum et extra dinoscimur habuisse. Super huius itaque uobis a nobis concesse taliter libertatis testimonio et eiusdem obseruatione perpetua, nos duximus litterarum nostrarum, appensis, nostro, et ecclesie nostre sigillis, patrocinio muniendos. Datum. Colonie. ij. Nonas. Januar. anno. dni. M°. CC°. L^mo. primo.[400])

270.

1251. schenkt Graf Otto von Teckeneburg dem Prediger-Orden das Eigenthum seines Hofes zu Alvoldinchusen um darauf ein Augustiner-Nonnenkloster (Paradies) zu bauen.

Nach dem Original im Archive des Klosters Paradies.

In nomine sancte et indiuidue trinitatis. Ego *Otto* dei gratia *Comes de Tekeneborg* vna cum uxore mea *meythildi* Comctissa. tenore presentium duximus declarandum quod pro salute nostra et carissimi filii nostri Comitis *Henrici* nec non et omnium progenitorum et liberorum nostrorum. proprietatem curtis nostre in *Aluoldinchusen* coloniensis diocesis cum omnibus juribus ad ipsam pertinentibus deo et beate marie perpetue virgini liberaliter deuota mente obtulimus ut in ea claustrum sororum de regula beati Augustini secundum consilium fratrum ordinis predicatorum construatur. in quo deo et omnibus sanctis deuote in perpetuum seruiatur. Quia uero labente cursu temporis memorie labuntur hominum oportet ea quorum memoria posteris est necessaria permanenti indicio commendari. Ne igitur hec nostre deuotionis donatio in loco predicto obliuioni tradatur uel ab aliquibus malis hominibus instigante diabolo impediatur qui omni bono suis uenenosis persuasionibus aduersatur presentem cedulam sigillorum nostrorum appensione fecimus roborari. Datum anno. M°. CC°. LI°. in Tekeneborg. Presentes erant. Widikindus de westerwinkelo. Conradus de borgterbeke. Thomas de thetten. Lvtbertus buddo. Lvtgerus

---

400) Das Original ist deutlich und schön auf Pergament geschrieben; die an seidenen Schnüren, wovon nur noch einige grüne Fäden vorhanden, gehangenen Siegel sind abgefallen.

22

de borgierbeke. milites. Wezelus de ameth. Alebrandus castellani nostri in Tekeneborg.[401])

271.

1252. Mai. 9. bestätigt König Wilhelm dem Kloster Bredelar alle Güter und Rechte.

Nach einem Copiarium des Klosters Bredelar.

Wilhelmus dei gratia Romanorum Rex semper Augustus vniuersis sacri Imperii fidelibus presentes litteras inspecturis gratiam suam et omne bonum. Meritis sacre religionis inducimur ut personas religiosas et loca, benigni fauoris gratia iugiter prosequentes eorum petitionibus benignum accomodemus auditum, ac ipsorum tranquillitati et paci ne iurgiorum concutiantur procellis in posterum benignius consulamus. Hinc est quod nos dilectorum nostrorum abbatis et conuentus monasterii de *Breidelare* Cisterciensis ordinis benignis precibus inclinati omnia bona que largitione principum et aliorum fidelium et confirmatione pontificum et que titulo emptionis donationis in elemosinam vel locationis seu legationis ex testamento vel quocunque alio iusto titulo in presenti obtinent et specialiter Decimam superioris ville in *Vsprunge*, in *Mari*, in *Osninctorph*, et in *latersuelde* et alia etiam bona que tam ab ecclesia *Corbeyensi* quam ab ecclesia *Montis Martis*, seu aliis propriis denarijs compararunt, et que in futurum iustis modis prestante domino poterunt adipisci, eis et per eos eidem Monasterio liberalitate Regia confirmamus, tenore presentium districtius inhibentes ne quis ipsos contra hanc nostram confirmationem et inhibitionem molestare audeat seu etiam impedire. Si quis autem hoc attemptare presumpserit grauem Celsitudinis nostre offensam se nouerit incursurum. Datum *Waldeke* VII Idus May Indictione decima anno dni M°. CC°. L°. secundo. Regni vero nostri anno quarto.

[401]) Die an seidenen Schnüren gehangenen Siegel sind abgefallen.

272.

1252. Juli. 25. genehmigt Erzbischof **Conrad** den Bau eines Nonnenklosters auf dem Hofe **Alvoldinghusen** (Paradies) welchen der Graf von **Teckeneburg** und der Ritter **Heinrich** von **Alvoldinghusen** zu diesem Zwecke dem Prediger-Orden geschenkt hatten.

Nach dem Original im Archive des Klosters Paradies.

Cunradus dei gratia sancte Coloniensis Ecclesie Archiepiscopus et ytalie archicancellarius vniuersis christi fidelibus in eo qui est salus omnium perpetuam salutem. Quoniam ubi habundauit iniquitas superhabundauit et gratia tepescente caritate multorum dei prouida dispensatio suscitauit ordinem predicatorum quorum exemplis et exhortationibus assiduis plerique reaccensi et vanitate seculi postposita ad perfectioris uite statum conualescunt et ad religionis apicem conscendunt. Hinc est quod et in sexu fragili plures predictorum fratrum uestigia pro uiribus suis sequentes de consilio ipsorum iuxta regulam et constitutiones eorum disciplinis regularibus insudare ac domino seruire disponunt. Quarum sanctum propositum in domino commendantes ipsi omnium bonorum largitori gratiarum referimus actiones. qui temporibus nostre sollicitudinis in auxilium spiritualium actionum nobis ad salutem animarum nobis commissarum sancte religionis noua et salutaria preparat incrementa. Nos igitur pastorali sollicitudine paci temporum et quieti mentium prouidere uolentes ut sacra religio predictarum sororum spiritualibus proficiat incrementis donationem proprietatis in *aluoldinchusen* eis* ad honorem beate marie collatam ab illustri uiro *Ottone Comite de Teckelenburg* de consensu vxoris sue *Methildis Comitisse* et ab *heinrico milite de aluoldinchusen* gratam et ratam habentes tenore presentium confirmamus. Concedentes eisdem ut in eadem prefata proprietate iam dicte Sorores Ecclesiam in honore beate Marie semper virginis cum Claustro et omnibus officinis sibi necessariis edificent. Ibique cum omnibus horis nocturnis et diurnis d........ et Ecclesiam Conuentualem secundum statuta sororum ordinis sepedictorum fratrum instituant presentibus indulgemus. Datum Colonie. anno dominice incarnationis. M°. CC°. LII°. In die Jacobi apostoli.[402])

---

[402]) Das in grünem Wachse abgedruckte parabolische große Siegel des

273.

1252. Sept. 26. verleiht der päbstliche Legat zu Cöln, denjenigen welche zum neuen Bau des Klosters Marsberg steuern, Ablaß.

Vollst. abgedruckt bei *Schalen* annal. ad ann. 1252.

Vniuersis christi fidelibus per Alemanniam constitutis — Frater *Hugo* miseratione diuina titulo s. Sabinæ Presbyter Cardinalis apostolicæ sedis Legatus salutem in domino.[403]) Cum igitur, sicut dilecti in Christo prepositus et conuentus monasterii de *Monte Martis* Ord. S. Benedicti Paderburn. Dioces. nobis intimare curarunt, iidem monasterium ipsum edificare ceperint opere sumptuoso nec ad consummationem ipsius proprie sibi suppetant facultates: Vniuersitatem vestram rogamus, monemus — quatenus — pias ad id eleemosynas et — subsidia erogetis — Nos autem — omnibus vere pœnitentibus et confessis, qui eis ad hoc manum porrexerint adjutricem XL dies de injuncta sibi pœnitentia misericorditer relaxamus. *quas mitti per questuarios districtius prohibemus eas si secus actum fuerit carere viribus decernentes.* Datum Colonie VI. Calend. Octobr. Pontificatus Domini Innocentii PP. IV. anno nono.

Erzbischofs hängt an roth seidenen Strängen. Es stellt einen sitzenden Bischof mit Pallium und Mither, in der Linken ein offenes Buch, in der Rechten einen Hirtenstab dar. Es hat die Umschrift: Conradus: Dei: grn: sancte: Coloniensis: Eccle: Archieps. Das parabolische Rücksiegel zeigt einen knieenden Bischof über den eine segnende Hand herabragt, mit der Umschrift: Sigillum secretum Cunradi.

[403]) Es folgt hier der passus: Quoniam — eternam wie in der Urk. Nr. 220.

274.

1252. Nov. 26. nimmt König Wilhelm die Einwohner von Soest, aus dem Herzoglichen in seinen und des Reichs unmittelbaren Schutz und setzt den Zoll, den sie von ihren Waaren zu Lande und zur See entrichten sollen, auf ein Prozent von den Waaren fest.

Nach dem Original im Stadt-Archive zu Soest.

Wilhelmus dei gratia Romanorum Rex semper augustus. vniuersis sacri Imperij fidelibus presentes litteras inspecturis gratiam suam et omne bonum. Et si ex liberalitate Regalis Celsitudinis cunctis Imperij fidelibus debeamus nos reddere liberales eorum tamen preces et uota propitius debemus admittere qui nostram gratiam et fauorem suis sibi uendicant exigentiis meritorum. Hinc est quod nos filios nostros *ciues susatienses* suis nobis gratos meritis pro ceteris honorare et ipsorum commodis benignitate Regia liberaliter intendere cupientes ipsis concedimus ut quicumque ex ipsis ad terram nostram *Hollandensem* nauigio uenerit ab oriente in mare et ab occidente redierint ad eundem centesimam marcam de omni mercatu suo auro et argento duntaxat excepto pro thelonio nobis soluat. et sic ab omni exactione thelonij liber abcedat. per totum quoque Romanum Imperium uolumus et mandamus ad theloniam debitum se teneri. Et vt majori pre ceteris dicti ciues libertate gaudeant *ex ducatu personas ipsorum cum rebus in nostram* et *Imperii protectionem et tutelam recipimus specialem* mandantes ac auctoritate Regalis culminis districtius inhibentes ne quis in terra nostra Hollandensi aut per totum Romanum Imperium a predictis Ciuibus plus thelonij exigat quam est dictum et per nos concessum aut ipsos in aliquo grauare presumat vel indebite molestare. Siquis autem id attemptare presumpserit grauem nostre Celsitudinis offensam se nouerit incursurum. Datum Pilrinburch VI. kal. Decembr. Indictione XI. anno dnj. M°. CC°. L. Secundo.[404])

---

[404]) Das große Majestätsiegel Wilhelms ist in weißem Wachse abgedruckt und hängt an Strängen von grün, roth, weiß und gelber Seide. Es stellt den König auf dem Throne sitzend, in der Rechten das Scepter, in der Linken den Reichsapfel haltend vor. Die Umschrift ist: Wilhelmus Dei Gratia Romanorum Rex semper Augustus.

275.

1252. Nov. 26. befreit König Wilhelm die Einwohner von Soest, wenn sie in Holland Schiffbruch gelitten, vom Strandrechte.

Nach dem Original im Stadt-Archive zu Soest.

Wilhelmus dei gratia Romanorum Rex semper Augustus, vniuersis Imperii fidelibus presentes litteras inspecturis gratiam suam et omne bonum. Volentes ex desiderio cordis nostri, deum a quo, ex dato optimo sublimitas nostra pendet in omnibus reuereri, et pro salutis nostre incremento oppressorum cauere pressuras, Notum facimus vniuersis quod nos ex benignitate regalis clementie, *omnibus passis naufragium de Susato existentibus* in terra nostra ubique sicut in multis portibus consuetudo detestabilis inoleuit nolimus afflictionem aliquam superaddi, nec eorum res illicite distrahi, que periculum euaserunt immo perpetuo uolumus et mandamus, quod omnia ipsorum bona naufraga, sine difficultate qualibet in integrum restituantur eisdem, et restituta, ab omni exactione libera conseruentur. Vt igitur hoc factum firmum permaneat et perhenne, presens scriptum, exinde confectum, sigillo regio liberaliter duximus roborandum. Datum apud Peregrimburg, VI. kal. Decembr. Indictione XI^a. anno dnj M°. CC°. L°. secundo Regni nostri anno quinto.[403])

276.

1253. Juli. 3. bekundet Conrad von Rüdenberg, Burggraf zu Stromberg, daß er ein dem Walburgiskloster bei Soest gehöriges Haus in Recklingsen, welches zu seinem Freibanne gehört, am Freigericht zu Ostönnen, in Gegenwart seiner Freien, aller Verbindlichkeit, welche der Colon desselben gegen ihn gehabt, entlassen habe.

Nach dem Original im Archive des Walburgisklosters.

In nomine domini amen. *Conradus Burcgrauius in Strom-*

---

403) Das meist zerbröckelte Siegel von weißem Wachse, hängt an roth und gelb seidenen Strängen. Die Urk. liegt in doppelter Ausfertigung vor und ist, wiewohl sehr uncorrect, abgedruckt bei *Ludolff* observ. forens. App. II. p. 26.

berg vniuersis ad quos presens scriptum peruenerit Salutem in domino. Presentium tenore protestamur et notum facimus. quod nos accepto seruicio a preposito et Conuentu *sancte Walburgis iuxta sosatum* domum quandam in *Rikelinchusen* eis pertinentem *que banno nostro qui vrigrascaph wlgariter dicitur subiacebat.* ab omni exactione ac seruiciorum onere *de consensu et permissione heredum nostrorum* perpetuo dimisimus liberam et solutam. Ita quod predicta domus *aut Colonus* ipsius qui pro tempore fuerit, in nullo penitus nobis aut officialibus nostris deretero erit astrictus. In cuius rei testimonium hanc litteram Sigillo nostro ecclesie sancte Walburgis tradidimus roboratam. Acta sunt apud *Osttunen in judicio nostro quod vriedinc dicitur.* Astantibus liberis nostris et consentientibus in id ipsum. Anno domini M°. CC°. L°. tertio. quinta feria post festum apostolorum Petri et Pauli. Presentes erant. Sebertus de boynen. Henricus de Thunen. Wilhelmus de Thunen. Pilegrimus de Thunen. Waltherus de madewic. Arnoldus de Ritheim. Hildegerus de hattorp. Henricus de madewich. Arnoldus de hundilinchusen. Paschedach miles. albertus aduocatus. Lambertus aduocatus. Wigerus presbiter prouisor claustri in Welucre. Hinricus conuersus ibidem.[406])

277.

1253. Juli. 17. schließen die Städte Münster, Dortmund, Soest und Lippe das erste Landfrieden-Bündniß.

Vollständig abgedruckt in *Hæberlin* Analecta. p. 231.

In nomine sancte et indiuidue Trinitatis. Nos Scabini Consules Totaque Burgensium ac Ciuium *Monasteriensis, Tremoniensis, Susatiensis* et *Lippensis* Ciuitatum Vniuersitatis, (sic) Omnibus, ad quos presens pagina peruenerit salutem in perpetuum. Notum esse volumus — quod Nos *propter multi-*

---

[406]) Das Siegel des Burggrafen, mit dem Rudenberger Contrasiegel hängt an roth und weißen baumwollenen Strängen. Es ist in weißem Wachse abgedruckt aber zerbrochen.

modas necessitates, nobis frequenter in captiuitatibus, rapinis, multisque aliis iniuriosis grauaminibus, imminentes, de communi consilio ac consensu, factis et acceptis inuicem fide et iuramentis *perpetua sumus confederatione vniti,* sub hac forma. Primum est, quod cuicumque hominum, quempiam nostrum postmodum captiuanti, vel indebite rebus spolianti suis, denegabimus prorsus in omnibus predictis Ciuitatibus nostris contrahendi mutui facultatem et omnia ea, que sibi comodum et honorem procurare possunt, ac confirmantes videlicet, vt si Castellanus alicuius Domini fuerit auctor iniurie perpetrate, eiusdem Castellani Domino, et omnibus Militibus ac Famulis, tam in castris suis, quam alias residentiam facientibus ubicumque omnino negabuntur supradicta. Idem fiet simplicibus Militibus ac Famulis, hinc inde residentibus, et complicibus eorundem. Item: si aliquis raptor pro bonis, alicui nostrum ablatis, ad instantiam iniuriam passi, vel suorum, ordine iudiciario proscriptus fuerit, in alterutra nostrarum Ciuitatum, passum iniuriam quicumque nostrum, ad quos venerit consilium et auxilium, vt sibi iustitia de suo malefactore fiat, requirendo taliter promouebunt, qualiter conciues eorum proprios, iniuriam parem passos, in sua iusticia prosequenda promouere tenerentur. Item si contigerit, quempiam Burgensium nostrorum ad alterutram nostrarum venire Ciuitatum, qui propter euidentem rerum et corporis metum abinde egredi non audebit, Burgenses illius Ciuitatis ipsum in illum conducent locum, in quo ipsum securum recipere possint sui conburgenses. Item si Miles, fidei et honoris violator, nobis rationabiliter denunciatus fuerit, talem fidei et honoris violatorem censentes, in omnibus Ciuitatibus nostris ipsi mutui commodum denegabimus, quousque vniuersum debitum persoluat, pro quo fidem suam violauit. Item si quispiam nostrum bona alterutri Confederatorum nostrorum ablata per rapinam, vel per furtum, in Ciuitatem aliquam, vel alias vbicumque delata, vel deducta, extra suam Ciuitatem emerit, vel in merces suas commutauerit, ea non in Ciuitatem suam inducturus ibidem distrahenda, sed alicubi distracturus, idem equaliter reus cum fure censebitur et raptore. Huius itaque dicte Confederationis ac Vnionis nostre formam, quam ratam firmam et irretractabilem in perpetuum fore decreuimus, pena pecuniaria valladam duximus et firmandam, ita videlicet, quod quicunque priuatus contra ipsam venerit, in decem marcis Carrata vini, pro quibus relaxandis a quoquam peti non licebit, sue tenebitur Ciuitati pro excessu, *omni insuper honore destitutus et priuatus,* quo boni homines merito gaudere debent, ita quod deinceps probis viris coequari non valebit.

Quicumque igitur inuentus fuerit in aliquo predictorum articulorum excessisse, si de hoc duorum proborum virorum testimonio conuinci potuerit, pena puuietur supradicta. Si vero, deficiente probatione, se voluerit expurgare, se assumptis sibi sex viris ydoneis, expurgabit. Item si alterutra nostrarum Ciuitatum ab aliis Ciuitatibus nostris in predicta confederatione redarguta fuerit excessisse, que se de hoc voluerit expurgare, hoc sibi licebit cum duodecim viris ydoneis, quorum sex erunt de consilio tunc temporis existente, et sex alii in eadem Ciuitate residentes. — Acta sunt hec apud Pontem Werneri. Anno Domini M°. CC°. Quinquagesimo tertio. XVI. kal. Augusti.[407])

278.

1253. Juli. 25. bekennt Ritter **Heinrich von Alvoldinghusen**, daß er seinen Hof zu Alvoldinghusen, welchen er von Herrn **Diedrich von Honrode** zu Lehn getragen, den Augustiner-Nonnen, welche ein Kloster darauf gebaut, gegen eine Leibzucht überlassen habe.

Nach dem Original im Archive des Klosters Paradies.

In nomine sancte et indiuidue trinitatis. Notum sit omnibus christi fidelibus tam presentibus quam futuris quod ego *henricus miles de aluoldinghusen* curiam meam in *haluoldinghusen* quam a domino *theoderico de honroden* feodali iure tenebam ipsius accedente consensu tradidi spontaneo et contuli libere cum omnibus pertinentiis et iuribus suis Religiosis sororibus ordinis sancti augustini in eadem curia nunc degentibus et volentibus secundum obseruantias sororum sti marci argentinens. iuxta fratrum predicatorum consuetudines et institutiones domino famulari. Contentus sum autem promisso mihi facto ex parte earundem sororum quibus curiam ipsam dedi nec unquam aliquid amplius exigam ab eis meo nomine nec per meos quicquam exigi faciam aut permittam. sed

---

[407]) An der Urkunde hiengen die Siegel der vier verbundeten Städte.

sufficere mihi debet ut quemadmodum permiserunt mansionem mihi edificari faciant in fine sui horrei competentem, et debita mea soluant, que ad XII marcas fuerant estimata. annuatim mihi XII malcia annone tribuant quatuor siliginis. IIIIor. ordei. IIIIor. auene. que inter festa sancti martini et cathedre sancti petri debebunt esse soluta. I. plaustrum feni. et VIII. plaustra lignorum ad coquinam. et XX. plaustra straminis cum paleis mihi tribuent annuatim et a pastore ipsarum sororum mihi sex uacce pascentur inter armenta earum. Tercia pars fructuum pomerii mihi cedet exceptis his qui nascuntur in interiori parte curie claustrali iam habitaculo deputate. sane si me uel uxorem meam *euezam* ex hac uita migrare contigerit. superstes ex nobis absque diminutione omnia prescripta percipiet tempore uite sue. huius rei testes sunt. frater Godefridus prior. frater hermannus de hauelberg. frater euerarius. fratres ordinis predicatorum domus sosatiensis. frater hermannus miles de domo theutonica. filius sororis mee. et plures alii. Quia uero sigillum proprium non habebam presens instrumentum. sigillis. Roberti canonici sosaciensis. qui est officialis prepositi. et prioris fratrum predicatorum in sosato. et herbordi quondam prepositi. s. Walburgis et fratris hermanni de hauelberg uolui sigillari. Actum in curia aluendinghusen in die sti Jacobi apli. anno dni. M°. CC°. LIII°.[408])

279.

1253. Oct. 25. überläßt Graf Gottfried III. von Arnsberg, mit Einwilligung der Markgenossen, dem Kloster Oelinghausen den Abbenbusch und die Alte Wiese in der Linner Mark.

Nach dem Orig. im Oelinghauser Archive.

In nomine domini amen. *Godefridus* dei gratia Comes de Arnsberg. vniuersis ad quos presens scriptum peruenerit, salutem in dno. Tenore presencium recognoscimus et notum facimus presentibus et futuris, quod cum ecclesia de *Vlinc-*

---

408) Die an Pergamentstreifen gehangenen Siegel sind sämmtlich abgefallen.

husen cum marchinotis de Linne super rubo qui *abbenbusch* dicitur, utrum uidelicet attineret dicte ecclesie uel marchie, coram nobis aliquamdiu litigasset, tandem cum per ipsius ecclesie priuilegia, nobis rei ueritas esset patefacta, huiusmodi controuersiam scindentes obtinuimus, quod singuli et uniuersi marchinothi qui predia et feodalia bona in dictà marchia habuerunt, supradictum rubum *abbenbusch* cum fundo et antiquum pratum quod *alde wise* nocatur eciam cum fundo et arboribus vnanimiter et integraliter in nostras manus publice resignarunt. Nos itaque misericordia moti, super continua aduersitate que memorate ecclesie ab ipsis marchinotis frequencius occurit, sepedictum rubum abbenbusch et alde wise, cum fundo et arboribus et omni utilitate et pertinenciis suis eidem in meram contulimus proprietatem. Ne igitur hec nostra collacio a quoquam perperam retractari ualeat, sed stabilis et inconuulsa permaneat. presens scriptum exin confectum nostri sigilli munimine duximus roborandum. Presentes erant, cum hec fierent, Wilhelmus prepositus ecclesie in Arnsberg, Rutgerus gograuius. Hermannus de binolo, milites, Antonius de morinchusen. antonius ferox. Johannes. Winemarus, antonius de stadhe fratres franco de bruchusen. volquinus de holthusen. Lambertus de Wenninchusen. Andreas de ridheren. Walbertus de brunwardinchusen. Johs de albrachtinchusen. Henricus frater suus. Volcmarus de dresbige. Hermannus de rethelinchusen. Radolfus de Linne et alii quam plures. Acta sunt hec anno gratie millesimo CC°. L°. III°. in die beatorum Crispini et Crispiniani apud arnesberg.[409])

280.

1253. Dec. 13. verzichtet **Hermann von Blumenstein** feierlich auf seine Ansprüche an den Gütern, welche seiner Mutter Oheim **Herr Walther Vogt von Soest**, zur Stiftung des Klosters **Welver** hingegeben.

Nach dem Orig. im Archive des Klosters Welver.

In nomine sancte et indiuidue trinitatis. Ego *Hermannus de blomenstein* uerdum adhuc miles. nec legitime uxoratus.

---

[409]) An der Urkunde hängt das alte Siegel Gottfrieds.

Omnibus hanc litteram uidentibus eternam in domino salutem. Ad amputandam cuiuslibet dubietatis calumpniam statuit discretorum prudentia. ut gesta hominum ne nube obliuionis inuoluantur. scriptis. sigillis. et testibus roborentur. Nouerint igitur presentes et posteri quod ego controuersiam cum monasterio monialium in *weluerbury* ordinis Cysterciensis pro tempore habui super quibusdam bonis que a *domino meo Walthero* pie memorie *aduocato Susatensi*. Auunculo matris mee pro quadam summa pecunie titulo emptionis comparauerat et possedit. Sed ego *quia huic emptioni non consenseram. nec juri meo quod in hiis bonis habere uidebar cesseram* claustrum impetiui. *presertim cum heres legitimus eorundem essem bonorum. nullo existente coherede.* Quod cum fieret. viri honesti se interponentes efficaciter me commonebant quatinus pro reuerentia domini nostri iesu christi eiusque pie matris Marie. et religione earundem monialium. et pro salute tam anime mee quam domini mei Aduocati ab hac impetitione cessarem. quod et feci. Demum pro bono pacis et concordie ordinatum est. quod ego triginta et duas marcas legalium denariorum a claustro recepi. Ita ut contractum emptionis ratum habens. iurique meo quod uidebar habere cedens. nullam umquam super hiis bonis eidem claustro mouerem questionem. sed potius circa eius intenderem promotionem. Quocirca prefata bona in *weluereburg* sita. et aream in qua claustrum sub honore sancte Marie virginis gloriose nato eius largiente est constructum. cum pertinentiis suis. *Humbracth* cum agris cultis et incultis. predium in *clothingen*. cum decima et pertinentiis suis. domum in *Scethingen* cum pertinentiis suis. Proprietatem cuiusdam domus in *Soeue*. molendinumque ibidem situm cum pertinentiis suis. et cetera omnia ubicunque locorum sunt sita. In agris uidelicet cultis et incultis. siluis. pratis. pascuis aquis. aquarumque decursibus. viis. inuiis. que idem conuentus in Weluereburg a domino meo aduocato titulo emptionis legitime comparauit. cum habitione rati domino nostro iesu christo eiusque pie matri Marie in Weluereburg patrone. sincere obtuli. ratum habens huius emptionis contractum. actioni et impeticioni totaliter cedendo. et quicquid iuris in eisdem bonis uidebar habere. *Susatie in domo burgensium* uoluntarie et sollempniter renuntiaui. eadem bona proprietario iure claustro iam dicto assignans libere et quiete perhenniter possidenda. presentibus et mediantibus affectuose nobilibus uiris et dominis *Conrado burgrauio. Ionatha de ardey*. Conrado de Godenberg. *Walthero de duleberg. Heinrico Sculteto colon. marscalco.* Godefrido de mescede. Heinrico de medrike militibus. Hildegero surdo. et Wichmanno de thunne. magistris consulum

Susatensium. Radolfo fernero. et Godescalco fratre suo. Wichmanno Suelyngo et consulibus ibidem uniuersis. Post hec *in judicio liberorum quod uulgo frigedinch.* dicitur omni juri meo quod in eisdem bonis uidebar habere publice cedens. et hec cessio uti moris est. et ut id fieri decebat. sententia seculari est confirmata. Ceterum promisi quod claustro predicto de eisdem bonis ubi necessitas exigeret warandiam prestare. et si aliquis ipsa bona nomine hereditarii juris impetere attemptaret quod fideliter me obponerem et talem injuriam pro posse meo fieri prohiberem. Ad huius uero rei euidentiam pleniorem ut hec mea cessio publice facta rata in euum permaneat et inconuulsa. et ne aliquis heredum meorum imposterum aut persona aliqua occasione quauis eam presumat irreuerenter immutare presentem paginam quia sigillum proprium non habeo petiui obnixe sigillis roborari nobilium dominorum predictorum Conradi uidelicet burcgrauii. Ionathe de ardey. Conradi de Godenberg. Waltheri de duleberg. Heinrici Sculteti colon. marscalci. Consulum Susatensium. Castellanorum et Burgensium in wifhagen. Datum Susati. Acta sunt hec ibidem anno gratie M°. CC°. quiuquagesimo tercio. Indictione XI^a^. in die sancte Lucie virg. et mart. Huius rei testes sunt cum hiis quos superius inseruimus. Wigerus rector ecclesie in Weluereburg. Bertoldus sacerdos ibidem. Theodericus miles de Honroth. Heinricus conuersus et domina Acela abbatissa in weluereburg. et totus ibidem conuentus. et alii quam plures tam clerici quam Laici quam ordinis diuersi uiri religiosi.[410])

281.

1254. Febr. 12. berichten Graf Gottfried III. von Arnsberg und dessen Verbündete an den Pabst, über die Gefangennehmung Bischof Simons von Paderborn.

Nach dem Original im geheimen Staats- und Kabinets-Archive zu Berlin.

Sanctissimo patri ac domino, sacrosancte ecclesie Romane

---

[410]) An der Urkunde hängen noch die Siegel des Burggrafen von Stromberg, Conrads von Gudenberg, Walthers von Dülberg, der Stadt Soest und der Burgmänner von Wulfhagen. Sie sind in weißem Wachse abgedruckt und mit buntgeflochtenen leinenen Schnüren befestigt. Es liegt noch eine kürzere, minder feierlich ausgestellte, Urkunde desselben Jahrs über den hier geschehenen Verzicht vor; welche von den nemlichen Zeugen besiegelt ist.

summo pontifici. *Godefridus de Arnesberg*, Otto de Althena, Engelbertus de Marchia, Comites, Theodericus de Nyenlimberg, Bertoldus de Büren. *Theodericus de Bilsten*, viri nobiles et magnates partium Westfallie. *Albertus marscalcus de Sturmede, Henricus Scultetus Susatiensis, Gozwinus de Rodenborg*, Henricus dapifer de Ysenberg, Albertus de Hurde, ceterique partium eorundem vasalli et ministeriales Ecclesie Coloniensis cum pedum osculo beatorum subjectionem debitam et deuotam. Cum rumorum diuersitas et vulgaris famae velocitas pro modo referentium multiformi nonnunquam dubios et incertos efficiat auditores maxime in remotis partibus et longinquis propria vero veritas rei geste multiplicitatem nesciat in se ipsa, Ecce Pater sanctissime, qualiter ad captiuitatem illius nostri hostis et terre nostre totius ac patrie turbatoris *Paderburnensis Episcopi* sit deuentum, vestre scribendum duximus sanctitati, vt inde reddamus de processu facti totius instructior si forte aliunde contigerit vobis aliter intimari. Accidit namque quod idem Episcopus villam quandam nomine *Salzkotten muniuerat in ducatu Domini nostri Archiepiscopi* et Ecclesie Coloniensis, *preter* ipsius Domini Archiepiscopi, *quod esse non poterat, licentiam* et *consensum*, a qua munitione fiebant per ipsum Episcopum et suos homines *spolia, incendia et rapine*. Hanc quidem munitionem cum ipso dominus noster archiepiscopus per iuuamen hominum sue ecclesie potenti brachio destruxisset, fideiussores ab episcopo predicto recepit et tam ab ipso Episcopo quam suis iuratoriam cautionem. quod nunquam illa munitio reedificari deberetur. Ipso vero Episcopo, quod ita promiserat non seruante, ipsamque reparante munitionem ad noua rapinarum et spoliorum inconuenientia sicut prius in nostris partibus exercenda, ipsius quoque fideiussoribus, licet modo debito mouerentur, et pluries non implentibus formam suarum, quam super hoc dederant, pactionum, ipse Dominus noster Archiepiscopus tantam sustinuit quorum iniuriam, et nos partium illarum incole sustinuimus expectantes de die in diem et sperantes in bona tantam malitiam superare. Sed ecce ipse Episcopus perpetratis malitiis non contentus, vt eo potentius nos et nostram ecclesiam lacesseret, confederauit se Comiti Juliacensi et ceteris Coloniensis ecclesie inimicis, magnoque exercitu congregato intrauit hostiliter in estate preterita terram nostram, *quam circumiens circumquaque vastauit incendiis et rapinis*. Ad cuius insultus tyrannicos reprimendos nos pro nostra ac nostrorum defensione bonorum nos accinximus contra ipsum armatumque in acie sui exercitus et aduersus nos crudeliter dimicantem Domino annuente cepimus in hoc bello, Domino nostro Archiepiscopo hoc vtique nesciente, immo absente a nobis in locis aliis vltra Renum distantibus et remotis. Hunc itaque *nostrum* dicimus esse captiuum, et pro nostrorum recuperatione dampnorum, que intulit nobis hostiliter et maligne ipsum in nostra captiuitate tenebimus, eum nunquam permissuri absque satisfactione prehabita de vinculis liberari *etiam si prefatus Dominus Archiepiscopus cum vellet et nobis preciperet eum dimitti solutum*, maxime cum ipsius liberatio sicut toti molesta paci ita esse deberet perpetuis dispendiis onerosa. Datum anno Domini MCCL°. quarto. II°. Idus Februarii.[411])

282.

1254. März 4. verzichtet Graf Gottfried III. von Arnsberg drei Jahre lang auf seine Rechte an den Höfen Sümmern und Eisborn, zu Gunsten des Domkapitels in Cöln, vorbehaltlich der Vogtei.

Nach dem Orig. im Provinzial-Archive zu Düsseldorf.

Conradus dei gratia sancte coloniensis Ecclesie Archiepiscopus, Italie Archicancellarius. Nouerint vniuersi, quod cum inter Capitulum nostrum Coloniense ex vna parte, et nobilem virum *Godefridum* comitem de *Arnsberg* ex altera parte super dampnis et iniurijs ab ipso.. Comite predicto Capitulo in Curtibus *Sumberyn* et *Eysberg* illatis questio verteretur, Idem Comes ab omni iure sine eo, quod preter ius in ipsis Curtibus ratione Aduocatie recipere consueuit, predictas Curtes liberas et absolutas dimisit, et quietas proclamauit vsque ad triennium, quod incipiet currere in pascha proximo venturo. In cuius rei testimonium presentes literas sigilli nostri munimine fecimus roborari. Actum et datum IIII° Nonas Martij Anno Domini M° CC° L° IIII°.[412])

---

411) Von den an der Urkunde gehangenen acht Siegeln sind zwei abgefallen.

412) Das mit dem Rücksiegel versehene Siegel des Erzbischofs ist zerbrochen.

283.

1254. im April. bekennt Graf Gottfried III. von Arnsberg, daß er die ihm eigen zugehörige Adelheid, Frau Heinrichs von Wiboldinchusen und deren Sohn Eberhard, aller Pflicht entlassen und mit ihrer Einwilligung dem Kloster Himmelpforten zu ewiger Dienstbarkeit geschenkt habe.

Nach dem Orig. im Archive des Klosters Himmelpforten.

In nomine dni amen. *Godefridus* dei gratia Comes Arnesbergensis. Vniuersis ad quos presens scriptum peruenerit. eternam in dno salutem. Presentium tenore protestamur et notum esse uolumus presentibus et futuris. quod nos de pleno consensu et uoluntate *Aleydis* vxoris nostre et heredum nostrorum. *Aleydim vxorem Henrici de Wiboldinchusen et Euerhardum filium eius. nobis proprietatis nomine pertinentes. ab omni iure et seruitio quo nobis erant astricti. liberos dimisimus et solutos* ac ipsos abbatisse et couentui de Porta celi cisterciensis ordinis contulimus *in perpetuam seruitutem*. prefatis Aleyde et filio eius *voluntarie hoc acceptantibus et consentientibus in id ipsum*. In cuius nostre collationis testimonium hanc literam contulimus sigilli nostri munimine Roboratam cenobio supradicto. Volentes ex eo tam à nobis quam à posteris nostris hujusmodi factum inuiolabiliter obseruari. Acta sunt hec anno dni M°. CC°. L°. IIII°. mense April. Presidente sancte Colon. Ecclie Conrado Archiepo. Presentes erant Giselerus Rector veteris Ecclie. Item Johannes aduocatus. Wernerus Balke. Henricus de Hostir.[413])

---

[413]) Diese Urkunde ist klein geschrieben; das Siegel abgefallen.

284.

1254. Mai 6. bekennt Otto Graf von Teckeneburg daß er sein Eigenthum zu Alvoldinghusen bei Soest, welches jetzt Paradies genannt werde, zur Stiftung eines Klosters hergegeben habe; daß zwar der edle Jonathan v. Rodenberg von wegen seines Vaters, auf Eingebung des Teufels, Ansprüche darauf mache, daß aber der Vater auf diese Ansprüche längst feierlich verzichtet habe.

Nach dem Original im Archive des Klosters Paradies.

Otto dei gratia *Comes de Thekeneborg*. vniuersis christi fidelibus hanc paginam inspecturis salutem in eo qui est uera salus omnium. Tenore presentium protestamur. quod nos proprietatem nostram in *Alvoldighusen* iuxta *Sosatum* qui locus nunc dicitur *paradisus* ad honorem Beate marie ad faciendum claustrum secundum consilium fratrum ordinis predicatorum absolute ab omni conditione et impetitione pro remedio anime nostre et progenitorum nostrorum contulimus. vt inde hereditatem incorruptam et inmarcessiblem in futuro a domino consequatur. Nunc uero sicut intelleximus suadente diabolo a quibusdam pretermisso ordine iuris. hec nostra collatio impeditur videlicet a nobili uiro *Jonata, de Rothengberge* qui aliquid iuris in predicta proprietate a patre suo asserit se habere pro qua impetitione cum patre dicti Jonate, nos ad iudicium uenimus in susato. coram uenerabili *archiepiscopo Coloniensi Theoderico* vbi in presentia *aduocati Waltheri* et *Sculteti Hermanni* eiusdem loci et goschuini fratris eiusdem et aliorum quam plurium predicta bona nobis libere et absolute fuerant assignata. Sicut ex priuilegio dicti Coloniensis archiepiscopi. Th. si necesse fuerit poterimus protestari. Datum Thekeneborg anno M°. CC°. LIIII°. ipsa die Johannis ewangeliste amen.[414])

---

[414]) Das in weißem Wachse abgedruckte, ziemlich unkenntlich gewordene Siegel, stellt eine Burg mit 3 Thürmen vor und hängt an roth und gelben seidenen Strängen.

23

285.

1254. Juni. 5. bekundet **Jonathan von Arden** Herr von **Rüdenberg**, daß er den ihm eigen gewesenen **Heinrich von Wiboldinghusen**, dem Kloster **Himmelpforten** zu ewiger Dienstbarkeit geschenkt habe.

Nach dem Orig. im Archive des Klosters Himmelpforten.

In nomine dni amen. Vniuersis xpi fidelibus quibus hoc scriptum fuerit exhibitum. *Jonathas de Ardeya. dominus in Rudenberg.* eternam in dno salutem. Ea que rationabiliter et pie gesta sunt. veritatis debent testimonio Roborari. Presentium itaque tenore protestamur et notum esse cupimus vniuersis. quod nos de plena voluntate vxoris nostre et filiorum nostrorum. ac etiam legitimorum heredum nostrorum accedente consensu *Henricum de Wieboldinchusen. jure seruitutis nobis pertinentem* ad honorem beato dei genitricis marie et promotionem cenobij de *porta celi.* Abatisse et conuentui ibidem. accepto ab eis seruitio. *in perpetuam servitutem* tradidimus sub eodem iure quo nobis et nostris progenitoribus pertinebat. Dimittentes eundem Henricum à seruitio seu jure quo nobis tenebatur. perpetuo absolutum. Nequis igitur heredum nostrorum huiusmodi factum nostrum in posterum retractare conetur nos presentem literam super eo conscriptam. prefatis abbatisse et conuentui de porta celi. sigillo nostro Roboratam contulimus in testimonium veritatis. Actum et datum anno dni. M°. CC°. L°. quarto, Nonas Junii. Presentes erant Giselerus Rector veteris Ecclie Susat. Johannes aduocatus. Henricus de.... Gerhardus. Gotmarus et Thetmarus de Medebeke. Radolfus fut. Hildegerus surdus. Albertus... sthouen Godescalcus fut.[415])

---

[415]) Das in weißem Wachse abgedruckte Ardeyer Siegel, hängt an platt geflochtenen weißen leinenen Schnüren. Die Urkunde hat am Ende sehr durch Moder gelitten.

286.

1254. Juni. 28. weiht der Cölnische Weihbischof Theodorich den Hochaltar in der Pfarrkirche zu Arnsberg.

Nach dem Orig. im Archive des Klosters Wedinghausen.

Theodoricus episcopus Vironensis — nos anno domini M°. CC°. LIV°. die dominica, uidelicet in vigilia sanctorum apostolorum petri et pauli. In honore sancte et indiuidue trinitatis sancteque crucis. gloriose semper virginis dei genitricis marie — beatorum Johannis baptiste et Johannis evangeliste sancti *Laurentii* martyris. beati augustini confessoris et omnium sanctorum dei. summum altare et sanctuarium apud dilectos nostros in *Arnesberg* propriis manibus duximus consecrandum Volentes ob nostri perpetuam memoriam ipsum locum decentius honorare, omnibus Vere penitentibus et confessis, qui — in anniuersario dedicationis cum cordis contritione et humilitate locum visitauerint antedictum, quique ad prefate fabrice consumationem manum quocumque tempore porrexerint adiutricem, — *annum integrum*, C dies vnamque carenam — *relaxamus* — *Datum ibidem*, eodem anno et die —

287.

1254. überträgt Theoderich von Soest den Brüdern Gottfried und Wittekind Lethovhe 18 Morgen Land, welche dieselben früher zu Lehn besessen, nach Soester Weichbildrechte.

Nach dem Orig. im Archive der Stadt Soest.

Nos *Theodericus miles dictus de Susato*. Cunegundis uxor nostra. *Thymo* noster filius. ac alii nostri heredes. Presentibus litteris protestamur, quod cum *Godefridus* dictus *Lethovhe*. et *Wittekindus* frater suus, cives Susacienses a nobis tenuerint in pheodo decem et octo jugera sita intra civitatem *Susaciensem* et *Haram*, Nos considerantes quod

23*

nobis et heredibus nostris ijdoneum foret seu maneret utilius circa dictas personas et earundem heredes quantum ad supradicta jugera jus hujusmodi permutare, ipsa decem et octo jugera prout jacent cum omni eorum utilitate supradictis fratribus Go. et Wi. et eorum heredibus *jure* contulimus *civitatis susaciensis quod in vulgari wichbilde apellatur*, ita videlicet quod ijdem fratres vel quicumque eorundem jugerum possessor extiterit, ad luminaria capelle nostre beati Petri in curia nostra solvant vel solvat duodecim denarios annuatim in festo michaelis et sint per omnia liberi ab omni jure, nec tenebuntur ad illud *jus quod herwede nuncupatur.* Tali condicione nichilominus interjecta, quod quocienscumque supradicta jugera venduntur, predicta pensio tantummodo illo anno duplicabitur et nichilominus debita pensio suo supranotato termino prestabitur. Ut autem omnia premissa rata et inconvulsa permaneant et nulli vertantur indubium presentem paginam super hoc confectam sigillo civitatis sosaciensis una cum nostro sigillo petivimus in evidens testimonium sigillari. Presentes Hermannus dictus de.......... Ambrosius dictus domegere ecclesie sosaciensis. Philippus dictus scilliuc. Andreas hasso. Godescalcus de iscrenlon. Henricus de......... et *institor* henricus dictus vulbur. et alii quamplures. Actum anno domini M°. CC°. LIVto. in vigilia beati.........[416])

288.

1254. schenkt Herbord Ritter von Dortmund dem zu Alveldinghusen neu gestifteten Nonnenkloster (Paradies) die lehnherrlichen Rechte welche ihm vom Grafen Otto von Teckeneburg über die dortigen Güter verliehen waren.

Nach dem Original im Archive des Klosters Paradies.

Vniuersis Christi fidelibus quibus presens scriptum exhibitum fuerit. *Herbordus miles de Tremonia.* eternam in domino salutem. Ea que rationabiliter et pie gesta sunt ueritatis

---

[416]) An der Urkunde hängt das Honrode'sche Siegel des Ritters Theodorich und das der Stadt Soest.

debent testimonio roborari. Presentium itaque tenore protestor et notum fatio presentibus et futuris. quod ego de pleno consensu *Demudis* uxoris mee. ac omnium puerorum nostrorum ius infeodandi quod de manu nobilis viri domini *Ottonis Comitis de Tekeneburg* in bonis *alueldinchusin* tenebam. precipue propter deum et promotionem nouelle plantationis sororum de Regula beati augustini de nouo ibidem fundate. uoluntate spontanea resignaui. et ab omni alio iure si quod michi uel dictis uxori et liberis meis competebat uel in posterum competere posset in eisdem bonis. absolute recessi. vt mei ac predictorum vxoris et liberorum memoria in prefato Cenobio perpetuo habeatur. Ne quis igitur heredum meorum huiusmodi factum postmodum conetur infringere ad maiorem euidentiam resignationis. seu renuntiationis predicte. Domini Conradi Coloniensis ecclesie archyepiscopi. ac nobilis viri Theoderici comitis de Lymburg coloniensis dyocesis. Gernandi Burgrauii sororii mei. Herbordi iudicis Tremoniensis consanguinei mei. et oppidi Tremoniensis. Sigilla presentibus literis impetraui apponi et ad plenam securitatem etiam meum appendi. Huius rei testes sunt. Dominus Theodericus predictus. Comes de Lymburg. Godoscalcus miles dictus Torc. Hunoldus miles de odingen. Lubertus miles de Heringen. Theodericus miles de bergin. Arnoldus miles de monte. Albertus de osthouen ciuis Susatiensis. et alii quam plures tam milites tam serui Castellani in Lymburg. Acta sunt hec anno domini. M°. CC°. L°. IIII°.[417])

289.

1255. Jan. 12. verkaufen Johann und Gottschalk, Brüder von Padberg dem Kloster Bredelar ihren Zehnten zu Ekesbike.

Nach einem Copiarium des Klosters Bredelar.

In nomine sancte et indiuidue trinitatis amen. Omnibus hanc literam visuris *Johannes* et *Godescalcus fratres et coheredes domini Castri in pathberg.* De visis et auditis ex toto

---

[417]) Die an rothen baumwollenen Schnüren gehangenen Siegel sind alle theils verletzt, theils abgefallen. Das des Ausstellers ist noch eben kenntlich.

corde et ore proferre veritatem. Quia exigit omnis iusticia et honestas ut quicquid cum viris religiosis *quorum protector deus est* tractamus efficaciter et debite compleamus *ne in die examinis venientes sugillent nos*, vbi nullum patet subterfugium, nullum malum transit impunitum, nullumque bonum irremuneratum. Nouerint idcirco tam moderni quam postfuturi quod cum decimam in *Ekesbike* hereditario iure ad nos deuolutam haberemus et quiete possideremus, vnanimi consensu et voluntate necnon consilio amicorum nostrorum dominum *Heinricum abbatem de Breydelar* et suum Conuentum Ordinis Cysterciensis conuenimus propter necessitatem quam subterfugere nequiuimus ut si eandem decimam utpote ipsis contiguam et commodam et quosdam agros nobis pertinentes, versus *Berninchusen* sitos, agris eorum adiacentes emere vellent, libenti animo assensum preberemus. Quod cum, tum ob multitudinem debitorum, tum *quod bona nostra inuiti compararent*, et nos ut ab instancia nostra cessaremus humiliter rogarent, mediantibus honestis viris *Godescalco de pathberg patruo nostro*, Hermanno de ythere patruele nostro et alrado de horhusen militibus, in tantum processum est, quod ipsi fratres predicti claustri comparauerunt à nobis de plenario nostro consensu et fauore pro quinquaginta et quinque marcis legalium denariorum eandem decimam cum omnibus pertinentiis suis et agros superius claustro eorum sitos versus Berninchusen in agris cultis et incultis. siluis, pratis, pascuis, aquis, aquarumque decursibus, in longitudine (a monte *Belderstein* vltra montem qui *Vorstberg* dicitur vsque ad predium *grangie* in *Bredelar*. In latidudine vero ab agris claustri vsque ad viam qua itur de grangia Bredelar Berninchusen, et sic in descensu vsque ad metas lapidibus immensis terra impressis designatas. Deinde nos eandem decimam et agros iam dictos super altare beate marie virginis gloriose in claustro prefato, abbate presente et conuentu sollempniter obtulimus, omni iuri nostro in eadem decima et agris predictis hactenus habito publice cessimus, warandiam eorundem bonorum fratribus eiusdem claustri nichilominus prestare cupientes, tunc abbas sumpta stola omnes eorundem bonorum inuasores vinculo excommunicationis innodauit Tunc *soror nostra domina Jutta* vnicam habens filiam, et vxor mei Johannis *domina Mechthildis* omni etiam iuri in his bonis habito voluntarie renunciauerunt, frater vero meus *Godescalcus* necdum adhuc vxorem habebat His ita legittime ordinatis ad montem martis venimus vbi in presentia clarorum virorum publice protestabamur quod fratribus claustri iam dicti decimam in *Ekesbike* nobis pertinentem et agros predictos cum omnibus pertinentijs suis et terminis sicut superius dictum est pro quinquaginta marcis, et quinque vendidimus, et nos et heredes nostri omni iuri nostro in eadem decima et agris habito penitus cessimus, in manus iam dicti abbatis et fratrum cum eo presentium decimam et agros assignauimus, et quod idem abbas et sui fratres pecuniam statutam integre nobis persoluerunt, de qua bona nostra obligata in parte redemimus et debita minorauimus, ne maiori dampno immergeremur. Preterea ut hic conuentionis contractus apud nos et heredes nostros ratus in euum permaneat et inconuulsus presentem paginam sigillo nostro quo ambo contenti sumus signauimus, et ob maiorem firmitudinem sigillis patrui nostri Godescalci et Consulum montis martis fecimus roborari, ne quis timore dei postposito factum tam rationabile quouis vnquam tempore presumat immutare. Nos vero consules montis martis vniuersis hanc cartam inspecturis significamus in omnibus veraciter sic fore processum sicut superius est prelibatum, et hoc sigilli nostri appensione publice protestamur Acta sunt hec anno gratie M° CC° L° V° Indictione XIII[a]. pridie idus Januarij. Huius rei testes sunt Thetmarus in pathberg plebanus. Adam miles de aspe. helmwicus de keldinchusen. albertus de Mulenhusen. Conradus de yburg magister consulum in monte martis. Bertoldus iudex, ludolfus de Cappella et heinricus filius suus. Volnandus. Hermannus de flessengere. Godefridus de Kleren. Bertoldus et helmwicus fratres de huxoria. wigandus. wideroldus et Nicolaus fratres. Johannes *monetarius*. Heinricus de odenhusen. Heinricus de kulethe et Consules omnes et alii quam plures.

290.

1255. März. 1. bekunden Johann und Gottschalk von Padberg, einen unter ihrer Vermittelung abgeschlossenen Vergleich, zwischen dem Kloster Bredelar und Hermann, ältestem Sohne des Ritters Constantin, welcher als Novize im Kloster eingekleidet, dieses wieder verlassen und nun in Gemeinschaft mit seinem Vater Constantin und seinem Bruder Albert, Ansprüche auf ein Klostergut in Upsprunge gemacht hatte.

Nach dem Original im Archive von Bredelar.

In nomine Domini Amen. Omnibus hanc literam uisuris *Johannes* dominus castri in *Pathberg*. et *Godescalcus* dictus de *pathberg*. Notum fore cupimus quod cum *Hermannus* constantini militis senior filius propter deum nec non ad peticionem amicorum suorum in claustro *Breydelar* ad religionem fuisset receptus, ac modico tempore quo mansit tam importunus extitisset quod eius conuersatio fratribus omnibus esset onerosa, ac licet ab omnibus sua insolentia tum propter deum tum propter amicos equanimiter sufferretur ut tandem mores suos in melius commutaret, ipso tamen probationis anno ab eodem ordine et claustro fratribus inuitis recessit, pro uestibus residuis XIIIIcim solidos extorquens de quibus ipse octo sol. et pater suus dimidiam marcam recepit. Quibus delusis ac inutiliter expensis cum nuditatem nimiam et famem pateretur se iterato recipi rogauit. Cui cum propter priorem eius minus honestam conuersationem introitus denegaretur, claustrum pro quadam area in *vpsprungen* et agris *in hamme* sitis et bonis in *esbike* que à patre suo ac patruo ipso consentiente legitime comparauerat, timore dei abiecto impetebat et bonis claustri et colonis dampnum inferre ac incendia temerarie quin reciperetur minabatur. Quod cum fieret ob bonum pacis ac concordie interposuimus nos in tantum procedentes quod *Constantinus* iam dictus et idem *Hermannus* et *Albertus* filii sui ad instantiam nostri omni iuri quod in predictis bonis uidelicet area in vpsprunge *una acthewort*, agris in hamme et bonis in esbike et omnibus pertinentiis suis uidebantur habere et omni impeticioni qua claustrum pulsabant penitus renunciauerint. et idem Hermannus publice uouit quod claustrum ulterius super receptione sui non inquietaret. Deinde ad monitionem nostram ac peticionem. domnus abbas ac fratres claustri memorati, dicto Constantino et eidem Hermanno filio suo tres marcas legalium denariorum dederunt ne tota die eorum clamorem ac uexationem sustinerent. Vt autem actio huius cessionis rata in euentum permaneat, presentem cartam ob majorem firmitudinem sigillis nostris confirmauimus ac testium annotatione roborauimus quorum nomina sunt hec. Thetmarus plebanus in Pathberg. Hudo miles de wethen. *Godescalcus et Hermannus dicti de pathberg*. Constantinus iunior. Bernharius de walbernichusen. Helmuuicus de keldichusen. et alii quam plures. Acta sunt hec anno gratie M°. CC°. LV°. Indictione XIII. Datum *pathberg in oppido*. kalendas. martij.[418])

---

[418]) Die Siegel (T. 6. Nr. 10. u. 11.) sind in weißem Wachse abgedruckt und hangen an platt geflochtenen, blau und weißen, leinenen Schnüren. Wie an den meisten älteren Bredelarschen Urkunden, so hängt auch an dieser eine gleichzeitige Etikette, worauf steht: Priuilegium Johannis junioris

291.

1255. Sept. 22. bekundet Abt Widekind von Bredelar, wie er damals und früher von den Familien der Ritter von Metzenchusen und Brilon, Güter zu Rösenbeck und Thülen erworben habe.

Nach dem Original im Archive des Klosters Bredelar.

In nomine sancte et individue Trinitatis... Frater *Widekyndus* humilis abbas in *Breydelar* et Conventus ibidem ordinis Cysterciensis. Omnibus hanc litteram uisuris notum sit, quod *Ludolfus miles dictus de Mezenchusen* quedam bona habuit in medio ville *Rosbike* sita, proprietario jure ad ipsum devoluta. de quibus nos de consensu filii sui *Ludolfi* convenit rogans suppliciter, ut ea emere uellemus, quod et fecimus dantes ei pro eisdem bonis et omnibus pertinentiis suis. agris widelicet cultis et incultis silvis pratis pascuis. aquis aquarumque decursibus tres marcas legalium denariorum, tunc ipse et idem filius suus eadem bona super altare beate Marie virginis gloriose in presentia nostri et conventus devote obtulerunt omni juri suo in eisdem bonis habito publice cedentes. Unde nos auctoritate Christi vinculo excommunicationis innodauimus omnes eorundem bonorum invasores. Quibus ita rite peractis prefixit nobis diem *thulon*, quo nos coram amicis suis et heredibus de ipsis bonis adhuc redderet certiores, Ad quem diem cum nuntii nostri frater Johannes de fleictorph magister nouitiorum, et frater Theodericus conuersus de Hegerinchusen occurrissent, presentes fuerunt ibi amici predicti Ludolfi. *Johannes ejusdem ville plebanus*. *Arnoldus de Hothepe plebanus*. *Godefridus in Haldinchusen plebanus*, ejusdem *Ludolfi consanguineus*, Gerlacus miles cognomento dikeber. Walterus et Godescalcus fratres sui. *Suicherus de Brilon*. *et Olricus frater suus*. *Ludolfus iunior de Metzenchusen* propinqui sui. qui omnes hanc conuentionem ratam habuerunt, claustro de eisdem bonis plurimum fauentes. Deinde

---

de palhberg et godescalci patrui sui, quod hermannus filius constantini omni impetitioni qua claustrum pulsauit, tribus marcis receptis renunciauit cum fratre suo Alberto. M°. CC°. L°. V°. Gottschalk war also der Vaterbruder von Johann und er ist wohl der Patruus, mit dessen Zustimmung das Kloster die fragl. Güter von dem Ritter Constantin und dessen Söhnen erworben hatte.

eosdem nuntios nostros duxit in possessionem Warandiam de eisdem bonis prestans. presentibus partim *ciuibus* ejusdem *ville*. plenarie adimplens omnia, que ad hujus rei certitudinem spectare videbantur. Acta sunt hec anno gratie M°. CC°. L°. primo. Indictione VIIII^a^. XVI. kalend. Junii. Ceterum sciendum quod ejusdem anni curriculo quedam bona et in prefata villa *Rosbike* superius illis sita cum omnibus attinentiis suis a *Johanne de piscina* legitime comparauimus de consensu heredum suorum (cum) adhuc parvos non habuit, Que bona nos duas marcas legalium denariorum constiterunt. quibus datis idem Johannes omni juri suo in eisdem bonis habito absque omni exceptione sollempniter renunciauit. Hujus rei testes sunt partim quos superius nominauimus et *Hermannus de Thulon*. Gerhardus, Salentinus. *Berengerus quanquam iudex in Brilon*. et alii quamplures. Hinc iterum tam presentibus, quam futuris significamus quod predictus *Ludolfus iunior de Metzenchuson* et frater suus *Suederus*, Zelo devotionis succensi assignaverunt claustro beniuole pro animabus patris eorum *Heinrici* aput nos conuersi, et matris dimidiam marcam de curia eorum in *Hothepe*, annuatim in festo beati Martini dandam. quousque octo marcas claustro nostro persolvant. quas urgente necessitate receperunt a nobis de *molendino Sualenstein*, quod pater eorum, cum aput nos esset conuersus, proprie nobis in memoriam sui et uxoris sue sollempniter legaverat. in quo postea ipsi filii jam dicti consenserunt. In his omnibus Heinrico priore nostro et senioribus nostris et conuersis presentibus. et prefato *Ludolfo de Mezenchusen*. *auunculo eorum*. Acta sunt hec anno domini M° CC° L°. V°. Indictione XIII^a^. in die sancti Mauritii martiris. Sciendum quoque quod *Hermannus miles de Brilon*. pro remedio anime sue *et uxoris sue*. legauit de consensu filiorum suorum IIII^or^ solidos de bonis in *thulon* annuatim persolvendos. in *Aleicthorph, Custelberg*. et *Brilon* ecclesiis et nostre equaliter parciendos.[419])

---

[419]) Das Siegel des Abts ist parabolischer Form, hangt an platt geflochtenen grün, roth und weißen Schnuren. Von der Umschrift ist nichts zu lesen als das Wort Sygillum. Der Abt hat in der linken Hand ein Buch, in der rechten einen Hirtenstab.

292.

1255. Oct. 31. giebt König Wilhelm denjenigen, welche Schiffbruch gelitten, ein Privileg für die Bergung ihrer Sachen.

Nach dem Original im Stadt-Archive zu Soest.

Guilhelmus dei gracia Romanorum Rex et semper augustus. Uuiversis Imperii fidelibus ad quos presens scriptum pervenerit, graciam et omne bonum. Notum esse volumus et mandamus quod cum fecerimus naufragium passis graciam specialem ne illicite te......... aliquo naufragæ res...... Similiter eos quorum res lapsum mar............... pontem fragilem............ sine aliis mundacionibus.................... volumus gaudere............ largitatis. Mandantes.............. .... imperii per hujusmodi........... aliquam .... Sed res eorum libere......... educant. Datum........ Aquisgrani pridie kal. novembr. anno dmni M. CC........... Indict........... anno Regni nostri octavo.[420])

293.

1256. Jan. 28. verkaufen Gottschalk von Padberg und seine Brüder, dem Kloster Bredelar den Zehnten von Beringhausen.

Nach einem Copiarium des Klosters Bredelar.

In nomine sancte et indiuidue trinitatis amen Omnibus hanc literam visuris *Godescalcus* miles dictus de *pathberg* veritati testimonium perhibere. Quia oportet ut *quitquid secularibus*

[420]) Die Urkunde ist beinahe ganz unleserlich geworden. Die weggelassenen Worte fehlen gänzlich. Auf der Rückseite ist von der Hand Eberhard Rademachers bemerkt: Wilhelm Römischer Kaiser thut denjenigen so Schiffbruch gelitten die Gnade, daß ihre Sachen nicht angehalten, sondern frei abgefolget werden sollen Von einer anderen Hand ist auf der Rückseite die Jahrzahl 1258 angegeben. Diese ist jedoch nicht richtig, weil Wilhelm schon 1256 starb. Das achte Jahr seiner Regierung ist 1255.

ego et similes mei in fide militari spondemus inuiolabiliter obseruemus, quanto magis iustum est et laudabile quatinus ea que modo cum viris religiosis tractamus efficaciter et fideliter adimplere studeamus Nouerint idcirco presentes et posteri quod cum ego et fratres mei *Johannes* videlicet Canonicus in Gesike *Wernherus* canonicus paderburnensis et plebanus in Curbeke et *Hermannus* miles Decimam ville in *Berninchusen* quiete possiderimus utpote ad nos iure hereditario deuolutam Ego assentientibus ipsis fratribus meis et heredibus partem quandam eiusdem Decime ante aliquot annos distraxi vendens illam mediante Elgero de Dalewich sororio meo pro octo marcis domino wydekyndo abbati in Breidelar et Conuentui de agris scilicet illis quos a *Johanne de pathberg* fratre meo conpararunt Processu vero temporis conueni dominum Alexandrum tunc abbatem Monasterii iam dicti et Conuentum rogans suppliciter ut dimidietatem predicte decime compararent quod ego et fratres mei et heredes assensum preberemus sicque pro his viris Adam de aspe Alrado de horhusen Bertoldo iudice Heinrico de odenhusen magistro consulum montis martis mediantibus in tantum processum est quod pro dimidietate eiusdem decime viginti marcas acceptaui quam summam idem abbas et Conuentus integre michi mox persoluerunt, tuncque ego et *domina alheidis uxor mea Hermannus Thidericus Godescalcus filii mei Gertrudis* et *Cunegundis filie mee Johannes* et *Wernerus* fratres mei *Johannes dominus Castri* et *frater suus Godescalcus fratris mei filii Domina Sophia uxor fratris mei* et *filii eius Godescalcus* et *Johannes* vnanimi consensu et beneuola voluntate omnes dimidietatem decime predicte cum omnibus pertinentiis suis et vsufructuaria et minuta decima fratribus claustri iam dicti sollempniter assignauimus *in ecclesia pathberg* libere et quiete possidendam omni iuri nostro in dimidietate eiusdem decime habito publice cedentes, warandiam nichilominus eisdem fratribus de hac emptione prestare semper cupientes Huic cessioni presentes fuerunt Thetmarus in pathberg plebanus Hermannus de ythere Helmicus de keldinchusen Constantinus Bernardus de walberinchusen Conradus iudex Elwinus Deinde prefati fratres mei et ego cum hermanno filio meo ad idem claustrum in continenti accessimus et dimidietatem predicte decime ibidem *super principale altare beate Marie virginis gloriose deuote obtulimus,* omni iuri nostro in dimidietate eiusdem decime in presencia abbatis et totius Conuentus iterato penitus quod videbamur habere renunciantes Quo facto abbas sumpta stola omnes deinceps inuasores eiusdem decime vinculo excommunicationis innodauit Postea ego Godescalcus hoc omnia sicut prelibatum est, *in monte martis coram Consulibus et alijs probis viris* protestatus sum manifeste omni iuri meo in dimidietate sepe dicte decime habito, *tercia vice* vna cum fratribus meis et filijs heredibusque vniuersis totaliter cedens Igitur ut hec conuentio rata in euum permaneat ne quis heredum meorum fratribus claustri in perceptione huius decime molestus imposterum existat vnde ipsi possint in aliquo turbari et actio mea violari presentem cartam in monumentum huius facti sigillo meo firmaui, insuper sigillis cognatorum meorum in pathberg. et Consulum montis martis ad maiorem firmitudinem rogaui roborari Ceterum ego Johannes dominus Castri in pathberg quod hanc conuentionem ratam habeo, sigillo meo huic carte rogatu patrui mei Godescalci apposito publice protestor Acta sunt hec anno gratie M° CC° L° VI°. V° kalendas Februarij Huius rei testes sunt Ludolfus de Capella et filii sui Heinricus et Johannes Albertus de Mulenhusen. et frater suus Gerlacus Werno de westhem Conradus de yburg iudex Hermannus superius theatro Hermannus de flessegger Godefridus de Elern Bertoldus et Helmicus fratres Wigandus Wideroldus et Nicolaus fratres Godefridus diues et alij quam plures.[431])

---

[431]) Aehnliche dreifache Uebertragungformen, finden sich in einer Urkunde der Brüder Johann und Gottschalk von Padberg, über Güter zu Esbike, an das Kloster Bredelar v. 4. März 1259. Wir heben hier folgende Stellen aus: laudabile ut ea que cum viris religiosis tractamus sincero corde et plena fide effectui mancipare studeamus *ut potius eorum precibus adjuti graciam dei perinde consequamur, quam ex eorum querela vel murmure contra nos, divina ulcione puniamur* — Zu dieser geistlichen Macht der Klosterbruder, bildet ihre weltliche Bescheidenheit den Gegensatz: Cumque multum renitterentur et inuiti nimis consentirent, inopiam pretendentes et ne bona nostra appetere viderentur, ließen sie sich zum Ankaufe fast zwingen. Die Aussteller der Urkunde sind: Johannes et Godescalcus *fratres et coheredes domini castri in Pathberg.* Der Erste sagt: tam ego *Johannes senior natu* et *domina Meicthildis uxor mea* et *Hermannus filius meus* quam *Godescalcus frater meus* legitima adhuc carens vxore et liberis. Sie verkauften quedam bona sita in altera villa *Esbike ecclesia carens* et aream in altera villa *Esbike ecclesiam habens* hereditaria successione ad nos legitime deuoluta et a nobis quiete possessa — pro quadraginta marcis et octo legalium denariorum. Ueber das ehemalige Pfarrdorf Esbike s. d. Urk. Nr. 349.

294.

1256. März. 12. verkauft Graf Gottfried III. von Arnsberg, dem Kloster Oelinghausen den Haupthof Dudinghof.

Nach dem Orig. im Archive des Klosters Oelinghausen.

In nomine sancte et indiuidue trinitatis amen. Nos. *Godefridus* dei gratia *Comes Arnesbergensis*. vniuersis christi fidelibus in perpetuum. Ne ea que rite geruntur et licite lapsu temporis à memoria hominum elabantur. uisum est expedire plurimum ut eadem scripture testimonio fideliter commendentur. quatinus omni discordie. que propter obliuionem suboriri posset in posterum caueatur. Qua propter nouerint vniuersi tam presentes quam futuri. quod nos de consensu ac uoluntate. *Aleydis uxoris nostre*. *Godefridi*. *frederici*. et *aliorum puerorum* et heredum nostrorum. conuentui sanctimonialium in in (sic) *Olinchusen* uendidimus pro. C. XL^a^. V. marc. curtim nostram *Dudinchof*. cum omnibus attinentiis. tam in agris. quam pascuis. et nemoribus siue aliis utilitatibus quibuscumque. quocumque nomine censeantur. Ita libere. quod nulla etiam decima de Curte eadem sit a quoquam requirenda. Insuper ut pleno iure possideant contulimus eisdem proprietatem curtis prefate ad nos pertinentem vt autem huiusmodi uenditio rata maneat et inconuulsa. nec ullo umquam tempore ualeat in posterum a quoquam irritari malitiose uel infringi. presentem paginam super eo conscriptam. Sigilli nostri. et prefate vxoris nostre munimine fecimus communiri. preterea. Sigillum oppidi. Susatiens. ad maiorem rei geste firmitatem ab ipsis Burgensibus. eidem littere inpetrauimus appendi. Ego quoque *Arturus* dictus de *Sweue*. de consensu mechtheldis vxoris mee. et lamberti filii mei et aliorum puerorum et heredum meorum omni iuri si quod habui uel habere uidebar in bonis eisdem renuntiaui. quod sub sigillis predictorum. Comitis. Comitisse. et oppidi Susatiensis me fecisse protestor. Presentes erant. *Henricus Schultheтus*. Hermannus de Nichem. Vdo. Gyse. Johs dictus rise. milites. Henricus judex. Godescalcus de Horehusen. Johs lypo. magistri Burgensium. Wernherus balke. Wichmannus swelinc. Bertoldus ouerstolt. Hermannus de beuninchusen. Ekkezo. Vizzo. Johannes Calecop. Radolfus fernerus. Gotscalcus fernerus. Rvdolfus de oulli foro. Radolfus de aquis. Henricus de Colonia. Johannes de kefike. Johannes dux. Thietmarus de medebeke. Regenhardus cruke. Radolfus de anglia. Henricus de Ittere. Henricus

Decanus Susatiensis. Hoyo canonicus. Robertus canonicus. Giselerus. Couradus de meninchusen. Wizzelus de Kruete. Bodo de allagen. Wernherus de Brakele milites. Gotmarus de medebeke. Gerhardus de Lvnen. Ekbertus in foro. Lambertus de Warendorpe... Datum et actum Svsati in die Gregorii pape. Anno dni. M°. CC°. LVI°. presidente sancte Colon. Ecclesie archiepo Conrado.[422])

295.

1256. Juli. 15. vertauscht Erzbischof Arnold von Trier dem Grafen Gottfried III. von Arnsberg einige Ministerialen zu Attendorn.

Abgedruckt in Kindlingers Geschichte der Hörigkeit S. 281.

A. dei gratia Treuerensis Archiepiscopus vniuersis presentes literas inspecturis notum esse volumus, quod cum propter distantiam locorum quidam ministeriales nostri ad nos venire non possint, vt nobis fidelitatem faciant debitam et consuetam, quandam permutationem fecimus cum quibusdam eorum cum nobili viro *Godfrido Comite de Arnsberg,* videlicet quod Comes Claciam et filium ejus Helwicum nostros ministeriales sibi sub debito fidelitatis retinebit, ipse vero Anthonium et Odiliam suos ministeriales nobis in restaurum eorundem libere assignabit. Ad quod perficiendum dilecto *ministeriali nostro Lothewico Militi,* dicto de *Mitteldona* damus plenariam potestatem, quatenus vocatis ministerialibus nostris, *Sculteto scabinis* et *ciuibus* de *Athenderne vniuersis* coram ipsis sacramentum faciant prestite fidelitatis, et super hoc eorum recipiat patentes literas, ne super huiusmodi permutatione neminem vacillare contingat, et robur obtineat firmitatis, ratum et gratum habentes, quidquid idem L. egerit in premissis. Ad maiorem huius rei euidentiam presens scriptum eidem dedimus sigilli nostri munimine roboratum. Datum Confluentie anno Domini M°. CC°. quinquagesimo sexto, Jdibus Julii.[423])

---

[422]) Die Siegel hängen an roth. grün und gelb seidenen Fäden; das der Gräfin ist abgefallen. Die Urkunde ist drittehalb Schuh breit und lang; mit starker Minuskel in weiten Linien, prächtig wie ein kaiserliches Diplom geschrieben.

[423]) Bei Kindlinger S. 282 kömmt noch eine andere Urkunde über

296.

1256. im August. bekennen die Geschworenen der westfälischen Städte, daß vor ihnen Albert von Störmede seine Güter in Hemminghausen, an das Kloster Benninghausen verkauft habe.

Nach dem Orig. im Archive des Klosters Benninghausen.

Universis presens scriptum visuris. *Jurati. Civitatum. Tremoniensis. Susatensis. Monasteriensis. Lippensis. et aliarum Civitatum seu oppidorum westvalie.* apud oppidum Lippe. congregati. salus. et pace perpetua gaudere. Presentium tenore litterarum protestamur. quod Constitutis coram nobis. preposito ecclesie in *benekinchusen*. nomine suo ecclesie. et domino *alberto de stormede*. Idem. A. publice protestatus est. presentibus et *Henrico et bertoldo fratribus villicis susatensibus*. et aliis fide dignis. quod ipse ex mera voluntate. ac sincero affectu. cum consensu et vxoris sue ac heredum suorum. bona sua in *hemminchusen*. cum omni vsucapione pro quadraginta marcis vendidit ecclesie in *benekinchusen*. perpetuo possidenda. Presentem igitur paginam. nostre protestationis. ad petitionem partis utriusque conscriptam oppidi Lippensis. sigillo. quo nos communiter vsi sumus. fecimus communiri. Datum. anno domini. millesimo. ducentesimo. quinquagesimo. sexto. jn octaua assumptionis beate marie virginis. jn oppido Lippe.[424])

---

die Verwechselung von Ministerial-Edelleuten zwischen dem Grafen von Arnsberg und dem Abte von Corvey vor, worin der Letzte sagt: Sicut petiuit a nobis *Ernestus Miles de Bolsen*, vobis vxorem *Arnoldi*, quem *Resen* appellant, et duos eius filios Helengerum et Rutgerum in concambium iam dicti E. vxoris et duorum eius puerorum conferimus, si hoc concambium vobis placuerit, et nobis de hoc concambio, sicut et nos fecimus, scriptum vestrum transmiseritis: nos enim istud concambium cum consilio nostre ecclesie ministerialium solempniter ordinauimus.

[424]) Das Siegel der Stadt Lippe ist zerbrochen. Es liegt auch noch eine besondere Verkaufurkunde Alberts von Störmede über die fraglichen Güter v. 16. Mai 1256 vor.

297.

1256. Aug. 23. Friedeninstrument zwischen Erzbischof Conrad von Cöln und Bischof Simon von Paderborn.

Vollst. abgedr. in *Schaten* Annal. ad ann. 1256.

Notum sit omnibus presens scriptum visuris, quod inter venerabilem Patrem Dominum *Conradum Archiepiscopum*, Prepositum, Decanum, et Capitulum Coloniense ex vna parte; ex alia vero parte inter venerabilem Patrem Dominum *Symonem Episcopum*, Prepositum, Decanum, Capitulum Paderburnense ita de consilio hominum Ministerialium et fidelium vtriusque Ecclesie est actum, — Ante omnia castrum *Vilse* destructur, Oppidum *Salzkoten* manebit indestructum, et cum omni eius vtilitate, pertinentiis, iuribus et prouentibus vniuersis, prout iam est, vel erit in futurum in augmento cum termino, qui dicitur *Wiebilede*, erit attinens equali dominio et pro indiuiso Archiepiscopo et Ecclesie Coloniensi, et Episcopo et Ecclesie Paderburnensi perpetuo. Si quid vero occurerit emendum in Oppido, hoc simul ement, et prouentus ex hoc emergentes erunt communes, et equaliter participabunt. Simile erit de *Oppido in Geseke* cum molendino extra fossatum, et si molendinum adiacens extra vicum *Saltcoten* et *Giseke* de nouo constructum fuerit, communiter ement, et equaliter participabunt. De *Alberto de Stormede* ita est ordinatum, quod Episcopus Paderborneusis faciet sibi iustitiam Archiepiscopo sibi assistente. Et si idem A. de Stormede eo non fuerit contentus, Archiepiscopus Coloniensis, Monasteriensis et Osnaburgensis Episcopi cum dicto Archiepiscopo inter Paderbornensem et dictum Albertum amicabiliter component, et si Monasteriensis cum prefatis concordare non possit, stabitur dicto Archiepiscopo et Osnaburgensi in hac iparte, ita tamen quod hoc non vergat in exheredationem Eccesie Paderbornensis — Item *altum Judicium apud Eruethe*, quod *hochgerichthe* dicitur, obtinebit Archiepiscopus, eo modo per omnia, quo sui predecessores obtinuerunt. Item *Oppidum Bricion* idem Archiepiscopus sine omni inquietatione et contradictione ipsius Ecclesie possidebit, quemadmodum sui predecessores bone memorie *Engelbertus* et *Heinricus* Archiepiscopi possederant. Item *Vilse* sine licentia Archiepiscopi nullatenus reedificabitur, et *nullo unquam tempore aliqua noua munitio vel castrum aliquod per ipsum Episcopum*

24

Paderbornensem vel ipsius auctoritate aut promotione, seu procuratione *in terminis ducatus Archiepiscopi absque ipsius licentia construetur*. Item nullo vnquam tempore ipse Episcopus, vel aliquis suo nomine, procuratione, seu consensu, vel auctoritate in Archiepiscopum, seu Ecclesiam suam, terram aut homines suos violentiam aliquam seu guerram, spolium aut rapinam faciet, sed si quid talium causetur sibi irrogari, hoc prosequatur coram Archiepiscopo Coloniensi qui sibi faciet de hoc iustitie complementum. Item dabit Episcopus Paderbornensis literas patentes ad Papam vrbano modo, et ad omnes, ad quos Archiepiscopus requisierit, que contineant excusationem Archiepiscopi super captiuitate et detentione Episcopi Paderbornensis, et has literas dabit sub sigillo suo, Ecclesie sue et fratris sui Episcopi Monasteriensis. Item si que sunt super captiuitate Episcopi Paderburnensis vel detentione, vel aliquod ipsorum negotium contingente, litere a Domino Papa, vel eius Legato, vel curia regali obtente, nulle sint, nec eis vtatur vel ipse, vel ecclesia sua, nec aliquis pro ipsis, nulleque vllo tempore impetrentur, et si fuerint impetrate, irrite sint et inanes. Item si Archiepiscopus super ista ordinatione, compositione, seu pace aut hoc negotium contingente, literam a Domino Papa, seu eius Legato confirmatoriam aut conseruatoriam, aut aliam quamcunque impetrare voluerit per se, vel per procuratorem, Episcopus Paderbornensis nec per se, nec Ecclesia sua, nec aliquis pro ipsis, nec ad procurationem eorum se opponet, quinimo Episcopus dabit literas suas patentes, quod tali impetrationi suus consensus accedat. Item si Archiepiscopus guerram mouere voluerit alicui, vel aliquis ei, Paderbornensis episcopus contra Archiepiscopum non iuuabit, nec assistet alicui contra Archiepiscopum consilio vel auxilio; ita tamen, quod si Archiepiscopus Ecclesiam Paderburnensem Episcopum Monasteriensem, Dominum Bernhardum de Lippia, et eius primogenitum, Comitem Conradum de Rethberg, et eius natum guerrare voluerit, Episcopus Paderbornensis pro posse suo se interponet ad hoc sedandum. Si vero ipse infra quindenam in hoc non profecerit, Albertus de Hordo, Heinricus de Vitinchouen, *Hunoldus Marscalcus*, Godefridus de Meschede, electi ab Episcopo, Bertoldus et Hermannus de Brackele, Ludolphus de Herisia, Amelungus de Driborg electi a Coloniensi Archiepiscopo infra quindenam subsequentem component amicabiliter, si possunt, quod si factum non fuerit, Episcopus Osnaburgensis, Albertus de Horde, Heinricus de Vitinchouen, et *Hunoldus Marschalcus* ex parte Archiepiscopi electi iurati conuenient in *Susatc*, inde non recessuri, quousque sub Sacramento suo, quantocius poterunt, dixerint, vtrum Coloniensis iustam causam habeat guerrandi, et si dixerint, eum habere iustam, Paderbornensis non iuuabit, si vero iniustam iuuabit, et stabitur tali determinationi dictorum trium, si quartus non concordat, cum dictis tribus, idem erit obseruandum. Si aliquis dictorum amicorum Paderbornensium causetur se guerrari et ledi per Archiepiscopum, vt propter hoc vel ad guerrandum compellatur, et si predictorum quis mortuus fuerit, qui dicere debebat cum aliis, vel alias contigerit, quod interesse non poterit, vel forte noluerit, vel a Domino suo recesserit, alius loco illius de consilio remanentium per Archiepiscopum substituetur, qui iuratus cum aliis loco condicto dicet et stabitur dicto, dummodo tres concordent, prout superius est expressum, et ante pronunciationem istorum quatuor vel trium Episcopus Paderbornensis non iuuabit. — Actum ac datum apud Essende nono Calendas Septembris Anno Domini M°. CC°. LVI°. [415])

298.

1256. Nov. 5. setzt Erzbischof Conrad die bis dahin unbestimmt gewesene Bede, von den zum Schulten-Amte zu Soest gehörigen Höfen, auf jährlich 10 Soester Schillinge fest.

Nach dem Original im Soester Stadt-Archive.

Conradus dei gracia Sancte Coloniensis Ecclesie Archieps Sacri Imperii per Italiam Archicancellarius. Notum facimus vniuersis quod cum contra quosdam Ciues nostros Svsatienses qui Mansos optinent ad Curtes *villicationis nostre Susatiensis* spectantes questionis habemus materiam super eo, quod nobis annuam peticionem quam petebamus ab ipsis soluere denegabant, ipsa quoque peticio non esset ad certam inposita quantitatem, quin posset ad nostrum vt sepe uisum extitit, intendi placitum

415) Das hier im Auszuge mitgetheilte Friedeninstrument enthält noch viele andere Bestimmungen, welche nicht auf das Herzogthum Westfalen Bezug haben. Es giengen ihm noch einige minder ausführliche Verträge, im nemlichen Jahre, voraus, welche durch das vorstehende, als das umfassendste und bündigste, absorbirt wurden. Sie finden sich am a. O. bei Schaten.

24*

seu remitti. Tandem mediantibus fidelibus nostris *Hunoldo marescalco. Westualie. Henrico sculteto* ac Consulibus Susatiens. ita fuit ipsa peticio limitata, et de incerto ad certum redacta, quod de cetero ex nunc in antea a dictis Ciuibus Susatiensibus, et eorum legitimis heredibus, de vnoquoque manso nobis et nostris imperpetuum successoribus, nomine peticionis annue decem solidi Svsatiens. denar. persoluantur et sit terminus solutionis illius, festum beati Mychaelis archangeli. Ita tamen quod absque omni captiositatis specie post prefatum festum ipsis hominibus petitionem debentibus vnius quindene spacium cedat de gracia, ad solutionem eo commodius faciendam, infra quam quindenam qui soluere sue summam peticionis neglexerit vadiare in penam negligentie, dvodecim solidos dicte monete nostro eiusdem loci sculthcto, sine contradictione qualibet teneatur, Petitionem autem huiusmodi volumus, quod noster pro tempore Sculthetus, expetat colligat et requirat, nobis. vel cuicumque voluerimus nostro nomine assignandum. In huius itaque rei testimonium et firmitatem perpetuam litteram hanc ipsis ciuibus Susatiens, nostro et oppidi Svsatiens. sigillis dedimus communitam. Actum et datum Colonie. Sabbato post festum omnium sanctorum, anno domini millesimo ducentesimo Quinquagesimo sexto.[426])

299.

1256. verzichtet Graf Gottfried III. von Arnsberg auf alle Vogteirechte über die Güter zu Wetmarslede zu Gunsten des Klosters Delinghausen.

Nach dem Orig. im Archive des Klosters Delinghausen.

In nomine Domini amen. Ego *Godefridus* Dei gracia *comes in Arnesberg,* omnibus tam futuris quam presentibus presens scriptum inspecturis, pacem et veritatem diligere. Tenore presentium cum sigilli nostri appensione protestamur, quod omni iuri, quod ratione *aduocatie* in bonis *Wettmaresledde* sitis habuimus, omni exceptione posthabita renunciamus de consensu vxoris nostre *aleydis* et puerorum et heredum no-

---

426) Das Siegel des Erzbischofs mit dem Gegensiegel, hängt an gelb und rothen seidenen Strängen; das der Stadt Soest ist abgefallen.

strorum, ecclesie in *Vlinchusen* libere conferendo, et in allodio quod dicitur vulgo hage... aduocatio integraliter recipiendo. Testes aderant Hinricus plebanus in Heleuelde, Bernardus plebanus in Eueresberg, Hinricus de Lare capellanus comitis arnesbergensis. Theodericus canonicus in Arnesberg, Hermannus de Nyhem, Conradus de Menninchusen. Rutgerus de Elueren, Geseierus, conradus de Bruchusen, milites, Burgardus villicus de rurene, godescalcus villicus in Wettmeresledde, et alii quam plures. Acta sunt hec anno Domini Millesimo CCLVI°.[427])

300.

1256. schenkt Erzbischof Conrad, dem neuen Kloster Paradies bei Soest, die zu dem Hofe Ostervelde gehörigen Güter zu Byenchusen, gegen eine an den Meyer zu Ostervelde zu entrichtende jährliche Rente von 10 Soester Mark.

Nach dem Original im Archive des Hauses Körtlinghausen.

Cunradus dei gratia sancte coloniensis Ecclesie Archiepiscopus per Ytaliam sacri Imperii Archicancellarius, Omnibus presentem paginam inspecturis, salutem in domino. Noverint universi tam presentes quam futuri, quod nos Bona in *Byenchusen ad curtim nostram in Osteruelde pertinentia* que in solitudinem redacta fuerant et jam pluribus annis modicum ex eis fructum recepimus — ut de cetero certam de ipsis habere pensionem possimus, Sicut sunt in agris silvis pratis et aquis et omnibus pertinentiis integraliter Ecclesie *Paradysi* nouelle plantationis *aqud Susatum* perpetuo jure possidenda concessimus, tali conditione, ut jam dicta Ecclesia singulis annis X solidos Susatiensis monete villico curie nostre prefate in Osteruelde inde persolvat nec aliquibus seruitiis uel angariis supra memoratum censum ab aliquo nostro uel successorum nostrorum officiali, horum intuitu Bonorum grauetur. Volumus etiam ut nec Scultetus, nec familia sepe dicte Curtis sub pretextu juris antiqui uel consuetudinis ab ecclesia Paradisi aliquid exigat, scilicet omnibus prisci temporis juribus resignatis

---

[427]) Man vergleiche die Urk. 92.

huius nostre ordinationis limitibus sint contenti. Vt autem hec perpetuum Robur optineant, presentis scripti seriem, sigilli nostri impressione fecimus muniri. Datum anno Dni M°. CC°. LVI°.[426])

301.

1257. März. 29. bestellt Pabst Alexander IV. eine schiedrichterliche Commission, zur Untersuchung der Ansprüche der Paderborn'schen Kirche, an der Stadt Brilon.

Nach dem Original im Dom-Archive zu Paderborn.

Alexander Episcopus, servus servorum Dei, dilectis filiis, . . . Decano Dauentriensi, . . . scholastico Wildeshusensi, Trajectensis et Osnaburgensis diœcesis, et Magistro Hildegero, Canonico ecclesiæ Sancti Joannis Osnabrugensi, Salutem et Apostolicam benedictionem. Sua nobis venerabilis frater noster.... Episcopus, et dilecti filii capitulum Padeburnense, petitione monstrarunt, quod, cum Nobilis vir.... *Comes de Waltegge villam* de *Brilon,* quam ab eis et Padeburnensi Ecclesia tenebat in feudum, quondam *Hermanno* et *Gernando de Brilon, fratribus* Ministerialibus ipsius Ecclesiæ in feudum concessisset; iidem fratres, dictis Episcopo et Capitulo irrequisitis omnino, sine quorum consensu villam eandem alienare non poterant nec debebant, villam ipsam bonæ memoriæ.... Coloniensi Archiepiscopo pro suo voluntatis libito vendiderunt: quam idem Archiepiscopus occupatam detinet, in eorundem Episcopi et Capituli ac dictæ Ecclesiæ præjudicium et gravamen. Quare nobis humiliter supplicarunt, ut providere ipsis super hoc paterna sollicitudine curaremus. Quocirca discretioni Vestre per Apostolica scripta mandamus, quatenus vocatis, qui fuerint evocandi, et auditis hinc inde propositis, quod canonicum fuerit, appellatione postposita statuatis: facientes, quod decreveritis, auctoritate nostra firmiter observari. Non obstantibus quibuscumque indulgentiis Sedis Apostolicæ, de

---

426) An rae Urkunde hängt das zerbrochene große Siegel des Erzbischofs mit dem kleineren Gegensiegel in gelbem Wachse.

quibus oporteat in nostris literis plenam et expressam mentionem fieri, et per quas effectus presentium impediri valeat vel differri: seu aliquibus pactis, conuentionibus, et promissionibus factis, aut Juramentis praestitis ab eodem Episcopo, vel alio ejus nomine, dum esset carcerali custodia mancipatus. Testes autem, qui fuerint nominati, si se gratia, odio vel timore subtraxerint, per censuram Ecclesiasticam appellatione cessante cogatis veritati testimonium perhibere. Quodsi non omnes his excipiendis poteritis interesse; duo vestrum ea nichilominus exequantur. Datum Laterani VI. Calendas Aprilis, Pontificatus nostri anno tertio.

302.

1257. Juni. 23. schenkt Lübert von Schwansbollen die Lehnware von seinen Gütern bei Tünen dem Hospital zum heil. Geist zu Soest.

Nach dem Original im Archive des Waisenhauses zu Soest.

Singulis et universis Christi fidelibus ad quos presens scriptum pervenerit. *Lubertus* miles de *Suansbollen*. veritatis testimonium acceptare. Ea que racionabiliter acta et perpetua decet firmitate subsistere. Presencium itaque tenore publice. protestor et notum esse cupio tam presentibus quam futuris Quod cum *Arnoldus* dictus *musecat* civis susaciensis bona quedam apud *Tunen* jacencia de manu mea tenuisset in feodo. Ego de consensu et bona voluntate uxoris et heredum meorum *jus infeodacionis eorundem bonorum quod vulgo lenwere dicitur* oppido Susaciensi et *Domui sancti spiritus* ibidem sito contuli libere et solute. Renuncians omni juri quod habere videbar in bonis ante memoratis. Insuper ratum habere volo quicquid prefatus arnoldus cum eisdem bonis deinceps duxerit disponendum. In cujus rei testimonium et firmitatem presentem paginam exinde super hoc confectam sigilli mei testimonio roboravi. Actum et datum anno dmni M°. CC°. Lmo. septimo. In vigilia nativitatis Johannis baptiste.[419])

---

[419]) Das Siegel ist in weißem Wachse abgedruckt; die Umschrift unleserlich.

303.

1257. Juni. 15. befreit Graf Gottfried III. von Arnsberg, einen Hof zu Dresberg, welcher in den Haupthof Sümmern gehörte, von der Vogtei.

Nach dem Copiarium des Klosters Oelinghausen.

In nomine Domini amen. *Godefridus comes de arnesberg* vniuersis, ad quos presens scriptum peruenerit, salutem in perpetuum. Que geruntur in tempore ne labantur cum tempore, poni solent in Litteris et voce testium perhennari. Presentium igitur tenore protestamur et notum facimus presentibus et futuris, quod nos de voluntate et pleno consensu *Alheydis* vxoris nostre, *frederico* et *Ludewico* filiis nostris ceterisque heredibus nostris vniuersis in id ipsum consentientibus, *aduocatiam* mansi in *Dresberge,* quem Volmarus excolere solebat, qui mansus aduocatie nostre in *Sumburen* annexus fuit, receptis ab ecclesia *Ulinchusen* octo marcis, ipsi ecclesie liberaliter contulimus perpetuo possidendam. recognoscimus preterea, quod, cum *Theodericus miles Schullhetus in Sumburen* memoratum mansum in Dresberge prefate ecclesie vendiderit, bona, que cum denariis, ab eadem ecclesia pro ipso receptis, idem Schulthetus comparauerit, aduocatie nostre in Sumburen subiecta non erunt. In cuius rei testimonium presens scriptum exinde confectum sigilli nostri munimine duximus roborandum. Presentes fuerunt Godefridus prepositus de Ulinchusen, Adolfus plebanus in Mendene, Lambertus miles de Rudinchusen, Wernherus balke dapifer noster celerarius et camerarius in Ulinchusen, et alii quamplures. Datum et actum in Arnesberg in die beati Viti martyris, anno Domini MCCLVII°.

304.

1257. Juni. 15. giebt König **Heinrich** III. von England, den **deutschen Kaufleuten** von Gildehall das erste Privileg.

Vollständig abgedruckt in *Haberlin* Analecta med. aevi p. 7.

Henricus, Dei gratia *Rex Anglie*. — Sciatis, quod ad instantiam Serenissimi Principis, *Richardi, Romanorum Regis*, Charissimi fratris nostri, concedimus *Mercatoribus Regni Almanie*, illis videlicet, qui habent domum in Ciuitate nostra *London* que *Gildehalla Theutonicorum* vulgariter nuncupatur, quod eos vniuersos et singulos, manutenebimus, et seruabimus, per totum Regnum nostrum, in omnibus eisdem libertatibus, et liberis consuetudinibus, quibus ipsi nostris, et Progenitorum nostrorum temporibus, vsi sunt, et gauisi, ipsosque extra huiusmodi Libertates, et liberas Consuetudines non trahemus, nec trahi, aliquatenus permittemus. — Teste me ipso. Apud Westmonasterium. Quinto decimo die Junii. Anno Regni nostri Quadragesimo primo.[430])

305.

1257. Juni 28. stellt Erzbischof **Conrad** verschiedene Mißbräuche ab, welche sich im **Kapitel** zu **Soest**, insbesondere bei Bedienung der dortigen sechs Pfarrkirchen eingeschlichen hatten.

Nach dem Orig. im Archive des Patrocli-Stifts.

Conradus dei gratia sancte Coloniensis Ecclesie *Archiepiscopus* Italie Archicancellarius. vniuersis presentes

---

[430]) Das älteste Privileg für die Kaufleute von Gothland v. 1237 von Heinrich III., so wie die späteren Bestätigungen der vorstehenden und die anderweiten Verleihungen von Privilegien für die deutschen Kaufleute, von den Königen Eduard I, Eduard II, Eduard III, Richard II, Heinrich IV, Heinrich V, Heinrich VI und Eduard IV finden sich sämmtlich bei **Häberlin** a. a. O.

litteras inspecturis salutem in domino. Cum canonibus sit consonum curas Ecclesiarum per pastores seu rectores regi seu officiari debere licet quandoque ex causa legitimi sustineantur vicarii. Ad oppidum *susatiense* nos referentes et attendentes quod in eodem loco multitudo populi excreuit, qui licet sit distinctus per certas parochias, non tamen in curis ibidem distinctis dictus populus regitur per *pastores*. quin non etiam per *vicarios perpetuos*, sed per *conductos* et *annales*. prout pastores earundem decreuerint non solum in periculum animarum, quin etiam in scandalum ordinis clericalis. propter quod nos hoc prout ex officij debito tenemur reformare volentes de consilio et consensu archidiaconi loci Capituli maioris Ecclesie Coloniensis, necnon et prepositi susatiensis, qui jus presentandi ad easdem Ecclesias optinet, cum ipsas uacare contigerit, Statuimus et ordinamus, vt cum aliquam ecclesiam habentem curam animarum in oppido Susatiensi uacare contigerit prepositus susatiensis qui nunc est uel qui pro tempore fuerit, ad eandem ecclesiam presentet *unum ex quindecim Canonicis sancti Patrocli* oppidi susatiensis. maiorem prebendam habentem, et in possessione et perceptione fructuum existentem. qui sit sacerdos, uel qui infra annum fiat sacerdos. Archidiacono loci curam animarum ab eo recepturum. Si uero cura recepta legitimum impedimentum emergat eidem quominus infra annum ordinem sacerdotalem recipere possit impedimento cessante infra annum priori tempore quo ordinem recipere poterat computato cum posteriore quo recipere poterit, promouebitur in sacerdotem, et officiabit ecclesiam non per vicarium sed per se et socios honestos sibi adiunctos. Idem etiam residentiam faciet in Ecclesia Conuentuali et prebendam habeat in eadem. saluo iure Decani et Capituli de danda licentia et aliis iuribus que Decanus et Capitulum circa suos canonicos habere consueuerunt. Qui etiam si ordinem infra tempus prefinitum non receperit ipsa obmissione ecclesia uacabit. et prepositus alium de predictis Canonicis quem voluerit, et qui ecclesiam non habuerit in oppido predicto ad eandem presentabit Archidiacono curam ab eo recepturum, nec idem ab illo qui ecclesiam habuit molestationem aliquam seu questionem sustinebit, cum nichil iuris decernamus eum habere in Ecclesia memorata. Verum cum plurima bona Capituli Susatiensis sita sint *in medio nationis praue et peruerse*, et propter hoc frequentius rapinis et incendiis deuastentur, in tantum quod grauem in prebendis suis patiantur defectum, nec sint habundantes in redditibus, vt etiam nostri memoria et prepositi susatiensis qui nunc est et qui pro tempore fuerit, habeatur in ecclesia memorata.

timus et ordinamus de consilio et consensu predictorum, . illi qui dictas ecclesias receperint, faciant subuentiones ad cottidianas distributiones faciendas (canonicis)[431]) Capituli susatiensis, cum per predictas cottidianas distributiones chorus plenius obseruetur et diuinus cultus augmentetur. Ad cottidianas distributiones Pastor *ueteris ecclesie* dabit sedecim marcas. Ecclesia beati *Pauli* septem. Ecclesia beati *Thome* sex. ecclesia sancte *Marie alte* sex. Item ecclesia sancte *Marie ad pratum* sex. Item ecclesia beati *georgij* quinque marcas. Ordinationes uero distributionum fient per Capitulum prout ipsis uidebitur expedire. Hec omnia supradicta volumus et precipimus firmiter obseruari. Sententiam excomunicationis in scriptis ferentes in omnes et singulos qui se huic statuto et ordinationi duxerint opponendum. Vt autem hec rata et inconcussa permaneant presens littera, Sigillo nostro, sigillo maioris ecclesie Coloniensis. sigillo.. prepositi maioris Ecclesie Coloniensis, loci Archidiaconi. sigillo prepositi susatiensis et Sigillo Capituli Susatiensis est communita. Datum Anno domini M° CC° Quinquagesimo septimo apud Coloniam In vigilia apostolorum Petri et Pauli.[432])

306.

1257. Juni. 28. verordnet Erzbischof Conrad, daß der Probst zu Soest zugleich auch Präbendar im Stifte seyn solle.

Nach dem Orig. im Archive des Patrocli-Stifts.

Conradus dej gratia Sancte Coloniensis Ecclesie Archiepiscopus Italie Archicancellarius omnibus presentes litteras inspecturis salutem in domino. Cum indecens sit et rationj contrarium, ut prelatus aliquis sit in Ecclesia non habens prebendam in eadem. Statuimus et ordinamus vt nunc *prepositus Susatiensis Ecclesie* et qui pro tempore fuerint

---

[431]) Das Wort ist kaum zu lesen.

[432]) Die an rothen und grün seidenen Strängen gehangenen Siegel sind theils zerbrochen, theils abgefallen.

eligantur in Canonicos et fratres et habeant prebendas maiores in Ecclesia memorata, cum etiam ex hoc maiori familiaritate et promotione Ecclesie predicte sint obnixi. verum cum prepositus qui fuerit in Ecclesia memorata liber sit a choro propter commodum prepositi et Capitulj Statuimus et ordinamus vt si dictus prepositus fructus prebende sue recipere voluerit faciet eos recipi prout alij recipiunt qui habent prebendas maiores, Si uero sibi magis placuerit vt Capitulum dictos fructus recipiat hoc faciet Capitulum et pro recipiendis quolibet anno dabit ipsi preposito Quindecim Marcas, duodecim solidis pro marca computatis. In festo Remigij quinque. In natiuitate dominj quinque et in Pascha quinque. Si uero in festo Remigij dictas quinque marcas non soluerint et cessauerint per quatuor septimanas ita quod infra illas quatuor septimanas solutio non fuerit facta incidant ipsa obmissione in penam quinque Marcarum et erunt suspensi quousque dicte quinque marce cum alijs quinque, que pro pena debentur fuerint persolute, ipsam autem sententiam suspensionis in scriptis ferimus in non soluentes pro principalj et pena et relaxationem ejusdem per presentem litteram facimus facta solutione sortis et pene. Denunciationem autem dicte suspensionis vbj prepositus decreuerit faciendam per presentem litteram committimus, Decano maiorj Coloniensi et sic de terminis Natiuitatis et Pasche nec non et annis subsequentibus erit obseruandum. Cum autem in Ecclesia Susatiensi nunc maior prebenda non vacet que possit dicto preposito assignarj, volumus vt quindecim Marce pro fructibus prebende sibi ad terminos supradictos et sub penis eisdem quolibet anno assignentur quousque prebendam fuerit adeptus maiorem, Si uero electiones Canonicorum fieri contingerit ipso in oppido Susatiensi existente uocandus erit et poterit interesse si voluerit electionibus alias vero existens non erit vocandus, Licet etiam alij Canonicj eiusdem Ecclesie habeant duos annos gratie ex consuetudine approbata prepositus quicumque fuerit pro tempore, cum ipsum mori contigerit *tantum vnum habebit annum gratie*, quo finito successor ipsius fructus prebende incipiet colligere, Hoc autem statutum et hanc ordinationem fecimus de consensu expresso et voluntate Decanj et Capituli Susatiensis et sic non obstabit ordinatio facta per Capitulum quod prepositus non debeat habere prebendam in Ecclesia memorata, hec etiam ordinatio extenditur et eam extendj volumus ad omnes prepositos qui pro tempore fuerint in Ecclesia predicta, vt autem hec firma et indubitata permaneant, presens littera sigillo nostro, sigillo maioris Ecclesie Coloniensis, sigillo ipsius Ecclesie Susatiensis et Sigillo prepositi susatiensis est communita. Datum Colonie anno dominj M°CC° Quinquagesimo septimo In vigilia apostolorum petrj et paulj.[433])

307.

1257. Juni. 28. bestätigt Erzbischof Conrad ein Compromiß zwischen dem Probste und dem Kapitel zu Soest, über die Benutzung der Höfe: Provestinghoff, Bosinghusen, Mulinghusen, Andopen, Kaldenhoff, Rutenen, Hernen und Kalle.

Nach dem Orig. im Archive des Patrocli-Stifts.

Conradus dej gratia Sancte Coloniensis Ecclesie Archiepiscopus Sacrj imperij per Italiam Archicancellarius.. Preposito et Capitulo Susatiensi Salutem in domino. Cum — vos super certis articulis in certas personas compromiseritis et auctoritas nostra et consensus dicto compromisso accesserint sicut per litteras nostras patentes liquet euidenter. dicti arbitrj ordinando statuendo in hunc modum pronunciarunt, sicut nobis per eorum litteram et pronunciatum constitit euidenter. Cujus statutj ordinationis pronunciatj, tenor talis est. In nomine patris et filij et spiritus sancti amen. Nos Gozwinus Decanus. Conradus Subdecanus et Conradus de buren Canonicus Ecclesie Coloniensis, in quos a Capitulo Coloniensi. Nos Winricus et Wilelmus Canonicus Coloniensis, in quos a philippo Preposito Susaciensi pro se, Et nos Rutgerus Scolasticus. Robertus Thesaurarius et Magister Gerlacus Canonicus *Susaciensis*, in quos a Capitulo Susaciensi compromissum est in hunc modum Philippus dej gratia Prepositus Ecclesie Susaciensis Decanus et Capitulum eiusdem Ecclesie omnibus presens scriptum inspecturis innotescere ueritatem. Cum inter nos Prepositum ex vna parte et nos .. Decanum et capitulum ex altera Difficultates et questiones aliquando sint exorte super administratione prebendarum de Curtibus subscriptis videlicet ***Prouestinchouen***, ***Businchusen***, *Mulinchusen*, ***Anedopen***,

---

[433]) Alle vier Siegel, theils an grünen, theils an rothen seidenen Strängen, hängen in weißem Wachse noch an der Urkunde.

Kaldehofh. *Nuthenen*. *Hernen*. *Kalle* cum suis mansis attinentijs et obucutionibus. Nos tranquillitatj et pacj prospicere uolentes, et ut omnes Difficultates et questiones conquiescant compromisimus. Nos vero Prepositus in dicto compromisso pro nobis nominauimus et consensimus in Winricum et Wilelmum Canonicum maioris Ecclesie Coloniensis. Nos Capitulum Susaciense in Rutgerum Scolasticum. Robertum Thesaurarium et Magistrum Gerlacum Canonicum Ecclesie nostre. Nos et Capitulum Coloniense propter futuros prepositos nominauimus et cousensimus in Gozuwinum Decanum. Conradum Subdecanum. et Conradum de buren. Ita quod quicquid omnes supradictj dummodo omnes concordent, statuerint, ordinauerint et fecerint, super dictis Curtibus, administratione prebendarum de dictis Curtibus mansis attinentijs locationibus et obuentionibus et super omnibus que ipsis uidebuntur expedire et contingere, dictum negocium ratum habebimus et inuiolabiliter obseruabimus, Et ut hoc cautius fiat et securius auctoritas et consensus venerabilis patris dominj Conradj Coloniensis Archiepiscopj huic compromisso accedant. Ad amplissimam etiam firmitatem ut stetur statuto ordinationj seu pronunciationj prefatorum. Nos prepositus Susaciensis ad obseruationem nos obligamus sub pena Quadringentarum marcarum. Hoc idem facimus nos Capitulum Susaciense ad eandem penam nos obligantes, Ita quod non seruans seruantibus uel non seruantes seruantj ad solutionem dicte pene teneantur. Nos vero Capitulum Coloniense. Ph. Prepositus Susaciensis et nos.. Decanus et Capitulum Susaciense predictj in testimonium hujus compromissi et ut supra dicta rata et inconcussa permaneant Sigilla nostra presentibus litteris duximus apponenda. Datum Colonie feria sexta ante Natiuitatem beati Johannis baptiste anno dominj M° CC°. L°. Septimo. Pacem futuram et concordiam inter. Ph. nunc prepositum Susaciensem predictum et qui pro tempore fuerit. et Capitulum Susaciense prospicere volentes et difficultatibus et questionibus obuiare. statuimus et ordinamus de prefatis Curtibus mansis attinentijs obuentionibus et locationibus de hijs super quibus in nos est compromissum in hunc modum Prepositus dimittet Capitulo Susaciensi Octo Curtes cum mansis ad eas pertinentibus obuentionibus locationibus et utilitatibus eorundem. Has scilicet *Prouestinchof* cum suis mansis et obuentionibus et attinentiis. *Bosinchusen* cum suis mansis et attinentiis exceptis duodecim pullis qui dantur andree. *Mulinchusen* cum suis mansis et attinentijs exceptis Octo pullis qui similiter dantur andree. *Anedopen* cum suis attinentijs exceptis Octo pullis qui dantur die predicto. *Kaldenhof* cum suis attinentijs exceptis sex pullis qui dantur Preposito eodem die. *Nuthenen* cum suis mansis et attinencijs exceptis duodecim pullis qui dantur eodem die. *Hernen* cum suis mansis et attinentijs. Item *Kalle* cum suis mansis et attinentijs exceptis Decem et septem solidis quj dabuntur Preposito in festo Olricj ad ligna comparanda, quos decem et septem solidos hij mansi dabunt ipsi preposito. In *Bosinchusen* duo mansi. Item *Rouesło* tres mansi. Item *bruninchusen* duo mansi. Item *Einchusen* mansus. Item *Elfindehusen* mansus. Item *Opmene* duo mansi. Item *Berewich* duo mansi. Item *Nuthenen* mansus. Item *volkelinchusen* tres mansi. Quilibet dictorum mansorum dabit preposito Duodecim Denarios. alios uero redditus. obuentiones locationes vtilitates quascunque de dictis Curtibus et mansis prouenientes, Capitulum retinebit. Si uero aliqui mansi ad predictas Curtes pertinentes *iure homagij* a predicto preposito teneantur. Prepositus eos porriget. et ius suum quod dicitur *herewede* inde recipiet. Si etiam aliquem de predictis mansis uacare uel uendi contigerit quj de manu Prepositi teneatur, Si Capitulum eum comparare uoluerit, Prepositus ei non negabit, dummodo aliquem ej constituat per quem ei in iure suo secundum conditionem eorundem mansorum caueatur. In recompensationem uero predictorum que idem Prepositus Capitulo dimisit Capitulum remittit preposito quatuor Marcas quas dare consueuit singulis annis Capitulo in festo beati andree. Item in aduentu Patroclj, Remittet decem solidos pro antiqua Ceruisia Item in vigilijs Natiuitatis dominj Sex solidos. et Octo denarios pro seruicio. Item decem solidos in die Patroclj pro antiqua Ceruisia. Item Quadraginta quatuor solidos quos prepositus in Quadragesima dare consueuit singulis annis pro Quatuor Ceruisijs. Item Capitulum soluet pro Preposito villico de anedopen vnam Ceruisiam. videlicet vndecim solidos. Item vnum seruicium scilicet Sex solidos. Item tres solidos pro albo pane. Item vndecim modios siliginis pro pane Pistori quatuor denarios. Item quatuor maltos auene tribus modiis minus. Item villico de Nuthenen Quatuor maltos et tres modios. Nos vero arbitrj predictj hoc pronunciatum sub pena predicta volumus et precipimus a partibus obseruarj et ad idem compromissum et ad eiusdem ordinationis obseruantiam et ad eandem penam prepositum quj pro tempore fuerit pronunciamus esse obligatum. Nos etiam Capitulum Coloniense . . Prepositus Susatiensis et nos Capitulum Susaciense in predictam ordinationem seu pronunciatum consentimus. Et ad obseruationem omnium eorum, que ibidem posita sunt Nos prepositus susaciensis et nos Capitulum Susaciense sub pena predicta protestamur nos tenerj. In quorum omnium testimonium et ad maiorem firmitatem

Sigilla nostra videlicet arbitrorum predictorum cum Sigillis Ecclesie Coloniensis. Prepositi Susaciensis et Capituli Susaciensis presentibus sunt appensa. Datum Colonie In uigilia Sanctorum Apostolorum Petrj et Paulj anno dominj M° CC° L° Septimo. Nos uero cum factum eorundem arbitrorum et pronunciatum inuenerimus pie ac prouide factum et ad precauendum imposterum discordijs et questionibus que possent inter vos orirj ea que iam facta sunt per ipsos arbitros et pronunciata ex certa scientia confirmamus. mandantes ea districtius per uos obseruarj. Datum Colonie in crastino sanctorum apostolorum Petri et Paulj anno dominj M° CC° Quinquagesimo Septimo.[434])

308.

1257. schenkt Bernhard edler Herr zur Lippe seiner Ministerialin Ermentrude, Tochter des Ritters Arnold von Wirinchusen die Freiheit.

Nach dem Original im Archive des Patrocli-Stifts.

B. nobilis de Lippia. vniuersis presentem litteram inspecturis. salutem in auctore salutis. Presentes nouerint et futuri. quod nos. *Ermendrudim*. filiam *Arnoldi militis de*. *Wiringhusen*. vxorem. Antonii de hole. ministerialem nostram. *donauimus libertati cum pueris suis*. vt autem hec rata permaneant et inconuulsa. presentem litteram fecimus sigilli nostri munimine. roborari. Testes Henricus plebanus de Horste. Johannes Cappellanus in Lipperothe. Lambertus sacerdos de Dedinchusen. Rolandus miles de vrekenhorst. Helengerus miles de valehusen. Theodericus de foro ciuis Lippensis. Bodo de foro ciuis Lippensis. Henricus aureus ciuis Lippensis. Fredericus marre. Lambertus de suderlage. Gerhardus frater predicte Ermendrudis. et Lutbertus de alen. Acta sunt hec anno dni. M°. CC°. L°. septimo.[435])

---

[434]) Das an grün und roth seidenen Strängen gehangene Siegel des Erzbischofs, ist abgefallen. Das Laudum der Compromißrichter ist ebenfalls noch vorhanden; es hängen daran die Siegel theils an grünen, theils an rothen seidenen Strängen. Mehre sind abgefallen.

[435]) An der Urkunde hängt das Reitersiegel des Ausstellers. Schild und Pferd sind mit der fünfblättrigen Lippeschen Rose geschmückt.

309.

1258. März. 30. bekundet Erzbischof Conrad den vom Kloster Graffschaft geschehenen Uebertrag des Eigenthums des Berges, worauf die Stadt Berleburg neu erbaut worden, an Graf Siegfried von Witgenstein und den Edlen Adolf von Graffschaft.

Nach dem Original im Archive des Klosters Graffschaft.

In nomine Patris et filii et S. S. amen. *Cunradus* dei gratia Archieps Colon. ytalicque Archicancellarius, vniuersis xpi fidelibus tam futuris quam presentibus quibus hec pagina patuerit salutem in domino. Temporalis exspirat actio nisi roboretur a voce testium et a scripto. Ideo noticie vestre constare cupimus *de situ ciuitatis in nouo constructe. berneborg dicte. Proprietas tocius montis in quo ciuitas eadem est sita. attinet ecclesie in Grascaph.* eandem proprietatem confert ecclesia in manus comitis *Zifridi de Widegenstene.* et *Adolfi nobilis de Grascaph* et heredibus ipsorum. sub tali forma quod in restaurum ecclesie *Adolfus nobilis* perpetualiter assignat ecclesie marc. den. granium. preterea homines agri. molendine (sic) sit. illarum. aliaque bona eidem ciuitati circumiacentia et ecclesie in Grascaph pertinentia preter illa quibus ciuitas poterit muniri ecclesie non sunt aliena. que omnia sine vllo grauamine ipsorum ecclesie vsui sunt profutura. Vt ista rata et inconuulsa permaneant et à comite Zifrido de widegenstene et *Adolfo aduocato* et heredibus ipsorum presens scriptum conscribi fecimus. sigillo nostro. comitis Zifridi. Adolfi nobilis et ciuium in zwal.(enberg) communitum. Acta sunt hec presentibus hiis *Widekindo abbate in Grascaph.* Lietmaro custode. et Johanne monacho ibidem. Wezelo Decano in Arcuelde. Ludolfo pastore in Adenborne. Zifrido com. *Adolfo nobili.* Gumperto milite in Amellenborgh. hechcardo milite de Ewich. Ludewico milite de Rumelange. Arnoldo *dapifero nostro in Waldenborgh.* Henrico aduocato in Drulshagen et aliis quam pluribus. Datum berneborg. Anno dnj M°. CC°. LVIII°. III kal. April.[416])

---

[416]) Das Siegel des Erzbischofs hängt an einer grün seidenen Schnur, ist in grünem Wachse abgedruckt und mit dem gewöhnlichen Contra-

310.

1258. im April. bestätigt Erzbischof **Conrad** alle Privilegien des von seinen Vorfahren gestifteten **Walburgisklosters** bei Soest; insbesondere befreit er es von allen Auflagen, wegen der zu den erzbischöflichen Höfen gehörigen Güter, vorbehaltlich jedoch der jährlichen Pacht.

Nach dem Original im Archive des Walburgisklosters.

In nomine sancte et indiuidue trinitatis. *Conradus* dei gratia sancte Coloniensis Ecclesie Archiepiscopus Sacri Imperii per Italiam Archicancellarius cunctis Christi fidelibus ad quos presens pagina peruenerit, in perpetuum. Ecclesias dei protegere, et personis ecclesiasticis commoda tranquillitatis que possumus procurare, nostre officium sollicitudinis nos inducit. ut domino famulantes in ipsis ecclesiis possint eo commodius in Laudis diuine frequentia sue debitum exsoluere seruitutis, dum nullis exterioribus agitantur incommodis seu pressuris. Hinc est quod nos *ecclesiam* Monialium *sancte Walburgis* prope Susatum ordinis sancti Augustini, originaliter quasi de nostre Ecclesie Coloniensis propagine, venerabilium predecessorum nostrorum sollertia et institutione plantatam, specialis ob id prerogatiua fauoris et gratie prosequentes, ipsam ipsiusque Conuentum cum bonis omnibus que nunc iuste possident uel in futurum domino annuente poterunt adipisci sub beati Petri Apostoli et nostra protectione suscipimus, et indulta ipsis à dictis predecessoribus nostris priuilegia, cuiuscumque eis donationis aut gratie patrocinium tribuant seu munimen, nostre auctoritatis robore confirmamus. Et quia inter cetera que in ipsis priuilegiis uidimus contineri, predecessores nostri felicis memorie, Dominus Adolfus et Dominus Engelbertus Archiepiscopi, agros ipsius Ecclesie nostris Curtibus attinentes,

---

siegel versehen. Das Siegel des Grafen Siegfried hängt an einem Pergamentriemen, ist in weißem Wachse abgedruckt, hat eine Herzform und zeigt im Schilde zwei ablange Balken mit der Umschrift: S. Sifridi comitis de Widekenstein. Das Siegel Adolfs, an Wachs, Band und Form dem vorigen gleich, ist etwas länger und zeigt ebenfalls im Schilde zwei ablange Balken, welche aber, so wie überhaupt das ganze Siegel, stark mit Rosen verziert sind. Die Umschrift ist: Sigillum Adolfi de grascaph. (Tab. 4. Nr. 1.) Das Stadtsiegel von Schmalenberg, dessen die Urkunde erwähnt, ist niemal angehangen worden. Die Urkunde ist schlecht geschrieben und construirt.

ab omni exactionis onere que quandoque popularibus seu plebeis, agros consimiles tenentibus, imponitur, liberarunt, saluo solutione census debiti et consueti. Nos quia dies et homines mali sunt, future volentes malicie quo calumpniandi plerumque inducit materiam, precauere volumus et firmissime obseruandum precipimus, ut quicumque pro tempore nostri fuerint *uillici*, earumdem curtium seu *Scolteti*, ultra debitum census solutionem, nichil ab Ecclesia ipsa de prefatis agris exigant uel extorqueant, persoluendum. Vt autem a nobis et nostris predecessoribus inconuulsum maneat, quod prefate ecclesie ad commodum ita pie et rationabiliter est prouisum, Litteram hanc conser bi, et nostro, nostrique Capituli sigillis fecimus communiri. Testes huius rei sunt Gozwinus maior decanus, Wernerus prepositus sancti Gereonis, Henricus prepositus sancti Seuerini, Godefridus choriepiscopus maioris ecclesie, et Philippus Thesaurarius maioris ecclesie Coloniensis, Godefridus Notarius et Engelbertus cappellanus noster. Item Reynerus dapifer noster de hostaden. Godefridus burgrauius de hostaden. Arnoldus *dapifer noster de Wahlemburg* et Petrus de grue milites et alii quam plures. Datum Colonie anno dominice Incarnationis Millesimo. Ducentesimo. Quinquagesimo octauo. Mense Aprili. 417)

311.

1258. April. 20. verzichtet der **Vogt** von **Gesecke** **Gottschalk** von **Erwitte**, mit seinem Sohne **Rudolf**, auf verschiedene angemaaßte Vogteirechte; insbesondere auf den **Bronhof** in Gesecke.

Nach dem Copiarium des Stifts Gesecke.

Nos *Godeschalcus aduocatus de Ghesike* et Rudolfus eius primogenitus notum facimus vniuersis presentes literas inspecturis quod diuersis passim iam dudum habitis altercationibus

417) Auf dem unteren Umschlage der Urkunde, wodurch die Siegelstränge gezogen, steht unter den Worten: mense aprili mit fast gleichzeitiger Hand: xviij. kl. apr. Das Siegel des Erzbischofs ist abgefallen, das des Kapitels ist in gelbem Wachse abgedruckt und hängt an roth seidenen Strängen.

contra venerabilem dominam nostram *Agnetem Abbatissam* et Conuentum ecclesie *in ghesike* super quibusdam juribus que nobis hactenus occasione et pretextu Aduocatie nostre quam in dicta optinemus ecclesia contra iustitiam vsurpauimus ex nunc in antea, nostrum in hoc recognoscentes errorem, tenore presentium literarum simpliciter confitemur et protestamur manifeste quod nichil iuris amplius *in Curte vronehoff in Opido Ghesike* sita habuimus nec habemus nec deinceps habebimus quam dimidiam marcam que nobis singulis annis in vigilia beati Jacobi apostoli persoluetur. Item confitemur nos nichil iuris habuisse nec habere deinceps nec habituros in *locatione seu depositione Curtium et mansorum* ad eas pertinentium uel etiam in *hereditatibus accipiendis hominum* pertinentium ecclesie memorate. Item confitemur et recognoscimus quod nichil iuris habuimus nec habemus nec deinceps habebimus in lignis seu lucis qui wulgariter *sunderen* nuncupantur. que site sunt in *Wederburhusen* in *Reke* in *buglechusen* in *Opsprungen* in *Othelmestorp* in *droslehusen* in *Borchusen* in *Herdinchusen* et in rubo apud *stalpe* in aliqua lignorum succisione ad nostrum vsum facienda et nichilominus recognoscimus *captionem pignorum de transgressionibus in dictis lignis* ad dominam nostram Abbatissam uel ad *villicum de vronehoff* pertinere. domina et domina nostra et Conuentus et villici earum et mansionarij ad edificia ecclesie sue et propria et ad cremandum dictis lignis prout consvetum extitit possunt vti. Sed si ad exstirpationem seu dissipationem quod *vrllewostene* appellamus procederetur, Nos ratione aduocatie nostre possumus huiusmodi facto contradicere et contraire. reseruamus etiam nobis in dictis lignis *judicium quod kunencgesban dicitur* faciendum. Item confitemur et recognoscimus nos nichil Juris habuisse nec habere nec deinceps habituros in *hominibus jure cerceasuali pertinentibus ecclesie prelibate*. Item confitemur quod iam multis annis pensiones nouem solidorum quos de *Rennekampe* Conuentui soluere tenebamur subtraximus vnde dictum Campum predicte ecclesie libere resignamus. Item confitemur quod aduocatiam nostram de *Curte Biginchoff* sita apud holthusen pro quinque marcis pignori obligauimus ecclesie supradicte. factis autem a nobis pari voto et vnanimi consensu huiusmodi confessionibus et recognitionibus venerabilis domina nostra Abbatissa et conuentus omnibus iniuriis grauaminibus super pressuris quas a nobis ipsis et ecclesie sue affirmabant illatas prescise renunciantes, nichilominus omnia debita que usque in hunc diem quomodolibet subtraximus, nobis libere et spontanee remiserunt. Ne vero possit ab aliquibus animo calumpniandi super premissis in posterum vacillari presentes literas scribi et nostro sigillo quo ego Rudolfus sum contentus quod adhuc sigillo careo proprio fecimus communiri et nichilominus ad nostram requisitionem sigilla domini Swederi prepositi sanctorum apostolorum petri et andree paderbornensium. domini Johannis maioris ecclesie paderbornensis scolastici. domini Joachimi plebani in Vilse. domini *hunoldi per westfaliam marschalci* venerabilis domini nostri coloniensis Archiepiscopi. Gobelini de meschede, wesceli de Erwete militum. Opidanorum in ghesike et *Johannis de Patberg* qui huic facto nostro presentes aderant Cum Gherhardo et arnoldo canonicis ecclesie in ghesike. hermanno scriptore canonico Susaciensi et Johanne rectore ecclesie beati petri. Bogemundo de Ervete et Godescalco meo filio aduocati et multis aliis viris honestis in testimonium sunt appensa Acta sunt hec in ecclesia beati Cyriaci gloriosi martiris in ghesike Anno domini Millesimo ducentesimo LVIII° feria tertia post festum sanctorum martirum Tyburtii et valeriani.[438])

---

[438]) Eine minder ausführliche Urkunde über den nemlichen Gegenstand, ist noch vorhanden vom 5. März 1256. Sie ist vom Vogt Gottschalk allein ausgestellt und zwar, wie man wohl sieht, in großer Bedrängniß. Er sagt darin: Nouerint vniuersi quod cum per intercessionem bonorum virorum, de sententia excommunicationis, qua ex parte conuentus in Ghesike innodatus, absolutionem consecutus fuissem, me recognouisse et — dixisse — nun folgt das Wesentliche der vorstehenden Urkunde — et cum in huiusmodi articulis me grauiter recognoscam deliquisse, gratiam et veniam a domina Abbatissa totoque capitulo impetraui ac voluntarie iuraui, me quam diu vixero, non solum ad dampnum — redire sed sine intermissione excesus tam graues lugendo dolere. Insuper cum cautionem nec per pignus nec per fideiussores habere possem, rogaui ut Boymundus et Godescalcus mars milites, Albertus et Gerwinus adhuc serui, bona fide promitterent, quod filium meum Rodolfum et heredes meos inducerent, ut ecclesiam suo jure quiete gaudere permiterent. Die Urkunde ist in Gegenwart vieler, aber sehr gemischter Zeugen ausgestellt; der Aussteller hatte kein Siegel bei sich; Er scheint, wie bei der ersten reumüthigen Aeußerung über seine Excesse, welche er bekundet, sehr gedrängt worden zu seyn. Die Abtissin Agnes, das Stift, der Stadtrath und der Pfarrer von Wilsen besiegelten statt seiner. Die vorstehende, von seinem Sohne mit ausgestellte Urkunde, ist wohl das Ergebniß der Bemühungen seiner Bürgen.

312.

1258. Mai. 1. überträgt Ludolf von Metzenchusen (Messinghausen) dem Kloster Bredelar, zu einer Memorie für seinen Vater, Ritter Ludolf von Metzenchusen, seine Güter zu Rösenbeck für 3 Mark und ¼.

Nach dem Original im Archive von Bredelar.

Omnibus hanc litteram uisuris, *Consules oppidi in Brilon* significamus quod *Ludolfus iunior de metzenchusen* necdum adhuc miles nec pueros habens, filius *ludolfi militis dicti de metzenchusen*, quedam bona habuit in medio uille *Rosbike* sita, proprietario iure ad ipsum deuoluta, et nostro tempore quiete possedit, cuidam colono heinrico nomine tunc temporis ea colente. Que bona Alexandro abbati in Bredelar et conuentui ibidem et arcam quandam in superiori parte eiusdem ville sitam, tam pro memoria et dilectione patris sui ibidem conuersi quam pro subsidio temporali idem ludolfus in presentia nostri beniuole contulit, libere et quiete possidenda, receptis ab eodem claustro tribus marcis et fertone mediantibus probis uiris Adamo milite de Aspe et Ludolfo de capella, Dein eidem claustro iam dictus Ludolfus warandiam eorundem bonorum prestitit et *jus ueri dominii* recognouit cum omnibus pertinentiis suis, Agris uidelicet cultis et incultis, siluis pratis pascuis aquis aquarumque decursibus, presentibus heredibus suis et consentientibus, *Waltero de metzenchusen, Suichero et Olrico fratribus, ludolfo et Suedero fratribus*. Tunc ergo idem Ludolfus omni iuri suo in eisdem bonis habito sollempniter cedens cum heredibus uniuersis et hec cessio seculari forma est confirmata, super eo abbas prefatus omnes inuasores eorundem bonorum uinculo excommunicationis innodauit, Posthec sepedictus Ludolfus nuntios claustri fratrem Johannem magistrum nouitiorum et Ecbertum conuersum in possessionem introduxit, Ad hujus rei euidentiam uberiorem nos rogatu tam Ludolfi prefati quam fratrum claustri memorati presentem paginam exinde conscriptam sigilli nostri appensione duximus roborandam, Huius rei testes sunt, Godefridus plebanus in haldinchusen, *Theodericus iudex*, Hermannus colue, *Johes de piscina* Gerhardus et Johannes Salentini, lambertus, Johannes Gune Johannes filius eius, heinricus de brochusen, Theodericus de Berendorp theodericus uundengot, marquardus rostpenninc, *Godefridus de Mescede, magister consulum* et consules omnes, Aliique quam plures, Acta sunt hec in *Brilon* anno gratie M°. CC°. LVIII°. kalendas MAIJ.[439])

313.

1258. beurkundet Graf Gottfried III. von Arnsberg daß das Recht des Haupthofes zu Caldenhof mit Bewilligung der Markgenossen von Hachen auf den Haupthof Stipel übertragen sey.

Nach dem Orig. im Archive des Klosters Oelinghausen.

In nomine domini amen. *Godefridus* dei gratia *Comes de Arnesberg*, vniuersis presens scriptum inspecturis ueritatis testimonium acceptare. Tenore presentium notum facimus et protestamur, quod omne ius curti in *caldenhoue* pertiuens, *de consensu et bona uoluntate marchinotarum de hachnen*, ad curtem que *stipele* dicitur per omnia translatum est, nobis nostrisque heredibus consentientibus in id ipsum. In cuius rei testimonium presens scriptum ecclesie in Vlinchusen, cui dicte curtes pertinere dinoscuntur, cum specialiter ipsam diligamus contulimus nostri sigilli muuimine roboratum. Datum anno dnj. M°. CC°. L°. octauo.[440])

314.

1259. Febr. 23. Vereinigung zwischen Rath und Bürgerschaft zu Soest, wegen Verringerung der Zahl der Mitglieder des Raths und dessen Verfassung.

Nach dem Original im Archive der Wollenweberzunft zu Soest.

Nos *Consules* et universi *Burgenses Susacienses*. Notum esse cupimus universis quod nos propter honorem oppidi nos-

---

[439]) Die Urkunde ist schön, nur mit sehr vielen Abbreviaturen geschrieben. An durchgezogenen, plattgeflochtenen, grünroth und weißen leinenen Schnüren hängt das alte große Briloner Stadtsiegel in weißem Wachse. (T. 6. Nr. 4.)

[440]) Das an einem abgeschnittenen und durchgezogenen Pergamenstreif gehangene Siegel ist abgefallen.

tri nec non propter communem utilitatem et commodum omne nostrum numerum Consulum nostrorum minuentes. ipsum consilium de communi consensu et bona voluntate omnium nostrorum innovandum et disponendum duximus in hunc modum. Quum videlicet consilium ipsum ex nunc decetero stare debet in numero XXIIII^or personarum de quibus duodecim eligentur ex his qui sunt in consilio ad unum annum in consilio permansuri. et alii duodecim assumentur ex his qui fuerunt *Burrichtere* et qui astricti sunt ad conservacionem juris et honoris civitatis præstito juramento. et illi de novo assumpti duobus annis in consilio permanebunt. Primo autem anno elapso, et duodecim consulibus quorum annus expirat abeuntibus de consilio, alii duodecim jurati substituentur sicut prædictum est qui ad conservandum jus et honorem civitatis visi sunt magis ydonei et perfecti. et ita de anno in annum circa constitucionem consulum procedetur. Item de his qui dicuntur *Burrichtere* taliter est statutum quod sex ex eis qui modo sunt eligentur ad unum annum perseveraturi. et alii sex de novo assumentur qui ad hoc non fuerint vocati hactenus nec assumpti, et illi duobus annis in hujusmodi officio permanebunt. Et hujusmodi electores tam circa consules quam eciam circa eos qui *Burrichtere* vocantur, erunt in conventiculis qui vulgo *ty* dicuntur. universitate videlicet eligente juratis vero sedentibus et nichil facientibus ad easdem. Quilibet autem eligens. juxta fidem et honorem suum in electione procedet. Ita quod in hoc facto tota intencio sua versetur circa honorem et commodum civitatis. Item in hoc concordandum est quod fratres de singulis fraternitatibus ad habendum tractatum super honore et utilitate civitatis licite convenire poterunt quum eis visum fuerit, nec pro hoc consilio ad emendam aliquam tenebuntur. et si quid boni adinvenerint id duo viri de qualibet fraternitate sine majore multitudine et absque omni tumultu consilio intimabunt. Ita sane quod si eorum inventum consilio placuerit processum obtineat si autem consilium aliud quod magis videtur expedire invenerit, in hoc universitas consilium imitetur. Porro post supradictas electiones hi duodecim qui dicuntur *Burrichtere* cum toto consilio in domo consulum convenient, et illi qui de novo assumpti sunt debitum suum facientes, jurabunt se conservaturos jus et honorem civitatis sicut ab antiquo fieri est consuetum. Extunc duodecim *Burrichtere* duos *magistros Burgensium* ex XXIIIIor. consulibus eligent, quorum unus ad unum annum alter vero ad duos in suo magistratu permanebit. Hoc quidem condictum est quod duo fratres simul in consilio fore non debebunt. hoc idem est de patre et filio nec non de socero et genero senciendum. Et quod hec constitucio robur perpetue firmitatis obtineat presentem paginam conscriptam sigillo nostro duximus roborandam. Quicunque vero hanc ordinacionem infringere presumpserit, ad emendam compelletur quam jus dictaverit civitatis. Datum anno domini M°. CC°. L°. nono in vigilia beati mathie apostoli.[441])

315.

1259. April. 27. schenkt Ritter Adam von Aspe, Güter an Bredelar, welche theils zum Nutzen des Spitals zu Marsberg, theils für die Beginnen daselbst, theils zur Anschaffung von Büchern für das Kloster Bredelar verwendet werden sollen.

Nach dem Orig. im Archive des Stifts Marsberg.

In nomine dni amen. Frater *Alexander* dictus abbas in *Bredelar* ordinis cysterciensis totusque ibidem conuentus, vniuersis christi fidelibus presens scriptum inspecturis eternam in domino salutem, Testamentum suum bene disponit, qui pauperes christi substantie sue heredes habere disponit, vnde notitie tam presentium quam post futurorum innotescere cupimus, quod *Adam* miles dictus de *Aspe* inspiratione preuentus diuina sanus corpore et compos mentis pro remedio anime sue et carorum suorum, quedam bona que habuit in *Thuissene* sita, proprietario jure ad ipsum deuoluta, ab omni decima soluta, octo moldra soluentia, duo siliginis, duo ordei et IIIIor auene, et sex denarios et domum que sex denarios soluit eisdem bonis pertinentem cum area claustro nostro sollempniter contulit perhenniter possidenda, Ita quod ex eisdem bonis vnum moldrum siliginis et alterum auene ad *hospitium fratrum in monte martis* detur, *carbones* ipsis exinde comparandos, similiter duo moldra siliginis et auene *sororibus ibidem* commanentibus, et *consulibus ibidem* duodecim denarii

---

[441]) Das Siegel ist abgefallen. In einer alten Uebersetzung ist diese Urkunde zuerst mitgetheilt worden von Pieler, in Wigands Archiv B. 4. S. 8.

dabuntur, Reliqua IIIIor moldra, duo ordei et duo auene claustro nostro cedent *ad scribendos libros et emendandos*, et ne aliis usibus deputentur districte inhibemus, Huius rei testes sunt Conradus de yburg magister consulum montis martis Bertoldus iudex, Heinricus de capella, Hermannus *superius theatrum*, Werno de westhem, Heinricus morel, sigenandus et consules omnes ibidem, In wlueshagen consules Bertoldus magister consulum, waltherus de hasungen, Jordanus de gran, Arnoldus de doringeberg, heinricus rufus villicus, Lodewicus de frislaria, Ribertus, Theodericus gumberti, Johes roberti, Heinricus molendinarius, Ernestus de hasungen et Johannes. In quorum presentia Arnoldus de Rodinchehusen predicti A(dami) gener, et domina Sophia filia eius cum liberis suis heredibusque legitimis in predictam donationem consenserunt, preterea in testimonium huius donationis presentem paginam sub sigillorum tam nostri et consulum montis martis quam consulum in Wlueshagen appensione, militis iam dicti rogatu roboramus, anno gratie M°. CC°. L°. nono, V°. kal. maij.[442])

316.

1260. April. 1. giebt der Rath zu Soest eine Ordnung für den Verkauf der Wollentücher.

Nach dem Original im Stadt-Archive zu Soest.

Nos *Consules* et vniuersi *ciues susacienses* tenore presentium protestamur et notum esse cupimus vniuersis quod nos quondam laneis pannis qui texuntur in oppido nostro cautelam propter honorem oppidi nostri et pro communi vtilitate adhibentes ipsos examinari et examinatos signari fecimus signo nostro. cujus signi occasione lanifices apud nos manentes de quolibet panno signato dederunt obulum vnum ad communem vsum ciuitatis. Verum cum super hujusmodi obulis apud nos quedam exorta fuisset disceptatio. Tandem de communi con-

---

442) Das Siegel des Abts, welches in der Mitte hing, ist abgefallen; die der Städte Marsberg und Wolfhagen sind theilweise noch vorhanden.

sensu et bona voluntate tam consulum quam eorum qui sunt *iudices in singulis fraternitatibus*, quam eciam tocius vniuersitatis talis compositio et ordinatio interuenit Quod videlicet quatuor viris de *fraternitate Lanificum* ad hoc iuratis signum ciuitatis et custodia super pannos sunt commisse, ad probandum examinandum et signandum pannos ipsos sicut tenentur ex debito prestiti iuramenti. De quibus quatuor singulis annis duobus destitutis alii duo substituentur ad duos annos huiusmodi officium seruaturi quorum iuramenti formam Consilium instaurabit. Ceterum ad recuperandam ciuitati pensionem de supradictis obulis relaxatam. ipsi Lanifices pannos suos de cetero vendent in domo ciuitatis que quondam fuerat Wlrici de stella, quam domum ipsi propriis eorum expensis parabunt et disponent ad commodum eorundem. Inde daturi ciuitati singulis annis viginti marcas. quarum dimidietatem in festo Michaelis. Reliquam vero dimidietatem in festo pache in domo Consulum ipsis Consulibus presentabunt. Et exhoc examinatio pannorum cum signo ciuitatis eorum fraternitati perpetuo habenda tradita est, et gaudebit eorum fraternitas omni iure perpetualiter quod de gratia et donatione ciuitatis habuit ex antiquo. Hoc autem nullatenus pretermisso quod pensionem de area supradicte domus dandam Consilium et ciuitas suo tempore soluere tenebuntur. que wlgo *wrtpennige* dicitur. Porro Johannes filius Rokeri. Conradus Langeman. Hertgerus de coruo. Pilegrimus. Robertus stikeline. et Henricus filius Rokeri, fideiussorum nomine sposponderunt quod a predictis Lanificibus omnia premissa rata et inconuulsa Ciuitati perpetuo seruabuntur. Quorum fideiussorum siquis decesserit Consilium ex fraternitate Lanificum alium in locum decedentis eliget, quemcunque voluerint, et ille fideiussionem huiusmodi subire nullatenus denegabit. Ut igitur premissa robur perpetue firmitatis obtineant et nequis ea postmodum conetur aut possit infringere presentem super hoc conscriptam paginam sigilli nostri fecimus inpressione muniri. Datum anno Dni. M°. CC°. LX°. kal. aprilis.

317.

1260. Mai. 30. Vereinigung zwischen Erzbischof Conrad, Abt Thiemo von Corvey und Herzog Albert von Braunschweig, wodurch Letzter Vasall der cölnischen Kirche wird und auf alle Ansprüche am Herzogthum Westfalen verzichtet.

Nach dem Transsumpt im Lib. Privil. Eccles. Col. Nr. 137.

In nomine domini amen. Anno domini Millesimo ducentesimo Sexagesimo. III kal. Junij Constitutis prope Castrum *Cogelenberg* in Campis in Colloquio sollempni Reuerendo patre domino *Conrado* Coloniensi Archiepiscopo nec non venerabili viro *Themone* Abbate Corbiensis Monasterii et viro Illustri domino *Alberto* Duce Brunswicensi cum suis germanis talis inter eos federis mutui ordinatio et amicitie perpetue interuenit prefatus Albertus dux et fratres sui voluntate vnanimi *proprietatem omnium bonorum suorum quam habuerunt infra ducatum Westphalie* in manibus ipsius.. Archiepiscopi ad opus suum et sue ecclesie *contulerunt* et bona ipsa a dicto.. Archiepiscopo *in feodo receperunt* debitum inde sibi et suo ecclesie fidelitatis homagium facientes Preterea inter eos taliter est condictum, quod nec ipse.. Archiepiscopus, nec successores sui aliquas Ciuitates aut Castra uel municiones aliquas trans fluuium Werre siue Wisere qui ipsorum terras separat edificabunt ullo vnquam tempore nec emptione aliqua comparabunt Similiter nec Dux nec fratres sui facient trans aquam prefatam infra duo miliaria proxima extra Ducatum Westphalie versus hassiam *nec infra Ducatum eiusdem Westphalie* nec infra Myndensem et Osnaburgensem diocesim *Castra aliqua Ciuitates nec opida* nec emptione aliqua comparabunt. Ita quod si Myndensis vel Osnaburgensis Episcopi ipsum dominum. Ducem uel suos Germanos vel heredes vellent indebite pro suo libitu molestare vel dampna inférre, quibus ipse Archiepiscopus se nullo modo posset interponere, compositione amicabili mediante tunc nulla pactione obstante liberum erit ipsi Duci ac fratribus suis uel heredibus suis quomodolibet se tueri Ceterum inter ecclesias Coloniensem et Corbiensem ex vna parte et predictum Albertum Ducem ac fratres eius et heredes eorum ex altera talis est inita pactio perpetue vnionis, quod ecclesie prenotate ex nunc inantea nulli homini impendent auxilium nec obsequia facient contra prefatos.. Ducem et fratres ipsius et eorum heredes nec ipse dux nec fratres ipsius aut eorum heredes ullo vmquam tempore contra ecclesias memoratas auxilium impendere aut obsequia facere alicui homini tenebuntur, sed altera parcium parti alteri tempori necessitatis ad suorum expercionem Castrorum et municionum durante necessitate erit exposita et parata. ad hec quecunque parcium predictarum grauamen ab aliquo sustineret ad talem prosecutionem grauaminis faciendam debet pars altera cum Centum armatis a fluuio Werre siue Wisere per Octo miliaria in expensis propriis parti que patitur subuenire, de quorum numero ecclesia Corbiensis vtrique parti viginti armatos in subsidium ministrabit. Si vero propter potenciam jniuriantis necesse esset ipsi . . Archiepiscopo siue duci plures quam Centum de suis viribus in auxilium euocare expensas talium et talium euocatorum pars ipsa jniuriam patiens et occasione cuius fit talis euocatio ministrabit quam cito euocati ipsi transierunt fluuium Wisere memoratum. Insuper ut ipsa Corbiensis ecclesia tanto maius reportet solatium et juuamen ex eo quod memoratis Archiepiscopo atque Duci federe se coniunxit jpsi ecclesie Corbiensi jniuriam patienti tenebuntur ipsi domini . . Archiepiscopus Coloniensis et dux Brunswicensis vterque in Centum armatis viginti minus in expensis propriis auxilium impertiri. Item si discordia aliqua suborta fuerit inter vasallos vel homines partium predictarum hanc per mensem in suspenso tenebunt sine guerre commotione ipsam tamen discordiam querimonijs prosequendo, que si infra conplanari nequiuerit illis vasallis siue hominibus quibus infertur jniuria auxilium impendetur. *Item prefatus Albertus dux et fratres sui pro se et suis successoribus renunciauerunt omni actioni quam visi sunt in ducatu Westphalie aliqualiter habuisse* Ceterum qui diocesis Mindensis vltra flumen Wisere protenditur in terram ducatus Brunswicensis, si ipse dux aliquam municionem seu structuram in litore terre sue duxerit faciendam per hoc ipse non censebitur venisse contra huiusmodi federis seriem seu tenorem Prefatis etiam principibus in hoc placuit consentire, quod si imposterum inter ipsos aliqua orta fuerit materia questionis ad ipsam sopiendam conuenirent isti decem viri, ex parte videlicet . . Archiepiscopi, *Marschalcus Westphalie Gozwinus de Rodenberg, henricus Scultetus Susatiensis,* Godefridus de Messchede. Ex parte domini . . Abbatis Corbiensis Albertus et harboldus fratres de Amelungessen Ex parte vero Ducis Brunswicensis Henricus de homburg Hermannus de vslaria in Gotingen et in Embeke, qui sunt pro tempore Aduocati, qui infra spatium duorum mensium questionem huiusmodi decidere tenebuntur, et dicte diffinitioni stabitur eorundem. Si vero ipsi diffinitores essent in sua pronunciatione vilateuus negligentes ipsi extunc moniti ex parte principum predictorum intrabunt Huxariam inde non exituri donec expediuerint suum dictum, ad cuius dicti obseruationem principes tenebuntur. Et si forte aliquem istorum diffinitorum mori contigerit loco eius alius substituetur eque idoneus infra mensem vel si ex eis aliquem ex causa legitima abesse contingeret non obstante huius absentia alij diffinitionem suam expedient super exorto inter ipsos dominos negotio questionis. Nos igitur prenominati . . Conradus dei gratia sancte Coloniensis ecclesie Archiepiscopus, Itallo Archicancellarius Theme eadem gratia Abbas Corbiensis et Albertus Dux de Brunswyc in formam ordinationis prescriptam coram nobis recitatam consencientes expresse eam in scriptis redigi fecimus et ad rei ipsius memoriam sempiternam Sigillorum nostrorum munimine roborarj Impetrata nichilominus a serenissimo domino nostro Richardo Rege Romanorum Illustri, sui appensione Sigilli in testimonium et robur perpetuum huius facti Testes aderant huic facto Johannes prepositus Reyssensis nobilis viri *Godefridus Comes de Arnsberg*, henricus Comes de virneburgh Adolphus Comes de Waldeck, Otto et Conradus Comites de Euerstein, vterque Bertoldus de Buren, Gerhardus de wildenberg, Sifridus Comes de wedegensteyn, *Hunoldus Marscalcus Westfalie*, *Goiswinus de Rodenberg*, henricus de wittinchouen, *henricus Scultetus Susaciensis*, Henricus de honnburgh Goitzscalcus et Otto de Plesse, hermannus Marscalcus de Alftere, Gerardus de Landescrone Albertus et harboldus fratres de Amelungessen, Geuchardus de Bortvelde et quam plures alij fideles principum predictorum Actum et datum in loco anno et die predictis.[445])

318.

1261. März. 12. schenkt Adolf edler Herr und Vogt in Graffschaft, dem Kloster daselbst, eine Mark Pfennige von der Zehnthöfe in Hundem.

Nach dem Original im Archive des Klosters Grafschaft.

In nomine patris et filii et spiritus sancti Amen. *Adolfus*

[445]) Nach einer Abschrift in Kindlingers Urk. Samml. B. 52. S. 47. ist die Urkunde abgedruckt bei Meyer in Wigands Archiv B. 6. S. 231.

Nobilis uir *aduocatus in Grascaph* et *Elysabet* Nobilis matrona vxor eius legitima vniuersis a generatione in generationem hanc cedulam inspecturis salutem in perpetuum. Quoniam nobilium facta personarum hoc maxime requirunt ut perenniter in opere permaneant efficaci. ipsa debent honestorum uirorum testimonio ac litterarum apicibus quam firmiter. perhennari. Igitur tam presentibus quam futuris quibus hoc scriptum fuerit exhibitum innotescat. quod nos adolfus nobilis uir vna cum pari consensu Elysabet uxoris nostre de bona uoluntate heredum nostrorum legitimorum. Marcam denariorum grauis monete. quam *dytmarus* et *Arnoldus* fratres milites Aduocati in *Hundeme* nobis de solutione decimarum. que infra jam dictam parochiam site sunt quas decimas jdem fratres a nobis titulo possident feuodali huc usque annuatim dare et soluere consueuerunt *Ecclesie* et *conuentui* in *Grascaph* pro summa decem marcarum proprietatis titulo libere uendimus et absolute. Acta sunt hec *Smalenborch* discretis uiris presentibus et honestis videlicet dno *widekyndo* venerabili Abbati (sic) et dytmaro custodi in Grascaph heynrico decano in worbeche. Franconi decano in Smalenberc. Rudolfo plebano in *Brunescapella*. Nobilibus uiris. Eberhardo et Hermanno dicto Panzelere. Joh. Gograuio de Calle. Eccheharto militi de *Ewich*. Wigando de Medebeche. Heynrico coruo judici in Berleburc. Heynrico de Glydorp. Heydenrico Fushart. Godefrido de Wolfethe. Werhero magistro burgensium. Consulibus et quam pluribus ciuibus opidij in Smalenborch. Ne huiusmodi nostra rationabilis uenditio et Ecclie ac conuentui in Grascaph liberalis Emptio ab nostris heredibus uel a quoquam maligno queat infirmari. presens scriptum. Ecclesie in Grascaph. venerabilis dni. W. abbatis ibidem. Nostri. opidi in Smalenborch. domini decani in Worbeche. sigillorum munimine decreuimus communiri Datum et actum in ecclesia Smalenborch anno dnj. M°. CC°. sexagesimo. primo. IIII. ydus Marcij in festo Gregorii pape.[444])

---

[444]) Das Siegel des Abts von Grafschaft ist abgefallen; das von Adolf, (Taf. 4. Nr. 1.) der Stadt Schmalenberg und des Dechants von Wormbach hängen an plattgeflochtenen weißen leinenen Schnüren und sind in weißem Wachse abgedruckt; das Siegel von Schmalenberg ist in möglichst roher Vollendung, ungefähr wie ein Kucheneisen gravirt. (Taf. 8. Nr. 3.)

319.

1261. Juli. 1. entscheidet **Bertold** der Jüngere Edelherr zu **Büren**, als Compromißrichter einen Streit zwischen dem Kloster **Bredelar** und zwei Knapen **Herbold** und **Alrad**, über eine Curtis in **Ober=Upsprunge**, welche Bredelar von **Johan Friling** und dessen Erben gekauft hatte.

Nach dem Original im Archive des Klosters Bredelar.

In Nomine dni amen. Omnibus hanc litteram uisuris *Bertoldus iunior nobilis de Buren*, recta sapere et efficaciter ea adimplere, Quia res geste cito a memoria labuntur tantomagis necesse est testimonio bonorum hominum et scriptis has firmare ut omnium malignantium uersutie penitus reprimantur, Nouerint idcirco moderni et posteri quod cum duo famuli *Herboldus* et *Alradus* fratres et coheredes dnum abbatem de *Bredelar* et suum conuentum impeterent super possessione curtis cuiusdam in superiori *epsprunge* site quam abbas et conuentus eiusdem cenobii à *Johanne frilingo* et suis heredibus titulo emptionis legitime comparauerant, et nostro tempore quiete possederunt, mediantibus honestis uiris intantum processum fuit quod arbitri ab utraque parte sint electi, ex parte dni abbatis et sui conuentus, confrater eorum helmwicus de elsepe, Godescalcus miles de Herincouen et *Albertus de pathberg*, ex parte altera godefridus et Bertoldus de haldinchusen et ethdichusen plebani, et Conradus miles de modikessen et siffridus susatiensis ecclesie cellerarius et nos super arbitrium constituti, Considentes una nobiscum formam compositionis sollicite dictauerunt tandem per multa interloquia et consilia arbitrium dixerunt et ordinauerunt, quod predictus abbas et suus conuentus dabunt prefatis famulis et coheredibus quatuor marcas legalium denariorum quod et fecerunt, dein ipsi famuli ex parte sui et heredum uniuersorum omni iuri suo quod in predicta curte habere uidebantur publice renuntiauerunt obligantes se adeo promiserunt sub obtentu bonorum suorum liberorum in Blikesen cometie nostre pertinentium, ut si uel ipsi aut aliquis de linea cousanguinitatis eorum exceptis uenditoribus curtis predicte, abbatem et conuentum cenobii iam dicti in curte prefata quouis... tempore molestarent, bona sua in Blikesen iam dicta penitus perdidissent et nobis absque omni contradictione uacarent, Huic cessioni et obligationi presentes fuerunt dnus Alexander abbas claustri jam dicti et sui fratres Bertoldus prior Johannes magister nouitiorum herbordus custos et wigerus *magister conuersorum* cum arbitris supra memoratis. In huius igitur rei testimonium ut pactum hoc firmum in euentum permaneat et inconulsum presentem cartam de hac re conscriptam, sigilli nostri appensione rogatu utrarumque partium duximus roborandam. Acta sunt hec et completa in cimiterio haldinchusen, anno dni M°. CC°. LXI°. kl. Julii.[445])

320.

1261. Nov. 5. bestätigt Adolf von Holte, als Erbe seines Schwiegervaters Heinrich des Schwarzen von Arnsberg, den von Letzterem geschehenen Verkauf der Vogtei über Rockinghusen an das Kloster Oelinghausen.

Nach dem Orig. im Archive des Klosters Oelinghausen.

In nomine sancte et indiuidue trinitatis. amen. Ego *Adolphus vir nobilis de holte*. omnibus presens scriptum intuentibus in perpetuum. Nouerint vniuersi tam presentes quam futuri quod cum *hinricus vir nobilis dictus niger bone memorie de arnesberg* aduocatiam quandam in *Rokinchusen* de consensu uxoris atque heredum suorum ecclesie in *Vlinchusen* ordinis premonstratensis pro certa pecunie quantitate legitime vendidisset. prout ex instrumentis super eo confectis pleno sumus expediti. *Nos qui successimus eidem in hereditate ratione filie ipsius quam duximus in uxorem*. huiusmodi uenditionem rite factam. ratam atque gratam habentes. omne jus si quid haberemus. vel competere nobis in eadem aduocatia uideretur vxore nostra atque filio nostro *hinrico* necnon et ceteris nostris heredibus pie annuentibus. libere atque absolute ecclesie contulimus memorate. solo iure infeodandi nobis retento. donec ecclesia iam dicta proprietatem eiusdem aduocatie a dno nostro Archiepo Colouiensi. a quo nos eam tenemus in feodo nobis cooperantibus potuerit impetrare. quam

---

[445]) An der Urkunde hängt ein herzförmiges sehr roh gearbeitetes Reitersiegel in weißem Wachse, worauf die Umschrift nicht zu lesen ist.

26

tunc parati sumus resignare. Ad majus autem robur ac firmamentum prefatam aduocatiam honestis uiris Regenbodoni militi de allagen. hinrico de Lon. Herbordo de keslike ciuibus susatensibus nomine ecclesie iure porreximus feodali. nec non heredibus ipsorum quos etiam sepe dicta nobis presentauerit nos atque heredes nostri sine contradictione feodaliter libenter porrigemus. nichil inde recepturi. Huius rei testes sunt. fredericus prepositus. Wigmannus prior. Hinricus plebanus in Wedinchusen. Conradus de hustene. Johs dictus Rise. de Arnesberg. gerlacus de sceidinge milites. Elyas. Theodericus de bodinedorpe famuli nostri. bernhardus judex. Helwordus *monetarius*. Hinricus magister ciuium de Arnesberg. atque alii quam plures. Ut autem hec rata et inconuulsa permaneant. Sigillorum comitis de Arnesberg dni godefridi et nostri et ciuitatis in Arnesberg fecimus munimine roborari. Acta sunt anno dnj M°. CC°. LXI. non. nouembris. *in pomerio nostro arnesberg.*[446])

321.

1261. Sept. 29. bestätigt Conrad III. von Rüdenberg die von seinem Vater, dem Burggrafen Conrad zu Stromberg geschehene Entlassung eines, dem Walburgiskloster bei Soest gehörigen Hauses zu Recklingsen, aus dem Verbande der Freigrafschaft.

Nach dem Original im Archive des Walburgisklosters.

Conradus de Rudenberich, filius domini *Conradi Buregrauii in Stromberg* vniuersis ad quos presens scriptum peruenerit salutem in domino. Cum pater noster dominus Conradus accepto seruicio a preposito et Conuentu sancte *Walburgis*

---

[446]) Das Siegel der Stadt Arnsberg ist abgefallen. Das des Grafen Gottfried (T. 1. Nr. 8.) und Adolfs (T. 5. Nr. 14.) sind in weißem Wachse abgedruckt. 1252. Arnsberg quarta feria post assumptionem beate Mar. virg. (Aug. 22.) gab Adolf von Holte die erste Genehmigung zu dem von seinem Schwiegervater vollzogenen Verkaufe der Vogtei über Rockinghausen; jedoch nicht so umständlich wie vorstehend. Dieser Verzicht ist ebenfalls von Graf Gottfried besiegelt.

iuxta *sosatum* domum quandam in *Rikelinchusen* eis pertinentem que *bunno* patris nostri qui *vrigrascaph* dicitur, subiacebat, ab omni exactione ac seruiciorum onere de consensu et permissione nostra ac heredum suorum perpetuo dimiserit liberam et absolutam, et cum filiorum sit factis parentum rationabiliter peractis per omnia obedire, Nos itaque factum patris nostri approbantes et ratum habentes de consensu et voluntate vxoris nostre ac amicorum nostrorum predictam domum perpetuo dimittimus liberam et solutam. Ita quod predicta *domus aut colonus ipsius* qui pro tempore fuerit, in nullo penitus nobis aut officialibus nostris de cetero erit astricta. In cuius rei testimonium hanc litteram Sigillo nostro Ecclesie sancte Walburgis tradidimus roboratam. Acta sunt hec apud Sosatum Anno domini M° CC° LXI° post festum Michaelis. Presentes erant. Hermannus plebanus in Burgelen Ludewicus Rector in Sueue. Bertoldus miles de Susato. Hinricus de Bynole. Burchardus de Burgelen. Goscalcus de Smerlike. Rodulfus de hornen. Hermannus de vdelinchusen. Adam de foro. Godefridus de oro et alii quam plures.[447])

322.

1262. April. 4. befreit Graf Gottfried III. von Arnsberg, den Schulten des Klosters Oelinghausen zu Menberge, von Entrichtung der Herrenkühe.

Nach dem Copiarium des Klosters Oelinghausen.

Nos *godefridus comes de arnesberg* ob dilectionem ac fauorem, quem gerimus circa ecclesiam in *Vlinchusen*, et Sanctimoniales ibidem Domino famulantes, *villicum*, qui pro tempore fuerit in curte ipsius ecclesie in *Menberge* ab omni exactione *vaccarum, que in totius terre nostre terminis fieri solet annuatim*, immunem reddimus, et per omnia huic scripto cum sigilli nostri appensione libertamus, indulgentes eidem, quod nullus officialium nostrorum talem exactionem siue

---

447) Das Siegel ist abgefallen. Vergl. Urk. Nr. 278. Diese Bestätigung ist von den späteren Herren von Rüdenberg noch mehrmal wiederholt.

26*

perrochiam[448]) eiusdem villici quacunque occasione exquirere ab ipso villico seu extorquere presumant. Datum in die beati ambrosii episcopi, anno Domini MCCLX° secundo.

323.

1262. April. 13. belehnt König Richard, zu Walingford, auf Bitten Graf Gottfrieds III. von Arnsberg, einen von diesem ernannten Vogt mit dem Königsbanne in Soest.

Nach einer Abschrift in der Farrago *Gelenii* T. 8. p. 73.

Richardus Dei Gratia Romanorum Rex Semper Augustus. Vniuersis *Ciuibus sosatiensibus* dilectis fidelibus suis gratiam Suam et omne bonum. Ad Vniuersitatis vestre notitiam duximus perducendum tenore presentium Simpliciter prostestantes quod obtentu *Nobilis Viri G. Comitis de Arnesbergh* dilecti fidelis nostri et super hoc sua affectuosa precamina porrigentes *Rutelero militi dicto Clerico* Aduocato Conseruatori scilicet *officium Aduocatie* in Ciuitate nostra, quod dicitur *Bannum Regis* concessimus sine alieni iuris preiudicio. secundum iustitiam exercendum. Iniuncto ei firmissime Sub pœna Capitis et bonorum, vt a rectitudine non declinet iustitie sed prout ad eum spectare poterit dictum iudicium teneat et ius reddat secundum leges et approbatam et hactenus obseruatam *Consuetudinem terre nostre.* Vnde nobis Vniuersis et Singulis sub interminatione Gratie nostre districtissime precipiendo mandamus, quatenus eidem Rutgero sicut ei quem inuestitum cernitis banno nostro, in omnibus que de iure ad executionem commissi sibi iudicij spectare noscuntur, prout de iure tenemini pareatis. In cuius rej testimonium presentem literam ex mandato nostro conscriptam et Sigillo nostro regio communitam eidem R. iussimus assignarj. Datum Walingeford XIII die Aprilis. Indictione V. Anno Domini Millesimo Ducentesimo Sexagesimo secundo Regni vero nostri quinto.[449])

---

[448]) perrogia, perrogatio, Bede.

[449]) Am Original war das große Siegel König Richards befestigt. Die Urkunde ist abgedruckt bei Meyer in Wigands Archiv B.6. S.235.

324.

1262. Sept. 12. bekennt Graf Gottfried III. von Arnsberg im Vogtdinge zu Heppen, daß er das Kloster Benninghausen aller Ansprüche an einem durch dasselbe führenden Wege, den er als zu seiner Grafschaft gehörig, in Anspruch genommen, entlassen habe.

Nach dem Orig. im Archive des Klosters Benninghausen.

Godefridus dei gratia *Comes Arnesbergensis*. Omnibus christi fidelibus hanc litteram inspecturis imperpetuum. Ea que rationabiliter acta sunt perpetua decet firmitate subsistere. Presentium itaque tenore protestamur, et notum esse cupimus vniuersis quod cum nos claustrales de *Benekinchusen* et eiusdem claustri prouisores traxissemus in causam *coram eis qui dicuntur liberi nostri cum presideremus iudicio quod dicitur vogetdync in villa Heppen*. proponentes contra eos quod ipsi sibi viam quandam que duxit per claustrum eorum usurpassent nostro cometie attinentem. ipsi tandem proborum virorum testimonio et sicut iustum fuit probauerunt, quod predicta via nec nobis nec cuiquam pertineret. sed quod iure proprietatis spectaret ad Ecclesiam eorundem. videlicet ad Ecclesiam in Benekinchusen supradictam. In cuius rei testimonium et firmitatem perpetuam presentem paginam super eo conscriptam sigilli nostri fecimus impressione muniri. Testes huius rei sunt. *Rotgerus clericus tunc in predicto loco potens dinggrauius*. Waltherus de Weslere. Iubertus de Tedinchusen. *scabini*. henricus de *ferrea manu*. vthelricus tunc preco dictus de Brochusen. Herebertus frater suus. Henricus bekeman de weslere. Bruno de wiggerinchusen. Hildebrandus de Wiggerinchusen. Rodolfus de wiggerinchusen. Johannes filius almari de wiggerinchusen. Johannes filius Hermanni de wiggerinchusen. Henricus de Tedinchusen. Arnoldus de Wiggerinchusen. liberi. Bruno de vockinchusen. Henricus de Dithusen. Bernardus filius Waltheri de weslere. etiam *liberi*. Hermannus de Binole miles. Ludewicus de hachnen. henricus meso. Hermannus de Brochusen. henricus de Ekeneberne. Megewordus tunc prepositus in Benekinchusen. Item frater henricus. frater gerlacus. et frater Johannes. tunc procuratores cum iam dicto preposito Ecclesie memorate. Actum in predicta villa Heppen. feria quarta post natiuitatem beate virginis. Anno domini M°. CC°. LX°. secundo.[450]

325.

1263. Juli. 25. verpflichtet sich Graf Gottfried III. von Arnsberg, den Wöllnern zu Soest, binnen Jahresfrist, zwei Walkemühlen auf der Möhne bauen zu lassen.

Nach dem Original im Archive der Wollenweberzunft zu Soest.

In nomine sancte et individue trinitatis amen. *Godefridus comes de Arnesberch* omnibus in perpetuum. Notum esse cupimus, presentium tenore publice protestantes quod cum inter nos ex parte una et *lanifices susatienses*, super pannis eorum emolendis, quod vulgo *walken* dicitur, ex altera quævis materia verteretur, tandem inter nos et ipsos amicorum nostrorum maturo accedente consilio, talis composicio intervenit, quod videlicet nos à tempore hujus ordinacionis infra annum *duo molandina cum quatuor rotis* super *moynam* edificari procurabimus, que molandina nostra, et non alia, dummodo ad opus suum ipsis sufficiant, cum pannis suis emolendis frequentabunt, si autem molandina nostra eis non suffecerint, defectum hujusmodi extunc ad alia molandina recurrendo licite recuperare poterunt et ipsi lanifices quam diu nostra molandina edificata non fuerint, nec in lignis nec in aquis, a nobis vel nostris impedimentum pacientur, hoc adjecto quod nos dicta molandina nostra, cum eorundem consilio, bone famo viris locabimus de quibus ipsi plenius sint securi. Dicti quoque lanifices *de viginti quinque pannis dabunt triginta denarios* ad precium, nisi apud molandinorum possessores seu inhabitatores, id de gracia possint remissius obtinere. Iidem vero lanifices, ultra dictam precii summam à nullo penitus hominum arctabuntur, Item condictum est quod prefatis molandinorum inhabitatoribus, ligna sibi ad opus suum necessaria, in nemore nostro succidere et adducere licebit, nobis sive nostris id non debentibus prohibere, panni eciam predictorum lanificum in adducendo et reducendo, et in ipsis molandinis, in nostra erunt protectione pro nobis penitus et

---

[450]) Das in weißem Wachse abgedruckte Siegel ist wohl erhalten.

pro nostris, Item recognoscimus, nos a sepefatis lanificibus, duodecim marcas denariorum mutuo recepisse, pro quibus ipsi de dictis molandinis pensionem nobis debitam singulis annis tam diu tollent, quousque prefatam denariorum summam, recepisse ex integro videantur, et ex tunc dicta molandina ad nos liberaliter revertentur, Item *de quolibet molandino decem et octo solidorum pensio* nobis ab inhabitatoribus singulis annis dabitur, ultra quam pensionis summam, nichil ab eisdem nomine pensionis amplius requiremus, Ut igitur hujusmodi ordinacio perpetuo rata et inconvulsa permaneat et ne quis ipsam postmodum conetur infringere, presentem paginam super eo confectam, nostri et oppidi susatiensis sigillorum munimine fecimus roborari, Testes hujus rei sunt Conradus de husthene. Rutgerus dictus clericus, milites, hermannus dictus snoteric officialis noster Godefridus schultetus in gunedhe, Item Radolphus de anglia henricus dictus prelium proconsules, Godescalcus dictus feruere Albertus de Tremonia, henricus de Ostinchusen, Thetmarus de boege. henricus dictus miles, Thethardus, arnoldus, hertgerus, Gerlacus, winandus niger, Rutgerus dictus pundere, albertus filius pilegrini et alii quam plures. Actum in die beati Jacobi apostoli anno domini millesimo CC° sexagesimo tercio.[451])

326.

1263. Aug. 11. beurkundet Conrad III. Burggraf von Rüdenberg, daß er mit Bewilligung seiner Brüder, des Burggrafen Heinrich II. von Stromberg, Johann's und Gottfrieds, den ihm gehörigen Ridderinghof, nebst dem davon abhängigen Patronatrechte über die Kirche zu Swewe, dem Kloster Paradies verkauft und das Eigenthum der verkauften Güter, in Gegenwart seiner Freien, dem gedachten Kloster unter Königs Banne geschenkt habe.

Nach dem Original im Archive des Klosters Paradies.

In nomine sancte et indiuidue trinitatis amen. *Conradus*

[451]) Die Siegel sind abgefallen.

Berchgrauius de *Rôdenberch*. omnibus in perpetuum. Ea que geruntur in tempore ne simul labantur cum lapsu temporis. poni solent in lingua testium. et scripture memoria perhennari. Presentium itaque tenore publice protestamur. et notum esse cupimus vniuersis. quod nos cum consensu et bona uoluntate fratrum nostrorum videlicet domini *Henrici Burchgrauii de Stromberg*. *Johannis* et *Godefridi*. nec non vxoris. puerorum quoque. et omnium heredum nostrorum. curtim nostram que uocatur *Ridderinchof*. cum omnibus attinentiis suis. videlicet cum hominibus. agris. pratis. pascuis. aquis. nemoribus. et cum omni iure quod nos et fratres nostri habere uidebamur in eadem. *Ecclesie ad paradisum* rite ac rationabiliter uendidimus. ab ipsa Ecclesia titulo pure emptionis perpetuo possidendam. Ita sane quod et *ius patronatus ecclesie in Sueue* predicto Curti ratione fundi attinentis. simul cum ipsa Curte ad Ecclesiam de Paradyso transeat memoratam. Proprietatem quoque predictorum bonorum nos simul et fratres nostri prenominati. *coram liberis hominibus nostris* eidem ecclesie ad Paradysum *sub banno Regio donauimus more debito et consueto*. Iam dictis fratribus nostris. vxore quoque et pueris nostris ibidem una nobiscum *in iudicio quod dicitur vridinc* prefata bona integraliter resingnantibus Ecclesie supradicte. et recedentibus ab omni iure quodcumque in eisdem bonis seu in aliqua parte ipsorum. siue proprietatis nomine. seu alio quocumque modo ipsis competere uidebatur. Nos itaque Henricus Bvrchgrauius de Stromberg. Johannes et Godefridus fratres. uenditioni et donationi predicti fratris nostri. de sepedictis bonis Ecclesie ad paradysum factis ratum et gratum adhibentes consensum. donationes de predictis bonis et resignationes eorundem. a nobis ita factas esse sicut predictum est. presentibus litteris protestamur. Ut igitur huiusmodi eiusdem ecclesie ad paradysum emptio. et nostre donationes firme perpetuis temporibus et inconuulse permaneant. et ne ipsas postmodum aut obliuio deleat. aut inportunitas ingenii malignantis infringat. Nos Conradus et Henricus Burggrauii predicti presentem paginam super eo conscriptam. et ecclesie ad paradysum traditam Sigillorum nostrorum firmauimus munimento. Nos uero Johannes et Godefridus. sigilla propria non habentes. Sigillum domini *Comitis Arnsbergensis*. *auunculi nostri*. et Sigillum oppidi Svsatiensis. una cum fratribus nostris predictis huic littere apponi petiuimus ad maiorem euidentiam. et in testimonium premissorum. Testes huius rei sunt. *Henricus Schultetus Susatiensis*. Bertoldus frater suus. Hermannus de Nehem. Theodericus vilarch. Conradus de meuichusen. Godescalcus de Brochusen. Wilhelmus de vflen. Tidericus de Berstrate. Conradus de vlerike. Walrauono de Sweue. Arnoldus Balke. Borghardus de Borgelen. Hermannus de Ole. Sifridus de hachuen. lambertus de Schedinge. Henricus de medrike. Paschasius. milites. Anshelmus. Borghardus. Arturus de sweue. Gotscalcus de Borgelen. insuper Wilhelmus preco. Waltherus de Tvnen. Bodo. Henricus vriman. Thidericus filius wilhelmi. Euerhardus de Susato. Arnoldus preco. Gerhardus et Hildegerus de megtorp. *liberi.* Preterea Adam de foro. Albertus de Osthouen. Ekkeze Hermannus collum. Arnoldus de lvnen. Seruatius. Wernherus Rethere. Hildegerus. Herbordus de keflike. Wernherus de lunen. et alii quam plures ciues Svsatienses. Datum anno domini. M°. CC°. LXIII. tertio idus Augusti.[441])

327.

1263. Sept. 4. erlaubt Erzbischof **Engelbert II.** dem Grafen **Gottfried III.** von **Arnsberg**, das Dorf **Neheim** als Stadt zu befestigen, wogegen ihm der Graf seinen Beistand gegen feindliche Angriffe verspricht.

Nach dem Original im Provinzial-Archive zu Düsseldorf.

Nos *Engelbertus* dei gratia sancte Coloniensis Ecclesie Archiepiscopus ac sacri Imperij per Ytaliam Archicancellarius, et *Godefridus Comes de Arnesberg* Notum facimus vniuersis quod nos in subscriptam conuenimus federis et amicitie vnionem ac adiutorii mutui vinculum atque pactum, Ita videlicet, quod ego prefatus comes ipsi domino meo archiepiscopo et Ecclesie Coloniensi, quam diu vixero, contra quemlibet eum aut suam ecclesiam inpugnantem seu indebite molestantem assistam viriliter et potenter, ad quod me obligaui fide

---

[441]) Die Siegel hängen an rothen seidenen Strängen, zuerst das des Grafen von Arnsberg, welches größtentheils abgefallen, dann die der Burggrafen Conrad (Taf. 3. Nr. 2.) und Heinrich, zuletzt das der Stadt Soest. Jene in weißem, dieses in grünem Wachse. Die Urk. ist schön geschrieben. Burggraf Heinrichs Siegel ist ganz so geformt wie das seines Vaters Conrad, (Taf. 3. Nr. 1.) aber ohne Rücksiegel. Er war nicht Herr zu Rüdenberg, wie sein Vater.

prestita corporali, Exceptis tamen venerabili patre domino *Simone Paderbornensis Ecclesie Episcopo* domino *Engelberto Comite de Marcha*, consanguineo meo, *Genero meo domino Bernhardo Seniore de Lippia* et *Bernhardo Nato ipsius* dominis ac nobilibus, Item exceptis *genero meo domino Henrico Comite de Waltegge* et viro Nobili *Ottone de Rauensberg*, contra quos honore meo saluo procedere non possum. Nos vero Archiepiscopus predictus *de nostrorum consilio fidelium* dicti comitis obsequii obligationem taliter nobis factam pie respicere cupientes, ne tanti videamur beneficii ingrati, ipsi indulgemus ac concedimus liberam facultatem *ut de villa sua Neyhem oppidi faciat munitionem*, ad quod ei operam adhibebimus efficacem. Saluo tamen nobis, quod huius oppidi structuram nullatenus inchoabit nisi elapsis quatuor septimanis post diem beati Michaelis proximo nunc instantem. Et si nobis videtur, quod dicta structura esset nobis et ecclesie nimium honerosa, tunc dicto comitj in horum recompensationem dabimus quadringentas marcas, de quibus ipsum certificabimus per plenam fideiussoriam pactionem infra quatuor septimanas proximas post diem beati Michaelis. Quarum quidem quadringentarum marcarum ducentas eidem soluemus in festo beato Walburgis, quod est initium Maij. Et reliquas ducentas in festo beati Remigij subsequentis. Si vero huius certificationem pecunie infra terminum prenotatum ipsi comiti non faceremus, vel circa hoc essemus negligentes, extunc immediate eidem comiti liberum erit predicti oppidi facere structuram ex libera nostra voluntate et coadiutorio iam premisso. Dicto etiam comiti promittimus, quod eidem de vnoquoque ipsum indebite impugnante infra spacium vnius mensis fieri procurabimus ad ipsius requisitionem iusticiam expeditam. Et si quis predictorum a sua iniuria desistere noluerit, tunc dicto comiti in iuris sui prosecutione fideliter assistemus contra ipsum, qui iusticiam denegaberit. Excipimus tamen venerabiles patres dominum *Gerardum Monasteriensem*, dominum *Simonem paderbornensem*, et dominum *Baldewinum Osnaburgensem* Episcopos; Item excipimus dominum *Ottonem de Nassowa*, *Bertoldum de Büren* et Bertoldum natum ipsius viros nobiles, contra quos ipsi comitj nullum prestabimus ad iutorium vel iuuamen. Ego vero predictus comes et mei heredes, si nos huius contigerit facere oppidi structuram, nullatenus recipiemus seu colligemus in dicto oppido ad commorandum homines predicti domini nostri Archiepiscopi vel homines castrensium aut Ministerialium suorum. Nos vero prefati . . Archiepiscopus et . . Comes protestamur omnia premissa et singula esse vera. Et in horum testimonium et firmitatem presentem litteram nostris et venerabilis patris domini *Simonis Episcopi paderbornensis* ac Theoderici domini de Valkenberg sigillis duximus roborandam. Actum et Datum Colonie IIII° nonas Septembris anno domini M° Ducentesimo Sexagesimo Tercio.[433])

328.

1263. Nov. 22. verzichten Goswin von Rüdenberg und seine Söhne, zu Gunsten des Grafen von Arnsberg auf den Berghof zu Hüsten.

Nach einer Abschrift in der *Farrago Gelenii* T. 7. p. 18.

Wy here Gosowin von dem Rodenbergh Ritter ont Godart vnd Hencke mein Sohne doit kundt allen guden luiden, vnd bekennet offenbair in diesem brieue, dat wy mit gudem Willen vnß inde vnß rechte Eruen, dar die namen eigen, hebt vpgelaitet vnd vplaitet in diesen brieue vnsern Herrn dem Edelen Herrn Herrn Godarde Grauen zu Arnßbergh Inde seinen Rechten Eruen den Eigendoim des Gudes geheiten die Berghoff mit allen thobehorigen geleigen ihme Dorpe to Hustene, vnd deß to Vrkunde vnd Vestinge hebbe wy vnß Ingesiegele sementliche an diesen brieff gehangen. Datum anno Domini millesimo Ducentesimo sexagesimo tertio ipso die Cicilie Virginis.[434])

---

433) Von den an der Urkunde gehangenen 4 Siegeln ist das 1ste und 4te abgefallen. Das des Bischofs Simon und des Grafen Gottfried sind noch vorhanden. Die Urk. ist abgedruckt bei Meyer in Wigands Archiv B. 6. S. 236.

434) Die Urkunde ist offenbar entweder eine Uebersetzung des lateinisch gewesenen Originals oder doch sehr fehlerhaft copirt. Sie ist auch abgedruckt bei Meyer in Wigands Archiv B. 6. S. 240.

329.

1263. verzichtet die Abtissin **Agnes** mit dem Convent zu **Meschede**, zu Gunsten des Grafen **Gottfried III.** von **Arnsberg**, auf ihre Ansprüche an dem Schlosse und der Stadt **Eversberg**.

Nach dem Orig. im Provinzial-Archive zu Düsseldorf.

Nos *Agnes* dei gratia Abbatissa totusque tam Canonicarum quam Canonicorum Conuentus ecclesie *Meschedensis* Protestamur et notum facimus vniuersis, quod cum inter nos ex parte vna et virum nobilem *Godefridum Comitem de Arnesberch* ex altera super *area Castri Euersberch et oppidi adiacentis*, quam nostrum et ecclesie nostre Meschedensis esse diximus, questionis materia aliquamdiu ventilata fuisset, tandem nos abbatissa de plena voluntate et consensu totius nostri conuentus, nec non et *maturo fidelium ac officialium nostrorum accedente consilio*, in subscriptam conuenimus cum dicto Comite compositionis vnionem, ita videlicet, quod ob dilectionem, quam nos et noster Conuentus eidem Comiti et suis heredibus gerimus, omni cause siue impetitioni, quam in ipsum Comitem vel heredes suos occasione dictarum municionum seu alias quocunque modo habuimus, uel habere videbamur pure per omnia renunciamus, eundem Comitem et iam dictos heredes suos solutos de tali culpa et liberos spontaneis ac sinceris cordibus dimittentes. Idem vero Comes in huius nostri fauoris sibi a nobis impensi recompensacionem, ne tantj beneficij ingratus videretur, triginta marcas denariorum nobis et ecclesie nostre assignauit, pro quibus *curtem suam in Waldene* sub ea pensione, que sibi ex ipsa curte singulis annis solui consueuit, nobis titulo pignoris obligauit, domina *Alheyde Comitissa* vxore sua et heredibus suis vniuersis consenscientibus in idipsum, saluo semper eisdem et suis heredibus ipsam curtem redimendj, quando placuerit, pro dicte pecunie quantitate. Porro pensio curtis prefate talis est. Decem maldra auene et quatuor maldra siliginis annuatim, jtem duo porci et due oues, ita quod vnumquodlibet ipsorum animalium *ad valorem vnius solidi denariorum* estimetur. In cuius rei testimonium presentem litteram sepefatis Comiti et suis heredibus condonauimus, nostri et conuentus nostri sigillorum munimine roboratam. Nomina canonicorum nostrorum huic facto presencium subnotantur. Albertus plebanus in Volmedhe vicem tunc gerens decanj, Cornelius de Herreke,

Hildewardus *rector scolarum in Meschede,* Ecbertus in Remelinchusen, Weremarus in Esleue, Mathyas in Mesthe, Florinus de calle, Godefridus de Meschede plebanj. Hermannus sacerdos. Item presentes aderant officiales dicto ecclesie nostre, amelungus videlicet *dapifer,* Conradus de Vlsbeke milites, Johannes *mareschalcus,* Sifridus de Meschede, Sifridus natus ejusdem et alij quam plures. Datum et actum Anno Incarnationis dominice Millesimo Ducentesimo Sexagesimo tercio.[433])

330.

1264. bekundet Graf Ludwig von Arnsberg, dem Pastor von Hüsten, dem in der alten Stadt Arnsberg seine Register verbrannt waren, von neuem alle Rechte und Besitzungen in den nachbarlichen Marken und vermehrt solche mit neuen.

Nach einer alten Handschrift im Archive der Freiheit Hüsten.

In den Jaren do man schreff dusent twehundert veer vndt sestych iar, so bekenne ich greue Lodewich, dat dat register verbrandt wort der Kerken to husten vndt des Pastoirs in der olden staidt to Arnsperg in Henrich hoen forsten huiß vmb bede willen deß Pastoirs van Husten hern Euerdes van deme Rodenberge so hebbe ich greue Lodewich vor sambt mynen Broder Juncker Johan van Arnsperg vndt dey von deme Rodenberge vndt mynen rait vndt den Pastoir van Husten vndt dey Eruen van Husten Houelude vndt buir by namen her bernt van Wichelen Johan van Husten vndt Sander Prinß den olden vndt den schulten van Brockhusen vndt den schulten van Osteruelde vndt den schulten van Habbele vndt hebbet dat register wedder gemaket, also dat dey olde her Jonitas heuet gegeuen mitt vnß allen willen vor syne seyle vndt syner olderen seyle alle syn recht dat he hadde in der Marcke tho husten ein schair ampt vndt

---

[433]) An der Urkunde hiengen die Siegel der Abtissin und des Stifts Meschede; das erste ist abgefallen. Ein Abdruck der Urk. findet sich bei Meyer in Wigands Archiv B. 6. S. 238.

ein dertig vndt ein vertig swinen tho Eckeren alle Jar, et sy full oder halff vndt veer tein Morgen Landes ouer der Roiren veer op der Roiren an einem plasse Dick so hebb ich greue Lodewich vmb bede willen Jonitas hern Jonitas sonne vnd Loerken syner Hußfrowen vndt des Pastoirs alle iar gegeuen veer schillinge geldes vthe dem gude by dem Kerchoue to die luchten sieden dar man van dem Kerckhoue geyet to Rehm dar dey weg henne geyt tuschen dem gude vndt dem Kerckhoue darin brechteken oppe wonet twe schillinge vp sunte Mertius dach vndt twe schillinge vp Mendel dach oick geue ich greue Lodewich dem Pastoir twe swyne to Eckeren in dey Eimer marck, deß sall dey Pastoir dem buyr geuen alle iar seß penninge to bekenndtnuße oick geue ich greue Lodewich ein selff drifft dem Pastoir wat he seluen genoeden kan oick so bekenne ich greue lodewich dat Johan van Husten tho der seluen tydt do wy dat register makeden dat he da gaff ein guet tho broickhusen dat alle iar sall doin deme Pastoir tein scheppel haueren ein scheppel roggen ein scheppel gersten vndt veir hönner ledig fry besettinge vndt Entsettinge oick so gaff Johan van Husten ein guet Muschede ledig vndt fry besettinge vndt Entsettinge dar ein pastoir alle iair vit hebben (sall) twe malder haueren twe schillinge iiij honer oick so gaff Johan van Husten ein guidt tho der Asbecke einem pastoir dar he vit hebben sall twelff penninge vndt ein punt wasses vndt veir honer vndt besettinge vndt Entsettinge.

331.

1264. in der Woche nach dem 28. Dec., bekennen Bürgermeister und Rath zu Brilon, daß Johann von Piscina (Brilon) dem Kloster Bredelar Güter zu Rösenbeck verkauft habe.

Nach dem Original im Archive des Klosters Bredelar.

Nos consules in *Brilon* litterarum presentium tenore declaramus quod *Johannes* dictus *de piscina* coram nobis et coram domino *Lamberto plebano nostro* et *Suickero* milite et *Olrico* fratre eius consanguineis suis et coram iudice nostro *Hermanno* de *Sumerde* et Godefrido de medebike et Johanne dicto pings uenerit et aliis quam pluribus uiris honestis publice protestabatur, quod quedam bona sita in villa *Rosbike* cum duabus areis et cum omni integritate ipsorum bonorum de cousensu heredum suorum pro quadam summa pecunie domino Abbati et suo conuentui in *Breydelar* uendiderit in pace perpetua possidenda. Insuper ipsam pecuniam uidelicet septem marcas . . . . pro una area cum agris sibi pertinentibus et pro altera duas marcas cum agris ad eandem pertinentibus sibi integraliter solutam asseruit protestando, nec Abbatem nec conuentum in Bredelar sibi in pacto aliquo uel debito obligatos, et quia huius rei testes sumus cum uiris supra notatis ad habundantem cautelam et litem precauendam propter petitionem utriusque partis ipsis in testimonium omnium presentes litteras oppidi nostri sigillo duximus roborandas, facta est hec protestatio Anno dni M°. CC°. LX°. quarto. in octaua sanctorum innocentium.[456])

332.

1265. Febr. 2. schenkt Conrad III. von Rüdenberg dem Kloster Welver das Eigenthum von sechs Morgen Land bei Clotingen.

Nach dem Original im Archive des Klosters Welver.

Noverint uniuersi — quod Nos *Conradus de Rudenberg*, de consilio amicorum nostrorum, proprietatem sex jugerum sitorum iuxta Clotinche contulimus Ecclesie in Weluere — Hec sex jugera Nicolaus de Birstrata a nobis tenuit et Ecclesie prefate pro quadam summa pecunie vendidit et nobis — resignauit. — Acta sunt hec *in Domo magistri Hermanni physici iuxta sanctum Patroclum in Susato*. Presentes erant — Datum anno dni M°. CC°. LX°. quinto. post purificationem beate viriginis Marie.[457])

---

[456]) Das große alte Briloner Stadtsiegel hängt in weißem Wachse an der Urkunde, welche kaum noch einmal so groß ist, als das Siegel. (Taf. 6. Nr. 4.)

[457]) An der Urkunde hängt das bekannte Siegel Conrads. (T. 3. Nr. 6.)

333.

1265. bekundet Abtissin **Agnes** zu **Meschede**, daß sie mit Bewilligung des Convents zum **Paradiese**, dem Kloster **Benninghausen** Güter zu **Stederdorp** geschenkt habe.

Nach einem Copiarium des Klosters Benninghausen.

In nomine sancte et indiuidue trinitatis *Angniza* dei gratia *Abbatissa meschedensis* constituta totusque conuentus eiusdem loci notum sit omnibus tam presentibus quam futuris Quod nos de consensu communi *ecclesie in paradiso* damus et in perpetuum concedimus quedam bona ecclesie nostre pertinentia et resignamus ei de prefatis bonis *omnem nostram proprietatem* saluo *iure nostro quinque scilicet solidorum annua pensione* que pensio singulis annis soluenda est nobis in die dominico ante Ascensionem domini Sita autem sunt hec bona in villa que *Stederdorp* nominatur vt autem hoc scriptum a nobis super hoc confectum maneat inconuulsum presentis pagine testimonio memorandum inseruimus. Et ecclesie nostre Sigilli appensione duximus corroborandum huius rei testes sunt *Alheidis comitissa in Arnesberg* Conradus de musenbika camerarius, Sifridus crux et alij quam plures. Acta sunt hec Anno gratie M° CC° LX° V°. regnante domino Iesu in secula seculorum Amen.

334.

1266. April, 2. entscheidet **Arnold Marschall von Westfalen** einen Rechtstreit zwischen **Arthur von Sweve** und **Rudolf Gotho** über Güter zu **Sweve**.

Nach dem Orig. im Archive des Klosters Delinghausen.

Nos *Arnoldus marescalcus Westfalie*. Consules quoque ac vniuersi ciues opidi *Susatiensis*. Omnibus hoc scriptum visuris, Notum facimus, presenti scripto publice protestantes. quod mota questione inter *Artusum de Sweue* ex parte vna, et *Rodolfum* dictum *Gotho* Ciuem Susatiensem ex altera super eo videlicet quod idem Artusus inpetebat eundem Rodolfum super bonis ipsius R. in villa Sweue sitis. videlicet super curte. molendino. et super vniuersis attinentiis eorundem. proponens contra eum quod cum auus suus eadem bona quondam dicti Rodolfi progenitoribus vendidisset, de pecunia inde danda viginti marce remansissent residue, non solute. quos sibi petebat ab eodem Rodolfo solui et assignari. Predicto vero Rodolfo dicente, quod de prefatis bonis deuolutis ad ipsum a suis progenitoribus que multis annis in quieta possessione habuerat, eidem Artuso in nulla pecunia teneretur. Cumque de inpetitione artusi predicta se deberet ac paratus esset expurgare idem Rodolfus sicut ordo juris dictauerat. Idem artusus prestandum ab eo iuramentum sibi sponte ac voluntarie relaxauit. Atque omnis discordia que vertebatur inter eos hinc et inde, super premissis, de consilio amicorum partis vtriusque totaliter sopita quieuit. et intercessit plena ac integra compositio, *pacis osculo confirmata.* Ita sane quod dictus artusus tam pro se quam etiam pro vxore ac pueris suis absentibus, et lambertus filius eius primogenitus qui presens aderat, ab inpetitione predicta finaliter cessauerunt. Dimittentes sepedictum Rodolfum, et pueros eius, cum vniuersis bonis eorum, ab omni genere inpetitionis. *quod vel lingua loqui vel mens excogitare posset,* liberos perpetuo et solutos. In cuius rei testimonium hanc litteram super eo conscriptam nos ad petitionem partium vtrobique sigillorum nostrorum fecimus inpressione muniri, in robur et stabilimen perpetue firmitatis. Presentes erant. Bertoldus dnus de Buren senior. Bertoldus filius eius, viri nobiles. *Henricus scultus Susatiensis.* Bernardus de ludinchusen. *Rodolfus aduocatus de Gesike.* Herbordus de heldene. Renherus de snedorpe. Bernhardus de holthusen. paschasius. Arnoldus Balke. milites. Bodo de Berghusen. (Bgh.) hildegerus de heruordia. et Godescalcus de Wiginchusen. tunc magistri Burgensium. Radolfus de aquis. Widekindus. hildegerus. albertus de palsole. henricus vrloge. albertus *de ferrea manu.* ludolfus de Stengrauen Conradus Eckehardi. henricus allant. Robertus de foro. Johannes trolleman. Seruatius. albertus pilegrimi. Andreas eppinc. henricus de hellewageno. Johannes de kywe. Bruno de Bogge. Albero de lippia. hermannus rufus. Johannes de Sunhere. Rotbertus stikelint. helmwordus. herbordus de arenosa via. hermannus de Benekinchusen. herbordus de Effle. Johs de puteo. helmicus de Bekehem. albertus de mulinchusen. henricus Twebrot. Conradus de Broke. Johs Iassac. tunc

27

Consules susatienses.[458]) Item Godefridus longus. Johannes calecop. Gerhardus de lunen. Henricus miles. henricus lipo. Detwordus frater eius. Johs de wedinchusen. Gerwinus de lunen. Conradus preco. albertus preco. Philippus dictus schylline. et alii quam plures ciues Susatiens. Acta sunt hec anno dominice incarnationis. M°. CC°. LX°. sexto. IIIIto. Nonas Aprilis.[459])

335.

1266. April. 8. giebt Otto von Everstein, dem Kloster Wormelen, das Patronatrecht über die Kirche zu Heddinghausen.

Abgedruckt in Spilckers Beiträgen B. 2. Urk. Nr. 138.

Otto dei gratia *Comes de Euersten* vniuersis — notum esse cupimus quod Patronatum Ecclesie in *Heddinchosen* cœnobio Wormelon — contulimus, cuius proprietas ad nos spectare videtur — Testes — sunt. Heinricus Archipresbyter sedis Witmar. *Hermannus Rector scolarum in Volcmersen*. Ernestus miles de Howede. Helwicus Scultetus de Wartberch. Borchardus de Lechtenuels. Rudolphus de Berekem. Alexander de Twiste. Gotfridus de Helsen et Borchardus Benuilt et alii quam plures. Acta sunt hec in Volcmersen VI° Idus Aprilis Anno Domini MCCLVI°.

---

458) Also 3 Bürgermeister und 31 Mitglieder des Raths. Vergl. die Urk. Nr. 313.

459) An der Urk. hängen 2 Siegel; beide an dicken rothen, zu Strängen zusammengedrehten, baumwollenen Fäden. Das des Marschalls ist in weißem Wachse abgedruckt, stellt in einem einem Herzschilde oben einen breiten Querbalken und von diesem heruntergehend 3 ablange Balken dar. Es hat die Umschrift: Sigillum Arnoldi Marscalci Westfalie. Das bekannte große Stadtsiegel von Soest, ist in grünem Wachse abgedruckt.

336.

1266. April. 20. verkauft Graf Gottfried III. von Arnsberg, dem deutschen Orden das Eigenthum des Hofes zu Mülheim.

Nach dem Original im Archive der Commende Mülheim.

In Nomine Sancte et Indiuidue Trinitatis Amen. Godefridus Comes et Alheydis Comitissa de Arnesberch vniuersis Christi fidelibus has litteras intuentibus in perpetuum. Vt omnis in posterum dubietas amputetur presentium testimonio litterarum cum nostrorum appensione sigillorum protestamur, recognoscimus et notum facimus tam presentibus quam futuris, quod nos maturo accedente Consilio Castrensium ministerialium ceterorumque amicorum nostrorum nec non et de plena uoluntate et consensu liberorum nostrorum videlicet Godefridi. Frederici. Ludewici. Johannis ac de aliorum heredum nostrorum omnium pleno et voluntario consensu a fratre Theoderico de Vilarich et a fratre bernhardo Christi militibus receptis XXVI marcis denariorum proprietatem Curtis in Mulenhem, quam curtem Theodoricus uir nobilis de Velmantstene tenet a nobis, cum vniuersis bonis in eadem Villa Mulenhem sitis eidem curti attinentibus cum Molendino, judicio, aquis, piscaturis, pascuis, pratis, rubetis, agris cultis et incultis ac omni fructuum utilitate nec non et cum omnibus attinentiis fratribus Beate Marie et Christi militibus domus teutonice terre transmarine contulimus et conferimus in hiis scriptis pleno Jure in perpetuum obtinendum recipientes in concambium pro proprietate ejusdem curtis in Mulenhem bonorum in Anrochte proprietatem ab hermanno milite de witthene, que bona Jwanus et nati sui ab eodem hermanno tenere dinoscebantur. Datum et Actum in Arnesberch, anno Incarnationis dominice Millesimo Ducentesimo Sexagesimo sexto tercia feria ante festum beati Georgii martyris. Regente Coloniensem ecclesiam Engelberto.[460])

---

[460]) An der Urkunde hängt nur noch das Siegel des Grafen Gottfried in weißem Wachse und an weißen Zwirnsträngen. Das andere ist abgefallen. Die in der Urkunde vergessenen Zeugen, sind auf einem beigefügten Blatte folgendermaßen bemerkt: Quando Dominus Comes de Arnesberch et Comitissa et heredes ipsorum proprietatem bonorum in Mulenhem militibus Christi transmarinis dederunt, presentes fuerunt Henricus de plettenbracht, Heden-

337.

1266. April. 27. bekundet Bischof **Simon** zu **Paderborn**, die gütliche Beilegung des Streits zwischen der Äbtissin zu **Gesecke** und den Bürgern daselbst, über die von letzteren zu zahlenden **Pflugpfennige**.

Nach dem Copiarium des Stifts Gesecke.

Symon dej gratia paderbornensis episcopus vniuersis hoc presens scriptum visuris in perpetuum salutem in eo qui est omnium vera salus Vt a presentibus tollatur dubium et futuris veritas elucescat, ea que geruntur in tempore scripturis autenticis roborari. Hinc est quod scire cupimus tam presentes quam posteros quod questio discordie que super *obulis de aratris* in opido ghesike annis singulis persoluendis inter venerabilem dominam, Abbatissam de ghesike et conuentum ipsius ex parte vna et burgenses predicti opidi ex parte altera fuit suscitata coram nobis amicabiliter taliter est sopita quod predicti burgenses dabunt in vna summa singulis annis perpetue duos solidos in vigilia paschali pro obulis memoratis. Et ut hoc inuiolabiliter obseruetur presens scriptum nostro et *Arnoldi tunc Marschalci coloniensis* et opidi supradicti in ghesike sigillorum munimine fecimus roborari Actum et datum ghesike Anno domini MCCLXVI° quinto kalendas maij.

---

ricus de Tunen, Godscalcus de Bruchusen, Antonius sonus, Conradus de Moninchusen, Conradus de Husthene. Conradus de Visbeke milites Reymundus notarius. Johannes de Wichlen henricus dictus hardewussh et alii plures. Die Urkunde ist mehrmals abgedruckt; namentlich bei *Stangefol* Circul. Westphal. p. 3. p. 872. und bei Meyer in Wigands Archiv B. 6. S. 240.

338.

1266. Juni. 24. errichtet das Kapitel zu Soest ein Statut über verschiedene Abgaben, welche nach dem Tode seiner Mitglieder, zum Besten der Kirche, aus deren Nachlasse, so wie über solche, welche bei gewissen Belustigungen der Schüler, zu Kirchenornamenten entrichtet werden sollen.

Nach dem Orig. im Archive des Patrocli-Stifts.

Nos *Theodericus Decanus*, et *Capitulum ecclesie Susatiensis*. Presentium tenore protestamur, et notum esse cupimus vniuersis quod nos vnanimiter in hoc consensimus et statuimus propter bonum comune et emendationem status ecclesie nostre quod quandocunqe aliquem nostrum decedere contigerit, manufideles ipsius defuncti dabunt XVIII. solidos de redditibus prebende sue annorum gratie ad ornatum ecclesie nostre comparandum. Insuper emere tenebuntur annuos redditus trium solidorum, ad agendam memoriam die obitus eiusdem defuncti singulis annis presentibus ministrandos. Item statuimus vt cum decetero scolares ecclesie nostre aliquem de nostris concanonicis in suum Epm[461]) elegerint, talis electus si adhuc fuerit infra scolas seruiat prout fieri est consuetum. Si vero emancipatus fuerit dabit septem marcas quarum due marce cedent scolaribus ad eorum ludum peragendum, quinque vero marce ad comparandum ornatum ecclesie nostre, quas custos ecclesie nostre qui pro tempore fuerit, sine qualibet contradictione cuiquam de redditibus prebende ipsius electi colliget quandocunque obtulerit se facultas. In ornatum ecclesie nostre sicut dictum est superius conuertendas. In quorum statutorum firmitatem presentem paginam super eo conscriptam sigillo ecclesie nostre fecimus communiri. Datum in die Johannis Baptiste anno domini M° CC° LX° Sexto.[462])

---

[461]) Das Wort ist schwer zu lesen.

[462]) Die Urk. ist durch Moder verdorben, das Siegel abgefallen.

339.

1266. Oct. 22. bekundet Heinrich, Burggraf in Stromberg, wie Hermann von Erwitte die Güter in Radbeck, welche er von der edlen Frau Elisabeth von Holte zu Lehn hatte, dem Kloster Benninghausen übertragen habe.

Nach dem Copiar. des Klosters Benninghausen.

Henricus burgrauius in stromberg ac vniuersi castellani commorantes ibidem omnibus hoc scriptum visuris salutem in omni saluatione. Cum ea que nunc aguntur propter casus diuersos à memoriis hominum elabantur tenore presentium tam modernis quam posteris protestamur Quod *Hermannus* miles dictus de *Eruete* cum filio suo Henrico jus feodale quod in bonis *Radebeke* sitis habuerant quod *nobilem dominam Elysabet dictam de holte* jure hereditario spectabat in manus eius ac filiorum ipsius *Henrici* videlicet et *Arnoldi* cum bona voluntate resignauerunt vnde domina prefata cum filiis suis proprietatem bonorum dictorum pro remedio anime sue contulit ecclesie in *Benckinchusen* libere et absolute perpetuo possidenda. Vt autem factum huiusmodi ratum et inconuulsum permaneat presentem paginam super hoc conscriptam sigillis nostris fecimus communiri. Testes huius rei fuerunt. Dnus Godfridus plebanus in stromberg. lutbertus sacerdos dictus de Bathenhorst dnus Arnoldus monachus quondam Campensis tunc temporis prouisor monialium in Benickinchusen. Hermannus bolike. Henricus Credo et alii quam plures. Acta sunt hec et data in die vndecim millium virginum. Anno dni M°. CC°. LX. sexto.

340.

1266. Nov. 7. versichert Heinrich v. Plettenberg Marschall von Westfalen, dem Kloster Welver seinen Schutz gegen die Bedrückungen Gerhard Klot's von Dinker.

Nach dem Orig. im Archive des Klosters Welver.

Hedenricus marscalcus Ecclesie coloniensis dictus de plettenbracht. omnibus ad quos scriptum presens peruenerit salutem. Cum prepositus et Conuentus in *Weluere* Nobis et Andree Iudici in *wirle* conquesti fuissent, quod *Gerhardus klot* de Dinchere ipsos multum indebite granasset et molestasset, videlicet equum de XXX solid. et porcum de VIII solid. eis auferendo. et famulos sibi seruientes per exactiones fugando. Idem G. a nobis et ab aliis instructus, se grauiter excessisse agnoscens, et ueniam petens, promisit coram nobis, et Andrea iudice in Wirle, quod nunquam de cetero ipse uel sui heredes prefatum conuentum in rebus uel famulis et famulabus aduenis uel incolis sibi seruientibus granaret uel molestaret. Manumissionem etiam quam domina Berta abbatissa Assindensis circa Arnoldum molendinarium in stenemo fecit. ratam habemus et approbamus. Vt autem hoc factum ratum permaneat et firmum presentem litteram super eo confectam sigilli nostri duximus munimine roborandam. Presentes erant. Godefridus de huuele. Wilhelmus de vflen. Euerhardus klot. milites. Thethardus plebanus in Dinchere. *Erenbertus maritus domine Jutte*, et alii quam plures. Acta sunt hec in cimiterio sancte walburgis in wirle. Anno dni M°. CC°. LX°. VI°. Dominica ante Martini Epi.[463])

341.

1267. Nov. 27. überträgt Theoderich von Volmestein den Brüdern des deutschen Hauses, seine Rechte an dem Hofe zu Mülheim, welchen ihnen Ritter Hermann v. Mülheim, zu seinem und seiner Frauen Seelenheil vermacht hatte.

Nach einer Abschrift des 15. Jahrhunderts im Archive der Commende Mülheim.

Vniuersis christi fidelibus ad quos presens scriptum peruenerit *Theodericus miles primogenitus de volmutstene* salutem. Ad notitiam omnium nolumus deuenire quod *Gotfridus miles dictus de Meschede* siue sui legittimi heredes nunquam a nobis siue a dilecto patre nostro *henrico* bone et felicis memorie aliquid iuris in Curte que dicitur *Mulnhem* cum vniuersis attinentiis mansis agris nemoribus receperunt. quare

---

463) Das Siegel des Landmarschalls ist in grünem Wachse abgedruckt.

dictum Gotfridum et suos heredes in supradicta Curte nichil iuris habere uel sibi competere in bonis memoratis. presentibus nostris litteris protestamur. Cum igitur *Hermannus miles de Mulnhem* cum vxore sua saluti anime sue salubriter consulendo supradictam Curtem cum vniuersis attinentiis fratribus domus teutbonicorum legauerit post obitum eorundem nos tam pro facto consensum adhibere uolentes. omne ius quod nobis et heredibus nostris in sepedicta Curte competere videtur in manus predictorum fratrum. libenti animo resignamus volentes eosdem dicta bona quiete ac pacifice perpetuo possidere. Ne vero aliquis in posterum factum nostrum infringere valeat uel mutare sepedictis fratribus presentem litteram dedimus sigilli nostri munimine firmiter roboratam. Datum et actum apud volmutstene Anno domini M°. CC°. LX°. Septimo in prima dominica aduentus domini.[464])

342.

1267. Dez. 19. bekundet Graf Gottfried III. v. Arnsberg, daß Wichard v. Ense, auf Güter zu Mosthoven in der Pfarrei Welver, zu Gunsten des Klosters Rumbeck verzichtet habe.

Nach dem Orig. im Archive des Klosters Rumbeck.

In nomine sancte et indiuidue trinitatis. Nos *Godefridus comes de arnesberg* omnibus xpi fidelibus presentem paginam inspecturis salutem in perpetuum. Nouercari solet ignorantia veritati. et litigandi seminarium parit obliuio. nisi per memoriale scripti rerum memoria perpetuetur. Nouerint igitur vniuersi christi fideles tam futuri quam presentes. quod *wighardus de ense gener vdonis militis de elsepe* bone memorie. et sophia vxor ipsius. Elyzabeth quoque vxor prefati vdonis militis henricus filius eius et elyzabeth filia eiusdem coram nobis apud arnesberg constituti *bona mosthouen* in parochia weluere sita. que idem vdo miles ab ecclia in Rumbeke tenuit in pignore pro viginti quinque marc. denariorum legalium

---

[464]) Ein fehlerhafter Abdruck dieser Urk. findet sich in *Stangefol* Circ. Westph. L. 3. p. 370.

quibus sibi et personis supra scriptis persolutis libere et quiete duxerunt resignare. nec de cetero quicquid iuris habere dixerunt in eisdem. presentes fuerunt wigandus prepositus in wedinghusen. Godefridus prepositus de olinghusen. Krenbertus de eghenghusen sacerdotes. *Conradus nobilis vir de Rodenberg. Hermannus nobilis vir de ardeya. Ludewicus de arnesberg comes junior. Henricus nobilis vir de holthe.* Hunoldus de odinghen. hermannus de neyhem. Conradus de hustene. Hermannus de bynole. Hermannus de moldesborne. Johannes dictus ryse, Conradus de ense. Antonius dictus Wrede tunc dapifer in arnesberg milites. Hermannus de neyhem. Conradus de eruethe. Rutherus de hustene. henricus de bokenuorde. Lubertus de Hustene. Hermannus dictus quatterlant. Preterea Henricus de berichfrede magister consulum in arnesberg. *Theodericus monetarius.* Henricus de Hustene. Gerardus sconeweder. Hermannus clericus zydenbecker. Rutgherus gudenborg. Conradus *vinitor*. Gerewinus frater ipsius burgenses in arnesberg et alii quam plures. Ne uero alicuius in posterum hoc factum coram nobis actum irritare valeat calumpnia presentem paginam jussimus conscribi nostro sigillo et sigillorum dni wigandi prepositi et dni Godefridi prepositi de Olinghusen munimine roboratum. Datum anno. M°. CC°. LXVII. proxima feria secunda ante festum beati thome apll.[461])

313.

1268. Mai. 6. schenkt Conrad III. Burggraf von Rüdenberg, dem Kloster Welver eine Hörige aus seiner Grafschaft.

Nach dem Orig. im Archive des Klosters Welver.

Conradus Burggrauius de Rudenberg omnibus has litteras percepturis in perpetuum. Presentium tenore protestor et notum esse cupio vniuersis tam posteris quam modernis quod cum

[461]) Die Siegel hängen an rund geflochtenen leinenen Schnüren. Das des Grafen von Arnsberg ist parabolischer Form, in grünem Wachse abgedruckt. (Taf. I. Nr. 8.) Das Siegel des Probsts v. Wedinghausen in weißem Wachse, stellt einen am Altartische stehenden Priester, das des Probsts v. Oelinghausen einen sitzenden h. Peter dar.

Gertrudis filia olberti et *xpine de vleyine in men fuisset residens aduocatia* ego omne ius quodcumque michi competebat seu competere videbatur in eadem Gertrudi et in pueris eius tam genitis quam generandis ratione aduocatie et alia quacunque ratione, cum consensu et bona voluntate vxoris et heredum et aliorum amicorum meorum *eclesie in Weluere* contuli libere et absolute. recedens ab omni jure quod habui in eadem. In cuius rei testimonium presentem paginam super eo conscriptam sigilli mei feci inpressione muniri. Actum et Datum. II. Nonas maij. anno domini M°. CC°. LX octo.[406])

344.

1268. beurkundet Äbtissin Agnes zu Meschede, den Erwerb von Gütern zu Laer und Druvelde bei Eversberg, für das Stift.

Nach einer alten Abschrift in der Urk. Sammlung Seibertz-Wildenberg.

Agnes dei gratia *Meschedensis Ecclesie abbatissa* vniuersis presentem paginam visuris salutem in auctore salutis Cum coluber tortuosus parentes primos pervicus (?) maledictionis deinde totam humani generis propaginem sauciauit adeo vt adhuc homo sue noctis tenebras non dijudicans cum exiguo irretitus munusculo pronior sit justitiam deprauare quam fideliter defensare restat vt que geruntur ne in obliuionem decurrant lingua testium et litterarum fulcimento solent perhennari. Notum igitur esse cupimus tam futurorum quam presentium industrie quod *Alheidis* olim nostre Ecclesie Thesauraria pro eterne salutis brauio bona quedam a *Bernolfo dicto de Lare* nostro camerario ad vsus nostrarum prebendarum communes comparauit, quorum pars in *villa Lare* sita est sefo maldera soluens avene quod vulgari sermone *thintlose* nuncupatur, verum altera pars dictorum bonorum in *Druvelde ante oppidum Euersberg* sita duo maldera auene malderum ordei et malderum siliginis soluit, que bona jam fata idem bernolfus vna cum vxore sua sophia ac vniuersis suis heredibus

---

[406]) Das Siegel des Burggrafen (T. 3. N. 2.) ist in grauem Wachse abgedruckt.

coram nobis libere resignauit. Igitur vt hoc factum stabile et inconuulsum permaneat et ne quis lingua toxicata in irritum reuocare presumat testium subscriptione ac sigillorum appensione, tam nostri quam nostre Ecclesie dignum duximus roborandum. Testes sunt preposita Beatrix ipsius thesaurarie soror *dna Beatrix de Grascap,* Dna de Leigtenstein, Dna Clementia, Dna Cunegundis de Lon, plebanus Ecbertus de remblinghusen, Godefridus de Ecclesia, Florinus plebanus de Calle, Hildewardus, Hermannus, Theodoricus, ramundus, sacerdotes. Conradus de visbeke, Amelungus dapifer, Erenfridus de budeufelde milites, Hermannus de Horst, Gobelo bune, Bernhardus skelhase, Sifridus skoke et suus filius Siffridus. Thidericus *vinitor* famuli et alii quam plures. Datum et actum anno domini M. CC. LXVIII.[467])

345.

1269. Febr. 25. bestimmt der Richter Radolf de Aquis zu Soest, die Competenz des Freigerichts über Freigüter.

Nach dem Orig. im Archive des Klosters Welver.

Nos *Rudolfus de Aquis judex Sosatiensis,* vniuersis presentem paginam inspecturis, vtriusque vite salutem. Tenore presentium protestamur, quod cum Albero de Smidehusen inhibitionem fecisset, Alberto preposito et conuentui in Weluere de emptione quorundam bonorum sitorum in Smidehusen, asserens se et sororem suam duas partes in prefatis bonis hereditario iure habere. vnde prefatus Albertus prepositus. dictum Alberonem coram nobis conueniens, fecit inquiri in sententia. *ubi eidem Alberoni stare iuri deberet, cum dicta bona essent libera. et responsum ei fuit, sicut iuris ordo exigit, quod ante sedem liberam,* vt autem predictus Albero ad prosequendum ius suum ante sedem liberam, et ante liberum comitem, videlicet Scredere de alen. absque metu vite et rerum secure venire posset. dictus Albertus prepositus, tutum ei conductum spopondit. Qui rennuit et in sua iniusta inhi-

---

[467]) An der Original-Urkunde haben die Siegel des Stifts und der Abtissin gehangen.

bitione sicut multis presentibus honestis et discretis viris visum est, perseuerauit. Presentes et testes. Johannes de Wedinchusen. Arnoldus de Lunen magister Burgensium. Albero de Tunne auunculus predicti Alberonis. hinricus de winden. hinricus twebort. Conradus de saltkoten. Goschalcus de Wihinchusen. Albertus de palsole. Swederus faber. frater hinrici magistri. et alii quam plures. vt autem premissa rata permaneant et firma. presentem literam super his confectam. sigillo nostro jussimus roborari. Acta sunt hec anno domini M°. CC°. LX. IX°. crastino Mathie apli.[465])

346.

1269. März. 5. schenkt Graf Gottfried III. v. Arnsberg, dem Kloster Welver das Eigenthum von Lehngütern in Clotingen, welche ihm von den Lehnträgern v. Hüsten, Neheim u. Holte, zu Gunsten jenes Klosters aufgelassen waren.

Nach dem Orig. im Archive des Klosters Welver.

In nomine domini. Amen. *Godefridus dei gratia Comes Arnesbergensis*. vniuersis xpi fidelibus ad quos presens scriptum peruenerit in domino salutem. Tenore presentium protestamur recognoscimus et notum facimus presentibus ac futuris. quod cum *petrus de husthene* bona quedam. videlicet domum vnam et casam sitam in *clothinche* cum omnibus suis attinentiis in pratis. agris cultis et incultis. et Rubetis. *hermanno militi de Niehem* a quo dicta bona in pheodo tenuerat. de pleno consensu vxoris sue. ac omnium legitimorum heredum suorum pro quadam certa summa pecunie vendidisset. et vendendo dicto hermanno *coram iudicio nostro in Arnesberg* cum suis heredibus resignasset. a suo iure penitus recedens. et dictus hermannus miles de Niehem. prefata bona sita in klothinche cum omnibus suis attinentiis ut dictum est. de pleno consensu vxoris sue. Johannis militis. et hermanni filiorum suorum. et ceterorum heredum suorum. pro nonaginta marcis

---

[465]) Das Siegel des Richters hängt an einem abgeschnittenen Pergamenstreif in weißem Wachse.

sosaciensis monete vendidisset ecclesie et conuentui in weluere ordinis cysterciensis. sepedictus hermannus de Neihem cum suis heredibus ut premissum est. accedens ad dominam suam. *dominam Elyzabeth de holthe.* et *hinricum filium eius.* a quibus dicta bona in klothinche in pheodo tenuerat. Ipsis eadem bona resignauit. prefata uero domina. Elyzabeth de holthe. et H. filius eius. de consensu heredum suorum. jam sepedicta bona sita in klotinche. nobis a quo hec bona in pheodo tenuerant, reddiderunt resignando. Nos itaque circa prefatam Ecclesiam et Conuentum in weluere. et sanctimoniales ibidem deo famulantes. pium gerentes affectum. proprietatem predictorum bonorum sitorum in klotinche. et omnium pertinentium ipsorum. *de permissione Aleydis uxoris nostre. Frederici. Johannis. Ludewici filiorum nostrorum.* ac omnium heredum nostrorum liberaliter sibi contulimus. pleno jure in perpetuum obtinenda et possidenda. Pro quorum quidem recompensatione bonorum proprietatem vnius domus site in hilbeke. nomine *tor wisch.* a dicto hermanno milite recepimus. et ipsi eandem domum cum suis attinentiis in pheodo duximus concedendam. et exinde nobis ipse H. et sui heredes erunt in perpetuum homagio fidelitatis astricti. Domine uero Elyzabeth de holthe et filio eius H. sepedictis. H. de Neihem pro recompensatione predictorum bonorum sitorum in klothinche dedit duas domus sitos in *rune* iuxta *bremam.* quas eidem H. represtauerunt. ut in ipso hominium reseruarent. et sic petrus cum suis heredibus, H. de Neihem cum suis heredibus. et domina de holthe cum suis heredibus. a jure suo quod in bonis sitis in klotinche habuerant. penitus recesserunt. In cuius venditionis. resignationis. et nostre collationis testimonium hanc litteram super his confectam. sigilli nostri munime jussimus roborari. Petiuimus insuper ad maiorem omnium predictorum euidentiam presenti littere sigillum domini Godefridi thesaurarii et viceprepositi sosaciensis apponi. Acta sunt hec anno dni M°. CC°. LX°. IX. Tercio nonas marcii. primo in Sosato. presentibus Rotgero de Elsere. hinrico de volmutstene. hedenrico de plettenbracht. vdone de afflen aduocato. Antonio Wreden. hermanno precone et judice. hinrico de pikenbruke. Gerhardo de lunen. Alberto de palsole. et aliis quam pluribus. Secundo ubi terminatum fuit *in Arnesberg in aurea caminata.* presentibus domina Comitissa. et pueris suis predictis. F. Jo. et Lu. boymundo notario. et plebano in brema. Giselero clauigero de aldendorp et aliis quam pluribus.[469])

---

[469]) An der Urk. hängen noch beide Siegel; das des Grafen Tab. 1. N. 8. Aus der aurea caminata in Arnsberg, ist auch noch eine andere

347.

1269. Mai. 26. bekennen Bürgermeister und Rath zu Brilon, daß sie dem Kloster Bredelar, wegen der Tödtung Gottfrieds von Huckerde und Franco's, so lange jährlich eine Mark Pfennige zahlen wollen, bis sie demselben eine gleich starke andere Rente werden verschafft haben.

Nach dem Original im Archive des Klosters Bredelar.

Vniuersis presentem litteram inspecturis, *Consules in Brylon*, cursum prosecutis uite felliciter consumare *et cum christo perpetuo conregnare*. Quia res gestas plerumque nubes obliuionis solent inuoluere, decreuit ea discretorum sollercia, scriptis, sigillis et testibus perhennare. Nouerint igitur presentes et futuri, quod in conpositione que de interfectione *Gothfridi de Hukerde* et *Franconis*, per nobiles et prudentes uiros rationabiliter ordinata est, taliter tractatum et firmiter promissum est, quod nos exemplo uiri fortissimi iude, qui securus de resurrectione, pro hiis qui ceciderant, largas elemosinas iherosolymam misit, in spem retributionis eterne, monasterio in *Breydelar* dabimus annuatim omni scrupulo contradictionis et excusationis excluso, in festo beati Martini marcam legalium denariorum, quousque prelybate monasterio redditus comparemus equipollentes, jta ut memoria iam dictorum, G. et F. apud fratres sepedicti monasterii in anniuersario ipsorum, quod est in festo apostolorum Phylyppi et Yacobi perhenniter habeatur. Et quia sigilli nostri copiam ad presens habere non potuimus, presentem literam sigillorum *Thesaurarii Sosatiensis Ecclesie pastoris in Brylon* et *dni Lamberti rectoris eiusdem ecclesie*, munimine rogauimus roborari. firmiter promittentes, quod quantocitius sigillum nostrum habere potuerimus ipsum presenti pagine absque retractatione beniuoli et uoluntarii, ad maiorem rei firmitatem apponemus. Acta et statuta sunt hec anno Dni M°. CC°. LX nono. in crastino beati Vrbani. Cum hec fieret ordinatio affuerunt in testimonium hij subscripti. Symon paderbornensis episcopus, Bertoldus senior et filius suus Bertoldus

---

Urkunde der Abtissin Agnes zu Meschede v. 1259 datirt, worin sie ebenfalls ein Haus in Elotingen, welches ihr Mechthilde von Schafhausen und deren Söhne resignirt hatten, an das Kloster Welver schenkt. Unter den Zeugen befinden sich: *vir nobilis Adolfus de Holte*, Hermannus de Nehem. Amelungus de Meschede und Conradus de Hastene milites.

Nobiles de Buren, Yoachym plebanus in Vyrne. *Robertus Marscalcus Westphalye*. Thydericus de Vytynchoue, Heydenricus et Hunoldus fratres de Plettenbracht. Fredericus de Harhusen, Herboldus de amelungessen, Conradus de Othlen, Volmarus de Brenken. Meuricus Budel. milites et alij quam plures.[470])

318.

1269. Dez. 31. belehnt Thitmar Opolt v. Waldeck, den Herbord Vogt zu Helden mit dem Patronatrechte der Kirchen zu Helden und Elspe.

Vollst. abgedr. in Varnhagen Waldeckische Gesch. Urk. Nr. 44.

In nomine domini amen. — Sciant igitur vniuersi tam presentes quam futuri, quod nos *Thitmarus de wadeke* (sic) dictus *oppolt*, cum consensu vxoris nostre *Agnetis* et heredum nostrorum, patronatum ecclesie de *Heldene*, hereditaria successione a nostris progenitoribus ad nos deuolutum, suis meritis exigentibus contulimus *Herbordo militi Aduocato de Heldene*, vxori sue *Berte*, et heredibus eorum, in feodum liberum et absolutum, hereditario jure perpetuo possidendum. Actum in cimiterio *Medebike* anno domini M° CC° LX° Octauo, IIII° Idus Julij. presentibus fratre wernero de Hiligenberg et Gotscalco de Mundene sacerdotibus domino Regenhardo de yttere, domino Gerlaco et Godeberto fratribus de Didenshusen, domino Helmwico dicto Stetere, Sifrido de Merkelinchusen proconsule in Medebike, et consulibus ibidem, Herbordo de Kanest, Herbordo de Herseblke, et alijs quam pluribus fide dignis. Item tenore presentium recognoscimus ac publice protestamur, eundem Her. aduocatum de Heldene, cum vxore sua Berta et heredibus suis, tenere a nobis in feodo libero et

---

470) Das Siegel des Thesaurars von Soest hängt noch an der Urkunde, eben so das nachträglich daran gehangene alte große Stadtsiegel von Brilon; (T. 6. N. 4.) Das des Plebans Lambert ist abgefallen; jene beiden sind in weißem Wachse abgedruckt. Das erste hat eine ovale parabolische Form und stellt eine aufrecht stehende Figur mit einem Schlüssel, wahrscheinlich einen heiligen Petrus, mit der zum Theil verletzten Umschrift dar: ✠ s. Godefridi . . Thesaur. susac.

absoluto, sicut sui progenitores tenuerunt a nobis et a nostris progenitoribus, decimam in *Hersporen*, decimam in *Humboldinchusen* et in *Hukirdinchusen*, decimam in *Keferdenchusen* quatuor mansus in *wichmanninchusen*, et in *Heldene* duos mansus. Insuper contulimus sepedicto Her. Aduocato de Heldene, vxori sue Berte, et heredibus eorum *patronatum ecclesie de Elsepe* in feodum liberum et absolutum, vt cum predictis bonis, que tenent a nobis et a nostris progenitoribus, jure hereditario gaudeant ipsius patronatus perpetua possessione. Ne autem hoc factum nostrum in posterum vlla possit calumpnia perturbari, presens scriptum super eo confectum nostri sigilli munimine duximus roborandum. Datum et actum *Attendore* pridie kalend. Januarij, Anno domini M° CC° LX° nono, presentibus domino Godefrido decano de Attendore, Godefrido abbate et Johanne de willikenbragt cappellanis suis, Hedenrico plebano de valebragt, domino ludewico et francone militibus de Snellenberg, Thilemanno judice de Attendore, Johanne de affelen proconsule, et Consulibus bernhardo de Medebike gograuio, Heine de autuelt, Hermanno de barsdorp, et allijs quam pluribus fide dignis.

349.

1269. verkauft Ritter Gerlach Dickeber dem Kloster Bredelar, die ihm bei der väterlichen Erbtheilung zugefallenen Güter zu Esbike.

Nach dem Original im Archive des Klosters Bredelar.

Henricus dei gratia abbas in Fleyctorp *Johannes* et *Godeschalcus fratres et heredes de patberg* nec non et *Consules Montis Martis* Vniuersis presentes literas inspecturis post presentia perfrui sempiternis Merita in sacra religione existencium exiguntur pia sollicitudine adiuuari vt possessiones quas titulo emptionis vel alijs iustis modis possident scriptis et testibus sic muniantur ne prauorum iniurijs perturbentur vel malignantium insultibus molestentur Hinc est quod ad noticiam omnium volumus peruenire Quod *Gerlacus* filius *Gerlaci* militis cognomento *Dyckeber* Curtem in villa Esbyke in qua sita est ecclesia parrochialis *que ipsum in Distribucione paterne hereditatis iure hereditario contingebat Dum Elcherus et Bernhardus fratres sui reliquas partes eiusdem hereditatis sortirentur* cum omni integritate scilicet in agris in Siluis et areis predictorum fratrum Elcheri et Bernhardi fauorabili accedente consensu et voluntate filiorum suorum Alberti et hermanni, Abbati et Conuentui in *Breidelar* viris honestis mediantibus pro Quinquaginta et quinque Marcis currentis monete vendidit pacifice et perpetuo possidendam, et alienando se penitus a iure dicte Curtis *quam per successionem patrum suorum quiete possederat vnacum sepedictis fratribus et filijs* Ius dominij et possessionis transtulit pleno fauore in Abbatem et Conuentum Monasterij memorati. In huius igitur facti testimonium ad instanciam ipsius Gerlaci et fratrum suorum et filiorum sepedictorum presentem literam super hac emptione conscriptam Sigillorum nostrorum appensione roborauimus in memoriam presentium et perpetuam noticiam futurorum Acta sunt hec Anno domini M° CC° Sexagesimo nono Testes autem huius rei sunt Dominus Hermannus prepositus in Aroldessen Theodericus de Mederike Albertus de lutersen milites qui et mediatores extiterunt huius contractus Fredericus de horêhusen ludolfus Bernhardus de Elecherus et Dalewich et Olricus de westhem milites et alii quam plures.

350.

1270. schenkt Mechtilde Gräfin zu Sayn dem Kloster Drolshagen, aus ihrem Hofe zu Petersdorf eine jährliche Rente von 1 Mark, um davon dem Convente Olei zu den Speisen anzuschaffen.

Nach dem Original im Archive des Klosters Drolshagen.

Ich Mechtilt wilen Greuinne was ze Seyne, dun kunt allen den di disen brif sulen sin, dat ich deme Conuente van Drulshagen, han gegeuen erfliche, inde ewliche ein marc, Colscher penninge, allir jarlichs geldes, vzer mime houe ze Petersdorph, dise marc penninge sal man deme selnen Conuente allir jarlichs geuen, inde jren boden antwirden, jn deme houe ze Petersdorph, an sente mertins misse, van den Cinsen ze Petersdorph, Inde vit der marc, sal man deme seluen Conuente allir jarlichs olei gelden, zu irre spisen, vp dat si min, inde mines Herren, des de vlicholicher gedenken, Dit geschag na godes geburde Dusent jar, zweihundirt jair, inde seuenzech jar.[471])

351.

1270. ordnet Erzbischof Engelbert II. die Verhältnisse des Küsters und Schulmeisters zu Bigge.

Auszug aus dem alten Lagerbuche der Pfarrei Bigge.[472])

sattungen des kusteren vnt schulmesteren.

Hirto sall de kuster — glyker maatten verbunden syn — went der pastor nit ander verorndnen wirtt die kispels Jugentt

---

[471]) An der Urkunde hängt das etwas verletzte Siegel der Gräfin in weißem Wachse, an grün seidenen Strängen. In dorso steht Betzdorff.

[472]) Das Lagerbuch, woraus dieser Auszug mitgetheilt wird, ist ein interessantes Stück. Es wurde errichtet 1270 von dem damaligen Erzbischof Engelbert II, war aber durch Alter und sorglosen Gebrauch so verdorben, daß der Pastor Heinrich Openhausen es 1417 durch den Notar Mathias Riessen sen. copiren ließ. Dieser nennt es in seinem Vidimus ein: antiquum lacerum et in multis locis arrosum Registrum cum inscriptione: **Dos Ecclesie in Bige Deo et sancto Martino Episcopo Patrono sacra, maledictus qui uiolauerit**; und sagt davon: diligenter inspexi et reuidi, fideliter de verbo ad verbum contuli, auscultaui, decopiaui et concordaui in quantum ex appositis litteris originalibus omnino laceris et detritis colligere potui. Inueni in eisdem multa arrosa, illegibilia, dictam vero dotem anno dni. M°. CC°. LXX°. a quodam Coloniensi Episcopo (reliqua ob arrosionem amplius legi non poterant) in vsum Ecclesie in bige ejusdemque ministrorum sustentationem erectam exemplam et confirmatam esse. — In dieser Abschrift wurde das Lagerbuch von zwei Erzbischöflichen Commissarien: Johann von Lennepe Probst zu St. Gereon und Walram von Kerpen Probst zur heil. Maria ad gradus zu Cöln, revidirt und von ihnen am 20. Juni 1417 bekundet, daß die Abschrift mit dem aus 30 Folien bestandenen uralten Original (in quantum legi potuit) gleichlautend sey. Hierauf bestätigte Erzbischof Diedrich II. am 24. Juni 1427, auf Anhalten des Pastors Openhausen, die in premissis pergamene foliis contenta, dote Ecclesiastica loci de bygo *angarie* per felicis recordationis predecessores nostros à secualis exempta et confirmata et in perpetuum beneficium curatum erecta. In diesem

in schriben unnt lesen den sammer morgens von siben, des wintters von achten bis teen vhren vntt namittdags des summers von een bis drey oder vir, des wintters bis drey vhren in egener person stetts der gestaltt vntterrichten, das daruber keene klag erfolgt, jm widrigen dahe ein vntt andermael dessen erinnertt vntt vnverbessert pliebe soll syns ambtts erlatten syen vntt vom pastor ein ander dar toh verorndnett werden vntt demselben sofortt von des kusteren rentten nach beliwen des pastors abgesondertt werden, das der angehender schulemeester in etwa darab mitt to geniettent habe, wylen to solchem entt kusters vntt schulemesters to vnterhalden gott und hylgen marttino gewydmett syntt. Daby dan och die Kirspels Ingesessene by straeff twelf marcken verbunden syen sollen die kinder nach der schulen to seenden, damitten der annoch in vielen hertzen gliemmender heydendumb dadurch gentzlich erloschen werden moge, wylen denselben an irem fleesch vntt bluett auch egener tydiger vntt ewiger wollfaertt am hosgden angelegen to syen, die nattuer selbst an den wilden dieren so gar den antrieb vorwysett, freweler werden mitt vergesetteter straff dannoch von jeden jren hintterhalttenen kinderen xviij schilling welches schulelohn stetts von jedem kinde dem schulmesteren bygelegtt wirtt vnnachlattig entrichten vntt by-

---

Zustande verblieb die Stiftung-Urkunde, bis Erzbischof Gebhard Truchseß, bei seinen kirchlichen Neuerungen, auch in Bigge nacheinander drei evangelische Prediger anstellte, welche später mit allen Kirchengeräthschaften und Urkunden, in die Grafschaft Waldeck entwichen und so auch diese alte Stiftung-Urkunde der Kirche entfremdeten. Um derselben wieder habhaft zu werden, schickte der Pastor zu Bigge Michael von Attendorn im Jahre 1586 den Notar Tilmann Henckelen nach Waldeck, wo die Archivalien aufbewahrt wurden, mit dem Auftrage, die Urkunden zu reclamiren. Allein der Notar konnte von dem Waldeckischen Archivar, seinem Verwandten, nur erlangen, daß er ihm erlaubte, die Dotation-Urkunde heimlich abzuschreiben, welches dann auch binnen vier Tagen, in Gegenwart zweier Zeugen geschah. Aus dieser vidimirten Abschrift ist der vorstehende Auszug genommen, woven wohl kaum bemerkt zu werden braucht, daß er trotz den Versicherungen der Notarien, kein diplomatisch genaues Transsumpt des Originals seyn kann, welches entweder lateinisch oder doch in anderem Deutsch geschrieben war, als worin es die Notarien auf unsere Tage gebracht haben. Das Buch fuhrt noch den alten Titel: Dos ecclesie in Bige rc. hierauf sagt der Notar Henckelen, es solle nun billig zuerst folgen: Ipsa littera fundationis primoue; allein sie sey kaum mehr zu lesen gewesen; Er läßt daher gleich folgen: **Erster Theil, Aller stehenden rhenttenn unt Einkünfften der *Kercken* to bigge**, dann: **Ander theill, Aller stehenden rhentteen unt berechtsambkeitt der *pastoratt* to bige** und endlich: **Dritter theill Aller stehenden rheuntenn des *kustorats* to bige**, wovon der gegebene Auszug den Schluß macht.

28*

schaffen sollen, es were dan sake, das die kiender wegen kranckheitt vnvermugenheit jres Alters by dem tydigen pastorn, der daruber flittige obsigtt vntt vtt den Dopbokeren den catalogum eintorichten schuldig hiemitt erkennet wirtt, durch der eltteren angeben entschuldigt befunden wurden. Auch soll der syende schulmeister monattlich dem pastorn schriftlichen Bericht einbringen, wy die schulere sick in Cristligen sitten, schriben vntt lessen verhalden vntt von dag to tag in der gottesfurcht to nemmen, domitten by tyden dett bosse vermindertt vntt dett gudde ferner befudertt werde.

352.

1271. Febr. 25. verleiht Erzbischof **Engelbert II.** der Stadt **Werl** die Rechte und Privilegien der Stadt **Rüden.**

Nach dem Original im Stadt-Archive zu Werl.

Engelbertus dei gratia sancte Coloniensis ecclesie Archiepiscopus. Sacri imperij per ytaliam Archicancellarius. Vniuersis presentes litteras visuris, notum esse volumus. quod nos attendentes puram fidem et deuota obsequia, que nobis et ecclesie nostre Coloniensi, dilecti fideles nostri . . scabini ac vniuersitas opidanorum nostrorum in *Werle*. exhibuerunt hactenus fideliter et deuote. et exhibere poterunt in antea graciora. ipsorum supplicationibus fauorabiliter inclinati. ipsis ut omnibus gracijs, priuilegijs, bonis consuetudinibus, dilectis et fidelibus nostris . . opidanis in *Ruden* a venerabilibus patribus, predecessoribus nostris pie concessis, et quibus hucusque vsi sunt et utuntur, gaudeant et utantur. *de fidelium nostrorum consilio* concedimus per presentes, et priuilegiamus eosdem. Precipientes, ne quis eos contra presentis priuilegij nostri tenorem, presumat aliquatenus perturbare. Quod qui fecerit. indignationem beati Petri apostolorum principis et nostram se nouerit incursurum. Dantes ipsis nostras patentes litteras in testimonium super eo. Datum Bunne. V°. kal. Martij. Anno dnj. M°. CC°. septuagesimo primo.[473])

---

[473]) Das Siegel hängt an rothen dick gewundenen seidenen Schnüren. Es hat eine parabolische Form, ist in weißem Wachse abgedruckt und mit einem Contrasigill versehen:

353.

1271. April. 12. Erzbischof Engelbert II. reversirt seine Entlassung aus der Jülichschen Gefangenschaft, Westfälische Ritter und Städte übernehmen Bürgschaft für ihn.

Vollst. abgedr. in Kremers akadem. Beiträgen. B. 3. Urk. Nr. 111.

Nos Engelbertus — archiepiscopus, — notum facimus — quod nos data fide promittimus nobili viro *Wilhelmo comiti Iuliacensi*, quod procurabimus dari et assignari sibi infra duos menses post nostram liberationem litteras marscalci nostri de Aluetre et Gozwini fratris sui, aduocati de Burnheim, burggrauii de Wolkenburg, Lamberti de Rembag, Adolfi de Rametheim, *Th. de Volmetsteine*, Luberti de Vitenchouen dapiferi in Ysenburg, *Gozwini de Rodenberg, burggrauuii de Rudenberg*, sculteti Susaciensis et fratris sui, Heydenrici de Pletteubrait et Hunoldi fratris sui, de *Susato*, de *Attendarre*, de *Brilon*, de Rielenghusen, et de Essende opidorum sub eadem forma, qua alii ministeriales et oppidani nostri se obligant, quod nobis nec consilio nec auxilo assistent, si contra formam compositionis factam et ordinatam inter nos, et predictum comitem in toto vel in parte veniemus. — Datum anno Domini M° CC° septuagesimo primo, sabbato post pascha.

354.

1272. Febr. 19. entlassen Theoderich von Ekenscheyde Ritter und dessen Sohn Gottschalk, den Eberhard von Medrike ihren Hörigen, vor dem Stadtrath zu Soest, um Geld aus der Dienstbarkeit.

Nach dem Original im Soester Stadt-Archive.

Nos *Theodericus de Ekenscheyde* miles. et Godescalcus filius meus, presentium tenore protestamur, recognoscimus et fatemur. quod cum *Euerhardus de Medrike* ex sua conditione ad nos pertineret, et suam conditionem desideraret in melius commutare. nos suo consentientes desiderio secum ad consilium opidi Susatensis accessimus. Ipsumque ibidem in presentia magistrorum consulum et totius consilii *manumisimus. dimittentes eum ab omni jugo seruitutis et ab omni iure quo nobis tenebatur astrictus liberum perpetuo et solutum.* accepta proinde ab ipso pecunia competente. In cuius rei testimonium quia sigilla propria non habemus sigillum opidi Susatensis. huic Littere super eo conscripte inpetiuimus apponi à magistris et consulibus memoratis. et nos magistri. Consules. et vniuersi opidani Susatenses per appositionem sigilli nostri protestamur et recognoscimus premissa per omnia esse vera. Hiis presentes aderant etc. Actum et Datum anno dni. M°. CC°. L. XX secundo. feria quinta ante diem beati petri ad cathedram.[474])

355.

1272, März. 16. genehmigen Probstin und Convent zu Odingen, den von ihrer Abtissin Agnes abgeschlossenen Tausch einiger Bauernhöfe, mit dem Kloster Oelinghausen.

Nach dem Orig. im Archive des Klosters Oelinghausen.

Omnibus christi fidelibus quibus presens scriptum fuerit exhibitum Preposita et conuentus in *Odinge* salutem in eo qui salus est omnium. Ad noticiam peruenire volumus tam futurorum quam presencium quod nos concambium super manso dicto *monekehayen* nobis assignato ab ecclesia de *Olinchusen* pro manso de *Wetmerstedde* a nobis ipsi ecclesie restituto. Similiter et concambium mansi de *Addenbeke* nobis dati pro bonis quibusdam que *Wostene* wlgo dicuntur sine quo concambio reliquum expedite fieri non potuit de bona et libera uoluntate tenore presencium confirmamus et ratum habebimus in perpetuum prout confectum est et sigillo uenerabilis domine *Agnetis* abbatisse nostre sigillatum. Ne autem in posterum huiusmodi factum nostrum calumpnia uel obliuio impedire

---

474) Das Siegel ist abgefallen; Außer dem Stadtrathe waren viele Soester Bürger von denen 18 genannt werden, anwesend.

ualeat sigillum ecclesie nostre presentibus est appensum. Testes quoque rei huius sunt. Godefridus decanus de Attenderno. *Rodolfus sacerdos rector scolarum ibidem*. Erenfridus plebanus de Eginchusen. Burgardus quondam villicus de rurene. Gerhardus dictus de Cobbinchusen ciuis in Attenderne. Godefridus conuersus cellerarius in Olinchusen. et alij quam plures. Datum anno dnj. M°. CC°. LXX secundo. In die beati Heriberti confessoris.[474])

356.

1272. April. 27. verkaufen Graf Gottfried III. v. Arnsberg, seine Gemahlin Adelheide und ihr Sohn Ludwig, die Vogtei über den Hof u. die Kirche zu Menden, an Ritter Goswin von Rüdenberg.

Nach dem Original im Provinzial-Archive zu Düsseldorf.

Nos *Godefridus Comes de Arnesberg*, Nos *Alheydis Comitissa de Arnesberg*, Nos *Ludewicus* filius eorundem Litteris presentibus recognoscimus vniuersis protestantes, quod Aduocatiam nostram videlicet *Curtis et Ecclesie in Mendene* tam in hominibus, quam in bonis attinentibus *Gotsuino milili de Rodenberg* et heredibus suis pro sexaginta marcis denariorum Tremoniensis monete et viginti marcis denariorum Susatiensis monete legalium denariorum vendidimus iure hereditario et feodali possidendam, tali conditione interposita, quod infra festum beate Walburgis proxime nunc venturum ad duos annos pro eisdem denariis aduocatiam reemere possimus memoratam. Addimus etiam, quod si prefatam aduocatiam nos reemere non contingat, Gotsuinus miles prefatus et sui heredes eandem aduocatiam de manu nostra in feodo tenebunt et eam libere et quiete possidebunt. Preterea aduocatiam sepe dictam nulli alii quam nobis et heredibus nostris reemere licebit ab eisdem. Ceterum Nos Ludewicus cum sigillum habuerimus, huic littere apponemus, quando fuerimus requisiti. Omnia itaque supra dicta fide data promisimus firmiter obseruari.

---

[474]) Beide an der Urkunde hängende Siegel sind noch unverletzt.

Presentes fuerunt *Conradus Nobilis vir de Rudenberg*, Conradus de Hustene, Euerhardus de Rudinchusen, milites; *Henricus nobilis de Holte*, Alexander *clericus rector puerorum in Mendene*, Rutcherus de Hustene, Arnoldus dictus Hake, et Antonius frater ipsius. Item Themo de Renrode, Hermannus de Langenole, Godefridus de Rudinchusen filius Euerhardi, Johannes de stadio, Bruno de Mendene, et alii quam plures. Ne igitur hoc factum nostrum aliquis in posterum irritare valeat calumpnia, presentem litteram conscribi fecimus sigillorum nostrorum munimine roboratam. Superscriptionem vero factam approbamus.[476] Datum anno domini M° CC° LXX° secundo. feria quarta post Pascha dominj.

357.

1272. Juni. 26. giebt Erzbischof Engelbert II., allen denjenigen, welche sich in Brilon niederlassen wollen, ein Privilegium de non evocando, gegen alle auswärtige weltliche Richter.

Nach einer alten Abschrift im Briloner Stadt-Archive.

Nos *Engelbertus*, dei gratia sancte coloniensis Ecclesie Archiepiscopus, sacri Imperii per Jtaliam Archicancellarius, notum facimus vniuersis, presentes litteras inspecturis, quod nos dilectorum opidanorum nostrorum de *Brilon*, attendentes deuotum obsequium, nobis frequenter impensum et imposterum impendendum, ipsis de speciali gratia concedimus et volumus eosdem hoc gaudere priuilegio, ut homines, qui in opido nostro *Brilon* predicto, se transferre voluerint ad manendum, extra opidum à quoquam conueniri non possint judicio seculari, nec ipsorum bona aliquatenus arrestari, sed infra opidum, coram judice nostro, qui pro tempore fuerit, vnicuique, ipsos ex quacunque causa impetenti, facient justitie complementum. Dantes ipsis opidanis nostris, has nostras patentes literas in testimonium super eo. Datum apud montem martis VI. kal. Julij. An. Dnī. M°. CC°. LXXmo. secundo.[477]

---

[476]) Diese Bemerkung bezieht sich auf das Wort vendidimus, welches im Original Anfangs vergessen war und daher über der Linie zugeschrieben wurde. Das Siegel des Grafen Gottfried ist noch vorhanden; das der Gräfin Adelheid aber abgefallen. — Die Urkunde ist auch abgedruckt bei Meyer in Wigands Archive B. 6. S. 146.

[477]) Dies Privileg ist 1354 von Erzbischof Wilhelm bestätigt.

358.

1273. Jan. 5. bekunden Bürgermeister und Rath zu Marsberg und Corbach, einen Vergleich zwischen den Rittern von Esbike und dem Kloster Bredelar, worin sich erstere auf einem District Arneslith, die aufstehenden Bäume und die Metalle unter der Erde vorbehalten.

Nach einem Copiarium des Klosters Bredelar.

Nos consules *Montis martis* et de *Corbike* vniuersis presentes litteras inspecturis vel audituris duximus intimandum Quod *Theodiricus* et *hermannus* filij *hermanni* dicti *tregel hermannus* et *albertus* filij *Constantini* militum de *Esbike* in presencia nostra constituti omni actioni et questioni quam habebant et mouebant contra abbatem et Conuentum in *Breydelar* occasione paterne hereditatis super agris possessionibus et debitis penitus renunciauerunt, hac interposita condicione, ut frutices duntaxat seu rubi loci illius qui wlgariter dicitur *arneslyth* in paruo districtu *vbi in presenti spelunca habentur et vtilitas que in metallo sub terra prouenire poterit,* ad ipsos consanguineos debeat pertinere, Nec tamen hac racione de pascuis causari debent, sed transitum iumentorum et pecorum, et quidquid commoditatis illius loci super terram existat sine preiudicio et impedimento predicti Abbas et Conuentus perpetuo retinebunt, ipsis tantum *lignis* et *vtilitate subterranea* iam dictis consanguineis deputate, predicti etiam fratres et consanguinei firma pollicitatione spoponderunt vt nullis de cetero impulsationibus personas vel monasterium predictum guerrarent vel aliquibus perturbationibus molestarent, sed ad promocionem ipsorum omni tempore darent operam studiosam, Pronominati vero Abbas et Conuentus sepedictis fratribus de consilio prudentum virorum Elcheri videlicet et Gerlaci dictorum Dyckeheyr et lodewici longi qui mediatores extiterunt duas marcas contulerunt vt sic esset omnis litis occasio vel materia inter ipsos penitus amputata Nos vero super huiusmodi renunciatione facta coram nobis presentes literas conscriptas tam Abbas et Conuentus in Breydelar quam predictorum fratrum precibus in testimonium et perpetuam notitiam, Sigillorum nostrorum munimine duximus roborandas, Presentes fuerunt eciam huic renunciationi et composicioni Plebanus de Esbike Henricus magister Consulum Johannes de Hylinchusen iudex Gerlacus de Tuiste Johannes de Ouerenkercken Helmicus de

Huxoria Hyldebernus Gerhardus Kyliken *Hermannus super Theatro* Conradus Slegeregen Theodiricus de vorstenberg Johannes kempe Johannes surdus et alij quam plures Datum in Monte martis et in Corbike Anno domini M° CC° Septuagesimo tertio In vigilia Epyphanie domini.

359.

1273. April. 28. Verordnung des Raths zu Soest wegen Beitreibung der Armen-Renten.

Nach dem Orig. im Archive der Stadt Soest.

Nos Consules et universi opidani *Susacienses*. Omnibus has litteras percepturis Notum facimus publice protestantes, quod cum quidam boni homines circa pauperes in opido nostro decumbentes pietate et misericordia moti, propter deum et pro remedio animarum suarum ad Elemosinas eorundem pauperum quosdam redditus dederint singuli pro posse suo et prout eis dominus inspiravit Nos attendentes quod possessores hereditatum ex quibus dicti redditus eroganti sunt, quidam non ita erogant expedite sicut prefatis pauperibus expediret, Huic negligencie pro honore dei et beate marie duximus remedium opponendum. Statuentes in hijs scriptis et taliter ordinantes ut quicunque predictorum reddituum sive in magna sive in parva quantitate eroganda debitor extiterit, et de pensione quam ad easdem elemosinas solvere teneatur supersederit, et non solverit suo tempore, a conservatore earundem elemosinarum qui pro tempore fuerit moneatur. et si monitus infra mensem unum a termino solucioni deputato ad predictas elemosinas non dederit quod tenetur extunc in ultima die mensis ejusdem nuncii opidi nostri possessionem seu hereditatem unde talis exsolvenda est pensio intrabunt et tollentes ibidem pignora vendent ea. de pecunia inde accepta conservatori elemosinarum assignaturi debitam pensionem. Ut igitur hujusmodi nostri statuti ordinacio rata et inconvulsa permaneat presentem paginam super eo conscriptam sigillo nostri opidi fecimus communiri. Actum et datum anno domini M°. CC°. LXXmo. tercio IIIIto kal. maij.[478])

---

[478]) An der Urkunde hängt in grünem Wachse das große Petri Siegel der Stadt Soest.

360.

1273. Mai. 5. giebt Diedrich (von Bilstein) Probst zu Soest, dem Kloster Benninghausen einen Hof zu Effeln, nach Ministerialrecht, gegen eine jährliche Recognition von acht Pfund Wachs zu Lehn.

Nach dem Orig. im Archive des Klosters Benninghausen.

In Nomine domini amen. *Theodericus* dei gratia.. prepositus Susaciensis Ecclesie vniuersis et singulis xpi fidelibus has litteras percepturis. salutem et cognoscere veritatem. Ea que rationabiliter acta sunt perpetua decet firmitate subsistere. Proinde presenti scripto protestamur et notum facimus vniuersis quod cum domina.. Abbatissa, Hermannus prouisor et conuentus sanctimonialium Ecclesie in *Benekinchusen*, Hermannum dictum rufum ciuem sosaciensem ad suscipiendum de manu nostra. curtim eiusdem ecclesie que vocatur *strate*, in villa que vocatur *Effele* sitam. nobis rite ac legitime presentassent. Nos *eundem ad infeodationem nostram jure bonorum ministerialium pertinentem curtim* dicto Hermanno rufo cum vniuersis suis attinentiis concessimus tenendum *jure ministeriali* pro ecclesia memorata. *Concessuri post mortem eiusdem Hermanni dictam curtim eodem modo ac eodem jure alii bono viro. quem domina abbatissa et conuentus nobis ad eandem curtim duxerint presentandum. et ita deinceps ad alios quos nobis pro tempore ad dictam curtim presentauerint. nostre infeodationis gratiam extendemus.* In Recognitionem vero huius feodi. dicta.. Abbatissa siue conuentus ecclesie prenotate cum octo talentis cere in festo purificationis beate marie virginis. mense nostre seruiet annuatim. Vt igitur hec omnia rata et inconuulsa permaneant. presentem paginam super eo conscriptam. sigilli nostri fecimus inpressione muniri. Hiis presentes aderant. Rutgerus scolasticus, Hinricus cantor. Godefridus Tesaurarius. Canonici Sosaciensis Ecclesie. *dominus Johannes vir nobilis de Bilsteyne. Hinricus scultbetus sosaciensis*, Heydenricus de Plettenbract milites. Andreas et alii quam plures. Actum et datum. anno dni. M°. CC°. LXXmo. tertio. III°. Nonas Maii.[479])

---

[479]) Das in weißem Wachse abgedruckte Siegel ist wohl erhalten. Es zeigt das Bilsteiner Wappen mit der Umschrift S. Theoderici de Bilstein.

361.

1273. Juli 24. bestätigt Conrad III. v. Rüdenberg, Sohn des Burggrafen Conrad zu Stromberg, die von letzterem geschehene Entlassung eines dem Walburgiskloster bei Soest gehörigen Hauses zu Recklingsen, aus dem Freibanne der Freigrafschaft, so daß der Colon desselben, künftig dem Kloster eben so zugehören solle, wie früher ihm Rüdenberg.

Nach dem Original im Archive des Walburgisklosters.

Conradus de Rudenberyh filius domini *Conradi burgrauii* quondam in *stromberg*, vniuersis ad quos presens scriptum peruenerit salutem in domino. Cum pater noster dominus *Conradus* accepto seruitio à preposito et *Conuentu* sancte *Walburgis* iuxta Susatum, domum quandam in *Rikelinchusen* eis pertinentem, que *banno patris nostri qui vigrasschap dicitur subiacebat* ab omni *actione ac seruitiorum onere* de consensu et permissione nostra ac heredum suorum perpetuo dimiserit liberam et absolutam, Et cum filiorum sit, factis parentum rationabiliter peractis per omnia obedire, Nos itaque factum patris nostri approbantes et ratum habentes, de consensu et uoluntate vxoris nostre ac amicorum nostrorum, predictam domum perpetuo dimittimus liberam et solutam. Ita quod predicta *domus*, aut *colonus ipsius* qui pro tempore fuerit, in *nullo* penitus *nobis* aut *officialibus* nostris de cetero erit *astrictus*, Damus etiam predictis, preposito et Conuentui sancte Walburgis, de consensu et voluntate vxoris nostre ac amicorum, recepto seruitio a preposito et Conuentu sepedictis *Lambertum nostrum hominem, qui colonus dicte domus in Rikelinchusen existit, et ipsis attineat eo iure quo nobis attinebat.* In cuius rei testimonium prefate ecclesie litteras nostras contulimus Sigilli nostri munimine roboratas. Testes huius rei sunt *dominus Gozwinus miles de Rodenberg*, Bertoldus miles de Susato, Burghardus miles de borgeleu, et Godeschalcus frater dicti burghardi. Johannes sacerdos, Arnoldus clericus, frater Conradus connersus sancte Walburgis. Actum et datum, apud sanctam Walburgim juxta Susatum In vigilia sancti Jacobi apostoli. Anno domini M° CC° L° XX° Tertio.[480])

---

[480]) Das in grauem Wachse abgedruckte große Rudenberger Siegel ist

362.

1273. verzichtet Conrad III. von Rüdenberg, für eine Präbende im Kloster Welver, auf alle Ansprüche an einem Buschholze, Helle (Hellekamp) genannt, zum Vortheil des gedachten Klosters.

Nach dem Original im Archive des Klosters Welver.

Nouerint vniuersi presentis pagine inspectores, quod nos soror Aleydis abbatissa Totusque conuentus in *weluere* ad instantiam Dni *Conradi* nobilis de *Rudenberg*, Borhardi de borgelen, henrici et gerlaci, Gerhardi plumere contulimus *Conrado* petenti prebendam, ea conditione adiuncta quod omnes impetitiones de *Rubeto* siue *nemore*, dicto *heille* siue aliis quibuscunque rebus que per eum uel per liberos siue heredes suos possent fieri et oriri quita forent et cassata, Igitur in testimonium et confirmationem huius pacti, petiuimus sigillum domini Conradi nobilis de Rudenberg huic pagine cum nostro sigillo apponendum, Acta sunt hec ipso die quo prebendam obtinuit inpetrando, presentibus cum eo supplicantibus, personis supradictis, aliis quam pluribus vtriusque sexus fide dignis Datum anno dni M°. CC°. LXXIII.[481])

363.

1274. Dec. 3. übergiebt Heinrich Schulte von Soest, Güter bei Elfsen dem Kloster Paradies unter der Bedingung, daß es die Abgaben und Dienste davon leiste, welche dem Haupthofe zu Elfheldehusen davon zukommen.

Nach dem Original im Archive des Klosters Paradies.

Uniuersis et singulis presentes litteras visuris Ego *Henricus scultetus Susatensis*, Notum facio publice protestando quod

---

theilweise zerbrochen. Conrad hatte schon früher 1261 eine ähnliche fast gleichlautende Bestätigung-Urkunde ausgestellt. (Nr. 276 und 321.) Es ist jedoch des freien Colons darin nicht gedacht. Eine spätere Bestätigung ertheilte Gottfried v. Rüdenberg 1304.

[481]) An der Urkunde hängen die Siegel der Abtissin Adelheid und Con-

Sifridus de Effele opidanus Susatensis cum consensu et bona voluntate filiorum suorum videlicet Sifridi et Johannis, Insuper Margaretha relicta Erponis de Effele et Hermannus filius eius omnia bona eorum que habebant apud *Elfheldehusen* sita, *ecclesie ad Puradysum* in contractu venditionis rite ac rationabiliter assignarunt. Ego quoque ad liberam resignationem iam dictorum vendentium bona eadem prefate ecclesie ad paradysum *porrexi more debito et consueto possidenda perpetuo sub eadem pensione et sub eisdem seruiciis que magne curti in Elfheldehusen de bonis eisdem fieri consueuerunt.* In testimonium igitur premissorum et robur perpetue firmitatis presentem paginam super eo conscriptam ad petitionem partium hinc et inde sigilli mei feci inpressione muniri. Hiis presentes aderant. Arnoldus de Luneu judex. Rabodo et Theodericus de Wigerinchusen sacerdotes. Ambrosius scriptor. Hildegerus de vlerike. Henricus pulledrus. Hildegerus de heruurdya. Wernerus rufus. Theodericus Rodenberg. Herbordus de Effle. Johannes de Sunhere. Hermannus venator. et alii quam plures opidani Susatenses. Actum et datum anno dni. M°. CC°. LXX°. quarto. III°. Nonas decembris.[482])

364.

1275. März. 27. verkauft Heinrich Schulte von Soest, dem Johann Keyser daselbst, eine Jahrrente von 5 Mark; aus dem Spretlande im Soester Felde, um sie als Lehn zu besitzen; die Nutznießung dieses Lehns wird der Frau und dem nächst der Tochter des Vasallen zugesichert.

Nach dem Original in der Urk. Sammlung Seibertz-Wildenberg.

Uniuersis et singulis has litteras visuris et auditurís imperpetuum. Ego *henricus Scultheius Susatiensis* Notum facio

---

rads von Rüdenberg. Letzteres hat dieselbe Form wie dasjenige was er später 1282 brauchte. (Tab. 3. Nr. 3.) Es ist jedoch etwas kleiner und hat die Umschrift: S. Conradi. Domini. de Rudenberg.

482) Das an der Urkunde hängende Siegel ist zum Theil zerbröckelt. (S. Anmerk. 483. zu Nr. 364.)

recognosco et fateor presentium tenore publico protestando. quod ego *cum Consilio dni Bernardi dicti Wolf generi mei* et aliorum amicorum meorum et de pleno consensu et bona voluntate dne Elyse vxoris mee, et *Henrici dicti Wolf filii filie mee,* et ad eorum resignationem, rite ac rationabiliter vendidi *Johanni* dicto *Keyser* opidano Susatiensi ac eius legitimis heredibus annuam pensionem quinque marcarum tollendam Singulis annis de agris in campo Susatiensi sitis, qui *Spretlant* uulgariter appellantur. que per manum ambrosii de commisso meo seu commissione consueuit colligi annuatim. Et eandem quinque marcarum annuam pensionem eidem Johanni et eius filiis videlicet Johanni Alberto Radolpho et henrico ego et predictus henricus Wolf concessimus in feodo absoluto. justo absoluti feodi titulo possidendam. Vsum fructum quoque iam dicte pensionis concessimus domine Renheldi vxori prefati Johannis, et Renheldi filie sue more debito et consueto. Vt igitur hec omnia rata perpetuis temporibus et inconuulsa permaneant. et nequis postmodum conetur infringere, presentem paginam super eo conscriptam ipsis contuli sigilli mei munimine roboratam. Sigillum eciam dni Bernardi generi mei predicti appositum est ad majorem euidenciam premissorum. Hiis presentes aderant. Adam de Thodinchusen. Herbordus dictus Make. Radolphus de aquis. Conradus de Eruethe. Rotgerus de hustene. Arnoldus de Hyvinchusen. Volquinus de Ostinchusen. Johannes de Ostinchusen. Gerlacus probe. Regenbodo. Hermannus de keflike. Johannes de Warsten. Gerardus de Ruden. Hildegerus rosa. Arnoldus de Lunen. Henricus Thelonearius dictus de Saltcothen. Lodevicus de Sunhere. pilegrinus. Johannes Schotte. Lvdevicus Thuringus. Godefridus villicus de Guneden. Hermannus venator. Henricus volpes. Johannes velkenere. Gozwinus. Volmarus. Volquinus. filius Wetceli. Hermannus de Budiken. Alexander de Meninchusen. Henricus longus. Johannes de vflen. hermannus frater suus. Johannes de Sunhere. Albertus rufus. Albertus dictus Rebbere. Johannes Musche. Theodericus de heldene. Conradus de Heldene et alii quam plures tam de opido Susatiensi quam de aliis locis. Qui omnes admissi sunt testes super premissis nomine vasallorum. Datum Anno dni M°. CC°. LXXmo. quinto. VIto kal. Aprilis.[483])

---

[483]) An der Urkunde hängen die Siegel des Ausstellers und seines Schwiegersohnes Bernard Wulff. Das erste führt in einem Schilde mit 6 Querbalken einen aufrecht stehenden, rechts gewendeten Löwen, mit der Umschrift: Sigillum Henrici Sculteti in Susato, das zweite

365.

1275. Juli. 28. ertauscht das Kapitel zu Soest das Patronatrecht über die Kirche zu Allagen gegen das über die Kirche zu Mülheim.

Nach dem Orig. im Archive des Patrocli-Stifts.

C. Nos *Theodericus*.. Prior fratrum predicatorum susatiensium omnibus presentem litteram Jnspecturis notum facimus quod tale recepimus mandatum.. *Sifridus* dei gratia, sancte coloniensis ecclesie archiepiscopus sacri jmperii per ytaliam archicancellarius, Religioso viro.. Priori fratrum predicatorum susatiensium salutem in domino. Intelleximus quod *Capitulum Susatiensis ecclesie*, ad quod pertinet jus patronatus Ecclesie *mulenhem*.. Abbatissa quoque et Conuentus Ecclesie *Nunherrike*, ad quas pertinet jus patronatus ecclesie *Allaye*, ecclesias huiusmodi siue jus patronatus earundem, velint et intendant Inuicem permutari. Nos uero obtentu venerabilis patris domini.. paderbornensis Episcopi, dictorum Capituli videlicet et Conuentus, voluntatibus annuentes, vobis mandamus, quatinus si est ita, circa permutationem huiusmodi faciatis Auctoritate nostra, quod personaliter facere deberemus. Datum in castris Wilshagen. anno domini. M° CC° LXX° V°. pridie

---

in einem Schilde mit 3 breiteren Querbalken, einen aufrecht stehenden Wolf; die Umschrift ist nicht mehr zu lesen. — Aus dieser Urkunde geht übrigens hervor, daß v. Ledebur Allg. Archiv. B. 16. S. 69. Not. * irrt, wenn er glaubt, die dort (S. 68.) von uns ins Jahr 1253 gesetzte Urkunde unterläge aus dem Grunde einem Irrthum in der Jahrzahl, weil Erzbischof Conrad schon 1250 die Tochter des Soester Schulten Heinrich, als Erbin von dessen Gütern anerkannt habe. Durch diese pragmatische Sanction des Erzbischofs, sollte nur künftigen Erbschaftstreitigkeiten vorgebeugt werden. Des Schulten Heinrich wird als Verstorbenen darin nicht gedacht. Wir setzen die kleine, für unseren Zweck nicht unwichtige Urkunde, aus Kindlingers Handschriften B. 32. S. 79. hieher: Conradus — Archiepiscopus — dilecte sibi regeleude filie fidelis nostri Henrici Scultheti Susatiensis salutem et bone voluntatis affectum. Tue petitionis desiderio rationabili satisfacere cupientes, tibi *jus hereditarium de vniuersis predicti patris tui bonis, quod a nobis et ab ecclesia nostra descendunt recognoscimus et protestamur tamquam legitime ipsius heredi debitam warandiam.* Presentibus Hinrico Preposito s. Seuerini Coloniensis. Bertoldo de Buren. *Jonatha de Ardeye. Th. de Bilsten viris nobilibus — Arnoldo Marscalco Westfalie* et aliis quam pluribus nostris. Actum et datum apud Honestat. XXVI. kal. Dec. Ao. Dni. M°. CC°. quinquagesimo. Der Schulte, Ritter und Marschall Heinrich starb in hohem Alter; er lebte noch 1294. Vergl. unten die Urkunde v. 8. Aug. d. J.

kalendas julij. Cum igitur nobis sufficienter constet de consensu presentium. Capituli susaciensis videlicet et abbatisse et Conuentus Nunhirreke de permutatione huiusmodi facienda, Nos auctoritate nobis a domino nostro Coloniensi archiepiscopo data seu commissa permutationem juris patronatus predictarum ecclesiarum facimus et confirmamus. In nomine patris et filij et spiritus sancti. In cuius facti firmitatem presentem paginam super eo conscriptam Sigillo nostro communimus. Datum et actum Anno domini M° CC° LXX° V°. IIII° kalendas augustj in Capitulo Susatiensi. Presentibus Decano. Hermanno. Rutgero Scolastico. Henrico Cantore. Magistro Gerlaco. et Magistro Regenhardo Canonicis ipsius ecclesie.[484])

360.

1275. Aug. 15. bekundet der **Comthur** zu **Mülheim**, das Stift zu **Soest** habe alle Investitur- und Synodalrechte über die Pfarrei zu **Mülheim**, mit Ausnahme des Patronatrechts.

Nach dem Orig. im Archive des Patrocli-Stifts.

Nos frater *Conradus* Commendator domus Theutonice in *Mulenhem* Omnibus has litteras visuris Notum facimus publice protestantes. quod nos recognoscimus in ecclesia in *Mulenhem* ecclesie Susatiensi et . . Scolastico ibidem, quicunque pro tempore fuerit, tam ius inuestiture, quam iura synodalia et alia quecunque iura que eis in predicta ecclesia in Mulenhem ab antiquo fieri consueuerunt. Excepto solo jure patronatus, quod per concambium ecclesie in *Alhagen* est translatum. In cuius recognitionis testimonium presentem paginam super eo conscriptam de communi consensu fratrum domus in Muleuhem sigilli nostri fecimus inpressione munirj. Datum Anno domini. M° CC° LXX° quinto. In vigilia assumptionis beate Marie.[485])

[484]) Das Siegel ist abgefallen.

[485]) Das Siegel ist abgefallen.

367.

1275. Aug. 29. bewilligt das Kloster Küstelberg der Stadt Medebach, die Annahme eines Capellans zum Schulhalter.

Nach ein. alten Abschr. d. Orig. in der Urk. Samm. Seibertz-Wildenberg.

Nos Priorissa totusque conuentus monasterii in *Cuistelberg* presentibus recognoscimus publice protestando, quod attendentes sinceram fidelitatem et multimodam promotionem, nec non seruitia, que nobis Burgenses in *Medebeke* prestiterunt et sunt prestituri annuente domino in futuro, concedimus ipsorum consulibus vna cum preposito nostro, plenam perpetuo licentiam, *capellanum ad scholas regendas et literas dictandas et scribendas etiiem assumendi.* Quem noster prepositus qualiscunque, eadem gratia quam ad probos et literatos capellanos *ex antiquo constat,* perfrui patietur; scilicet vt singulis annis marcam denariorum, secundam missam pro defunctis, visitationes infirmorum extra ciuitatem omnino etiam partem inunctionis infra opidum et dimidiam in parochia, simul cum scholis ibidem commode obtineat et quiete; ita tamen vt preposito nostro debito modo deseruiens, tam nostre quam nostrorum justitie et gratie in nullo studeat derogare. Vt autem hec rata et inconuulsa permaneant presentem paginam sigilli nostri munimine fecimus communiri. Datum Cuistelberg Ao. dni M°. CC°. LXXV°. in decollatione b. Johannis Baptiste.

368.

1275. Octob. 6. verzichtet Johann Edler Herr von Bilstein zum Vortheile des Hospitals zu Soest, auf seine Ansprüche an zwei Bauer-Höfen in Ampen, und befreit diese von der Dienstpflicht und dem Vogtdinge.

Nach dem Orig. im Archive des Waisenhauses zu Soest.

Universis et singulis has litteras visuris et audituris. Nos *Johannes* dictus de *Bylstene* Notum facimus tenore presencium publice protestantes quod cum impeticionem fecissemus in bona *hospitalis domus sancti spiritus in Susato*, que sita sunt in villa et apud villam que vocatur *orientale Andopen*, proponentes quod ad nostram advocatiam bona eadem pertinerent, Tandem amicorum nostrorum et discretorum virorum mediante consilio taliter extitit ordinatum. quod nos accedente consensu et bona voluntate *Theoderici prepositi Susaciensis*, et *Hermanni, fratrum nostrorum* bona ipsa videlicet duos mansos cum universis attinenciis tam infra predictam villam quam extra sitis, *ab omni genere peticionis, ab omnique onere serviciorum*, et *ab observacione nostri judicii quod theutonice vogetdyne dicitur* dimittimus libera et soluta. Salvo nobis solummodo *jure nostro de rebus furtiris et vagabundis*, si que talium rerum in prefatis bonis invente fuerint, *in quas utique judicandas nostre Advocatie jurisdictio se extendit.* Porro propter hujusmodi libertatem memoratis bonis a nobis concessam, provisores predicti hospitalis qui pro tempore fuerint dabunt nobis singulis annis in festo beati Lamberti quatuor solidos denariorum legalium in Susato. In testimonium igitur premissorum et robur perpetue firmitatis presentem paginam super eo conscriptam, nostri, et domini prepositi fratris nostri predicti, sigillorum munimine roboratam contulimus domui sancti spiritus prenotate. Sigillum eciam opidi Susaciensis impetravimus apponi ad majorem evidenciam premissorum. Et ego Hermannus de Bylstene predictus proprio carens sigillo fratrum meorum sigillis hijs litteris appositis sum contentus. Actum et datum anno domini M°. CC°. LXXmo. quinto. II nonas octobris.[486])

369.

1275. Dec. 6. Fernere Verordnung des Raths zu Soest wegen Beitreibung der Armen-Renten.

Nach dem Orig. im Archive des Waisenhauses zu Soest.

Nos Consules et universi opidani *Susacienses*. Omnibus has litteras percepturis Notum facimus publice protestantes, quod

---

[486]) An der Urkunde hängen die Siegel Johanns von Bilstein und des Probstes Diedrich in weißem Wachs, das große Petrisiegel der Stadt Soest in grünem Wachs. Alle drei Siegel sind sehr beschädigt, so daß die Umschriften unleserlich sind.

cum quidam boni homines circa pauperes in opido nostro decumbentes pietate et misericordia moti, propter deum et pro remedio animarum suarum ad elemosinas eorundem pauperum quosdam redditus dederint singuli pro posse suo et prout eis dominus inspiravit. Nos attendentes quod possessores hereditatum ex quibus dicti redditus erogandi sunt, quidam non ita erogant expedite sicut prefatis pauperibus expediret, Huic negligencie pro honore dei et beate marie duximus remedium opponendum. Statuentes in hijs scriptis et taliter ordinantes ut quicunque predictorum redditunm sive in magna sive in parva quantitate eroganda debitor extiterit, et de pensione quam ad easdem elemosinas solvere teneatur supersederit, et non solverit suo tempore, a conservatore earundem elemosinarum qui pro tempore fuerit moneatur. et si monitus infra mensem unum a termino solucioni deputato ad predictas elemosinas non dederit quod teneatur extunc in ultima die mensis ejusdem nuncii opidi nostri sex viri ad hoc ordinati et statuti a consilio, possessionem seu hereditatem, unde talis exsolvenda est pensio intrabunt, tollentes ibidem pignora, vendent ea, de pecunia inde accepta conservatori elemosinarum assignaturi debitam pensionem et si in possessione seu hereditate pignus non invenerint, tunc inhabitatori precipient, ut intra XIIII dies exeat et possessionem deliberet et cedat ab eadem, et si intra constitutum tempus non exiverit tunc prefati sex viri nuncii nostri cum elemosinarum conservatore possessionem sive hereditatem predictam intrabunt, tollendo fenestras et januas ex cardinibus domus, eas supra domum consulum apportabunt, illos eciam qui ad predicta facienda a consilio ordinati fuerint ob omni dampno vexacione et periculo eripiemus, si secundum tenorem presentis littere per ipsos procedatur. Adjicientes insuper ut quicunque de predictis viris de consilio nostri opidi ad hoc deputatis conservatorem elemosynarum sequi noluerit in predictis, dimidium sextarium vini exsolvat, quod reliqui super ipsum libere non obmittent. Ut igitur hujusmodi nostri statuti ordinacio rata et inconvulsa permaneat presentem paginam super eo conscriptam sigillo nostri opidi fecimus communiri. Actum et datum anno domini M°. CC°. LXXmo. Vto. octavo idus decembris.[487])

---

[487]) An der Urk. hängt das große Petrisiegel der Stadt Soest.

370.

1275—1332. Bestand des Schultenamts zu Soest.

Nach dem Liber jurium et Feudorum Westphaliæ Arnsbergæ et Reklinghusen congestus sub Theoderico de Mörsa Archiep. Colon. verglichen mit dem Abdrucke in Kindlingers Beiträgen. B. 3. Nr. 102.

Redditus Villicationis *Officii Sculletatus susatensis.*[488]) Item Officium Villicationis Susatiensis habet IIII *Curtes principales,* quo dicuntur *Sedelhouen,* videlicet curtem in *Oistinchusen,* curtem in *Borgelen,* curtem in *Hattorpe,* curtem in *Elfedehusen,* et preter has habet quintam curtem, que vocatur *Gelmene,* que quia est ita vicina de opido susatensi, et valet annuatim LXX malta siliginis et ordei, que faciunt in mensura Coloniensi IIIc et LX malda annone. Hanc curtem in *Gelmene* habet *Henricus de Heringen* opidanus Susatensis in pignore, et de perceptis et que percepit, nichil defalcabitur. Item nota, quod curtis in *Oistinchusen* soluit annuatim LII marcas, quas *Goswinus de Rodenberg* tollit omnes preter II marcas.[489]) Et nota, quod hec curtis habet bene VIc jurnales terre arabilis pratorum et siluestrium; et preter hec duas decimas supra et infra *villam Oistinchusen* jacentes, soluentes annuatim XVI malta annone, que omnia tollit *Sculletus,* et cum hoc XIIII marcas et quartam partem hereditatum bonorum mobilium hominum habentium mansos dicte curtis, quorum mansorum sunt XXX numero et plures, et *liberi ab omni iudicio libero et Gograuiatus,* ita quod *Sculletus curtis iudicat in omnibus istis;* et olim de anno in annum in die beate Margarete semper, nunc autem in sex annis mutari potest; et nunc reliquit curtem bene cultam et seminatam successori suo, et ille successor successori. Mansos predictos in ipsam curtem spectantes nullus deberet de iure habere nisi loco, qui dicitur *vulschulyhe man dicte curtis,* sed opidani susatenses de hac curte habent plures mansos alienatos ab eodem, et *nullum* volunt facere *ius curie* de illis mansis nec in *hereditatione* vel *petitone danda, vectura,* vel *aliis seruitiis,*

---

488) Im Lib. jur. et Fendor. Theodorici p. 43. fängt nach der Ueberschrift: **Jura Domini in Houestat et Oystinchusen** der Text mit den Worten an: **Nota quod curtis in Oystinchusen etc.**

489) Im Lib. jur. et Feudor. ist noch hinzugefügt: **que fuerunt sibi deputati pro supportatione** *castri Rodenberge* **et alie L marc. de denariis qui vroenpenninege appellantur in Susato, prout patet per literam in Reg. antiquo majori** *ut supra notatum est.*

que *proprii homines* de mansis curtis solent facere; et per hoc perit ius curtis per omnia. Item XXX mansi predicte curtis in Oistinchusen soluent annuatim XXX marcas, quas tollit notatus officiatus, et vlterius dat castrensibus in *Houestat*. Item Denarii, qui soluuntur de Jngressu scultetorum dicte curtis in Oistinchusen, qui dicitur *Vorhûre*, valent in die beate Margarete VII marcas. Item *Curtis in Borgele*, que est principalis curtis, soluit annuatim X marcas, quas tollit notatus officiatus, et vlterius dat Castrensibus in *Houestat*, et soluit IIII marcas in die beate Margarete pro iure quod dicitur *Vorhure*, quas officiatus tollit. Item nota, quod Scultetus dicte curtis habet bene de vna decima VIII malta annone et IIII marcas, et spectant in ipsam II^{C} et L jurnales terre arabilis et pratorum, quas tollit scultetus et *quartam partem hereditatum in decessu hominum curtis*. Sed opidani *susatenses* plures mansos in ipsam curtem spectantes emerunt, *quod facere non poterant*, quia dum ipsi habent mansos, *nolunt facere iura*, quo de ipsis tenentur, et sunt bene XVIII mansi dicte curtis. Item curtis principalis in *Hattorpe* soluit annuatim XLVIII marcas, quas tollit Notatus, et vlterius dat Castrensibus in *Houestat*, et preter has de denariis, que dicuntur *Vorhûre*, tollit V marcas. Item in hanc curtem spectant XXIIII mansi, quorum opidani (Susatienses) plures emerunt et *nichil* iuris de hiis *faciunt* in *petitione, rectura* et aliis, sed tantum dant vnam marcam, que soluitur de manso. Et habet scultetus vnam bonam decimam in *Hattorpe*, quam ipse tollit, valentem LX malta annone mensure coloniensis. Item nota, quod redditus certi, qui de predictis tribus curtibus *Oistinchusen, Borgelen* et *Hattorpe* soluuntur annuatim, ascendunt ad CLXXXIX marcas, et preter hec, summa denariorum, qui sumuntur de iure, quod dicitur *Vorhure*, ascendit ad XVI marcas de predictis tribus curtibus. Has XVI marcas tollit marscalcus de toto officii: alii redditus omnes dantur castrensibus et infeodatis. Item Curtis in *Elfedehusen* est quarta curtis principalis habens sedecim mansos in eam attinentes et dicitur vna curtis que vocatur *Ammethof*, soluit annuatim XX marcas. Hanc *Goiswinus* de Susato miles et eius auus habuit *a tempore conflictus in Wiuerkeskampe* pro CC marcis, vt dicit, et spectat in villicationem susatensem. Multa de ipsa curte sustulit, et de facili possent reduci ad Ecclesiam. Et habet idem Goswinus hanc curtem cum omni suo emolumento hominum et hereditatum, et valeret ipsa curtis plus quam XL marcas. Nichil de isto marscalcus tollit nisi vnam marcam. Item de predictis tribus curtibus *Oistinchusen, Borgelen* et *Hattorpe* dantur IIII marce cum dimidia in die beati Lamberti qui dicuntur *Winscare*, quas tollit notatus officiatus et vlterius dat aliis. Item de istis curtibus soluuntur annuatim LX oues dicti *Hemele* et porci LX. Hos tollit *Hermannus Lupus* X marcarum redditibus de feodo suo castrensi in Houestat. Item *Goswinus de Hasne* habet de eisdem denariis trium curtium VI marcas pro feodo suo Castrensi in Houestat. Item *Theodericus de Honroydi* de eisdem denariis et eodem iure VI marcas. Item *Johannes Cloyt* miles VIII marcas. Item *Hermannus Torch* VI marcas. Item *Bertoldus de Holthusen* IIII marcas. Item *Goswinus de Susato* miles VIII marcas.[490]) Item *Hunoldus de Plettenbracht* miles X marcas. Item Dictus *Baleke* IIII marcas. Item *Conradus de Meninchusen* V marcas. Item Capellano IIII marcas. Item Vigilibus et Portenarius castri Houestat XIII marcas. Item *Conradus de Brunychusen* miles habet VIII marcas. Item nota, quod *Goswinus de Rodenberg*, qui habet L marcas de denariis proconum susatensium predictorum, etiam tollit annuatim L marcas de denariis officii Susatensis videlicet trium curtium predictarum, et sic habet ibidem in summa C marcas, et de officio de *Swelme* X marcas, et preter hec de ipsa curte in *Hattorpe* X marcas, de quibus debet residere tanquam Castrensis in Houestat. Summa feodorum Castrensium Castri in Houestat CX marce, et *Goiswino de Rodenberg* soluuntur C marce, que de officio susatensi omnia soluuntur. Item preter hec de hoc eodem officio Scultetus soluit Castrensibus in *Ruden* infrascripta, videlicet *Theoderico de Visbeke* VI marcas. Item *Gotfrido*, *filio Conradi de Rodenberg* VI marcas. Item *Gerhardo de Hemerde* VI marcas. Item *Florino de Wolkerinchusen* V marcas. Item Filio *Rutgeri de Hustene* V marcas. Item *Gotfrido Dedenshusen* militi pro feodo Castrensi in *Hallenberg* VIII marcas. Summa horum XXXVI marce, que soluuntur pro feodis castrensibus in *Ruden* et *Hallenberg*, Item pro (de) redditibus dicti officii soluuntur pro feodis non castrensibus *Hunoldo de Plettenbracht* seniori IIII marce de Curte in *Hattorpe*. Item filio *Anthonii dicti Wreden* III marce. Item Johanni *Wolfardi Eppinch* opidano susatensi VIII marce. Item *Hermanno Keyser* opidano susatensi VI marce. Item *Conuentui in Geseke* XXX solidi. Item *Abbati* in *Graischap* II marce. Summa horum feodorum non Castrensium XXV marce VI solidi. Item nota, quod *Bruno de Buken* opidanus susatensis habet molendinum in *Stochem* iuxta *Corbeke* attinens Archiepiscopo Coloniensi valens annuatim VI marcas, V malta

[490]) Im Lib. jur. et Feud. folgt hier noch: Item Bertoldus dictus Torck mit IIII marc.

silliginis et III solidos pro porco, et habuit istud bene IX annis. Nescitur, quo titulo vel quo iure. Si Archiepiscopus iubet Marscalco, resumere molendinum, fiet. Item nota, quod omnes curtes predicte, que dicuntur *Ammethove*, quarum sunt quinque, videlicet *Oistinchusen*, *Borgelen*, *Hattorpe*, *Elfedehusen* et *Gelmene* cum mansis in easdem pertinentibus sunt *libere ab omni iudicio*, quod dicitur *Gogerychte*, *Vrigraschap*, et quod sibi schulteti de omnibus, que emergunt, in istis bonis iudicant, et ideo ista omnia simul collecta dicuntur *unum officium villicationis*. Item nota, quod predicte curtes saluis redditibus antedictis possunt adhuc augmentari per divisionem jurnalium, qui modo dispersi et inutiliter iacent ad L malta annone annuatim mensure coloniensis; et si hoc committatur Marscalco ipse explebit.[491])

371.

1276. Febr. 14. verzichtet Abt Otto von Rastede auf alle Ansprüche an dem Kloster Benninghausen, welches auf dem zur Abtei Rastede gehörigen Grunde gebaut war, unter der Bedingung, daß das Kloster die Memorien der Stifter von Rastede, des Grafen Huno von Oldenburg, der Gräfin Wille und des Grafen Friedrich halte.

Nach dem Orig. im Archive des Klosters Benninghausen.

O. (tto) dei gratia abbas totusque conuentus Ecclesie *Rastedensis*. ordinis sancti Benedicti. bremensis diocesis. Religiosis dominabus . . abbatisse et Conuentui in *Benechinhusen*. ordinis Cisterciensis. Coloniensis diocesis. orationes in xpo deuotas. Nuper cum apud uos essemus constituti. et contra uos et conuentum nestrum *de hereditate sancte Marie in Rastede in qua manetis* questionem. faceremus. tandem in

---

491) Der Lib. jur. et Feudor. fügt hinzu: Item de *denariis cerocensualibus opidanorum* bene colligentur redditus CC marc. annuatim. — Item nota *quod opidani attrahunt sibi omnia judicia Archiepiscopi in opidis suis et in domo consulum quasi omnia judicant solis vulneribus exceptis.*

hec pro bono pacis et concordie vna uobiscum sic conuenimus. ut memoria nostrorum fundatorum in Ecclesia uestra perpetuo seruaretur. et sic materia questionis inter nos et vos de predicta hereditate habita perpetuo cessaret. Hinc est quod honestati vestre deuotissime supplicamus. quatinus anniuersarium trium fundatorum nostrorum cum missarum et vigiliarum sollempnitate sicut moris est fideliter et deuote in perpetuum peragatis. videlicet *Hunonis Comitis*. cuius anniuersarium est sequenti die omnium sanctorum cum vna prebenda. *Wille Comitisse*. sequenti die willehadi episcopi. et *Friderici Comitis* qui est sequenti die scolastice virginis. cum prebendis suis. et plena fraternitate. Super eo vero nobis patentem litteram vestram. in testimonium si seruare intenditis rescribatis. ut nostra uobis et uestra nobis perpetuo pro publico instrumento habeatur. Acta sunt hec presidente ottone Rastedense abbate. Anno dni. M°. CC°. LXX°. VI. In die valentini martyris.[492])

372.

1276. April. 1. verleiht Simon I. von Paderborn, der Kirche zu Bonkirchen, den heil. Vit als Patron und allen denjenigen, welche zur Wiederherstellung der armen Kirche etwas beitragen, 30tägigen Ablaß.

Nach dem Original im Archive des Klosters Bredelar.

Simon dei gratia Episcopus *Paderbornensis* Ecclesie. Vniuersis xpi fidelibus, ad quorum notitiam Hec litere nostre peruenerint perpetuam in domino salutem. Quia propter paupertatem et desolationem, pauper ecclesia *Bobbenkercken* nostre dyocesis caruit diuinis officijs et propter predicta quis eiusdem ecclesie dedicationis vel consecrationis dies fuerit ignoratur. Nos cupientes quod dicta ecclesia in meliorem statum reformetur Precipimus et statuimus quod in sancto die beati viti dicte ecclesie dedicationis vel consecrationis anni-

---

[492]) An der Urkunde hängen die Siegel des Abts und der Abtei von Rastede.

uersarius celebretur. Nos etiam hiis qui ad usum et reparationem dicte ecclesie aliquid obtulerint vel dederint de bonis à deo sibi datis contritis et confessis corde Triginta dies de iniuncta sibi penitentia. misericorditer relaxamus. Datum Paderb. anno dnj M°. CC°. LXX°. VI°. in octaua annunciationis beate marie uirginis.[493])

373.

1276, Mai. 30. bekennt Conrad von Elverfeldt, Landmarschall von Westfalen, daß Erzbischof Siegfried, die vom Erzbischof Engelbert, wegen der Kirche zu Winterberg, zum Vortheil des Klosters Questelberg getroffenen Anordnungen genehmiget habe.

Nach einer Abschrift des 16. Jahrhunderts im Pfarr-Archive zu Medebach.

Nos *Conradus de elueruelde marschalcus Westualie* omnibus presens scriptum visuris notum facimus quod venerabilis dominus *Siffridus* archieps Coloniensis ad petitionem proborum virorum et pure propter deum ordinationem à venerabili domino *Engelberto* Archiepo coloniensi predecessore suo bone memorie inter ecclesiam coloniensem et claustrum *Questelberg* de ecclesia *Winterbergh* et agris et aliis bonis circumiacentibus factam et suo sigillo sigillatam, ratam tenet et firmam Et ne per nos vel per alios officiales dicti domini nostri Archiepi coloniensis ordinatio facta imposterum infringatur, sigilli nostri munimine confirmamus. Datum ao dni M°. CC°. LXXVI°. sabbato ante dominicam Domine in tua.

---

[493]) Das an einem abgeschnittenen und durchgezogenen Pergamentstreif befestigt gewesene Siegel ist abgefallen.

374.

1276. Juni. 4. weiht Edmund, Bischof von Coren, cölnischer Weihbischof, die Pfarrkirche zu Brilon, mit zwei Altären; den Größeren ad B. M. V. et S. S. Apostolos Petrum et Andream und den Kleineren ad S. Crucem. Er verleiht dabei zugleich Ablässe.

Aus einer alten Abschrift in der Urk. Samml. Seibertz-Wildenberg.

Nos *Edmundus* Dei gratia Curoniens. Episcopus omnibus hoc scriptum visuris salutem in Domino. Notificamus tam presentibus quam futuris quod anno Domini M°. CC°. LXXVI°. pridie nonas Junii diuina fauente gratia *Ecclesiam* in *Brilon* cum duobus altaribus majori in honorem B. virginis Marie Apostolorum Petri et Andree et aliorum martyrum secundo vero hoc est altari S. Crucis in honorem eiusdem et aliorum S. S. consecrato dedicavimus. Verum quia tante solemnitatis reuerentia gratiis spiritualibus desiderat subfulciri. Nos ex Dei omnipotentis clementia confisi authoritate hoc est prima dominica post octauas pentecostes venientibus annum vnum centum dies et carenam de iniunctis sibi penitentiis relaxauimus, statuimus quoque ob honorem S. Crucis vt qualibet sexta feria omnes qui diuino interfuerint officio XX dierum indulgentiam consequantur, in crastino quoque pentecostes dum crux circumfertur tantundem. In cuius rei testimonium presens scriptum nostro muniuimus sigillo perpetuo robore valiturum.[494])

375.

1276. Juni 28. vertragen sich die Städte Soest und Cöln dahin, daß ihre Bürger sich wechselseitig nur für persönliche Schulden, nicht auch als Gesammtbürgen für die Schulden ihrer Mitbürger ansehen sollen.

Nach dem Original im Stadt-Archive zu Soest.

Nouerint vniuersi presentium inspectores. quod nos.. magistri atque Consules. et vniuersi opidani Susatienses, cum judicibus

---

[494]) Die Abschrift wovon vorstehende Urkunde copirt ist, steht in einem

Scabinis et Consilio Ciuitatis Coloniensis. vnanimi consensu concordauimus in hunc modum. Si aliquis coopidanorum nostrorum alicui eorum Conciuium aliqua bona mutuauerit, ab ipsa manu in quam eadem bona credita fuerunt, et a nemine altero idem noster coopidanus uel sui heredes si presens[495]) non fuerit dicta bona requirent. Et si defectum solutionis bonorum suorum noster coopidanus sustinuerit a conciue eorum supradicto. Tunc idem noster coopidanus vel sui heredes ad Ciuitatem Coloniensem venient, et judices, scabini et Consilium Colon. secundum jus ciuitatis eorum ipsis expedite fieri facient iustitie conplementum. Si vero aliquis conciuium eorum alicui coopidanorum nostrorum aliqua bona mutuauerit, ab eo cui dicta bona credita sunt, et non ab alio ipse conciuis eorum vel sui heredes requirent. Et si ipsi conciui eorum eadem bona a nostro coopidano sic soluta non fuerint, idem conciuis eorum certum nuncium suum cum litteris ciuitatis Coloniensis ad opidum nostrum transmittet, cui nuncio tamquam si dictus eorum conciuis personaliter presens esset, secundum ius opidi nostri expedite fieri faciemus iustitie complementum. In cuius rei testimonium sigillum opidi nostri presentibus est appensum. Datum anno dni M°. CC°. LXX°. sexto. in vigilia sanctorum apostolorum Petri et Pauli.[496])

376.

1276. entläßt Graf Ludwig von Arnsberg den Johann von Süddinker, Colon des Klosters Wedinghausen, gegen eine jährliche Abgabe von 3 Schill. aller Dienstbarkeit.

Nach dem Orig. im Archive des Klosters Wedinghausen.

Ego *Ludewicus. Comes junior de Arnesberg*. vniuersis presens scriptum visuris constare cupio quod de bona voluntate

---

Verzeichniß der Schtwerke, welche sich in den verschiedenen Marken um Brilon befinden, aus dem Jahre 1577. Dieses Verzeichniß wurde 1690 im Nachlasse des Vicars Melchior Beunewitz gefunden.

[495]) Das Wort ist verwittert und war unterstrichen.

[496]) Das Siegel ist abgefallen.

et consensu domine et vxoris mee *peronetthe*. ad peticionem dilectorum nobis in christo prepositi et Conuentus in *Arnesberg*. admisi concessi et firmum seruare decreui, quod *Johannes de suthdinghere colonus* predictorum prepositi et Conuentus, tres michi solidos in festo beati michaelis soluat annuatim et sic *ab omni exactionis et seruitutis onere liber permaneat et immunis*. In cuius rei firmitatem et testimonium sigillum domine et vxoris mee predicte. quia proprio careo presentibus est appensum. Datum anno dni. M°. CC°. LXX sexto.[497])

377.

1277. Jan. 21. versprechen Graf Gottfried III. von Arnsberg und sein Sohn Ludwig, nach geschlossenem Frieden mit Erzbischof Siegfried, daß sie zeitlebens in dessen Diensten bleiben wollen.

Nach dem Orig. im Provinzial-Archive zu Düsseldorf.

Nos *Godefridus Comes de Arnsberg* et *Ludewicus* filius noster litteris presentibus recognoscimus Vniuersis publice protestantes, quod quia inter venerabilem patrem et dominum nostrum *Sifridum Archiepiscopum Coloniensem* et suos homines ex vna parte, et nos ac nostros homines ex altera super bello moto composicio amicabilis interuenit, jn seruiciis ipsius domini nostri Archiepiscopi Coloniensis, quoadusque ipse vixerit, et nos vixerimus, manebimus, et hoc promittimus fide prestita corporali, et ipsum iuuabimus ubi necesse fuerit, Honore nostro saluo. Quod sigillorum nostrorum munimine fecimus roborari. Actum et datum *in Castris prope Nyheim*, feria sexta videlicet in die beate Agnetis. Anno domini M° CC° Septuagesimo septimo.[498])

---

497) Das Siegel der Gräfin ist ziemlich wohl erhalten. (T. 2. Nr. 2.)

498) An der Urkunde hängen die beiden beschädigten Siegel der Grafen Gottfried und Ludwig von Arnsberg. Abgedruckt bei Meyer in Wigands Archiv. B. 6. S. 148.

378.

1277. Dec. 1. bekunden Richter, Consuln und Bürger zu Marsberg die vor ihnen geschehene Vergabung zweier Hausstätten in Horhusen an das Stift Marsberg.

Nach dem Orig. im Archive des Marsberger Stifts.

Omnibus presentes litteras conspecturis, Judex Consules ac Burgenses opidi *Montismartis* saporem ad perhibendum testimonium veritati. Testamentum feliciter ordinant, qui prediorum suorum aut rerum christi ministros statuunt coheredes, Notum exinde fiat presentibus et futuris, quod conburgenses nostri Bertoldus quondam judex, et suus germanus Ludolfus, ac eiusdem natus Alradus cum assensu suorum heredum, proprietatem et possessionem duarum arearum in *Harhusen* sitarum, cum sui situs integritate, dudum a suis progenitoribus habitam, de quibus quondam Johannes Dhumeko et sua soboles *emphiteosim actenus soluerunt* eisdem. Ex qua pensionem eiusdem pater quondam Alradus magnus[499]) ecclesie Montismartis pro sui, et suorum carorum memoria perhenniter agenda, legauerat *fratrum caritatibus* deputatum, gracia sancti spiritus inspirante. Nobis astantibus ecclesie prenotatte recognouerunt, et fauorabiliter delegauerunt in perpetuum perfruendas ecclesie sepe dicte. Bertoldo preposito, ac eius conuentu, Alberto de Glindenge. Ludolfo de Capella, Johanne de Lippia. Ludolfo de Mulehusen. et *Hermanno scolarium eruditore*. Item astantibus et mediantibus. Heinrico Morel judice. Heinrico de Culte proconsule. Alberto de Mulehusen. Johanne de Bilinchusen. Heinrico et Thiderico fratribus de Oddenhusen. Heinrico de Nutlon. Hermanno de Wartberg. Weselo Sigenandi. Johanne Hassone, Bertoldo Rodcheri. Stephano iuniore. et Hermanno Blikisen. Consulibus Montismartis. et aliis quam pluribus. Ne uero premissorum salubris et racionabilis legacio, maligna successorum ualeat calumpnia retractari, presens scriptum super hoc confectum ad noticiam euidentem sigillo ciuitatis nostre roboratum in testimonium duximus exhiberi. Actum et datum in kal. decembribus anno gratie. M°. CC°. LXX°. VII°.[500])

---

[499]) Alradus magnus, war ein v. Horhusen.

[500]) An der sehr sauber geschriebenen Urkunde war das abgefallene Stadtsiegel, durch geflochtene blau und weiße, noch ganz feste, Zwirnstränge befestigt.

379

1277. verkauft Ludwig gnt. Witte Pape, dem Knapen Arnulf von Almen, vor dem Gerichte zu Brilon, ein Gut zu Dorslon.

Nach dem Copiarium des Klosters Dalheim p. 81.

Euanescit omnis actio temporalis nisi aut vocibus testium aut scripti memoria recipiat firmamentum hinc est quod ego *lodewicus* dictus *witte pape* notum esse cupio tam posteris quam modernis hoc scriptum intuentibus quod ego cum consensu et bona voluntate cunegundis vxoris moe ceterisque meis heredibus (sic) vendidi *Arnulfo famulo* dicto de *Almina* ac Alheidi vxori sue eorumque heredibus (tam presentibus) quam futuris bonum in *Dorslon* situm, cum omnibus suis juribus coram judicio in Brilon et quia idem bonum prenominatus emptor nobis jure pheodali porrexerat ego ac vxor mea ad majorem firmitatem resignauimus coram ipso cum hi . . . testes astabant *goscalcus miles de brochusen judex in brilon Detmarus judex* Wigemannus magister burgensium in brilon Johes de ghiuelichusen gotfridus de lederike Hermannus luterlig *Hermannus de piscina* Wilbertus de buren Hermannus Wescelj Joh. brunhardus meynhardus gerlacus stolleman Hermannus rosendail volpertus mus'ges Hermannus Hoysbusen Hermannus de Harhusen Johs toluerman Jacobus de hottepe et duo filii sui lodewicus et albertus Hinricus de Visbike detmarus vengghér Johes gudele Hermannus prinowelus gotfridus rodunder et alii quam plures fide digni ne vero super hujusmodi facto in posterum aliqua possit suboriri calumpniosa actio presentem paginam expressim confectam rogaui sigillo ciuium briloniensium roborari datum et actum anno dni M°. CC°. LXX. septimo.

380.

1277. Vergleich zwischen Albert von Störmede und Bischof Otto von Paderborn.

Abgedruckt in *Schaten* annal. Paderb. ad ann. 1277.

Pater ac filius de *Stürmede* renunciánt *villicationi in Erwite, Vilse* et oppido *Saltzcotteno;* nunquam illis fas sit *castrum* et *oppidum Stürmede* reparare; neque unquam se Paderbornensi Ecclesie hostilem in modum opponere. *Villicationem* vero in *Munninghusen* retinebunt sibi CCCC marcis a *Simone* Episcopo oppiguoratam; ea vero summa pecunie numerata cedet rursum Paderbornensi Ecclesie, *que id predium à Corbeiensibus CCC marcis coèmit.* Quam in rem hi fideiussores Ministeriales ab Alberto dati: Bernardus de Brake, Godefridus de Huvele, Bernardus de Hurde, Gosbertus de Dedinghusen, Godefridus de Summer, Conradus, Henricus et Albertus fratres de Luthardessen, Alardus Magister, Conradus de Hœden, *Theodericus de Piscina*, Bertholdus de Lippia, Willekarus de Verude. Ao. M°. CC°. LXX°. VII°.

381.

1278, Febr. 10. vertauschen Graf Gottfried III. von Arnsberg und Graf Dietrich von Limburg, Rittertöchter ihrer Ministerialen.

Vollst. abgedr. in Kremers Beiträgen. B. 2. Nr. 18.

Nos Th. Comes de *Lymburg* nec non Euerhardus filius noster notum facimus vniuersis — quod concambium fecimus cum nobilibus viris — *Godefrido* Comite de *Arnsberg* et Lodowico filio suo. Nos vero Th. Comes — et C. filius noster concambium fecimus cum nostra ministeriali *Guda* quondam *filia* existens *Wesseli militis dicti de Oldinckhoffe* pie memorie, in cuius recompensationem G. Comes — et L. filius nobis dimittunt *ydam filiám* quondam *Ottonis militis dicti de Huse* pie memorie. Vt autem hoc concambium perpetuum permaneat. predicto Comiti et L. filio suo damus presens scriptum nostri sigilli munimine roboratum. Datum Lymburg ao Dni M°. CC°. LXXVIII°. die s. Scholastice virginis.

382.

1278. Febr. 18. verkauft Graf Ludwig von Arnsberg, die Vogtei über Soest, an die dortige Stadt.

Nach dem Original im Provinzial-Archive zu Düsseldorf.[501])

In nomine domini amen — *Ludewicus* Comes *Arnsbergensis* Junior Omnibus presentes litteras percepturis imperpetuum. tenore presencium protestamur et notum facimus vniuersis tam posteris quam modernis, quod nos cum consensu et bona voluntate domini ac patris nostri vxoris quoque nostre domine petronille puerorum et heredum nostrorum, nec non et fratris nostri *Johannis* qui huic contractui presens aderat *Insuper de consilio fidelium ac ministerialium nostrorum Aduocatiam nostram in Susato cum Banno et Jurisdictione et cum annua pensione duodecim marcarum ad ipsam Aduocatiam pertinencium* que ex tribus Curtibus domini nostri Archiepiscopi Coloniensis. videlicet *Oystinhusen, Hatdorpe* et *Borgelen* statutis ad hoc temporibus singulis annis erogantur, et cum vniuersis attinencijs predicto *Susatiensi Opido* et[502]) Oppidanis ibidem rite et rationabiliter vendidimus et concessimus *in feudo absoluto,* justo absoluti feudi tytulo perpetuo possidendam, duodecim Opidanis ibidem scilicet Alberto de Palsode Juniori, Henrico dicto guldene Meinrico de Thedinchusen Wernero Rufo Johanni fratri suo Andree de Keflike[503]) hermanno de Bodicken, Syfrido Cabolt, Gotmaro de Medebeke, Thitmaro de Doeme, henrico de lunen et helmico Scotthen nomine predicti oppidi et Opidanorum ibidem dictam Aduocaciam cum attinencijs de manu nostra suscipientibus in feudo absoluto Quorum quandocunque aliquem decedere contigerit vel mori, pro tempore nos et heredes ac successores nostri infra spatium Mensis vnius postquam id a nobis requisitum fuerit sine qualibet contradictione, ac sine omni predictorum Oppidanorum[504]) pecunie datione Aduocatiam ipsam in manus aliorum Opidanorum ibidem, quos consilium

---

[501]) Die Urkunde ist nach einer fehlerhaften Abschrift auch abgedruckt in Kindlingers Beiträgen. B. 3. Urk. 85. Mit dem Original stimmt genauer das Transsumpt im Liber Privil. Eccles. Colon. Nr. 246.

[502]) Bei Kindlinger fehlt das et.

[503]) Kindl. hat Beslike.

[504]) Bei Kindl. fehlt: opidanorum.

eiusdem Opidi[505]) nobis ad hoc pro tempore duxerit presentandos simili modo concodemus in feudo absoluto, qui eam nomine predictorum Opidi scilicet et Opidanorum de manu nostra siue heredum vel successorum nostrorum suscipient sicut superius est expressum Ita sane quod numerus Opidanorum Susaciensium a nobis infeudatorum de predicta Aduocatia semper in duodecim stet[506]) personis Ceterum quando cunque a Consulibus Susaciensibus requisiti fuerimus nos aut heredes siue successores nostri, nostrum jus infeudacionis quo infeudamus de predicta Aduocatia seu dominium ipsius feudi sine contradictione et difficultate qualibet resignabimus in manum in quam ipsi iusserint resignari nec huiusmodi resignacionem faciemus alicui homini sine ipsorum consensu et plenaria voluntate *Preterea judicia nostra que vrygedinck appellantur quibus presidere solemus extra muros Susaciensis Opidi non presidebimus* nec[507]) quisquam presidebit auctoritate nostra *in locis sepedicto Opido Susaciensi propioribus* seu in quibusquam[508]) alijs locis preterquam in hijs in quibus hoc fieri antiquitus est consuetum, *nec aliqui de prefatis Opidanis Susaciensibus citandi vel trahendi sunt in causam in eisdem Iudicijs seu in aliquo ipsorum extra muros Susacienses coram nobis siue çoram nostro vrigrauio,* nec in eisdem Iudicijs aliqualiter sunt gravandi Ad obseruacionem igitur omnium premissorum pater ac dominus noster dominus *Godefridus* comes maior Arnsbergensis *Johannes* frater noster et nos vna cum ipsis nos firmiter obligantes data fide pro nobis pro heredibus nostris ac successoribus pariter promittimus Opidanis Susaciensibus sepedictis[509]) quod omnia et singula premissa per singulos articulos eis inuiolabiliter obseruabimus nec contra aliquem prenominatorum[510]) articulorum aliquatinus veniemus. Vt igitur hec omnia rata et inconuulsa permaneant et ne quis postmodum tentetur infringere presentem paginam super eo conscriptam Opidanis Susaciensibus memoratis contulimus domini Godefridi patris ac domini nostri Comitis Arnsbergensis maioris, nostri quoque, et vxoris nostre supradicte Sjgillorum munimine roboratam, Preterea Sigilla nobilium virorum cognatorum nostrorum

---

505) Kindl. hat statt der Worte ejusdem opidi, nochmal ibidem.
506) Kindl. hat stet.
507) Kindl. hat ne.
508) Kindl. hat quibusque.
509) Kindl. hat predictis.
510) Kindl. hat predictorum.

videlicet domini Euerhardi Comitis de Marka, et nobilis viri domini *Johannis de Bylstein* appoui presentibus impetrauimus ad maiorem euidentiam premissorum Testes huiusmodi rei sunt Conradus de hustene Anthonius Wrede Lambertus de Morsche, florinus de Sassendorp Milites. Item *Wilhelmus de Ardeye*. vir nobilis, henricus notarius noster hermannus de Moldesbergh dapifer noster, Rutgherus de Hustene, Gerwinus de Remlinchusen, Sifridus de Anetuelde, Euerhardus de Zetuelde[511]) Wilhelmus Camerarius et alii quamplures nostri ministeriales et fideles. Item Hermannus de Benckinchusen tunc temporis judex Susaciensis Godeschalcus de Westhusen et Arnoldus de lunen tunc magistri consulum et totum Consilium Opidi prenotati et alij quamplures vniuersitatis similiter Opidi sepedicti Datum et Actum in domo Consulum in Susato. XII. kal. Marcii Anno domini MCCLXXVIII°.[512])

383.

1278. April. 3. verkauft Lambert von Glösingen Lehngüter bei Rumbeck, an das dortige Kloster.

Nach dem Orig. im Archive des Klosters Rumbeck.

Nos *Lambertus de Glusinghen*. et Gertrudis vxor nostra, cum heredibus nostris vniuersis, omnibus presentia visuris cupimus esse notum, quod bona apud *Rumbeke* sita, que de manu *Ludewici de Vlfershem* in feodo tenemus, Ecclesie in *Rumbeke* vendidimus perpetuo possidenda. et eadem bona *coram iudicio Arnesberg*, in manus ipsius Ludewici libere duximus resignare. Presentibus heinrico de berigfret. heinrico de hustene tunc iudicibus in Arnesberg. Gerhardo sceneweder. Gerhardo de stochem. hermanno sidenbecker. Johanne criuet. hermanno dicto mile. Richardo de Ouerendorpe. Consulibus et burgensibus in Arnesberg. Item Johanne et Johanne. henrico

---

511) Die 3 letzten Namen fehlen bei Kindlinger und in dem Liber privilegiorum; statt Hustene hat Kindl. Hustere.

512) An der Urkunde hangen die Siegel der Grafen Gottfried und Ludwig von Arnsberg, des Grafen Eberhard von der Mark und Johanns von Bilstein. (T. 5. Nr. 2.) Das mittelste, der Gemalin Ludwigs, ist abgefallen.

30*

et Gerhardo de Ouerendorpe. Item Gerwardo et Gerhardo de Dintenscede. et aliis quam pluribus. Vt autem hec rata et firma permaneant presens scriptum, quia sigillum proprium non habemus, sigillo burgensium in Arnesberg petiuimus roborari. Dat. anno dni. M°. CC°. LXX°. VIII°. In dominica judica me domine.[617])

384.

1278. bekundet der Stadtrath zu **Marsberg**, wie **Berthold** von **Hörter** Bürger zu Marsberg, von Gerlach von **Esbyke** genannt **Dyckeberg**, dessen sämmtliche Güter in der Villa **Aspe** als Lehn erworben habe.

Nach dem Original im Archive des Stifts Marsberg.

Uniuersis hanc litteram uisuris uel audituris Consules *montis martis* iusticie firmiter inherere et ueritati iugiter testimonium perhibere. Quoniam nichil adeo firmum est in humanis actionibus quod non per longeui successionem temporis infirmetur expedit ut acta hominum scriptis autenticis perhennentur. Nouerint igitur presentes et futuri quod *Bertoldus de Huxaria* noster conburgensis mediantibus quibusdam discretis uiris et honestis omnes reditus quos *Gerlacus de Esbike* cognomine *Dykkeberg* in agris uidelicet numeratis uel non numeratis, cultis siue incultis, siluis, pratis, paschuis, uiis, inuiis, aquis, aquarum decursibus, ortis, ortorumque fructibus, in uilla *Aspe* iusto tytulo quiete hactenus possederat, consentientibus et una secum facientibus Hermanno et alberto filiis ipsius et heredibus suis ratum habentibus, Antonio quoque filio Alberti militis de Lutersen iam pridem defuncti et Vdone filio Johannis de Hosthem similiter iam defuncti omni actioni siquam habere poterant occasione quacumque in reditibus predictis coram multis probis uiris penitus renunciantibus, ab eodem Gerlaco pro quadam summa pecunie quam integraliter persoluit rite et legitime comparauit. Antonius uero in sua renunciatione *seu*

---

[617]) An der Urkunde hängt das alte große Arnsberger Stadtsiegel. (T. 9. Nr. 3.)

denarios recepit per quos ipsius renunciatio euidentius probari poterit in futuro. Hiis itaque rationabiliter patratis iam dictus Gerlacus et filii sui pretacti, supradictos reditus cum omni sua integritate eidem Bertoldo, uxori sue Kunegundi et filiis suis Hermanno, Conrado, Bertoldo et Heinrico, et filie sue Margarete, *iure porrexerunt pheodali,* omni fraude et dolo que secundum iura nulli debent patrocinari, penitus exclusis, libere et quiete perpetuo possidendos. Warandiam insuper plenariam et firmam ipsis contra infestatores quoslibet prestituri. In cuius rei maius robur et firmitudinem ampliorem. presentem litteram super hoc confectam sigilli nostri munimine duximus roborandam. Acta sunt hec anno domini M°. CC°. septuagesimo octauo. Huius rei testes sunt. Hermannus de Warthberg proconsul montis martis. Heinricus de Cappella. Johannes de Ouerenkerken, Conradus de Clyngen, Thetmarus Odelgardis, Heinricus de Nutblon. Hermannus de Esbike. Gerlacus de Twyste. Volnandus, Hyldebrandus Hauesalthe. Vdo, consules montis martis. Heinricus de Oddenhusen et frater suus Thydericus et filius ipsius Thydericus, Heinricus morel iudex. Helmwicus de Huxaria. Johannes filius Conradi monetarii et Lodewicus monetarii patruus ipsius. Johannes filius Stephani. Wezzelus. Heinricus monetarius. Heinricus de Culte. Godescalcus. Rege. Conradus Luthbrandi Heinricus de Vesperde. Johannes Costeke. Ludolfus de aspe. et alii quam plures.[114])

385.

1279. Dec. 1. beurkundet Graf Ludwig von Arnsberg die Uebertragung von Gütern zu Holthausen bei Oelinghausen, an das Kloster daselbst.

Nach dem Orig. im Archive des Klosters Oelinghausen.

In nomine sancte et indiuidue trinitatis amen. *Ludewicus comes Arnesbergensis.* omnibus xpi fidelibus presens scriptum visuris salutem in perpetuum. Quia scripti tenacitas obliuionem tollit et calumpniam, cautum est et vtile, ut ea

---

[114]) Das an geflochtenen grün, roth und weißen leinenen Schnüren gehangene Siegel, ist größtentheils abgefallen.

que aguntur in tempore scripture memoria perhenuentur. Notum igitur facimus vniuersis ac singulis tam presentibus quam futuris. quod *Hermannus miles aduocatus dictus de holthusen* Elyzabeth vxor sua, Euerhardus et Hermannus filii eorundum, cum ceteris liberis ipsorum sicut nomina tenent. Item *Johannes de hare. xpina vxor eius, vera heres* cum eorum pueris vniuersis, de unanimi voluntate et omnium heredum et coheredum consensu, videlicet Gerhardi sacerdotis de hemerde plebani *xpine vxoris Johannis militis dicti Risen de neyhem*. Johannis filii ipsorum et aliorum puerorum suorum. Item *Hermani* filij Sophyie. vxoris quondam *Theoderici militis de berstrathe* et omnium heredum suorum. Item *Heynrici* filii *Anthonii militis dicti Wrede*. et omnium heredum suorum. Bona in *holthusen* apud *Olinchusen* sita. que ipsi de manu nostra tenuerunt in feodo. Ecclesie de Olinchusen integraliter vendiderunt. Scilicet cum mansis et mansionarijs. casis et casarijs. agris. pratis. pascuis. aquis. nemoribus. et cum vniuersis attinentijs bonorum eorumdem. Eadem quoque bona in nostra presentia Arnesberg constituti. in manus nostras resignauerunt simpliciter libere et absolute. Sponte ac voluntarie recedentes ab omni iure quodcumque ipsis in predictis bonis competebat. Nos itaque de iussu et bona voluntate. *Godefridi*. dnj comitis arnesbergensis patris nostri. *Johannis* quoque fratris nostri Trajectensis ecclesie canonici. et *Peronette* dne cometisse Arnesbergens. vxoris nostre. *Frederici* filii nostri. ac omnium heredum et coheredum nostrorum pleno de consensu. *Accedente etiam nobilium fidelium notrorum. vassallorum. ministerialium. et castellanorum consilio*. venditionem bonorum predictorum, ratam et gratam habentes .bona memorata cum uniuersis attinentijs ecclesie de olinchusen duximus assignanda. Proprietatem vero eorumdem bonorum. ob reuerentiam. dei. et beate virginis marie. in nostram. et progenitorum atque successorum nostrorum eternam memoriam. ecclesie de Olinchusen sepedicte donauimus pleno iure perpetuo. Libere et quiete possidenda. Ne igitur predicte venditionis contractum et hanc nostram donationem, de proprietate sepedictorum bonorum ecclesie de Olinchusen. affectuose. rite et iuste factam. quisquam in posterum valeat irritare calumpnia, presentem paginam super hiis confectam conscribi fecimus. Nostri. Godefridi quoque dni comitis Arnesbergensis patris nostri et Peronette dne Cometisse Arnesberg. vxoris nostre. sigillorum munimine roboratam. Preterea ad instantiam. Ludolfi prepositi. Gysle priorisse. *Ermengardis amite nostre sanctimonialis*. ac totius conuentus ecclesie de Olinchusen. venerabilis patris *Siffridi*. dni nostri archiepi colon. Euerhardi dni Comitis de marcha *Johis nobilis viri de bylsteyn*, consanguineorum nostrorum. atque virorum prudentum. opidanorum Susatiensium Sigilla. Nos et partes hinc inde. petiuimus apponi presentibus ad maiorem euidentiam, et perpetuam premissorum firmitatem. Datum et actum. anno ab incarnatione dni. M°. CC°. L. XX. nono. kal. Decembris. Presentes fuerunt hiis actibus. Wigandus prepositus de Wedinghusen. Lambertus prepositus de sceyda. Alexander prepositus de Capellis. Johs Guche. Johannes de Suderlaath. Siffridus de kefike. Johs. dictus Sengelyn. Boymund. sacerdotes. Item. Hunoldus de plettenbrath. Godefridus de Sumeren. Johs. dictus scriuere de werle. Antonius dictus wrede. Hermannus de bynole. Conradus de Hustene. Theodericus de Sconenholthusen. Johs. de neyhem. wilhelmus de neyhem milites. Item *Wilhelmus de ardeyo. Heynricus de Holtte. Jonathas de Dulbery.* viri nobiles. Item. Conradus de erwethe. Rutgherus de Hustene. Hermannus quatterlant. Johs iunior rise. antonius de euze. Rodolfus de Borboyn. Thomas de Sconenholthusen. Lutbertus de Hustene. Johs. de Suithene. Euerhardus de zetvelde. Heydenricus dictus prins. Gamarich de Slukync. Albero de aslen. Ludolfus de pentelinc. Rodolfus de Hersebeke. *viri bone nationis*. Godescalcus de wigynchusen. Arnoldus de Lunen. magistri consulum in Susato. Albertus de palshole senior. Albertus de palshole iunior. Winandus gallicus. Gerhardus vamme kranen. Regenbodo Gute. Johs rollemam. Theymarus de medebeke. Bruno de boecke. Johs dictus doringh. Gerewinus de Lunen burgenses Susatienses. Item. Stelingus iudex noster Arnesbergensis. Heynricus de vncklucdorpe. mgr. consulum ibidem. Heynricus de Hustene. Heynricus de berychfret. Gerhardus sconeweder. Hermannus Sydenbeckere Rodolfus filius mareburgis. Rutgherus Gudenbogh. Conradus *vinitor*. Theodericus *monetarius*. Et alij quam plures opidani nostri arnesbergens. viri fide digni.[515])

---

[515]) Die schön geschriebene Urkunde, ist nebst den daran hängenden Siegeln Siegfrieds, der Grafen Gottfried und Ludwig (T. 2. Nr. 1.), der Gräfin Peronetta (T. 2. Nr. 2.), des Grafen Eberhard von der Mark, Johanns von Bilstein (T. 5. Nr. 2.) und der Stadt Soest, welche sämmtlich in grünem Wachse abgedruckt sind, sehr wohl erhalten. Die Urk. kann einen Begriff von dem glänzenden Hoflager der damaligen Grafen von Arnsberg geben; sie zählt 57 namentliche Zeugen: Geistliche, Ritter, nobiles, bone nationis viri (Ministerialen) und Bürger.

386.

1280. April. 4. verkauft Graf Ludwig von Arnsberg dem Kloster Oelinghausen, seine Bede von den dem Kloster gehörigen Gütern und Leuten.

Nach dem Copiarium des Klosters Oelinghausen.

Nos *Ludowicus comes de arnesberg* litteris presentibus recognoscimus vniuersis publice protestantes quod de bona voluntate *Peronethe* Domine cometisse uxoris nostre *Johannis* fratris nostri ac *Frederici* filii nostri aliorumque heredum nostrorum consensu *petitionem nostram* et omne *jus seu graciam petitionum* scilicet *vaccarum, annone, pullorum vel aliorum prouentuum,* quod habuimus vel habere videbamur in bonis et hominibus ecclesie de *Vlinchusen* attinentibus videlicet in *burschaph de hosthusen* in *Dresberg in Keyrechlinne* vendidimus absolute memorate ecclesie de *Vlinchusen* pro viginti quinque marcis susatiensis monete. libere et quiete possidenda, ea tamen interjecta conditione vt infra duos annos priores nunc a festo Walburgis et deinceps instantes si voluerimus reemptionem facere pro summa prenotata a predicta ecclesia infra terminum prefixum scilicet Walburgis et Penthecostes predictorum annorum solutionem faciemus et hoc ipsum condictum ecclesia nobis non negabit, si vero reemptionem vel solutionem nos supersedere contigerit vel voluntarie preterire et obmittere voluerimus, prenotata emptio religiosis Deo seruientibus in Vlinchusen libere et absolute manebit in perpetuum possidenda. Vt autem hec rata et inconuulsa permaneant, sigillorum nostrorum munimine roboramus. Datum anno domini M°. CC°. octogesimo in die beati ambrosii. Testes aderant Hartradus sacerdos in Euersberg. *Heinricus de Holthe. Wilhelmus de Ardeya. Jonathas de Dulberg nobiles.* Hermannus dictus Quaterlant. Gerwinus de remellinchusen. steyligus de berghouen. Rodolfus de borbegh. Wilhelmus Sartor et alii quamplures.

387.

1280. Aug. 17. bekundet Heinrich von Volmestein, wie Wichard von Ense eine Curtis zu Tünen, die er von ihm zu Lehn getragen, mit seiner Bewilligung, an die Klosterjungfrauen zu Himmelpforten verkauft habe.

Nach dem Orig. im Archive des Klosters Himmelpforten.

Nos *Theodericus vir Nobilis de volmutsteyne*. vniuersis presentem litteram percepturis Notum facimus publice protestantes, quod *Wichardus dictus de Ense*, de consensu Sophie uxoris sue, ac aliorum heredum suorum bona sua sita in villa *Tunen* scilicet *duas curtes*, quarum vna, in qua *Johannes dictus snach pro tempore residentiam facit*, ad nostram, alia vero in qua *Rutcherus residet*, ad relligiosi viri domini.. Abbatis monasterii leysbornensis infeodationem pertinere dinoscitur.. domine Abbatisse et.. Conventui ecclesie *ad portam celi* pro octuaginta marcis probate monete vendidit, iusto titulo emptionis cum pratis. pascuis. nemoribus cultis et incultis, et omnibus pertinentiis ad easdem. Dicti vero Wichardus et vxor sua. ac eorum filii conradus et Wichardus. fratres quoque ipsius Wichardi. Rutgerus clericus. Hermannus. Antonius. Hinricus. Theodoricus. Godefridus et Conradus. vna et Sophya relicta Heriberti de Wanebollen. et eius filii Rabodo. Thomas. et Heribertus. ac ceteri legitimi heredes predictorum. coram nobis constituti, prefate curti, quam de manu nostra tenuerunt in feodo, renunciauerunt, et eam ad manus nostras libere resignarunt. Nos quoque earundem.. Abbatisse et Conuentus ex vna parte, et prefati Wichardi ac suorum heredum ex altera precibus inclinati. proprietatem dicte curtis ad nostram infeodationem ut dictum est pertinentis. facto concambio cum bonis que dicuntur *Hofstede*, Monasterio ad portam celi predicto. et personis in eodem deo famulantibus de fratrum nostrorum et heredum, consilio et consensu. contulimus et in hiis scriptis conferimus perpetuo possidendam. Et Ne huiusmodi donationi nostre, seu emptioni prefate, aliquis discordie scrupulus in futuro subcrescat, presentem paginam super eo conscriptam sepefatis — Abbatisse et Conuentui contulimus sigilli nostri munimine Roboratam, Nos vero Ludewicus Comes de Arnesberg ut premissa eo stabiliora perpetuo permaneant, et inconwlsa obseruentur Sigillum nostrum presentibus duximus apponendum. Hiis presentes aderant, Godefridus decanus.

Lubertus camerarius ecclesie Sosatiensis, Godescalcus de Wibinchusen, Gerwinus de Lunen. Winandus Gallicus. Hermannus. Wernerus, Johannes, Albertus fratres dicti Ruß. Alexander de Mennichusen. Gerhardus de Attenderne· Albertus preco, opidani Sosatienses, Arnoldus dictus Flacrian. Hermannus de Sweue clericus ac alii quam plures. Datum XVI° kalendas Septembris Anno dominice incarnationis. millesimo. ducentesimo. octugesimo.[516])

388.

1280. Sept. 1. wird **Gertrud**, Frau **Hermann Münzers** zu Marsberg, von den betreffenden Lehnherren, mit verschiedenen Gütern belehnt, welche ihr Mann zu Lehn trug und womit er ihr titulo dotis die Investitur für sich und ihre Erben geben ließ.

Nach dem Original im Marsberger Stift-Archive.

Cum secundum copule legalis exigentiam, *maritus coniugem maritalibus possessionibus inuestire debeat et dotare,* Nos judex, consules ac burgenses opidi *montis martis* ex huius legis consequentia tenore presentium protestamur, quod nobis astantibus dnus *Johannes* miles et *Hermannus fratres de Kalembergh,* ac corum consanguineus Johannes de Holthusen, curtem suam in *Dorpede,* cum suis pertinentiis et omni prouentuum vbertate, ad instantiam *Hermanni monetarii* subsequentia pheoda bonorum procurantis, eius vxori *Gertrudi,* suisque successoribus, heredibus assentientibus, vnanimiter iure pheodali concesserunt legitime possidenda, Item eodem ordine et modo prefato Hermanno procurante, ac patruo suo Lodewico assentiente in bonis subscriptis ipsi communicante, nostra coram consistentia dnus *Hartmanus* miles, ac *Rodolphus fratres de Kenethe* vnam curtem siue predium sitam in iamdicta villa cum suis appendiciis et fructibus debitis, dicte

---

[516]) Das Siegel Heinrichs von Volmestein, in weißem Wachse abgedruckt und herzförmig, hängt noch an der Urkunde; das des Grafen von Arnsberg ist abgefallen.

Gertrudi suisque successoribus in pheodo contulerunt libere possidendam, Ceterum in nostra presentia *Heynricus de Vesperde* bonum siue predium situm in *Glindenge* cum suis prouentibus Lodewico communo, precibus supradicti Hermanni inclinatus, eiusdem coniugi Gertrudi supranotate, suisque successoribus in pheodum porrexit absolutum iure debito possidendum, Ne uero questio moueatur predictis heredibus super singulis collationibus bonorum, *quibus eadem femina titulo dotis est inuestita*, presenti cyrographo sigillum nostrorum burgensium, patronis arbitrantibus, in testimonium est appensum, Actum presentibus testibus dno. olrico milite de Westhem, Hartwigo de Dorslon, Heynrico morel judice, Johanne de Bilinch proconsule, Johanne de Ouerenkerken, Conrado de Clinge, Bertoldo Nathan, Hermanno de Esbike, Thiderico juniore de Oddenhusen, Johanne Hassone. Wecelo Eylltonis, Stephano et Johanne fratribus et Heynrico Haueualdi Consulibus. Item Heynrico de Capella, Bertoldo de Hoxaria, Heynrico monetario, Ludolpho de Aspe, Johanne de Brune, Johanne Costiken, Vollando, ac aliis burgensibus. Datum in kal. Septembribus. anno gratie Millesimo. Ducentesimo. octogesimo.[417])

389.

1280. Sept. 12. verkauft **Hermann vom Forste** seine sämmtlichen Erbgüter zu **Olpe**, an Graf **Adolf von Berg**.

Vollständig abgedr. in Kremers academ. Beiträgen B. III. Urk. S. 160.

In nomine — trinitatis amen. Vniuersis — Ego *Hermannus dictus de Foresto* notum facio — quod omnem hereditatem meam et omnia bona mea que habui — *in allodio de Olpe* cum hominibus mancipiis tam infra allodium de Olpe quam extra ipsum allodium sedentibus, duntaxat exceptis dicto Heweschilt, Reynardo vigile de Wettere, duobus filiis clerici de Hirzschit, Wernero de Liscinghusen, Gotscalco sutore et Gotschalco de Ludolfscheit et sua sorore, quos mihi volo specialiter reseruare, curtim meam quam ibidem habui —

---

[417]) Das Siegel ist abgefallen.

accedente vxoris mee legitime *Lyse* et pueri mei — consensu et licentia speciali vendidi — personis nobilibus domino *Adolpho* comiti et domine *Elizabeth* comitisse de *Monte* — pro certa pecunie summa — promittendo fide prestita corporali, quod ipsis magnatibus, domino Adolpho et domine E. comitisse de Monte — de premissis — bonis — *per annum integrum et diem secundum patrie consuetudinem prestabo — warandiam.* Preterea dictam vxorem meam et puerum meum dictis bonis — infra festum Pasche futurum nunc proxime abrenunciare faciam, *cum effestucatione et abrenunciatione debita et consueta.* Ut autem dicti nobiles — de premissis — fidem habeant ampliorem, ipsis viros honestos Gerhardum de Altena, Conradum de Didinghovin, Hermannum de Vitinghoven, Henricum de Vitinghoven, Wincmarum de Hungelt, Arnoldum de Altena, filium domini Giseleri, Henricum dictum Dukere, Hermannum de Gelinghusen, Henricum de Didinghoven, Adam de Jsenberg, Bertramum dictum Scakt, Henricum de Winnenberg, Theodericum dictum Dukere, Bernardum de Wittene, Hermannum de Dalhusen, Conradum de Dorenburch, Meinricum de Vitinghoven famulos et Everhardum de Laten militem, meos consanguineos dominos et amicos, posui fidejussores, qui pro me — in manus virorum honestorum Henrici dapiferi de Monte et Theoderici fratrum de Hurst, Engelberti dicti Rusilpaffe, Engelberti dicti de Bleche, Johannis de Durschit militum — fide corporali prestita promiserunt, quod si ego aut mei etc. — Linnephe intrabunt ad jacendum, sicut moris est bonorum fidejussorum — In cuius rei testimonium ipsis Domino A. comiti et E. comitisse de Monte sepedictis, presens scriptum contuli, nobilis viri domicelli Eucrardi comitis de Marcken et virorum honestorum domini Gerardi de Altena et domini Conradi dicti de Didinghouin militum, quia sigillum proprium non habui, sigillorum munimine roboratam — Actum Laugenberg — anno Dni M°. CC°. LXXX. feria quinta post natiuitatem beate Marie virginis.

390.

1280. Nachricht über die Gaugrafschaften bei Soest.

Nach dem Original in dem alten Statutenbuche des Stadt-Archivs.

Notandum quod *jus Gogravie* de *Dorne* ex antiquo pertinuit et pertinet ad Civitatem *Susaciensem* Item *Hellinghusen* ambo

Berstrate et *medrike* et omnes alie ville que inter amnem dictum *Saltlappe* et *Civitatem Susaciensem* site sunt racione dicte Gogravie pertinent ad Civitatem Susaciensem. — Item *Gogravia* in *unhurenasche* ex antiquo pertinuit ad Civitatem Susaciensem, licet modo *comes de marka* velit per violenciam suis usibus eam applicare, et ambe ville de *welvere Clotingen*, et parrochia de *dinchere* sicut sita est circa dictum amnem *Saltappe* usque ad amnem *Rodenbecke* pertinent ad *Civitatem Susaciensem*, et istud est remocius, quod servatur contra illos de *Bekehem* et de *Alen*. — Item parrochie in *Swere* et *Borgheleen* sicut site sunt pertinent ad *Civitatem Susaciensem*. — Item in ponte *Hertvelde* terminatur jus Gogravie quod servatur contra illos de *Stromberg* et ultra *lippenses* Item parrochia de *Ostinchusen* sicut sita est pertinet ad *civitatem Susaciensem*. — Item jus Gogravie de *Berbome* servatur contra illos de *Lippia* et de *ervethe*, et alios attinentes — Item jus Gogravie de *Schonelo* pertinet ad *civitatem Susaciensem* et istud jus servatur contra illos de *Ruden*, et alios eis attinentes Item ville de *Nigengeschen* et *Herwordinchusen* pertinent ad *civitatem Susaciensem*, Et nullus Gogravius debet vel potest de jure homines ad ista judicia pertinentes ad alia jura vel loca per evocacionem que *Geschrie* dicitur evocare.

391.

1280. überträgt Vogt Rudolf (von Erwitte) zu Gesecke, dem Stifte daselbst, das Düvelbits Gut.

Nach dem Original im Archive des Stifts Gesecke.

Agnes dei gratia, *abbatissa* ecclesie sancti Cyriaci *in gieseke*, *Rodolfus* aduocatus eiusdem ecclesie omnibus presens scriptum intuentibus salutem in vero salutari. Quoniam omnia que aguntur digna memoria indigent, et ut scriptis, et sigillorum appositionibus sic seruentur integra, ne excedant scientiam futurorum. Hinc est quod notum facimus vniuersis, tam posteris, quam presentibus huius pagine inspectoribus, quod nos Rodolfus, et Bertradis vxor nostra legitima, periculum animarum nostrarum metuentes, et diuine pietatis retributionem sperantes, de consensu voluntario heredum nostrorum, *curtim nostram sitam in oppido Gesike, que dicitur duuelbiles gut,* quam tenuimus *humaio iure,* de manu domine nostre abbatisse, in agris, siluis et pascuis, et cum omnibus, prouentibus, quorum Conegundis adhuc gaudet vsufructu, cum intima deuotione resignauimus, et contulimus deo, et sancto marie, et beato Cyriaco in Gesike, legitime et perpetuo possidendam, ad prebendas dominarum, deo ibi famulantium augmentandas, et fideliter emendandas, et protestamur eandem curtim hactenus *ab omni iure aduocatie* fuisse liberam et inmunem, et sic uolumus eternaliter permanere, quia iuri et rationi consentaneum est, ut quisque de sua re legem ponat, quam desiderat. Sub tali autem conditione, ut quolibet anno, anniuersarium, et memoria patris nostri *Godescalsi,* et matris nostre Conegundis et nostra Bertradisque vxoris nostre quatuor uicibus anni, in vigiliis et in missis animarum cum pulsatione campanarum deuote et solempniter peragatur. Ordinauimus porro ut tres canonici nostre ecclesie in quolibet anniuersario prelibato vigilias et missas defunctorum pie celebrent et deuote, ad quamlibet missam quatuor denarii offerrantur. Insuper campanariis denarius detur et pro thure obulus et duo denarii ad luminaria facienda, et sic prefata memoria perpetuo inuiolabilis conseruetur. Nos vero agnes abbatissa predicta, collationem bonorum supradictorum quorum ad nos de iure spectat collatio, cum communi consensu nostri Capituli, ob remunerationem diuine misericordie, nostro Capitulo integraliter resignauimus, et in presenti scripto assignauimus, vt bonorum eorundem conferendi, et ad colendum locandi, habeant perfectam et liberam facultatem. Vt igitur tale donum, et tam legitimam ordinationem, tam posterorum, quam presentium calumpnia infringere non poterit uel irritare, sed ab omnibus inuiolabiliter conseruetur, presens scriptum sigillorum nostrorum munitione tradimus roboratum. Huic vero collationi testes sunt. Prepositus Suederus, Arnoldus de benhus, Johannes de patberg, Arnoldus dictus vuelgeist canon., Arnoldus de haren, Gosuinus, menricus de thudorp sacerdos, Dnus albertus de stormede et filius suus, Dnus Gerlacus de Dyedenshusen Wernherus canonicus, Herbordus stotere, Albertus de Erkinhusen, Lulbertus comes, Bertoldus scildere, milites, Willikinus de vernede, Henricus Bulemast, Reymundus, Johannes, Wescelus fratres[418]) Degenhardus, Rodolfus de yttere, Gotfridus iudex, Henricus Coruus, Henricus de sande proconsul, Henricus slepere, Johes. de holthusen et eorum socii tunc consules,

[418]) v. Erwitte.

Hermannus de scattenhusen, Lambertus et Echts dicti de foro, et alii quam plures tam clerici quam laici. Actum et Datum Gesike. anno dnj. M°. CC°. LXXX°.[519])

392.

1280. verlegt Bischof Otto von Paderborn das Dedicationfest der Nicolai-Capelle am Buhlberge zu Marsberg.

Nach dem Original im Marsberger Stift-Archive.

Otto dei gratia ecclesie *Paderbornensis* electus et confirmatus vniuersis xpi fidelibus presentia conspecturis gratiam ihu xpi, perpetua cum salute, Quoniam ea que maiorum auctoritas constituit, renouari digne a posteris debet et conuenit approbari, Censentes igitur dedicationem *capelle Beati Nycolai* pontificis miraculosi ad *radicem montismartis site in Bulone*, hactenus in die beati Ieronimi presbiteri seruatam, auctoritate dyocesani transferimus proxima die dominica post commemorationem Michaelis archangeli celestium quoque spirituum perhenniter excolendam, Ne uero renouationis nostre decretum a modernis valeat improbari neue lateat successores, translationem dicti loci a nobis concessam, presentibus scriptis adhibito nostro sigillo volumus propalari, Datum anno gratie. millesimo. ducentesimo. octogesimo.[520])

---

[519]) An rothen seidenen Strängen hängen 3 gut erhaltene Siegel, a. das Stiftsiegel mit dem Bilde des heil. Cyriacus (T. 10. Nr. 4.), b. das der Abtissin Agnes, welches eine stehende Klosterfrau darstellt; neben derselben 2 fünfblätterige Rosen — sie war also eine Störmede — c. das des Vogts Rudolf; darstellend einen aufgerichteten gekrönten Löwen in einem Schilde mit 3 Querbalken, mit der Umschrift: Sigillum Rodolfi militis de Ervete.

[520]) Das Siegel ist abgefallen.

393.

1281. Jan. 3. bekennt Graf Gottfried III. von Arnsberg, daß er die Burg Hachen als cölnisches Lehn besitze.

Nach dem Original im Provinzial-Archive zu Düsseldorf.

Nos *Godefridus* Comes de *Arnesberg*, Notum facimus vniuersis et presentibus nostris Literis protestamur quod *Castrum nostrum Hagne* ab Ecclesia Coloniensi tenemus et in libero feodo possidemus, propter quod cum prefatum Castrum per traditiones perditorum ad manus sit deuolutum alienas, consilium et auxilium ab Ecclesia Coloniensi et *Gozwino* ipsius Ecclesie *in Westphalia Marscalco* requirimus sub hac forma vt si ipsum Castrum nos rehabere et recuperare contigerit, nulli Homini jam dictum Castrum locabimus, ubi Ecclesie Coloniensi dampnum aliquod vel grauamen . . . .[321]) de aliis nostris munitionibus inferatur, quod Sigilli nostri munimine duximus roborandum. Datum anno Domini M°. CC°. LXXX°. primo. in Octaua beati Johannis Ewangeliste.[322])

394.

1281. März. 16. entscheidet Gozwin Marschall von Westfalen, einen Streit zwischen dem Kloster Wedinghausen und Conrad Viscken, über das Eigenthum der Güter zu Rithem.

Nach dem Original im Wedinghauser Archive.

Vniuersis presentes litteras visuris. Nos *Gozwinus westfalie marscalcus*, notum esse volumus, quod cum inter prepositum de *Wedinchusen* et conuentum ibidem ex una parte et *Conradum* dictum *visceken*, ex altera questio moueretur coram nobis,

---

[321]) Unleserliche Worte.

[322]) An der Urkunde hängt das Siegel des Grafen Gottfried; die Dinte ist sehr verbleicht; abgedruckt bei Meyer in Wigands Archiv. B. 6. S. 250.

super quibusdam bonis apud *Rithem* sitis, que predictus Conradus sibi asserebat jure hereditario pertinere et super hiis nobis demonstrauit litteras . . prepositi memorati quibus auditis perpendimus quod idem Conradus et vxor sua non haberent jus hereditarium in eisdem bonis sed ea ad tempora vite sue possidere debeant data certa pensione singulis annis de bonis memoratis, quod tenore presentium duximus protestandum, huic uero facto interfuerunt nobiscum Ereufridus de Bredenole Hermannus de Boderike, Johannes dictus scriptor milites. Wilhelmus et Gozwinus magistri Consulum et consules Werlenses. Actum et datum apud Werle in quadragesima. anno dni. M°. CC°. LXXX. primo.[523])

395.

1281. April. 1. bekennen Richter, Bürgermeister und Rath zu **Marsberg**, daß vor ihnen **Hermann von Suibrachtinghusen** und sein Vetter **Werner**, den **Hermann Münzer** und dessen Schwester **Christine**, mit dem vierten Theile des Zehnten zu **Ovinghusen**, **Struk** und **Hiddinghusen**, beliehen haben.

Nach dem Original im Archive der Probstei Marsberg.

Quoniam generatio preterit et generatio aduenit, necesse est calumpniam preauere, vt collatio phoodalis alternata scriptis et astantium testimonio renouetur. Nos ex eo judex et consules, ac burgenses *opidi montis martis* cunctorum notitie declarantes publice protestamur, quod viris fidedignis astantibus *Hermannus de Suichbraytinchusen*, et eius consanguineus *Werno*, cum vnanimi manu, heredum quoque suorum cum assensu, quartam partem decime in *Ouenchusen* in *struke*

---

[523]) Das an einem abgeschnittenen und durchgezogenen Pergamenstreif hangende Siegel ist in weißem Wachse abgedruckt. Es ist ein Schild mit einem Schrägbalken, worin sogenannte Wolken. Von der Umschrift ist nichts mehr zu lesen, als das Wort . . . . husen . . . . Godwin hieß von Oppenhusen; wie aus der Urkunde Nr. 306. hervorgeht.

31

et in *Hiddinchusen* profetare, cum omni prouentuum vbertate, *Hermanno monetarii*, et eius sorori Cristine, secundum iuris exigentiam, suis quoque successoribus, iure pheodali concesserunt perpetue possidendam, justam et debitam warandiam collate partis decime prenotatis cum et vbi necesse fuerit prestituri. Testes in omagium preelecti specialiter affuerunt, Heinricus morel judex, Thidericus de Oddenhusen proconsul et eius Germanus Heinricus, Bertoldus de Huxaria, Conradus de Clinge, Johannes de Bilinchusen, Johannes de Ouerenkerke, Thetmarus Olgardis, Stephanus et Johannes nati Stephani *Vinitoris*, Conradus Hauesaldi, Wecelus Kyliconis, et vollandus, Consules, Item Heynricus de Capella, Albertus de Mulehusen, Bertoldus Rotgeri, Wecelus Sygenandi, Thidericus junior de Oddenhusen, Johannes hasso, Hermannus de kerictorp, et alii quam plures. Ne vero scrupulus adinuentionis uel obliuionis euidentiam rei geste valeat obfuscare presens scriptum ad memoriam perhennem ad instantiam premissorum sigillo burgensium prouidimus in testimonium confirmari, Actum et datum in kal. aprilis anno gratie Millesimo Ducentesimo Octogesimo primo.[524])

396.

1281, Nov. 8. bestätigt Erzbischof **Siegfried** den Verkauf der **Vogtei** über **Soest**, von dem Grafen von **Arnsberg** an die Stadt **Soest**.

Nach dem Original im Archive der Stadt Soest.

In nomine sancte et indiuidue trinitatis. Amen. *Sifridus* Dei gracia sancte coloniensis ecclesie archiepiscopus sacri imperii in Italia archicancellarius, omnibus Christi fidelibus presentes litteras visuris in perpetuum. Presenciam tenore protestamur et notum esse cupimus uniuersis, tam presentibus quam futuris, quod cum dilecti fideles nostri *opidani susacienses advocatiam ejusdem opidi, quam comes de Arnsberg et sui progenitores a nostris antecessoribus et*

---

[524]) Das in weißem Wachse abgedruckte alte große Stadtsiegel ist meist abgefallen; die Urkunde sehr sauber geschrieben.

ecclesia nostra Coloniensi tenuerunt in feodo prout ipsam eis idem nobilis vir comes de Arnsberg vendiderat, in manus nostras resignaverunt. cum omnibus suis attinenciis, per composicionem, inter nos et ipsos opidanos ordinatam. assignantes nobis simul cum ea publicum instrumentum. quod super contractu vendicionis ejusdem advocatie receperant a comite memorato. Nos huiusmodi resignacione, ac instrumenti publici assignacione con....... aliam ab eis de predicta advocatia... .... non re........... quod predicti opidani susacienses moneant. comitem de Arnsberg predictam ut resignet in manus nostras ipsam advocatiam cum suis attinenciis secundum quod ipsam advocatiam vendidit opidanis memoratis. Preterea *de pleno consensu. et communi consilio capituli et priorum ecclesie nostre Coloniensis vasallorum quoque fidelium ac ministerialium nostrorum* predictum opidum susaciense libertantes ex gratia speciali. *secretum judicium ad predictam advocatiam pertinens, quod Stilledink vulgariter appellatur, extra muros Susacienses ponimus, constituentes illud in loca qui vulgariter dicitur Niengeysken* et non alias suis temporibus observandum. concedentes eisdem opidanis nostris Susaciensibus, *quod ad eundem locum judicialem et per idem judicium evocari seu alio quocunque modo grauari nullus eorum poterit nec debebit.* Ceterum *manifestum judicium* ejusdem advocatie quo comes Arnsbergensis vel advocatus ejus judicare consuevit. *manebit apud judicem nostrum Susaciensem*. quem nos vel successores nostri ex opidanis susaciensibus ibidem pro tempore statuemus. Ita sane quod si quispiam alicui horum vulnus non letale seu citra mortem inflixerit ferro acuto quod *Eckeck de wapen* dicitur, illum judex noster ibidem ad suam vocabit seu vocari faciet presenciam, quem ante omnia mulctabit pena quatuor solidorum et recipit ab eo fidejussoriam caucionem. quod ulterius coram consulibus susaciensibus in domo ipsorum consulum comparcat, et cum comparuerit judex noster et dicti consules ponderata et considerata quantitate et qualitate excessus illius taxabunt concorditer penam pecuniariam ipsi reo pro quantitate et qualitate sui excessus.......... de qua pena sic taxata medietas cedet nobis seu nostro judici, reliqua vero medietas cedet opido supradicto. Item si quis sepedictos opidanos nostros super prenotatis libertatibus ipsis a nobis et ecclesia nostra concessis molestaverit sive impecierit nos et nostri successores justam eis de libertatibus ipsis prestabimus perpetuo warandiam. In testimonium igitur premissorum et robur perpetue firmitatis ipsos muniendos duximus presenti

31*

scripto nostri et capituli nostri coloniensi sigillorum munimine roborato, et nos capitulum Coloniense predictum in testimonium omnium premissorum sigillum ecclesie nostre presentibus litteris duximus apponendum. Testes hujus rei sunt frater Henricus prior fratrum predicatorum in Colonia. Wicboldus scholasticus ecclesie Coloniensis. Comes Sifridus de Widigensteyne. Frater *Wilhelmus de Holte*. Salentinus nobilis vir de Ysenburg. Theodericus de Volmenstene. *Gosuinus de Eppenhusen. Marscalcus noster Westphalie* Theodericus de Vitinchove. Hunoldus de plettenbracht. Godefridus de Summeren. Erefridus de bredenole. milites. Herbordus dictus mako magister civium susaciensium. Arnoldus de lunen. Godescalcus de Wigginchusen. Gerlacus de lake. Vinandus gallicus. Albertus de palsode. Echertus de foro. Albertus de Tremonia. Arnoldus de Strunkede. Regenbodo Gothus. Henricus de Wigginchusen. Andreas Hasso. opidani nostri susacienses et alii fide digni. Datum Colonie anno domini millesimo ducentesimo octuagesimo primo. sexto idus Novembris. [425])

397.

1282. Jan. 17. beurkundet Johann Edler Herr zu Bilstein den vor seinem Freigerichte geschehenen Austausch von Gütern zu Graffschaft und Niederberndorf, zu Gunsten des Klosters Graffschaft.

Nach dem Original im Archive des Klosters Graffschaft.

Nos, *Johannes Nobilis, dictus de Bilstene,* Notum esse volumus harum inspectoribus vniuersis, quod volmarus Rotbertus et Hedenricus, filij quondam Wichardi de *Berendorp,* homines libere conditionis existentes, de consensu suorum coheredum, *coram sede nostre libertatis, in figura judicij constituti, assidente dincgravio nostro Walthero de Lan-*

[425]) An der Urkunde hängt an grün, gelb und rother Seide das Siegel des Erzbischofs und das Siegel des Capitels an grün und rother Seide, beide in grünem Wachse.

genbike de solita nostro, ac de consensu nostro beniuolo, concambium huiusmodi fecerunt cum ecclesia *Graschapense*, vt pro manso quondam *Bruningi* qui sui juris erat, situato in villa *Graschaph*, recipiant mansum in inferiori *Berendorp* dicte ecclesie attinentem et quatuor jugera agrorum ..... ibidem suis suorumque vsibus profutura. Quod concambium seu .... approbamus, videlicet eo modo vt jus nostrum quod *Graschult* dicitur nec non *seruicia* ex eo nobis debita.. manso Bruningi predicto tollentes, jdem jus ac eadem seruitia, ex nunc in bonis *Berendorp* prenotatis recipere teneamur, et ne vtreque partes jure suo inposterum depriuentur, presens scriptum sigillo nostro duximus roborandum. Presentibus *Walthero dincgrauio predicto*, Hermanno, dicto Byschop, judice in Schmalenberg, Gerhardo, de Berendorp. Rychardo, de vleckenberg, Rotberto, dicto Suuarto. Hedenrico dicto fabro de Meynchusen. Rykelen, de Grimardinchusen et alijs quam pluribus, adhoc in testimonium conuocatis. Actum jn Berkenebruke, et datum, sub anno dnj. M°. CC°. Octogesimo secundo. sabbato post festum beati Marcelli pape et martiris.[426])

398.

1282. Juni. 3. verkauft Conrad III. edler Herr von Rüdenberg dem Kloster Benninghausen den Zehnten zu Katerbeck.

Nach dem Orig. im Archive des Klosters Benninghausen.

Nos *Conradus nobilis dictus de Rudenberg* notum facimus vniuersis presentes litteras visuris, quod de bona et libera voluntate ac consensu, *Elyzabeth* vxoris nostre, *Gozwini* et *Godefridi* filiorum nostrorum et omnium aliorum heredum nostrorum, proprietatem decime nostre site apud *katerbeke*[427]) que *tentlosa* dicitur et que singulis annis

---

[426]) Das Siegel ist abgefallen; die Urkunde ist von Moder zum Theil durchlöchert.

[427]) Vergl. die Urkunde Nr. 116. Der Zehnte gieng vom Erzbischof zu Lehn. Siegfried bestätigte den Verkauf an Benninghausen durch eine Urkunde vom 13. Dec. 1295.

soluit decem malta annone, dilectis in christo. Domine.. abbatisse et conuentui apud *Bennekinchusen*, vendidimus et dedimus, perpetualiter libere possidendam, et prefatis.. abbatisse et conuentui preterea de decima predicta si aliquis ipsos forsitan inpeteret Warandiam prestabimus debitam et consuetam, dantes eisdem has nostras patentes litteras in testimonium premissorum, nostro et ciuitatis *Rudene* sigillorum munimine roboratas, huic uero nostro facto interfuerunt vollandus de Langenstrut Albertus de meiderike milites, Bodo natus vollandi militis predicti, Godefridus de Langenole, Marquordus de Herdinchusen, Amelungus dictus de Holtmarket proconsules ciuitatis Ruden, Detmarus scultetus dictus de Wekede et alii quam plures. Actum et datum apud Rudene, anno domini. M°. CC°. LXX°. secundo. III. Non. Junij.[328])

399.

1282. Juni 11. bekundet Conrad III. Herr von Rüdenberg den durch Wichard von Sweve vor dem Freigerichte geschehenen Verkauf einiger Güter in Sweve, worüber der Graf von Limburg Lehnherr war, zu Gunsten des Klosters Himmelpforten.

Nach dem Orig. im Archive des Klosters Himmelpforten.

Nos *Conradus dominus de Rudenberg* omnibus has litteras percepturis. Notum facimus ac publice protestamur, quod cum *Wichardus de Sweue* cum consensu et bona voluntate Hermanni et Johannis fratrum suorum, bona eorum in predicta villa. *Sweue*. sita cum vniuersis attinentiis *ecclesie ad portam Celi* rite ac rationabiliter vendidisset et dominus.. *Comes de Limborich* qui fuerat dominus feodi super eisdem bonis proprietatem eorundem bonorum contulisset ecclesie memorate. Idem. Wichardus et frates sui predicti *coram nostra libera sede judiciali cui tunc presidebat auctoritate nostra Borchardus de borgelen. miles. et presentibus liberis no-*

---

[328]) Die in weißem Wachse abgedruckte Siegel sind wohl erhalten. (Tab. 3. Nr. 3. und T. 7. Nr. 5.)

stris. *prefata bona in nostra libera*. *Comicia sita* sponte ac voluntarie resignauerunt et recognouerunt ea cum vniuersis attinentiis ecclesie supradicte. In cuius resignationis et recognitionis testimonium et robur perpetue firmitatis presentem paginam super eo conscriptam. Sigilli nostri *fecimus* inpressione muniri. Presentes erant.. plebanus de Brylon. Henricus sacerdos de porta celi. Conradus de Ense. Henricus *frater suus*, Goscalcus de Wiginchusen. Albertus de palsele. Hermannus de keffike. Goscalcus de alta porta, Rudolfus de Rellinchusen et Arnoldus de Aldenholte. ac filii eorum utrorumque Gobertus et Thetmarus fratres de porta celi. Theodericus de Andopen. Wilhelmus vrygge. Johannes dictus vrygge. Henricus et Arnoldus. de aldenholte. Arnoldus et Wichardus de Rellinchusen. Arnoldus dictus balke *cum vniuersis heredibus* et alii quam plures. Actum anno domini M° CC° LXXX Secundo, III°. Idus. Junii. [409])

400.

1282. Aug. 23. beurkunden Bürgermeister und Rath zu **Brilon** die Bedingungen, unter denen **Ludolf von Essentho**, welcher auf Veranlassung seines Vaters, als Mönch im Kloster **Bredelar** aufgenommen werden sollte, sich von dem Kloster wieder schied.

Nach dem Original im Archive des Klosters Bredelar.

Nos *Wernherus plebanus*, *Heinricus magister consulum* et consules vniuersi in *Brilon*, vniuersis presentes literas inspecturis uel audituris, duximus intimandum, quod *Ludolfus Laicus* quem Abbas et conuentus in *Breydelare* ad petitionem et instantiam patris sui *Ludolfi*; *clerici dicti de Esnetho* in suum consortium receperant et confratrem, inductu fratris sui *Gerhardi* monachi et aliorum suorum amicorum consilio, qui sibi forsitan uolebant utilius et salubrius prouidere, ante receptionem habitus, petitioni patris et consortio

---

[409]) Das in weißem Wachse abgedruckte große Siegel Conrads ist zerbrochen.

sibi concesse, voce et manu in nostra presentia uoluntarie renunciauit, protestans publico, quod de sua receptione in monasterium Breydelare nullam de cetero uellet mouere questionem neo aliquid iuris se recognouit habere in sepedicto monasterio, a quo se tam libero animo alienauit. Predictus uero abbas et conuentus pretium domus in Brylon, que vendita fuerat pro octo marcis quas recepturi erant ab emptore, secundum consilium....... ipsi L. et sorori eius et vaccas ipsis deputatas integr....... stituerunt, quam restitutionem gratanter acceperunt et quod ipsis conuenien...... recognouerunt. Res vero quas pater ipsorum mon.....rat, in equis in annona et alia quacumque substantia ut apud predictum conuentum maneret fauorabiliter annuerunt et sic sepedictus L. ab ipsis est bono animo et bona pace et bona concordia separatus. Et ne ulla obliuio hanc separationem in alterutrum uiolare valeat presens scriptum sigillorum nostrorum munimine in testimonium porrigimus sigillatum. Datum anno Dni. M°. CC°. LXXX secundo, in vigilia sancti Bartolomei apli. Testes autem huius facti sunt, Iacobus de hotthepe. Hermannus de hoyshusen, Johannes Brunharth, Johs gudele. Dudo. Conradus dictus moylike, Henricus dictus velpipe, Herebertus muddecoph et alii quam plures.[330])

401.

1282. Sept. 27. vereinigt sich König Rudolf I. mit dem Erzbischof von Cöln, wegen der zu prägenden Münzen.

Nach dem Transsumpt im Lib. Priv. Eccles. Colon. Nr. 47.

Rudolphus dei gratia Romanorum Rex semper Augustus Uniuersis principibus, Baronibus Comitibus Nobilibus Vasallis ac alijs Imperij fidelibus presentes litteras inspecturis Gratiam suam et omne bonum. Jurata pace feria sexta ante festum beati Michaelis proxima apud Bopardiam a venerabilibus.

---

[330]) Das Siegel des Plebans ist abgefallen, das alte große Stadtsiegel hängt noch stückweise, in weißem Wachse abgedruckt, an der, durch Mäusefraß beschädigten Urkunde.

Coloniensi.. Treuerensi Archiepiscopis et Ludowico Comite palatino Reni Duce Bauarie principibus Comitibus Baronibus nobilibus ac alijs nostris fidelibus qui eandem prius non jurauerant, ac tractantibus de tranquillitate commodo ac vtilitate communi cum ipsis de Monetarum defectibus et earum falsificatione in varijs et diuersis locis Alamanie male comissa, vario ac diuersimode a pluribus querimonie surrexerunt. Super quibus cum consederimus et cum venerabili Maguntinensi Archiepiscopo et alijs supradictis principibus ac nobilibus de maturo remedio conferremus Tandem inter nos et dictum *Coloniensem*.. Archiepiscopum dictis principibus et nobilibus presentibus taliter est conuentum et ob euidentem necessitatem et vtilitatem totius patrie concordatum, quod et nos in loco nobis placito sub ymaginario regie maiestatis et idem.. Archiepiscopus in Ciuitate Coloniensi sub expressione sue Imaginis, in eisdem tamen et equalibus forma albedine puritate argenti et ponderis quantitate nouam cudi seu fieri faciamus monetam *de qualibet marca argenti tredecim solidos et quatuor denarios in pondere,* qui examinati et ad ignem positi reddent marcam in pondere quatuor denariis tantum minus, et sic subsistet marca quo ad puritatem in quatuor denarijs. Et, quod nulli alteri, cuiuscunque condicionis existat, in Regno Alamanie fas sit et licitum, eiusdem ymaginis ponderis puritatis et albedinis habere monetam. Sed ubicunque talis deprehensa fuerit tanquam falsa et pro falsa ab omnibus reputetur et deprehensus cum ea tanquam falsarius puniatur Volentes, ut pro eius certitudine et cautela de moneta nostra tredecim solidi et quatuor denarij ad monetam Coloniensem, et de Coloniensi moneta tantundem ad nostram ponatur pro securitate que dicitur in vulgari *stale,* ob hoc ut deprehensus falsis denariis pro veritatis judicio semper hic uel ibi ad denarios taliter depositos recurratur Has autem monetas vbique locorum per Regnum nostrum secundum sui valorem recipi volumus et per ipsas et cum ipsis precipimus negociaciones quaslibet exerceri Aliorum vero principum et nobilium monete legitime et antique in debito suo cursu manebunt, *nullus tamen aliquam monetam habebit nisi legitime doceat quod eandem ab Imperio debeat obtinere.* In quorum testimonium Sigillum nostrum vnacum Sigillo venerabilis Coloniensis.. Archiepiscopi predicti presentibus sunt appensa. Datum Bopardie V. kalendas Octobris Anno domini M° CC° LXXX° secundo. Regni vero nostri anno nono. Predictis nostris et eiusdem.. Archiepiscopi Coloniensis monetis a die renouationis denariorum vltima decennium minimo valituris. Datum apud Bopardiam ut supra. V. kal. Octobris Anno domini M° CC° LXXX° secundo. Regni nostri Anno nono.

402.

1282. Nov. 1. belehnt Probst Heinrich zu Marsberg den Johann von Bivelinck und dessen Sohn Heinrich, Bürger zu Brilon, mit der Curtis Hoyenhusen oder Hoishusen um solche jure emphyteutico zu besitzen, davon jährlich 6 solid. zu entrichten und den Probst mit seinem Gefolge jährlich einmal in Brilon zu bewirthen.

Nach dem Copiarium der Probstei Marsberg.

Henricus prepositus dei gratia et conuentus *ecclesie montis martis*, omnibus presentem literam inspecturis, omnis boni plenitudinem et salutem. Recognoscimus, presentium serie protestantes, quod nos Alberone et ejus conjuge Dedrade ac liberis ipsorum Alexandro, Henrico, curtem in *Hoyenhusen* sitam, cum suis appenditijs, heredum suorum ex assensu, venditam, in manus nostras resignantibus, ad uenditoris instantiam, prenotatam curtem cum omni pertinentium integritate, videlicet in agris cultis et incultis, areis, sylvis, pascuis et aquarum discursibus, *Johanni de Viuelink* et suo filio *Henrico* ac ejus nuptæ Helbij civibus Brilonensibus eorumque legitimis heredibus, successoribus, secundum juris exigentiam, *emphyteutico jure* concessimus perpetuo possidendam, eo pacto ut exinde possessor prediorum, qui pro tempore fuerit, annuam pensionem sex solidorum legalium et in monte martis monete, sine difficultate, qualibet in die . beati Dionisij, vel etiam ejus crastino, ecclesie nostre, sub obtentu bonorum, exsoluere non moretur, *hospicium vnum, semel in anno, coenam vespertinam et mane prandium, cum sufficienti equorum pabulo, preposito et suis sequacibus, equis quatuor et personis todidem, excepto uini poculo, necessarium, in Brilon affectuosius prouisurus, deinceps equis ejusdem in oppidum aduenientibus, straminum simplex pabulum ministrabit.* Huic ordinationi persone nostre congregationis adstantes assenserunt scil. Albertus de Glindenge, Ludolphus de Capella, Joes de Lippia, rotgerus Ludolp. de Mulis, richardus Hermannus de Weslere. Conradus de Landesberg, Sygenand et Magister Hermannus ptendarius. laicis presentibus Henrico Morel judice, Johanne de billing proconsule, Henrico de Vesperde, Conrado de Clinge, Joanne de Ouerenkercke, bartholdo gathan, Hermanno de Esbike, diderico juniore de Oddenhus, Joanne Hassone, Wecelo Cyliconick, Stephano et Joanne fratribus et Henrico Hauesaldi consulibus, item Henrico de Capella, Hart. Alberto pistore, Henr. fabro de Volckmersen, Hart. longo de Kleuenberg et alijs burgensibus montis martis item *Joanne Sapiente* et Joanne de byre ciuibus brilonens. Ne uero uariis adinuentoribus....... super alternationis uel concessionis aut emphyteosis tractatu, modernis seu posteris etatis, presens scriptum super eo confectum et dicto emphyteoti traditum; Ad euidentiam rei geste pleniorem et nostro et ecclesie nostre ac conburgensium nostrorum sigillis constituimus in testimonium roborari. Actum et datum in Calendis Nouembribus anno gracie millesimo ducentesimo octogesimo secundo.

(L. S.) (L. S.) (L. S.)

403.

1282. Nov. 5. resigniren Albert von Störmede Vater und Sohn, ihre Lehnrechte über Güter zu Clotingen, dem Grafen von Arnsberg.

Nach dem Orig. im Archive des Klosters Oelinghausen.

Nos *Albertus de Stormede* miles et filius eius notum facimus vniuersis hanc literam percepturis publice protestantes quod iura feudalia que a Nobili viro. *Comite arnesbergensi* tenuimus in bonis sitis apud *clotingen*, quibus Godmarum dictum de modebeke oppidanum sosatiensem infeodauimus de consensu ipsius Godmari et suorum heredum, ad manus dicti comitis resignauimus, et ad maiorem cautelam in hiis scriptis resignata remittimus eidem, In cuius resignationis euidens testimonium sigilla nostra presentibus duximus apponenda, Actum Sosati in domo consulum. Presentibus preposito Lippensi, *Wilhelmo Nobili viro de ardeya*, Hermanno dicto Quatterlant, Butchero de hustene, Gerwino de Remelinchusen, arnoldo dicto de Lunen, Alberto de palsode, Johanne dicto dorinch, Winando gallico, Joho paruo et aliis quam pluribus, Datum feria quinta ante festum beati martini hyemalis. anno dni. M°. CC°. octuagesimo secundo. [531])

404.

1282. sichert Graf Ludwig von Arnsberg den Bürgern zu Eversberg, den ungestörten Besitz ihrer Aecker und Markengerechtsame zu.

Nach einer beglaubigten Abschrift des 14. Jahrh. im Eversberger Stadt-Archive.

In nomine domini amen. *Lodewicus Comes de Arnesberg.* Vniuersis ad quos presentes littere peruenerint Salutem Imperpetuum. Presentium tenore protestamur et notum facimus quod nos seu etiam heredes nostri vniuersos agros quos ciues nostri in *Eversberg* in sua habent possessione cum sua mensura ipsis ciuibus in bona pace dimittemus et nichil quantum ad agros eosdem, contra ipsos attentabimus. Ceterum marchiam qua iam fruuntur et nunc sub se habent in agris et nemoribus idem ciues deinceps liberaliter et sine omni contradictione perpetuo possidebunt. In cuius rei testimonium presens scriptum exinde confectum nostri sigilli munimine duximus roborandum. Datum et actum anno domini M°. CC°. octogesimo secundo. Testes vero prenominati in maiore littera oppidi de euersberg ipsorum oppidanorum omnes cum hec fierent affuerunt. [532])

Auscultata et collationata est presens copia per me

---

[531]) Die Siegel Alberts von Störmede und seines Sohnes sind in weißem Wachse abgedruckt; sie stellen die Rose dar, welche die v. Hörde, ihre Lehnsfolger, später in ihr Wappen mit aufgenommen haben. Vater und Sohn hießen beide Albert. Das Siegel des Vaters führt die Umschrift: S. domini Alberti de Sturmede M. das des Sohnes: Albertus de Sturmede.

[532]) Die major littera, worauf die vorstehende Urkunde Bezug nimmt, ist ohne Zweifel die verloren gegangene Bestätigung der Stadtrechte, welche Eversberg 1243 von Graf Gottfried III. erhalten hatte und in deren §. 9. die hier speciell bestimmten Gerechtsame, etwas allgemein gefaßt sind. Vergl. die Bestätigung Graf Wilhelms v. 1336.

Iohannem thome' apostolica auctoritate notarium et concordat cum suo vero originali de verbo ad verbum quod protestor manu propria.

405.

1282. Statut des Grafen Ludwig von Arnsberg über die Eversberger Mühle.

Nach dem Original im Archive der Stadt Eversberg.

Ludewicus Comes de Arnesberg. vniuersis ad quos presens scriptum peruenerit salutem in perpetuum. Nouerint vniuersi quod Burgenses et ciues nostri in *Eversberg* de communi consensu molendinario nostri molendini prope dictum oppidum siti dimidiam marcam denariorum vsualis moncte nobis consentientibus assignarunt, pro eo videlicet quod ipse et quicunque noster molendinarius ibidem fuerit frumentum eorum molendum adducat et reducat ceterum quecunque occasione emergente memoratus molendinarius a dicto molendino recesserit vel de medio translatus fuerit prefati denarii penes sepedictum molendinum nostrum perpetuo remanebunt. modum preterea et mensuram que super portione de frugibus molitis deducenda apud molendinum ecclesie in messcoyde seruari consueuit, quicunque noster molendinarius fuerit non excedet. Nos vero in huius rei testimonium et ne a quoquam retractari valeat presens scriptum exinde confectum prefatis ciuibus nostris contulimus nostri sigilli munimine roboratum. Acta sunt hec anno dni M°. CC°. octogesimo secundo Testes prenominati in maiori littera oppidi de Eversberg ipsorum oppidanorum omnes hec cum fierent affuerunt.[333])

333) Das Siegel ist abgefallen. Vergl. übrigens die Note zur vorigen Urkunde.

406.

1283. Jan. 20. schenken die Brüder Conrad III. Johann und Gottfried I. von Rüdenberg, dem Kloster zu Welver ein Haus in Medrike.

Nach dem Orig. im Archive des Klosters Welver.

Nouerint uniuersi presentis pagine inspectores, quod nos *Conradus*, *Johannes* et *Godefridus fratres dicti de Rudenberg* de consilio amicorum nostrorum, et pleno consensu nostrorum coheredum, proprietatem *domus* Symonis filii anshelmi site in *Mederike*, cum omnibus attinenciis, rubetis videlicet cultis et incultis, contulimus Ecclesie in *Weluere*, ordinis Cistersiensis et per presentes litteras conferimus perpetuo possidenda. Ne igitur hanc nostram donationem, inposterum aliquis infringere presumat, in euidens testimonium et ueritatem, Ecclesie memorate, presens scriptum dedimus ac damus, sigilli nostri munimine roboratum. Datum et actum Weluere anno domini M°. CC° LXXX°. tercio in die sanctorum martirum fabiani et sebastiani. Presentibus *Gozwino filio meo*, qui plenarie consensit. Domino Burchardo de Burgelere. Godefrido de langholen. Henrico Scinkel. Arturo famulo meo. fratre Ewerwino. fratre hermanno Camerario: fratre Henrico. [334])

407.

1283. April, 14. bestätigt Schwicker (von Brilon) Ritter Schwickers Sohn, dem Kloster Bredelar, die demselben von seinem Großvater gemachte Schenkung eines Guts in Thülen, unter der Bedingung, daß davon an die Klöster Flechtorp und Küstelberg und an den Pleban in Brilon jährlich 12 Denare abgegeben werden sollen.

Nach dem Orig. im Archive des Klosters Bredelar.

Nos *Wernherus rector Ecclesie*. *Wichmannus dictus de*

---

[334]) Das Siegel Johanns in weißem Wachse hängt zuerst, an rund geflochtenen leinenen Schnüren, es ist zerbrochen, und stellt einen

Giuelinchusen magister consulum. Gerbertus Grube. Rubertus. Godefridus Roberg. Dodo. Gerlacus stolleman. vniuersitasque consulum opidi in *Brylon*. vniuersis has literas inspecturis salutem in domino sempiternam. Res geste ideo scriptis annotantur ne per euolutionem temporis à memoriis hominum elabantur. Nouerint igitur presentes pariter et futuri, quod *swicherus filius swicheri militis*. donationem curtis in *Tolon* quam auus suus cum omni integritate pro salute anime sue et suorum heredum monasterio in *Breydelare* possidendam contulit. ipsam donationem. licitam et justam approbauit. et ratam se habere perpetuo protestabatur. in nostra presentia constitutus. Recognoscens etiam se nichil iuris in predicta possessione sibi posse de cetero vendicare. Hac tamen interposita conditione. vt de redditibus supra dicti mansi. monasterio in *vlechtorp* duodecim denarij in *Questelberg* duodecim et totidem plebano in *Brilon* in festo sancte Walburgis ab Abbate in *Breydelare* singulis annis persoluantur. vt ibidem tam sui memoria quam patris et aui perpetuo habeatur. Et ne diuturnitas temporis obliuionem inducere valeat. presentes litteras. precibus vtriusque partis. tam ego plebanus quam nos consules. sigillorum nostrorum munimine duximus roborandas. Testes. huius rei *Johannes miles gograuius*. Tydericus de snellenberg. *Conradus et Arnoldus fratres de tulon*. et Alij quam plures. Datum anno domini M°. CC°. LXXXIII°. Tyburtij et Valerianj martirum.[445])

408.

1283. April. 16. beschließen Rath und Bürgerschaft zu Soest, daß die Zahl der Rathsglieder von 36 auf 24 vermindert werden solle.

Nach dem Original im Archive der Wollenweber-Zunft zu Soest.

In nomine domini amen. Proconsules consules et universi

---

schreitenden Hund mit Halsband vor. Die Umschrift ist nicht ganz mehr zu lesen. (T. 3. Nr. 4.) Das 2te an einem Perg. Riemen gehangene Siegel ist abgefallen; das dritte, Gottfrieds, hängt noch an einem solchen- und ist theilweise zerbrochen. Es stellt in einem Schilde mit einem horizontalen Querbalken einen aufrecht stehenden Hund vor. (T. 3. Nr. 5.)

[445]) An der Urkunde hängen zwei Siegel, an weißen gedrehten Schnüren,

burgenses *susacienses*. Omnibus presentes litteras percepturis fidem presencium continencie adhibere. opidi nostri dictante providencia propter commune bonum et commodum omnium nostrum numerum consulum nostrorum in pauciores personas duximus contrahendum. statuimus itaque in his scriptis ut consilium opidi nostri quod stare solebat in triginta sex personis consisterit deinceps in numero viginti quatuor personarum quamdiu prudentibus opidi nostri hoc visum fuerit expedire salvo electoribus consulum per omnia jure suo, secundum ipsorum continenciam litterarum. Hoc adjecto et approbato quod electores ipsi aliquem de nostris conburgensibus qui eis visus fuerit vir ydoneus et discretus eligere poterunt in consilium non obstante si antea ille non fuit electus in *magistrum burgensium qui burrychtere vulgariter appellatur*. In cujus rei testimonium presentem paginam super eo conscriptam opidi nostri sigillo fecimus communiri. Actum et datum anno domini M°. CC°. LXXX°. tertio XVI. kal. maji.[536])

409.

1288. Aug. 29. schenkt **Thimar Opolt** (v. Waldeck) die **Kapelle** zu **Medebach**, der dortigen Pfarrkirche.

Nach dem Orig. im Pfarr-Archive zu Medebach.

Nos *Thimarus opolt* tenore presentium publice protestamur, quod intuitu dei ac diuine remunerationis *capellam in medebeke* sitam cujus ius patronatus ad nos dinoscitur pertinere, ecclesie parochiali eiusdem opidi et suo prouisori contulimus perpetue possidendam. Ita videlicet quod pro remedio anime nostre nostrorumque carorum duo misse in eadem capella sin-

---

in weißem Wachse abgedruckt. Das des Plebans Wernher ist nicht mehr zu erkennen; das andere ist das älteste große Brilener Stadtsiegel. (T. 6. Nr. 4) Man vergl. die Urk. Nr. 263. wo die Brüder Schwicker, Ulrich und Ambrosius von Brilon zuerst genannt werden. Schwicker des Aelteren Vater, war Hermann von Brilon, der mit seinem Bruder Gernand die villa Brilon an Erzbischof Engelbert den Heil. verkaufte. Urk. Nr. 269. 291. u. 301.

[536]) Das Siegel ist abgefallen.

gulis septimanis celebrentur. Ne ergo hoc factum aut obliuio deleat aut potestas ingenii malignantis infringat presentem paginam inde conscriptam ad vtilitatem supradicte ecclesie fecimus conscribi et sigilli nostri appensione iussimus communiri. Datum anno Dni. M°. CC°. LXXX°. Tertio. decollatione Johannis baptiste.[537])

410.

1283. bekennen der Pleban der Kirche, der Bürgermeister, der Richter und Stadtrath zu Brilon, daß Albert Tutele auf alle Ansprüche am Kloster Bredelar, namentlich wegen des Guts zu Ekesbyke, verzichtet habe.

Nach dem Orig. im Archive des Klosters Bredelar.

Nos, *Wernherus rector ecclesie, Wichmannus magister Burgensium, Dithmarus judex*, Gerbertus grube, *Goswinus rodenberg*, Robertus, Volmarus faber, Volmarus, Volpertus, Volchardus, Godefridus, Johannes Brunhart, Gerlacus stolleman et Dodo, consules in Brylon, notum esse volumus, omnibus hoc scriptum visuris. presentibus et futuris, quod *Albertus* cognomine *tutele*, cum pueris suis. Godefrido et Alberto, coram nobis in iudicio et pluribus viris discretis, omni actioni et causa (sic) quam habuerat contra Abbatem et conuentum de *Breydelare*, plane totaliter renunciauit, quod etiam nunquam aliquo modo questionem moueri de bonis in *Ekesbyke* specialiter firmiter promittendo, Quod factum ut firmius permaneat et inuulsum, rogati ex utraque parte, sigillorum nostrorum munimine duximus roborandum. Datum in Brylon, anno dnj. M°. CC°. LXXX°. Tertio, fratre Bertoldo existente Abbate in Breydelare.[538])

---

537) Die Urkunde hat durch Nässe gelitten. Das an einem abgeschnittenen und unten durchgezogenen Pergamenstreif gehangene Siegel ist abgefallen.

538) Zwei an durchgezogenen Pergamenstreifen gehangene Siegel sind abgefallen.

411.

1284. Mai. 29. verkauft Widekind edler Herr von Grafschaft dem Kloster daselbst, Renten und Güter zu Gledorp, Herentrop, Lenninghoven, Doeve und Grafschaft, um damit Schulden zu bezahlen.

Nach dem Orig. im Archive des Klosters Grafschaft.

In nomine domini. amen. Vniuersis xpi fidelibus ad quos presens scriptum peruenerit, *Widekindus de Graschaph* nobilis et *Gerthrudis* eius legitima, paratam ad beneplacita voluntatem. Que aguntur in tempore, ne labantur cum tempore, litterarum apicibus, testium ueracium assertionibus, necnon sigillorum munimine, debent quam firmiter perhennari. Inde est, quod ego Widekindus de Graschaph nobilis, vna cum Gerthrude mea vxore legitima, ad notitiam vniuersorum tam presentium quam futurorum xpi fidelium uolo peruenire, quod scrupulus litis et discordie, inter venerabilem virum, dominum *Widekindum, abbatem* monasterii in *Graschap*, felicis memorie defunctum, et conuentum eiusdem loci, tunc temporis existentem, ex parte vna, et inter *Adolphum de Graschaph*, nobilem, patrem meum, bone memorie defunctum, parte ex altera, quondam habitus, super quatuor allodiis, ad ecclesiam Graschapiensem pertinentibus, videlicet in *Glyderp*, in *herentorp*, et in *Lenninchouen* duobus, prout in scriptis priuilegii cuiusdam, super eo exarati, et in ecclesia Graschapiensi conseruati, lucidius continetur, mediantibus viris honestis ac discretis, quorum nomina huiusmodi priuilegio inserta habentur, hoc modo fuerat sopitus, videlicet, vt per decisionem huius litis, extunc ecclesia Graschapiensis, dicto Nobili, ac suis heredibus, pro hiisdem quatuor allodiis jamdictis, et jure si quod in ipsis habuerant, quolibet anno in festo beati Martini, vnam marcam legalium denariorum, persoluerent incunctanter. Cum igitur redditus de marca denariorum jam dicta, hoc in tempore, specialiter me contingant, eosdem inquam redditus annuente Gerthrude, mea legitima, de consensu etiam fratrum meorum, scilicet, *Craftonis* et *hinrici*, ac reliquorum heredum, adjectis nichilominus, tam curte mea in superiori *Dreue* apud *Smalenborg* sita, quam et alijs tribus mansis, sitis, in villa Graschaph monasterio adjacente, videlicet, manso Dytheri, manso hildebrandi, et manso qui Nyegehus wlgariter nuncupatur, quos mansos, vna cum curte jam dicta, ab ecclesia

Graschapiensi, in feodo tenebam, Decreui, propter solutionem debitorum meorum, vendendos, et vendidi absolute, viris rereligiosis et honestis, videlicet, dno *Godefrido abbati* monasterij in *Graschaph*, et conuentui eiusdem loci, pro summa viginti quatuor marcarum, legalium denariorum, sine quolibet seruitio, sine omni jure aduocatico, et absque omni inquietudine, tam in agris quam et in frutectis, in nemore, seu in lignis que wlgariter marka dicuntur, ad hoc pertinentibus, et sine omni decimatione maiore vel minuta, siue in agris siue in domibus, seu in quibuscunque ad hoc pertinentibus, jure hereditario, perpetuo possidendos. Et ut dictis. abbati et conuentui in Graschaph, magis cautum existat, ego. *Widekindus, Gerthrudis* mea legitima, *Crafto*, et *hinricus* fratres mei, ac reliqui heredes, Renunciamus super eo, omnibus exceptionibus ac defensionibus, juris canonici et ciuilis, que nobis contra predicta omnia, poterunt, subtilitate aliqua suffragari. In cuius rei testimonium, sigilla, videlicet, dni *Johannis, nobilis viri de Bilsteyne, Westfalie nunc Marschalci,* Dni Widekindi Comitis de Widegensteine, Hinrici decani in Wormbike, Erenfridi militis de Bredewole, vna cum meo sigillo, duxi presentibus appendenda. Testes hujus rei sunt. Hinricus Decanus in Wormbike. Herbordus et Wilhelmus, et Conradus cellerarius, Hermannus notarius, et Adolphus monachi in Graschaph. Otto, dictus Stumpel. Hermannus judex. Hermannus de Grunuelsipe. Remboldus, Hinricus magister burgensium, dictus sudertzu cognomine. Tidericus pistor. antonius. Johannes de Wormbike. Lutbardus de Mysselenbike. Volmarus de Langenbike. *burgenses in Schmalenborg,* Volmarus de Ebinchouen et alii quam plures. Datum. anno dni. M°. CC°. LXXX. quarto. in die sancte pentecostes.[439])

---

[439]) Die Siegel sind in grünem Wachse abgedruckt und hangen an grün und roth seidenen Faden. Das 2te, Widekinds von Witgenstein, ist abgefallen; alle andere sind sehr gut erhalten. Das Siegel des Marschalls Johann von Bilstein s. T. 3. Nr. 3., Widekinds von Grafschaft T. 4. Nr. 3.

32*

412.

1284. Oct. 18. schenkt Graf Ludwig von Arnsberg dem Kloster zu Küstelberg, das Patronatrecht über die Kapelle zu Glindfeld, nebst der Vogtei.

Nach dem Original im Archive des Klosters Glindfeld.

Nos *ludeuicus comes in Arnesberg* tenore presentium publice protestamur quod de consensu *Golfridi* patris nostri et vxoris nostre legittime nec non heredum nostrorum pro remedio animarum nostrarum. Donationem et *jus patronatus capelle in Glinwelden*. cum aduocatia et ceteris suis attinentiis eo jure quo ad nos pertinuit contulimus preposito et conuentui ecclesie ste Marie in *Quistelberg* quiete et libere possidenda. Ita videlicet vt nostri ac carorum nostrorum anniuersaria et memoria apud eundem conuentum perhenniter habeatur. In cuius rei testimonium et firmitatem sigillo......[540]) nostro presens scriptum duximus roborandum. Datum anno dni. M°. CC°. LXXX°. quarto die luce ewangeliste. Presentibus Dna. abbatissa de Meschede, Ottone comite in Waldeche. Gotfrido plebano in Meschede, Florino plebano in calle. Henfrido milite de bodewolde, Hermanno milite dicto quatterlant. Gotscalco de Mulehusen. Sifrido Wasolt. Conrado klenke et aliis quam pluribus.

413.

1284. Nov. 11. überläßt Graf Ludwig von Arnsberg, dem Kloster Rumbeck, seine Vogteirechte über dessen Güter zu Melxter.

Nach dem Orig. im Archive des Klosters Rumbeck.

In nomine domini amen. *Ludewicus Comes de Arnesberg*.

540) Die Worte sind ausradirt; vielleicht sollte noch ein Siegel angehangen werden, was nachher fehlte. An der Urkunde hat eins gehangen, welches an einem abgeschnittenen und durchgezogenen Pergamentstreif befestigt war; für einen anderen Siegelriemen ist noch ein Einschnitt da, er scheint aber nicht gebraucht zu seyn.

vniuersis xpi fidelibus cognoscere ueritatem in perpetuum. cum scripti tenacitas obliuionem tollat et calumpniam, cautum est et utile. ut ea que fiunt in tempore, ne obliuioni tradantur, scripture memoria perennentur. Nouerint igitur uniuersi xpi fideles, tam futuri quam presentes, quod nos de bona uoluntate, *petronelle* comitisse domine vxoris nostre *Frederici*. *Wilhemmi*. *filiorum nostrorum*. ac aliorum heredum nostrorum pleno de consensu *accedente quoque castellanorum nostrorum Arnesberg et hagnen consilio*. *aduocatiam nostram* quam habemus in bonis ecclesie de Rumbike. *Melkestere sytis*. ob reuerentiam dei et beate virginis marie. damus eidem ecclesie in anime nostre. vxoris nostre. progenitorum atque successorum nostrorum salutem. perpetuo possidendam. Hoc adjuncto quod ecclesia de Rumbike et eius prepositus. dabit nobis et heredibus nostris singulis annis in vigilia beati Martini duodecim pullos et redditus denariorum quatuor solidorum. nec quidquam plus per nos seu per officiales nostros de eisdem bonis postmodum requiremus. Ne igitur hoc factum nostrum alicuis in posterum irritare ualeat calumpnia. presentem paginam super his conscriptam. sigilli nostri munimine duximus roborandam Datum et actum Arnesberg. anno dni. M°. CC°. LXXX°. quarto. in die beati Martini. Presentes fuerunt Wigandus prepositus de Wedinchusen. Johannes prior. Johs custos ibidem. Erenfridus cappellanus noster sacerdotes. Item *Johannes frater noster*. *Wilhelmus de Ardeyo*. *heinricus de holthe uiri nobiles*. Item hermannus de hagnen. Johannes dictus rise. Johannes filius suus milites. Item Rutgerus de hustene. Wighardus et Antonius. fratres de ense. castellani nostri Arnesberg et hagnen. It. euerhardus de Zetuelde. Lutbertus de hustene. Heinricus notarius noster. Statius iudex noster Arnesberg. Conradus ciuites magister consulum ibidem. heinricus de hustene. heinricus de berigfrit. Johs dictus Sconeweder consules ibidem. et alii quam plures viri probati et honesti. qui presentia viderunt et cognouerunt iuste et rationabiliter esse facta.[541])

---

[541]) Das Siegel ist abgefallen. In dorso der Urkunde steht: Roulinger Heide.

414.

1284. bestätigt Heinrich von Holte den von seinem Vater Heinrich dem Schwarzen von Arnsberg, geschehenen Verkauf des Waldes Welschholt, an das Kloster Welver.

Nach dem Original im Archive des Klosters Welver.

Ego *Henricus dictus de holte filius henrici de Arnesberg dicti nigri* omnibus presens scriptum visuris vel audituris salutem in domino sempiternam. Presencium tenore protestor ac notum facio tam modernis quam futuris quod ego ac uxor mea et heredes nostri venditionem silue siue lignorum que *welscholt* dicuntur que Conuentus sanctimonialium de *weluere* erga *patrem meum h.* comparauit ratam habemus ac firmam et dictam iam siluam a prefato conuentu perpetuo liberaliter possidendam. Ne igitur in posterum aliquis nostrum hoc factum retractare conetur presentem paginam super his confectam sigilli nostri appensione munitam Ecclesie conuenti memorate. Datum anno dni Mº. CCº. LXXX. quarto.[54]

415.

1285. Juli. 11. bestimmt König Rudolf I. die Strafen der Falschmünzer.

Nach dem Transsumpt im Lib. Priv. Eccles. Colon. Nr. 18.

Rudolphus dei gratia Romanorum Rex semper Augustus. Vniuersis sacri Imperij Romanorum fidelibus presentes litteras inspecturis, Gratiam suam et omne bonum. Presidentibus

[54]) Das an der Urkunde hängende Siegel ist das alte von Heinrich dem Schwarzen; ein doppelköpfiger Adler mit Blitzen auf jeder Seite. Es ist so wohl erhalten, wie kein anderes; die Klauen des Doppeladlers sind deutlich zu unterscheiden; auf allen andern Exemplaren sind sie verwischt. (Tab. 1. Nr. 9.) Man vergl. Urk. 241. u. 320.

nobis Judicio in die beate Margarethe virginis proxime nunc preterita apud Maguneiam quesitum fuit per sententiam a principibus Comitibus nobilibus ministerialibus et aliis nostris fidelibus vniuersis qui presentes aderant qua pena puniri debeant falsarii, qui falsam monetam cudunt et faciunt, et hiis qui per eandem Monetam exercent commercia, uel ipsam ex certa sciencia conseruant, vel domini per quos predicti in municionibus suis confouentur Et sentenciatum extitit omnium principum tam spiritualium quam secularium Comitum nobilium ac omnium nostrorum fidelium qui ibidem fuerunt applaudente consensu, quod falsarius falsam monetam cudens uel fabricans si deprehensus fuerit *sit decoctionis pena plectendus*, Et illi qui cum eadem moneta scienter exercet commercia, uel ipsam conseruat ex certa sciéncia *manus debeat amputari* Dominus vero huiusmodi falsarios in suis municionibus confouens uel conseruans *sicut ipse falsarius debet consimili pena puniri*. Nos autem ipsam sententiam approbantes, vobis vniuersis et singulis damus hoc edicto regio firmiter in preceptis quatenus eandem sentenciam inuiolabiliter obseruetis. In cuius rei testimonium presens scriptum maiestatis nostre Sigillo fecimus communiri. Datum Maguncie die predicto Anno domini M°. CC°. LXXX°. quinto Regni vero nostri Anno duodecimo.

416.

1286. Febr. 24. giebt Pabst Honorius IV. den Nonnen zu Benninghausen das Recht, ihre weltlichen Verwandten, in allen beweglichen und unbeweglichen Gütern, Lehne ausgenommen, zu beerben.

Nach dem Orig. im Archive des Klosters Benninghausen.

Honorius episcopus seruus seruorum dei. Dilectis in xpo filiabus. Abbatisse et Conuentui monasterii in *Beneckinchusen* Cistertiensis ordinis Coloniensis diocesis Salutem et apostolicam benedictionem. Deuotionis nostre precibus benignum impertientes assensum auctoritate uobis presentium indulgemus ut possessiones et alia bona mobilia et immobilia que personas liberas fratrum et sororum uestrorum ad monasterium uestrum mundi uanitate relicta conuolantium et professionem facientium in eodem ac si romansissent in seculo jure successionis uel quocunque alio iusto titulo contingissent et ea potuissent aliis elargiri feudalibus dumtaxat exceptis, petere recipere ac retinere libere ualeatis, sine iuris preiudicio alieni. Nulli ergo omnino hominum liceat hanc paginam nostre concessionis infringere uel ei ausu temerario contraire. Si quis autem hoc attemptare presumpserit indignationem omnipotentis dei et beatorum Petri et Pauli apostolorum eius se nouerit incursurum. Datum Rome apud sanctam Sabinam X kal. martii pontificatus nostri anno primo.[543])

417.

1286. Apr. 24. verpfändet Ritter **Eberhard Vogt** dem Kämmerer der **Patrocli-Kirche** zu **Soest**, für eine Schuld von 5 Mark Pfennige, seine Güter zu **Werdinclo**, welche er von gedachtem Kämmerer unterhatte.

Nach dem Orig. im Archive des Patrocli-Stifts.

Uniuersis presens scriptum visuris Ego *Euerhardus aduocatus* miles Notum facio publice protestando, quod teneor domino .Lutberto Camerario ecclesie Susatiensis in quinque marcis denariorum legalium in Susato, pro quibus cum consensu filii mei Lamberti dicto domino Camerario obligo, *trado et assigno titulo pignoris bona in Werdinclo*, que de manu iam dicti.. Camerarij teneo et possideo, Promittens firmiter in hiis scriptis. quod nec ego neo aliquis. heredum uel coheredum meorum de iam dictis bonis in. Werdinclo aliquatenus nos intromittemus nisi. sepedictus, dominus.. Camerarius pri-

[543]) Die Bleibulle hängt an roth und gelb seidenen Strängen; sie hat die Aufschrift: Honorius PP. IIII. 1383. bekundet Wilhelm, Abt des Klosters Campen, daß alle Personen seines Ordens »Mönnich oft Nunnen« befugt seyen, ihre Verwandten zu beerben, gleich anderen weltlichen Leuten, vermöge der Privilegien, welche der Pabst dem Orden gegeben.

mitus et ante omnia recuperit et requisierit de ipsis bonis et eorum redditibus siue prouentibus debitum quinque. marcarum supradictum, persolute vero dicto debito ipsa bona ad me libere reuertentur, Et quia Sigillum proprium non habeo Sigilla honorabilium virorum domini *Theoderici prepositi* ecclesie susatiensis et domini. *Johannis Nobilis viri fratris* eiusdem presentibus impetrauj apponi, Et nos Theodericus et Johannes Sigilla nostra ad peticionem supradicti Euerhardi presentibus apposuimus ad maiorem euidentiam premissorum. Testes huius rei sunt. *vir nobilis de odingen*, albero dictus clot, Stephanus et Gosoalcus fratres dicti Thexye milites, herbordus dictus make, et albertus de palsole senior, magistri Consulum Susatiensium, Gerwinus de *Lunen*, Winandus. dictus wale, adam de Lunen, albertus dictus Rebbere, Johannes de Colonia, Elricus de tylia, hedenricus dictus scotte, et Johannes filius ipsius, et alii quam plures, *facta* sunt hec in Cimiterio sancte. Walburgis apud Susatum anno Domini M°. CC°. LXXX°. Sexto. in crastino Georgii.[***])

418.

1287. Febr. 16. vereinigen sich Erzbischof Siegfried und Bischof Otto von Paderborn dahin, daß die Städte Gesecke und Salzkotten ihnen gemeinschaftlich zugehören sollen.

Vollständig abgedruckt in *Schaten* Annal. Paderb. ad ann. 1287.

Nos *Sifridus* dei gratia sancte Coloniensis Ecclesie Archiepiscopus sacri Imperii per Italiam Archicancellarius et nos *Otto* eadem gratia Paderbornensis Episcopus notum facimus — quod propter vinculum vnionis — inter nos — et Ecclesias nostras habendum — ita convenit, quod nos Archieps. predictus omni rancori damno et injurie nobis et Ecclesie nostre — a dicto Dno Episcopo — illatis — renunciamus recipientes eundem Dnum Episcopum Paderb. et Ecclesiam suam in nostram gratiam pariter et favorem: et econtra nos Eps Paderb. pre-

***) Die Siegel sind abgefallen. Die nobiles Probst Diedrich und Johann, waren Herren von Bilstein.

dictus damnis et injuriis nobis et Ecclesie nostre illatis — similiter renunciamus. Vt autem huiusmodi vnionis et pacis vinculum — firmum maneat — ita inter nos convenit — quod ab hora in antea — communiter habeamus et teneamus cum suis pertinentiis oppida tam *Gysike* quam *Saltkoten* infra muros, septa et fossata eorundem — et ad quemlibet nostrum jurisdictiones obventiones, vtilitates et fructus — in futurum pro media parte equaliter pertinebunt. Condictum est etiam quod si inter nos — aliqua controuersia — oriatur, nos Archiepiscopus — Erenfridum de Bredenol militem et Godefridum de Meschede nostros fideles et nos Otto — Conradum de Elten majorem et Wolmarum de Brenken milites ordinamus — ut — controversiam — in amicitia vel in jure terminent vel componant — et si aliquem ex predictis quatuor mori contingeret, eque idoneus loco defuncti substituatur — et si quis coram dictis quatuor jus sive amicitiam recipere recusaverit vel eorum dictis — non acquieverit, illum vel illos — in castris sive munitionibus nostris non defendemus — Nos vero Otto — *consensu et voluntate nostri capituli, Ministerialium, Castrensium, civitatis et opidorum nostrorum accedente*, obligamus nos — et promittimus fide data et juramento prestito corporali eidem domino Archiepiscopo — toto posse nostro, potenter et patenter contra omnes suos injuriatores, excepta Ecclesia Moguntina nostra Metropoli, eundem dnum Archiepiscopum — in jure suo pro viribus conservare — Nos etiam Archiepiscopus — *de voluntate et consensu capituli nostri, ministerialium, castrensium, Civitatis et oppidorum nostrorum* obligamus nos — et promittimus similiter — eidem D. Episcopo — contra omnes suos injuriatores fideliter assistere — suffraganeis nostris prorsus exceptis. In cuius rei testimonium — presens scriptum nostris et capitulorum nostrorum sigillis ac Venerabilis Patris Domini Osnabrugensis Episcopi sigillo — fecimus communiri. Et nos Capitulum Coloniense et — Paderbornense — protestamur huic vnioni et conuentioni consensum et auctoritatem nostram adhibuisse et adhibere et sigilla nostra de certa nostra scientia apposuisse. Datum et actum in Nussia, Dominica qua cantatur Esto mihi. Anno domini M°. CC°. LXXX°. VII°.

419.

1287. April. 20. Schiedsprüch zwischen dem Kloster Himmelpforten und den Eheleuten Conrad und Clara von Ense; über die Güter zu Ense.[545])

Nach dem Orig. im Archive des Klosters Himmelpforten.

Cum ad sopiendam sine diffiniendam cuiuslibet discordie materiam, si qua inter Religiosas dominas.. Abbatissam et Conuentum *Monasterii ad portam celi* ordinis cisterciensis ex vna parte, et *Conradum* dictum *de Ense* et *claram* vxorem suam ex altera. vertebatur, seu mouebatur, jn nos *Ludewicum comitem arnesbergensem*, et *Johannem dominum de Bylsten marscalcum westphalie* tamquam mediatores communes a partibus hinc inde, jn nos vero Godefridum decanum, Minricum canonicum Susatiensem, herbordum dictum make et Godscalcum judicem opidanos Susatienses, ex parte dictarum.. Abbatisse, et conuentus, et jn Nos hermannum dictum de baghuen, johannem dictum Neckel milites, Albertum de pulsode, Brunonem de Bogche opidanos Susatienses, ex parte Conradi de Ense militis, et clare vxoris sue predictorum tanquam in veros arbitros, seu amicabiles compositores sub pena centum marcarum vsualis monete Susatiensis, prout in literis com-

---

545) Der Streit welcher in der folgenden Urkunde geschlichtet wird, entstand dadurch, daß die Eheleute Conrad und Clara von Ense mit ihren Kindern Wichard, Hermann, Anton, Heinrich, Theodor, Rutger, Gottfried, Conrad, Ermengard, Sophie und Clara, ihre Güter in der Herschaft Ense, 1285 an das Kloster Himmelpforten verkauft hatten. Der Verkauf geschah cum omnibus attinentiis et cum *Ezelino colono ibidem manente — interposita corporaliter fidei dacione*, mit dem Versprechen der Verkäufer, dort niemal andere Güter erwerben oder daselbst wohnen zu wollen. Vorbehalten wurden nur einige Güter in Ense, welche der Sohn Heinrich, von Arnold Blacrian gekauft hatte und welche vom Grafen von Arnsberg zu Lehn giengen. Der Kaufpreis betrug 400 Mark, welche durch Uebertragung der Curtis in *Holthusen* mit 110 Mark, durch Güter in Erwitte, welche Conrad Balke dem Kloster früher geschenkt hatte, mit 50 Mark und baar mit 240 Mark bezahlt wurden. Die Verkauf-Urkunde ist von der Stadt Soest, dem Patrocli Stifte und dem Grafen von Arnsberg besiegelt, weil der Aussteller kein eigenes Siegel hatte. Graf Ludwig stellte am namlichen Tage eine möglichst gleichlautende Urkunde aus, worin er consensu domine pyronetthe vxoris nostre filiorum quoque nostrorum Friderici et Wilhelmi nec non et fratris nostri Johannis, den Verkauf als Lehnherr bestätigt. Sie ist eben so besiegelt wie die Kauf-Urkunde.

promissi super hoc confectis continetur, sit legitime compromissum. Nos.. Mediatores et arbitri siue compositores predicti, consideratis et examinatis omnibus dicte discordie circumstantijs vnanimi consensu ordinamus, statuimus et arbitrando pronunciamus, quod predicti coniuges habebunt potestatem deliberandi a dominica qua cantatur, Misericordia domini, vsque ad dominicam proximo subsequentem qua cantantur, jubilate, jta quod eadem dominica, jubilate, apud Susatum in curia domini.. Decani, coram nobis, qui poterimus interesse, seu aliis fidedignis eligant, et voluntatem suam expresso pronuncient, vtrum habitum relligionis in dicto Monasterio ad portam celi assumere voluerint, siue noluerint, Et si habitum relligionis elegerint, Crastino predicto dominice Jubilate, intrent, habitum assumant, et viuant deuote sub obedientia debita, et ordinis disciplina ipsis vero prebenda amministrabitur prout aliis fratribus et sororibus ibidem fieri est consuetum, et nichil amplius quam alii fratres et sorores dicti conuentus requirere poterunt neque debent, Jtem arbitrando pronuntiamus, quod post huiusmodi ingressum, relligione ab eisdem assumpta, statim ipsum Monasterium ad portam celi ab omnibus debitis in quibus vsque ad diem assumpte relligionis, ex quacunque causa, siue contractu dictis coniugibus tenebatur, liberabitur ipso facto, adeo sane quod ipsis, siue alteri ipsorum si relligione deposita recesserint, super prebondis seu debitis, nullum ius, vel questio contra dictum Monasterium reseruatur, nec heredes ipsorum in ipsis prebenda, et debitis aliquid iuris sibi poterunt vendicare, Porro. si prefati Couradus, et clara relligionem recusauerint, arbitrando statuimus et pronunciamus, quod.. Abbatissa, et conuentus prefate dominica jubilate predicta in domo domini.. Decani predicti, ipsis Conrado et clare fideiussoriam prestent cautionem, pro quinquaginta marcis in quibus ipsis tenentur ratione contractus bonorum in Knse, et pro decem marcis quos adiudicamus eisdem nomine quarundam expensarum ab ipsis factarum in monasterio predicto, de quibus sexaginta marcis infra octauas pentecostes satisfacere tenebuntur, Item ordinamus arbitrando quod partes predicte corum fautores et familia, et precipue hinricus prouisor diuinorum apud portam celi integram habeant conpositionem, omnes etiam offense et iniurie in personis et rebus hincinde facte penitus sint sopite quod sub pena predicta inviolabiliter precipimus obseruari. Item arbitrando ordinamus et pronuntiamus quod si aliqua partium predictarum contra premissa in toto vel in parte temere venire presumpserit, ipso facto penam centum marcarum incurrat, et nobis et cuilibet nostrum in solidum tenebitur in eadem. Hec ordinamus, arbitramur et pronunciamus, literis, priuilegiis, ordinationibus, inter partes predictas habitis et ordinatis, saluis et in suo robore duraturis; Siquid vero questionis, siue dubii ex premissis euaserit id nostre interpretationi reseruamus, Jn cuius arbitrii, ordinationis, et pronunciationis testimonium Sigilla nostra, qui Sigilla habuimus presentibus sunt appensa. Datum et pronunciatum Susati anno domini milesimo ducentesimo, octuagesimo septimo. Dominica qua Cantatur Misericordia domini.[446])

420.

1287, Sept. 15. erläßt der Erzbischöfliche Official zu Cöln Mandate, zur Abwehr der Jurisdictions-Eingriffe des Probsts zu Soest.

Nach dem Abdrucke in Troß Westfalia von 1826. St. 8.

Officiales curie coloniensis Plebanis Sancti Petri et Cyriaci in *Geseke* ac vniuersis plebanis seu capellanis in diocesi coloniensi constitutis ad quos presentes littere peruenerint salutem in Domino. Peruenit ad nos, quod *officiales prepositure susatensis* falcem suam in alienam messem indebite mittendo, indifferenter tam clericos quam Laicos, de opidis nostris *Geseke Ruden Werle* et de *Warsten* pro quibuscunque causis pecuniariis et criminalibus, coram se citet et citari procuret, *quanquam extra ea, que sibi in Synodo accusantur, nullam jurisdictionem habeat ordinariam vel etiam delegatam*, in predictorum hominum injuriam et jurisdictionis Domini coloniensis Archiepiscopi et curie sue coloniensis eneruationem non modicam et grauem; quo circa, de speciali Mandato Domini nostri coloniensis Archiepiscopi, vobis vniuersis ac singulis, sub pena excommunicationis lata sine in his scriptis districte precipiendo mandamus, quatenus de cetero nulla mandata ipsius prepositi vel ejus officialis recipiatis aut aliquando executioni demandetis preterquam in casibus apud ipsos in Synodo accusatis ut superius est ex-

---

[446]) An der Urkunde hängen die Siegel des Grafen Ludwig von Arnsberg, des Marschalls Joh. von Bilstein, des Dechants Gottfried und des Canonicus Hinrich in weißem Wachse abgedruckt.

pressum. Reddite literas sigillatas in signum executionis facte. Datum ao dni. Mº. CCº. LXXXVIIº. crastino exaltationis s. Crucis.

421.

1287. Nov. 18. bestätigt Graf Ludwig von Arnsberg, den von seinem Vater Gottfried III. genehmigten Tausch von Gütern zu Booswinkel, welche ihr Ministerial Hugo von Erwitte, dem Walburgiskloster zur Ausstattung seiner Tochter geschenkt hatte, gegen eine Fruchtrente aus einem zur Villication Oestinghausen gehörigen Hofe zu Elveringhoven.

Nach dem Original im Archive des Walburgisklosters.

Nos. *Ludewicus* dei gratia *Comes arnesbergensis*, vniuersis ad quos presentes Littere peruenerint, veritatis testimonium accepturo, Litteras domini ac patris nostri felicis recordationis non abolitas, non cancellatas, nec in aliqua sui parte uiciatas uidimus sub hac forma, In nomine domini. amen, *Godefridus Comes arnesbergensis* vniuersis xpi fidelibus ad quos presens scriptum peruenerit eternam in domino salutem, Cum prepositus et conuentus ecclesie *sancte Walburgis* apud *Susatum*. Hugonem de Eruete Ministerialem nostrum super quibusdam bonis in *voswinkele*. que. pater ipsius. Hugonis predicte ecclesie cum. filia sua ibidem locata contulerat, traxissent in causam, Tandem per arbitrium discretorum nostrorum taliter extitit ordinatum. quod. Hugo. optentis bonis voswinkele. in recompensationem eorum. reditus. quinque maldrorum annuatim. Siliginis. ordei. et auene pari numero et quantitate de Manso. *Eluerinchoue*. ad villicationem Curtis in *oestinchusen* pertinente, quam dictus. Hugo. iure ministeriali tenet a nobis, ecclesie sancte Walburgis. de consensu heredum suorum tradidit in perpetuum obtinendos, nobis et heredibus nostris consentientibus in idipsum. Porro si dictus. hugo. uel aliquis heredum suorum postmodum eosdem redditus emere uoluerit, ecclesia sancte Walburgis vendere tenebitur eidem pro XXIIII. marcis et non amplius nec id poterit aliquatenus denegare, vt autem hec rata et firma permaneant, ne quis etiam heredum nostrorum postmodum infringere uel irritare conetur; hanc litteram in testimonium predicte recompensationis et nostri consensus Sigillo nostro fecimus roborari. Datum anno domini M° CC° L° tertio mense Julio, presentes erant. Henricus decanus. Theodericus Thesaurarius, Magister Gerlacus. Sifridus et henricus canonici Susatienses, herbordus sacerdos, Erpo sacerdos, albertus sacerdos, Bertoldus de buren. et *Theodericus de bylstene* nobiles, Conradus de Meninchusen, Theodericus de heldene. Masso milites, hildegerus ordinatorum tunc Magister burgensis Gerhardus de Lunen, et Rudegerus. rose. Ne igitur paternis actionibus quod absit, aut ordinationibus pie memorie supradicti patris ac domini nostri in bonum ordinatis et statutis, sicut in litteris suis superius declaratur contradicere aut aliqualiter contrauenire uidemur quod siquidem honori nostro contrarium et minus laudabile nobis esse uideretur et honestum, ordinationem ipsius in hoc facto et negotio ordinatam et statutam et in litteris suis promulgatam, presentibus approbamus, ratificamus, et ratam esse cupimus. volentes ut conuentus Monialium sancte Walburgis supradictus in possessione predictorum bonorum pertinentium ad villicationem Curtis in Osendinchusen quiete permaneant, et ex ipsis bonis ex quibus dudum longe retroactis temporibus. quinque. Maltios annone annuatim recipere consueuit deinceps recipiat, iuxta formas. et condiciones ipsis a sepedicto patre et domino nostro de huiusmodi facto et ordinatione traditas et indultas secundum quod in litteris suis superius plenius exprimitur et euidentius enarratur. In testimonium premissorum sigillum nostrum presentibus est appensum, Datum anno domini M° CC° LXXX° septimo in octaua beati Martini hyemalis.447)

422.

1288. Febr. 14. verkauft Wilhelm Edler Herr von Ardei dem Priester Gerhard zu Wiglon, einen Bauernhof zu Wenholthausen.

Nach dem Original im Archive des Klosters Rumbeck.

Acta hominum euanescunt à memoria nisi litterarum testimonio perhennentur. Nouerint igitur tam presentes quam

447) Das in grünem Wachs abgedrückte Siegel ist zerbrochen.

futuri temporis veritatis amatores quod nos *Wilhelmus nobilis de Ardeia* vendidimus dno *Gerhardo* Sacerdoti in *Wigton*. mansum in *Wineholthusen* in quo habitat Johannes timpanarius *qui soluit annuatim duo maldra auene et dimidium maldrum siliginis arnesbergensis mensure et porcum vel duodecim denarios pro tribus marcis et quatuor solidos susatiensis monete*. quam idem G. pro remedio anime sue ac diuine remunerationis intuitu contulit ecclesie sancti Nicholai in Rumbike. cum omnibus attinentiis libere et quiete perpetue possidende. tali mediante statuto. quod ecclesia predicta. soluat ex eisdem bonis ecclesie in *Sceyda* duodecim denarios singulis annis in assumptione ste marie. ut autem ratum et stabile permaneat et ne aliquis uacillet in posterum presentem litteram conscribi fecimus sigilli nostri munimine roboratam. Datum anno dni M°. CC°. LXXX°. octauo in die beati valentini. presentes fuerunt Godefridus plebanus. Richardus. Gerhardus. Hunoldus. Herebordus judex lambertus villicus. albertus. volmarus. theodericus de Hammonia. Johannes de ponte. Gerhardus capellanus de Rumbike frater Theodericus sutor in Rumbike et quam plures alii.[549])

423.

1288. Febr. 14. verordnen Magistrat und Bürger zu Soest, daß jeder Fremde, der sich dort verheirathen werde, vier Wochen nach der Hochzeit, das Bürgerrecht gewinnen oder die Stadt verlassen solle.

Nach dem Abdrucke in *Haberlin* Annalecta p. 252.

Omnibus presentes Literas visuris, Nos Magistratus, Consules et vniuersi Opidani Susacienses, notum esse cupimus, quod cum a tempore, cuius non est memoria, talis in Opido nostro fuerit obseruata consuetudo, quod omnis aduena, non noster Coopidanus, ibidem contrahens matrimonium, post contractum huiusmodi, nostram solebat ciuilitatem recipere et iura nostra ciuilia et honestas et approbatas consuetudines

---

[549]) Das in weißem Wachse abgedruckte Siegel hat durch Moder gelitten.

obseruare. Cumque tandem huic consuetudini renti, quidam intenderent. Nos ex unanimi consensu et de communi consilio omnium Nostrum, dictam consuetudinem, propter honorem Opidi nostri et pro communi bono ac utilitate, in his scriptis duximus innouandam; firmiter statuentes, ut quicunque non noster Coopidanus, in Opido nostro uxorem duxerit, ciuilitatem ibidem recipiat, infra mensem post nuptias celebratas, obseruaturus omnia Opidi nostri iura ciuilia et consuetudines honestas et approbatas, in Vigiliis, Collectis, Taliis et in omnibus aliis seruitiis, pro Opido nostro faciendis, sicut nostri Coopidani facere consueuerunt. Qui autem requisitus premissa facere recusauerit, cum vxore ac pueris suis, si quos habet, recedet ab Opido nostro, de gracia receptionis sue nullam unquam spem vel fiduciam habiturus. Vt igitur hec omnia rata perpetuis temporibus et inconuulsa permaneant, presentem paginam super eo conscriptam Opidi nostri Sigillo fecimus communiri. Actum et datum in die Beati Valentini Martyris. Anno Dni M°. CC°. LXXX°. octauo.[549])

424.

1288. März. 28. vereinigen sich Erzbischof **Siegfried** und Graf **Ludwig von Arnsberg**, ihren Streit über das **Gogericht Wicke**, durch Schiedsrichter entscheiden zu lassen und sich gegen ihre Feinde, namentlich den Grafen **von der Mark**, wechselseitig Beistand zu leisten.

Nach dem Original im Provinzial-Archive zu Düsseldorf.

Nos *Sifridus* dei gratia sancte Coloniensis Ecclesie Archiepiscopus, Sacri Imperii per Ytaliam Archicancellarius, notum facimus vniuersis presentes literas inspecturis, quod cum nobilis vir *L. Comes de Arnesberg* fidelis et amicus noster nobis super *judicio Wicke,* quod vulgariter *Goycrichte de Wicke* dicitur, quod ad nos et ecclesiam nostram pleno jure dicebamus et dicimus pertinere, exorta guerra inter nos et

---

549) Die Urkunde ist auch abgedruckt in Emminghaus Memorabilia Susatens. P. 2. S. 200.

33

Nobilem virum *E. Comitem de Marka*, mouisset et moueret questionem, de communi voluntate et consensu utriusque nostrum hinc inde assumpsimus dilectos in Christo W.(icboldum) *Scholasticum* et *Johannem de Rennenberg* electum in Choriepiscopum Ecclesie Coloniensis, Nobilem virum *Johannem* dominum *de Bilstene, marscalcum nostrum Westfalie* ac *Hunoldum de Plettenbracht* fideles nostros, in quos pure et simpliciter super dicto judicio compromisimus et compromittimus, promittentes bona fide, quod quicquid predicti quatuor inter nos et dictum.. Comitem super judicio predicto pronunciauerint, statuerint et ordinauerint in amicitia vel in jure, tenebimur inuiolabiliter facere et obseruare. Et quia idem Nobilis fidelis ecclesie Coloniensis, fratribus et Liberis studio clericali deditis oneratus existit, cupientes eundem Nobilem ejusdem precibus studiose ab hujusmodi onere releuare, promittimus quod pro vno de liberis suis in ecclesia maiori et pro fratre suo in ecclesia sancti Gereonis ciuitatis Coloniensis preces nostras fauorabiliter dirigemus quamprimum ad hoc optulerit se facultas, nec ab huiusmodi precibus desistemus, quousque debitum sortiantur effectum. Et quia idem Comes propter fauorem et gratiam quam sibi facimus et ostendimus in premissis ab omni seruitio.. Comitis de Marka et aliorum inimicorum nostrorum et Ecclesie Coloniensis, in quantum contra nos et ecclesiam nostram Coloniensem hujusmodi seruitium se extendit vel extendere poterit, promisit fideliter et constanter abstinere, nec aliquid contra nos et ecclesiam Coloniensem durante guerra predicta attemtare; promisimus et promittimus eidem.. Comiti viceuersa, quod si propter hoc idem.. Comes de Arnesberg indignationem seu inimicicias.. Comitis de Marka et aliorum inimicorum nostrorum incurrerit et ipsum inuaserint, nos eidem.. Comiti fideliter assistemus et ipsum juabimus contra ipsos. Idem etiam.. Comes nobis assistet viceuersa. In cuius rei testimonium sigillum nostrum presentibus est appensum. Datum anno domini M°. CC°. LXXX°. octauo, feria tercia post festum diem Pasche.[150])

---

150) Das an der Urkunde hängende Siegel des Erzbischofs in grünem Wachse, ist zerbrochen. Vergl. die Urk. N. 377. und 471.

425.

1288. beurkundet Gottfried I. von Rüdenberg, daß Johann Rump, dem Kloster Welver, einen Hof in Weſtönnen, vor dem Freigerichte überlaſſen habe.

Nach dem Original im Archive des Kloſters Welver.

Acta modernorum priuilegiis roborantur, ne a posteris per obliuionem temporis articulo deleantur. Hinc est quod nos *Gotfridus* vir nobilis de *Ruddeberg* notum facimus tam presentibus quam futuris quod *Henricus de Bruchusen* nomine heredum *Johannis dicti Rump* felicis memorie cousanguineorum suorum videlicet *Johannis Hermanni vrederunis* ac *Alheydis* ipsorum etiam pleuario de consensu vendidit Cenobio sanctimonialium in *Weluere* mansum in *Westunen* situm, cum ipsius pertinentiis omnibus hereditarie ac perpetuo possidendum. Qui etiam heredes abrenunciantes proprietatem ac omne jus, quod in dictis bonis prefati mansi habebant *coram Walthero qui tunc temporis uulgariter wrigreue uocabatur*, aliorumque virorum fide dignorum, quorum nomina sunt hec. Dnus Ewerhardus de dinchere miles. Thidericus harm miles. Johannes de Rure. Henricus duckere. Wilhelmus dictus rusticus. lambertus de scedincke. Ewerhardus de westem. Henricus de vickede ac duo liberi Henricus de tunen ac Gerhardus preco de Hettorpe. Gerlacus de medericke. Conradus ac burchardus fratres de clotincke. et alii quam plures. actum in Cimiterio Weluere. anno domini M°. CC°. octuagesimo octauo.[551])

---

[551]) Im nemlichen Jahre genehmigte Hermann Rump, extra muros oppidi Werle constitutus coram Walthero qui tunc temporis uulgariter uocabatur wrigreue, den von seinem Oheim Henrich vollzogenen Verkauf der Güter zu Weſtönnen. Actum extra muros Werlenses an. M°. CC°. octuagesimo octavo. Zeugen waren: Johannes dictus scriptor. miles. Ludolfus de praestinc. Johannes de penteline. Wilhelmus de vflen. ac quidam dictus Rauen. Bruno filius domini Ghyzen. Florencius de vflen. Henricus de birstrate. Henricus de berdinc. ac duo liberi videlicet Winandus de rohem Johannes de tunen ac ewelwinus conversus Ecclesie (Welwer). Das Siegel Gottfrieds ist abgefallen.

426.

1289. März. 20. verkauft Wilhelm Edler Herr von Ardey, dem Grafen Ludwig von Arnsberg seinen Hof zu Hüsten.

Nach Kindlingers Handschriften B. 71. S. 146.

Nos *Wilhelmus* nobilis vir dictus de *Ardey* publice recognoscimus in hiis scriptis, quod curiam nostram in *Hustene* cum omnibus pertinentiis suis, sicut sita est, vendidimus *Ludewico* Domino Comiti de *Arnsberg* et Petronelle Domine Cometisse vxori sue et heredibus eorundem simpliciter et absolute perpetuo possidendam, quod sigilli nostri munimine roboramus. Datum apud Hagnen anno Domini M°. CC°. octuagesimo nono, in dominica letare Domine.[552])

427.

1289. Oct. 5. bekunden der Landmarschall Johann von Bilstein, Gottfried I. von Rüdenberg und Andere, einen zwischen den Erben Dietrich Rump und dem Kloster Welver abgeschlossenen Vergleich.

Nach dem Original im Archive des Klosters Welver.

Que geruntur in tempore simul cum lapsu temporis deficiunt nisi literarum priuilegio fulcientur. Nouerint igitur vniuersi presentes et posteri has litteras inspecturi quod omnis dissentio seu controuersia orta inter *vrederunim* relictam *thiderici* quondam militis dicti *Rump* et heredes eiusdem ex vna parte et conuentum monasterii in *Weluere* ex altera super bonis in *berichusen*, que bona dictus thidericus beate memorie quondam vendiderat dicto Conuentui, per amicabilem compositionem taliter est sopita, quod videlicet dicta vrederunis, Thidericus, Wilhelmus, Helmicus, Herbordus, Rotcherus,

---

552) Auch abgedruckt bei Meyer in Wigands Archiv. B. 7. S. 162.

Richardus, Wescelus, Thidericus ipsius vrederunis filii, ceterique heredes eiusdem renunciauerunt omni actioni seu iuri quod eis in dictis bonis competere videbatur, ita quod deinceps dictum conuentum occasione dictorum bonorum inpetere nullatenus. attemptabunt. Duo quoque de filiis prefate vidue scilicet thidericus et Herbordus, nomine aliorum fratrum suorum huiusmodi renunciationem innouauerunt *coram Wolthero Comite qui dincgreue wlgariter nuncupatur,* preterea heredes fratris dicti militis defuncti approbauerunt et suum consensum prestiterunt ad premissam compositionem rationabiliter ordinatam, Et in recompensationem renunciationis memorate supra dictus Counentus dedit vndecim marcas sosaciensium denariorum ipsi vrederuni et eius heredibus antedictis. Acta sunt hec anno Dni M°. CC°. LXXX nono feria quarta post Remigii in Ecclesia *Attenderne* Presentibus Decano christianitatis ibidem, Dno *Hermanno de bilstene,* Godescalco de brochusen, Odelrico de heldene, Herbordo de ennest, Gerhardo de Windeke, Hermanno de plettenbracht, Francone de snellenberich militibus, *Gotfrido nobili de Rudenberich,* Conrado dapifero de Woldenberich, Wilhelmo dicto kerl, Herbordo de heldene, arnoldo advocati filio et aliis quam pluribus. In huius itaque rei testimonium ac firmitatem perpetuam, Nos *Johannes Dnus de bilstene marscalcus westfalie,* Gotfridus Decanus christianitatis in attendorne, rogati a sepedicta vidua et eius heredibus, presens scriptum duximus sigillorum nostrorum munimine roborandum, Ego quoque *Gotfridus de Rudenberich, quia supradicta bona in mea Cometia seu districtu sunt sita,* similiter rogatus a partibus, sigillum meum vna cum sigillo. thiderici filii dicte vidue, duxi presentibus litteris apponendum. Datum vt supra.[533])

---

[533]) Die Siegel des Landmarschalls und Dechants von Attendorn sind abgefallen. Die beiden anderen in weißem Wachse, sind noch vorhanden. Gottfried von Rüdenberg brauchte damals noch das kleinere dreieckige (T. 3. Nr. 5.), wo der Hund vor dem horizontalen Querbalken des Schildes steht. In dem großen runden, welches er später (1295) brauchte, steht der Hund hinter dem Balken, worauf die 3 Strumberger Vögel. (T. 3. Nr. 6.)

428.

1289. Nov. 6. setzen Bürgermeister und Rath zu Brilon die Bedingungen, unter denen Bürger und Auswärtige, in die Brüderschaft der Kaufleute oder Kramer daselbst, aufgenommen werden sollen.

Nach einer alten Abschrift in der Urk. Samml. Seibertz-Wildenberg.***)

Von den werken der Menschen, wie woll sie loeslik sint na deme vnderwilß dauon ein schweirlike veratien effte Tribulirung vth kompt, et were dan sacke dat dey vorg. loeslike werke der Menschen weren vast gemaket mit vaster schrifft vnd betuege; warumb wy Henrich von visbeke borgermester, Henrich von Nene, Henrich genant stollekenbeke, Volvert genant Roderock, Herman de dicke, Dierick schrodere, Arndt von hildebrinkhusen, Eccelinus von dem Wintersperg, Robbertus, Wesselus, Goiswinus, Albert lummers, Raitlude der Stat Brilon, wy willen oppenbair weeßen, allen menschen dusser tyet oder thokemender tyet, dorch krafft vnde macht dusses breues, wy oppenbair betugen, dat wy van rait der gemeynheit wyllen vnd eigen willen aller borgere offte vnser mitbewonere wy loeuen erkeeßen vnd in der meinung vpsetten, dat alle inkomner de vnse borger nit ist van dussen daghen vnd bogert in tho gaen offte an tho nemen de broederschaff der Koepluden offte kremers by vns tho Brilon ein ampt tho doin der kramerschaff, deselue sall geuen vnsen mitborgeren vorg. als kopluden offte kremern eine Mark vnd ein punt wasses, deselue sall geuen tho nutte der stat Brilon VI schillinge; auer de vnsse borger ist vnd bogert an tho nemen de broderschaff der kopluden offte kremern, sal geuen den vorg. kremern vnd kopluden de dan thor tyt sind IV schill. vnd ein punt wasses, auer tho nutte der stat Brilon sall he geuen II schill. Alle dey Kindere der kremer vnd vnsser mitborger dey bogert tho doin by vns tho Brilon dat amt der

***) Die Abschrift woron der folgende Abdruck genommen worden, befand sich unter den 1758 durch Brand sehr beschädigten alten Papieren des ehemaligen alten Krameramts zu Brilon; sie ist aus dem Anfange des 17. Jahrhunderts, sehr verblichen und zum Theile fast unleserlich. Es bedarf wohl kaum der Bemerkung, daß sie nicht diplomatisch genau und höchst wahrscheinlich aus einer Uebersetzung des lateinisch gewesenen Originals genommen ist. Das letzte war nicht mehr aufzufinden.

kramerschaff sullen geuen tho nutte der stat Brilon XII den. vnd den kopluden vnde kremern II schill, und ein halff punt wasses. Dat bouen wy setten erkeeßen vnd in der meinung gebeiden dat nemant sall betoemen tho niegg wand tho vorkopende, behelper alleine der jener, de in der broederschaff sint der vorg. kopluden offte kremern, vth ghenhomen den daghen als Jarmarket ist. Vpp dat vnsse ordenerung effte Vpsaith vorg. nicht mochte gekreuket werden durch eynich Veratien offte Tribulatien ofte gebrecken, so wort dusse tegenwerdige brieff klerlich besegelt mit dem seghel der Stat. Datum ist gegeuen vnd geschehen im Jair vnses hern M°. CC°. LXXXIX. sundaghes na aller hilligen daghe.

429.

1290. Jan. 17. quitiren Conrad III. und Gottfried I. von Rüdenberg, dem Grafen Adolf von Berg, den Empfang des Kaufschillings für ihren Hof und Güter zu Olpe.

Nach dem Abdrucke in Kremers academ. Beiträgen B. 3. Urk. 180.

Nos *Conradus* et *Godefridus* fratres *nobiles de Rudenberg* et nostri heredes, vniuersis presentia visuris et audituris publice protestamur, quod nos nobilem virum *Adolphum Comitem de Monte* suosque heredes, de septuaginta tribus marcis, quas nobis dare tenebatur de proprietate *curtis* et *bonorum* in *Olepe*, quam sibi vendidimus, quitum et quitos plenarie dimittimus et clamamus. In cuius rei testimonium sigilla nostra presentibus sunt appensa. Datum anno Domini M°. CC°. nonagesimo, feria quarta post octauas Epiphanie.

430.

1290. März. 5. verzichtet Erzbischof Siegfried, auf alle Ansprüche an der Pfarrei Attendorn, zu Gunsten des Klosters Graffschaft.

Nach dem Original im Archive des Klosters Graffschaft.

Syfridus dei gratia sancte Coloniensis Ecclesie Archiepiscopus. Sacri Imperij per ytaliam Archicancellarius. Vniuersis presentes litteras inspecturis et audituris salutem et rei geste cognoscere veritatem. Noueritis quod cum inter nos ex vna parte et dilectos nobis in xpo *Lubbertum abbatem* et Conuentum monasterii in *Gruschap* nostre dyocesis super *iure patronatus Ecclesie parrochialis in attendarne* ex altera, diutius fuisset exorta materia questionis. Et inter nos et eundem abbatem et Conuentum super dicta Ecclesia multipliciter altercatum Tandem dicti abbas et conuentus nobis in Ecclesia Bunnensi cum.. prelatis et Clero nostro sancte synodo presidentibus, super jure quod se in dicta Ecclesia de attendarne habere contendebant, quedam instrumenta felicis recordationis dominorum. *Annonis* ac *Frederici* Archiepiscoporum Coloniensium predecessorum nostrorum, in medium coram nobis et dictis prelatis nostris exhibebant, petentes humiliter sibi fieri iustitiam super ipsis. Quibus exhibitis et per nos et prelatos nostros diligenter inspectis et examinatis, prehabitoque maturo consilio super eisdem instrumentis, prelatorum et Clericorum nostrorum et aliorum plurium peritorum, quia inuenimus dictam Ecclesiam de Attendarne ipsis.. Abbati et Conuentui in subsidium victus et vestium monachorum per eundem dominum Annonem esse donatam et donationem huiusmodi per supradictum dominum Fredericum, successorem predicti domini Annonis rationabiliter ex certa conscientia confirmatam, Nolentes dictis donationi et confirmationi preiudicium aliquod facere, vel eidem aliquatenus contraire, dictas donationem et confirmationem, prout rite facte sunt, tenore presentium duximus confirmandas. Precipientes et iniungentes vniuersis sub interminatione anathematis auctoritate banni nostri, ne quisplam huiusmodi donationem et confirmationes presumat infringere vel aliqualiter impedire. Actum hunc presentibus dilectis in xpo, Wicboldo Decano et archidyacono Coloniensi, Reynardo preposito bunnensi et archidiacono Coloniensi, Wernero preposito Ecclesie sancti Gereonis, Godefrido sancti Panthaleonis, Wernero Tuitiensis, Hermanno sancti Martini et Adolpho Sybergensis Monasteriorum abbatibus et aliis quampluribus fidedignis. Et vt hec nostre traditionis confirmatio, ad posterorum transeat inconuulsa notitiam, presens priuilegium, sigilli nostri appositione roboramus. Et nos.. Priores predicti quia premissis interfuimus ea vidimus et audiuimus, sigilla nostra presentibus in testimonium duximus apponenda. Datum III°. Idus Martii. Anno domini. Millesimo. Ducentesimo. Nonagesimo.[553])

---

553) Die an die Urkunde gehangenen 8 Siegel sind noch sämmtlich vorhanden; die 4 ersten in grünem; die anderen in gelbem Wachse,

431.

1290. März. 17. schenkt Johann Edler Herr von Bilstein, dem Kloster Grafschaft den Hochwald zu Latrop.

Nach dem Original im Archive des Klosters Grafschaft.

Uniuersis presentes litteras visuris seu audituris presentibus et futuris nos *Johannes nobilis de bilsten* recognoscimus veritatem cum consensu *jutte* vxoris nostre legitime ac *theoderici* filij nostri senioris quod nostri antecessores nostrique parentes ob salutem eorum animarum remissionemque peccatorum nec non dilectionem claustri *graschop* atque fauorem contulerunt *nemora altiora nostra in latrop* a torrente ac flumine *lattenbecke* ascedendo vsque ad nemora *nobilium de graschop* in vallibus in montibus in ramis in lignis ac pascuis in venando piscando ac omnibus singulis juribus cum vniuersis suis attinencijs nichilominus ut nunc eorum desiderium detrimentum non paciatur sed magis proficiatur et ut nos animeque nostre nostri heredes animeque nostrorum heredum sint omnium bonorum operum in claustro graschop peractorum seu peragendorum videlicet jejuniorum missarum et vigiliarum participationem consequentes pleno (sic) maturaque deliberacione nostre matris et patris et omnium amicorum nostrorum contulimus antedicta nemora dno abbati et conuentui in Graschop pro vero allodio Et nos *Johannes nobilis de bilstein* ac nostri heredes volumus et ipsis iustam facere warandiam sicuti de vero allodio est consuetum Et nos Johannes antedictus contulimus dictis dnis iure prelibato perpetuis temporibus à nobis nostrisque heredibus pacifice dicta possidenda omni impeticione reclamatione dolo fraude penitus excluso In cuius rei testimonium et firmitatem sigilla nostra vnaque cum sigillo *theoderici* filij nostri ac sigillo *crafthonis* nobili (sic) de *graschop* sunt appensa Et nos crafthò antedictus sigillum nostrum ad preces dictorum coniugum et eorum liberorum hijs litteris appendisse in testimonium et robur omnium eorundem facta sunt hec in castro bilsten presentibus herborio de ennest hermanno de ostorendorp militibus castellanis nostris marsilio dapifero nostro lutberto de dusentschure at alijs quam pluribus fide dignis testibus ad premissa vocatis et

---

abwechselnd theils an rothen, theils an grünen seidenen Strängen hangend. Vergl. die Urk. Nr. 30. und 50.

rogatis anno Dni. M°. CC°. XC. feria sexta ante dominicam judica.[536])

432.

1290. März. 27. bestätigt Friedrich von Padberg, der Stadt Padberg die Statutarrechte, welche ihr früher (1263) von seinem Vater und Oheim (Joh. u. Gottschalk v. Padberg) waren gegeben worden.

(Nach einer vidimirten Abschrift im Archive des Hauses Padberg.

In nomine sancte et indiuidue trinitatis amen. *Fridericus dominus in Patberg* omnibus hanc literam inspecturis salutem in domino. Quia generatio proterit et generatio aduenit expedit coram deo et hominibus cunctis ueritatis amatoribus ea que statuerint uel elegerint diligenti prius discutere examine ut nulla postmodum possint infirmari titubatione deinde scriptis mandare et sigillis testibus firmare sicque ut omnis amputetur dubietas memorie posterum commendare. Nouerint igitur moderni et futuri quod pater noster et patruus noster *Joannes* de *Patberg* pie memorie cum ciuibus *oppidi nostri* per tempus dissensionem super quibusdam causis habuerint in quibus in sua jurisdictione difficiles sibi fore uidebantur. Quod cum fieret mediantibus honestis uiris talis compositio interuenit quod ipsi consilio amicorum suorum inducti ut affectum ciuium suorum in se amplius prouocarent et ut non solum detrimentum ipsorum non paterentur uerum etiam in augmento ipsorum gauderent ipsum oppidum liberum constituunt quatinus libertate quieta inhabitantes ibi perpetuo potiantur. preter quod tam ipsi quam consules oppidi unanimi consensu et uoluntate quedam jura de quibus inter eos orta fuit discordia et imposterum oriri posset tali modo statuerunt. Quod statutum ratum et firmum habebimus et affirmamus[537])

[536]) Die 3 Siegel sind abgefallen, an dem mittelsten Riemen sitzt noch ein Rest von dem Siegel Krafts von Graffschaft. Die Urkunde ist von roher Hand verfaßt und geschrieben.

[537]) Die Urkunde ist ohne Zahlen und ohne Absatz geschrieben.

1) quod quilibet ciuium de area sua sex denarios et pullum dabit domino castri annuatim de dimidia area tres denarios de singulis iugeribus agrorum duos denarios. — 2) si quis frutela aut agros arboribus consitos laboribus suis et expensis fodiendo ad terram sementem produxerit septem annis sine pensione habebit quibus expletis pensionem debitam sicut prediximus dabit. — 3) Quidquid statuerint consules unde questus aliquis poterit prouenire due partes ipsis tertia cedet domino castri. — 4) Cum uinum habetur quanto pretio uenumdetur consules inter se ordinabunt. — 5) Judicem tam nos quam consules pari consilio statuemus. — 6) si quis excesserit in aliquo ad arbitrium consulum iudicabitur. siue in jure componetur siue in gratia ratum habebimus. sed si aliquid inde deriuatur ipsi duas partes nos tertiam recipiemus. si uero nihil nil requiremus. — 7) Si quis communionem ciuium resignare uoluerit marcam dabit consulibus. si quis uoluerit nobiscum manere libere diuertere poterit cum rebus suis quo uoluerit. — 8) Si aliquis pro culpa sua qua forte mortis iudicium meruerit profugus fuerit uxor sua et pueri totam substantiam ipsius integre et libere obtinebunt et si morti adiudicatus fuerit non minus heredes sui cuncta bona sua et immobilia sine impedimento possidebunt. — 9) Omnibus aduenientibus hospitibus nulla uiolentia fiat sed iusto iudicio pro excessibus suis conueniantur. — 10) Si aliquis adhuc uigens et ualens in corpore testamentum suum de consilio plebani et heredum ordinare uoluerit. et lecto decumbens non renuatur talis uoluntas. si uero intestatus et sine herede obierit in prouidentia consulum erit res illius distribuere pro anima sua siue .... tam oppidi aut pauperibus uel religiosis. — 11) Sponsalia que uulgo bedemunt dicuntur nomine et vogethdingh et frygedingh nullum ius ibi obtinebunt. Ceterum heruuede et Ereue et Gerade ...... non dabuntur. — 12) Quilibet pistorum in uigilia natiuitatis domini dabit nobis annuatim duos den. de albo pane similiter quilibet carnificum dabit tres denarios de sepo[558]) ad castrum in festo beati Martyris..... — 13) Si quis emerit ibi domum dabit nobis sex denarios. — 14) Circa octauam Michaelis dabit quilibet pistorum tres denarios et braxatores duos ex his due partes cedent consulibus tertia nobis. — 15) Si quis pistorum braxatorum et carnificum in uenalibus que quilibet uendere solet culpabilis repertus fuerit uadimonii iure sex denarios dabit ex his duas partes percipient consules tertia cedet nobis. — 16) Si quis filiam ciuis alicuius corruperit aut legitime ei

558) Sepum: Talg.

copulabitur uel si renuerit dabit puelle quinque marcas ciuitati plaustrum uini de his consules duas partes percipient et nos unam. — 17) Si in domo unius ciuis ab uxore ipsius uel pueris aliquid subtrahitur hoc inter se consules iudicabunt. — 18) Si quis ciuium in iudicio accusatus testibus se expurgare uoluerit et testimonio defecerit duodecim denarios uadimonii iure exsoluet de his una pars erit nobis consulibus autem due. — 19) Si extraneus aliquis in furto uel rapina deprehensus fuerit consulibus non cedet. — 20) Si quis in figura iudicii positus in aliqua leui causa excesserit per quam iudicem offenderit uel iudicii reatum incurrerit ad duodecim denarios se uadimonii jure obligauit quod si judex super his eidem importunus extiterit datis duobus denariis judici liber erit. — 21) Si quis in figura judicii aliquem de damno aliquo conuenire uoluerit damnum sibi illatum demonstrabit. — 22) Vigil superioris porte uersus castrum à nobis in pretio est procurandus. — 23) Quidquid antiquitus pertinuit ciuitati in syluis pratis pascuis aquis aquarumque decursibus agris cultis et incultis usibus inhabitantium libere indulgentes ipsos in omnibus pro posse nostro promouere studebimus cum affectu. — Vt autem predicta statuta inconuulsa et firma perenniter maneant presens scriptum sigilli nostri impressione fecimus communiri. Ceterum nos fratres Stephanus miles et Conradus dicti de Horhuseh nec non et ego Hermannus dictus de Plettenberge et ego miles Albertus de Amelunchessen in testimonium predicte ordinationis et ad majorem euidentiam presentem literam precibus Friderici cognati nostri et amici sigillorum nostrorum appensione etiam duximus roborandam. Acta sunt hec in Patberg anno domini millesimo ducentesimo nonagesimo. sexto calendas aprilis. Huius rei testes sunt Fridericus plebanus in Patberg. Henricus sacerdos. Bertoldus de Brenken miles. Giselbertus de Otterlare. Joannes de Keldinghusen. Joes de Widene et alii quam plures.

(L. S.) (L. S.) (L. S.)

Pro copia cum suo uero in pergameno expedito originali concordante Ego Henricus Bunsen Nts. scripsi et subscripsi.[259])

---

259) Die im Anfange dieser Urkunde erwähnte erste Verleihung der Stadtrechte an Padberg, ist verloren gegangen. Daß sie vom 12. März 1263 war, geht aus der, im folgenden Bande mitzutheilenden Bestätigung-Urkunde Erzbischof Ferdinands v. 30. Aug. 1629 hervor.

433.

1290. Aug. 24. überträgt das Kloster Scheda, dem Grafen von Arnsberg, die Kirche zu Hüsten, welche ihm früher von Wilhelm von Ardey war geschenkt worden.

Nach dem Original im Wedinghauser Archive.

Vniuersis presentes litteras inspecturis vel audituris, Nos Lambertus prepositus, Heribertus prior, Anthoglus subprior totusque conuentus *ecclesie Scheydensis*, salutem. cum notitia veritatis, Noueritis quod nos vnanimi consensu et voluntate, *Ecclesiam in hustene*, cum omnibus pertinentiis et iuribus suis, ad nos pertinens, ex collatione et donatione, *Nobilis viri Wilhelmi de Ardeya*, sicut in litteris suis, super hoc confectis plenius continetur, Damus et renuntiamus, pure et simpliciter, ad vsus Nobilis viri domini *Comitis in arnesberg*, ac heredum suorum, a nobis minime repetendum. In cuius rei testimonium sigillum ecclesie nostre presentibus duximus apponendum, Datum et actum, Anno dni M°. CC°. nonagesimo. In die Bartholomei apostoli.[460])

434.

1290. bekunden der Rath und die Gemeinde zu Brilon, die Rechte ihrer Stadt.

Nach dem Original im Briloner Stadt-Archive.

In nomine domini. amen. Ad certitudinem presentium et memoriam futurorum notum sit omnibus tam presentibus quam futuris littere huius inspectoribus quod Nos *hermannus de hoyeshusen* proconsul. *Walbertus de buren*. *Godefridus de lederke*. *hermannus* filius *Wezzelj*. *Theodericus sartor*. *Johannes sartor*. *Gerlacus de hallenbergh*. *Gerlacus* dictus *stollemann*. *heynricus* dictus *Volenpipe*. *Gerhardus* dictus

[460]) Das an schwarz und weißen Zwirnfäden gehangene Siegel ist abgefallen.

goldenere. *Theodericus* filius *Wennemari*. et *Godefridus de hennelare* consules opidj brylonensis anno dominj M°. CC°. nonagesimo. de communi voluntate, consilio ac arbitrio vniuersorum oppidanorum nostrorum laudamus, eligimus, arbitramur, ac arbitrando statuimus[561]) — 1) quod quicunque vir aut vxor de nostris burgensibus heredes habuerit, vno illorum defuncto alter eorum potest et debet ex jure ac approbata consuetudine nostre ciuitatis relinquere suis heredibus illo tempore viuentibus medietatem omnium bonorum suorum mobilium vbicunque fuerint ac etiam immobilium que infra oppidum brylon sunt sita tam in domibus quam in areis que *Wigbelde* volgariter nuncupantur, Reliquam vero medietatem poterit vir alterj vxori. vel vxor alteri marito et eorum heredibus de se procreandis, sine alicuius calumpnia plenius assignare, tradere ac donare. Agros autem camporum nemo debet vel poterit à primis heredibus alienare sine consensu eorundem heredum et libera voluntate. Si vero secundus vel tertius aut forte quartus contractus matrimonii caruerit heredibus omnia bona conjugatorum debent ad priores heredes plenarie reuenire. — 2) Ceterum laudamus, eligimus, arbitramur, ac arbitrando statuimus quod quicunque vel quecunque noster burgensis emendo sibi comparauerit domum, siue aream sitam infra oppidum brylon vel foris ciuitatj nostre contiguam et idem vel eadem burgensis noster per annj et sex ebdomadarum spacium possederit vel in sua potestate tenuerit eandem domum vel aream sine alicuius impetitione pacifice ac quiete, nemo amplius post predictum tempus elapsum poterit in illa domo siue area iuris aliquid obtinere. — 3) Item laudamus, eligimus, arbitramur, ac arbitrando statuimus quod quicunque cum consensu et voluntate heredum suorum bona sua obligauerit nostro burgensi idem noster burgensis eadem bona debet ac potest obtinere quousque rationabiliter redimantur, nisi forsan emptor eadem bona velit voluntarie resignare. Nec aliquis amicorum illius qui sua bona obligauit poterit nec debet emtorem vel suos heredes pro eisdem bonis impetere coram judicio spiritualj vel alias coram judicio secularj. — 4) Item laudamus arbitramur ac arbitrando statuimus, quod nullus burgensium nostrorum debet alium nostrum burgensem circumuenire vel supplantare emptione vel conductione in agris vel in decimis infra annos quibus conductor aut emptor agrorum. vel decimarum debet eorum

---

[561]) Die Urkunde ist ohne Absatz geschrieben. Der bessern Uebersicht wegen sind hier die einzelnen Bestimmungen nach Absätzen getrennt worden.

redditus possidere. — 5) Item laudamus, arbitramur ac arbitrando statuimus quod quicunque noster burgensis bona vel agros emerit que dicuntur *Wigbelde* cum consensu et voluntate heredum venditoris et eadem bona possederit dictus emptor per anni spacium et sex ebdomadarum sine alicujus impetitione pacifice ac quiete, idem emptor eorundem bonorum vel suj heredes per iuramentum solius manus eadem bona coram judicio nostre civitatis poterunt obtinere. — 6) Item protestamur vniuersos burgenses nostros oppidi brylonensis habitatores tale jus ac libertatem habere ex indulsione et specialj gratia reuerendi patris ac dominj nostrj Siffridj Coloniensis ecclesie archiepiscopi sicut euidenter liquet in suis litteris patentibus penes nos detentis quod cunctj burgenses nostrj brylonensis oppidj habitatores liberj manebunt à pensionibus cerocensualibus et exactionibus omnibus extraneorum dominorum cujuscunque juris, seu conditionis antea fuerint dominio subiugatj, nisi forte velit aliquis propter salutem anime sue dare quod sibj videatur vtile et consultum. — 7) Item laudamus, eligimus, arbitramur, ac arbitrando statuimus quod quicunque noster burgensis agros emerit cum consensu et voluntate heredum venditoris sine verj possessoris eorundem agrorum et eadem bona siue eosdem agros memoratus emptor per annj circulum et sex ebdomadarum spacium sine alicuius impetitione pacifice ac quiete possederit idem emptor eorundem agrorum vel suj heredes per juramentum solius manus eosdem agros coram judicio nostre ciuitatis poterunt obtinere. — 8) Item laudamus, eligimus, arbitramur, necnon arbitrando statuimus quod quicunque noster burgensis est possessor prediorum siue domorum vel arearum infra oppidum brylon vel foris ciuitati nostre contiguorum seu contiguarum si contigerit eundem burgensem nostrum coram quocunque judicio nostre ciuitatis conuenirj siue in causam trahi pro qualicunque causa hoc fuerit idem noster burgensis respectu bonorum suorum prescriptorum debet extracredi suo jure prout ordo juris secundum statuta et approbatam consuetudinem postulat et requirit.[562]) — 9) Item laudamus, eligimus, arbitramur et arbitrando statuimus quod quicunque vel quecunque noster vel nostra burgensis de vite medio sublatus vel sublata fuerit, alter vel altera eorum conjugatorum supellectilis tantummodo vnius thalamj in quo coniugati dum sospites erant dormire consueuerunt integraliter

[562]) Hiermit schließt der Text der ältesten Willkühr, deren Sätze in einer ununterbrochenen Reihe geschrieben sind. Das folgende sind spätere Zusätze, welche von Zeit zu Zeit von verschiedener Hand, so wie sie durch Rathschlüsse entstanden, nachgetragen und hier im Texte durch Striche getrennt sind.

obtinebit dum jura supellectilium dare debet. — 10) Item statuimus vt supra, vt quicunque burgensium seu concinium nostrorum. filiam seu filias puellas, in sua custodia et pane habuerit, quod tales puelle gaudebunt et gaudere debent ciuitatis nostre pleno jure. quod volgariter uocatur eyn vel comen stades reyct. — 11) Item statuimus si aliquis noster burgensis vel concinis assumpserit aliquam filiam nostri concivis in suam custodiam. ratione consanguineitatis ac amicicie. quod talis puella gaudebit seu gaudere debet jure nostre ciuitatis supradicto, tamquam si esset in patris custodia siue matris. — 12) Item statuimus vt puella seu puelle. cujus vel quarum. parentes. id est pater et mater viam vniuerse carnis fuerint ingressi, quod tales, si post mortem parentum suorum predictorum. possesso permanserint in sua castitate id est, in vita casta munde perseuerauerint. etiam gaudebunt pleno jure nostre ciuitatis sepius jam pretacto. — 13) Item statuimus vt quecunque puella Singula premissa non seruauerit. seu que seruierit seruicio non certo, nunc isti. hinc alteri. vel que legumina seu pira[563]) attulit, ea in foro uendenda, quod tales omnes, sepedicto jure nostre ciuitatis minime congaudebunt. — 14) Item statuimus inter nos et elegimus anno domini M°. CCC°. tricesimo proximo die dominico ante ascensionem ejusdem quod si aliqua bona siue hereditaria vel mobilia siue illa sint in domibus siue areis, vel bonis quibuslibet, ex morte nostrorum coopidanorum seu coopidanarum, deuoluerint et si tunc aliquis vel plures verorum heredum ad illa bona proximior aut proximiores, mortuus seu mortui sit vel sint extunc heredes illius mortui, seu mortuorum talia deuoluta bona tollent, secundum juris exigentiam inter se, sicut eorum pater aut mater, vel sicut patres aut matres eorumdem.[564]) — 15) Item nos consules in Brylon, consensu et Consilio nostre discretionis et vniuersitatis nostrorum opidanorum super hoc prehabitis statuimus et elegimus, quod quicunque ex nostris opidanis pensionem pecunialem ex suis domibus annuam persoluere tenetur, illam pensionem ipso termino persolutionis vel infra duos immediate ipsum terminum subsequentes dies, reemere potest, reclamatione quacunque minime proficiente, hac conditione tamen coadjecta, quod hec memorata pensio dictis temporibus integraliter reemi debeat et quilibet solidorum pro vna marca

---

563) Die Obsthändlerinnen, von Alters her Birnweiber genannt, sitzen noch jetzt, nach 600 Jahren, unter den Hallen des Rathhauses.

564) Dieser §. ist im Original durchgestrichen. Abgeändert findet er sich wieder in den §§. 17 u. 18.

in reemendo persoluatur dummodo illo anno cum ipsam pensionem reemerit, ipsa penitus et ex toto prius sit persoluta. Et ista electio et institutio in redditibus et pensionibus pecunialibus emptis, obseruabitur,' in aliis vero minime. — 16) Item cum consensu et consilio discretionis et vniuersitatis nostrorum opidanorum, elegimus et statuimus, quod si aliquis seu aliqui ex nostris opidanis, collegium nostri oppidi quod vvlgariter *borgerscap* dicitur, nobis quicunque pro tempore consules fuerimus resignauerint, super eo assensu et consilio nostris vero non prehabitis neo prius requisitis, pro emenda excessus seu delicti in eo perpetrati, tres marcas denariorum brilonensium integre condonabunt.[345]) — 17) Item nos proconsul et consules in Brylon. consilio nostre vniuersitatis in Brylon. statuimus et eligimus. quod si aliquis noster coopidanus aut coopidana haberent filios aut filias et si tunc eosdem, videlicet nostrum opidanum aut opidanam mori contigerit. Extunc filij aut filie illorum defunctorum. bona hereditaria et alia. suorum auorum et auarum. id est parentum illorum defunctorum recuperare debebunt. quemadmodum parentes illorum puerorum. si adhuc in vita forent existentes. — 18) Item eligimus si aliquis. noster opidanus aut opidana. haberent filios aut filias. et si idem noster opidanus aut opidana haberent fratres aut sorores. quorum bona hereditare possunt. si tunc eosdem. videlicet nostram opidanam aut opidanum mori contigerit. extunc pueri illorum defunctorum illa bona recipere valebunt. sicut illorum parentes. si adhuc viui fuissent et essent. preter hereditatis exuuias vel cujusuis alia jura que *herwade* vel *gherade* nuncupantur. illas recipere debebunt aliquorum heredes. secundum juris formam et nostre ciuitatis. — 19) Item nos proconsul et consules statuimus et eligimus quod quicunque ex nostris opidanis, jus nostre opidanitatis que dicitur bergherscap ipso motu et animo elato. necnon sine consensu atque consilio resignauerit quandocunque tunc jdem. inposterum illud jus oppidanitatis duxerit acceptandum. Extunc jdem. nostre ciuitati tres marcas pecunie in Brylon vsualis erogabit receptione de prenarrata.[346])

---

[345]) Dieser §. ist im Original durchgestrichen. Er findet sich wieder im §. 19.

[346]) Das trotz des häufigen Gebrauchs, gut erhaltene Original, ist auf einer großen Pergamenhaut geschrieben und mit dem großen Stadtsiegel versehen.

435.

1290. Statutar-Rechte der Stadt Brilon. —. Alte Uebersetzung des lateinischen Originals; aus dem XV. Jahrhundert.

Nach dem alten Briloner Stattbuche.

Dyt hyr nah geschreuen Ist vnser Stad Brylon wonde ind recht.

In dem namen vnses Heren Amen. Tho gedechtnisse der tho komenden ind Wißheid der jegenwerdigen Sy kund alle den jenene de dusse jegenwardigen schrifft sehen edder horen lesen dat wy Herman van Howshusen Burgermester, Walbert van Buren, Godert van ledderike Hermann Wessels soen, Diderich de schnider,[367] Gerlach van dem Hallenberge, Gerlach stolleman, Hinrich follenpipe, Gerhardus goldener, Diderich Wennemars, Godert van Hynnelere Raitlude In den Jaren vnses Heren Alß man schreff dusend twehundert in dem negentigesten Jare, van gemeynem wetten raide ind wilkore Aller vnser gemeynen borgere heuet geforen gewillekort vnd myt ffriger wilkore gesath[368] 1) dat welk man edder wyff van vnsen borgeren eruen hefft Also wanner der twier eyn steruet So mach de andere ind sall van rechte van bewiseder wonheit vnser stad van Brylon, synen rechten eruen de tho der tyt liuet ind leuet, laten ind geuen de helffte alles eres bewegeliken gudes, war se dat heuet Ind of de helffte alles eres vnbewegeliken gudes dat belegen ist bynnen der stad tho Brylon in huse ind in houestad, Also dat gewonnliken genant ist wibbelde gud Sunder de andere helffte des gudes mach eyn man synem anderen wyue Ind eyn wyff erem anderen manne ind eren eruen de van enne kommen genslikeu sunder Infall bescheiden geuen ind fullenkomelike besellen. — Vort mer dat erfflike gud vppe deme velde en sall noch en mach nymand den ersten eruen entwenden sunder fulbort ind ffryen willen derseluen eruen. Vnde weret sake dat de andere ind villicht de verde echtschuff neyne eruen sament en hedden so solde alle gud der seluer eliken lude gensliike wedder komen In de ersten eruen. — 2) Vort mer haue wy erkoren ind myt ffrigen wilkoren gesatt dat welke vnser borger he sy man edder wyff, Eyn Hueß edder houestad kopet gelegen bynnen der stad Brylon, edder

[367]) Hier ist ausgelassen Johann de schnider (Joh. Sartor).

[368]) Die Uebersetzung ist in Absätze getheilt.

uthwendig der mure van vnser stad, Ind de selue kopere dat hueß edder de houestad vredelike in syner gewault behaldet ind rowekike sunder Ansprake besittet seß wecken ind eyn Jar, nah der tyt en sall noch en mach an deme vurgeschr. huse edder houestad nemant anders nicht hebben rechtes edder behaulden dan de kopere vurgeschr. ind syne eruen. — 3) Vort mer so haue wy erkoren ind myt ffrigem wilkore gesatt So we myt fulbort ind gudem willen syner rechten eruen syn gut vercopet eynen vnseren borgeren derselue vnse borger sall ind mach, dat selue gud redelike behaulden Ett en were dan so velle dat de copere dat selue gud myt guden willen wolde wedder upplaten Ind of des vercopers frunde ind maghe en sellen noch mogen den kopere noch syne eruen van des vurgen. gudes wegen nah der tyd nicht anverdigen edder bedingen vor gerichte geistlich edder wertlich. — 4) Vort mer haue wy geforen ind myt ffrigen wilkore gesatt dat vnser borger keyn den anderen supplanteren sall overtastes edder hinderen an kope edder wonninghe ackers offt tenden bynnen den Jaren de de vurgen. kopere edder wynner des ackers edder theenden dar ane hebde. — 5) Vort mer haue wy erkoren ind myt frigen willen gesatt So welk vnser borger acker edder gud kopet dat wibbelde gut heitet myt fulborde ind willen des vercopers eruen Ind de vurgeschr. coper dat selue gud vredeliche ind roweliche besittet seß wecken ind eyn Jar sunder bysprake de selue coper des gudes effte syne rechten eruen moget vor vnser stades gerichte dat selue gud myt erer vorderen hant myt rechte behaulden. — 6) Vort mer bethuge wy, dat vnse borgere, de by vns tho Brylon wonhafftich synt Alsodan recht ind friheit hebben van verhenkniße wegen ind sunderliker gnade des erwerdigen in god vaders vnses genedigen lieuen Heren Heren Siuerdes erßbischuff tho colne Also oppenbair is in synen breuen de wy hauet dat alle vnse burgere de myt vns gethogen ind geboren synt ind by vns tho Brylon wonhafftich synt, vrig synt ind vrig wesen sult van vastnisse ind van aller schattinge uthwendiger heren Eth en were dat eyner van synes selues willen wat vorgeuen wolde vmme trost ind heyl syner zele willen dat enne wyslich ind nuttlich beduchte. — 7) Vort mer haue wy gesatt ind geforen van vnsem frigen willkore dat welker vnser borger acker copet myt fulborde ind willen des vercopers rechten eruen ind of des waren besitters des ackers vurg. ind dat vurgen. gud edder den acker de coper vurgeschr. vredeliken besittet seß wecken ind eyn Jar sunder anevorderinghe ind bysprake, de selue copere ind syne rechten eruen moghet vor vnser stad gericht dat selue gud myt erer vorderen Hand behaulden. — 8) Vort mer haue wy erkoren ind gesatt Welker vnser burger besitter

34*

ïs, gudes, dat Wibbelde gud heitet hueß edder houestad bynnen vnser stad tho Brylon edder uthwendig vor vnser stad brilon Wert dat de selue vnse borger vor vnser stad gerichte welkerlegge dat were brockhafftich offt beschediget worde edder in sake gethogen worde welkerlege sake dat were deme sall men van des gudes wegen des he eyn besitter ind hebber is synes brockes ind schaden gelouen byt an syn gud nah rechte ind gesette ind bewyse der warheit. — 9) Vort mer haue wy erkoren ind gesatt Alse vurgen. steit Waner eyner vnser burger edder borgersche, de in rechter echtschuff sittet, affliuich werd van dodes wegen, de dar dan tho liue bliuet wan de na rechte den neesten eruen dat herweide van sych geuen sall, so sall he beholden eyn bedde myt syner to behoringe, alse de twe eliken lude dar uppe ind Inne slepen by leuendigem ind gesundem liue. — 10) Vort mer haue wy geforen ind gesatt dat welk vnser borgere eyne dochter edder dochtere in syner hode in ind synen brode hefft de kindere sullen ind mogen gebruken vnses fullen wiuen rechtes. — 11) Vort mer haue wy gesatt Wert dat eyn vnse borger, tho sych neme In syne hode ind bewarunge eyne dochter eynes anderen vnses burgers vmme mageschupp edder fruntschuff willen de selue dochter sall ind mach ok gebruken vnses stades rechte dat geheiten ist ein fullencomen stades recht In aller mathe alse sey hode ind brode eres vader ind .moder were. — 12) Vort mer haue wy gesatt dat meghede edder Junkfrowen den ere elderen versteruet Ist dat de seluen Junckfrowen nah dode erer olderen bliuet in eynem reynen kuschen leuende sunder echtschupp de sullen ind mogen ok gebruken vnser fullencomen stades rechten. — 13) Vort mer haue wy gesatt dat megede de In der mathe nicht en synt dat synt megede de In eynen vnsteden denste synt Also dat se de eyne wile dem eynen deynet ind de anderen tyt dem anderen ind geuet sich In manniger legge hantneringe[569]) ind vnstedes denstes de en sullen nicht gebruken des vurgeschr. stades rechten.[570]) — 15) Vort mer haue wy gesatt dat welk vnser burgere Jarlike pennynck gulde schuldig ist uth synem huse to betalende de mach de seluen. gulde alle Jar semptliche weddercopen uppe de tyt Alse men de schuldig ist to betalende efft bynnen twen dagen nest volgende to betalende Ind jo eynen schillink vor eyne mark wedder tho copende ind dat gulde alle tyt tho vorne betalet sy.[571]) — 17) Vort mer haue wy gesatt Wert dat eyn

---

569) Eine spätere Hand hat am Rande zugesetzt: »Beywohnere«.

570) Hier folgt im Orig. der durchgestrichene §. 14. (s. d. Anmerk. 564.)

571) Hier folgt im Orig. der durchgestrichene §. 16. (s. d. Anmerk. 565.)

vnse borger effte borgersche kindere hedde sonne efft dochtere Ind de vurgescreuen vnse borger effte borgersche versteruen, so sullen ind moghen de kindere vurgeschreuen eren grote vader ind grote moder dat synt eres rechten vader ind moder elderen Be eruen geliker wyß Alse der kindere rechte vader ind moder hedden gedaen by gesundem leuendigem lyue. — 18) Vort mer haue wy gekoren ind gesatt Wert dat eyn vnse borghere efft borgerschen kindere hedden, sonne effte dochtere Vnde de selue vnse borgher effte borgersche sustere off broder hedden de se nah erem dode eruen mochten Weret dan dat de selue vnse borger edder borgersche van dodes wegen afflinich worden, so solden ere kindere vurgeschr. ind mochten de seluen egenanten sustere ind brodere erer elderen eruen nah ereme dode, geliker wyß alse de vurgeschr. kindere elderen hedden gedan off se noch tho line weren. Vt bescheden dat herweide dat men geuen sall den nesten eruen den dat gebort. — 19) Vort mer haue wy gesatt ind erkoren, so welk borger vurgescreuen van synes selues motwillen ind wilkor unses stades recht uppseget dat geheiten ist borgerschuff ind nicht myt vnsem raide ind fulbort Wan de selue borgher nah der tyd der vurgescreuen stades rechtes alse borgerschuff wedder begert So sall he ind mach der staid tho Brylon geuen dre mark alse tho brilon genghe ind geuene ist. Ind synt de borgerschuff dar mede wedder tho krigende ind tho losende.[572]) — 20) Item vort mer hauen wyr vorkoren borgemester rath vn gantze gemeyntheit samer eyndrechtich dat nemantz vnsser borger sal syn erffhabig guder vthwendych verkopen dat syn borger borgersschen off borgers kynder he vn haue dat ersten borgemester vn rade thor tyt tho Brilon an geboden vn sodan Eyn raet tor tyt myt den sulbygen nycht konde gewerden so sollen se veer van der gemeynheit vn veer van den Ampten tho sych bydden vn myt em gewerden, vn so de sulbyge dan den vorged. keyn gehor wolden geuen, vn den bauern sodan gut vthwendych verkofften, alsodan salmen den vorgen. sodan gude nach vth. der vnsser Stat wysen. **Anno Dni. XV^{c}. XXII.**

---

572) Hier schließt die alte Uebersetzung aus dem XV. Jahrhundert. Der folgende §. ist ein späterer Zusatz aus dem XVI. Jahrhundert, welcher im lateinischen Originale fehlt.

436.

1290. Juli. 19. bestätigt Erzbischof **Siegfried**, der Stadt **Brilon** alle ihre Rechte und guten Gewohnheiten, mit der Aufforderung, solche gegen Jeden tapfer zu vertheidigen.

Nach dem Original im Briloner Stadt-Archive.

Syfridus dei gratia sancte Coloniensis Ecclesie Archiepiscopus, sacri imperij per ytaliam archicancellarius.. *Scabinis. consulibus ac uniuersitati opidi Bryloin*. fidelibus suis karissimis gratiam suam et omne bonum. Cum non nulli Nobiles et quidam alij. clerici et layci quosdam ex oppidanis vestris contra libertates et priuilegia, à nobis et antecessoribus nostris vobis indulta et concessa, ac consuetudines in oppido bryloin hactenus obseruatas in prejudicium status et libertatis sue, grauent et molestent, grauare et molestare nitantur, volumus quod vos *uniuersi et singuli juribus, priuilegijs libertatibus et bonis consuetudinibus hactenus in oppido Briloin obseruatis, gaudeatis et eisdem utamini, prout usque ad hec tempora usi estis et gauisi,* Et si quispiam cujuscunque status vel conditionis existet, hujusmodi libertates priuilegia et bonas consuetudines infringere vellet, *pro iuribus et libertatibus vestris viriliter stetis,* et vos impetentibus seu impugnantibus strenue resistatis. Nos enim, in conseruatione jurium et libertatum vestrarum vobis non deerimus, immo conseruabimus in eisdem. Datum. Bunne. feria quarta proxima ante festum beate marie magdalene. Anno dni mill°. ducentesimo. nonagesimo.[373])

437.

1290. beschließt der Stadtrath zu **Soest**, wieviel den Brüdern und Schwestern im **Hospital**, an Fleisch, Butter, Korn, Bier rc. verabreicht werden soll.

Nach dem Original im Archive des Waisenhauses zu Soest.

In nomine domini amen. Anno domini M°. CC°. nonagesimo. Eo tempore quo Hermannus de benkinchusen et Gerlacus de

373) Das an einem abgeschnittenen und durchgezogenen Pergamentstreif gehangene Siegel ist abgefallen.

Lake fuerunt magistri Consulum in Susato Consilium habuerunt, cum communi Consilio ejusdem Civitatis. Considerantes tenuitatem prebende Confratrum et Consororum hospitalis Susaciensis, decreverunt insimul quod cuilibet fratri ac sorori domus eiusdem daretur servisia bis in die. Item decreuerunt ut cuilibet ad duas septimanas daretur unum talentum butiri. Item decreverunt ut ad festum pasche. penthecostes. et ad festum nativitatis domini. ad quodlibet istorum duo modii tritici pinserentur. Et deinceps per circulum anni unus modius et dimidius tritici ad quamlibet septimanam pinseretur ad expensas fratrum et consororum hospitalis predicti. Item cuiuslibet prebenda videlicet in carnibus, caseis, et ovis ad quamlibet septimanam ad valorem duorum denariorum estimata est. Item sciendum quod universalis summa expensarum videlicet de talento butiri predicto quod dandum est ad duas septimanas, et de duobus denariis quos valebit quevis prebenda ad quamlibet septimanam. infra quemlibet annum extendit se super quadraginta unam et dimidiam marcas. Item sciendum quod ad expensas Conventus hospitalis quolibet anno septem malcia tritici requiruntur. Item in festo pasche requiruntur duo modii. In festo penthecostes duo modii. et in festo Nativitatis domini duo modii. preterea ad expensas familie in alia domo quolibet anno decem et octo modii tritici requiruntur. Item ad expensas domus hospitalis predicti quolibet anno viginti et duo malcia siliginis requiruntur. Item ad servisiam predicte domus quolibet anno triginta sex malcia bracii requiruntur. Item ad expensas coquine prefate domus ad pisas. et ad pultes. quolibet anno tria malcia requiruntur. Summa totius annone suprascripte quolibet anno ad septuaginta malcia se extendit. Preterea sciendum quod eo tempore quo ista fiebant ordinata duo malcia dure annone, scilicet siliginis et ordei, fiebant taxata super unam marcam. Hanc prefatam ordinacionem statuit commune Consilium in Susato et ad hanc prefatam ordinacionem fuerunt principaliter electi Johannes de Sunhere, Hermannus de waldene, Winandus dictus wale, Reynoldus filius degenhardi, Henricus poledrus, Henricus de alen. Ut igitur hec omnia rata et inconvulsa permaneant, domus predicti hospitalis hanc presentem paginam duxit sigillo proprio muniendam. Acta sunt hec tempore quo Godescalcus de wiginchusen fuit provisor predicti hospitalis. Anno domini et die supradictis.[174])

---

[174]) An der Urkunde hängt das Siegel des Hospitals in weißem Wachse.

438.

1291. Jan. 10. wird Erzbischof Siegfried von dem Bischof Otto von Paderborn und Graf Ludwig von Arnsberg ersucht, eine Streitfrage zwischen ihnen, als Herzog von Westfalen zu entscheiden.

Nach dem Original im Domarchive zu Paderborn.

... Venerabili in Christo Patri ac domino sancte Coloniensis ecclesie archiepiscopo, Duci Westfalie, ac omnibus quibus hec scriptum fuerit exhibitum *Otto* Dei gratia *paderbornensis episcopus* et *L. comes de Arnesberg* cognoscere veritatem notum vobis facimus quod cum in quadam discordia inter nos hinc et inde orta adeo processum fuisset quod ex ea rapine, incendia et homicidia fuissent subsecuta, tandem forma compositionis. Inter nos ordinata in die placiti ad hoc assignata, propositum fuit ex parte nostri paderbornensis Episcopi quod de huiusmodi discordia inter nos habita compositionem justam haberemus, quod nos Comes de Arnesberg plane negauimus, super qua contentione a quibusdam dominis militibus et famulis communibus sententiatum fuit, quod si cum sex viris ydoneis et fide dignis qui vulgariter *Seuthere* appellantur qui compositioni interfuissent, nos episcopus predictus huiusmodi compositionem probare possemus, jus pro nobis esse deberet et compositio inuiolabiliter obseruari. quidam vero predictam sententiam reprobabant, asserentes *quod non solum ab ordinatoribus compositionis unius partis tantum sed utriusque partis huiusmodi compositionis probatio deberet fieri ipso jure.* Super isto questionis casu nos episcopus et comes predicti, nos quoque de marca, de Swalenberg, de Waldegge Comites et *Otto Comes de Eueerstene marescalcus Westfalie* Albertus de Amelungessen. Ecbertus dictus Spegel, W. de Ense et Oldricus de Heldene milites qui huiusmodi tractatui interfuimus, vestram discretionem consulimus et rogamus quod nobis pro communi nostra vtilitate, cum *officii vestri debitum* id exigat *ratione ducatus vestri*, domine et pater reuerende Coloniensis Archiepiscope vestram sententiam et jus dare et docere dignemini super eo, alioquin huiusmodi jus et sententiam a Serenissimo Romanorum rege nos requirere oportebit. Datum Lippie anno domini M°. CC°. LXXXXI°. feria quarta post circumcisionem domini.[375])

---

[375]) Die Siegel sind von der sehr beschädigten Urkunde abgerissen. Die-

439.

1291. März. 12. verzichten Kraft und Widekind, Brüder, Edle Herren von Graffchaft, zu Gunsten des Klosters daselbst, auf ihre vogteilichen Ansprüche an dem Hofe zu Glindfeld und auf noch einige andere Güter.

Nach dem Orig. im Archive des Klosters Graffchaft.

Nos *Crafto* et *Widekindus* fratres de *Graschaph* nobiles Tenore presentium publice protestamur, ac Notum esse volumus harum inspectoribus vniuersis, quod nos, pari consensu, et bona voluntate omnium heredum nostrorum plane renunciauimus ac renunciamus, super omni *impeticione aduocatica*, quam hactenus fecimus in *curtim Glintfelden* et in mansos ipsius, *Graschapensi* monasterio attinentes, nolentes per nos, seu per heredes nostros aut posteros, super huiusmodi impetitione aduocatica, quacumque de causa, monasterium iamdictum, molestari de cetero seu grauari. Preterea curtim libere proprietatis nostre in *herentorp*, et quelibet ei appendicia, in agris, pratis, pascuis, et in eo quod wlgo *echteuuart* dicitur, seu in quibuscumque constituta, pari consensu, et de voluntate heredum nostrorum predictorum, monasterio in *Graschaph* predicto, pro vera et absoluta proprietate conferimus, seu offerrimus per presentes, exnunc, sine quolibet obstaculo, sine qualibet decimatione maiore seu minuta, sine quolibet alicuius generis seruitio, eidem monasterio, perpetuo seruitura, preter viginti quatuor iugera agrorum, que quidam oppidani in *Smalenberg* tenent ex ipsa curte, sibi nomine pignoris obligata. Igitur in huius facti nostri siue dati recompensationem, recepimus a religiosis viris, dno *Lutberto abbate* et.. conuentu Monasterii in Graschaph memorati quatuor mansos in *Adenborne*, ipsi monasterio attinentes, Quos quidem quatuor mansos Nos ac heredes nostri, exnunc, in feodo recipiemus ab eisdem vna cum aliis bonis nostris que eodem iure tenemus et successiue tenebimus à monasterio sepedicto. Et vt premissa, robur habeant perpetue firmitatis, presentem paginam sigillis nostris, vna cum sigillo Illustris domini *Ludeuuici Comitis Arnsbergensis*, duximus muniendam. Presentibus Godefrido, preposito in Custelberg, Adolfo, vicedecano in Meschede,

---

selbe ist auch abgedruckt bei Meyer in Wigands Archive B. 7. S. 157. Ein deutscher Auszug bei Seibertz Beitr. B. 2. Urk. 239.

Hedenrico, plebano in Boytebach, sacerdotibus, Thiderico de visbike milite. *Withelmo, nobili de Ardeya,* Reynhero de Berendorp. Hermanno, dicto Bischop, Dithmaro de Lyssena, Heynemanno dicto Cnobeloch, Hermanno dicto Gruuuelsipe, Johanne, magistro Burgensium, Thiderico pistore. Johanne de holthusen. Ottone, dicto Stumpel. Hinrico fabro, Luthardo de Misselenbike, Burgensibus in Smalenberg et aliis quampluribus, ad hoc in testimonium conuocatis. Datum et actum Graschaph, in festo beati Gregorij pape et confessoris, anno dnj. M°. CC°. XC°. primo.[376])

440.

1292. Jan. 21. verspricht Graf Ludwig von Arnsberg der Stadt Soest allen Schaden zu ersetzen, den er ihr durch seine Fehde mit den Burgmännern zu Hovestadt zugefügt.

Vollständig abgedruckt in *Haeberlin* analecta medii aevi. p. 254.

Nos *Ludewicus Comes de Arnesberg* — recognoscimus — quod nos honorandis viris, videlicet vniuersis Burgensibus et Opidanis *Susatiensibus* de omni dampno, quod ex parte nostra et nostrorum, infra discordiam inter nos ex vna parte et *Castrenses de Houestat* ex altera exortam, eisdem Burgensibus et Opidanis fuerit illatum, quod quidem euidenter demonstrari poterit, restaurationem integram, in amicitia uel in jure faciemus, infra mensem proximum, sedationem ac compositionem prefate discordie inter nos et dictos Castrenses habite subsequentem. In omnia premissa in manus Bodonis dicti Ghoten, Johannis dicti ...thole et Johannis de Berghe, qui huiusmodi promissionem nomine Burgensium et Opidanorum predictorum receperunt, recognoscimus nos fide data firmius promisisse. In premissorum euidens testimonium Sigilli nostri munimen presentibus est appensum. Et nos Euerardus Comes de marca sigilli nostri appensione protestamur hec in nostra presentia fuere facta. — Datum anno

---

[376]) Das Siegel des Grafen von Arnsberg ist abgefallen; die anderen beiden, welche zuerst hängen, sind in weißem Wachse abgedruckt. (T. 4. Nr. 2. u. 3.)

dni M°. CC°. nonagesimo secundo. ipso die Agnetis virginis.[477])

441.

1292. Febr. 20. giebt der Rath zu Soest, den Hospitalitern daselbst Gesetze.

Nach einer Abschrift L. E. Rademachers.

Nos consules et uniuersi oppidani Susacienses Uniuersis ad quos presentes littere perueniunt in perpetuum. Ex insinuacione quorundam Christi fidelium Deum ac justiciam diligencium ad nos peruenit, quod discipline et bone consuetudines olim in domo sancti spiritus in oppido nostro statute et temporibus predecessorum nostrorum firmiter observate, ex vetustate temporis et negligencia provisorum dicte domus in tantum jam viluerint et ad talem statum devenerint, quod omnes fere in dicta domo degentes provisori suo per nos ad provisionem predicte domus constituto, nullam reuerenciam exhibeant, sed ad eterne dampnacionis sue interitum actionibus illicitis intendentes. quod sue voluntatis est faciant et dimittant. Nos igitur habito super eo discretiorum nostrorum consilio statuimus, et ordinauimus et ratum habere uolumus, quod omnes persone sive fratres sint sive sorores in dicta domo prebendulas possidere cupientes, pro excessibus suis corporalibus disciplinis et emendacionibus subjaceant infra scriptis, maxime cum dignum sit ac Deo placitum, quod persona stipendiis et elemosynis pauperum sustentari seu refocillari desiderans obedienter vivat et disciplinate correctioni et emendacioni subjaceat, provisori suo reuerenciam exhibeat et pro excessibus suis penam paciatur competentem. Statuimus ergo et ratum habere volumus quod quandocunque fratres et sorores dicte domus per suum provisorem, quicumque pro tempore fuerit ipsis per nos constitutum, ad capitulum vocati fuerint ad habendum tractatum pro utilitate domus et honestate, quod illi unanimiter conuenient et nullus sine licencia dicti provisoris quicquam loquatur. Quicunque vero vocatur ex tunc non venerit, aut si venerit verba forte minus utilia loquendo

---

[477]) Die Siegel waren abgefallen.

protulerit, aut sine licencia provisoris quidquam dixerit, proxima die sequenti prebendula sua carebit et per primam sextam feriam in pane et aqua penitebit. Item statuimus, quod quecunque persona secretos tractatus dicti capituli extra fratres et sorores predicte domus denudaverit tribus diebus in refectorio sedebit, panem et aquam in terra comedet ejusmodi pro excessu. Item statuimus, quod siquis in refectorio ad mensam sedens cum aliis fratribus et sororibus silentium debitum non servaret, tribus diebus panem et aquam in terra comedens emendabit. Preterea quecunque persona facta comestione ultra jus et consuetudinem domus panem extra refectorium alias detulerit per octo dies in terra sedens in refectorio pane et aqua penitebit. Item statuimus quod si aliquis confratri uel consorori conviciis aut verbis probrosis insultaverit, vel forte mendacium imponens dicendo mentitur, seu eciam maledictionem in ipsum promulgans, vel parentes ipsius criminose vituperans vel in his vel in aliis criminalibus consimilibus honori suo detraxerit, per duas septimanas sedens in terra in refectorio panem et aquam comedens excessum huiusmodi sic emendabit. Item statuimus, quod si aliquis in dicta domo degencium fratri vel sorori manus injecerit temere violentas trudendo ipsum uel percuciendo quoque modo uel ledendo, per quatuor septimanas sedens in terra in refectorio in pane et aqua penitebit. Item quicunque de confratre vel consorore dicte domus spreta jurisdictione sui provisoris ad alienum judicium vel ad amicos suos extra dictum domum manentes querimoniam detulerit, per tres septimanas in refectorio sedens in terra panem et aquam comedens emendabit. Item observari precipimus firmiter, quod de sexu mulicbri bine et bine cum licencia provisoris e domo simul exeant et simul revertantur, et provisori suo quo velint ire notum faciant contrarium vero facientes per duas septimanas in terra sedentes panem et aquam comedent et sic excessus tales emendabunt. Item precipimus breviter, quod nullus sine licencia provisoris domum exeat vel aliqualiter extra ipsum domum per noctem aliquam permaneat, contrarium facientes ad emendam jam proxime supradictam tenebuntur. Preterea quecunque persona hospitem absque licencia provisoris invitaverit, sive de nocte sit sive de die et ipsum secum in dicta domo tenuerit, per quatuor dies in pane et aqua penitebit. Item quicunque frater vel soror communes tabernas vini vel cerevisie frequentare voluerit et super eo vero testimonio convictus fuerit per octo dies in pane et aqua in refectorio sedens in terra excessum ejusmodi emendabit. Item precipimus et volumus, quod unusquisque de fratribus et sororibus predictis, vestibus dicte domui competentibus, adeo deceuter se vestiat et indumentis et precipue muliebris sexus velaminibus et aliis ad ipsas pertinentibus, ne dicte domui exinde scandalum generetur et aliis hominibus malum fiat in exemplum. Item quandocunque supradictus provisor personam aliquam ad aliquid officium domus ordinare dignum duxerit, dicta persona de illo se intromittere nequaquam recusabit. Quod si contrarium fecerit, prebendula sua sibi denegabitur, quo usque dictum officium gratanter suscipiat et faciat in eo voluntatem sui provisoris. Preterea si quod absit aliqua persona fratrum aut sororum predictorum de facto criminali, sicut de furto, fornicacione vel incontinencia incusata fuerit et convicta, dicta persona pro huiusmodi infamia per annum continue sequentem in refectorio sedens in terra comedet et bis in ebdomade, quarta scilicet et sexta feria in pane et aqua penitebit et liminaria domus non exibit, nobis nihilominus reservato si per emendam hujusmodi graciam possit adipisci. Item volumus quod persona aliqua pro suis excessibus ad emendam recepta, de dicta domo nequaquam exeat, nisi prius satisfactio et emenda sua totaliter sit adimpleta. Item si aliqua persona dicte domus incorrigibilis inventa fuerit, nolens obedire provisori secundum articulos suprascriptos, sed magis in sua duricie et pertinacia perseverans, dicte persone omnino fructus prebendule sue denegabuntur, quousque quod sibi injunctum est faciat et his nostris statutis obediat et mandatis. In cujus rei testimonium presens scriptum oppidi nostri sigillo duximus roborandum. Acta sunt hec Alberto de Palsole juniore et Herbordo dicto Make tunc existentibus magistris civium, item de consilio existentibus Ecberto de foro, Winando dicto Wale, Regenbodone dicto Gothe, Ludberto de Bremis, Wulfhardo Kppinc, Henrico Poledro, Wichmanno de Vlenke, Wichmanno de Hervordia, Johanne de Berghe, Wescelo dicto Herinc, Henrico dicto Bastenberg, Johanne de Ostinchusen, Wernero Rufo, Detmaro de Medebeke, Wasmodo fullone, Reinero de castro, Ludewico de Sunhere juniore. Anno domini M°. CC°. nonagesimo secundo in die cinerum. Sciendum tamen quod quandocunque aliqua persona predicte domus super aliquo excessu prelibato incusata fuerit et convicta, si se cum reverencia et humilitate ad emendam exhibuerit, extunc provisor dicte domus cum aliis sex viris sibi a consilio adoptatis, emendam hujusmodi poterit moderare. Datum ut supra.

442.

1292. Febr. 26. bestimmt der Rath der Stadt Soest wie die Getraide-Einkünfte des Hospitals verwendet werden sollen.

Nach dem Orig. im Archive des Waisenhauses, früher Hospitals zu Soest.

Nos Gerlacus de Lake et Bruno de Bogge magistri consulum in susato et totum consilium ejusdem oppidi, universis ad quos presentes littere pervenerint. Notum esse cupimus, quod nos utilitatem et emendacionem domus hospitalis in oppido nostro in honorem sancti spiritus dedicate et pauperum in dicta domo commorancium ex intimo cordis affectu desiderantes et qualiter dicta domus subsistere valeat inter nos tractatum sollicite facientes inter cetera ordinavimus et perpetuis temporibus in predicta domo observari decrevimus, quod quicunque ad provisionem dicte domus per nos vel per successores nostros pro tempore ordinatus fuerit annonam ad sumptus annuales ipsi domui competentes duabus personis ad receptionem et conservacionem dicte annone constitutis amministret temporibus subnotatis in granarium dicte domus reponendam, speramus enim quod annona hujusmodi habita dominus ipsis ad cetera necessariis facilius debeat prosperari. Statuimus ergo quod quolibet anno in festo b. Martini hiemalis dictus provisor qui pro tempore fuerit, dictis duabus personis ad recepcionem et conservationem dicte annone ordinatis septem maltos tritici, unde panem triticeum habere valeant administret et assignet. Item in festo ad cathedram beati Petri apostoli sedecim maltos siliginis, in festo vero Pasche decem et octo maltos bracii cum annona estivali ad fructificacionem agrorum qui ex dicta domo coluntur pertinente. Et annona hujusmodi recepta a dicto provisore ante novas messes et diem b. Michaelis continue subsequentem nullam annonam aliam requirere poterunt aut debebunt, quia taxatum et examinatum est, quod infra dictum terminum sustentari poterunt per premissa. Sed supradictus provisor cum alia annona si qua residua fuerit utilitatem ejusdem domus faciet et quecunque ad emendacionem ipsius sibi competere uidebuntur. Preterea ratum teneri volumus et inconvulsum, quod si provisor dicte domus qui pro tempore fuerit in erogacione et administratione hujusmodi annone temporibus suprascriptis forte negligens aut remissus extiterit, quod ~~ex tunc due~~ persone predicte ad recepcionem et conservacionem dicte annone deputate dictum prouisorem monebunt et ammonicionibus nequaquam cessabunt quousque dicta annona ipsis integraliter assignetur et in granario dicte domus recondatur. Et pro hujusmodi monicionibus odium sui provisoris nequaquam incurrent aut aliqualiter ab ipso exinde debebunt impeti vel gravari. In testimonium igitur premissorum sigillum oppidi nostri presentibus duximus apponendum. Hujus ordinacionis tempore de consilio fuerunt magistri consulum pernotati, item Th. *monetarius* Conradus Suelinc. Heinricus Poledrus. Gobelinus de Kywe. Johannes de Berghe. Ludbertus de Bremis. Wescelus Herine. Henricus de Heringhen. Wichmannus de Hervordia. Johannes. Hennemarinus de Ostinchusen. Dethmarus de Medebeke. Wichmannus de Vlerike. Gerwinus de Iunen junior. Wasmodus fullo. Hermannus *de ferrea manu*. Wichmannus de Thunne. Menckinus de Rinkere et alii quam plures tunc consilio presidentes. Datum in Crastino beati Matthie apostoli Anno dmni M° CC° nonagesimo secundo.[576])

443.

1292. Oct. 15. stiftet **Johann** Edler Herr von **Bilstein**, eine Memorie für seine verstorbene Mutter und weiset dafür dem Kloster **Grafschaft** Renten aus seiner Mühle bei **Schmalenberg** an.

Nach dem Orig. im Archive des Klosters Grafschaft.

Nos *Johannes* nobilis, dnus de *Bylstene*, de voluntario consensu heredum nostrorum, pro memoriali anime dilecte matris nostre, nobilis matrone, domine *Methildis de Bylstene*, delegamus ecclesie *Graschapensi*, duo maldra siliginis, ex molendino nostro apud *smalenberg*, annis singulis percipienda, donec per nos, aut per heredes nostros, in summa quinque marcarum usualium denariorum, a jam dicta ecclesia fuerint acquitata. In cuius rei testimonium, sigillum nostrum presentibus est apponsum. Actum Graschaph, in presentia dni *Lutherti abbatis* ibidem, astantibus, Conrado custode, Godefrido cellerario, Reynhero, sacerdotibus, ac professis in Graschaph, Lutberto de Dusentschure, nostro dapifero, et aliis

---

[576]) Das Stadtsiegel ist abgefallen.

personis, ad hoc in testimonium conuocatis. Et datum sub anno dni M°. CC°. XC°. secundo. feria secunda post festum beati Dyonisii episcopi et martiris.[519])

444.

1292. Dec. 14. schenkt Conrad Ritter von Papenheim, Güter zu Wigeringhausen und Messinghausen, an das Kloster Bredelar, unter ausdrücklicher Bestimmung über ihre Verwendung.

Nach dem Copiarium des Klosters Bredelar.

Vniuersis presens scriptum visuris *Conradus* miles de *papenhem* in omni saluatore salutem ad certitudinem presentium et memoriam futurorum huius scripti tenore publice protestor Quod bona mea videlicet Molendinum in *wigerdinchusen* et duos mansos in *Meltenhusen* cum omnibus suis pertinentiis nichil penitus excipiens De consensu fratrum meorum et aliorum heredum pro remedio anime mee et animarum Alheydis vxoris et Conegundis filie mee premortuarum Religiosis viris Dno abbati et Conuentui in *Breidelare* contuli perpetuo possidenda Hac tamen conditione media vt *Custos* predicti loci in Breidelare de ipsius Molendini censu scilicet quatuor marcis annuatim soluendis Cuilibet altari in duobus *luminaribus cereis* ad Missam prouideat Que duo luminaria in summo altari ponenda *duas libras in pondere* retinebunt Cetera vero luminaria *vnam libram* huiusmodi prouisione imperpetuum perdurante Insuper *magister domus Textrine* quem dictorum mansorum constitui prouisorem de prouentibus suis videlicet *quindecim Maldris annone vel secundum quod dominus prouiderit* singulis annis in duobus anniuersariis scilicet meo et vxoris mee predicte id est in crastino sancte katherine in vino albo pane et piscibus dicto Conuentui tenebitur prouidere adiectum est etiam quod si per dei gratiam conualuero in presenti persolutio census Molendini predicti et redditnum vnius mansi quem in dicta villa Mettenhosen de nouo comparaui ad tempus vite mee in mea ordinatione consistet Ipsam tamen disposi-

[519]) Das Siegel, zum Theile verletzt, hängt an pergamen Riemen und ist in weißem Wachse abgedruckt.

tionem sicut superius dictum est post mortem meam in suo robore permansuram preterea ut predicti noui *mansi proprietas* ad prefatum Conuentum in Breidelare transferatur fratres mei cooperabunt et promotionis sue diligentiam adhibebunt *Cujus proprietatis translatio, si ad effectum perduci non potuerit* quod absit, *idem mansus* iuxta consilium fratris Conradi de amelungessen et fratrum meorum *venditione distrahetur* et alia bona equiualentia ad consolationem Conuentus prehabitam subducto quolibet impedimento comparari debebunt In quorum omnium memoriam apud dictum Conuentum iugiter habendam *Clipeus meus in ipsius monasterio suspendetur.* Testes aderant Dni R. de herswidehusen et C. de Breidelare abbates. frater C. de amelungessen. Gerhardus prior et H. cellerarius in Breidelare, fratres Olricus monachus et Con. magister domus Textrine in herswidehusen, Ludolfus de dalewich Miles. fratres mei. et ludolfus famulus meus et alii fide digni vt igitur prefatorum bonorum collatio perpetua gaudeat firmitate nec à quoquam hominum inposterum valeat irritari hoc scriptum fratrum meorum meoque sigillo extitit roboratum. Actum et datum anno dni M°. CC°. XC°. II°. crastino lucie.

445.

1293—1300. überläßt Ritter Johann von Plettenberg, westfälischer Marschall, der Stadt Medebach die Münze, gegen Bezahlung von ¾ des Schlagschatzes.

Nach dem Original im Stadt-Archive zu Medebach.

Omnibus ad quos presentes littere peruenerint. Jo. miles de plettenbracht *Westphalie marchalcus* salutem et cognoscere ueritatem. Cum ex parte domini nostri coloniensis, *monetam in medebeke* consulibus ibidem commiserimus cuicunque voluerint committendam monetario, dicti consules siue burgenses nobis de pensione que wlgariter dicitur *slegelschat* tres partes reseruabunt, quarta parte apud ipsos consules remanente, preterea excessum si quem dictus monetarius perpatrauerit, nobis

35

secundum iustitiam nostram, et consulibus secundum iustitiam ciuitatis, prout conuenit emendabit.[380])

446.

1293. Dec. 1. genehmigt Bischof Otto von Paderborn als Dioecesan, die früher durch den Abt Conrad von Corvei, zur Verbesserung der annoch geringen Einkünfte des Stifts Marsberg, geschehene Schenkung der St. Magnuskirche zu Horhusen, an das gedachte Stift.

Nach dem Original im Archive des Stifts Marsberg.

Otto dei gratia Paderbornensis Ecclesie Episcopus viris religiosis et in xpo dilectis.. preposito et conuentui *montismartis* salutem in eo qui est fidelium vera salus. Cum sacram religionem in statu debito fouere intendamus prout officium nostri debitum postulat et requirit, vobis et monasterio vestro, *cuius adhuc redditus sunt exiles*, ut sustentari possitis eo commodius, et cultus diuini numinis in ipso monasterio vestro indeficiens perseueret, honesti viri hermanni Decani ecclesie nostre paderbornensis et *archidiaconi sedis in horhusen*, tociusque Capituli eiusdem ecclesie vnanimi consensu accedente *Ecclesiam sancti magni in horhusen*, per Religiosum virum *Conradum* quondam abbatem monasterii *Corbeyensis* de Consensu conuentus sui, vobis *cum jure patronatus* et omni integritate ac pertinentiis, in supplementum prebende vestre donatam, sicut in litteris super hoc confectis continere didicimus, vobis conferimus propter deum, jta quod fructus, redditus prouentus, et oblationes ipsius ecclesie cum ipsam primo vacare contigerit, extunc ad usus uestros possitis conuertere et eciam retinere. Prepositus uero uestri monasterii, qui pro tempore fuerit, vnum de confratribus sui conuentus. archidiacono loci ad ipsam ecclesiam presentabit, qui inuestiet presentatum. Et inuestitus de nostra licentia, et de prepositi sui consensu

---

[380]) Das an einem abgeschnittenen und durchgezogenen Pergamentstreif gehangene Siegel ist abgefallen. Datum fehlt.

ipsius ecclesie plebem regat. Et talis ratione inuestiture tenebitur ad omnia nostra et archidiaconi loci mandata exequenda fideliter in iustis, licitis et honestis Et nichilominus ad omnia alia ad que tenebatur plebanus prefate ecclesie clericus secularis, salua sibi in omnibus regulari et monastica disciplina. Ad procurationes uero seu contributiones sedis apostolice uel nostras tenebitur plebanus iam dicto ecclesie secundum antiquam quantitatem prout est hactenus registrata. In cuius rei testimonium presens scriptum nostro, Capituli nostri, necnon archidiaconi loci predicti sigillis fecimus roborari. Actum et datum Paderb. anno dñi. M°. CC°. nonagesimo tercio. XVIII. kalendas Decembris.[441])

447.

1294. Jan. 6. genehmigt Abt Heinrich von Corvei, die von seinem Vorfahr, Abt Conrad, früher geschehene Schenkung der St. Magnuskirche zu Horhusen, an das Stift Marsberg.

Nach dem Original im Marsberger Stift-Archive.

Henricus dei gratia.. *Abbas*.. Prior.. Prepositus totumque capitulum. *Ecclesie Corbeyensis*. viris religiosis et suis in xpo dilectis.. Preposito et conuentui monasterii *montismartis* salutem in eo qui est fidelium uera salus, Cum pie recordationis *Conradus* quondam abbas corbeyensis predecessor noster cum consilio et consensu capituli sui *Ecclesiam parochialem sti Magni in villa Horhusin* cum jure patronatus et omnibus pertinentiis suis monasterio vestro donauerit sicut in litteris ipsorum abbatis et capituli sigillis firmatis plenius uidimus contineri, postmodum autem venerabilis pater ac dominus. *Otto* episcopus paderburnensis dyocesanus loci in his que ad ipsum spectabant, eandem Ecclesiam in subsidium sustentationis vestre, vobis ac monasterio vestro contulerit propter deum. Ita quod fructus prouentus et oblationes, ipsius Ecclesie cum ad hoc se facultas obtulerit, ad vsus vestros

---

[441]) Von den an roth und gelb geflochtenen seidenen Schnüren gehangenen Siegeln, ist nur noch das mittelste theilweise vorhanden.

35*

possitis conuertere et etiam retinere. prepositus vero monasterii vestri qui pro tempore fuerit vnum de confratribus vestris archidiacono loci debeat presentare. qui archidiaconus presentatum ad ecclesiam ipsam instituet. et taliter institutus ipsius Ecclesie plebem reget. Et tam episcopo quam archidiacono loci tenebitur ad omnia ad que plebanus ibidem clericus secularis primitus tenebatur. salua sibi in omnibus regulari et monastica disciplina. sicut hec singula in litteris ipsius venerabilis domini Episcopi paderburuensis. suo et.. archidiaconi loci et capituli Ecclesie paderbornensis sigillis sigillatis, plenius et expressius continentur. Nos supradicti pie recordationis Conradi quondam abbatis predecessoris nostri et suorum hactenus successorum uestigiis inherentes. et insuper prefati patris ac domini Episcopi paderbornensis. collationem vobis factam gratam habentes et in supplementum sustentationis fratrum monasterii vestri redditus vestros qui adhuc sunt tenues. augeri cupientes. de vnanimi et communi consilio capituli nostri Corbeyensis. vobis et monasterio vestro concedimus. et concedentes statuimus ut quotiescunque dictam Ecclesiam sancti magni in horhusin vacare contigerit. prepositus monasterii vestri. qui pro tempore fuerit vnum ex confratribus vestri conuentus archidiacono loci ad eandem Ecclesiam instituendum presentet. qui presentatus et per archidiaconum institutus ipsam ecclesiam et ipsius ecclesie plebem regat. fructus, prouentus, ac oblationes in vtilitatem fratrum secundum ordinationem prepositi et conuentus vestri fideliter conuertendo. In horum igitur euidentiam ac firmitatem perpetuam de communi consilio capituli Ecclesie nostre. presens scriptum. nostro. et ecclesie nostre predicte. sigillis. fecimus roborari. Datum et actum anno dominice incarnationis. M°. CC°. nonagesimo quarto in Epiphanya domini.[362])

---

[362]) Das Siegel des Abts ist theilweise zerbrochen, das des Kapitels aber wohlerhalten. — Im nemlichen Jahre bittet Abt Heinrich, mit dem Kapitel seiner Kirche, den Pabst, daß er die von ihm und Bischof Otto geschehene Uebertragung der St. Magnuskirche zu Horhusen an das Kloster Marsberg, selbst genehmigen möge, weil die Kirche zu Corvei sowohl als die zu Paderborn, der römischen Kirche unmittelbar unterworfen seyen. Ob die Original-Urkunde, welche vorliegt, wirklich nach Rom abgegangen, darüber constirt nichts.

448.

1294. Mai. 21. verspricht Erzbischof **Siegfried** den Bürgern zu **Brilon**, daß ihnen, weil sie dem westfälischen Marschall, bei Wiederaufbauung des Schlosses **Aldenvels** behülflich gewesen, von diesem Schlosse aus niemal Schaden zugefügt werden solle.

Nach dem Original im Archive der Stadt Brilon.

Nos *Syfridus* dei gratia sancte Coloniensis Ecclesie archiepiscopus, sacri Imperii per ytaliam archicancellarius, notum facimus vniuersis presentes litteras visuris, quod dilectis fidelibus nostris.. Consulibus et opidanis de *brylon* vniuersis, quia edificationi et structure Castri nostri *aldenuels* vna cum.. *marescalco nostro westfalie* et aliis nostris burgensibus et amicis, fideliter insistebant, gratiam fecimus specialem, talem videlicet, si casu quocumque contingente inter nos vel nostres officiales ex vna parte, et dictos.. oppidanos ex altera, guerra vel aliqua dissensionis materia fuerit suborta quod absit, nos et nostri officiales qui pro tempore fuerint, nulla prorsus dampna dictis.. opidanis, de castro *aldenuels*, faciemus vel fieri procurabimus quocunque modo, Si vero scienter vel ignoranter prefatis opidanis fuerint illata, de castro *aldenuels* memorato huiusmodi dampna per nos et nostros officiales, qui tunc fuerint infra octo dies post monitionem prehabitam resarciri debent integraliter et refundi, In cuius rei testimonium predictis Oppidanis nostris dedimus has nostras presentes litteras sigilli nostri munimine roboratas, Datum XII. kal. Junii anno dni. M°. CC°. Nonagesimo quarto.[583])

449.

1294. Aug. 8. bekundet **Heinrich Schulte** zu Soest, Ritter, die Bedingungen, unter denen die Abtissin von **Himmelpforten**, ein zu seiner Villication gehöriges Gut in **Mülinghausen** erworben habe.

Nach dem Orig. im Archive des Klosters Himmelpforten.

Omnibus presentes litteras inspecturis. Ego *henricus scul-*

[583]) Das Siegel ist abgefallen.

thetus Susatiensis miles, Notum esse cupio. Quod cum Religiosa domina - - *Abbatissa Ecclesie ad portam celi* Curtim quandam sitam in villa *Mulinchusen* de qua michi et successoribus meis annua debetur pensio nomine Conuentus eiusdem Ecclesie, rite et rationabiliter a Goscalco de Wiginchusen quondam oppidano susatiensi et heredibus suis comparasset, Ego pront iuris erat recepto à dicta domina - - Abbatissa et Conuentu predicto duplo pensionis quod Theuthonice *Twischette* nuncupatur, dictam Curtim, predicte domine - - Abbatisse et eiusdem Conuentui porrexi, *prout talia bona pensionalia de iure sunt porrigenda*. Soluit itaque dicta Curtis in die beati Jacobi apostoli. Triginta denarios. Ade videlicet de Lonen viginti nouem denarios, et Notario meo vnum, Jtem in die beati Mychaelis archangli Tres solidos Notario predicto, Preterea in die beati Martini hyemalis sex solidos Alberto de Bekehem, uel officium preconatus sui possidenti. Item Alberto iam dicto, uel officium suum predictum tenenti, sex solidos, in die ad Cathedram beati petri. Et sex denarios et obulum eidem Alberto, uel dictum officium suum tenenti, in ascensione domini. Item Tres *schepel* tritici, qui in die beati kuniberti Episcopi in domum meam in susato sunt presentandi. Preterea soluit etiam dicta curtis septem denarios in die beati kuniberti iam dicto, qui presentandi sunt in Curtim sitam in *Lendrinchusen*, que quondam Johanni de Werdinchusen Oppidano Susatiensi, pertinebat, Recognosco itaque firmiter et protestor Tenore presentium litterarum, quod huiusmodi pensione a dicta domina - - Abbatissa et Conuentu eiusdem, de dicta Curte, dictis temporibus rationabiliter persoluta, neo ego, nec successores mei, nec quisquam alius, de prenotata Curte, amplius quidquam requirere possumus aut debemus, Saluo tamen michi, et successoribus meis, in eo per omnia iure nostro, quod si dicta Curtis postmodum, a dicta domina - - Abbatissa et conuentu éius per venditionem, seu alio quoque modo in personam uel personas transferatur alienas, dicta persona uel persone, michi uel successoribus meis, de duplo pensionis, quod *Twischette* wlgariter appellatur plenariter satisfaciant, prius quam se de dicta Curte et ipsi pertinentibus aliquatenus intromittant, Tribus tamen Schepel tritici exceptis supra dictis de quibus in venditione dicte Curtis nulla erit *Twischette* facienda. In cuius rei testimonium, presentes litteras sigilli mei munimine duxi roborandas. Testes huius rei sunt. Dominus Godefridus Decanus Ecclesie Susatiensis, Andreas frater suus, miles, hermannus pil, Notarius meus, Dethmarus Officiatus meus, Winandus Wale. Johannes et Godefridus fratres de Molandino, Johannes de heginghe, Gobelinus de kywe, Conradus de Elfeldehusen, Johannes polledrus, Albertus de palsole, Henricus de hammone, helmicus de hammone, et alii quampluree in Susato prouidi ac fide digni. Datum in die beatorum Cyriaci et Sociorum eius. Anno domini MCC° nonagesimo quarto.[444])

450.

1294. Dec. 12. vereinigen sich zu Marsberg, Erzbischof Siegfried von Cöln und Bischof Otto von Paderborn, über die Städte Gesecke und Salzkotten.

Nach dem Transsumpt im Lib. Priv. Eccles. Colon. Nr. 147.

Nos *Conradus* dei gratia Osnaburgensis ecclesie Episcopus, et nos Wicboldus Maior in Colonia Decanus et Archidiaconus Arbitri arbitratores seu amicabiles Compositores a Reuerendo domino nostro *Syfrido* Archiepiscopo Coloniense et venerabili in xpo patre domino *Ottone* Padenburnense Episcopo super questionibus et discordijs inter ipsos motis et exortis de consensu ecclesiarum suarum hincinde assumpti et Electi.. In primus pronunciamus dicimus, et ordinamus omnes et singulas promissiones obligationes confederaciones inter ipsos Archiepiscopum et Episcopum, et ecclesias eorundem super mutuis auxilijs ad inuicem prestandis, fidei dationibus, Juramentis et penis vallatas et prius habitas et conscriptas in suo vigore et robore in omni sua forma firmiter duraturas, et ipsas a partibus hincinde successoribus et ecclesijs eorundem debere inuiolabiliter obseruari. Tamen quia propter Opida *Geseke* et *Saltzkotten* que dicti Archiepiscopus et Episcopus et Ecclesie eorundem pro indiuiso tenebant et possidebant quasi frequentius contigit inter ipsos discordiam exoriri, excipimus a prioribus litteris et Instrumentis super hoc confectis, et pronunciamus dicimus et ordinamus quod Archiepiscopus et ecclesia Coloniensis Opidum suum *Geyseke* cum omnibus Judicijs Aduocacijs districtibus Jurisdictionibus Censibus, peticionibus, prouentibus, Molendinis Aquis Aquarum decursibus

---

[444]) Das Siegel ist abgefallen.

nemoribus pratis pascuis et alijs juribus quibuscunque soli perpetuo obtinebunt pacifice et quiete Nec Episcopus uel ecclesia Paderburnensis aliquid juris seu emolumenti de cetero in Opido predicto Judicijs Aduocatijs seu alijs juribus et attinencijs quibuscunque ibidem sibi vendicabunt aliqualiter uel requirent. Similiter Episcopus et ecclesia Paderburnensis Opidum suum *Saltzkotten* cum hominibus Judicijs Aduocacijs districtibus jurisdictionibus Censibus peticionibus prouentibus molendinis Aquis Aquarum decursibus nemoribus pratis pascuis et aliis juribus quibuscunque sibi perpetuo obtinebunt et possidebunt pacifice et quiete Nec Archiepiscopus et ecclesia Coloniensis aliquid juris seu emolumenti de cetero in Opido predicto judicijs Aduocaciis seu alijs juribus et attinencijs quibuscunque ibidem sibi obtinebunt aliqualiter uel requirent. Item dicimus et ordinamus quod Archiepiscopus et ecclesia Coloniensis Opidum suum *Geysecke*. Et Episcopus et Ecclesia Paderburnensis Opidum suum *Saltkotten* munire et firmare poterint pro sue libitu voluntatis. Item dicimus et ordinamus quod Archiepiscopus Coloniensis de vigintiquinque marcarum redditibus nobili viro *Ottoni* Comiti de *Euersteine* dicto de *Polle* in feodo apud Saltkotten assignatis Episcopum et ecclesiam Paderburnensem absoluere debet, et dictum feodum eidem comiti prout eidem Archiepiscopo in loco alio assignare Ita quod ex hoc idem Episcopus et ecclesia Paderburnensis impeticionem aliquam imposterum non habeant vel grauamen a Comite memorato. Item quia idem Paderburnensis Episcopus E(uerhardo) Comiti de marka super prestando auxilio contra Archiepiscopum Coloniensem incaute dicitur fecisse promissum ad cauendum tamen honorem ipsius Episcopi et promisso suo dicimus et ordinamus, quod si inter Archiepiscopum Ecclesiam Coloniensem et dictum Comitem guerram contigerit exoriri Idem Episcopus cum viginti hominibus infra Comitatum ipsius Comitis de Marka ipsi Comiti auxilium impendere poterit et juuamen in defensione terre sue sine offensa Archiepiscopi memorati. Sed extra comitatum ipsius Comitis idem Episcopus Municionibus Castris hominibus fidelibus et vasallis possessionibus et terre Archiepiscopi et ecclesie Coloniensis nullas penitus molestias inferent neque dampna. Similiter Archiepiscopus et ecclesia Coloniensis occassione guerre predicte et huiusmodi seruicij impendendi Comiti de Marka Municionibus Castris hominibus et vasallis possessionibus et terre episcopi et ecclesie Paderburnensi nullas penitus molestias inferent neque dampna. Idem dicimus et ordinamus quod si *Otto* Comes de *Waldecke* dampna et iniurias nobilibus viris dominis de *Buren* Adiutoribus et consanguineis Paderburnensis Episcopi jncendijs et rapinis et interfectionibus hominum ab eodem Comite illatas ad Requisitionem et monitionem ipsius domini Paderburnensis Episcopi, quam statim fieri debere dicimus et volumus non emendauerit nec condignam refusionem fecerit, Idem Paderburnensis Episcopus eidem domino Archiepiscopo Coloniensi contra dictum Comitem potenter auxilium prestabit et juuamen requisitus.. Item dicimus et ordinamus quod si Comes de waldecken structuram Castri et Opidi *Roden* antiquitus abloratam et structuram Opidi *Landowen* in graue preiudicium.. Archiepiscopi et Episcopi et ecclesiarum eorundem *infra terminos ducatus westphalie de nouo constructam* non deposuerit dicti.. Archiepiscopus et Episcopus et ecclesie eorundem potenter et patenter alter ab altero requisitus sibi adinuicem mutuum auxilium prestabunt ad demolicionem et depositionem munitionum et structurarum predictarum. Item dicimus quod si Comes de *Arnsberg* Godefridum de Messchede Militem quem in suum Castrensem apud *Euersberg* receptauit a se et a terra sua non amouerit ab.. Episcopo Paderburnensi requisitus et monitus quam monicionem et requisitionem statim fieri debere dicimus et volumus Idem Episcopus Paderburnensis.. Archiepiscopo Coloniensi auxilium prestabit contra Comitem predictum.. Item quia Archiepiscopus predictus ad certum tempus ab Abbate et Conuentu Monasterii Corbiensis accedente ad hoc pie recordacionis quondam domini Rudolphi et nunc serenissimi domini Adolphi Regum Romanorum auctoritate et consensu in tutorem ipsius ecclesie Corbiensis concorditer est electus et assumptus et gubernatio et distributio omnium bonorum dicti Abbatis et Monasterii eidem Archiepiscopo vniuersaliter est commissa Dicimus et ordinamus quod Episcopus et Ecclesie Paderburnensis de tutela dominio bonis judicijs districtibus jurisdictionibus et alijs juribus quibuscunque ad ipsam tutelam spectantibus se nullatenus intromittet, sed ipsum Archiepiscopum et ecclesiam Coloniensem libere sua tutela infra tempus ad hoc deputatum sine omni turbatione in ecclesia Corbiensi predicta gaudere permittet pacifice et quiete. Item cum Episcopus Paderburnensis quasdam nouas municiones apud *Burcholte* et alibi in sua diocesi ob varios insultus inimicorum pro conseruacione vberiori bonorum ecclesie sue *infra terminos Ducatus Westfalie* (absque) licencia et connivencia Archiepiscopi Coloniensis Ducis Westphalie fecerit erexerit et construxerit pro quarum demolicione idem Episcopus et ecclesia sua ab eodem Archiepiscopo tanquam a duce sepius fuerint requisiti Dicimus et ordinamus pro commodo pacis quod Episcopus et Ecclesia Paderburnensis infra annum continuum et inmediate sequentem huiusmodi Muni-ciones nouas ex gratia Archiepiscopi tenere poterunt sic constructas Interim inter dictos Archiepiscopum et Episcopum et ecclesias eorundem ordinacionem amicabilem attemptabimus super structuris antedictis. Et hec diffinitioni nostre infra terminum predictum presentibus reseruamus Elapso vero anno predicto si quod absit interim super huiusmodi structuris nouis non fuerit amicabiliter ordinatum Salua erunt exnunc, vt ex-tunc.. Archiepiscopo et Ecclesie Coloniensi jus et jmpeticio, et Episcopo et ecclesie Paderburnensi jus et defensio sua super structuris antedictis Dicimus eciam exnunc ut extunc in huiusmodi structuris obseruandum prout aliter super hijs inter ipsos.. Archiepiscopum et Episcopum actum extitit et conscriptum Et sicut in litteris eorundem super hoc confectis et Sigillis ipsorum sigillatis plenius continetur. Item salua distinctione predicte pronunciacionis nostre per omnia dicimus et ordinamus quod Episcopus et Ecclesia Paderburnensis Archiepiscopo et ecclesie Coloniensi, et Archiepiscopus et ecclesia Coloniensis viceuersa Episcopo et ecclesie Pader-burnensi sibi adinuicem mutuum auxilium prestabunt contra quoscunque suos aduersarios et inimicos secundum antiquum modum et formam et antiquas colligaciones et confederaciones inter ipsos habitas et conscriptas Et per huiusmodi nostram pronunciationem omnes questiones rancores et discordias inter partes predictas volumus et dicimus esse sopitas et sedatas. Item exactiones, captiuorum et aliorum non assignate siue deputate, sed existentes apud dominos et Officiatos solui non debent. In cuius rei testimonium Sigilla nostra presentibus sunt appensa. Pronunciatum et datum apud Montem Martis Anno domini MCCXC quarto. die dominica proxima ante festum beate lucie virginis. Et nos Archiepiscopus Coloni-ensis, et Episcopus Paderburnensis predicti Pronunciata, ordi-naciones et dicta venerabilis in xpo patris domini Conradi Osnaburgensis *Episcopi*, et Wicboldi Decani Coloniensis Arbitrorum nostrorum predictorum approbantes rata et grata habentes promisimus et promittimus fide prestita corporali ea omnia et singula quoad uixerimus facere et inuiolabiliter obseruare In cuius rei testimonium presens pronunciatum ex certa nostra scientia Sigillorum nostrorum munimine fecimus roborarj. Datum Anno et die predictis.[585])

[585]) Eine mit Bezug auf vorstehende Compromiß-Entscheidung ausgestellte besondere Revers-Urkunde vom Erzbischof Siegfried, d. d. XVI. Calend. Martii 1294. ist mitgetheilt in *Schaten* Annal. Paderb ad. ann. 1294.

451.

1295. Febr. 3. verkauft Conrad III. Edler Herr von Rüdenberg, dem Grafen Ludwig von Arnsberg, die Hälfte seiner von Cöln lehnrührigen Grafschaft im Kirchspiel Velmede, mit einem Vorkaufrechte auf die andere Hälfte.

Nach dem Abdrucke in Kindlingers Beiträgen B. 3. N. 95.

Nos *Conradus* vir (nobilis) dictus *Rudenberche* et *Godefridus* filius noster literis presentibus in perpetuum recognoscimus vniuersis, quod de voluntate *Elizabeth* Domine uxoris nostre et aliorum heredum nostrorum pleno de consensu nobili viro Domino *Ludewico* Comiti de *Arnsberg* nostro consanguineo et[546]) heredibus suis' legitimis *medietatem cometie nostre que Grascap dicitur in vulgari in parochia de Velmede site* et alias ubicumque sita sit pro quadringentis Marcis et quinquaginta Marcis denariorum susatiensium vel legalium in susato, vendidimus cum omnibus juribus, proventibus et attinentiis universis sicut sita, hoc adjecto, quod idem comes de Arnsberg viginti marcas denariorum susatiensium tollet in eadem Cometia, cum consensu nostro in solutionis sue supplementum et sibi et heredibus suis ubicumque ipsis necesse fuerit, debitam et plenam Warandiam faciemus. Item si alicubi alicui de eadem cometia pensio ex parte nostri fuerit obligata vel aliquid positum sub errore, ipsi Comiti et heredibus sine quovis dampno ipsorum, dimidiam cometiam liberam faciemus. Item eandem medietatem Cometie, Theoderico militi de visbeke, Sifrido dicto Scoken dapifero, Lamberto dicto Rovere et Gyselberto judici de Eversberg justo titulo feodo et libero[547]) porreximus et porrigimus in hiis scriptis simpliciter et absolute. Addimus etiam ut si unum istorum mori contigerit, alium probum virum, quem prefatus nobis presentaverit comes, in locum defuncti statuemus et similiter de aliis faciemus. Item prefati quatuor in nostra presentia et nostra voluntate, eandem Cometiam Domino Ludewico Comiti et suis heredibus pro mille marcis denariorum susatiensium duxerunt obligare. Preterea ista nostra infeodatio predictorum quatuor sub forma predicta durabit, quousque Dominus Comes de Arnsberg à venerabili Patre Domino Archiepiscopo Colo-

---

[546]) Bei Kindlinger ist hier, gewiß irrig, de zwischen gesetzt.

[547]) Hier scheint etwas unrichtig geschrieben oder ausgeblieben zu seyn.

niensi poterit obtinere, qui Dominus infeodator est ejusdem Cometie, ut eum infeodet eadem Cometia sicut suprascriptum est. Extunc nos et uxor nostra cum ceteris heredibus nostris presentes erimus et eandem Cometiam in manus Domini Coloniensis manumittemus et resignabimus cum omni jure, quod in eadem medietate cometie habere dinoscimur vel habuisse, sententia super hoc articulo requisita, ut si quis postmodum infringere vellet, an potius tenere debeat vel infringi, quam sententiam Arnoldus miles dictus Hittertat pronunciauit astantibus consentientibus, quod potius teneri debeat quam infringi. Item si postmodum aliam medietatem nostram predicte cometie vendere voluerimus, Domino comiti predicto et suis heredibus, pro quadringentis marcis et quinquaginta marcis denariorum susatiensium, sicut superius est expressum, vendemus: item videlicet, quod Dominus Comes et heredes sui tunc sicut nunc viginti marcas denariorum susatiensium de Cometia communi tollent nostro de consensu, quam venditionem ad annum unum ipsum Comitem et suos heredes prescire faciemus, illo vero anno evoluto, Dominus Comes et sui heredes denarios integraliter persolvent, et Arnsberg seu Eversberg sine quovis impedimento seu arrestatione qualibet presentabunt et nos una cum ipso Domino Comite, in eadem cometia unusquisque pro jure suo, in possessione pacifica manebimus et quieta. Si vero idem Comes negligens fuerit et sui heredes in solutione prefata, nos et heredes nostri ab huiusmodi compromissione liberi erimus et soluti et de nostra parte omnem utilitatem nostram ordinabimus et faciemus. Hec omnia premissa et singula fide data promittimus firmiter observari, sigilli nostri munimine roborata. Ego Godefridus filius nobilis viri supradicti sigillo ipsius patris mei sum contentus. Presentes fuerunt Arnoldus Plebanus de Aldenruden, *Godefridus nobilis vir de Rudenberche frater noster,* Henricus dictus Advocatus de Elsepe, Godefridus de Langenole, Arnoldus dictus Hittertat, Theodericus de Visbeke milites, item Anthonius et Henricus fratres de Ense, Henricus dictus de W'me, Gerhardus de Buden, Helmicus et Godfridus dicti Stotere, Godescalcus de Lon, Franco de Warstene, Johannes et Everhardus de Esline, Henricus Notarius de Arnesberg et alii quam plures. Datum et actum Anno Domini M°. CC°. nonagesimo quinto in Curia Eynhorst feria quinta in Octava Marie Luminis.

452.

1295. Febr. 27. überweiset das Stift Marsberg seinem Magister caritatum verschiedene Einkünfte.

Nach dem Original im Archive des Stifts Marsberg.

In nomine domini amen. *Herboldus* dei gratia *prepositus monasterii montis martis* omnibus presens scriptum intuentibus pacem in deo cuius pax exsuperat omnem sensum, Cum pium sit religiosorum locorum vtilitatibus sollercius prouidere. Nos proinde prepositus Herboldus predecessorum nostrorum vestigiis inherere cupientes ac de zelo et contencione super bonis et rebus que de piorum ac fidelium suffragiis et elemosinis ad fratrum caritates specialiter sunt donata, successoribus nostris.. preposito et conuentui precauere volentes de pleno consensu et vnanimi voluntate confratrum nostrorum videlicet *Alberti de Glindenge, Johannis de Lippia, Richardi de Esseleue, Hermanni de Vesperde, Conradi de Landesberg, Ludolfi et Henrici fratrum de molhusen* et *Henrici de Huxaria* sacerdotum monasterii supradicti, statuimus vt mansum in *Laterueldc* soluentem quatuor moldra annone siliginis vnum, ordei vnum et duo auene moldra, duos pullos et duas vncias ouorum *ab antiquis temporibus quorum non extat memoria* super terram pertinentem *capelle* sancti Nicolai *in Bulone*.. magister caritatum nomine Conuentus habeat et de ipso sicut de reliquis pensionibus caritatum dispenset tempore competenti. Prepositus vero qui pro tempore fuerit recipiet quatuor moldra similis annone de decima *Wigerdenchusen* quorum tria per Conradum quondam plebanum sti Magni in *Horhusen* ad fratrum caritates ad peragendum ipsius anniuersarium sunt legata. sicut in litteris super hoc confectis plenius continetur ob quam deuotionem et dilectionis exhibitionem quartum moldrum a nostris antecessoribus confratrum caritatibus vt memoria predicti C. plebani obliuioni non tradatur est adiectum. qui dictam decimam in *Wigerdenchusen* propriis sumptibus comparatam pie deuotionis affectum pro spe retributionis eterne et suorum cognatorum salute cum omnibus suis appendiciis offerens ipsam super altare beatorum apostolorum petri et pauli jugiter possidendam nostre ecclesie fauorabiliter delegauit. Preterea bona in *Essente* partim caritatibus pertinentia partim per nos et confratres nostros predictos comparata ne de predictis inter.. Prepositum et conuentum lis oriri possit septem marcas denariorum recepimus a confratribus nostris supradictis quas in vsum prepositure nostre conuertimus alia bona cum eisdem comparando. Petentes humiliter et deuote quatinus post obitum nostrum dies anniuersarii nostri cum vigiliis et missarum sollempnitatibus singulis annis fideliter obseruetur per conuentum monasterii sepedicti, si nos in hoc loco sepulti fuerimus aut vbicunque locorum diem clauserimus extremum. Nos vero Herboldus prepositus predictus hanc permutationem bonorum predictorum ratam habentes et firmiter obseruare volentes, Quia laudabiliter et quasi diuinitus suggesta apparet, a cunctis nostris successoribus petimus et in domino obsecramus inuiolabiliter obseruari. videlicet ne quisquam prepositus uel frater conuentualis nostre Ecclesie ausu temerario ea que ad caritates fratrum eiusdem Ecclesie erogantur ad extraneos vsus sibi presumat vsurpare. precauens ipsi ne canonem incurrat late sententie. dicentem ac statuentem. ea que ad diuinum usum dedicata seu deputata sunt retrahi siue alias trahi non posse neo debere. Auctoritate igitur huius canonis laudabilisque decreti omnes subsequaces nostri promittant fratres nostre Ecclesie hiis que sibi ad caritates conferuntur gaudere et perfrui libere et quiete. Nos igitur *Henricus* dei gratia *Corbeyensis* Ecclesie *Abbas*.. prepositi et.. conuentus montis martis iustis precibus inclinati predictam ordinationem de nostra expressa et libera voluntate factam. auctoritate nostra plenaria tenore presentium concedimus et confirmamus. prohibentes ne aliquis prepositus uel frater conuentualis de cetero ordinationem nostram et confirmationem infringere audeat uel turbare. In cuius rei stabilitatem perpetuam sigillum nostrum cum sigillis.. prepositi et.. conuentus presentibus duximus apponendum. Datum et actum domini millesimo. ducentesimo. nonogesimo quinto. tertio kal. martii.[396])

453.

1295. Mai. 1. stiftet und dotirt Probst Herbold zu Marsberg, eine Krankenwärterei (Infirmaria) daselbst.

Nach dem Original im Archive des Stifts Marsberg.

In nomine domini amen. *Hereboldus* dei gratia prepositus

---

396) Die Siegel sind sämmtlich abgefallen.

totusque conuentus monasterii *montismartis*. vniuersis pacis et karitatis beneficio communicantibus pacem in eo cuius pax exsuperat omnem sensum. Nouerint ergo tam posteri quam moderni. quod nos pie consolationis intuitu. communi consensu et voluntate de nouo statuimus *officium infirmarie*. quod in nostra ecclesia hactenus non habuimus. et petimus à nostris successoribus inviolabiliter obseruari. prout a reuerendo patre et domino nostro. Henrico abbate et conuentu ecclesie Corbeyensis nobis concessum est et ipsorum litteris sigillatis sigillis manifeste confirmatum. Ad cuius officii inchoationem Nos Hereboldus prepositus predictus. assignamus et deputamus quindecim denarios legalis monete quos dabit plebanus in hesperinchusen. qui pro tempore fuerit. item sex denarios de domo sita juxta domum henrici de volcmersen in festo sancti andree. jtem duos denarios *de domo beyginarum que fuerat quondam ade militis*. et duos denarios de domo quam construxerat confrater noster Ludolfus de mulenhusen. juxta cimiterium. preterea marcam vnam denariorum. quam dominus Gerhardus quondam plebanus in luchteringen emit a Gerbodone de Mulenhusen pro decem marcis denariorum. jta quod si non reemerit infra quatuor annos. extunc ipse G. vel sui legitimi successores ex domo sua quam possedit post mortem parentum suorum. singulis annis. in festo beati Michaelis archangeli. sine contradictione magistro infirmorum. marcam denariorum in Mersberg legalium. fauorabiliter erogabit. Si vero predictus G. vel sui heredes. decem marcas. vsualis monete infra predictos annos quatuor. reddiderint. magister infirmorum cum consilio prepositi et conuentus ad officium predictum conuertere debet alios redditus comparando. De quibus magister infirmorum singulis annis in festo beati martini. episcopi. octo denarios preposito. in conuersione beati pauli. octo denarios in festo beate walburgis virginis octo denarios preposito. et cuilibet fratri conuentuali in predictis festiuitatibus quatuor denarios. pro minualibus [369]) magister infirmorum ministrabit. et ad vsus suos octo denarios sicut prepositus retinebit. predictus magister infirmorum. de residuo per singulos annos computatione facta infra festa predicta. ampliores redditus comparando. donec officium infirmarie quinque marcarum redditus plenarie consequatur. Quibus habitis et perfecte comparatis. magister infirmorum. dimidia marca denariorum pro suis laboribus. de redditibus infirmarie libere perfruatur. Ceterum si contingat aliquem. vel aliquos de

---

[369]) minualia: klein gehackte Speisen.

confratribus. sui conuentus infirmari. ferculis specialibus et infirmis competentibus procurare debet. decumbentibus ac debilibus. omne quod potest humanitatis solatium inpendendo. cibaria coquine et putum si necesse habuerint. sicut conuentui datur ad procurandum famulum vel famulos. qui decumbentes et debiles diligenter respicIant magister infirmorum recipiat et distribuat vtiliter ac prudenter. Reliqua de redditibus sibi commissis habita computatione sicut predictum est. ad emendationem ipsius officii cum consensu.. prepositi et conuentus depositurus. vt autem hec nostra constitutio seu ordinatio. de voluntate conuentus facta. videlicet *alberti de glindengene. Johannis de lippia. Ludolfi de mulenhusen. Richardi de Esleue. Hermanni de vesperden. Conradi de landesberg. henrici de mulenhusen. et henrici de huxaria* confratrum nostrorum inviolabilis permaneat in testimonium premissorum et rei certitudinem pleniorem presentem paginam sigillorum nostrorum munimine duximus roborandam. Datum et actum anno domini M°. CC°. nonagesimo quinto. jn kalendis mayi.[590])

454.

1295. errichten der Probst und der Convent zu Marsberg — damals 9 Personen — zwei neue Stellen, eine Kämmerei und eine Krankenwärterei.

Nach dem Original im Stift-Archive zu Marsberg.

Nos *Hereboldus* prepositus totusque conuentus monasterii *montismartis*. videlicet *Albertus de Glindengen. Johs de Lippia. Ludolfus de Mulenhusen. Rechardus de Esleue. Hermannus de vesperden. Conradus de landesberg, Henricus de mulenhusen* et *Henricus de Huxaria* fratres conuentuales. recognoscimus et publice protestamur in hiis scriptis. Quod communi voluntate. vnanimi consensu matura prehabita deliberatione. Statuimus et de nouo fecimus. officia duo. videlicet *cameram* et *infirmariam*. propter soll....dines et honera successorum nostrorum releuanda. secundum quod nobis per reuerendum patrem et dominum nostrum. *Henricum*

---

[590]) Die Siegel sind abgefallen.

abbatem et capitulum ecclesie Corbeyensis est concessum. prout in litteris super hoc confectis ipsorum sigillis sigillatis plenius continetur. Nos itaque dicti prepositus et conuentus vt officia prenotata provenire valeant. ad vigilie...... redditus primo et principaliter assignauimus et condonauimus partem decime in *blikexen* jam nobis vacantem vel quidquid........... in posterum vacare contingerit. agros quosdam nouiter excultos juxta *riclinchusen*. et quidquid ex eis deriuatur et tertiam partem................. successores aliquem puerum recepimus in fratrem nostri monasterii. seruicio et clenodiis. prepositi et conuentus exceptis. Statuentes. vt confratres nostri. quos prepositus et conuentus eisdem...... preesse decreuerint. decima in blikesen..... temporibus..... a canonicis noue ecclesie juxta Corbeyam... fructum agrorum juxta riclinchusen et tertiam partem oblationum predictarum tollere debeant. ad voluntatem solius camerarii..... ende. quorum reddituum prouentus tres partes ad cameram et vnam partem ad infirmariam camerarius conuertere deb.......... infra festum Beati martini episcopi et natiuitatem domini. computatione facta. ipsos redditus fideliter conseruando. Donec...... camere quindecim marcarum redditus infirmarie quinque marcarum redditus cum consilio prepositi et conuentus plenarie............ redditis habitis et................. usufructu agrorum in richinchusen et tertia parte oblationum............ camerarii..... In cuius rei testimonium......... pleniorem presens scriptum supradicti........ nostro et conuentus nostri sigillis fecimus roborari. Datum et actum anno,...[591])

455.

1295. Juli. 27. verkauft Ritter Rudolf von Horn vor dem Landmarschall Johann von Plettenberg, vor Godbert von Dedelshusen und dem Freigrafen Bernhard zu Hare, dem Walburgiskloster zu Soest, den Zehnten im Dorfe Brüllinghausen und auf dem Hofe zu den Eschen.

Nach dem Original im Archive des Walburgisklosters.

Nos *Johannes* de *plettenbracht* miles, *Westfalie Mars-*

[591]) Die Siegel sind abgefallen; die Urkunde hat sehr von Moder gelitten.

caleus, Godebertus de Dedelshusen miles, *Bernhardus Vrigrauius in hare,* Vniuersis et singulis ad quos presentes litere peruenerint. Notum facimus Tenore presentium publice protestantes, Quod Constitutus coram nobis in presentia nostra Rudolphus de horne miles cum Rudolpho filio suo, cum consensu et bona voluntate vxoris sue, Rudolphi filii sui predicti et Johannis filii sui, et omnium heredum suorum. Decimam que supra villam *Brullinchusen*. et Curtem que *Tho den eschen* dicitur, se extendit cum omni vtilitate et integritate Henrico preposito et Conuentui *Ecclesie beate Walburgis* extra muros Susatienses in contractu venditionis rite ac rationabiliter assignauit iure proprietatis perpetuo possidendam. Renunciauit quoque coram nobis dictus Rudolphus de horne miles cum vniuersis heredibus suis predictis plane et expresse omni iuri, quod sibi, aut suis heredibus in predicta Decima competebat seu competere videbatur. In cuius rei testimonium Sigilla nostra, ad petitionem supra dicti Rudolphi de horne militis, et suorum heredum nec non ad petitionem prefati henrici prepositi et Conuentus Ecclesie beate Walburgis predicte, presentibus duximus apponenda, Hiis presentes aderant Conradus de hustene canonicus Ecclesie Susatiensis Euerhardus dictus Aduocatus miles et Wilhelmus filius eius, Theodericus de Syburg,... *Gograuius de Attenderne,* Johannes filius florentii, militis de Thunen, Conradus howeschilt, Bertoldus de herborne, Albertus de Hekehem et alii quamplures tam clerici quam layci et Johannes dictus de Ruden clericus, Actum et Datum *in Emunitate Ecclesie Susaciensis ante domum vinariam, que dicitur Rumenye* feria quarta ante pantaleonis martyris. Anno domini M°. CC°. Nonagesimo quinto.[592])

456.

1295. Aug. 3. Erkenntniß des Grafen **Ludwig** von **Arnsberg**, in Sachen des Edlen Herrn **Godfried** von **Rüdenberg** und **Wilhelm Seckels** gegen die **Kapelle** zu **Arnsberg**.

Nach dem Orig. im Archive des Klosters Wedinghausen.

In Nomine Domini Amen. Nos *lodewicus comes de arnes-*

[592]) Das große Siegel des Landmarschalls hängt noch an der Urkunde; wiewohl theilweise zerbrochen. Die übrigen sind abgefallen.

berg. vniuersis presentium inspectoribus cognoscere veritatem inperpetuum. Quia scripti tenacitas obliuionem tollit et calumpniam, cautum est et utile, vt ea que fiunt in tempore scripture memoria perhennentur. Nouerint igitur cuncti fideles tam futuri quam presentes, quod cum litigium verteretur inter nobilem virum *Godefridum* dictum dominum de *Rudenberg* et *Wilhelmum* dictum *scekel* ex vna parte et henricum clericum notarium nostrum prouisorem *capelle nostre arnesberg* ex altera *in figura iudicii coram nobis*. Idem nobilis *Godefridus* proposuit et dicebat coram nobis quosdam agros dicte cappelle arnesberg iure proprietatis pertinentes doti eiusdem capelle site in villa *superioris Embere* ac debere decimare. Idem vero Wilhelmus quosdam agros eiusdem dotis dixit coram nobis sibi pertinere et dicebat esse suos. Henricus vero clericus prefatus dicebat e contrario coram nobis eosdem agros doti sue iure proprietatis pertinere a temporibus quorum non est memoria fortassis trecentorum annorum. Item dicebat idem clericus, quod demonstratio facta fuit temporibus Erenphridi plebani de Eckenghusen sui antecessoris et idem agri doti predicte pleno iure fuerunt assignati. quia domina *helewigis* vidua de *hustene* eosdem agros tunc temporis volebat decimare quam decimam a domino de Rudenberg supradicto tenuit, et sic eadem domina eosdem agros cessauit decimare Huic demonstrationi presentes fuerunt. Anno domini M° CC° Septuagesimo sexto feria quinta post festum beati jacobi hermannus villicus de herderinche qui dotem eandem pluribus annis inhabitauerat. hermannus dictus lindeman. arnoldus de inferiori Embere. per quos tres senes forte centum annorum, in animas ipsorum demonstratio facta fuit. Item presentes erant. hermannus miles dictus quaterlant. helmicus. Conradus et Menrikus fratres de Embere. Johannes filius helmici prefati. Heynricus villicus de Embere. Gerewordus frater suus et alii quam plures ciues ibidem de Embere. Item idem clericus dicebat, quod cum dominus Erenphridus de eckenghusen capellam arnesberg resignasset et sibi eadem capella fuerit collata prefata domina de hustene agros dotis eiusdem decimare uolebat iterato. et facta demonstratio fuit secundo agrorum eorundem. Anno domini M° CC° Octogesimo sexto. Dominica ante festum beate Marie Magdalene. et idem agri assignati sunt doti iure proprietatis sicut ante et sic eadem domina ipsos agros decimare cessauit iterato. Huic demonstrationi presentes fuerunt idem hermannus villicus de herderinge. idem arnoldus de inferiori Embere. Gerhardus dictus clunghase. seniores de ciuibus Embere per quos secundo in animas suas demonstratio facta fuit. Item presentes

36*

fuerunt. hermannus dictus scureman. Guntrammus dictus hesse tunc decimator domine memorate. helmicus et Conradus fratres de Embere. Johannes filius helmici prefati. heynricus villicus de Embere. Conradus de Embere qui moratur in bonis Wilhelmi dicti seckel. Arnoldus dictus krakewage. Johannes et bruno de walpe et alii quam plures *ciues de Embere.* Item dicebat idem clericus, quod cum domina de hustene prefata volebat decimare agros dotis sue quesiuit a domino Erenphrido de eckenghusen supradicto quod esset iuris in istis, qui dicebat in animam suam, quod capellam arnesberg tenuerit quadraginta quatuor annis et amplius diebus suis libere et quiete, quod nec ab eo, nec a dote nec agri nec decima fuerint requisiti, nisi semel a domina de hustene sepedicta, que tamen ab eiusmodi decima cessabat, atque iure huic protestationi presens fuit Gerhardus nunc plebanus eckenghusensis capellanus noster qui in animam suam coram nobis dixit se simile idem audiuisse ab eo et per omnia esse verum. hec itaque omnia ac singula idem clericus qui coram nobis proposuit per viuentes personas suprascriptas probauit esse vera. Propterea que vsi et freti consilio clericorum peritorum. videlicet Wigandi domini prepositi de Wedinchusen. frederici plebani ibidem. Gerhardi prioris ibidem. Item heynrici militis aduocati dicti de Elsepe. antonii de Ense dapiferi nostri. heynrici fratris sui castellanorum nostrorum arnesberg vsi consilio. Item quorundam opidanorum nostrorum arnesberg. videlicet Theoderici fabri magistri consulum. heinrici de hustene. heynrici de burgfrede. Magistri Godescalci fabri consulum ibidem accedente. consilio. accepta etiam securitate a partibus quadraginta marcarum, partibus presentibus et consentientibus, vt quidquid ex hiis determinaremus, ratum et firmum perpetuo tenere deberent vtrobique, Et si qui prius deflecteret in ordinatione nostra parti aduerse summam denariorum soluere teneretur supradictam legalem in susato. Helmico de Embere. Conrado fratri suo; heynrico villico de Embere senioribus *ciuibus ibidem*, qui demonstrationibus supradictis cum aliis conciuibus suis bis interfuerunt tercio conmisimus in animas ipsorum, vt assumptis sibi aliis conciuibus eorum demonstrationem tercio facerent, prout a senioribus suis viderant et cognouerunt bone memorie supradictis, et idem agri doti capelle arnsberg tercio assignati sunt iure proprietatis pertinere. Huic demonstrationi. presesentes fuerunt. Anno domini M°. CC° nonagesimo. quinto. feria quinta proxima post vincula petri. Clerici. Castellani. et Opidani nostri supradicti. Item presentes fuerunt. Statius judex noster arnesbergensis. Lutbertus de hustene. Conradus de Ense. hermannus dictus scureman. Conradus luscus Gograuius noster hustene *homines bone nationis*. magister heynricus faber. heynricus preco, heynricus dictus Miseznere. heynricus dictus Gyr. bodo dictus Grawe. Johannes de horreo. et alii quam plures *opidani nostri* ibidem. Item *cum huius demonstratio fieret in campis*. Presentes fuerunt. Nobilis vir dominus Godefridus de Rudenberg. Wilhelmus dictus seckel. et henricus clericus prouisor capelle nostre arnesberg actores cause in iudicio coram nobis. Item henricus miles aduocatus de Elsepe. Antonius de Ense dapifer noster. Item helmicus et Conradus fratres de Embere. henricus villicus ibidem. per quos ad commissionem nostram et iussum demonstratio facta est in campis in animas eorundem. Item helmicus de Embere Conradus ibidem. Arnoldus dictus Crakewage ibidem. Johannes dictus wennere, decimator ibidem. Ambrosius de inferiori Embere et alii quam plures conciues ipsorum. Huius igitur ueritate sic examinata et diligenter inquisita capelle arnesberg agros pro quibus litigium fuit in iudicio coram nobis adiudicamus libere et legitime perpetue pertinere et nobilem virum dominum Godefridum de Rudenderg sepedictum in decima, quam petiuit et Wilhelmum dictum seckel in agris quos petiuit sententiando, promulgando, et pronuntiando, condempnamus in hiis scriptis et nichil iuris eos habere dicimus in premissis. Ne vero huius sententiam nostram alicuius in posterum irritare valeat calumpnia presentem literam conscribi facimus super istis. sigilli nostri. Wigandi domini prepositi de wedinchusen. et Opidanorum nostrorum arnesberg sigillorum munimine roboratam. Ad maiorem firmitatem et euidentiam veritatis. Datum arnesberg. anno domini M° CC° nonagesimo quinto. Feria quarta post vincula petri... Item *wilhelmus vir nobilis* dictus de *ordeya* aderat cum ceteris testibus suprascriptis. Subscriptionem vero huius approbamus sub sigillorum munimine premissorum. Datum. vt. supra.[593])

---

[593]) An der Urkunde hängen an weißen Zwirnsträngen, die Siegel des Grafen Ludwig von Arnsberg, das Probsteisiegel von Wedinghausen und das alte große Stadtsiegel von Arnsberg. (T. 9. N. 3.)

457.

1295. Aug. 22. verzichtet Gottfried I. von Rüdenberg auf alle Vogteirechte über das Kloster Welver und dessen Besitzungen.

Nach dem Original im Archive des Klosters Welver.

Vniuersis Christi fidelibus ad quos presens scriptum peruenerit *Gotfridus* miles dictus de *Roddenberg* salutem in perpetuum. Ad amputandam cuiuslibet dubietatis calumpniam statuit discretorum prudentia ut gesta hominum ne nube obliuionis inuoluantur scriptis sigillis et testibus roborentur. Tenore igitur presentis publice protestor ac notum facio tam modernis quam futuris quod accedente dilecte vxoris mee *Palmanie* consensu insuper omnibus liberis meis tam generatis quam generandis in id ipsum voluntarie consentientibus omne ius si aliquot nostre respectu aduocatie in monasterio dicto *Weluere* habuimus ac in rebus eiusdem, resignamus, ab eodem iure totaliter recedentes dictum Cenobium ac omnia infra terminos ac septa ipsius contenta, nec non Curtem dictam *bohhof*[394]) cum suis confinibus et contentis libera facimus et nullius nobis aut liberis nostris predictis iuris respectu subiacentia. Preterea notandum si nostra aduocatia quod deus auertat nostri aut liberorum nostrorum uoluntate sine necessitate in manus aliorum eueniret tamen prefatum iam monasterium prenotate donatione libertatis firmamus et ab omni impetitione prelibate sepius aduocatie hiis scriptis et sygilli nostri impressione communimus et in eternum manifeste firmamus. Ceterum presentibus declaramus quod uxore mea Palmania ac omnibus liberis meis item consentientibus Casam meam super *hundesdich* sitam ad libera bona in *Mederick* pertinentem tres solidos annuatim nobis soluentem memorato contuli conuentui et ipse nobis ac legitimis nostris heredibus pro concambio de propria casa sua in villa *Endeke* iuxta uiam sita III solidos annuatim resignabit. ac dictam casam nostram libere et absolute perpetuo possidebit. Huic donationi et facto nostro presentes erant plebanus de bremen. Godscalcus de Ekenscede. Gerlacus de Mederick. *Hermannus de worstenberg*. Albertus ac Luibertus de borsit. Wilhelmus Scechel. Ewerwinus et Henricus dictus albus conuersi in Weluere. Acta sunt hec anno domini M°. CC°. LXXXX°. quinto. in

---

394) In einer spätern Urkunde v. 1318, heißt er Buhoff.

octaua assumptionis sancte Marie uirginis. In cuius rei testimonium presentem paginam super hiis confectam ac sigilli nostri munimine roboratam Ecclesie contuli memorate.[495])

458.

1295. Dec. 25. giebt der Stadtrath zu Marsberg den dortigen Beginen besondere Rechte.

Nach dem Orig. im Archive des Stifts Marsberg.

Quoniam testante jure dignum est et racioni consonum vt persone que religiosorum gaudent nomine eorum gaudeant privilegio et honore et ut in conseruantia sue sancte religionis et uite ab omnibus adjuuentur. Nos ergo judex, Consules, totaque universitas *Montismartis* publice protestantes recognoscimus in hiis scriptis, quod ex generali nostre ciuitatis consensu *Beginas majoris domus nostri oppidi,* ad communem petitionem ac acceptilationem ipsarum privilegiare curantes, et a nostro judicio emancipantes videlicet in hac parte, ipsas inter se concedimus perfrui tali jure, vt quamlibet Beginam, que ex ipsis fame sue, honoris et castitatis prodiga, cum quocunque carnali commixtione manifeste vel probabiliter excesserit, omni contradictione et exceptione cessante de domo sua et earum consorcio, nostro judicio irrequisito poterint removere. Nec eandem excedentem Beginam, pecuniam suam quam in eandem domum secundum consuetudinem principaliter invexerat, posse repetere qualicunque actione. Immo omni jure quod sibi ratione ejusdem competebat domus, totaliter sit privata, donec ejusdem domus Begine si voluerint, secum misericorditer agant et disponant. Ut autem hujusmodi priuilegium ipsis beginis a nobis, vel ab eisdem inter se subuerti non valeat, sed potius undique irrevocabiliter obseruetur, eidem Begine ad ordinationem *Ade* quondam *militis de Aspe,* Consulibus nostre ciuitatis in restaurum sui priuilegii quolibet anno *solidum ad bibendum* in festo sancti martini soluendum per fratres de *Breidelaria* erogabunt. Testes renovationi et dationi huiusmodi priuilegii astiterunt. heinricus Morel

---

[495]) An der Urkunde hangt das sehr wohl erhaltene große Siegel Gottfrieds in weißem Wachse. (T. 3. Nr. 6.)

judex. Jo. de Billinchus proconsul; heinricus de vesperde; heinricus de Nudlon; Th. et Th. affines de Oddenbus; Bertoldus natan; Conradus de Clinge; hermannus de Hesbike; stephanus; Gerlacus de twiste; heinricus havesalde, et Lambertus Soclantor, consules Montismartis. In cuius testimonium presentis munimentum super hiis conscriptum sigillo civitatis nostre eisdem beginis tradidimus communitum. Datum et actum anno domini M°. CC°. LXXXV. in natali domini.[596])

459.

1295. belehnt Ritter Johann Schreiber den Hermann von Huttinghusen mit dem Zehnten der Villa Huttinghusen.

Nach dem Orig. im Archive des Patrocli-Stifts.

Vniuersis et singulis, quibus hoc presens scriptum fuerit exhibitum, Nos *Johannes* miles. dictus *scriptor*, publica protestatione protestamur. quod nos *hermanno de huttinchusen* decimam dicte ville *huttinchusen* integraliter porreximus. Jure. pfheodali. perpetuo possidendam. presentes erant Gotfridus de Borbeninch, Rudolphus de Borbeninch, Florencius de vflen, Walto de Buderike. Wilhelmus de vflen. thomas filius thome quondam militis. Johannes de Buderike. theodericus notarius. Wilhelmus et Goswinus pro Consules in Werle. theodericus de holdinchouen. hemelricus dictus Callicus, et alii quam plures. In cuius rei testimonium. quia sigillum proprium non habuimus. presens scriptum. sigillo Opidanorum Werlencium ad nostram petitionem est roboratum. Datum anno domini. M°. CC°. Nonagesimo quinto.[597])

---

[596]) Das Siegel ist abgefallen. Ein nicht ganz correcter Abdruck der Urkunde, findet sich in Wigands Archiv. B. 1. Heft 1. S. 92.

[597]) Das große Stadtsiegel von Werl, hängt an einem Pergamentriemen und ist in weißem Wachse abgedruckt. (T. 6. Nr. 13.) Die Schreiber zu Werl hießen auch Borcholt, wie aus einer Urkunde v. 1314 hervorgeht, wodurch Hermannus dictus borichalte et dictus scriuere nec non Johannes filius Johannis dicti scriuere pie memorie fratris dicti Hermanni dem Kloster Welver 12 Morgen

460.

1296. Jan. 11. vertauscht Johann Edler Herr von Bilstein, dem Kloster Grafschaft Höfe und Rechte zu Dreve und Durenheliken gegen andere zu Gruven und Westwig.

Nach dem Original im Archive des Klosters Grafschaft.

In nomine domini. amen. *Johannes, dnus de Bylstene,* vniuersis, presentia visuris, seu etiam audituris, rei geste cognoscere veritatem. Noueritis, quod nos, a religiosis viris dno *Lutberto abbate* et conuentu Monasterij in *Graschaph,* acceptatis septuaginta tribus marcis lonensium siue hamensium denariorum, et eisdem denariis nobis numeratis, traditis et solutis, de consensú *jutte* vxoris nostre legitime, *Theoderici* filii nostri senioris, ac omnium heredum nostrorum legitimorum, similiter et de plena voluntate et consensu *Dithmari, Johannis,* et *Richardi,* fratrum, filiorum quondam *Johannis de Latorp,* super quibusdam mansis, *iure libertino eis attinentibus,* vno, *Dreue,* et altero *Durenheliken,* dictis, cum vniuersis suis attinentijs, apud *Graschaph* sitis, nec non cum vna marca *Vlepheri* in lignis apud *Gruuen,* et super manso dicto *Westuuich,* ecclesie in *Graschaph* jure proprietatis attinente, commutationem quandam, et concambium quoddam fecimus, cum dno *Lutberto* abbate et conuentu monasterii iamdicti, et cum iamdictis de *Latorp* fratribus, ac eorum heredibus, sub hac forma vt jus tale quod vocatur *Graschult* in wlgo, ac alia omnia iura, a mansis iamdictis, *Dreue,* et *Durenheliken,* et de marca *Vlepheri* apud *Gruuen,* predicta, nobis ac heredibus nostris predictis, huc usque de jure competentia, a manso in *Westuuich* predicto, prout de alijs solitum exstitit, de cetero debeantur. Commutatione et concambio taliter inito utrobique, quod fratres de *Latorp* prefati mansum in *Westuuich,* ammodo tenebunt, *jure libertino,* jura adhoc spectantia persoluendo, et Abbas ac conuentus Monasterij

Morgen Land zu Heven, nahe bei Welver, 7 Morgen Land daselbst und *tria loca casarum dictarum vulgariter kotenstade,* que videlicet loca casarum continent vnum jugerum, übertragen. Die Familie war sehr begütert und kömmt in Urkunden der damaligen Zeit häufig vor. Sie führte eine Muschel oder Helmdecke im Wappen, wie später die Familie v. Dell und nannte sich auch auf den Siegeln **Schreiber**. S. Hermanni Scrivere — S. Johannis dicti Scrivere.

prenotati, mansos predictos *Dreue* et *Durenheliken*, et marcam *Vlepheri* predictam, vice uersa perpetuo possidebunt, sine quolibet exactionis vel seruicij genere, libere ac quiete. In cuius rei testimonium, sigillum nostrum, nec non *Thiderici* filii nostri supradicti, et *Craftonis de Graschaph* sigilla presentibus sunt appensa. testibus annotatis. videlicet. Herbordo de Ennest, Hermanno de Osterendorp. militibus, castellanis nostris. Marsilio, dapifero nostro. Lutberto de Husentschure. *Henemanno dicto Bylstene*. Johanne de Susato. clerico. Rykelone de Grimardinchusen. et aliis quam pluribus fide dignis. Actum in castro nostro Bylsteno. et datum. sub anno dnj. M°. CC°. XC°. VI°. feria quarta post epiphaniam dnj.[595])

461.

1296. Juni. 30. schenkt Schwester Gertrud, welche dem Walburgiskloster, zum Ankaufe der Güter Aldeholt 3 Mark geliehen hatte, die davon fallende Rente von 3 Schill. dem Kloster, zu dem Zwecke, daß den Klosterjungfrauen dafür jährlich eine Weinrefection angeschafft werden solle.

Nach dem Orig. im Archive des Walburgisklosters.

Nos.. Prepositus.. Priorissa et Conuentus monasterii sancte. walburgis. extra muros Susatienses vniuersis presentia uisuris notum facimus quod cum Soror. Gertrudis. in subsidium contractus bonorum nostrorum dictorum. *Aldeholt*. nobis. Tres. marcas. susatiensos tradidisset, vt pro hiis pensionem. trium. solidorum singulis annis perpetuo persoluere teneremur eidem, Ipsa. Gertrudis. circa nos benigno ducta affectu pensionem huiusmodi.. Conuentui nostro liberaliter contulit ordinans in hunc modum videlicet.. Magistra. Granarii nostri, que pro tempore fuerit. singulis annis perpetuo in. die. Cene. domini. cum dictis. tribus solidis. vinum. comparet et ad. Cenam nostri Conuentus eodem die ad bibendum fideliter ad-

---

[595]) Die Siegel sind abgefallen. Von dem mittelsten ist noch der Schild mit den 3 Balken, in weißem Wachse, vorhanden.

ministret, Nos itaque affectum dicte. Gertrudis. pio in domino commendantes, donationem et ordinationem predictam ratam et inconuulsam perpetuo obseruare volentes. Committimus in hiis scriptis.. Magistre. Granarii nostri nunc existenti et aliis quecunque pro tempore fuerint, ut ordinationem antedicte. Gertrudis. predictam. in administrando vinum. ad refectionem Conuentus nostri. in Cena domini fideliter studeat obseruare. Preterea affectui dicte. Gertrudis. grata vicissitudine respondere cupientes, conferimus eidem fraternitatem. et participationem omnium bonorum quo per nos operari dignabitur clementia saluatoris volentes post obitum eius memoriam perpetuo peragere sicut fratrum et sororum nostrarum memorie agi solent. Ceterum permittimus sepedicto. Gertrudi. quod si necessitas, quod absit eidem ingruerit, et ad nos recursum habuerit, benignitati ipsius sicut decet, compati volentes pensionem dictorum. trium. solidorum. per. magistram predictam quamdiu vixerit. et a nobis requisierit quolibet anno in Cena domini faciemus assignari. In cuius rei testimonium. Sigilla nostra.. Prepositi et Conuentus predictorum presentibus sunt appensa. Datum anno. domini. M°. CC°. Nonogesimo sexto. in Crastino beatorum. Petri. et. Pauli apostolorum.[599])

462.

1296. Aug. 27. freit Graf Ludwig von Arnsberg das neue Dorf Hagen bei dem alten Dorfe (Allendorf) und giebt ihm Lippe'sches Recht.

Nach dem Original im Archive der Freiheit Hagen.

In Nomine domini amen. *Ludovicus Comes in Arnesbergh.* Omnibus presens scriptum inspecturis salutem in perpetuum. Circumstantia rerum temporalium mentis acumen elabitur sed literarum inscriptionibus rerum gestarum series confirmatur. Presentis igitur pagine testimonio omnibus huius littere inspectoribus significamus et protestamur quod cum nos suasione et amicorum nostrorum consilio nouellam plantationem ville

---

[599]) Das erste Siegel ist zerbrochen, das andere ganz abgefallen.

Haghene juxta *Aldendorp* in nostre proprietatis fundo inchoauimus ciuibus et incolis eiusdem loci plenam libertatem et jura Lippensium contulimus et ea per ordinem sequentem conscribi fecimus. — Primum est si aliquis in pistando[600]) vel braxando vel aliis scilicet statera iniusta vel mensura excesserit consules super hoc judicent et discutiant. — Secundum est quod ciuis extra villam causare vel in causam nisi per sententiam accesserit trahere non debet nec etiam arma ante sententiam latam debet conciuis in conciuem proclamare — Tertium est quod si ciuis conciuem occiderit et deprehensus fuerit secundum quod justum est judicatur. sed si domum vel res alias habuerit non judicantur sed cedunt suis heredibus. — Quartum est quicunque infra villam sine contradictione vel objectione anno et die moratus fuerit et postea quis eum arguendo inpulsauerit de obiectis se poterit expurgare saluo jure. — Quintum est quod nos ipsis ciuibus tam ligna quam pascua concessimus et concedimus in marka de Aldendorp jta vt tempore opportuno communiter hiis vtantur. — Sextum est quod si ciuis conciuem edificando vel sepiendo conturbauerit judices in illa parte ville constituti super hoc discutiant sed si vires illorum superauerit consulibus referatur et illi judicabunt. — Septimum est quicunque ciuium moriatur et infra villam iusto carens herede omnem substantiam eius siue multa siue modica sit consules integraliter conseruabunt quam si infra annum et diem legitimus nullus exquisierit secundum juris rationem nobis et posteris nostris assignabitur. — Octauum est quicunque ciuium cum filia sua vel sorore seu cum alia consanguinea sua fornicantem deprehendat ipsi etiam honorifice desponset, qui si legitime contrahere cum ipsa contempserit, decem marcas ei amministrabit. — Nonum est quod omnibus tam aduenis quam habitatoribus thelonei libertas est concessa. — Decimum est quod si conciuis quatuor solidos vadiaverit duos denarios dabit sex vero si testibus conuictus fuerit, siquid ultra presumptum fuerit juri ville obsistit. — Vndecimum est quod nullus ciuium a nobis vel ab aliquo vicem nostram gerente extra villam causetur nec aliqua incommoditate turbetur. — Duodecimum est vt nullus ciuium judicio aduocatie grauetur. — Ne nos vel aliquis heredum nostrorum huiusmodi libertatem et jura prescripta possit infringere presens scriptum sigilli nostri appensione fecimus communiri. Datum anno incarnationis dominice millesimo. ducentesimo. nonagesimo sexto, feria secunda proxima post festum beati

---

600) pistrando.

bartholomei Apli. Regnante Adolpho Romanorum rege. Sifrido Archiepo sanctam Coloniensem Ecclesiam regente. Premissis dum agerentur aderant Dominus *Godefridus de Rudenberg consanguineus noster*. Henricus miles aduocatus in Elzepe. Anthonius de Enze dapifer noster. Henricus eius frater. Gerardus et Vlricus sacerdotes capellani nostri. Fredericus plebanus in Hustene. Gerwinus plebanus in Heleuelde, Johannes dictus Koch officiarius noster. Henricus notarius noster et complures alii fide digni. — Datum — anno et die — predictis.[601])

463.

1296. Aug. 27. macht Graf Ludwig von Arnsberg das Dorf Hagen zu einer Freiheit und giebt ihm Lippe'sches Recht. — Alte Uebersetzung des lateinischen Bewidmungbriefes, aus dem Anfange des XIV. Jahrhunderts.

Die Orig. Uebersetzung im Hagen'schen Archive.

Copie vthe latyne in dudesch gesath.

In deme namen des Heren amen. Wy lodewich Greue to

[601]) Die Urkunde ist sehr übel conservirt; die Dinte verblichen; das außerordentlich dünne Pergament ist in den Falten vermodert, so daß die unterpunctirten Worte, welche herausgefallen, theils aus dem Lippe'schen alten Statutarrechte, theils aus der alten Uebersetzung der vorstehenden Urkunde, welche indeß auch sehr gelitten hat, haben ergänzt werden müssen. Das Siegel ist abgefallen; es hing an roth seidenen dicken Schnüren, welche aus vielen einzelnen Fäden gewunden sind und noch an der Urkunde hängen. Ein Abdruck derselben findet sich auch bei Meyer in Wigands Archive B. 7. S. 166, wo aber die fehlenden Worte, ohne weitere Bemerkung, zum Theile anders ergänzt sind als hier z. B. am Ende der Einleitung statt: sequentem conscribi fecimus blos: conscribi decrevimus; im §. 1. statt disculiant — discutient; am Schlusse statt: possit infringere — poterit irritare. Auch noch andere Abweichungen finden sich bei Meyer, z. B. in der Einleitung statt: inspecturis — Inspectoribus; daselbst statt: In perpetuum — In eternum; daselbst statt: Haghene — Haghen in Parenthese; statt: Aldendorp — Aldendorf; im §. 1. statt: pistando — pistrando; daselbst statt: aliis scilicet — blos aliis; im §. 7. statt: legitimis (heres nemlich) — legitimum (annum et diem). Auch sind eine Menge Worte mit großen Anfangbuchstaben gedruckt, welche solche im Original nicht haben.

Arnsbergh Enbeiden allen dusse schrift werden seynde heyl in ewicheit. wante in vergettenheit der synne tydlicker dinghe vmestand verglidet Sunder. mit schriste der breywe geschreyn dynghe gevestet werden. So don wy kund ouermyts dussem breyne. allen luden en seyn. vnd betugen. dat wy na rade vnser freude jn grunde vnses eghendoms angehauen vnd gesätet hebt eyne fryget des niggendorpes. haghen by Aldendorp. vnd den borgeren vnd Inwoneren der seluen stede fullenkomen fryheit vnd lyppes recht gegeuen vnd dey na eyn ander dein beschrynen. — Dat eirste iss. Ist dat wey in backen in bruwen efte anders alse mit vnrechten wichte efte mathe ouertret. sal dey Rad beseyn vnd richten. — Dat ander iss. Eyn borger en sal den anderen nicht vthe der fryget saken efte in sake trecken et en kome tho mit ordele. vnd ok nicht wapen eyn ouer den anderen schrygen. er dem ordele. — Dat drede iss. Sleet eyn borger den anderen doit vnd wert begreppen. sal men richten as recht is mer syn huss syn ghud ind nalait sal men nicht richten. sunder dat sullen syne eruen boiren. — Dat veirde is. wey Jar vnd dach bynnen der fryget gewont heft sunder bysprake. vnd dar na bededingt wert. mach sich der clage myt rechte entreden vnd verhalden. — Dat vyfte is. dat wy den borgheren hebt gegeuen dat sey der marke to Aldendorp. myt weyde vnd holte. war en des noit is gelick en selfs moiget bruken ynt gemeyne. — Dat seste is. Ist dat eyn borger den anderen mit tymmeren efte thunen helget. sullen dey richtere an der syden des dorpes beseyn vnd vliggen eft sey kunden. anders solt dey rad richten. — Dat seuende is. welck borger stirft vnd binnen der vriget neyn eruen en heft. al syn ghud. yt sy groit edder clein sal dey Rad yar vnd dach kummren ind waren. kommet dan neymant dey eyn rechte dar an s.... so salt vns vnd vnsen nakommen veruallen syn. — Dat achtede is. wey eyns borgers dochter beslepet. suster efter moyne. sal hey erlike behalden tor e. wil hey des nicht doin so sal hey er teyn mark geuen. — Dat negende is. borghere vnd jnwonere sullen tol fry syn. — Dat teynde is. brecket eyn borger veer schillinge. betailt hey mit twen pennyngen, wert hey myt thughen ouerwunnen, so sal hey sess pennynge geuen. brecket hey furder. dat wederstet der fryget rechte. — Dat elfte is. Neymant van den borgeren. en sal van vns. efte van yemende jn vnser stede vmme neynerleye sake willen. buten erem dorpe gekrodt efte in saken beswert werden. — Dat twelfte is: dat men neynen borger. vth der fryget verboiden vnd mit gerichte der Aduocatie besweren sal. — Op dat dan sodane fryheit vnd rechte vorgescr. vngebroken blyuen van vns vnd vnsen eruen. hebbe wy to vestynghe vnse Segell neden an dussen breiff boin hangen. Gegeuen in den Jaren vnses heren gebort. dusent twe hundert seff vnd nyegentich. des maendages na sunte bartolomeus dage. des hilgen apostels. Alse reguerde. eyn Romes konnyng adolfus. vnd eyn ertzbisschop der hilgen kerken to Colne Sifridus. Hyr synt ouer gewesen. her Godfried van Rüdenberg vnse mach. Henrich Ritter Aduocate to Elzepe. Thonyes van Enze vnse kelner. Henrich syn broider. Her Gerd vnd vlric preistere. vnse Capellane. Her fredrich pastoir to husten. her Gerwin pastoir to heluelde. Johan genant Koch vnse amptman. Hinricus vnse notarius vnd mer loshafftiger lude genoich. Gegeuen im jare vnde an daghe vorbenompt.[602])

464.

1296. Sept. 13. verpflichtet sich Graf Eberhard v. d. Mark, dem Grafen Adolf v. Berg, wegen des Schlosses Wied eine gleiche Sicherheit zu leisten, als wegen Waldenburg.

Vollständig abgedruckt in Kremers acad. Beiträgen B. 3. Urk. S. 219.

Euerhardus Comes de *Marka.* — Noueritis quod cum castrum de *Wide* nobis presentatum fuerit, nos infra quindenam post presentationem immediate sequentem, ad nobilem virum *Adolphum comitem de Monte,* sororium nostrum accedemus et sibi ex parte dicti castri certam bonam et securitatem talem, qualem sibi de castro *Waldenberg* fecimus, faciemus et sicut conditionatum est de eodem, in quo faciendo vel non veniendo si negligentes fuerimus, ex hoc moniti ex parte Elizabeth comitisse de Monte, in cuius manus assecurando promisimus, quod nos et Lubbertus de Marpe miles, *Greuerode* intrabimus ad jacendum — Datum anno dni M°. CC°. Nonagesimo sexto. feria quinta post natiuitatem domine nostre.

---

602) Die Uebersetzung ist auf Pergament mit Minuskelschrift geschrieben und hat durch Moder sehr gelitten.

465.

1296. Nov. 5. Vergleich zwischen dem Kloster Paradies und dem Pfarrer zu Schweve.

Nach dem Copiarium des Klosters Paradies.

Omnibus ad quos presens scriptum perveniat Nos magister *Euerhardus* dictus *sluch vice prepositus susatiensis*. Notum facimus publice protestando quod cum inter priorissam et conuentum monasterii de *paradyso* ex parte una et parrochianos ecclesie in *sueue* ex altera dissencio quedam esset exorta et aliquamdiu coram nobis *in figura judicii ventilata* tandem per viros religiosos fratres predicatores, hinricum lectorem dictum de Wittenberg, et hinricum dictum de hellewagen per magistrum Johannem peregrini canonicum susaciensem, ac per nobilem virum dominum *Godefridum de Rudenberg* et Godefridum dictum Judicis clericum susaciensem, tamquam per amicabiles composiciones, nostro consensu et auctoritate accedentibus terminata fuit amicabiliter in hunc modum, Videlicet quod priorissa et conuentus dederunt dictis parrochianis sex solidos monete usualis ad emendum annuum redditum sive censum quanto possent majorem ad ecclesie sue seu parrochie quamcunque utilitatem pro omnimoda et perpetua exempcione seu liberacione vel absolucione duarum curtium que olim dicebantur *alreldinchus*, *Jn quarum unius fundo claustrum cum ecclesia est constructum*,[603]) ex alia vero curtium ambarum agri coluntur, nec non pro exemtione liberacione vel absolutione molendini ceterorumque habitandorum ac personarum infra exteriora septa dicti monasterii existencium, Ita sane quod de predictis molendino, habitandis, ac personis, ac omnibus rebus quocunque nomine censeantur, infra dicta septa existentibus, dictis parrochianis pro quacunque causa. in nullo prorsus, ratione juris cujuscunque aut quarumcunque consuetudinum deinceps teneantur. De aliis vero duabus curtibus extra septa exteriora sitis, videlicet *bukele* et *Ridderinchove*[604]) et molendino adjacente, contribuent, subvenient atque solvent secundum modum quo alie curtes et molendina parrochie proportionaliter facere consueverunt. De quibus et curtibus et molendino immediate positis, in commemoracione animarum, que ter in anno occurrit,

---

[603]) Vergl. Urk. 270 u. 278.

[604]) S. Urk. 326.

tantum unus obulus campanario persoluetur. Priorissa etiam et conuentus ac tota familia exterior in crastino ascensionis domini celebrabunt festum quod dicitur *hagelvire*. infra septa et extra septa exteriora. donec relique parrochie sepedicte. devote ac solempniter ab eisdem recepte fuerint et cum reverencia dimisse. ac redierint ad ecclesiam parrochialem. festum etiam sancti severini eo quod in dicta ecclesia sit patronus cuius et priorissa est patrona, conuentus et tota exterior familia tam intra septa quam extra septa exteriora sicut in die dominica solempniter celebrabunt. Huic autem ordinacioni seu amicabili composicioni interfuerunt quicunque intermediatores prenominati, Dominus Luthertus plebanus in sueve dictus plate, Wilhelmus dictus seckele, famulus domini Godefridi de rudenberg, predicti parrochiani vero Conradus de urbe, Herbordus dictus welant, Henricus de Wostenhove, Hinricus dictus afrike, Henricus de unna, Johannes de endeke, Gerhardus de mergenlinchusen, Theodericus campanarius. Acta sunt hec anno dom. M° CC° XC° VI° nonis novembris in susato in ecclesia sancti patrocli. Ut autem dicta ordinacio seu composicio robur habeat perpetue firmitatis sigillo nostro ac sigillis sepedicti nobilis viri domini *Godefridi de Rudenberg*, conventus de paradyso, Domini Lutberti predicti plebani in suove fecimus roborari.

466.

1296. Dec. 16. verleiht Erzbischof Siegfried der Stadt Belecke die Rechte der Stadt Rüden.

Nach dem Copiarium der Stadt Belecke.

Vniversis presentes literas inspecturis et audituris, Nos *Syfridus* dei gratia sancte Coloniensis Ecclesie Archiepiscopus sacri Jmperii per Italiam Archicancellarius, Notum esse volumus et presentibus profitemur quod Nos, ut oppidum nostrum et Ecclesie nostre Coloniensis: *Bedelke, de novo conceptum et erectum*, ad statum libertatis et perfectionis debitum ac preconceptum, eo melius perducatur et ut Ecclesiam nostram, oppidanos nostros fideles, inhabitantes idem oppidum, favore et benignitate solitis specialiter prosequamur, ipsum oppidum et oppidanos nostros ibidem, antedictos, ex nunc in antea libertamus seu priuilegiamus, omni ea libertate siue juribus in quibuscunque rebus consistentibus, quibus oppidum et oppidani nostri in *Rüden*, ab ecclesia Coloniensi, nostris predecessoribus ac nobis dinoscuntur libertati ac priuilegiati. Hoc specialiter addito, quod quicunque ipsum oppidum nostrum, *cum adhuc sit novella plantatio*, ingressus fuerit ad morandum in eo et opidanus ibidem effectus, eo ipso, sit status, condicionis aut sexus cunctarumcunque, sit liber et nulli hominum preterquam nobis et ecclesie Coloniensi, prout ceteri opidani nostri, in aliis opidis nostris, jure ciuitencium ecclesie nostre Coloniensi asstricti esse consueuerunt, ad aliqua seruitia sit asstrictus, de nostra potestate qua ipsum presentibus libertate donamus, gaudens perpetua libertate. Si quis vero dictos opidanos nostros uel quemlibet ipsorum contra premissa in personis uel in rebus ledere aut molestare presumeret, se nouerit nostram et Ecclesie nostre Coloniensis indignationem procul dubio incursurum. In cujus rei testimonium, sigillum nostrum hijs litteris duximus apponendum. Datum Susati XVII kalendas Januarii. Anno Dni M°. CC°. Nonagesimo sexto.

(L. S.)

467.

1297. Febr. 19. bekennen Bürgermeister und Rath zu Brilon, daß vor ihnen Johann genannt Jude, Arzt in Brilon, Sohn des Arztes Johann von Soest, für sich und seinen Bruder Hermann, seine Güter zu Berwick dem Kloster Welver eigenthümlich übertragen habe.

Nach dem Original im Archive des Klosters Welver.

Vniuersis ad quos presentia peruenerint.. Nos magister consulum. Consules totaque vniuersitas oppidi brilonensis salutem. Constitutus in nostra presencia.. *Johannes* dictus *judeus medicus* noster Coopidanus filius quondam.. *Johannis medici de Susato* resignauit pro se et pro fratre suo Hermanno. nec non pro suis heredibus legitimis bona in *berewic* sita cum omnibus suis adherentibus coram nobis in manus.. abbatisse et conuentus claustri in *Weluere*, et renunciauit omni proprietati quam habuit in eisdem promittens et promisit. quod si frater suus seu sui heredes legitimi dictum claustrum in posterum nellent inpetere pro bonis memoratis extunc predictus.. Johannes debet dictam abbatissam et conuentum ab omni actione quitos facere et indempnes. In cuius rei testimonium sigillum nostri oppidi in brilon duximus presentibus apponendum. Datum et actum brilon anno dni. M°. CC°. nonogesimo septimo. feria tercia post dominicam Exurge.[603])

468.

1297. Febr. 14. tragen die Brüder Widekind und Kraft Edle Herren von Grafschaft, dem Grafen Otto von Waldeck ihr Schloß Nordena als offenes Haus zu Lehn auf.

Nach dem Abdrucke in Kopps heimliche Gerichte. S. 499.

Nos *Widekindus* et *Craft* viri nobiles dicti de *Graschaf* recognoscimus et presentibus publice protestamur Quod castrum nostrum *Norderna* et omne quod nostrum in eo est proprium Domino O.(ttoni) Comiti de *Waldecke* et suis veris heredibus proprietarie dedimus, Et post huiusmodi dationem proprietariam dictum castrum ab ipso domino O. Comite iure recepimus pheodali, volentes vt suum atque suorum heredum predictorum patens sit Castrum, contra omnes vniuersaliter et ad omnia que sibi probauerint expedire. In cuius rei testimonium presens scriptum sigillis nostris duximus sigillandum Datum Meschede Anno domini M°. CC°. XC°. VII°. in die beati Valentinj.

469.

1297. März. 12. versetzt Erzbischof Wigbold die Nonnen von Quistelberg, wegen der Rauhigkeit des Orts und des gänzlichen Verfalls ihrer dortigen Gebäude, nach Glindfeld.

Nach dem Copiarium des Klosters Glindfeld.

Wicboldus dei gratia ste Coloniensis Ecclesie Archieps sacri Jmperii per Italiam Archicancellarius, dilectis in Christo preposito priorisse et conventui cenobii beate Marie in *Quistelberg* salutem in domino sempiternam. Pastoralis officii nostri sollicitudo nos ammonet et requirit ut nostris subditis, maxime his qui in sortem domini sunt electi, vtilitatem et commodum in spiritualibus et temporalibus preparemus. Cum igitur fidedigna nobis sugesserit relatio quod vestrum cenobium jam dictum ex eo quod in loco aspero et incommodo situatum existat et nihilominus in suis structuris et edificiis miserabiliter est collapsum, gravem jacturam et quasi irrecuperabilem in temporalibus et spiritualibus patiatur, jta quod ad sui restructionem et reparationem proprie non suppetunt facultates propter loci predicti asperitatem et inconvenientiam ut est dictum. Cupientes itaque vestris commoditatibus et dispendiis quantum in nobis est, paterna sollicitudine prospicere et in omnibus precavere, decreuimus idem vestrum cenobium cum personis inibi deo famulantibus ad locum alium vberiorem, videlicet ad villam *glynduelle* de prelatorum nostrorum consilio fore transferendum, vbi vniuersa rerum necessaria pro vobis et cenobio vestro longe facilius habebuntur. Quocirca venerabili in Christo abbati monasterii *Gruschaft* damus tenore presentium in mandatis vt vna cum viris nobilibus *Johanne de Bilstein* et Henrico de Ittere fidelibus nostris quibus hec injunximus oraculo vive vocis, autoritate nostra vos et cenobium vestrum predictum ad villam prenominatam transferat et transponat et personas vestras ibidem faciat deo famulari et in omnibus vestris negotiis et agendis assistat, prout fuerit oportunum. Datum broyle in die beati Gregorij anno dni millo. CCo. nonagesimo septimo.[606])

---

[606]) Einen unrichtigen Auszug dieser Urkunde, liefert Meyer in Wigands Archiv B. 7. S. 96. Not. 4. nach Kindlinger's Handschriften B. 4. S. 590.

470.

1297. Juni. 19. schreibt Johann von Plettenberg Marschall von Westfalen an die Soester Pfarrer, wegen einer Angelegenheit des Patrocli-stifts.

Vollst. abgedruckt in Troß Westfalia 1826. St. 43.

Viris honestis ac discretis *veteris ecclesie Susaciensis* ac vniuersis ecclesiarum plebanis, per prepositurum suosaciensem constitutis, seu eorum vices gerentibus, *Johannes de Plettenbracht Marscalcus Westphalie* sincere dilectionis constantiam cum salute. Cum ex commisso nobis officio ecclesias et personas ecclesiasticas in terminis nostris constitutas, teneamur in suis juribus et libertatibus conseruare. Hinc est quod licet Euerhardus dictus hake a venerabilibus viris.. decano et capitulo ecclesie Suosaciensis curtem in *Andopen* sub condicione tenuerit prout in litteris — vidimus contineri et a villicatione — dicte curtis — sit ex causis legitimis destitutus, immo — priuatus per *sentencias* tam iuris canonici quam ciuilis, ipse tamen dictam villicacionem violenter — occupat et inpedimento est, quare dicti decanus et capitulum commode vti non possunt redditibus et iuribus dicte curtis, propter quod contra ipsum Euerhardum multis monicionibus premissis, per excommunicacionis sententiam adeo est processum, quod ecclesia ultra non habet quod apponatur et solum superest, ut iuvetur potestatis auxilio temporali. Quare vos requirimus et rogamus quatenus ob reuerenciam domini nostri.. archiepiscopi electi et ecclesie coloniensis, *cuius iurisdictionem temporalem per Westphaliam exercemus*, in ecclesiis vestris de ambone dicto Euerhardo et omnibus vestris parrochianis et subditis publice inhibeatis, ne de cetero se de dicta curte et eius agris — intromittant et qui se ingesserint, predictis.. decano et capitulo — satisfaciant — ne recursus super hoc ad nos habeatur iteratus. Alioquin ipsos et quemlibet exnunc contrarium facientem, tanquam inuasorem bonorum ecclesiasticorum et perturbatorem iusticie modis omnibus animaduersione debita, prout ius dictauerit puniemus. huiusmodi vero inhibicionem adeo solempniter tribus dominicis diebus vel festiuis faciatis, ne aliquis subditorum vestrorum per ignoranciam se valeat excusare. Datum Susati feria quinta post Viti ao dni M°. CC°. nonagesimo septimo.

471.

1297—1303. Beschwerdepuncte des Grafen Ludwig von Arnsberg gegen den Erzbischof von Cöln, wegen Eingriffen des Letzteren in die Rechte des Grafen zu Wickede, Werl, Fürstenberg, Belecke, Kallenhardt und Warstein.

Nach einer Cop. des XVII. Jahrh. in der Urk. Samml. Seibertz-Wildenberg.

Primo proponit et dicit dominus *Ludewicus comes in Arnsberg* contra dominum Archiepiscopum Ecclesie Coloniensis quod cum ipse comes fuisset dudum in quieta possessione judicii in *Wicke* quod vulgariter *Gogerichte de Wicke* dicitur quod ad ipsum spectabat et spectat iure hereditario a suis progenitoribus ad ipsum deuoluto, dominus Archiepiscopus eiusdem Ecclesie *Syfridus* ipsum Comitem a dicto judicio violenter sine aliqua ratione eiecit et spoliauit et per suos officiatos eijci et spoliari mandauit et dictam spoliationem ratam habuit, super quo cum dictus dominus Comes eidem domino Archiepiscopo sepius mouisset questionem dictus dominus Archiepiscopus *Syfridus* et prefatus dominus Comes de communi consensu et voluntate in quatuor Arbitratores seu amicabiles compositores super dicto judicio compromiserunt prout in rescripto superius nominato plenius continetur, qui Arbitratores cum ad pronunciandum super dicta causa apud *Werlam* conuenissent Dominus *Wicholdus* tunc temporis Ecclesie Coloniensis scholasticus vnus de Arbitratoribus predictis, videns Ecclesiam Coloniensem minus juris habere in judicio predicto, infecto negocio recessit, dicens quod per pronunciationem suam Ecclesiam Coloniensem in nullo vellet ledere vel damnare et sic alij Arbitratores, sine eo pronunciare nolentes, similiter recesserunt, sic quod Ecclesia Coloniensis dictum judicium per vim adhuc detinet in graue ipsius Comitis preiudicium et grauamen. Item proponit secundo dictus dominus Comes *L.* de *Arnsberg* contra eundem dominum Archiepiscopum Coloniensem, quod cum ipse frater suus *fredericus* et omnes progenitores sui fuissent et habuissent in quieta possessione, medietatem *judicij in Werle* et dictum *oppidum in Werle* situm sit in proprio fundo domini Comitis predicti, dictus dominus Archiepiscopus ipsum Comitem dicto judicio violenter spoliauit et de dicto oppido Werle, quod quondam villa fuerat, in proprio fundo domini Comitis predicti, munitionem fecit, eius non requisito consensu, immo contra ipsius consensum et voluntatem et ipsius et terre sue preiudicium et grauamen. Et infra terminos istorum duorum judiciorum predictorum, ad ipsum comitem de jure spectantium, vt premissum est, nec non infra terminos *libere Comicie* dicti Comitis idem Dominus Archiepiscopus de nouo *Castrum* construxit in monte qui dicitur *Vorstenberg* similiter in ipsius Comitis damnum et grauamen etc. Item proponit et dicit dictus Dominus Comes quod ipse Dominus Archiepiscopus construxit *tria Oppida* videlicet *Warsten*, *Bedelcke* et *Callenhortt* infra terminos sue silue et Garcine que vulgariter *Vorst* dicitur, quas siluam et Garcinam idem dominus Comes a Domino Romanorum Rege tenet in feodo, quam siluam et Garcinam dicta oppida inhabitantes destruunt iniuriose. etc.

Finis:

per Archiepiscopum Coloniensem minime justo est spoliatus.[607])

472.

1298. März. 20. schenkt das Kloster Corvey dem Kloster Marsberg, zur Entschädigung für die Nachtheile, welche es durch den Grafen von Everstein erlitten, Güter und Häuser in Horhusen.

Nach dem Original im Archive des Stifts Marsberg.

Henricus dei gratia *Abbas*, Florentius prior, Ludolfus pre-

---

[607]) Die vorstehende Urkunde ergiebt wenigstens zum Theile, welche Folgen das Compromiß von 1288 (Urk. 424.) hatte. Sie giebt zugleich interessante Aufschlüsse über die frühere Geschichte von Werl, über den Fürstenberg und die Städte Belecke, Kallenhardt und Warstein. Sie verdiente daher hier einen Platz, obgleich sie unvollständig ist. Sie wurde am 5. Mai 1629 in einem Prozesse des Churfürstlichen Fiscus gegen die Stadt Warstein, wegen Jagd-Anmaaßungen der Letzteren, produzirt, und zwar in der Kapelle zu Arnsberg, aus einer Kiste, worin sich viele alte, von Mäusen beschädigte Pergamente befanden. Sie sollte zum Beweise dienen, daß die Stadt Warstein eigentlich mit Unrecht vom Erzbischof Siegfried, in dem ihm nicht gehörigen Walde des Grafen von Arnsberg, angelegt sey, weshalb er ihr in diesem Walde auch keine Gerechtsame geben konnte, als worauf sich Warstein berief. Die Urkunde hatte sehr von Mäusefraß gelitten

positus, electus ecclesie in Brunwillere, Bernhardus camerarius, Crachto cellerarius, Olricus magister karitatum, Fredericus prepositus Noual. totusque Conuentus ecclesie *Corbeyensis*, omnibus presens scriptum visuris vel audituris, salutem in domino et in eo sapere veritatem, Quia labilis est memoria hominum contrahentium, gesta perpetuantur testibus et scriptura, Nouerint igitur presentes et futuri, quod cum monasterium *Montismartis* occasione nostri à Comite de *Euersten* grauiter sit lesum incendiis et rapinis, volentes eiusdem monasterii conuentui vt equum est intuitu iusticie gratiam et restaurum aliquod facere de premissis, sibi ius patronatus et proprietatem de bonis et casis quas *Henricus de Capella* in villa *Horhusen* a nobis vel ab ecclesia nostra possidebat, contulimus et redonauimus cum omni sua integritate et appendiciis in recompensationem dampnorum predictorum, obseruatis sollempnitatibus que in alienatione rerum ecclesiasticarum obseruari debent et specialiter requiruntur, Testes super hiis fuerant Godefridus prepositus noue ecclesie et Notarius venerabilis domini Abbatis predicti, *Siffridus doctor scolarium in Montemartis,* Albertus et Gerbodo fratres de molehusen, Hermannus et Conradus fratres dicti de Huxaria nec non Hermannus monetarii ciues dicti montis et alii quam plures, In quorum testimonium et confirmationem, memorato monasterio presens scriptum tradidimus sigillis nostris firmiter sigillatum, Datum et actum anno dni. M°. CC°. nonagesimo octauo in vigilia beati Benedicti.[608])

473.

1298. Juni. 24. schließen Erzbischof **Wigbold**, Bischof **Eberhard** von **Münster**, Graf **Eberhard** von der **Mark** und die Städte **Münster**, **Soest** und **Dortmund** auf fünf Jahre, einen westfälischen Landfrieden.

Nach dem Abdrucke in *Haeberlin* analecta. p. 259.

Nos *Wicboldus* dei gratia Sancte Coloniensis Ecclesie Ar-

---

und wurde auf Verlangen der Warsteiner, so weit sie noch lesbar war, ihrem vollen Inhalte nach zu den Acten genommen, aus denen sie hier mitgetheilt wird. Wo das Original geblieben, ist eben so unbekannt, als das Jahr, worin es verfaßt worden. Der Inhalt ergiebt aber, daß sie während der kurzen Regierung Erzbischof Wigbolds, durch Graf Ludwig von Arnsberg ausgestellt ist.

[608]) Das Siegel des Abts ist theilweise, das des Convents ganz abgefallen.

chiepiscopus, Sacri Imperii per Italiam Archicancellarius et nos *Euerhardus* eadem gratia *Monasteriensium* Episcopus et *Euerhardus* Comes de *Marka* nec non Magistri Ciuium Consules et Vniuersitates *Monasteriensis*, *Susaciensis* et *Tremoniensis* Ciuitatum, notum facimus vniuersis presentes literas inspecturis, quod attendentes *statum terre partium Westphalie*, per gwerrarum discrimina rapinas et spolia ab iniquitatis filiis, non que ena sunt querentibus perpatrata, pluribus retroactis temporibus adeo et in tantum disturbatum quod vix nostris temporibus nisi salubri et oportuno contraitur remedio, poterit reformari. Placuit igitur nobis omnibus et singulis consensu vnanimi, huiusmodi periculis et periculosis turbatorum machinationibus et conatibus, salubri sancte pacis remedio contraire. Pacem iurauimus et ad ipsius sancte pacis obseruacionem, bona fide et intentione, sine dolo nos ad inuicem astrinximus, interposito iuramento, diuitibus, mediocribus, pauperibus et mercatoribus quibuscunque ac aliis transeuntibus, *infra terminos ducatus Westphalie* et *Dyoceseos ac Dominii Monasteriensis ad quinquennium durature* ut vniuersi sub vmbraculo sancte pacis valeant respirare. Et ne tam salutifera fructuosa et necessaria pacis ordinacio, propter copiosam multitudinem omnium Nostrorum qui pacem iurauimus, dissolui valeat vel remitti et in paucioribus sit via breuior, eligimus nos Archiepiscopus pro conseruacione et prosecucione pacis predicte virum nobilem *Johannem Dominum de Bylsten* et Antonium de Schedinge milites, et nos Monasteriensis Episcopus Gerlacum de Beuern et Ludolphum de Monasterio milites et nos Euerhardus Comes de Marka Engelbertum de Herborne et Theodericum de Dorchede milites, nos vero ciues Monasterienses Henricum Riken et Bernardum Kirchernic concines nostros, nos Susacienses Albertum de Palsole et Wulfardum Eppinc concines nostros et nos Tremonienses Henricum Longum et Bertramum Suderman concines nostros adiungimus, qui certis temporibus et locis ab ipsis ordinandis conuenient et tractabunt et quicquid commoditatis et vtilitatis pro obseruancia pacis excogitare et inuenire poterunt ordinabunt. Quod si pacem a quibuscumque seu a quocumque, cuiuscumque status et condicionis extiterit, vel existat, infra terminos prenotatos in personis vel in rebus inibi existentibus perquisierint et repererint violatam ita quod contra tales fuerit merito procedendum, dicti pacis tractatores seu ordinatores si violatorem pacis inuenerint iniustum et competenter monitus noluerit[609]) excessum suum emendare, tunc pacis tractatores

---

[609]) Häberlin hat, wohl durch einen Druckfehler: noluerit.

secundum tenorem iuramenti sui, contra ipsos expedicionem ordinabunt et vnicuique Dominorum ac Ciuitatum numerum armigerorum imponent, iuxta cuiuslibet ipsorum vires, situs et facultates; quam expeditionem nobis Archiepiscopo si presentes fuerimus, alioquin *Marscalco nostro Westphalie* intimabunt sub suis patentibus literis et *sigillo communi*, quo in huiusmodi factis communiter vtentur et iurabunt, tactis sacris, quod nec preco nec precio, nec odio nec timore alicui parcent in premissis, cuiuscunque status vel condicionis existat. Qua intimacione sic facta, nos Archiepiscopus si in terminis fuerimus, alioquin Marscalcus noster, ulterius Dominos et Ciuitates convocabimus et conuocabit, contra pacis violatorem processuros, qui omnes infra terminum competentem, super hoc ab ipsis pacis ordinatoribus moderandum, potenter et patenter prout status negotii et qualitas personarum pacem violancium requisierint, expensis propriis procedemus nec desistemus a persecucione pacem violancium, nisi condigna prestita fuerit emenda et pax extiterit reformata. Si autem pacis violator monitus iniuriam suam reuocare et excessum suum emendare voluerit, predicti pacis ordinatores potestatem habebunt, ipsum recipiendi ad emendam et emendam excessus moderandi, qua emenda prestita, deinceps super huiusmodi excessu a nullo debebit argui vel culpari. Insuper condictum est inter nos, quod si aliquis pacem huiusmodi uiolauerit et ob hoc in territorio in quo deliquit vel ad quod spolium deduxerit, proscriptus fuerit; ille quicumque fuerit ab omnibus sancte pacis conseruatoribus et in omnibus locis ad que pax iurata se extendit, pro proscripto habebitur et de ipso in omnibus locis iudicabitur, tamquam de proscripto ac si ibidem deliquisset. Adiectum est etiam, quod si aliquos vel aliquem de personis predictis adiunctis et assumptis, adiungendis vel assumendis, mori, abesse vel legitime impediri vel reuocari contigerit. Illi qui ipsos vel ipsum instituerant et adiunxerant, alium vel alios in locum illorum vel illius, poterunt et debebunt subrogare, qui consimilem habent vel habeat potestatem. Si vero predicti pacis ordinatores seu conseruatores, omnes duodecim conuenire nequiuerint ad suos tractatus et negotia prosequenda, sed contingat vnum vel duos abesse, quidquid ceteri ordinandum decreuerint, hoc processum habebit ac si omnes conuenissent. Dicte etiam persone sic assumpte semel ad minus conuenient infra mensem, nisi forte necessitas et pacis turbacio ad conueniendum sepius astringat easdem. Quod si aliqui Principes, Comites, Nobiles vel Ciuitates, de quibus verisimilis sit presumpcio, quod sint viri pacifici et boni pacis conseruatores, huiusmodi ordinacioni includi petierint talos in nostrum consorcium de vnanimi assensu omnium Nostrorum assumi poterunt et admitti. Super omnia tamen quibuslibet Dominis et Ciuitatibus in confederacione pacis iurate adherentibus, in sui iuris rigore permansuris. In horum testimonium et firmitatem euidentem, presentes literas roborauimus Sigillorum nostrorum appensione. Actum et datum in festo natiuitatis Beati Johannis Baptiste. Anno Domini M°. CC°. nonagesimo octauo.[610])

474.

1298. Aug. 7. überläßt Graf Ludwig von Arnsberg, dem Ritter Quaterland einen seiner Vogtleute: Helmich von Obereimer; vorbehaltlich der Wachszinsigkeit, womit er der Kirche zu Wedinghausen verhaftet ist.

Nach dem Orig. im Provinzial-Archive zu Düsseldorf.

Nos *Ludewicus* Comes in *Arnesberg* Vniuersis presentia visuris publice protestamur in hiis scriptis, quod *Helmicum de superiori Embere Hermanno* militi bone memorie dicto *Quaterlant* cum omni iure quod in prefato Helmico habuimus *uidelicet aduocatiam nostram*, dedimus possidendum, nec aliquam sibi ultra non fecimus nec facimus Warandiam in eodem. *Jus uero cerocensuale* quo ipse Helmicus et tota parentela sua ecclesie de *Wedinchusen* tenebatur et adhuc tota parentela tenetur, *dare non potuimus* sed ecclesiam prefatam in saluo iure suo promisimus permanere. Quod sigilli nostri munimine roboramus. Datum anno Domini M°. CC°. Nonagesimo octauo. feria quinta ante festum beati Laurentij.[611])

---

[610]) Von den 6 angehangenen Siegeln waren noch vorhanden, das des Erzbischofs Wigbold, des Grafen Eberhard und die der Städte Soest und Dortmund.

[611]) Das an der Urkunde hängende Siegel Ludwigs ist zerbrochen.

475.

1298. Aug. 28. verleiht König Albert I. dem Erzbischof Wigbold, ein Privilegium de non evocando an das Königl. Hofgericht.

Nach dem Transsumpt im Lib. Priv. Eccles. Colon. Nr. 51.

Albertus dei gratia Romanorum Rex semper Augustus.. Venerabili *Wicboldo* Coloniensi.. Archiepiscopo principi nostro carissimo. Gratiam suam et omne bonum. Vt Ciues et Opidani tui, suis Mercimonijs ac tuis seruicijs commodius insistere valeant et esse intenti tibi ex speciali gratia concedimus et Indulgemus, ut *nullus ciues* et *Opidanos tuos* ad examen seu Judicium Curie nostre Regalis per nostra uel Justitiarij Curie nostre edicta possit euocare et ad nostrum Judicium trahere, nec ibidem teneantur comparere quamdiu tu uel Officiati tui conquerentibus uel conqueri volentibus parati fueritis iustitiam facere expeditam Dantes tibi has nostras litteras Maiestatis nostre Sigillo munitas in robur et testimonium super eo. Datum Colonie V kal. Septembris. Anno domini M° CC° XCVIII° Regni vero nostri Anno Primo.

476.

1299. Jan. 28. vertauscht Kraft Edler Herr von Graffschaft, dem Kloster daselbst, den halben Graffschafter Zehnten, gegen Güter zu Steinbach, Berghausen und Aecker bei Berleburg.

Nach dem Orig. im Archive des Klosters Graffschaft.

Innotescat tam presentibus quam futuris harum inspectoribus vniuersis, quod ego *Crafto Nobilis de Graschaph*, de voluntate *Agnetis* vxoris mee legitime, simul et de pleno consensu *Widekindi* fratris mei, *aliorumque fratrum meorum* ac omnium coheredum, super dimidietate quarumcunque decimationum maiorum seu minutarum cedentium apud *Graschaph* jn agris, jn domibus, jn nouallibus, jn nemore, seu frutectis, que hereditario iure me ac heredes meos hactenus contingebant, necnon super curte jn *Steymbach,* duobus mansis jn *Berchusen,* et sexdecim jugeribus agrorum apud *Berleburg* dictis *yelende,* monasterio jn *Graschaph* nomine ac jure proprietatis attinentibus, cum religiosis viris, dno *Lutberto abbate* et conuentu eiusdem monasterij, *jn Graschaph,* de bona voluntate ipsorum, commutationem talem et concambium tale feci, videlicet vt ego et heredes mei iamdicti, de predictis, curte in Steymbach, duobus mansis in Borchusen, et agris, prefati monasterij feodales ammodo existant, et monasterium sepedictum viceuersa, omnes decimationes predictas exnunc perpetuo possideat integre commode seu quiete. Huic commutationi siue concambio intererant, *Adolfus frater meus de Bedelike,* Conradus de Berghe et Godefridus de Custelberg *prepositi,* Godefridus vicedecanus in Wormbike. Andreas plebanus de Smaleuborg sacerdotes, Henemannus dictus enobeloch, et Sygelo de Adenborn, famuli mei, et alij quam plures. In cuius rei testimonium sigilla, virorum nobilium, *Johannis dnj de Bylstene* et *Widekindi fratris mei,* vna cum meo sigillo presentibus sunt appensa. Datum octaua beate Agnetis martiris. anno dnj M°. CC°. XC°. nono.[612])

---

612) Das Reitersiegel Krafts ist zum Theile zerbrochen; (T. 4. Nr. 2.) das seines Bruders ganz abgefallen. Das Siegel Johanns von Bilstein, hat grade die nemliche Größe und Form wie dasjenige, was von ihm an der Urkunde des Grafen Ludwig von Arnsberg v. 1279 hängt. (T. 6. Nr. 2.) Die Umschrift weicht jedoch in Stellung der Worte ab; sie heißt hier: S. Johannis (Nobilis oder Domini — das Wort ist abgesprungen) de Bilstene. und dort: S. Domini Johannis de Bilstene. — Die andere Hälfte des Grafschafter Zehnten besaß Widekind von Grafschaft, welcher sie am 17. Febr. 1295 zu Attendorn, consensu gertrudis vxoris mee — und adolfi filii mei, dem Abte Lubert zu Grafschaft gegen einen Mansus in villa Langenbeke, einen anderen in villa Otmarenkusen und 40 Mark vertauschte. Marschall Johann von Bilstein, dessen Bruder Hermann, Ehrenfried von Bredenol und Andere waren Zeugen.

477.

1299. Febr. 20. bekundet König Albert I. dem Erzbischof Wigbold, daß nach einer Rechtweisung der Fürsten und Getreuen des Reichs, Weiber in Lehen der cölnischen Kirche nicht successionfähig seyen.

Nach dem Transsumpt im Lib. Priv. Eccles. Colon. Nr. 53.[441])

Nos *Albertus* dei gratia Romanorum Rex semper Augustus Ad vniuersorum sacri Romani Imperii fidelium noticiam volumus peruenire, quod Anno domini M° CC° XCIX°. Indictione XI. X. kal. Marcij nobis apud Opidum Pinguiense pro tribunali sedentibus per venerabilem *Wicboldum* Archiepiscopum Coloniensem principem nostrum carissimum sententialiter quesitum fuit, vtrum filiam bonis feudalibus jure hereditario suis parentibus succedere possit, vel non, Quod ibidem per Principum nobilium Ministerialium et militum tunc nostro Consistorio astantium sententiam extitit diffinitum *quod nulla filia vel mulier possit in bonis feudalibus succedere nisi de plenaria voluntate domini feudi et consensu.* Nos itaque huiusmodi sententiam tanquam legitime diffinitam et a predictis principibus et nobilibus laudatam et approbatam auctoritate regia confirmamus Dantes has nostras litteras ~~nostre~~ Maiestatis Sigillo sigillatas In dicte confirmationis testimonium super eo. Datum die Anno domini, Indictione superius annotatis, Regni vero nostri Anno Primo.

478.

1299. Febr. 22. schenkt Gottfried I. Herr von Rüdenberg, dem Kloster Himmelpforten einige Hörige, als Präbende seiner im Kloster lebenden Tochter Agnes.

Nach dem Orig. im Archive des Klosters Himmelpforten.

Uniuersis et singulis presentes litteras visuris seu percepturis. Nos *Godefridus dominus de Rudenberg* Notum

[441]) Auch abgedruckt in Kindlingers merkwürdigen Urkunden. S. 95.

facimus publice protestando, quod nos de plena voluntate vxoris nostre *palmanie*, et filiorum nostrorum scilicet *Cunegundis, Katrine* et *Gertrudis*, ac etiam legitimorum heredum nostrorum accedente consensu, *nostra mancipia* videlicet Johannem de sueve et uxorem ejus elizabet, ac pueros suos utriusque sexus scilicet hermannum, albertum, Elizabet, lutbergim et Gudam, *ex iure sue conditionis nobis pertinentes*, domine abbatisse et conuentui sanctimonialium *ad portam celi*, in prebendam filie nostre *agnetis* ibidem deo famulantis *in perpetuam tradidimus seruitutem* sub eodem jure que nobis et nostris progenitoribus pertinebant. dimittentes eosdem a servitio seu iure quo nobis tenebantur, perpetuo absolutos. Ne quis igitur heredum nostrorum huiusmodi factum nostrum inposterum retractare conetur presentem litteram super eo confectam, prefatis abbatisse et conuentui, sigillo nostro roboratam contulimus in testimonium et stabilimen perpetue firmitatis. Presentes erant Henricus aduocatus dictus de Elsepe, Rutgerus de Hustene, milites, Antonius, Henricus, Conradus fratres dicti de ense. Conradus iunior de ense et vdo frater eius. Conradus, Godescalcus, hermannus fratres ad portam celi et alii quamplures. Datum anno domini. M°. CC°. nonagesimo nono. In die Cathedre sancti petri.[614])

479.

1299. Mai. 13. erlaubt **Gottfried**, Dechant zu **Soest**, als Pfarrer zu **Brilon**, die abgebrannte Nicolai-Kapelle daselbst wieder aufzubauen, mit dem Bemerken, daß ein zeitlicher Leutpriester (**Plebanus**) oder Vicarius perpetuus der dortigen Mutterkirche, die Kapelle mitbedienen solle.

Nach dem Original im Briloner Stadt-Archive.

Nos *Godefridus dei gratia Susatiensis ecclesie Decanus Pastor Ecclesie in Brylon, ac obedientiarius ibidem*, omnibus presens scriptum uisuris in perpetuum. Cum *Cappella*

---

[614]) Das in weißem Wachse abgedruckte Siegel hängt an weißen Zwirnsträngen. (T. 3. Nr. 6.)

sti Nycolai in brilon, periculo sit Ignis incendij deuastata, propter quod jam dudum diuino officio ibidem est derogatum, quod timemus in nostrum ac multorum uergere salutis detrimentum; Ne igitur ibidem diutius diuine laudis organa suspendantur, Et illud gloriosum nomen, uidelicet Jhu quod est super omne nomen, in quo credentes saluos fieri oportet, illic a xpi fidelibus iugiter ueneretur, Ac laudetur dominus dominorum in syon, cum creatura modicum habeat quod pro meritis respondeat creatori, ob spem diuine remunerationis, et ut populus deo seruiens numero ac merito augeatur, cuius sanguis de manibus requiretur prelatorum. dictam Capellam in honore beati Nicolay iterato reparandam, seu construendam oppidanis ibidem, Ac omnibus quorum interfuerit plenam ac liberam presentium tenore concedimus facultatem, nichilominus obligantes nos per presentes, quod quicunque pro tempore in matrici ecclesia in brylon *plebanus, siue perpetuus uicarius extiterit*, prefatam capellam, tam in horis canonicis, quam missarum sollempniis, per se, uel per suos cappellanos, officiando prouidebit. Saluo tamen in omnibus iure matricis ecclesie memorate. In cuius rei euidentiam, presens scriptum dictis opidanis contulimus sigilli nostri munimine roboratum. Nos etiam Capitulum Susatiensis ecclesie predicte ac *Wernherus plebanus seu perpetuus uicarius ecclesie in brylon* prefate, huiusmodi ordinationem probabilem, a discreto uiro dno Susaciensis ecclesie decano predicto ordinatam, ratam et gratam habentes, volentes eam perpetuo inuiolabiliter obseruari, munientes presentem cedulam sigillorum nostrorum munimine in testimonium super eo. Ceterum Nos Gerbertus dictus grube proconsul. G. dictus goldenere. G. de hallenberg. Al. sardo. H. dictus Jungelinc. Jo. de Lederike. Jo. de monte martis. H. luscus. Thit. de hottepe. God. de hinuela. El. de Winterberg et h. Wescelj Consules oppidi brylon ac uniuersitas oppidi ibidem. Huiusmodi rationabile factum, prouida deliberatione prehabita, communi ratihabitione Approbando, nos obligamus presentium tenore, id inuiolabiliter, cessante qualibet detractione seu impedimento, in perpetuum obseruare. In testimonium huiusmodi ratihabitionis et facti obseruantie, presenti scripto, Sigillum oppidi nostri predicti apponentes. Actum et Datum Anno Incarnationis dominice. M°. CC°. nonagesimo IX°. ipso die beati Seruatii confessoris. ∴ Superscriptionem siqua fuerit approbamus. Actum et Datum Anno et die predictis. ∴[415])

---

415) Die Urkunde ist schön auf Pergament geschrieben. Vier Siegel hingen nebeneinander an grün, roth und weiß gewundenen, dicken lei:

480.

1299. Juni. 11. stellen sämmtliche Klöster Westfalens und der umliegenden Gegend, einen Almosenbrief, zum Zwecke der aufzubauenden neuen Kirche, des Nonnenklosters von Neu-Quistelberg aus.

Nach dem Orig. im Pfarr-Archive zu Medebach.

Uniuersis sancte matris ecclesie fidelibus ad quos presentes littere peruenerint *Gotfridus* prepositus ecclesie sancte marie in *Quistelberch* totusque conuentus sanctimonialium ordinis beati Augustini coloniensis dyocesis orationes in xpo deuotas. Quia ecclesia in *antiquo Quistelberch* quoniam in honorem dei genitricis marie constructa, cum totalibus officinis suis ex nimia sui uetustate funditus sit diruta et collapsa. ipsam ex speciali licentia et consilio venerabilis dni nostri *Wicboldi* sancte coloniensis ecclesie archiepi priorum et capituli ibidem. in locum aptiorem et meliorem in nouo fundo et ex nouo, in locum qui *nouum Quistelberch* uocatur decreuimus transferendam.[616] Igitur quia dicte ecclesie propter modicitatem ac tenuitatem suorum reddituum proprie non subpetant facultates ita quod edificium a nouo inchoatum suis uiribus cum ipsius bonis usque ad consumationem aliquatenus ualeat seu presumat attemptare, nisi piis ac largis xpi fidelium elemosinis adiuuetur. Petiuimus ecclesias conuentuales subscriptas, videlicet *Graschaph, Meschede, Odinge, Rumbike, Wedinchusen, Olinchusen, Vrundeberch, Schede, porta celi, ad paradisum, fratres maiores et minores in Susato, et de sancta Walburge apud Susatum, Benninchusen, moniales in lippia, et fratres ibidem, Cappele, Liesbern, Gysecke, in Paderburne sanctimoniales, et fratres minores ibidem, Gerdene, Wilbodessen, Herswidehusen, fratres maiores de Wartberg, Wormelo, Aroldessen, mons martis, Breydelare, Vlechtorph, Schaken, Werue, Nezle, Bereche, Hospitale in Fritzlaria, et minores ibidem. Hasungen,*

---

nenen Schnüren; welche sinnreich verknüpft, durch den unteren umgeschlagenen Rand des Pergaments gezogen sind. Die Siegel des Dechants und Kapitels zu Soest, imgleichen das des Leutpriesters zu Brilon, sind meist zerbröckelt. Letzteres zeigt noch den Rumpf einer einzelnen aufrecht stehenden Figur, mit den Buchstaben.... M. PL. wahrscheinlich sigillum Plebani. Das große ältere Briloner Stadtsiegel ist fast noch ganz unverletzt. Alle in grünem Wachse.

616) Man vergl. Urk. Nr. 469.

Eppeneberg, Bredenowe, Mannenberch, Casle, Wicenstein, Koufungen, Hegene, in Marpurch fratres maiores et minores, Caldern, Wettere, Wisentuelt, Jurgenberch, Keppele, vt omnibus benefactoribus iam dicte fabrice *plenam fraternitatem omnium bonorum que apud ipsas fiunt, seu fieri potuerint in futuro, pie propter deum dignarentur erogare.* Nos uero ecclesie conuentuales prelibate, ruine predicte ecclesie in Quistelberch pie compatientes ob reuerentiam et honorem illius qui salutem humano generi in ligno crucis constituit triumphando, et in honorem beatissime dei genitricis marie in cuius honore fundata fuit, cupientes quoslibet xpi fideles ad subueniendum eidem karitatiuis exhortationibus incitare concedimus et damus omnibus qui sepe dicto fabrice manum suam porrexerint adiutricem, vna cum cooperatoribus ac promotoribus suis, participationem omnium bonorum, tam vigiliis quam ieiuniis, orationibus, castigationibus et missarum sollempnitatibus que apud nos fuerint seu fieri poterunt in futuro. Insuper nos G. prepositus et conuentus sanctimonialium sepedicti Quistelberch .decreuimus a nobis, et omnibus nostris successoribus perpetue conseruari, vt proxima feria secunda ante festum beati michaelis archangeli *omnium qui fraternitati nostre inscribuntur,* in vigiliis et missarum sollempnitatibus ac si eorum corpora essent presentia, deuote *memoria peragatur.* In cuius rei testimonium, nos, ecclesie conuentuales antedicte, vniuersaliter presentes litteras sigillorum nostrorum munimine duximus roborandas. Datum anno domini, millesimo, ducentesimo nonagesimo nono. In die beati Barnabe apostoli.. tercio Idus Junij.[617])

---

617) Die Urkunde ist gut erhalten. An 52 Schnüren, roth und grün, welche durch den umgeschlagenen unteren Rand des Pergaments gezogen worden, hiengen die Siegel sämmtlicher. in der Urkunde gedachter Klöster, in rothem, weißem grünem und gelbem Wachse; sie sind aber großen Theils abgefallen. — Außerdem wurde den Wohlthätern des neuen Klosters Küstelberg, durch eine Urkunde von 1299 ein 40tägiger Ablaß zugesichert. Diese Urkunde war von einem Patriarchen, zwei Erzbischöfen und neun Bischöfen (meist in partibus infidel.) ausgestellt und besiegelt. Die Urkunde ist verloren. Der untere Umschlag derselben aber, woran die Siegel, an roth und gelben seidenen Schnüren, zum Theile noch hangen, ist noch vorhanden und auf ein Notarial-Document genäht, worin Hermannus Beckerich de Corbeke Clericus Paderbornensis Not. bekennt, daß 1384 Johann von Dorfeld Probst zu Glindfeld, ihm den Original-Ablaßbrief, dessen Anfang und Ende wörtlich wiedergegeben wird, vorgelegt habe, um solchen zu copiren. Auch die Erzbischöfliche Dio-

481.

1299. Aug. 5. bekundet König Albert I. dem Erzbischof Wigbold eine Rechtweisung dahin, daß eröffnete Lehne, wenn sie vom Lehnherrn eingezogen und Jahr und Tag ruhig besessen worden, von Niemand mehr beansprucht werden können.

Nach dem Transsumt im Liber privil. Eccles. Col. Nr. 54.

Nos *Albertus* dei gratia Romanorum Rex semper Augustus.. Ad vniuersorum sacri Romani Imperij fidelium noticiam publicam cupimus peruenire, quod Anno domini M°. CC°. XCIX°. feria quarta ante festum beati Laurencij apud fuldam nobis pro tribunali sedentibus quesitum et propositum fuit in sententia a venerabili *Wicboldo* Coloniensi Archiepiscopo principe nostro carissimo coram maiestate nostra tanquam in figura Judicij constituto, *Si quis tenens feudum a domino aliquo moriatur absque heredibus illis qui vulgo dicuntur leenseruen*[618]) *et dominus feudorum ipsa feuda sibi attrahet et ea per annum et diem sicut sua propria possidet pacifice et quiete,* Et ex tunc venit aliquis dicens se in dictis feudis jus habere et impetit dominum feudorum super ipsis, vtrum ipsi domino feudorum huiusmodi possessio anni et diei debeat suffragari. Ad questionem sic propositam per principes Comites aliosque nobiles taliter est responsum[619]) et communi dictante et approbante ipsorum sententia est obtentum *quod dicto domino feudorum dicta possessio suffragatur, et impetenti ipsum nulla omnino actio in posterum competit in eisdem.* Presentium testimonio litterarum nostre maiestatis Sigilli robore signatarum Datum Anno die et loco predictis. Indictione XII. Regni vero nostri Anno Primo.

---

cesanbestätigung von Wigbold von Holte ist diesem beigeheftet. Sie ist datirt apud Wintersberg sabbatho ante diem beati Laurentii Martyris 1299 und mit den Resten des Erzbischöflichen Siegels in grünem Wachse versehen. Die übrigen Siegel sind sämmtlich roth und von parabolischer Form.

618) Die Urkunde ist auch abgedruckt in Kindlingers merkwürdigen Urkunden. S. 97. Er lieset hier irrig: Leivenherben.

619) Kindlinger lieset: runsum. Die folgenden Sätze sind bei ihm ganz verdruckt.

482.

1299. Sept. 17. beurkundet Ludwig Graf von Arnsberg, daß Heinrich von Aldendorp, vor dem Freigrafen zu Witmaringhusen, einen Bauernhof zu Berichem, an das Kloster Rumbeck verkauft habe.

Nach dem Orig. im Archive des Klosters Rumbeck.

Nos *Ludewicus nobilis comes de Arnesberg* vniuersis uisuris vel audituris presentia protestamur. Quod *Hinricus dictus de Aldendorpe bone nationis homo* commorans in Rudene. necnon vxor sua dna gostli et heredes eorundem. videlicet Hinricus Jutta et Dideradis constituti in *Witmerinchusen coram nostro judicio quod wlgo vrigdinc dicitur. Theoderico de aften tunc comite libertinorum.* Quendam manssum situm in *berichem* qui ipsis iure proprietatis attinebat. vendiderunt fratribus et sororibus ecclesie in *Rumbeke* cum proprietate et omnibus suis attinentiis. pro quinque marcis legalium denariorum monete susaciens. quem ibidem in manus Johannis prepositi dicto ecclesie in Rumbeke vicem ecclesie sue ibidem tenentis resignauerunt et transtulerunt cum proprietate et omnibus suis attinentiis iure proprietatis perpetuo possidendum. renunciantes omni iuri quod in dicto manso habebant vel habere videbantur. *cum sentensciis judicialibus ad hoc debitis et consuetis.* Presentes erant. Wilhelmus de heninchusen wilhardus de heninchusen *tunc vrigierrone.* Radolfus de Redinchusen. Theodericus de grafweghe. Conradus dictus hetertarte. Hermannus de beuekinchusen. Lambertus pilechem. Johannes Lifhardinch. Ludewicus soraghe. Hinricus bastenberg. Hinricus Hetvelt. et alii quam plures *boni testimonii viri.* In cuius rei testimonium cum prescripta coram nostro iudicio sint acta. ad peticionem partium virorumque. ne in posterum aliquis prescriptam ipsorum uendicionem siue emptionem ausu temerario infringere presumat dedimus dicto ecclesie presens scriptum super hoc confectum sigilli nostri munimine roboratum. Datum anno dni. M°. CC°. nonagesimo nono. In die beati Lamberti martiris.[620])

---

[620]) Das an weißen Zwirnfäden hängende Siegel ist in weißgelbem Wachse abgedruckt.

483.

1299. Dec. 4. bestätigt König Albert I. dem Erzbischof Wigbold von Cöln, als Herzog in Westfalen das Recht, den zum Tode verurtheilten Verbrechern, sechswöchentlichen Aufschub der Strafe zu bewilligen.

Nach dem Transsumpt im Lib. Privil. Eccles. Colon. Nr. 55.

Albertus dei gratia Romanorum Rex semper Augustus.. Vniuersis sacri Romani Imperij fidelibus et precipue Comitibus Baronibus et militibus ceterisque hominibus quibuscunque *in Ducatu Westfalie et in ipsa terra Westphalia* constitutis ad quos presentes littere peruenerint Gratiam suam et omne bonum. Ex parte venerabilis *Wicboldi* Coloniensis.. Archiepiscopi *westphalie Ducis* nostro est culmini supplicatum, quod cum ipse.. Archiepiscopus suique antecessores, Archiepiscopi Colonienses *westphalie Duces* qui pro tempore fuerint *ratione Ducatus sui Westphalie* fuerint in possessione juris uel quasi siue consuetudine a tempore cuius memoria non existit habuerunt, tenuerunt et possederunt habeant teneant et possideant *in ipso Ducatu Westphalie* pacifice et quiete, quod *vbicunque infra terminos dicti Ducatus Westphalie aliquis homo per judicium quodcunque morti adiudicatus seu ex quocunque causa vltimo supplicio deputatus per ceram ducis, qui impressione cere ad Sigillum dicti.. Archiepiscopi fieri assolet, arrestatur ipsius dampnati seu ad mortem judicati vita ad sex septimanarum spacium et per arrestationem huiusmodi prorogatur Judicis seu Actoris aut alterius cuiusuis contradictione aliquatinus non obstante*, Nos cum dictus Ducatus a nobis et sacro Romano Imperio descendat jus siue consuetudinem huiusmodi de benignitate Regia ipsi.. Archiepiscopo et sue ecclesie cum adjectione pene contra Rebelles hoc jus seu Consuetudinem infringentes dignaremur innouare et pariter confirmare. Attendentes igitur iustis petencium precibus animum fore regium inclinandum Cum eciam ex hoc quod nostris principibus eorum Jura corroboramus ipsorum deuotionem et fidelitatem erga nostram celsitudinem augmentamus *Jus et consuetudinem predictam in omni ea forma qua premittitur et hucusque obseruatum est, ipsi Archiepiscopo et ecclesie sue Coloniensi auctoritate regia innouamus et tenore presencium imperpetuum confirmamus.* Inhibentes vniuersis et singulis cuiuscunque status preeminencie aut condicionis existant, ne quis contra jus et consuetudinem antedictam venire presumat. Quod si quis fecerit penam decem Marcarum auri puri nostre Camere pro media parte et.. Archiepiscopo Coloniensi *Duci Westphalie* pro tempore existenti pro alia media parte sine remissione qualibet exsoluendis incidat ipso facto, In huius innouacionis et confirmacionis nostre testimonium et perpetuam firmitatem has litteras dicto.. Archiepiscopo Duci Westphalie et ecclesie sue Coloniensi nostre maiestatis appensione Sigilli tradidimus communitas, Datum apud Tullum. II. nonas Decembris Anno domini M°. CC°. XCIX°. Indictione XIII Regni vero nostri Anno Secundo.

484.

1293—1300. Bestand des Marschall-Amts in Westfalen.

Nach Kindlingers Handschriften B. 71. S. 9. verglichen mit dem Liber jurium et feudorum Theoderici II. Archiep. Colon.

Hij sunt redditus opidorum et officiorum infrascriptorum, quos *Johannes Marschalcus Westphalie* ad presens sub se habet et qui de ipsis officiis prouenlunt.[621])

---

621) Kindlinger, welcher in seiner handschriftlichen Urkundensammlung B. 71. S. 9 u. fg. dieses Verzeichniß der Einkünfte des Marschallamts von Westfalen mittheilt, giebt nicht an, aus welcher Quelle es geschöpft worden. Nach den Worten der Ueberschrift: quos Johannes Marschalcus Westfalie *ad presens* sub se habet, ist das Verzeichniß in den Jahren 1293—300, wo Johann von Plettenberg Landmarschall war, angelegt. Bruchstücke davon sind mitgetheilt in Kindlingers münsterschen Beiträgen B. 1. Urk. Nr. 144. B. 3. S. 257 und B. 3. Urk. Nr. 102; wo er das Verzeichniß der Einkünfte der Villication Soest, (S. ob. Nr. 370) welches einen Theil dieses Hauptverzeichnisses ausmacht, in die Jahre 1275—1332 setzt und bemerkt, daß es aus einem Codex des 14ten Jahrhunderts (wahrscheinlich aus dem Parvus correaceus ruber) genommen sey. Ferner in v. Spilkers Beiträgen B. 2. Urk 270. und in v. Ledeburs Geschichte von Vlotho. S. 135. Wir geben hier zuerst das Ganze vollständig, indem wir, wie bei Nr 370. dem Texte das von Kindlinger benutzte ältere Manuscript zum Grunde legen, in den Anmerkungen aber die wesentlichen Abänderungen angeben, womit dasselbe in dem späteren Liber jurium et feudorum Erzbischof Diedrichs II. (um 1448) wieder aufgenommen ist. Auf diese Weise

Segen.[613])

Primo in opido *Segen* habet Dominus Archiepiscopus L. marcarum redditus annuatim, quorum Comiti Heinrici(o) de Nassau sunt XXV. marce obligate, quousque redimantur pro II$\frac{1}{2}^{c}$ (250) marcis. Reliquas XXV marcas *Syfridus* de *Westerburg* vendicat sibi pro feodo suo.

Item habet Archiepiscopus ibidem molendinum situm in fossato opidi predicti valens annuatim XX maldra siliginis et ultra, quod *Pilgrinus* de *Waldenburg* dictus de *Windegge* habet, dicens sub tempore domini *Conraidi* Archiepiscopi fuisse pro quibusdam dampnis obligatum: sed nunc marscalcus aliunde receperat ipsum molendinum ad manum suam.

Item habet Archiepiscopus ibidem aliud molendinum, valens XXIIII maldra siliginis annuatim, quod quidam famuli dicti de *antiquo monte* pro media parte habent pro feodo suo castrense in Segen; aliam mediam partem *Erenfridus* de *Bredenole, cum fuit marscalcus, Hermanno* de *Haldinchusen* militi contulit et sic adhuc habet.

Item Archiepiscopus habet ibidem medietatem *thelonii* valentem IIII marcas et IIII solidos annuatim, quam medietatem habet *Fredericus* dictus *vamme Schagen* miles, dicens, hoc esse feodum suum castrense ibidem.

---

wird eine vollständige Zusammenstellung des Erzbischöflichen Ducats in Westfalen, wie er am Schlusse des 13ten Jahrhunderts war und wie er sich in der Mitte des 15ten zu seiner späteren Territorialgestalt abrundete, geliefert. Zur vollständigen Darstellung desselben in der letzten Periode, gehören aber noch die Zuwüchse, welche er 1368 durch die Grafschaft Arnsberg erhielt. Wir werden diese im folgenden Bande mit gleicher Vollständigkeit liefern. — Die Abschrift des Textes bei Kindlinger ist sehr mangelhaft, weil ihm das Original, wegen der vielen Abbreviaturen, häufig unleserlich war. Da dieser Text in den Liber jurium et feudorum herüber genommen ist, so war es möglich, dadurch Kindlingers Handschrift an sehr vielen Stellen zu berichtigen. Umgekehrt war aber die Aufeinanderfolge des alten Textes, so wie ihn Kindlinger mittheilt, durchaus erforderlich, um in den Liber privilegiorum von Erzbischof Diederich überall verständigen Sinn zu bringen; denn in diesem ist Altes und Neues, nach einer ganz anderen Ordnung, als welche im ersten Texte herrscht und welcher daher überall zerstückelt worden, so bunt durcheinander gestellt, daß es in dieser Form häufig nicht zusammen zu reimen ist. Auf die vielen Bereicherungen, welche die ältere Geographie des Landes und die Chronik der Familien unseres Ministerial-Adels, durch diese und die im folgenden Bande noch zu liefernden Urkunden dieser Art erhalten, braucht kaum aufmerksam gemacht zu werden.

613) Im Lib. jur. et feudor. sind die auf Siegen bezüglichen Stellen nicht wieder aufgenommen, weil damals der Mitbesitz des Erzbischofs daran, aufgehört hatte. Arnoldi Geschichte der Oranien-Nassauischen Länder. B. 1. S. 65.

Item Archiepiscopus habet in Segen denarios dictos *wartpenninge,* valentes annuatim III marcas X solidos, quos illi de *Witgensteyn* habent pro feodo suo castrensi in Segen.

Item habet Archiepiscopus in Segen L *pullos* annuatim quos etiam tollit *Gerhardus* de *Windegge* predictus.

Item medietas *judicii* in Segen est Archiepiscopi, de qua medietate marscalcus aliunde habet IIII marcas annuatim; de *magnis vadimoniis* LX solidorum, de *minutis vadimoniis,* que sunt infra LX solidis, dantur septimanatim IX denarii custodibus turris castri in Segen.

Item *Conradus* miles, *Gerhardus* et *Philippus* fratres de *Bickene* habent bona in Bikene sub se, que valent annuatim XXX marcas, pertinentes Archiepiscopo Coloniensi, que *Euerhardus* de *Heydene* miles, cum esset officiatus ibidem, eis vendidit pro LX marcis.

Summa denariorum horum redditum, qui in denariis consistunt apud Segen in Bickene, ascendit annuatim ad XCII marcas et II solidos, de quibus marscalcus nichil recipit, nisi tantummodo IIII marcas de judicio; alios redditus alieni habent qui sunt prenominati.

Item summa annone de molendinis predictis ascendit ad XLIIII maldra, de quibus marscalcus nichil recipit, nec de pullis predictis.

Waldenbergh.

Item hii sunt redditus officii in *Waldenburg.*[623])

---

[623]) Der Lib. jur. et feud. Theoderici pag. 185, giebt unter der Ueberschrift: Jura officii Waldenberg, Snellenberg et Attendarn erst folgende Nachricht: Item de *precaria maji* dicti officii Waldenberg de hominibus dictis *Vagelluden* LX marc. IIII. h. pro denario computatis — It. *Olepe* XXII marc. ejusdem pagamenti — It. de *ministerialibus* XX marc. — It. de *precaria autumpni* ibid. de dictis *Vagelluden* LXX marc. — It. de *ministerialibus* XX marc. — It. de precaria dicta *Voederbede* XX maldra siliginis. — It. XL maldra aueno — It. XX plaustra feni — It. XL plaustra lignorum — It. VI^{c}. pulli annuatim — It. emolumenta et obuentiones et judicia. — It. curtis in *Meinershagen* XII maldra annone — It. XV. marc. pagamenti; scudato aureo pro decem solidis computato; quas quidem XV marc. tollit *Rutgerus* de *Nyenhoeue* pro feodo suo. — Nota quod *Rudgero* vamme *Nyenhoeue* deputati fuerunt VIII marc. in curia predicta, eo quod ipse supportauit castrum *Nyenhoeue* ecclesie Colon. pro feodo libero ligio et aperto contra omnem hominem solo comite de Marka excepto. patet per litteram in Reg. antiquo *Walrami* fol. XLVII; it. etiam in Reg. clauso distinctione V. Nro. XXXIX. — Nota quod Dnus Coloniensis in officio in Waldenberg dat infrascriptis suis castrensibus que sequntur — Primo *Gobelino* de *Hysa* militi VIII marc. — It. *Heydenrico* de *Beygere, Euerhardo Kolnen* militibus et *Henrico*

Homines dicti *officii* solunnt annuatim in majo LX marcas in autumpho LXX marcas.

Koluen VIII marc. — It. *Friderico Dobbe* militi XXVII. sol. — It. *Theoderico* de *Heldene* XXXVI sol. gross. facient XXX marc. audiatur litera — It. *Theoderico Snellenberg* VIII marc. — It. *Hermanno* de *Snellenberg* IIII marc. — Summa huius pecunie exponende in dicto pagamento. LIX marc. *III solid.* — Redditus annone cuiuslibet molti facit IIII maldra — *Primo* curtis in *Gelmen* XL mald. siliginis — It. XL mald. ordei. — It. curtis in *Werle* dicta *Aldehoff* XLII annone — It. molendinum in Geseke III malta silig. It. XVIII solid. — It. decima in *Bedelike* XIII malta annone. cuius maior pars est in auena — It. decima in *Glasheim* IIII malta annone — It. *auena gograuiatus* et *Graschult* XX malta — It. decima in *Brilon* XV marc. duobus solidis grossorum pro marca computatis — It. decima in *Buren* XV marc. — Nota de castro *Waldenberg* et bonis in *Meynartzhagen* et *Droilshagen* ecclesie Colon venditis pat. per lit. in Reg. clauso distinct. quarta N. VIII. (Urk. Nr. 248.) Hierauf heißt es pag. 186 weiter: Item super eodem alia descriptio und nun folgt die im Text gegebene Nachricht. Ueber die spätere Waldenburger Burg- und Mannlehne, giebt der Lib. jur. et feud. p. 179 seq. unter der Ueberschrift: Waldenbergh, Snellenberg Nachricht, welche wir hier im Auszuge mittheilen: *Theod.* de *Helden* mil. inf. Attend. 1371. nominauit feod. castr. in Waldenb. annuat. 6 marc. pag. Susat. solvend. de officio ibid. — *Franco* de *Helden* inf. Arnsb. ao pred. nom. pro se et *Herm.* fratre feod. cast. in Waldenb. annuat. 5 marc. solvend. de offic. Droilshagen; It curt. in *Fynole* in paroch. de Ole; ratione feod. homagii; It. curt. in *Brentscheide*, que est retrofeod; It. curt. in *Lysternole* cum molend. in parroch. Attend. It. mans. in ead. villa. It. bona dict. *dat clenkol* in par. Attend. It. bona dicta *oossypen* in ead. par. It. curt. in *Gerwerdinchusen* in par. Valbracht. It. nemus in ead. par. It. curt. dictam *tome Doyme* to *Gevoyre* in paroch. Helden. It. curt. in *Nedernhelden vurme Hagen.* — *Franco* pred. inf. vt supra nom. curt. in *Oeuerenbichen* rat. comitat. de Arnsb. It. curt. in *Vrylintorpp*; it. mansum et pascuam in *Leenhuysen* feud. homag. — *Theod.* de *Helden* mil. inf. Arnsb. ut supra nom. dimid. part. curtis in *Vredelinch.* in par. Plettenbr.; it. 4 mans. in *Vilden* in par. Medeb. bona minist. — *Herm.* de *Helden* inf. a D. Engelb. Arch. Col. 1364. de curte *ten Ole*; it. de vno manso in *Heilden*, it. *to Gerore* 1 mans.; it. de curte *Listernole*; it. de feod. castr. in Waldenb. ann. 6 marc. per officiatum ibid.; it. rat. feodi de bonis in *Brenscheide* in par. de Baluer — *Theoder.* de *Helden* dict. *Jagedüvel* inf. Arnsb. 1417 nom. decim. et molend. in paroch. Vaelbert curt. in *Vrylintorpp* in par. Holthusen et bona *Lysternole* et curt. in *Vylbeck* in par. Attend. et curtem in *Bichen* in ead. paroch. et curt. in *Voeren* (Förde) in par. Elsepe. — Litera *Herbordi* de *Heldene* de 2 curtib. in par. d. Held. cuid. civi in Attend. *Tilmanno* in *deme Wynkel* appropriatis in prejud. Eccles. sed per ips. postmod. revocatis, quia curtes sunt feoda Eccles. pet. in Reg. clauso. divis. 7. N. 61. — *Theod.* de *Plettenbracht* inf. Arnsb. nom. feud. castr. in Waldenb. de quo hab. domum ibid. et aliquos homines juxta

Item soluunt XX maldra siliginis et XL maldra auene et XX plaustra feni et XL plaustra lignorum.

---

85. It. curtem in *Ymynchoue*. feud. hom. — *Henr.* de *Plettembr.* rec. in castro Werle — *Hunold.* de *Plettembr.* rec. in castr. Houestat. (M. s. d. Art. Werl u. Hovestadt.) — Dn. *Hunold.* de *Plettembr.* inf. Arnsb. 1371. nom. 2 officia camerarie de quib. hab. 2 liberas curtes in opid. Susat. it. agrum *Temenkamp*; it. hab. plur. fideles, quos ult. infeudat nomine Eccles. Colon. et decim. in *Aspen* in par. Ervete; it. villam et jurisd. in *Oestinch.* it. curt. in *Helwerdinch.* in par. Oestinch. it. curt. tome *Nyenhus*, cum nemore Sundern; it. curt. in *Hoenroyde*; it. advocatiam ville *Loen*; it. decim. et 2 mans. in *Wesler* partim de comitatu Arnsb. — *Heydenr.* de *Plettembr.* mil. inf. Arnsb. nom. 6 marc. pagam. Susat. solvend. in *Staggenhagen* feud. homag. — *Bertold.* de *Plettembr.* inf. ib. nom., curtem in *Vflen* in par. Werle; it. bona in *Rychem* et curiam ib. bona feod. — *Theodericus Krumphoet* de *Plettembr.* inf. Rolandzecke 1388. de fortalitio in *Puntgescheide* (Pungelscheid) et 1 manso agror. pert. ad ips. fortalit. resignat. per *Joh. van der Smalenberg* fidele manente equebene — *Gerard.* de *Plettembr.* inf. Arnsb. 1398 nom comitiam liber. in *Bolue* et 6 marc. pagam. in *Hachen* — *Henr.* de *Plettembr.* dict. *Plassedreck* inf. Susat. 1376. nom. decim. in Hallenb. it. 1 marc. annuat. de villa *Buren* prope *Brylon* it. 1 mans. dict. *Koikesele* prope *Olepe* — Dnus *Hunold.* de *Plettembr.* inf. a Dno *Adolpho* Electo Colon. de officio camerariat. it. de curte *zume Themecampe*, it. de decima in *Aspen*; it. de curte in *Thunen* et decima ib. it. de curte *zom Hoynroyde* it. de curte in *Wesler*, de 2 mans. cum decima it. curte in *Brulinchuysen* et 1 mans. in *Loen.* — *Theoder.* de *Plettenbr.* mil. inf. à Dno *Engelb.* Archiep. Col. 1364 de feod. castr. in *Waldenb.* it. de curte in *Immynchus.* — *Hunold.* de *Plettembr.* inf. a Dno *Cunone* administr. Colon. nom. 2 officia camerariat. in Ducatu Westph. feud. cast. in *Houest.* 5 marc. it. decim. in *Aspen*, it. curt. in *Honrode* it. 2 curt. liberas it. circa 60 fideles infr. opid. Susat. it. curt. in *Nele* cum 2 mans. — *Theoder.* de *Plettembr.* inf. à Dno pred. de feod. castr. in *Waldenb.* domum suam in feud. sumpsit et turrim in *Ymminchus.* — *Heydenr.* de *Plettembr.* mil. et *Herm.* filius suus, inf. à Dno com. Arnsb. recep. bona in *Palsole* bon. feod. — It. idem *Heydenr.* rec. à com. pred. curt. in *Vretere*, 1 hob. *Massenbike*, 1 hob. in *Medenbeke* bon. feod. — It. *Walth.* de *Plettembr.* rec. à com. pred. curt. in *Vflen*, 1 hob. in *Richem* bon. feod. — *Hunold.* de *Plettembr.* mil. rec. à com. pred. curt. in *Vosswinckele* b. f. — It. id. *Hun.* rec. à com. pred. totam vill. in *Osdinchus.* et cur. in *Hilwordinchus.* b. f. — 1406. *Wolt.* de *Plettembr.* inf. Arnsb. nom. curt. in *Vflen* et 1 mans. in *Richem*, que quond. pat. suus in feod. hab. — Nota de curt. *Steynhoff* juxta cimiter. in villa *Plettembr.* ab eccles. Col. in feudo depend. rep Lit. in Reg. antiq. parvo N. 189 et al. lit. in reg. ant. magno fol. 47. — It. de 2 mans. terre quorum un. in *infer. Heldene* alter in *Dydink* in par. Heldene, *Heydenrico* de *Plettembr.* militi pro feod. castr. in *Snellenb.* p. Dn. Colon. conces. et ab ipso alque hered. pro 140 clippeatis aur. et datiuis redimend. leg. in reg. parv. antiq. N. 165. — Inf. *Heydenr.* de *Plettembr.*

Item curtis in *Hunsbern* spectans ad ipsum officium soluit annuatim XXX maldra aueno et VI solidos denariorum.

---

de lib. comit. in *Balue.* it. Dnus Colon. etiam inf. *Gerardum* de *Plettembr.* de ead. rep. lit. in Reg. mag. Dni. Frid. N. 96. It. de castro *Loen* prop. Susat. donat. Eccles. Col. per *Hunold.* de *Plettembr.* it. alia lit. sup. commissione ejusd. castri facta *Hunoldo* pred. pat. per lit. in Reg. mag. Frid. N. 167. 168. — Consens. Dni Colon. sup. dotalitio facto uxori *Hun.* de *Plettembr.* de curiis *Bischoffshoff* et *Hoynroide* infr. Susat. dat. 1380 — It. de villa *Loen* prop. Susat. leg. in reg. maj. Frid. N. 413. 414. 491. — It. obligatio Vrygraviatus in *Balve* p. *Gerard.* de *Plettembr.* *Albto. Schüngel* et *Gotfrido Wreden* ad temp. impignorat. pat. ibid. N. 696. — Inf. *Bertoldi* de *Plettembr.* de 6 marc. de curte *Menden* rat. feudi castr. per resignat. *Wynemari* van *Stade* facta per Dn. nost. modern. 1482. leg in Reg. de feud. fol. 66. 86. — 1415. *Gotfr Stoeter* de *Plettembr.* inf. Colon. nom. curt. in *Vredelinchus.* in par. Plettembr. cujus quartam partem possid. *Theod.* *vppme Kampe* de *Kubbinchusen* — *Herm.* de *Snellenb.* *Adolph.* de *Snellenb.* rec. in castro Attend. (Man s. d. Art. Attendorn.) — *Frid. Doyus* mil. inf. Attend. nom. 8 marc. 3 bz. Hallenb. antiquis pro den. computat. de feod. castr. in *Waldenb.* — Dns Frid. pred. inf. Arnsb. nom. 3 marc. Susat. de feud. hom. in Arnsb. — *Heydenr.* de *Heyen* inf. Susat. 1370. nom. 10 sol. gross. rat. feodi castr. in *Waldenb.* — *Herm.* *Advoc.* in *Heyen* inf. Arnsb. nom. curt. in *Heyen,* piscinam et molend. ib. in par. Attend. bon. feod. — *Herm.* de *Heyen* et *Henneke Schade* dict. *Ludenberg* receper. curt. zum *Oystberge* post mort. *Rutgeri Yssvogel* 1398. — *Franco* de *Heygen* inf. à com. Arnsb. rec. 1 mans. in *Heygen* et piscariam in *Akusen;* it. id. recep. à com. pred. 1 molend. et piscar. in *Akus.* 1 mans. et 1 mans. in *Heyen* b. f. — *Franc.* de *Heyen* inf. Ruden 1424. nom. curt. in *Ostbg.* — Lit. supportat et permiss. *Heydenr.* *Franco.* et *Herm.* fratr. de *Heyen,* *Heydenr.* dicto *Babenole* et de curte *Oeuerenbabenole* facto Eccles. Col. feodum lib. lig. et apert. contra omnem hom. dat. 1379. leg. in Reg. maj. D. Frid. N. 169. — Lra. permission. *Heydenr.* de *Heyen* sup. curte in *Luttikennedere* prope *Bierhoue* impignor. *Friderico* judici in *Borcholte* p. 300 flor. ad redimend. inf. 8 annos; quod si non fecerit, extunc Dn. Colon redim. pot. 1421. leg. in reg. Dni nostri moderni de f. fol. 43. — ao 1424 *Herm.* de *Heyen* cum *Ludenbg.* dicto *Schade* inf. sunt cum curte *Oyssberge* in par. *Nyenyesske.* It. eadem vice dict. *Herm.* inf. est cum curte *Hairkampe* ap. *Bedelike.* — Joh. *Haudordoir* de *Wipperfurde* inf. Fritzstroim 1395 nom. curt. *ter Eyken* in par. *Schoenholthus.* devolut. p. obit. *Henekini Berincksson* alias dicti de *Plettembr.* patris sui. — *Gerlac.* *vamme Loe* inf. Wipperf. 1396. nom. curt. in *Burkusen* in par. *Rodenselde* 1424. *Bertramus* de *Loe* fil. *Jois* de *Loe* inf. Arnsb. nom. 40 jurnal. terre arabil. prope *Hiddinchus.* — 1371. *Johs.* et *Herm.* fratres *vamme Loe* inf. Arnsb. de 40 jurnalib. terre arab. prope *Hiddinch.* — Supportatio fortalitii *Streuekeloe* in paroch. *Marleer* facta Eccles. Col. pro lib. lig. et aperto cont. omnem hom. per *Weselewm vamme Loe* dat. 1378. leg. in reg. maj. D. Frid. N. 100. — Supportat. castelli

Item de supradicta pecunia *Pilgrinus* de *waldenberg* habet annuatim XII marcas denariorum susatensium pro feodo suo castrensi in Waldenberg.

Item *Arnoldus* et *Euerhardus* de *Drolshagen* X marcas susatenses quas inter se pro feodo castrensi diuiserunt.

Item *Wedekinus Pepersack* VI marcas susatenses pro feodo suo — Item *Remboldus* eius frater VI marc. pro feodo suo — Item *Thomas yograuius* VI marc. pro feodo suo — Item *Rutgerus* de *Ewig* VI marc. p. f. s. — Item *aduocatus* de *Heyne* II marc. p. f. s. — Item *Theodericus* de *Snellenberg* IIII marc. p. f. s. — Item *Franco* de *Snellenberg* frater eius X marc. p. f. s. — Item *Theodericus* de *Holthusen* IIII marc. p. f. s. — Item *Erenfridus* de *Bredenole* VI marc. p. f. s. — Item *Adolphus* de *Ewich* VI marc. p. f. — Item *Gerardus* de *windecke* VI marc. p. f. — Item capellanus IV marc. et VI solidos — Item duo portenarii III marc. IV solid.[624]) — Item tres vigiles V marc. — Item custodibus turris in Waldenburg IIII Marcas, VII maldra siliginis — Item *Henricus* comes de *Nassawe* habet V marc. reddituum pro C. marcis quas Dnus *Wicboldus* Archieps sibi obligauit. — Item *Euerhardus* de *Heygere* habet V. marcas, qui nunquam seruit, quas idem Dnus Wicboldus sibi concessit — Item *Theodericus Rumpp* dicit se habere V. marcar. redditus pro feodo suo castrensi, sed non dantur ei. — Item *Franco* de *Haldinchusen* habet VI marc. quas Dnus Wicboldus concessit ei pro feodo suo castrensi — Item *Heinricus Hatnegge* habet IIII marc. quas etiam Dnus Wicboldus concessit ei. — Item *Lambertus* de *Scheidingen* requirit IIII marc. sed non dantur ei.

Summa horum feodorum ascendit ad C et XXXII marc. et X solidos. et sic deficiunt de Summa reddituum predictorum II marce V solidi, sed exceptis XXII marcis quas *Gerhardus* de *Waldenberg* et fratres de *Drulshagen* tollunt. dantur aliis denarii monete Attendariensis ita quod tantum recipit marschalcus quantum Susatensem excrescit Attendariensis denarius.

Annonam fenum et ligna supradicta tollit marschalcus.

Meynartzhagen.

It. curtis in *Meynartzhagen* attinet Dno Archiepo et soluit annuatim XX marcas de quibus Marschalcus habet

---

zome Loe in districtu Rockelinchusen facta Eccles. Col. p. *Henric. vamme Loe* 1395. legr. ib. N. 508.

[624]) Bei Kindlinger sind die Angaben von Ehrenfried Bredenol bis hieher unvollständig.

annuatim pro feodo suo in Snellenberg X marcas et Gogranius de Attendarne VI marcas pro feodo suo ibidem. Reliquo vero quatuor marce cedunt Archiepiscopo pro se, quas tollit Marschalcus. — Item dicta curtis soluit annuatim XII maldra siliginis et X maldra auene que tollit marscalcus.[625])

It. Archieps habet in Meynartzhagen *judicium altum* et *bassum* quod omnes predecessores nunc Domini Archiepiscopi habuerunt et in pacifica possessione habuerunt usque ad aduentum nunc Dni Archiepi de curia romana. Tunc *Comes* de *Marca* de alto officio se intromissit et tenet violenter.

A t t e n d a r n.

Item in *Attendarne* Archiepiscopus habet *monetam* que alias valuit C marcas nunc vix valet octo propter opidanos qui eam impediunt et debet marscalcus de dicta moneta habere annuatim VIII marcas pro expensis castri Snellenberg. — Item opidum ibidem soluit annuatim LX marc. pro *petitione* sua.[626])

---

[625]) Diese Stelle: dicta curtis soluit etc. fehlt im Lib. jur. et feud. pag. 186.

[626]) Der Lib. jur. et feud. pag. 177 hat den Zusatz: et immutatum est LXXX solidos grossorum antiquorum ut infra specificatur. Notandum quod anno dni M. CCCXC tertio die conuersionis sti Pauli concordatum fuit inter Dnum et opidanos Attendarienses quod pro pensione sua annua dabunt Domino et Ecclesie suo nec non suis successoribus nunc in antea LXXX solidos grossorum antiquorum aut LXXX florenos ponderosos ad placitum Domini vel pro dictis florenis pagamentum pro tempore usuale. — Ueber die spätere Burg- und Lehnmannschaft von Attendorn giebt der Lib. jur. et feudor. pag. 109. seq. folgende Nachweisen: *Volmarus* dict. vame *Wynckel* inf. Lechenich 1371, nominauit 2 mansos, 1 in *Nedernhelden* et alium in *Dedinghusen* in ead. paroch. rat. feudi homag. — *Godefr.* de *Meckelinghusen* inf. Attendarne 1371 nom. mans. in *Meckelinch.* supra piscinam in par. Helden feud. hom. — *Henr.* de *Merkelinch.* inf. a com. Arnsb. de 1 mans. in *Wigerinchus.* bon. feud. — *Godekinus* de *Meckerinch.* inf. Arnsb. 1114 nom. bona *ten Eyken* in *Meckerinch.* in par. Helden — *Hans Meckelinch.* opidan. de Attendarne inf. Attend. nom. curtem *ten Eyken* 1410 — *Theoder.* de *Ole* inf. Brule 1372, nom. curtem in *Ole* — *Herm.* de *Ole* de *Brunichus.* rec. feod. à com. Arnsb. *dat Vogel huis* to *Selhouen* et curiam to *Ouerhusen* b. f. — *Herm.* de *Ole* recep. a com. pred. curtem in *Dale* b. f. — Lit. demonstrationis feudi *Wilh.* de *Ole* de redditib. 5 marcar. brabantinar. ex manso in *Winchusen* dat. 1341, pat. in reg. clauso diuis. 7. N. 19. — Infeudat. *Theod.* de *Ole* 1378, de curte *Nederheldene* cum manso et area molendini prout ea *Wilh.* quondam in *Buninchusen* alias de *Ole* tenuit — *Euerh.* de *Broichusen* inf. Attend. nom. curt. in *Berinchus.* extra bona

Smalenberg.

It. Archiepiscopus habet in opido *Smalenberg* medic-

---

que tenet ib. à com. Markensl. — *Conr.* mil. de *Broick.* rec. à com. Arnsb. 1 hob. in *Luttekenbroichus.*, 1 hob. in *superiori Enze* et nota quod *Henr.* de *Plettembr.* videtur ea bona in *Enze* recepisse ad viteductum — *Gotsch. de Broichus.* rec. à com. Arnsb. jus patronat. Ecclesie in *Oppheyrike* et 2 mans. in *Oueren Enze* b. f. et 1 mans. in *Luttekenbroichus.* dict. des *Kindes Gut.* Nota *Theod.* de *Aldinchuys* rec. à Dno Colon. jus patron. in *Oppheyerike* — It. Dns *Joh.* de *Broichus.* rec. à com. pred. decim. in *Heruoede* et 1 vorstat ib. b. f. — *Henr.* de *Broichus.* rec. à pred. com. curiam *Burschede* b. f. que frat. suus resignauit. — *Cuneg.* de *Broichus.* inf. à com. pred. de bon. in *Broichus.* bon. minist. — *Conr.* de *Broichus.* mil. rec. à com. pred. habitandum in *Broick.* b. minist. — It. *Gobel.* de *Broichus.* rec. 1 hob. in *Burschede* bon. minist. — It. *Gotsch.* de *Broichusen* rec. curt. in *Broick.* bon. min. — *Conr.* de *Steyne* inf. Attend. nom. curt. *Hirsebeke* prope Attend. que fuit *Hermanni* de *Haldinchusen* — 1389 *Godard.* fil. dicti *Conr.* inf. Arnsb. de bon. pred. — *Conr.* de *Steyne* sen. inf. Lechenich 1364. de curte *Hersebeke* — *Conr.* de *Steyne* rec. à com. Arnsb. 1 hob. in *Steyne* bona minist. — *Peregrin.* et *Conr.* de *Steyne* rec. 1 mans. ib. bon. min. — *Greta* de *Steyne* in par. Hemerde 1 mans. ib. bon. min. — *Helmic.* de *Ellenkirchen* inf. Attendarne de 12 journalib. terre arabil. prope Attend. nomine *Gudechinis* soror. suo — *Joh. van der Beke* inf. Attend. rec. curt. in *Roeginch.* in officio Attend. — Inf. *Joh. van der Beke* pro se et fratre suo *Heitwino* de curte in *Oeuerenbichene* per resignat. *Herm.* de *Vrylinctorpp.* 1380 — *Adolph.* de *Snellenberg* inf. nom. aduocatiam in *Attendarne* — *Herm.* de *Snellenb.* inf. Attend. nom. quartam partem aduocatie in *Attend.* — *Herm.* de *Snellenb.* inf. Ledeberg 1371, nom. curt. in *Middestenae* in par. Attend. feud. homag. It. feud. castr. in *Snellenb.* 4 marc. Susat. de curia in *Meynartzhag.* — *Adolph.* de *Snellenb.* inf. ib. eod. nom. decim. in *Hiddinchus.* juxta Hagen, et 6 mald. frugis de bon. prope *Hiddinch.* rat. feudi castr. in *Snellenb.* — *Franco* mil. de *Snellenb.* inf. à com. Arnsb. recep. mediet. aduocatie in Attend. et reddit 3 marcar. de curte in *Holthus.* quos com. potest redimere p. 30 marc. b. f. — *Goisswin.* de *Snellenb.* inf. à com. pred. de quarta parte aduocat. in *Attend.* et *Vogelhuys* in *Selhoyuen* bon. feod. — *Adolph.* de *Snellenb.* inf. à com. pred. de 1 mans. in *Ramesbeke* per resignat. *Heydenr.* de *Dusentschuren* — *Theod.* de *Snellenb.* inf. à com. pred. de quarta parte aduocat. in Attend. b. f. — *Adolph.* de *Snellenb.* inf. à com. pred. de hominib. commorantib. in par. *Hundeme.* bon. homag. rat. aduocat. in Attend. — Lit. Supportat. castri *Holthus.* per *Adolph.* de *Snellenb.* pro libero ligio feod. et aperto castr. Eccl. Col. contra omn. hominem pat. in Reg. antiq. mag. fol. 54 — *Theod.* de *Snellenb.* inf. 1378 de 6 marc. susat. de curt. in *Meynartzhag.* soluend. eo quod *Theod.* de *Heldene* auus *Theod.* prefati feud. castr. 6 marc. in *Waldenb.* ac *Herm.* de *Snellenb.* pat. ejusd. *Theod.* feud. castr. in *Snellenb.* 4 marcar. resignarunt. — Lit. vendit. med. partis bonor. in *Fredelinchusen* et supportat. bonor. in *Vilden*

tatem *judicii* de qua marscalco computantur annuatim XVIII solid. reliquam partem judicii habet Dominus de *Bylsteyne*

per *Theod.* de *Heldene*, de quib. *Theod.* de *Snellenb.* et *Theod.* de *Cobbinck* sunt ministerial. eccles. Col. leg. in Reg. mag. D. Frid. N. 43. -- Inf. *Joh.* de *Snellenb.* de 6 marc. pag. Arnsb. pro feod. castr. in *Nyehem*, que quond. *Adolpho* fil. *Theod.* de *Plettembr.* fuer. deputat. 1430. leg. in reg. magno Dni nostri Theod. fol. 55. -- *Adolph.* de *Haldinchusen* inf. Attend. rec. curt. in *Hunsbern* cum jurisdictione *Hmesgerichte* — *Joh.* de *Haldinch.* inf. à com. Arnsb. de 1 manso in *Elen* in par. Elsepe. -- Lit. *Adolphi* de *Haldinch.* de supportatione castri *Crutpach* pro lib. lig. et aperto, pro quo sibi deputati fuerunt 4 marc. tres Halleos. pro denar. computat. quarum 2 marcas homines paroch. in *Crubeke* solv. tenent. et alio 2 de reddilib. in *Segen* pat. in reg. clauso divis. 6. N. 47. -- *Franco* de *Ewick* inf. Attend. nom. bona infra paroch. Attend. que quondam *Hunold.* de *Ewich* tenuit ab Eccles. -- *Adolph.* de *Ewick* inf. Attend. 1371. nom. decim. in *Valbracht* et in par. Olepe -- *Wilh. Vaigt* inf. Attend. 1387 nom. bona in *Elsepe* in superiori parte ville; it. bona in *Hoffkule* it. dimid. mansi in *Repe* it. peciam terre in *Heldene* -- *Henr. aduocat.* de *Elsepe* inf. à Dno *Adolpho* Electo Colon. de feud. castr. in *Waldenb.* de quo hab. 10 solid. Turonens. de jurisdict. in *Droilshagen* it. de 2 mans. in *Hoffkule*, it. de 12 jurnalib. agror. in *Heldene* rat. feud. homag. -- *Herm.* de *Elsepe* inf. Arnsb. de curte prope molend. ibid. it. de bonis *Kellerguit* et de bon. *Pothoff* -- *Helmic.* mil. de *Elsepe* inf. à com. Arnsb. rec. curt. *Volkesmer* b. f. -- It. *Helm.* pred. inf. de curte *Tylenhoff tor Muylen* in Elzepe per resignat. *Lambti Duysentschuyren* — *Joh.* de *Elsepe* inf. à com. Arnsb. recep. curt. in *Elsepe* et 1 mans. ibid. *yppme Kellere.* b. f. -- Lit. *Wilhelmi aduoc.* de *Elsepe* sup. demonstratione 12 flor. in curte sua *Elsepe*, quos in perpet. tenebit pro feod. castr. in *Snellenb.* data 1387. — It. nota 2 alie lit. ejusd. super effestucatione curtis pred. et de commissione domus Dni in *Snellenb.* et de structura facienda in ipso castro pro 4000 flor. rep. in reg. parv. Dni Frid. N. 497. -- Consens. Dni ad impignorand. bona in *Nederkeld.* per *Wilh. aduocat.* in *Elsepe*, *Theoderico* de *Snellenb.* infra trienn. redimend. quod si non fact. fuer. cad. bona libere devolv. ad Eccles. 1395. — *Lambert.* de *Oeuerenkastorp* inf. Vrdincgen 1401. nom. curt. in *Aldenderne* — *Tilginus Hoderdayr* de Attendarne inf. Bunne 1401. de curte to den *Eyken* prope Attend. — *Godfr. Stoeter* inf. Bunne 1402. nom curtem in *Vredelinchusen* in paroch. Plettembr. — *Godfr. Stoeter* inf. Arnsb. rec. demid. curt. in *Vredelinch.* bon. minist. -- *Herm. Stoeter* inf. Arnsb. 1389. nom. feud. castr. in *Ruden* de quo hab. 5 marc. in *Warsteyn* de *Wortgelde.* It. infeudat alios de bonis que particularit. nominabit. -- *Herm.* de *Dorvelt* et *Herm. Stoeter* rec. à com. Arnsb. 1 mans. in *Walberinghusen* b. feod. -- It. id. *Herm. Stoeter* rec. à com. pred. reddit. 4 solidor. in *Hesborn.* -- *Herbord. Stoter* de Geseke inf. à com. Arnsb. rec. 1 mans. in *Holthus.* in paroch. Geseke b. f. -- It. dict. *Stoeter* rec. à com. Arnsb. curt. in *Nuslo* ap. Geseke, 1 mans. *to der Bruken* in *Hendenstorpp*, 1 mans. in *Synsdorpp*, 1 mans. in in feodo à Dno Abbate de Gralschafft — It. Archiepiscopus habet ibidem medietatem denariorum qui dicuntur *Wartpeninege*[627]) de quibus annuatim deriuantur XXII solidi et LX *pulli*, hanc tollit marschalcus; reliquam medietatem equiualentem habet abbas predictus — Item habet Archiepiscopus vnum molendinum ibidem quod est concessum opidanis pro IIII maldris siliginis annuatim que concessio durat ad beneplacitum Archiepiscopi tantum. — Item *moneta* fuit ibidem sed cessauit per desuetudinem — It, opidani ibidem soluunt annuatim pro *petitione* XX marc. It. Archieps habet ibidem *judicium Gograuiatus* quod super XX parochias se extendit;[628]) qued *Comes* de *Arnsberg* dicit sibi a Dno *Syfrido* Archiepo Coloniensi pro CC. marcis susatensium denariorum ratione quorundam dampnorum obligatum esse; sed super eo non habet sigillum capituli coloniensis et ideo obligatio talis de jure non tenet.

W y n t e r b e r g h.

Item apud opidum *Wynterberg* habet Archiepiscopus *judicium* de quo Marscalco computantur XX solidi, quos tollit marscalcus. *vadimonia* in istis judiciis sunt IIII solidi, nisi casus homicidii uel vulneris patentis emergent. — Item denarii qui dicuntur *Wartpenninge* valent pro medietate Archiepiscopo attinente XX solidi annuatim, quos *Conradus Slegtreme* habet pro feodo suo castrensi in Hallenberg: reliqua medietas horum denariorum attinet monasterio in *Glintuelde* iuxta medebeke quod prius fuit in *Questelberge* — Et nota quod opidum Wintersberge *Arnoldus* de *Honstaden* cum esset marscalcus Westfalie, primo edificare incepit. —

Berge ap. *Medebeke*, 7 mans. in *Hesborn*, 1 mans. in *Fredelinchus*. 1 mans. in *Glinterdinchus*. 1 mans. in *Ouerenleysen*, 1 mans. in *Nederenleysen*, 1 mans. in *Tunynchusen*, 1 mans. in *Bethuysen*. bon. feod. -- *Gobelin*. *Stoter* rec. à com. Arnsb. curt. in *Ymmynchus*. b. f. -- *Elyzabeth* vxor *Joh. Stoters* fuit inf. pro viteductu de bonis *ter Bruegen* in *Hedenstorpp* et de curte in *Synstorpp* -- *Brunsteyn* de *Stoeter* inf. Arnsb. 1420. nom. feud. castr. in *Ruden*, de quo hab. ann. 5 marc. ex opido *Warstein*, sicut illas quond. pater suus *Herm. Stoeter* habuit. -- *Herm. Stoeter* inf. Rud. nom. eedem et bona in *Meysten* ap. Ruden cum pertinentiis vulgariter nuncupatis *eine verlenede Hant*. -- Lit. de castro *Snellenberg* et jurisdict. in Attend. supportat. Eccles. Colon. per *Henr.* filium quond. Dni *Joh.* de *Plettembr.* data 1329. leg. in reg. antiq. mag. fol. 47. — Diese letzte Urkunde werden wir im 2ten Bande vollständig liefern, so wie 2 Privilegien Erzbischof Friedrichs für Attendorn von 1374, welche im Lib. priv. pag. 176 folgen.

[627]) Wortpenninge oder denarii areales.

[628]) Der folgende Satz fehlt im Lib. jur. et feud. pag. 180.

Item decima dicti opidi dicta *Walttende* attinet Archiepiscopo et ualet annuatim bene XXX maldra annone mensure coloniensis. Hanc decimam *Hunoldus* de *Plettenbracht* antiquitus ex donatione dicti Arnoldi de Honstaden, ut dicebat, aliquo tempore habuit et postmodum timens, quod eam de jure tenere non posset, vendidit eam pro XXX marcis *Wilhelmo* de *Ole* qui adhuc eam de facto tenet. — Item opidani dicti opidi Winterberg soluunt annuatim pro *petitione* XVI marcas vel circa.[629])

Hallenbergh.

Item opidum *Hallenberg* et castrum primo construxerat prefatus *Arnoldus* de *Honstaden* et fuerat locus in quo opidum et castrum constructa sunt, Abbatis et conuentus monasterii *Tuitiensis*, qui habebat ibidem vnam curtem quam Archiepiscopus *Conradus* ad se recepit propter dictum opidum sibi constructum et dedit pro eadem curte ipsi Abbati et monasterio in perpetuum curtem suam Ecclesie Coloniensis sitam in Tuitio iuxta mansionem quam Abbas Tuitiensis habet in Tuitio in ingressu monasterii Tuitiensis predicti. Opidum et castrum in Hallenberg jacebant postea per decem annos et amplius destructa per *Comitem* de *Waldecke* et quia ibidem nullus habitauit nec aliquis soluit Archiepiscopo vel alicui. Sed *Johannes* de *Plettenbracht* nunc Marscalcus, postea ipsum opidum reedificauit et homines dispersos recollegit et sic habet Archiepiscopus nunc ibi *judicium* de quo due marce computantur quas tollit marscalcus. — Item habet ibidem denarios dictos *Wartpenningye* qui valent annuatim VI marc. Hos denarios habet *Gotfridus* de *Dedenhuysen* miles, dicens quod *Gotfridus* de *Meschede* miles, qui eosdem denarios ex donatione dicti Arnoldi de Honstaden marscalci habuit, eos sibi cum filia sua, quam duxit, in donationem propter nuptias dederit et sic eos adhuc habet licet iniuste. — It. Archiepiscopus habet in dicto opido Hallenberg de mansis, qui in curtem que fuit abbatis Tuitiensis nunc autem est Archiepiscopi attinent ex permutatione supradicta VII. marc. annuatim, qui dicuntur *Schultpenningye*, quas *Dnus* de *Ittere* dicit sibi pertinere et nunc tollit. Sed idem Johannes Marscalcus multis annis eos habuit usque ad tempus Dni Wicboldi Archiepi. postea se de eis intromisit. — Item *Euerhardus* de *Vir-*

---

[629]) Im Lib. jur. et Feud. Theoderici p. 186. folgt hierauf noch die Angabe des Inhalts der Immunitätprivilegien, welche Winterberg 1357 von Erzbischof Wilhelm, 1372 vom Administrator Cuno und 1374 von Erzbischof Friedrich III. erhielt. Wir lassen diese Stelle weg, weil im zweiten Bande die Urkunden selbst folgen.

munden intromittit se de molendino Dni Archiepi ibidem, asserens sibi illud deputatum esse pro V. marcar. redditibus de feodo castrensi in Hallenberg; sed a quo Archiepiscopo Coloniensi istud habeat dicere non potest. — Item Archiepiscopus habet ibidem aliud molendinum, quod *Conradus Sleychtreyme* habet pro 1 marca annuatim, sicut primo imposita fuerat licet modo plus valeat, et dicit illam marcam esse de feodo suo castrensi in Hallenberg quod hucusque de gratia simulatum fuit et est — Item Archiepiscopus habet ibidem decimam valentem annuatim L. maldra annone mensure coloniensis, quam habet marscalcus in manu sua. hec est medietas decime reliquam medietatem tantundem valentem habent *Crafto* et *Widekindus* de *Graschap* dicentes, patri suo quondam eam esse inpignoratam pro C. marcis ratione quorundam bonorum, que pater eorum in quodam conflictu apud Dnum *Engelbertum* de *Valkenberg* Archiepiscopum Coloniensem olim sustinuerat juxta Tulpetum. sed diu sustulerunt dictas C. marcas de ipsa decima et tamen adhuc eam detinent minus juste — Item dicti Opidani soluunt annuatim cum sunt in competenti statu XXV marcas bone pecunie.[630])

M e d e b e k e.

Item Archiepiscopus habet opidum *Medebeke* et ibidem habet *judicium monetam* et *aduocatiam* et *theloneum* que emit Archiepiscopus *Wieboldus* à *Wernero* nobili viro de *Witgensteyn*[631]) erga illum de Witgensteyn ita impensionata; quos redditus habet marscalcus — Item moneta ibidem est valde antiqua, de qua aliquando deriuabantur L. aliquando LX marce, modo aliquibus annis parum vel nichil valet ipsa

---

630) Im Lib. jur. et feudor. Theoderici p. 115. steht unter der Rubrik Hallenberg erst eine Abschrift der Bestätigung Erzbisch. Friedrichs III. v. 1374. zu dem Privilegium de non evocando Erzbischofs Wilhelm v. 1354. Diese Urk. folgen im zweiten Bande. Dann folgt pag. 117. die Stelle des Textes und nach dieser noch folgende Bemerkung: Notandum quod in Hallenberg sunt quinque partes decime quarum tres partes tenent heredes dicti *Platzdreck* (Beinamen einer Linie der Familie Plettenberg) pro feodo castrensi et alias duas partes tenet Dnus *Johannes* de *Graisschaff*, vnam videlicet partem a Dno Colon. pro feodo castrensi et aliam ex parte patrui sui, qui fuit castrensis pro eadem. — Als Vasallen von Hallenberg werden folgende genannt: *Henr.* de *Plettenbracht* dictus *Plassedreck* rec. in castro Waldenberg. — *Henno* fil. quondam *Abrahams* vamme *Hallenberge* inf. Arnsb. 1391 de bonis in *Lyssene* et *Snellinchuysen*, prout quond. pat. suus ea in feod. tenuit.

631) Die Worte: a Wern. nob. viro de Witgenst. fehlen bei Kindlinger.

moneta.[632]) — Item *Advocatia* que extendit se super homines *attinentes altari* ibidem[633]) valet VI marcas quas tollit marscalcus. — Item *theloneum carrucarum* et *pecorum* que venduntur impensionatum pro IIII marcis, quas etiam tollit marscalcus. — Item *judicium* impensionatum pro III marcis — Item Archiepiscopus habet ibidem *judicium Gograuiatus* quod emit Johannes nunc marscalcus ab *Heydenrico* de *Ederen* ad vsus Ecclesie Coloniensis. De illo soluuntur annuatim XL modii auene, qui faciunt XL maldra mensure Coloniensis et extenditur super XV parochias et soluit quelibet domus infra dictum judicium vnum *pullum* et sunt in ipso judicio sita opidum *Vorstenberg* et castrum *Lrych'enueltz* attinentia Abbati Corbiensi que *comes* de *Waltegge* habet — Item emergentia dicti judicii Gograuiatus valent annuatim VI. marce — Item opidani soluunt annuatim pro *petitione* L marcas vel circa[634]) — Item pertinet ad ipsum officium auena, dicta *Gograuiatus auena* XXX modii et quilibet modiorum istorum fuit maldrum Coloniense.[635])

---

632) Vergl. die Urk. N. 445.

633) Vergl. die Urk. N. 62.

634) Der Lib. jur. setzt hinzu: habetur alibi LX marc.

635) Im Lib. jur. et feudor. Theoderici p. 119 steht unter der Rubrik: Medebach zuerst folgendes: Litera Dni *Werneri de Wichenstein* super aduocatia, judicio theloneo et moneta apud Medebeke Dno *Wicboldo* Archiep. Colon. vendita pro 225. marc. den. pro.. Hallenberg. comput. legr. in Reg. antiq. fol. 56. — ao. 1388. in Arnsberg *Trypelo Cleynken* inf. de majoribus bonis in *Querenschleydern* depend. olim a Comitib. Arnsberg. bon. feod. — Litera Dni *Hermanni* de *Doruelt* milit. de feudo suo castrensi in *Medebeke* scil. 4 marc. Susat. pagam. de petitione autumpnali in *Winterberg* solvend. pat. in Reg. clauso diuis. 6. N. 9. — Litera *Ludolphi* de *Doruelt* sim. modo pat. in Reg. pred. divis. 6. N. 10. — Litera supportationis quorumdam bonorum apud Medebeke, facta per Dnum *Heynemannum Gogreuen* pro feodo castrensi in *Medebeke* perpetuo ad vsum *Theod.* et *Heynem.* filior suor. et recept. eorund. pat. in Reg. mag. D. Frid. N. 307. — Lit. Theod. et *Heynem. Gogreuen* fratr. super demonstratione 10 floren. in bonis et decima in *Vernstorpp*, quos in perpet. tenebunt ab Eccles. Col. pro feodo castrensi in Medeb. — Hierauf folgt pag. 121 die Stelle des Textes, welcher von einer späteren Hand noch folgendes zugefügt ist: »Medbag, Hallenberg, Winterberg, Smalenberg, Dilpe, Drolszhagen, Wenden, Schönsteyn vnd Wissen successiue ans Ertzstifft gegulden — Attendorn ist gebeutet vor vnd vmb Siegen — Bielstein vnd Fridberg mit dem Swerdt gewunnen durch Bischoff Dietherichen ꝛc. anno 1444 — Das Vest Recklinckhaußen ans stifft gekaufft, wie dieses verzeignet befunden wirdet.

Marsbergh dictus Mons Martis.

Item opidum *Mersberge* est pro media parte Archiepiscopi et ecclesie Coloniensis prout jacet sub et supra[636]); de qua medietate habet Archiepiscopus VI marcas denariorum de denariis dictis *Wartpenninge* et II marcas de *moneta* et de reliqua medietate *Abbas Corbiensis* tantumdem habet econuerso. sed predictos redditus Archiepiscopi tollit Dnus *Stephanus* de *Horhusen* pro expensis castri *Aldenrils.*[637])

R u d e n.

Item hec sunt jura et redditus Archiepiscopi in opido *Ruden.* Ibidem habet *judicium* quod valet annuatim II marcas. — Item denarii dicti *Wartpenninge*, qui valent annuatim V marc. quas habet *Fredericus* de *Sassendorp* pro feodo suo castrensi in Ruden — Item pro *petitione* dantur XXV marce vel circa — Item Archiepiscopus habet ibidem molendinum quod soluit annuatim I marcam quam tollit *Arnoldus Hitterlart* pro feodo suo castrensi in Ruden et quidam opidanus in Ruden habet ipsum molendinum et non soluit nisi I marcam de eo, dicens sic ipsum esse suam hereditatem, quamuis plus valeat quam L maldra mensure colon. — Item Arnoldus Heterdat habet I mansum dictum *Seuerdinchusen* attinentem ecclesie Coloniensi dicens esse ipsum mansum feodum suum et valet annuatim XV maldra mensure Colon. — Item habet idem Arnoldus in *Anglaghen* II. mansos Archiepiscopi valentes XXX maldra mensure Colon. — Item habet decimam in Anlaghen valentem X maldra mensure Colon. — Item habet X solidorum redditus in curte *Biginchusen* attinentes Archiepiscopo et dicit esse feodum suum — It habet curtem in *Armenholthusen* attinentem Archiepiscopo valentem L maldra mensure Colon. Hec omnia idem Arnoldus habet pro V marcarum redditibus, quos deberet habere pro feodo suo castrensi in Ruden — Item *Gerhardus* de *Ruden* habet curtem in *Efle* et duos mansos Archiepiscopi valentes L maldra auene pro IIII marcarum redditibus pro feodo suo castrensi in Ruden — Item *Vollandus* de *Langenstrate* habet curtem in *Melsele* (Menzele) que valet L maldra mensure Colon. quam habet pro V marcar. redditibus pro feodo suo castrensi in Ruden — Item *Theodericus* filius *Godefridi* de *Meschede* militis habuit decimam vnam in Susato valentem XXX maldra annone pro feodo suo castrensi in Ruden. Illam decimam vendidit *Her-*

---

636) Ober- und Unter-Marsberg.

637) S. d. Urk. N. 448. der Lib. jur. et feud. p. 136 giebt die Stelle unverändert.

manno dicto *Woytere* opidano Susatiensi pro C marcis, jam idem Hermannus adhuc sic habet — Item *Bertoldus* Dnus de *Buren* recepit et habet C marcas *sterlingorum* pro decima quam habuit pro redditibus quos pro feodo castrensi in Rudon in suis bonis demonstrabit — Item judicium dictum *Gogerichte* juxta Ruden soluit III maldra auene annuatim, quod supra tres parochias se extendit, que marscalcus tollit — Item redditus hominum dictorum *Vryelude* Comitie in Ruden sunt IIII marce cum dimidia, que dantur vigilibus in Ruden — Item sunt tres mansi apud *Treuere* attinentes in curtem *Harkampe* illi mansi soluunt tria maltia annone. Isti sunt antiqui redditus, marscalcus tollit — Item Archiepiscopus habet mansum vnum *Meyst* qui soluit XVIII modios hi sunt VII maltia cum dimidio, que tollit dictus *Meylmann* — Item habet molendinum ibidem dictum *tumerode* quod soluit annuatim vnum maltium annone, desertum est — Item habet Archiepiscopus decimam in *Gelassem*, que soluit annuatim LXX maltia annone mensure Coloniensis. Illa nunc habet *Gobelinus* de *Vlde*. — Item *officium Gograuiatus super Hare* valet annuatim III maltia auene que tollit marscalcus.[618])

---

[618]) Der Lib. jur. et feud. pag. 111. fügt noch hinzu: Nota ad officium Ruden spectabant antiquitus MCCC pulli exceptis CC pulli in Brilon. — Ueber die Burg- und Mannlehne von Ruden, wird p. 105 folgende Nachricht gegeben: *Arnold.* de *Bruwerdinchusen* inf. 1371. nom. curt. in *Bruwerdinchusen* prope Ruden et recep. à Dno Cunone — *Joh.* de *Bruwerdinch.* inf. Godisberg 1406, de curte in *Bruwerdingh. extra muros de Ruden* cum pertinent. scil. terris arabilib. — *Goisswin.* de *Rodenberg* rec. in castro Houest. — (M. s. d. Art. Hovestadt) *Wilh.* de *Glassem* rec. in castr. Arnsb. (M. s. d. Art. Arnsberg im folg. Bande.) — *Gotfr.* de *Meschede* inf. Susati. 1376. nom. feud. castr. in *Ruden* de quo hab. decim. in *Deytwerdinchusen* et *Heyninckus*. prope Susat. et partim in paroch. *Corbeke*. — *Henr. Helgt* de Ruden inf. Phaltzel 1374. nom. 1 mans. terre arabil. in *Meiste* in paroch. Ruden antiquiori — 1385 *Herm.* fil. quond. *Henrici Helgt* resignauit feud. 1 mansi in *Meiste* et Dnus Colon. inf. ulter. *Albtum Hartdrades* Opidan. in Gesecke de feudo antedicto — *Joh. Sure* inf. Pfaltzelt vt supra nom. 1 mans. terre arab. in dicta par. *Ruden*. — *Joh. Neuelynck* inf. ib. recep. 1 mans. in villa *Meyste* et 1 mans. in *Myste* in dicta par. Aldenrüden — 1394 *Conradus Neuelinck* fil. *Jois.* pred. inf. Arnsb. nominauit bona dicta — *Herm. Stoter* recep. in castro Attendarn — *Henric.* de *Lantzberg* inf. Arnsb. 1391. nom. curtem *Volmesteyne in paroch. Eruete* bon. feud. — *Themo* de *Werne* inf. Berke 1392 nom. curtem *Volmesteyn* in par. Eruete, quam quondam *Rutgerus* de *Lantzberg* obtinuit. — *Joh.* de *Verne* inf. a Com. Arnsb. recep. curtem in *Egginchusen* bon. feod. — It *Wilh.* de *Verne* recep.

Eruete.

Item *judicium Gograuiatus* in *Eruete* valet X maltia auene que tollit marscalcus. — Item judicium per se Go-

---

eandem curtem a Com. pred. — *Steph.* de *Verne* rec. simmodo eand. curt. — It *Wilh.* de *Verne* rec. à com. pred. 1 hob. in *Holthusen* prope Geysecke quam olim hab. *Arnoldus Heynchuys.* b. minist. — *Conr.* de *Vyrne* inf. Arnsb. 1412. nom. 1 mans. in *Stormede* et 1 mans. in *Langeneyke* de Com. Arnsb. et 1 mans. in *Stockheym* et 1 in *Stormede* de eccles. Colon. — *Henr. Schillinck* inf. Arnsb. 1392. nom. *curtem Armenholtzhuysen* in par. Bedelike devolut. ad eum p. mort. *Ambrosii* dicti *Hargreve* — *Goyssuinus* de *Yesschen* rec. in castro Houest. *Echbert.* de *Yesschen* ib. — *Herm.* de *Scharppenberg* rec. in castro Arnsb. — *Bern.* de *Hurde* inf. Susati 1107. nom. curt. in *Vssen* prope Opid. Lippe — *Theimo* de *Hurde* mil. rec. à com. Arnsb. comeciam in *Bokeneuorde* sicut sita est, it. comec. in aqua ab vna parte Lippie, decim. in *Rekersuich* et curt. ib. decim. in *Hukelheim*, decim. in *Dedinchuysen* in par. Esbeke, dec. in *Keuelinchus.* iuxta *Myste*, curt. in *Eynchuysen* et 1 domum in *Vsnen*, 1 dom. in *Glassem*, 1 dom. in *Ebinchuys.* 1 dom. ap. *Enze* — Dnus *Bertold.* miles inf. Arnsb. 1375 recep. mansion. in *Ruden* de feudo castr. ib. it. curiam *Sengehoff* iuxta Bedelike b. f. — *Bertoldus* de *Houlthuysen* inf. ib. eod. nom. 1 molt. silig. de molend. prope *Bedelike*, de feod. castr. in *Rud.* it. dimidiet. denarior. dictor. *Wartgelt* in Opid. *Bedelike*, quos hab. ib. vna cum preposito ib. vna cum agris. It. in *Aldenbedelike* aream, pert. ad feod. castr. pred. it. dimid. moltum brasii et dimid. molt. silig. de molend. in *Calenhart.* it. de mans. in *Metzele* 1 cur. ap. *Ruden* b. f. — *Herm.* de *Holthusen* rec. a Com. Arnsb. 1 mans. dict. *Kalthoff* in *Lenhuysen* b. f. — *Joh.* de *Holth.* rec. a com. pred. 18 jug. in *Holth.* ap. Geysecke bon. minist. — *Rutg. Rumpp* rec. in castr. Arnsb. — *Helm.* dict. der *Docker* inf. Arnsb. 1375. nom. pecun. dict. *Wortgelt* in op. Ruden de feod. castr. in *Rud.* quod *frid.* de *Sassendorpp* in man. Dni. resignauit — *Conr.* de *Rodenberg* inf. ao. pred. — *Volland.* de *Aldenyesschen* tenet curt. in *Aldenyesschen* et mans. in *Eynnerinckloe* in feodo — *Rich. Langenbeke* de Warstein inf. Bunne 1374, nom. mans. dict. *Greye* in *Mest* prope Ruden et 1 Echtwart in *Mestermarken* quod feud. dependeb. ab olim *Conr. Hettertart*, qui superior. Dnum feudi non habuit quam Dnum Comit. de. Arnsb. et decessit absque hered. masc. — *Theod.* de *Ruden* inf. Arnsb. 1379. nom. bona in *Menslor*, 2 mans. ib. curt. in *Effle*, rat. feud. castr. in *Rud.* it. mans in *Holthus.* it bona in *Volesmer*, it. bona in *Langenstroit*, it. decim. in *Erkinchusen*, it. 1 mans. in *Aldenruden*, it. mans. in *Drevere*, it. 2 mans. in *Suttorpp*, it. curt. in *Deverdinchus.* it. terras in campis *Ruden* — *Erpp* de *Ruden* inf. a Com. Arnsb. de curia in *Hadverdinchusen* bon. feud. — *Joh. Neurlunge* de *Ruden* inf. Arnsb. 1421, nom. 1 mans. in *Myste*, alter. dimid. in *Meeste*, 1 mans. in *Harderinchus.* in par. de Aldenruden — *Joh. Barbitonsor* de Ruden inf. 1420, de cert. bonis ante *Rud.* sit. — *Brunsteyn Kale* fil. *Gobel. Kale* de Rud. inf. Arnsb. 1417, nom. bona quond. *Menekini Wulffartz* prope grauiatus valet X marc. Et nota quod hoc judicium extendit se in opidum *Lyppense* et tenentur opidani Lyppenses sequi Gograuium in Eruete de ipso opido Lyppense pro *judicio alto* ad pontem lapideum inter opidum Lippense et Eruete constitutum.[639])

C r u k e n b e r g h.

Item Castrum *Crukenberg* est Archiepicopi Coloniensis, sed abbas in *Helmershusen* habitat in castro eodem. — Item opidum Helmershusen est pro media parte Archiepiscopi et pro media parte Abbatis in Helmershusen situm sub castro Crukenberg. — Item *judicium* in opido pro media parte est Archiepiscopi et similiter *moneta* et molendinum quod valet in vniuerso satis parum.[640])

H o l t e s m y n n e.

Item castrum et opidum *Holtesmynne* sunt Archiepiscopi Coloniensis, que emit Dnus *Syfridus* Archiepiscopus erga *Ottonem* de *Eversteyne* pro duobus millibus marcarum. Postea *Dominus* de *Bylstein*, cum esset marscalcus impignorault Domino *Lippoldo* dicto *Hoye* et ille vendidit vlterius

---

Rud. sicut ead. pat. suus. ab eccles. Colon. in feud. habuit. — 1421 *Conr. Frysche* de Rud. inf. Arnsb. de 1 mans. terre arabil. infra paroch. *Aldenruden*, supportato Dno. per *Herm.* fil. quond. *Jois* de *Loen* et pred. *Conrado* dato cum sorore dicti *Herm.* — 1421 *Joh. Bartscherer* Opidan in Rud. inf. Arnsb. nom. bona que quond. *Menken Wulfarts* possideb. prope Rud. — *Conr. Rode* inf. est de eisd. bon. 1419. — It. fil. *Gobelini* de *Ruden* inf. a Com. Arnsb. recep. 1 mans. in *Volkesmeren* et 1 mans. in *Suttorpp* ac bona *Randolphi Mensen*, prout sita sunt. b. f. — *Herm.* dict. *Waldordinck* inf. Ruden 1882, nom. 1 mans. terre arab. in *Meyst* inf. paroch. Buden. b. f. — *Joh.* de *Bruwerdinchusen* vt supra — *Conr.* de *Vyrne* vt sup. — Lit. supportat. honor. dict. *Boysinchoff* facte p. *Georg Loyff* in par. de Rud. pro perp. feod. castr. in *Rud.* in Reg. mag. Dni. Frid. N. 129.

639) Der Lib. jur. et feud. p. 137. fügt hinzu: Infeudat. *Renfridi Clusener* pro se et *Andrea* frat. suo de puteo salis, dicto die *Bosardes Putte* zo dem *Westerenkotten* prope Erweto, it. cum put. sal. dicto *Conynæsoet* ib. nec. non de mediet. curtis *ter Westene* in Eruete ac omnib. al. et singul. bon. que quond. *Renfrid. Schorlemer* et *Wilh.* de *Schorl.* mil. patruus dictor. *Renfr.* et *Andr.* a Comitib. Arnsb. in feudo tenuerunt 1377.

640) Der Lib. jur. et feud. p. 138. fügt hinzu: Lit. donationis medietat. opidi et castri *Krukenb.* nec non monete et theolon. ac omn. prouentuum ips. opidi facte Eccles. Col. p. *Abbat.* et Conuent. in *Helmershus.* data 1241, xi maji pat. in reg. Clauso N. 3. 4. — Lit. impignorat. mediet. Opidi *Helmersh.* et castri *Krukenb.* facte p. Dnum *Walramum* Archiep. Colon. Dno. *Bern.* Ep. *Paderb.* pro 1400 marc. 18 solid. pro marca Susat. ao. 1336. pat. in Reg. clauso. divis. 3. N. 106.

Domino *Lippensi* pro quingentis marcarum et deinde idem Dominus Lippensis obligauit *Reynardo* de *Vormeholte* et *Alberto* de *Amelungeschen* militibus pro quingentis marcis qui adhuc ipsa tenent.

B r y l o n.

Item *Brylon* est Archiepiscopi. Ibidem habet *judicium* quod olim valuit IIII marc. tantum, nunc vero X. — It. habet ibidem *judicium Gograuiatus* super X parochias, idem valet annuatim XVI maltia auene, que faciunt in mensura Coloniensi LXX mald. — Item preter hec idem judicium Gograuiatus valet annuatim V marc. in emergentiis vel circa et quelibet domus infra judicium soluit 1 pullum. hoc habet marscalcus. — Item habet ibidem decimam dictam *Holttenden* que valet annuatim XX maltia annone, que circa C maldra mensure Coloniensis se extendit. Hanc decimam habet *Godfridus* de *Olde* opidanus in Ruden dicens quod eam habere debeat VII annis pro expensis quibusdam — Item habet ibidem decimam ville de *Lederike*, que valet annuatim LX maltia annone et plus, que faciunt in mensura Coloniensi CCC maldra. Hanc habet *Wickerus* in pignore pro C. marcis denariorum Susatensium. — Item habet de *petitione* in Brylon annuatim C marcas.[641])

W a r s t e i n.

Item Archiepiscopus habet opidum *Warsteyn*. Ibi. *judicium* est Archiepiscopi et impensionatur annuatim pro II. marcis. — Item habet ibidem decimam vnam que dicitur *Walltende* valentem annuatim circa XX maltia annone que faciunt C maldra annone mensure Coloniensis. Hanc decimam habet ille de *Rodenberge* in pignore pro LXXX marcis[642]) — Item Archiepiscopus habet ibidem denarios dictos *Wartpenninge* valentes annuatim XXX solidos. Hos denarios *Wernerus* dictus *Stotere* tollit pro feodo suo castrensi in Ruden — Item Opidani in Warsteyn dant pro *petitione* sua annuatim XXX marcas.

O s t e r u e l d e.

Item nota quod opidum *Osteruelde* fuit vna curtis Archiepiscopi in quam spectabant XXX mansi destructi et

---

[641]) Die Artikel Holtzminden und Brilon giebt der Lib. jur. et feud. pag. 139 und 140 ohne Zusätze.

[642]) Der Lib. jur. et feud. p. 141 hat hier den Zusatz: Hanc decimam Dnus *Fridericus* Archieps. Colon. readeptus est et eam permutauit cum Dno *Abbate* et conuentu in *Graisschaff* pro decima eorum majore et minuta in *Berge* infr. Comitat. Arnsb. sita.

inouit et sic *Johannes* de *Plettembracht* marscalcus primo comprehendit et incepit ibi opidum edificare sub hac conditione quod curtis ipsa soluit annuatim XVIII solidos et XXVIII mansi de XXX mansis predictis de quolibet manso XVIII denarios et habet quilibet ad mansum suum unam aream in opido et preter hec ordinauit idem marscalcus XXV areas alias in opido predicto et dedit ad vnamquamque illarum arearum vnum mansum continentem XXV jugera terre que extirpatur et eradicatur in silua adjacente. de quibus mansis soluetur Archiepiscopo decima que valuit ante destructionem opidi XXX maltia annone et adhuc tantumdem valebit ad estimationem C et L maldra annone mensure Coloniensis. Hanc decimam tollit *Herbordus* de *Heldene* dicens eam esse sibi a Domino *Wicboldo* Archiepiscopo pro quibusdam dampnis impignoratam. Sed Archiepiscopus potest eam resumere quando vult. — Item Archiepiscopus habet molendinum ibidem, quod soluit annuatim II maltia annone — Item soluet pro *petitione* XX marcas. — Item *judicium* ibidem valet annuatim 1 marcam. — Item XVIII solidos de curte in Osteruelde tollit portenarius in Buden — Item denarii quos soluunt aree ut predicitur, ascendunt ad III marcas et III solidos. Adhuc sunt liberi opidani per triennium.[643])

B e d e l i k e.

Item habet opidum *Bedelike* quod sic est constructum, videlicet quod Archiepiscopus habuit juxta Bedelike quandam curiam desertam dictam *Harkampe,* in quam duo mansi attinebant. Illam curiam transtulit ad locum Bedelike et ibidem fuit opidum et LX areas in opido eodem designauit et distinxit et XIII jugera terre campestris et siluestris dedit cuilibet aree de quibus soluitur decima Archiepiscopo que valet et valebit circa XL malta annone, que faciunt CC maltia annone mensure Coloniensis. Hanc decimam habet *Heinricus* de *Heringen.* — Item denarii dicti *Wartpenninge* qui valent annuatim XV solidos et LX pullos, quos tollit similiter Heinricus et est hec media pars, aliam mediam partem habet *prepositus* de *Bedelike.* — Item sunt ibidem duo molendina, quorum vnum est Archiepiscopi quod soluit II malta, que etiam tollit predictus Heinricus et aliud habet prepositus predictus — Item est ibi aliud molendinum de quo soluuntur Archiepiscopo XXX denarii. — Item *judicium* soluit I marcam. — Item pro *petitione* dabunt XX marcas. — Item *Fredericus* de *Sassendorp* intromittit se de duobus mansis

---

643) Den Art. Osteruelde (jetzt Kallenhardt) liefert der Lib. jur. et feud. p. 149. ohne Zusatz.

valentibus annuatim X malta mensure coloniensis, que spectant ad curtem Archiepiscopi dictam Harkampe et dicit eas esse feodum suum, de quo tamen non constat.[644])

G e s e k e.

Item Archiepiscopus habet opidum *Geseke;* ibidem *judicium* est Archiepiscopi et inpensionatur pro III. marcis. — Item dominica die post Jacobi apostoli opidani ibidem conuenientes sub quadam tylia quilibet illuc veniens dans duos denarios Archiepiscopo, quorum summa ascendit ad IIII marcas annuatim, vult esse liber de vadimoniis per totum annum in opido Geseke cum II denariis; quos IIII marcarum redditus *Bruno* de *Bucke* opidanus Susatensis habet vt dicit et tollit ex concessione comitis *Ottonis* de *Polle* dum fuit Marscalcus, quia idem Bruno dicit dictos denarios sibi per *Ludolphum* de *Hertze* militem, cui Comes Otto predictus dictam pecuniam tollendam commisit, vlterius deditos. — Item molendinum apud Gesike Archiepiscopo attinens quondam fuit situm extra opidum et quia sepe destruebatur per inimicos, fuit per officiatum Ecclesie Coloniensis transpositum infra opidum, vbi est fluxus aque. Et propter nouitatem molendini fuit opidanis commissa custodia ejusdem ad beneplacitum Archiepiscopi, quod soluant Archiepiscopo de ipso annuatim XV maltia; sed deductis valebit plus quam XX maltia; sed predicta XV maltia tollit marscalcus. — Item *aduocatiam* in Geseke habet Dnus *Lippensis* à Dno Archiepiscopo in feodo, que valet annuatim LX marcas; et ipse Dnus Lippensis vlterius infeodauit de illa filium *Rodolphi* de *Horne* militis, ministerialem Archiepiscopi, cui ipse Dnus Lippensis dictam aduocatiam aufert violenter et ideo ipse filius Rodolphi jus suum in dicta aduocatia vendet pro modico Archiepiscopo. — Item opidani in Geseke dant pro *petitione* annuatim LX marcas. — Item *judicium Gograuiatus* in Geseke extendit se super V parochias et valet annuatim X maltia auene et vltra hoc in emergentiis I marcam et CCC pullos.[645])

---

644) Der Lib. jur. et feud. pag. 112. fügt noch hinzu: Nota quod Dnus de *Buren* habet curtem *Senghousen* et nescitur si teneat pro feodo, vel feodo castrensi vel quo titulo.

645) Im Lib. jur. et feud. pag. 148. steht unter der Ueberschrift: Geyseke, zuerst folgendes: Lit. compositionis inter Dnos Coloniens. et Paderburnens. sup. opidis *Geysecken* et *Saltkoten*, sic quod Archiep. et Eccles. Colon. opidum suum Geysecken cum omnib. judiciis et aduocatiis districtib. jurisdictionib. censib. petitionib. prouentib. molendinis etc. soli perpetuo obtinebunt — nec Episcop. vel Eccles. Paderb. aliquid jur. seu emolimenti de cetero in opido pred. — sibi vendicabunt. Similit.

S u s a t u m.

Primo habet Dominus Coloniensis *iudicium* infra opidum Susatense[646]) et 'extra ad vnum millare circumquaque et

---

Episcop. et Eccles. Paderb. obtinebunt opidum Saltkotten. pat. in Reg. clauso divis. 3. N. 28. (Vergl. Urk. Nr. 297. u. 450.) Hierauf folgt das Privilegium Erzbischof Friedrichs III. v. 1372. welches im 2ten Bande des Urkundenbuchs vollständig geliefert wird und dann pag. 144. die Stelle des Textes.

[646]) Im Lib. jur. et feud. pag. 157. steht unter der Rubrik Soest erst folgendes: Nota Lit. de *aduocatia Susat.* vendita Eccles. per Comit. de Arnsb. rep. in Reg. parv. antiq. N. 16. (Urk. N. 382.) — It. Lit. vendit. de et sup. Comitatu, qui vulgariter dicitur *Vrygrasschaff* de *Rudenberg* sit. int. opida Werle et Susat. fact. p *Godfridum* de *Rudenb.* magistratui, opidanis et consulib. Susat. pro 600 marc. sic quod Eccles. Colon. eum redimere potest. pat. in Reg. leno in fine N. 4. — Hierauf folgt Abschrift der Confirmation-Urkunde Erzbisch. Friedr. III. für Soest v. 1371; wie sie damals fast allen Städten des Marschallamtes gegeben wurden. — It. quod opidani Susat non debent euocari ad judicium extra Susat. in ducatu Westfal. de 1371. requir. supra in suo capitulo. — It. confirmat. priuilegior. monasterii s. Walpurg. extra Susat. pat. in Reg. paruo. Dni Frid. N. 337. — de officio patronat. Susat. concesso *Herm.* de *Steinmoeler*, in eod. Reg. N. 363. — Comissio eiusd. officii facta *Johi Rump* pat. in Reg. magno Dni Ne. N. 62. — It. constitutio judicii temporalis in Susato. pat. ib. N. 271. — It. compositio facta p. Dnum Frid. int. Capitulum et opidan. Susat. pat. ib. N. 382. — Obligat. officii Schultetatus Susat. excepto curte in *Gelmene,* molendino dicto *Saltmoelen* et agris dictis *Kampp,* facta p. Dnum *Wicboldum* Archiep. Colon. quibusd. ciuib. Susat. pro 1000 marc. pagam. Susat. rep. in Regro officiatorum Dni Frid. fol. 79. — It. ordinantia et compositio opidanor. Susat. nouiter inter se facta de regimine, pat. in Reg. Dni nostri moderni de diuersis. — It. regule opidi pred. sup. judicio spirituali etiam nouiter p. Dnum. nostr. ibid. habendo, rep. lit. sequent. in eod. Reg. de diuersis. — It. alia lit. eorund. super augmentat. *Assicie* (Accise) quo de aduenis ad decennium et de fodina facienda prope *Lantwere* sic tamen quod gaudere debent hij qui in eadem moram trahent, priuilegiis et gratiis, quibus primitus fuerunt priuilegiati. pat. in eod. Rgro. Die wichtigsten dieser Urkunden sind und werden zu den betreffenden Jahren mitgetheilt. — Hierauf folgen pag. 159. Vasalli: *Theoder.* de *Meyninchuysen* inf. pro se 1371, nominauit medietat. molendini in *Veltmuele* et in alia medietate, 4 marc. annuat. — *Theodericus, Theoderici* de *Meyninch.* fil. inf. eod. die nom. medietat. molendini *Veltmuele* It. *Albtus* frat. ej. post recep. ead. in feud. vt supra. — *Sander* de *Meyninch.* inf. à Dno *Engelb.* 1366, de molend. *Veltmoelen* in Susato cum curte — *Theod.* de *Meyninch.* inf. à Dno *Cunone* rec. molend. *Veltmoele* ppe. Susat. — *Joh.* fil. *Rutgeri* de *Meyninch.* inf. à Com. Arnsb. rec. 60 jugera infr. *Werle* et *Bulberge* bon. feod. — De bonis in *Meyninch.* dict. zom *haluen Hoyninchoff,* *Joh. Rode* opidan. Susat. inf. est in castro Werle — *Arnold.*

vocatur *judicium Gograuiatus* et emergentia judicii ascendunt annuatim XX marcas; et volunt opidani habere consue-

---

Schotte inf. Lechenich 1371, nom. med. part. molendini *Veltmuele* ppe. Susat. feud. homag. — *Henr.* de *Rodenb.* recep. in castro Houest. — *Joh. Raben* rec. in castro *Cogelenberg.* — *Rutgerus* dict. *Yssforgel* de Nyenjeisschen inf. Lechenich rec. curt. in *Moilsberge* in paroch. Nyenjeisschen bon. feod. Et nota *Herm.* de *Heyen* et *Henneke Schade* dict. *Ludenberg* rec. dict. curtem *zume Oystberge* per mort. dicti *Rutgeri Yssvoegel* 1396. Etiam supra notat. est in castris Houest. et Waldenb. — *Renfrid. Wile* rec. in castro Arnsb. — *Arnold.* de *Lunen* (Loen) inf. Lechenich 1371 ex parte *Joh.* et *Herm.* fratrum de *Loen*; nom. 40 jurnal. terre arabil. iuxta *Hiddinchusen* ppe Susat. est feud. Arnsbergense — *Joh.* de *Lon* inf. a Com. Arnsb. rec. I hobam in *Volkesmer* bon. feod. — *Joh.* de *Loen* inf. Arnsb. 1419. nom. mansum terre arabil. in paroch. N. — Lit. *Theoder.* de *Hoynroide* milit. de reodificat. castri *Loen* ppe Susat. pro ligio et aperto castro Eccles. Colon. pat. in Reg. clauso. divis. 5. N. 21. — It. alia supportat. ejusd. cast. p. *Hunold.* de *Plettenbracht* rep. in castr. Waldenb. et Snellenberg. — *Steph.* de *Borchuys* inf. Arnsb. 1371. nom. mansionanam dict. *Borchuys.* bon. feud. — *Rodolph. Voyle* rec. in castro Arnsb. — *Deitmarus Burgmeisters* inf. Bunne 1374, nom. curtem *Steynhoff* et bona in *Wanemele* sita in campis Susat. — *Sifr. Brant* inf. Berke de bonis dict. *Eyrhoue* in villa *Voldinchusen* bon. minist. — *Gotfr. vur dem Berge* inf. Bunne 1375. nom. 7 jurnales terre arrabil. dict. *Gartlant* in pratis aduocati ppe Susat. — *Herm. Knopp* inf. est de eisd. rec. in cast. Houest. — *Joh.* de *Redinchusen* inf. Buwel, nom. decim. ibid.; it. 1 mans. terre arabil. ibid. — *Herm.* de *Rudichusen* inf. a Com. Arnsb. rec. 1 mans. dict. *dat Oysterhuys* in *Switten* bon. f. — *Joh.* de *Redinchusen* inf. a Com. pred. rec. 1 decim. ib. bon. f. — *Theoder.* de *Reydinchusen* inf. a Com. pred. rec. 1 mans. et decim. ib. b. f. — *Bruno Maken* et *Wychmann.* de *Herincgen* inf. Susati, rec. communiter curt. dict. *Voytschoff* — *Henr.* de *Herinegen* inf. Arnsb. 1405. nom. molendin. *Veltmoelen* et curt. dict. *des Vagedeshoff* — *Arn. Schuuer* inf. Sus. rec. 3 jurnales prator. et 1 jurn. terre ortorum. feod. Arnsb. — *Joh. Schuuer* inf. a Com. Arnsb. rec. pratum dict. *Voegedes Weyne* et ortum sit. ibid. b. f. — *Joh. Schuuer* rec. a Com. pred. 1 mans. in *Aldenafflen* dict. *Buchhorn* et 1 mans. in *Oeuerenberge* b. f. — *Joh. Rumpp* rec. in castro Arnsb. — *Cloet* de *Northolen* inf. Sus. 1390, de domo in *Northolen*, molendino et aliis bon. ad pred. dom. pertinentib. — *Helmicus* de *Northolen* inf. a Com. Arnsb. rec. 2 jurnal. sit. ibid. b. f. — *Rutg.* de *Nortlen* inf. a Com. pred. rec. aduocatiam *Northolen* sup. omnes homin. et bona que pertin. ad altare, b. f. — *Theoder.* de *Lunen* opidan. Susat. inf. Colon. ap. turrim Beyen 1385, nom. bona, que olim hab. *Andreas Suderman*, ante portam s. Jacobi juxta pratum aduocati et vocantur illa bona *dat Keyserlant.* — *Wilh.* fil. *Wendelini* de *Lunen* inf. a Com. Arnsb. rec. 5 jurnal. ppe *Steenculen*, 1 hobam in *Obbinchuysen*, 1 curt. in *Berstrate* b. f. Hec eadem bona tenet in feodo *Lamb.* de

tudinem, que tamen est iniqua et extra jus, quia officiati aliquando sic sustinuerunt, quod nullus possit esse judex in hoc officio, nisi sit et fuerit per vnum annum opidanus Susatensis et diues in bonis propriis ad ducentas marcas. Sed Archiepiscopus ista immutare posset et secundum hoc judicium emendare: — Preterea opidani volunt, quod tertia pars emergentium iudicii sit judicio et quod in eo sit remittere *vadimonia*, mitigare et extendere prout vult et de hoc computare Archiepiscopo vel suo officiato secundum quod sibi placet nec vltra hoc vult artari. — Item *judei susatenses* soluunt an-

---

Hattorppe et Joh. de *Honsele;* rec. in cast. Arnsb. — *Joh.* de *Lunen* opidan. Susat. rec. à Com. pred. 7 jugera agror. juxta prat. aduocati. b. f. — *Theoder.* de *Lunen* inf. 1424, in Arnsb. nom. circa 40 jurnal. terre arab. ppe Susat. vpp des Vngedes Wese extra portam S. Jacobi. — Anno quo supra *Arn.* de *Lunen* dict. de *Brnik* et fil. ejus *Joh.* inf. nomine eorum, *Jois Suderman, Henrici* de *Heringen* et *Alberti* de *Hatterpp* nominauer. *Veltmoilen* ppe Susat. extra port. fratrum sit. sup. aquam extra Susat current. — Lit. in qua Dnus Col. commisit piscinam in *Marsuelde* ppe Nyehem *Theoderico* de *Lunen* ad dies vite, pat. in reg. mag. Dni Frid. N. 558. — *Joh.* de *Lunen* inf. 1434, de 40 jurnal. terre arabil. ppe. Susat. dictis das *Keyserlant.* Lit. pat. in reg. Dni Theoder. de feud. fol. 74. — *Joh. Artus* Opidan. Susat. inf. Abg. 1399, nom. vnum ortum ante portas Susat. quem quond. *Arnold. Artus* frater suus in feodo ten. feud. Arnsb. — *Henr. Artus* recep. a Com. Arnsb. 1 juger. apud pratum aduocati, quod resignav. soror sua *Mersbeke,* b. f. — *Arn. Artus* rec. a Com. pred. 1 pomerium, sit. ap. prat. aduocati b. f. — *Henr.* fil. *Lambti* de *Hattorppe* rec. in castro Abg. — *Henr.* de *Heringen* vt supra — *Joh. Suderman* inf. Arnsb. 1399, nom. 8 jurn. terre arabil. ppe Susat. dict. *Valtzemarket.* — *Joh. Suderm.* et *Joh.* fil. suus rec. a Com. Arnsb. 28 jugera agror. apd. Susat. ppe Vogedes Wese b. f. — *Joh. Suderm.* rec. a Com. pred. 13 jugera in Susato, que *Albtus* et *Heynem.* dicti *Keyser* resignaverunt Dno Com. b. f. — *Henr. Suderman* inf. Colon. a Dno nostro moderno, de dimidietate decime in *Korne,* quam quond. *Hillebr. Suderm.* possed. — *Joh. Suderm.* inf. Colon. 1417. nom. mans. terre arab. dict. *Backhoue,* cum parte nemoris sita infra emunitatem dictam *de Gate* proprie *Vilekauresmunder.* — Lit. resignat. *Theoder.* et *Johis.* de *Limpurg* de parte decime in *Coirne* ad vsus *Arnoldi Suderm.* de Tremonia. pat. in reg. mag. Dni Frid. N. 288. 289. — *Theoder. Nacke* inf. Susati 1407, nom. bonum in *Heuenkusen* in paroch. Corbeke ppe Meynenknysen, quod quond. *Herm. Swarte* possideb. — 1422 *Herm. Nacke* et vxor sua infeudati ad vitam eor. de 8 jurnalib. terre arab. ante port. S. Jacobi. — *Sanderus Pryns* rec. in cast. Arnsb. — *Wolterus* de *Plettenbracht* rec. in castro Waldenberg. — Hierauf folgt p. 165. unter der Ueberschrift: Jura et redditus Eccles. Colon. in Susato, *infidelis Eccles. Col. filia,* das im Text Gesagte.

annatim VIII marcas, quas tollit officiatus. — Item *moneta* in Susato est Archiepiscopi, de quibus (qua) deriuantur redditus qui dicuntur *Slegelschat,* valentes annuatim, secundum visitationem monete nunc plus nunc minus aliquando LX marcas vel plus, aliquando X; sed vno anno adjuuante alium stabit annuatim in XXX marcis. — De his redditibus habet annuatim *Abbatissa* in *Geseke* III marcas, cuius signum hodierna die impressum est imagini denariorum, quia dicitur quod quidam Archiepiscopus ab antiquo istud jus concessit ipsi Abbatisse et sic seruatur, pro mutatione signi huius ✝ opidani Susatenses seruirent. Et quidam opidanus Susatensis dictus de *Werdinchusen* habet annuatim II marcas de dictis redditibus; nescitur quo titulo sed tollit eas. — Item *Thelonium carrucarum, curruum transeuntium, equorum* et *vaccarum* que venduntur in Susato valens annuatim XXX marcas, *Heynemannus* dictus *Cesar*, opidanus Susatensis tollit, nescitur quo jure, quia Archiepicopo attinet sed dicit quod in festo natiuitatis Domini libram piperis et in festo pasche vnum agnum et non plus de isto, Archiepiscopo vel suo officiato soluere teneatur. — Item Archiepiscopus habet in Susato molendinum dictum *Saltmole* quod valet annuatim C maltia annone mensure Coloniensis, quod molendinum habet adhuc *Arnoldus Schotte.* — Item est aliud molendinum extra opidum susatense juxta *Haltorp;* illud annuatim soluit IIII marc. Archiepo et habuit ipsum molendinum *Johannes paruus* in hereditaria pensione pro IIII marcis. Sed Archieps *Syfridus* de ipsius Johannis consensu, qui juri suo hereditario, quod in ipso molendino habuit renunciauit, donauit capelle Palatii siti Susati, quam Archieps. confert. — Item est juxta Susatum in exitu fluxus aque extra opidum aliud molendinum dictum in de *Dovelmolen* quod *Conradus* dictus de *Rudenberg* ab Archiepiscopo habet; et ipse Conradus hoc vlterius concessit *Hildegero* dicto *van der Molen*, opidano Susatensi qui caret herede et volunt opidani ipsum Conradum artare vt ipsum molendinum concedat collateralibus heredibus ipsius Hildegeri, quod facere denegat quia non est juris. Illud molendinum bene resignabit Archiepiscopo pro modico pretio et valet annuatim plus quam C. maltia annone, mortuo Hildegero predicto qui est decrepitus homo ipsum molendinum valebit vnde Archiepiscopus predictus dictum molendinum sibi attrahat. — Item curia dicta *Vrithoff* in creatione Archiepiscopi dabit ei X marcas et opidani Susatenses dabunt C marcas et vnum vas vini de duabus carratis. — Item quatuor sunt precones in Susato, quorum judex duos et opidani duos statuunt, hi tollunt annuatim L marc. de domibus infra opidum Susatense qui dicuntur *denarii preconum.* Hos denarios tollit *Goiswinus* de *Rodenbery* miles. — Item dicti precones tollunt et dant vlterius officiatis Archiepiscopi in festo beati Petri ad Cathedram vnum maltium annone et in festo beati Jacobi Apli III marcas cum dimidia, quas tollit *Abbas* de *Graifschaft* et in festo beati Cuniberti XXXVI solidos quos tollit officiatus. — *Item L* pulli *soluuntur* Archiepiscopo de dicta curia *Vrythoff* et *L pulli de Hare* dicti *Wedehonre* quos officiatus tollit et precones requirunt. — Item dicti precones absente judice Susatensi, quicumque eorum presens est, loco judicis presidet judicio et illa vice emergentias tollit, nolens de hoc facere computationem; et dicunt precones predicti hoc sui juris esse ab antiquo. — Item nota quod jura hominum soluentium et seruientium ad palatium Archiepiscopi in Susato sunt multa et hic ponantur multi, magna feoda habentes et parum de his facientes.[647])

---

[647]) Die Angabe der im Text gedachten Lehn- und Dienstleute fehlt bei Kindlinger. Der Lib. jur. et feudor. pag. 167. enthält darüber folgendes: Item jus Dni in Susato. Cum Dnus Archieps. Colon. venturus est Susatum, Marscalcus qui est in Opido occurret ei infra dimidium miliare et ostendet hospitia Dno et amicis suis, qui cum eo veniunt et hospites illi infrascripti ministrabunt eis stramina si habent et aquas et alia commoda pro posse. — *Henricus* de *Lake* et *Arnoldus* et *parui Harttardi* sunt marscalci, vni eorum dabuntur victualia semel in die, quamdiu Dnus Archieps fuerit Susati. — It. *Hermannus* de *Ruden* cum sociis suis portabit litteras que eis presentantur in Susato infra Renum et Werram; illis dabuntur victualia semel in die. — It. *Albero* de *Thünen* ministrabit Dno Archiepo XII anferas,*) quarum quelibet potest continere sextarium vini**) et habebit victualia semel in die. — It. Rodulphus et Theodericus precones accredant cerevisiam***) Dno., quamdiu fuerit Susati; sic videlicet quod soluetur per Dnum ante recessum suum et illis dabuntur victualia semel in die. — It. *Gerardus* de *Birgge* et *Johannes Rensinck* precones, quilibet eorum ministrabunt ad vsus Dni vnam tynam et vnum alueum et vnum storacem quod Stelemel dicitur.****) Illis ambobus

*) Von Amphora, ambra, ambrum, amber, Krug, Flasche.

**) Sextarius s. Sextarium vini. Ein Weingemäß. De potu autem quotidie detur modius dimidius i. e. sextaria. *Adelard* in in statut. Corbeiens L. 1. C. 4. Bei den Angeln hielt ein sextarius vini: 4 Jalones (Gallonen) und galt 6 denarios; Also etwa 1 Nösel oder ½ Quart.

***) Auf Rechnung holen.

****) Tina, ein Weingemäß. — Alveus, ein tiefes, längliches Gefäß, eine Mulde, Wanne, Badewanne. — Storax war eine Feuchtigkeit (lacryma) bisweilen von Quitten gemacht, die auch wohl zum Schreiben gebraucht wurde (storax calamites.) Der storax stelemel scheint auch ein Gefäß, eine sogenannte Molle gewesen zu seyn, wie man im Bergischen den zum Butterkneten bestimmten hölzernen Napf zu nennen pflegt.

Item nota quod *jus aduocatie* quod dicitur *Vridinch* quondam *Comes* de *Arnsberg*, istius Comitis pater, habuit

---

dabuntur victualia semel in die. — It. *Detmarus* preco denunciabit villico in *Gelmene* quod apportet stramina et ligna ad curiam Dni Archiepiscopi et habebit victualia semel in die. — It. *Marcwordus* de *Loe* ministrabit duo magna caldaria*) ad curiam Dni Archiepi et habebit victualia semel in die. — It. *Hildegerus* de *Heruordia* ministrabit caldarium et patellam et dolabarium**) et habebit victualia semel in die. — It. *Heynemannus* de *Broke* ministrabit veru ad coquinam Dni***) de manso in *Nuthenen* cum suis sociis et habebit victualia semel in die. — It. *Hospitale* et *Druda* relicta *Theoderici* de *Mederke* de domo *Mulinchuysen* et de domo in *Elfeldehusen*, quod attinet claustro in *Olinchuysen* ministrabunt luteas ollas****) et vnus eorum habebit victualia semel in die. — It. *Wychmannus* de *Vieryke* ministrabit minuta vera et commolebit piper*****) de domo in *Biddinchusen* et habebit victualia vt supra. — It. *Mersuedis* soror *Brunonis Maken* procurabit Schragen sub tabulas,******) et non tabulas et procurabit locum judicii tegi et edificari, dummodo villicus in *Gelmene* apportauerit ligna et manipulos et judex qui est pro tempore, dabit clauos et glebam et inde habebit dicta Mersuedis victualia vt supra.†) It. *Henricus* de *Vockinchusen* et quidam suus socius ministrabunt pabulum quod muylvoyder††) dicitur et habebit victualia semel in die. — It. *Hadewigis* filia *Ade* de *Lunen* procurabit duos veltres calciarii, dummodo ministretur ei bouina cutis.†††) — It. celarium Dni Archiepi quod dicitur Ysenack.††††) quod *Johannes Sutor* purgabit ad reseruanda vina Dni Archiepi. — It. Dnus *Hermannus* de *Plettenbracht* miles habet XIII Solidos et VI denar. et XV jugera super *Hare* Dni Archiepi quod *Bodeulen* dicitur et pomerium in curia Dni Archiepi et debet vocare omnes comites et omnes Gograuios et ciuitatenses vt coram eo compareant, cum Archieps vult presidere *judicio*, quod *Boldynk* dicitur et procurabit de pomerio et de domo septem lectisternia et tot puluinaria et cassina cum Archieps fuerit

*) Große Wasserkessel oder Bütten, zur Aufbewahrung warmen Wassers. Vielleicht Badewannen. Cella caldaria: Badestube.

**) Kessel, Schüssel und Beil.

***) Küchen- oder Bratspieß.

****) Irdene Töpfe.

*****) Der Hof-Pfeffer-Müller mußte zugleich die kleinen Bratspieße liefern.

******) Die Fußgestelle unter die Tischblätter.

†) Alle westfälischen Gerichte wurden bekanntlich ehemals nicht in Gebäuden, sondern unter freiem Himmel, an den uralten Malplätzen der öffentlichen Volksversammlung gehalten; die man durch gespannte Bänke u. später durch noch andere bequeme Vorrichtungen, zu den Gerichtstagen einrichtete. Die Mersuedis Maken lieferte dazu unter anderen die Fußgestelle unter die Tischblätter u. die Dachbedeckung; der Schulte v. Gelmen das Bau- u. Stabholz zu den Wänden u. der Richter die Befestigungnägel (clavos) u. das Hausgeschirr (Gleba, Glaive, sichelförmig.)

††) Muylvoyder, Maulfutter, Fourage.

†††) feltres calccarii, Filzschuhe; (veltris, canis veltris ist ein Windhund) bovina cutis: Rindleder, die Sohlen.

††††) Cellarium Ysenack, Eiskeller.

ab Archiepiscopo in feodo et potuit infra opidum presidere ipse Archiepiscopus; quia ipse Comes absque consensu Archiepiscopi vendiderat opidanis, obtinuit sic quod dictum judicium Vridinch quod consueuit ipse Comes infra opidum presidere uel ejus officiatus apud *nygengasse.*[648]) Et valet hec aduocatia seu judicium XX marcas, quas tollit *Bertoldus* de *Herborne* ex concessione vt dicit, Comitis *Ottonis* de *Polle,* cum esset marscalcus. — Item Archiepiscopus hoc jus habet in Susato, quod *ricedux Gograuius,* quia judicium Gograuiatus in Opido Susatensi et vnum miliare circumquaque est Archiepiscopi siue Ducis, potest ad quatuor loca extra Opidum Susatense fere ad vnum miliare videlicet Honestat, ad locum dictum *Byrboym* et in *Borgele* et ad locum dictum *Hagedorn* per gladium ad judicium euocare pro quocumque excessu vel debitis vel injuriis ad querelam cujuslibet et tenentur venire et equiparare et rendere cuilibet conquerenti et nisi cum tribus vicibus, semper de quindena ad quindenam, qui vocati fuerint veniant, proscribentur et exleges judicabuntur et possunt tanquam proscripti in Opido Susatensi de jure teneri. Sed jam circa VI annos isti juri non paruerunt et nisi Archiepiscopus de nouo per literas patentes marschalko injungat quod ipsum jus reseruet, alias peribit. — Item ipsi Opidani de omnibus venalibus tollunt *cysam,*[649]) que valet septimanatim XX marcas; quam cysam Archiepiscopi semper releuarunt, quod sine eorum consensu fieri nec eam tollere possint. — Item rectores altarium in Ecclesia sancti Patrocli Susati habent sub se agros spectantes ad officium villicationis

---

in propria sua domo.*) — It. *Arthurus* de *Euersberg* hospitabit falconarios**) Dni Archiepi et habebit victualia semel in die. — It. subscripti ministrabunt caballos Sculteto Susatensi cum iturus fuerit cum armis nomine Dni Archiepi. scilicet de *Jungelinchuysen* 1 caballum — Item de *Balkhuysen* 1 caball. — It. de *Krodenwinkel* 1 cab. — It. de *Thochtorppe* I cab. — It. de *Vpmene* II cab. — It. de *Berhedde* I cab. — It. de *Berewich* I cab. — It. de domo *Rutgeri Buccelle* I cab. — It. conuent. ste. *Walpurgis* et *Theoder.* de *Vlerike* I cab.

*) Diese Stelle von dem Botenlehn der Familie Plettenberg, ist die einzige, welche Kindlinger Beiträge II. Urk. S. 220. aus dem Hof-Etat des Erzbischofs in Soest, aufgenommen hat. Pomerium, Baumhof. Der Lehnsmann mußte dem Erzbischof, wenn er im Palatium zu Soest wohnte, 7 Betten, eben so viele Speise-Ottomanen, Pfühle u. Federbetten oder mit Wolle gefüllte Decken liefern.

**) Falkner, Jäger.

[648]) Die Abschrift von Kindlinger ist namentlich im Artickel Soest so fehlerhaft, daß sie ohne den Lib. jur. et feud. gar nicht zu verstehen seyn würde. Letzter schreibt hier Nyengassen; vielleicht Neuengesecke?

[649]) Accise; sie ist schon sehr alt.

Susatensis, de quibus soluunt annuatim XV modios siliginis, quos tollit officiatus. — Item denarii dicti *Wetpenninge*, qui valuerunt annuatim XX marcas, nunc vero sex vel circa, attinentes Archiepiscopo, quos tollit aduocatus. — Item Archiepiscopus habet in villa *Sassendorp* juxta opidum Susatense XV maltos salis, quos tollit officiatus. — Item quidam agri siti juxta opidum Susatense infra miliare dicti *Spretlant*, *Rodelant* et *Pachtguyt*, qui ab antiquo fuerunt silue et merite redacti ad culturam, inscripti cuidam litere soluunt annuatim Archiepiscopo LV marcas, quas tollit notarius officiati et vlterius dat castrensibus in *Houestat*. — Item aree infra opidum Susatense ad quas hujusmodi agri spectant, quando venduntur soluunt Archiepiscopo I denarium de marca qualibet, quas ipse aree vel domus super edificate, dum venduntur, soluunt. — Item decimam in villa *Gembeke* juxta opidum Susatense attinentem Archiepiscopo habent *Bruno Make* et *Hermannus* de *Medebeke* pro CC et L marcis et valet C et XX malta annone et vltra. — Item quicumque in agro aliquo dicte ville seminat herbam fullonum,[650]) soluet de quolibet agro seu jurnali XII denarios, qui valent annuatim IIII marcas, quas Bruno et Hermannus predicti tollunt.[651])

---

650) Waid, Färbekraut oder Krapp.

651) Im Lib. jur. et feud. pag. 166. folgt hier noch die Stelle: Item officium villicationis Susatensis rc. womit im Kindlingerschen Texte des alten Codex, die Nachricht über den damaligen Bestand des Schulten-Amts, der Villication von Soest anfängt, welche schon oben N. 370. der Urkunden, besonders mitgetheilt ist. Jene Stelle schließt im Lib. jur. et feud. nach den Worten: nichil defalcabitur, mit der Bemerkung: It. de curte Oystinchusen reper. in Castro Houestat. Soest war nämlich zur Zeit, als Diedrich II. sein Register anfertigen ließ, von Cöln schon abgefallen, weshalb die Nachrichten über die dortige Villication, unter der Rubrik des ihm verbliebenen Haupthofes Oestinghausen zusammengestellt und die ehemaligen Hofes-Hörigen zu Amts-Hörigen wurden. Nachdem nun pag. 28. zuerst die alten Nachrichten (N. 370.) mitgetheilt worden, giebt der Lib. jur. et feud. p. 45. folgende Nachweise über den Rest des früheren Schulten-Amts. — Dyt synt dye Rentte ind gulde des Amrts zo Oistinchusen ind Houestat as dye zwelff gesworen Huyslude yn deme seluen Ampte gesessen gesacht hant. anno domini MCCCCXXX octauo. Zom eirsten zo Bede vyt dem alingen Ampte zo zwey zyden, zo ichlicher Zyt: L. Gl. ad VIII sol. III den. facient C Gl. — It. vyt dem Houe zo Oystinchusen in festo Petri ad cathedram: XXV marc. — It. vyt deme seluen Hoyue vyp sent Mertyns Dage: XXV marc. — It. vyt deme seluen Hoyue vyp sent Petri Dag. vurschr. zo Wynkoff: XVI marc. — It. vyp sent Mertyns Dag. eyne Beer (Ziel-Eber) off dar vur: II marc. — It. vur eyn paischlamp (Osterlamm) 1 Malt. Hauer, valet semper I marc. — It. van der Molen zo Oystinchusen IX marc. — It. dye vyscherye all frydag II sol. facit circa VII

W e r l e.

Item in opido *Werle judicium* est Archiepiscopi valens

---

marc. VI sol. — It. dye Tzoll zor Houestat vnd Hullendorpp val. circa V marc. — It. circa IX Morg. Heuwas ind dye Lude ind Ampt maket dat reyde, buten myns Hern off des amptmans schaden, val. circa IX marc. — It. zo Saffendorpp XXVIII mosden saltes, die molde to gudem Kope II sol. facit IIII marc. VIII sol. — It. vyt dem Hovue to Borgelen vur Myncopp: VIII marc. — It. vpp dat Huyss zor Houestat I marc. VI sol. — It. vur eynen Beer: II marc. — It. eyn Lamp off dar vuyr: III sol. — It. van dem Hovue zo Hattorpp pro diuersis: XX fl. — It. der Herberdisshoff doit all jairs VI malder Roegen, VI mald. gersten vnd VI mald. Hauer. — It. der selue Hoff gilt XI sol. Borchleen, (feud. castrens.) dye en sont yn manchen zyden neit vyssgegeuen, darumb dat sy der Amptmann vpgehauen hait vur dat gesynde zo der Houestat vpp dat Huys. — It. der Hoff zu Brenken doit des Jairs III malt. Hauer, I malt. gersten ind VII morgen Heuwas, in bono pretio: IX marc. — It. LX swyn ind LX Hemele. —.— Borghleene dat man vyssgyfft vss deme Amte zo Oystinchus. ind zor Houestat. primo vyss dem Hoeue zo Oystinchus. It. Henr. Drosten: V marc. — It. Ailbert van Hattorpp Burger zo Soist: I marc. — It. den Wolffen zor Houestat: V marc. — It. Bretkeluel Burger zo Soist: I marc. — It. der Capellen zor Houestat: I marc. VI sol. — It. dem Pastoir zo Oystinchusen: VI sol. — It. der Heckschedat nu der Richterschriuer zo Soist doirt: VI sol. — It. der Brauwen zo Geyseken: IX sol. — It. Plumegelt: I marc. III sol. — It. myns Hern Jeger VIII sol. — It. Barengelt V sol. — It. der Brauwen van Gemeken zo Soist: III sol. — It. der seluer Brauwen IIII mudde gersten, II mudde erweten ind I malt Hauer. — It. Gotmar Eppinge sone Lensken to Soist IX mudde Hauer, IX mudde gersten. — It. dem Richter van Soist eyn voeder Heuwes. — Summa des Hovues zo Oystinchusen Korne ind gelt circa XXIII marc. IIII sol. — Vyt deme Hovue zo Burgelen: Primo Twiueler to Soist ind synen Eruen: XII marc. — It. Henken ind Toms den Wreden: III marc. — It. Fyen van Herben: III marc; boret nu Bretkeluelt halff vnd Ailbert van Hattorpp to Soist halff. — It. deme portzener zor Houestat: II marc. VI sol. — It. Henr. Drosten: III marc. — It. Barengelt: III sol. VI. den. — It. myns Hern Jeger: VI. sol. — It. Plumegelt: V sol. — It. der Brauwen van Geyseken: III sol. — It. der Brauwen van Gemeken to Soist III mudde Hauer, II mudde ind I malt erweten (Erbsen) ind III sol. — It. dem Richter van Soist I voeder Wicken. Summa des Hoeues zo Borgelen Korne ind gelt circa: XXVII marc. II sol. III den. — It. der Hoff zo Hattorpp: Primo Henr. Hoberg: XX marc. — It. den van Oer: XV marc. — It. hebben dye van Oyr versat, buten dy vorschr. XV marc. vyt deme vurg Houe: VI marc. IX sol. — It. Conr. Ketteler: XII marc. — Summa des Hoeues zo Hattorpp LIII marc. IX sol. — It. Vincke van Oestenuelde: V marc. It. Heydenrich van Plettenbracht: IIII marc. — It. Roelken van Melderick: V marc. — It. Conrad van Langenstrat: IIII marc. VI. sol. — It. Henr. van Eickelenberg: III marc. — It. Henr. van Rodenberg: V marc. — It. dye Balcken IIII marc. boirt nu anuuatim XX marcas et vltra; quod est *judicium Gograuiatus*, quod est in opido et extendit se extra opidum ad vnum mi-

---

Henr. Droste geheiten Wynschargelt. — It. Heydenrich dye Wolff zo Vffien II marc. VI. sol. — It. dye Wolff zo der Houestat: II marc. VI sol. — It. noch buerent dye Woulff zor Houestat vys deme gantzen ampte VI marc. — It. Capittel van Soist alle Jair: IX marc. — Summa L marc. VI sol. — Summa Summarum dat man alle Jair vyt dem Ampt geuet zo Borchlene circa CCIIII marc. IX sol. III den. facient in floren. circa CCV flor. III sol. III den. — Nota dye Hemel vnd swyn mach man quyten des Jairs mit X marc. — Dit synt dye Amptgude as dye van Soest vnder sich hant der eyn deyls deynet ind eyn deyls nicht. — Primo Regenhartz guet zo Oestendorpp, dat der Twyueler vnder hebet, dienet. — It. der Helmensche Hoff zo Oystinchusen, den Twyueler vnder heuet, dienet nyet. — It. dye Ebdeshoue heuet der Twyueler eyn vyerdeyl vnder, dienet. — It. Kemmennit dye Kotstate heuet der Twiueler vnder, dienet. — It. Herm. der ter Moelen, heuet den Portinchoff, dienet nyet. — It. dye vame Lon hant den Hoff op Krewinckel, dienet nyet. — It. dye Kottstade to Wylmentorpp hait Conraid Degen vnder, dienet. — It. to Stockhuysen Rutgers Houe, dat nu zor zyt Steffen der Rauen vnder heuet, dienet nyet. — It. Lurwalt guet dat Frider. scheper vnder heuet, dienet nyet. — It. Herm. schroder heuet vnder dat wysinghge guit, dien. nyet. — It. des Schultissen guet zo Stockhuysen heuet vnder eyn Reymensnyder zo Soist, d. n. — It. zo Noyshusen dat guet heuet Conrait Keteler, d. n. — It. des Sluterhoff zo Bunynchusen heuet vnder Dieder. van Galen, d. n. — It. der Bonenschehoff derselues heuet ock Dierich van Galen vnder, d. n. — It. dye Begynen in dem Spitaill zo Soist hant vnder zo Bunynchusen dat spitteler guet, dienet. — It. Herm. van Laer vnd Jutta van Galen hant vnder eyn guet zu Bunynchuysen, d. n. — It. zo Galen heuet Bernt van Galen vnder, d. n. — It. dat Lomans guet zu Hullendorpp heit der Vrygreue van Soest vnder, d. n. — It. Wilh. Munt van Soist heit vnder sich den steynhoff zo Schemen, d. n. — It. zo Tellendorpp den Hoff heuet vnder Frieder. Ketteler, d. n. — It. noch viell cleyner gude dye wust liggen by XX, dar dorch van deste lant gebouwet wirt, ind myme genet. Heren der Dienst vergeit. — Die zu dem neuen Amte Oestinghausen oder vielmehr Hovestad gehörigen Burg- und Mannlehne werden pag. 81. folgendermaaßen angegeben: *Henr.* de *Wrede* inf. Arnsb. 1371, nom. decim. in *Haggene* in paroch. Elsepe, it. feud. castr. zor *Houestad*, de quo habet 10 marc. eo residente et 5 eo absente. — *Alb. Wrede* inf. Arnsb. 1383, recep. decim et mans. in *Volcwerdinchusen* in paroch. Balue, it bona dicta *Wolnerinchusen* et mans. in *Heyninchusen* in paroch. Stockheym, it. dimid. curtem in *Breydenole* in paroch. Hedemer. bona feod. et homag. — *Henr.* de *Wrede* inf. ibid. eod. recept. mansion. et bona in *Adenbeke* in paroch. Stochem, it. curt. in *Volkinchusen* in judicio Brucke ppe Lippiam, it. homines in 2 locis, qui per ips. Henr. sunt infeudati. b. f. — *Bern. Wrede* inf. Euersb. anno pred. nomine *Abrahe* et *Lodovici* fratrum de

liare et extendit se supra sex parochias. — Item judicium dicti opidi Werle, antequam fuit munitum soluit novem malta

---

Wetzilkusen, prestitit juram. pro eisd. et nomin. curtem in *Wetzilkusen*, bona *in der Wesen*, bona *tome Springe*, bona *uppen Byngen* in comitatu Waldecke; it. recep. pro se ipso curt. in *Schalren* in paroch. Horne ppe Susat. — *Henkin. Wrede* inf. Arnsb. 1397, nom. castr. *Adenbeke* in paroch. Stockem, it. 2 bona in *Woluerinchusen*, it. 1 mans. in *Elinchusen*, it. 1 mans. in *Volkerinchus.* in paroch. Baluo, it. curt. in *Volkinchusen* in par. Eruete, it. curt. in *Hüsten*, it. 1 mans. in *Heuinchusen* in paroch. Stockem. — *Henr. Wrede* dict. *Muynck.* inf. Lechenich 1371, nom. feud. in Euersbg. videlic. molendin. ib. it. pratum sit. ante siluam juxta Euersbg. it. med. partem piscium capiendor. in fluvio Waldemeyne *ppe* Velmede. — *Conr. Wrede* inf. Lechenich 1371, nom. feud. castr. in *Hachgen* de quo hab. 12 marc. Arnsbergens. soluend. de curia *Rockinhusen*. — *Ant. Wrede* inf. à Com. Arnsb. nom. 1 mans. in *Hachgen* b. f. it. 2 mans. in *Heiminchusen* in par. Stockem b. f. — *Joh. Wrede* inf. à Com. pred. de 2 mans. in *Adenbeke* et curte in *Volkerinchusen* et 1 mans. in *Volkhardinchusen*, 1 mans. in *Emme* b. f. -- *Conr. Wrede* mil. renunciauit et supportauit reddit. 12 marc. pagam. Arnsb. et Dnus Colon. fecit eund. castrensem in *Hachgen* pro quo sibi deputauit 6 marc. pagam. Arnsb. 1378. -- *Heydenr.* de *Yeyschen* inf. Arnsb. 1371, nom. X marc. Susatens. de curte in *Hattorpp*, soluend. de feodo castrensi in *Houest.* -- *Goisw.* de *Yeische* inf. Arnsb. 1398 nom. curt. in *Bedelike.* -- *Eckbrecht* de *Yeysche* inf. Arnsb. 1374, nom. zentloyse in *Meckenhuysen* de feodo castr. in *Ruden.* -- *Bolland* de *Yesche* inf. à Com. de Arnsb. de 1 manso in *Keydinchusen* b. minist. — *Heydenr.* de *Yeschen* inf. Arnsb. 1430, nom. teyntloese zo *Kuddenbike* vnd zu *katerbeke*, feud. castr. in *Ruden*, quod fratres de *Sassendorpp* habere consueuerunt. — *Henr.* de *Yeschen*, *Ecbert. Heydenr.* et *Theoder.* filii sui, supportauer. Eccles. Colon. castellum suum in *Borne* in officio Rudon, pro libero ligio feodo et aperto castro contra quoscunque 1392. — *Rutg. Keteler* inf. Arnsb. 1371, nom. curtem in *Susato*, it. curt. in *Elsenhusen* juxta Susat. it. 1 mans. in *Westheym* cum decima ibid. et in *Velmede* juxta Geyseke, it. feud. castr. in *Houest.* de quo asserit habere 8 marc. Susat. soluend. ex officio Schultet. ibid. — *Frid. Keteler* inf. Lechenich 1381, nom. feud. castr. zor *Houest.* de quo habet 18 marc. pagam. Susat. soluend. de officio *Oystinchusen.* it. rat. feud. homag. decim. in *Velmede* ppe Geyske et curiam in *Effenhusen* it. decim. et curt. in *Westheym* in par. Dyncher. — *Theodor. Keteler* inf. Arnsb. 1388, nom. feud. castr. in *Houest.* de quo habet 6 marc. ex off. de Oistinchusen, it. bona in *Emmere* et decim. in *Hüsten*, it. feud. castr. in *Nyehem*, de quo hab. 6 marc. — *Theoder. Keteler* inf. Brulo nom. feud. castr. in *Hachen*, de quo hab. 6 marc. ibid. usual. soluend. de precaria in Hüsten. — *Rutger. Keteler* mil. inf. Arnsb. recep. mans. in *Hüstene ppe* cimiterium *Kouoyts Hoff*, it. 2 mans. in *Mussche*, scil. 1 *to dem Bolderdyke* et 1 dict. *des jungsten Houe*, it. 1 mans. to *Men-*

auene nunc vero soluit tria. Hec tollit *Hunoldus*. — Item curtis Archiepiscopi in Werle dicta *Aldehoff* soluit annuatim

---

gerynchusen. — *Theodor. Keteler* inf. Brule 1371, rec. 3 mans. in *Mussche*, it. 2 mans. in *Emmer*, it. 1 curt. ibid., it. in *Vorge* 1 mans. it. 1 in *Bokem* et 1 in *Koten*. — 1387, ppe villam *zome Hagen* in Comitatu Arnsb. *Engelb. Weykebroit* resignauit curiam *Blomendale* ppe Werle et Dnus infeodav. tunc. ibid. *Conradum Keteler* de eadem. — *Rutg. Keteler* mil. inf. Lechenich. nom. feud. castr. in *Bachgen*, de quo hab. 12 marc. Arnsb. soluend. de curia in *Nyehem*. — *Frid. Keteler* inf. Brulo à Dno Engelb. de feodo castr. in *Houest*. it. de curia in *Elfenhuysen* it. de curia cum mansione sita infra Susat. it. de decima in *Westheym*, it. de decima in *Velmede* ppe Geysеke. — *Theodor. Keteler* inf. à Dno Cunone de feod. castr. in *Houest*. 6 marcar. Susat ex curia *Hatztorpp*. — *Conr. Keteler* mil. inf. à Com. Arnsb. rec. 1 mans. in *Musche* in quo *Warthe* habitat, quam *Joh.* de *Hilstene* in man. suas resignauit et 6 marc. reddit. in *Mendene*, 1 hob. in *Oeuerendorpp*, 2 hob. in *Muldensbg.*, curt. in *Borchusen*, 1 hob. in *Hustene* et omnes suas casas ibid., 1 hob. in *Mesnellenhusen*, 1 hob. in *Lynnipe*, 1 hob. in *Weneme* et 2 hob. in *Minssche* b. f. — Innouatio feod. castr. facta *Theodoro Keteler* et suis heredib. in *Bachgen* seu *Nyehem* 8 marc. ex precaria in *Hüstene* data 1370. — Nota Reuersalo *Conr. Keteler* sup. castro *Nyenhuyss* sup. *Moyne* ad viteductum concesso. — Consensus Dni ad obligat. factam p. *Hunold.* de *Plettenbracht*, *Conrado Keteler* super bonis *zume Nyenhuyss* cum molendino pro 1000 scudat. aureis, 1378. — It. alia infeodat. facta *Rutgero Keteler* de feodo castr. in *Bachgen* 8 marcar. de petitione autumpnali in *Hüsten* data 1379. — Consens. Dni moderni ad obligat. fact. pro *Conrad. Keteler*, *Henrico Aldenkirchen* Oppidano Susat. ad usumfruct. scil. 9 maldr. silig. 2 malt. auene, 18 solid. pecunial. 2 porcos, 8 autas et 12 pullos ex bonis in *Burghuys* in paroch. Oystinchus. que bona tempore impignorat. *Fridericus Keteler* promisit fideliter deseruire Arnsb. 1480. — Lit. *Friderici Keteler* super infeudat. de bonis infrascript., decima in *Oystunen* et curia decimali ibid., it. de curia in *Sufferinchusen* cum curte in *Rollinchuysen*, it. decima in *Sufferinchuysen* in paroch. Oystünen, it. de fortalitio in paroch. de *Borgelen*, it. de curte *zom Nyenhuyss* cum piscatura supra *Moene* in paroch. de Corbeke, it. de feod. castr. in *Menden* 8 marc. it. de dimidio feodi castr. in *Nyehem* 3 marc. it. de feodo castr. in *Houest*. 6 marc. it. de certis aliis bonis ppe Susat. 1480. leg. in Reg. maj. Dni nostri *F.* de feudis fol. 55. — Infeudat. *Rutgeri Keteler* de curte in *Leyfferinchusen* in paroch. Hüsten, per resignat. *Engelbti Quaterlant* 1432, leg. in reg. pred. fol. 69. — *Rutg. Keteler* inf. Arnsb. 1415. nom. feud. castr. in *Houest*. 10 marc. pagam. Susat. de curte *Hattorppe*, it. dimid. decim. in *Velmede*, it. decim. in *Westhem*, it. curt. in *Eylffinchusen*, it. curt. in Susato *ppe* portam Schultinges feod. homag. — *Henr. Wulff* de *Ludinchusen* 1378 resign. feod. castr. in *Houest*. de 8 marc. soluend. ex curte in *Borgelen*, et Dnus infeodauit ulterius *Henricum* filium suum, quod feud. fuit *Ber-*

CXX maldra annone mensure coloniensis, que idem Hunoldus tollit. — Item *macellum carnificum* soluit per mediam par-

---

nardi fratris sui. -- *Lud. Wulff* recep. feud. castr. in *Nyehem* et curt. ibid. it. curt. in *Vossiwynkel,* it. vp *Hagen* in dem kolschen Sunde, it. feod. castr. zo der *Houest.* et 8 mans. ibid. it. retro feud. suum. -- *Henr. Wulff* fil. *Heydenrici* inf. Arnsb. 1386, nom. feod. castr. in *Nyehem* 6 marcar. reddit. pagam. Arnsb. it. feud. homagii, de quo habet curt. in *Voyssuinkele,* it. feud. castr. in *Ruden* 4 marc solvendar. de bonis in *Ruden* dict. dat *Vryeguyt.* -- *Henr. Woulff* de *Ludinchus.* inf. 1364, nom. curt. superior. in *Voyssuinckel* et homagia nec non domicias dictas *Koten,* jacentes circum castr. *Houest.* -- *Henr. Woulff* inf. 1363, de feud. castr. in *Ruden* it. de curte in *Voyssuinkele* et quibusd. casis circum castr. *Houestat.* -- *Henr. Wulff* inf. 1367, nom. 6 marc. Susat. pagam. de curia *Oystinchusen,* it. suos vasallos quos tenet ab Eccles. Colon. necnon vasall. quos dicti de *Wulff* communiter habuerunt, it. feud. simplex ejusd. 8 marcar. ex curia *Oystinchusen,* it. 8 marc. ex parte fratris sui de curia *Burgelen.* -- It. nota resignation. *Henr.* predicti in Regro de Werle. -- Dnus *Bern. Wulff* inf. à Com. Arnsb. recep. mans. in *Eggenhuysen* in paroch. Sueue et Jagelon sit. -- *Henr. Wulff* mil. inf. p. Com. Arnsb. de 1 manso in *Broichusen* et illis ppe *Hagen* ad venandum cum instrumentis dictis *Hagen* in nemore Dni ut quondam pater ejus tenuit in feodo. -- Nota reddit. 8 marcar pro feodo castr. in *Houest.* ex curte *Burgelen* fuerunt quondam *Gotscalci* de *Broichusen* qui resignauit in vsus *Bern. Wulff* 1354; Lit. in Reg. clauso divis. C N. 22. — It. nota quod Dnus *Cuno* deputauit *Henrico Wulff* et suis heredib. 20 flor. p. feodo castr. in *Nyehem* de precariis et petitionib. Arnsbergensib. 1370. -- Infeudat. *Henrici Woulff* per Dnum nostr. modern. 1415, de feodo castr. in *Nyehem,* it. in *Ruden,* it. de castro *Vffelen,* it. de curte in *Voyssuinckel* cum villa, jurisdict. et *Holtzgerichte* it. de 3 marc. ex *puteo salinar.* in *Werle,* it. 3 ppe *Hagen* in silua, dicti *Heckhagen, Wernekenbeken* et *Lyndenscheit.* -- Lit. vendition. *Bern. Woulff* de bon. suis ppe *Hillen* etc. facta Eccles. Colon. pal. in Reg. maj. Dni Frid. N. 774. 798. -- *Henr. Sundag* inf. 1371, nom. feod. castr. in *Houest.* de quo habet 4 marc. scilic. de curte in *Blomenroyde* 16 sol., it. de bonis *Henkini Wyschinc* in *Stochalen* 1 marc., it. de manso *Henr.* predicti in *Stochalen* 7 sol., it. de bonis Ecclie S. Patrocli Susati a dicto *Hope* 6 sol. it. a dicta *dye Herbortsche* de bon. Ecclie 4 sol., it. a dicto *Onekemans* de bon. suis in *Stochalen* 3 sol. 4 den. et sunt bona pred. in paroch. Oystinchus. -- *Hunold. Torck* inf. Abg. 1371, nom. feud. castr. in *Houest.* de quo hab. 6 marc. solvend. primo de curte in *Brynken* 1 marc. it. a *Theod.* de *Tellentorpp* de bon. ibid. 1 marc. it. ab *Henr.* de *Tellentorpp* 6 solid., it. ab *Henr.* den *Visscher* in Tellentorpp 6 sol. it. de casa *Herm. Schulteti* in *Brynken* 8 sol., it. de curte *Hunoldi* in *Hullendorpp* 18 sol. it. de casa *Henkini Düuelskucker* 8 sol, it. in *Bunnekusen* de 2 hereditatib. spectantib. ad officium in *Oystinchusen* 18 sol. -- *Theod. Torck* inf. Arnsb. nom. mans. in *Opphusen* tem annuatim IIII marcas, quas tollit idem Hunoldus. Aliam mediam partem tollit *Comes* de *Arnsberg* et similiter de

---

in paroch. de *Vlederike*, it. bona sua in *Hemerde*, b. minist. -- *Gotfr. Torck* inf. Buederich ppo Werle 1403 de bon. in *Opphusen* per resignat. *Herm.* de *Nyehem*. -- *Alb. Torck* inf. a Com. Arnsb. de 1 manso et 3 casis in *Hemerde* it. 1 hob. in *Ophusen* b. min. -- *Henr. Balken* inf. Arnsb. 1371, de feodo castr. in *Houest.* 4 marcar. primo de bon. dicti *Juttendack* in *Balkhus* 17 sol. it. de bon. *Herm.* de *Balkhus* 6 sol. it. de 2 maus. in *Billinckhus* 8 sol. 4 den. it. de bon. *Oaekeman* in *Stockholen* 3 sol. 3 obul.; it. de bon. *Henr. Kredenwinckel* 5 sol. it. de quibusd. bon. in *Oystinchus.* 6 sol. — *Gotfr. vam der Balken* inf. à Com. Arnsb. recep. 1 mans. dict. *Berninck* in *Horten*, 1 dom. in *Hallor*, 1 dom. in *Repphusen* et in *Westerwurt* 4 jugera agror. in *Effele* 1 dom. et in *Nothus* med. part. campi dicti *Kotenkamp.* b. f. — Idem inf. à Com. pred. recep. 1 maus. in *Ripphusen*, 1 mans. in *Hullen* b. f. -- *Goysswinus* vame *Rodenberge* inf. de feodo castr. in *Houest.* hab. 4 marc., primo de bonis *Oenekemans* in *Stockhulen* 17 sol. it. dict. *dye Zegenkampp* ib. 10 sol. it. de manso *Steynemans* in *Berwyc* 3 sol., 8 obul. it. de bonis cantoris S. Patrocli Susat. in *Berwyc*, 3 sol. 8 obul. it. de bon. *Schultis* in *Stockhalen* 18 den. it. de bon. *Henekini* ibid. 6 den. 1 ferton. it. de bon. *Kote* ibid. 6 den. 1 ferton. it. de bon. *Henekini Hope* ib. 6 sol. 4 den. nescit se expedire de pluri. -- *Henr.* de *Rodenberge* inf. Arnsb. 1371, nom. decim. in *Dyerninchusen* ppe Susat f. hom. -- *Goissw.* de *Rodenberg* mil. inf. Lechenich 1371, nom. decim. in *Ruden.* f. hom, -- *Gotfr.* de *Rudenberg* inf. à Com. de Abg. rec. 2 curtes in *Berstrate* et molend. *Vustes Müle* et aduocatiam in *Dinchere* sup. omnia bona Ecclie et 1 mans. in *Hundelinchusen* in paroch. *Dinggher* b. f. -- *Herm.* de *Rudenberge* inf. a Com. pred. recep. 3 mans. in *Endikenholthus* in paroch. Sueue et 8 jug. et 2 cas. ibid. et 2 mans. in *Echtorpp* in paroch. Dinchere, 1 mans. in *Vroneberen* et 1 cas. ibid. b. f. -- *Bern.* de *Rodenberge* sen. recep. à Com. pred. curt. in *Velinchusen* in paroch. *Apeldorbeke* b. f. -- *Gobel.* de *Rodenberg* dict. *Mechtildesomer*, recep. dim. curt. in *Meynichusen* b. f. -- *Herm.* de *Rodenberg* recep. a Com. pred. mansion. in *Vellinchus.* b. f. -- *Goissw.* de *Rudenberg* rec. à Com. pred. 2 decim. minutas pprie Teyntloesen in *Hemerde* et in *Reyne* in paroch. Erwete ppe Susat. -- *Herm.* vame *Rudenberge* inf. Arnsb. 1390, nom. curt. in *Berstrate* cum judicio attinente, sicut *Arnold.* pater suus habuit. -- Resignat. castri *Rodenberg* cum judicio *Vrygraschafft*, et omnib. bon. in dictis judiciis et hominib. siue in villa *Mendene* siue extra morentur, cujusque conditionis existant, preter curt. *Alshusen* sita sub castro *Rodenb.* similiter aduocatia in *Mendene*, quam erga Comit. de Arnsb. emit. facia Ecclie Colon., per *Goysswin.* de *Rodenberg* milit. In ead. lit. inseritur, qualit. Dnus Colon. fecit *Goisswin.* nepotem ejusd. predicti *Goisw.* castrens. in *Houest.* deputans sibi ob hoc 10 marc. in officio villicat Susatens. similit. alium nepot. *Goisswin.* nomine fecit castrens. in *Raffenberg* deputans sibi 10 marc. in officio *Swelme.* 1373, leg. in reg. antiq.

carte tantumdem tollit annone sicut cedet Archiepiscopo, sicut dictum est. — Item *Theoloncum* in Werle *carrucarum*,

---

min. N. 189. — Supplicat. *Herboldi* de *Westburch* sup. feudo castr. in *Ruden* et decima in *Dederinchusen* quib. Dnus Colon. infeudare velit *Henr.* de *Rudenberg* fil. *Goiszwini* de *Rudenby* milit. data 1366. leg. in reg. piloso N. 1. — Promissio *Conr.* et *Henr.* fratr. de *Rodenberge* sup. inpignorat. facta *Euerhardo* de *Stene*, scil. 3 marc. feod. de *Salinar.* in *Werle* infr. 4 ann. data 1380. leg. in reg. min. D. Frid. N. 1098. — *Conr.* de *Langestroit* inf. Hammone 1377, recep. feud. castr. in *Ruden* et *Houestat.* — *Conr.* de *Langestroit*, fil. Conr. inf. Brilon 1377, recep. feud. castr. in *Honestat*, sibi ex parte matris competens, de quo dicit se habere 8 marc. Susat. pagam. ex officio *Oistinchusen* de diuers. curtib. — *Conr.* de *Langestroit* inf. Ruden 1415, nom. feud. castr. in *Ruden*, quod antea pater suus tenuit; it. feud. castr. in *Houestat.* — *Gerard.* de *Melderike* inf. Büderike 1377, nom. feud. castr. in *Ruden* 5 marcar. it. feud. castr. in *Houest.* etiam 5 marc. — *Frid.* de *Melderike* rec. à Com. de Arnsb. 1 mans. in *Eggerinchus.* in paroch. Melderike. — *Geruin.* de *Melderike*, *Andr.* et *Anthon.* filii sui recep. à Com. pred. curt. in *Aldenmelderke* et *Vrolinchen*, b. min. — Licentia Dni Colon. quod *Goisw.* de *Melderike* potest fortificare dom. suam in *Anroichte* usque ad revocat. data 1382. — Lit. *Goisw.* de *Melderike* sup. fortalitio *Anroichte* pro feodo lib. et aperto castro, data 1379, leg. in Reg. maj. D. Fr. N. 125. — In sim. forma dedit *Gerard.* de *Melderike* sup. fortalit. in *Eggerinckusen* 1382. — *Hunold.* de *Plettenbr.* mil. sen. resignauit feud. castr. in *Houest.* 4 marc. et 6 solidor. ex officio *Oysterinchusen* et Dnus inf. ad preces ejus *Gerard. Vale* de Pykenbroich, Arnsb. 1382. — *Franco* de *Warstein* inf. Arnsb. nom. feud. castr. in *Houest.* 10 marcar. pagam. Susat. de curte *Hattorp* ppe Susat. 1381. — *Rich. Langebeke* de Warstein, inf. Bunne 1374, nom. mans. dict. *Greve* in *Meste* ppe Ruden et 1 Echtwart in *Mestermarken*, quod feud. dependeb. olim a *Conr. Hettertart*, qui decess. absque herede mascul. — *Goissw.* vame *Rodenberge* resignav. feud castr. in *Houest.* Dno Engelb. qui infeudav. *Franconem* de *Warstein.* Officiat. dabit ei annuat. 10 marc. Susat. Reg. claus. divis. 6. N. 32. — 1426 *Joh. Pape* de Warstein inf. Colon. nom. curtem to *Meiste*, quam Dnus *Rich. Langebeke* pastor in Warstein ad vsus suos resignabat. feud. homag. — *Reinfr.* de *Scorlemer* inf. Arnsb. 1385, de mansione sua *Vredehartzkirchen* libera ligia et aperta Eccles. Colon. it. de 6 marc. Susat. reddit. de feudo castr. in *Houest.* leg. in Reg. maj. D. Frid. N. 19, 20, 22. — *Reinfridus* de *Schorlemer* inf. à Com. Arnsb. de 5 marc. et 1 maltu salis in *Saltkoten*, de *Volmestein*, de *Ole*, bona in *Aldenaffen.* — Theod. Episc. Osnaburg. inf. Colon. 1380, recep. feud. castr. in *Houest.* 10 florenor. de officio Marescallat. sibi soluend. leg. in Reg. maj. D. Frid. N. 420. — Vnio et liga ppetua int. Eccles. Colon. et Osnaburg. inita ad assistentiam intra Renum et Wiseram 1281, leg. in reg. antiquo. N. 156; it. alia sup. *Heruorden* ibid. N. 206. — *Hehr. Vynck* inf. Susat. nom. feud. castr. in

41 b

curruum, *pecorum* et *venalium* pro medietate est Archiepiscopi et valet annuatim XX marcas et vltra. Dominus de *Bylsteyne* a tempore Domini *Conradi* Archiepiscopi sub se habuit de quibusdam dampnis vt dicit; et vlterius istam medietatem Theolonei vendidit *Wilhelmo* de *Ole* ad biennium quod facere non potuit.[652]) Reliquam medietatem Theolonei habet *Comes* de *Arnsberg*. — Item *petitio* Opidi Werle,

---

Houest. de quo dicit se habere 6 marc. pag. Susat. — 1398 *Bruno Knoypp* inf. Arnsb. nom. bona in *Northen* in paroch. Dinckere. — *Herm. Knoypp* inf. 1389, de bonis scil. 7 jurnalib. *Gartlant* in pratis aduocati ppe Susat. p. resignat. *Gotfr.* van deme *Berge*. — *Heydenr.* de *Oyr* jun. inf. Fritzstrom. 1310, nom. feud. castr. in *Houest.* quod hab. *Hunold.* de *Plettenbr.* dict. *Schrere* et officium camerarie. — Indultum D. Frid. quod *Heydenr.* de *Ore* poterit ventimolam juxta vel infra Opid. *Rekelinch.* de novo edificare et eam wapere in augm. feudor. suor. dat. 1381. — Inf. *Heydenr.* de *Oyr* de curte in *Mantloe* in paroch. *Bodorp* et concambium ejusd. de curte *Oystgammen* pertin. ad curt. *Coirne* in paroch. Derne dat. 1404. — Inf. *Heydenr.* de *Ore* de officio Schultetatus in Coirne 1409. Inf. *Zanderi* de *Oyre* de officio camerarie Ducat. Westph. it. de 2 curtib. in Susato et feud. castr. zor *Houestat* facta 1434, in reg. maj. Dni moderni de feod. fol. 89. — Effestucatio et resignat. omnium jur. illor. de *Oyre* sup. castro et dominio *Horneburg* facta Eccles. Colon. leg. in reg. de diversis Dni nostri fol. 12. — Castrenses in Houestat: myn *Here* van *Munster*, dat was *Hermans* des *Woulffs* — Her *Lambricht* van *Vorsheym* — *Rutg.* dyo *Keteler Conraitz* sun — *Heydenrich* van *Plettenbracht* — *Heydenr.* van *Yeschen*, dat was *Hermans* des *Vayders* — *Hunold. Torck* — *Wennemar* van *Aldendorpp* — Her *Hunolt* van *Plettenbr.* — *Henr. Balke.* Nota quod istorum debent esse 10, juxta vnion. Eccles. Colon. et Monaster. — *Diederich Keteler* — *Herm.* van *Plettenbr.* — *Henr.* dye *Wulff* — *Henr. Vyncke* — *Goisw.* vame *Rodenberge* — *Franco* van *Warsteyn*, dat was des vame *Rodenberge* — *Conr.* van *Langenstroit*, dat was *Herm. Torcks.* — *Henr. Soendag* — *Rutg.* dyo *Keteler* Hr. *Rutgers* Son, dat was der van *Yeschen*. — Lit. *Ottonis* Comitis de *Rudenberg* de feod. castr. in *Houest.* 10 marcar. Susat. de petitione in *Geysken* redimendo p. 100 marc. et quod infra ann. edificabit domum in dicto Castro, in qua residentiam faciet vel milit. aut famulum bone nation. instituet ad defendend. feod. data 1339, patet in Reg. clauso, divis. 6. N. 11. — Lit. *Bern.* Dni in *Lyppia* de 400 marc. denar. Susat. sibi p. Dnum Colon. solutor. et sup. demonstratione cunctor. bonor. per ipsum Eccle Colon. pro feodo castrensi in Houest. supportatorum, scil. Curt. *Anrypen* in officio Delebrugen, curt. maj. in *Lembeke* et curt. *Bodinchoff* in officio Rede et Dominio Lyppensi cum jurisdict. data 1364, leg. in reg. clauso divis. 6. N. 24.

[652]) M. s. im folg. Bde. d. Urk. v. 2. Apr. 1328.

quando stat in bono statu, valet L. marcas, nunc autem minus.[653])

---

653) Der Lib. jur. et feud. giebt unter der Ueberschrift Werl p. 13. erst eine Abschrift der Bestätigung-Urkunde Erzbisch. Friedrichs v. 1371 für die Burgmanner, welche wir im folg. Bde. besonders liefern, dann folgen: Vasalli. *Thom. Rost, Euerh. Rost* et *Euerh.* ejus fil. inf. Arnsb. nominauer. 1 mans. in campis *Nyehem*, 1 in *Buederik*, it. agros in campis *Werle* dictos *Brunshoyue*, bona minist. *Renerus Rost* mil. inf. a Dno Engelb. de *Dysterich*, vnde habet in theoloneo Sunnensi 50 marc. — *Joh. Rost* de Dirmesheym canon. S. Cunibti inf. a Dno Engelb. de 2 mans. agri et prator. *ppe Dirmesheym*. — *Joh.* de *Bercheym* inf. Arnsb. nom. agros in campis *Werle* et bona sicut fuerunt *Johannis Scriptoris* b. f. (Urk. 459.) — *Herm.* de *Bercheim* inf. ib. nominauit denar. dictos *Byerpenninege* cum terris, agris etc. in *Werle* b. f. — *Huen* de *Bercheim* inf. à Dno Engelb. de 50 bonis terre arabil. in paroch. de *Rechterken*. — *Herm.* de *Bercheim* inf. à Dno Cunone Administrat. de agris in *Werle* et silua in *Stailbergh*. — *Herm.* de *Bercheim* resignau. Dno Com. de Arnsb. bona dicta *Hernuwenberge* et infeodat. *Joh.* dict. *Mogelich*. — Lit. *Helmici Korte* sup. decima in *Bercheim*, sibi in feud. concessa p. 60 marc. Susat. sic quod Dnus et Ecclesia eam redimere poss. cum summa prefata, quib. persolut. ipse tenetur demonstrare 6 marc. in propriis bonis, de quib. ipse et sui hered. manebunt castrenses, data 1345. pat. in Reg. clauso divis 6. N. 16. — Infrascripti castrens. in Werle inf. sunt Arnsb. 1381: *Theodericus* de *Bercheim Herm.* de *Vfel. Theoder. Lappe. Wilh.* de *Ense. Herm.* de *Bercheim. Engelb. Lappe. Heynem. Brulle. Hunoldus* de *Berdinch. Arn. Schade. Thom. Rost. Euerh. Rost. Euerh.* ejus filius. *Herm.* de *Oisthoue*. — Supportatio fortalitii *Vyfflen* ppe Werle facta Eccles. Colon. pro lib. lig. et aperto castro nec non feodo, per *Henr. Wolff* 1390. pat. p. Lit in reg. magno Dni Frid. N. 499. — *Joh. Wenck* magist. opidanor. in Werle inf. Susati. 1375. nom. 6 jugera terre arab. in campis *Werle*. — *Joh.* de *Drinkusen* inf. Gudesberg 1375. nom. curt. *Erpshoyue* in *Holtzheim* in districtu Werle it. 15 jurnal. terre arabil. cum quibusd. ortis 5 vel 6 sicut situantur ante *Werle* et progenitores sui ea bona tenuerant à Com. de Arnsb. b. minist. — *Herm.* de *Wittene* inf. aquisgrani 1375, nom. decim. dictam Teyntlose in *Assele* in paroch. Unna; it. aliquos jurnales terre arabil. in camp. de Unna. — *Joh. Yperman* de Werle inf. Lyns 1374. nomin. 8 jurnales terre arabil. in pratis Werle, feod. homag. — *Joh.* et *Rich.* de *Meynrekes* inf. 1375. nom. 11 jurn. terre et mansion. in *Boidberg ppe* Werle bon. homag. — *Henr. Kalff* inf. vt supra nom. quosdam jurn. terre in camp. Werle. — *Dominic. Weykebroit* de Werle inf. Gudisberg 1379, nom. bona in *Blomendale ppe* Werle bon. minist. — 1327. *Engelb. Weykebroit* resignauit curtem *Blomendale* et Dnus infeudauit *Conradum Keyeler* de eadem. — *Herm. van dem Vorste* inf. Colon. 1386, nom. decim. in *Massene* in jurisdict. Vnna et teritorium dict. des *Buschoffs Bredde*. — *Herm.* pred. inf. Gudisb. 1390. nom. curt. et decim. to

H e r u o r d e.

Item opidum *Heruordense* vetus et novum attinent

Maissen, curt. nuncupatam des *Buschoffs Bredde* in par. Vnna, it. mans. terre arab. in *Wickede*, dict. *Henichoue*. — *Berneke van dem Vorste* inf. à Dno Engelb. de curte in *Vorste* cum 9 mans. terre, tam nemor. palud. quam agror. — *Tilm. van dem Vorste* inf. à Dno Engelb. de 3 mans. terre arab. et 10 jurnalib. et de curte van dem *Vorste*. — *Henr.* de *Vorst* inf. Brule 1128. nom. domum in *Vorst*. — Infeudatio *Bernardi* v. d. *Vorste* p. Dn. nostr. modern. de 15 sol. sibi singulis ann. in Theolon. Fritzstrom dandos ad dies vite 1425. pat. per Lit. in reg. mag. Dni. F. de feud. fol. 6. — *Joh. Rork* inf. Phaltzel 1374 nom. 1 peciam terre arab. in magnitudine 3 jugeror. ppe Werle *oppme Deypenweige*. — *Jac. Passe* de Werle inf. Arnsb. 1374, nom. 8 jug. terre arab. in loco *Caluensladen*, alia sita in *Blomendalrelande* in paroch. Werle — *Gotzschalkus* de *Oydinchusen* rec. a Dno med. part. bonor. in *Oydinchus*. cum medietate jurisdict. ibid. *Theod. Rumpp* mil. videtur ista recepisse a Com. de Arnsb. sed sunt aliter nominata. — *Meynricus Richardi* Oppidan. in Werle, constitutus coram Dno ibid. 1385. Dnus prorogauit sibi infeudat. faciendam cum venit ad debitam etatem et dedit sibi tutores *Henricum Dut* et *Herbord. oppem Velde* oppidan. ibid. nomin. aream volus case, cum 10 vel 15 jurnalib. terre arab. quos quondam pater *Meynrici* a Dno obtineb. in feodo. — *Rutg.* de *Weyscheide* inf. Werle 1385. nom. mansum *Eruetes Hoeue* in paroch. Appelderbeke — *Henr. Sprencge* inf. in campis ante Tremoniam 1388. nominauit curtim in *Burchmuelen* ppe Vnna. bon. min. — *Herm. Sprencge* inf. à Com. de Arnsb. de bonis in *Holtheym*, scil. 6 hobas et casas, quas *Sifridus* de *Pentlinck* tenuit. b. f. — *Menric. Sprencge* mil. inf. a Com. de Arnsb. de 6 marc. reddit. de curia in Vierike, b. f. — *Gotfr. Sprencge* mil. inf. a Com. Arnsb. de bonis in *Borchmuyle* bon. f. — *Gerwinus Sprencge* inf. à Com. Arnsb. de bonis in *Borchmulen* excepto molend. b. min. — *Henricus* de *Plettenbracht* recep. curtem in *Ense* in par. Bremen ppe Hemelporten sit. et promittet et jurabit Dno quod non alienabit absque scitu domini et habebit curtem pro se tantum et si decesserit absque heredib. tunc curtis eadem ad Dnum deuoluetur. — *Roilff Voelenspyt* inf. Susati 1398, nom. curtes *Deelbruegen* et *Allen* et mansum zuer *Heyen* et mans. in *Grebeke* in paroch. Deylbruegen et Rynere — Anno 1398 *Ecbart Hake* inf. Werle nom. curtem in *Steyne* in par. Hemerde — *Randolph. Hake* inf. À Dno Com. de Arnsb. nom. dat *Schuythuyss* to *Tunne* b. f. — *Arnoldus Hake* de Andopen inf. à Com. de Arnsb. de curti dicta *Vrygethoff* in *Hemerde*, b. min. — *Gerh. Hake* inf. a Com. Arnsb. de 5 jugeris agror. in *Hemerde* bon. min. — It. *Hake* inf. à Com. Arnsb. de 2 mans. in *Oystenberg*, 1 in *Westenberg* to *Holthusen* ap. Geseke, 2 mans. in *Hemerde* dem *Vrythoue*, 20 scepel reddit. in campis apud Hemerde dict. *twinticheide* b. min. — Lit. *Joh. Hake* sup. prato in der *Adorppe* sibi locato ad 6 annos, dat. 1377, leg. in reg. maj. Dni Fr. N. 422. — Lit. supportat. bonor. feudal. dictor. som

Archiepiscopo; vetus opidum prestat fidelitatem *Abbatisse Heruordensi* et *judicium* ibidem suum est et *moneta* pro media parte et pro medià parte Archiepiscopi, que media pars valet annuatim XXVIII solidos; advocatia tam veteris quam noui opidi est Archiepiscopi, quam emit *Syfridus* Archiepiscopus contra *Comitem* de *Sternenberg*. — Item *judicium* noui opidi est solius Archiepiscopi et impensionatur annuatim pro IIII marcis vel circa — Item *judicium gograuiatus* Heruordensis in vtroque opido et extra per XV parochias, quod idem Archiepiscopus Syfridus emit *erga Heinricum Gograuium*, est Archiepiscopi et valeret annuatim XXX marcas et C malta annone si castrum *Vlotowe* esset redemptum et IIII curtes attinentes ipsi judicio, quas *Comes* de *Ravensberg* jam sex annis violenter tenuit. Hoc judicium idem Archiepiscopus emit pro CCCCC marcis denariorum Susatensium.[654])

V l o t o w e.

Item medietas castri *Vlotowe* et opidi subjacentis quam Archiepiscopus *Syfridus* emit ab *Aduocato* de *Schalkesberghe* pro nongentis marcis est Archiepiscopi cum castrensibus, dominio et bonis ad castrum pertinentibus. Hanc medietatem et castrum *Crukenberg* habet *Comes* de *Euersteyn* in pignore.[655]) — Dominus *Syfridus* Archiepiscopus emerat IIII

---

balnen *Hoyninckhoyue* in *Meyninchusen* facta p. *Lamb. Haken*, ut vellit Dnus Colon. infeudare *Joh. Royde* opidan. Susat. pat. in eod. Reg. — Hierauf folgen pag. 19. die Stellen des Textes und hinter diesen noch folgende Bemerkungen: Ordinat. facta p. Dnum Colon. inter communitat. et castrenses Werlens. et sallnarios req. in reg. magno D. Frid. N. 802. Lit. de *decima salis* in *Werle*, ibid. N. 208. — It. Lit. concessionis, quod mercatores et alii innocent. Ecclesie habebunt securitates et treugas ad nundinas Werlens. per 6 dies, ib. N. 372. Diese Urkunden, liefern wir im folgenden Bde zu den betreffenden Jahren vollständig.

654) Der Lib. jur. et feud. pag. 145. setzt hinzu: It. Archieps Colon. habet *abbatissam Heruordens.* confirmare. — Lit. Dni *Godfr.* Epi *Osnaburg.* de dominio et jurisdict. Opidi Heruordens. ad Eccles. Colon. pertinentib. et quod Eccles. Osnaburg. nil juris in eisd. sibi acquirere potest, data 1341. pat. in reg. paruo antiquo N. 206. — Lit. Dni *Baldewini* Epi Paderb. de jurisd. et opido Heruordensi sibi obligatis pro 400 scudat. aur. p. Dnum Wilh. Archiepum. Col. 1332. pat. in reg. clauso Cap. 8. N. 73.

655) Der Pfandschaft des Grafen v. Everstein erwähnt der Lib. jur. et feud. pag. 146. nicht, weil sie damal (1444) nicht mehr bestand. Dagegen fügt er am Schlusse der Textstellen hinzu: Lit. Dni *Gerardi nobilis Aduocati* de *Monte* in qua vendid. Eccles. Colon.

curtes juxta Vlotouwo pro redditibus castri augmentandis, valentes annuatim CC maldra annone. Has Comes de Rauensberg jam nouem annis violenter detinuit et adhuc detinet.

L u d e , P e r e m u n t.

It. Opidum *Luden* pro medietate est Archiepiscopi quam medietatem et medietatem castri *Perremunt* Archiepiscopus *Conradus* emit erga *Comitem* de *Pirremunt*, quod castrum Dominus *Lippiensis* destruxit. — It. Archiepiscopus habet in Luden V marcas de denariis dictis *Wartpenninge*. — It. de medietate *judicii* II marcas. — It. de medietate *monete* II marcas. Hos redditus commisit nunc Dominus Archiepiscopus Coloniensis cuidam militi ibidem tollendos. — It. curtis in *Odenstorpe* cum jure patronatus ecclesie ibidem est Archiepiscopi; sed dominus Lippensis hanc curtem valentem annuatim C maldra annone, jam nouem annis occupauit, quia marscalcus prius eam habuerat; dicit enim idem Dominus Lippensis quod olim ipsa curtis fuerit feodum suum castrense in Pirremunt ab Archiepiscopo; sed postquam personaliter castrum destruxit, cedebit a jure tali, si quod in ipsa curte habuit.[636])

Widenbrugge, Ludinchusen.

Item opidum et castrum *Widenbrugge* est pro medietate Archiepiscopi. — Item castrum et opidum ac judicium in *Ludinchusen* est Archiepiscopi.[637])

V r e d e n e.

Item opidum *Vredene* pro medietate est Archiepiscopi.

---

mediet. castri *Vloutouwe*, cum jurib. et pertinent. vulnera. exceptis curtib. Dosborch et Rekenhusen pro 1500 marc. Bernordens. monete. data 1290. pat. in reg. clauso diuis 4. N. 18.

636) Der Lib. *jur.* et feudor. p. 147. fügt hinzu: Lit. obligationis opidi et officii *Luden* facte p. Dnum *Walramum* Archiep. comiti *Herm.* de *Polle* comiti in *Euersteyne* p. 250 marc. denar. Susat. pat. in reg. clauso diuis. 3. N. 40. 41. — Alia Lit. obligationis facte per Dnum *Wilhelmum* Archiep. *Ottoni* Com. in *Euersteyne* pro 250 marc. pat. ibid. N. 82. — It. Lit. de castro *Peremunt* et opido *Lude* Colon. Ecclesie astrictis, pat. ibid. C. 4. N. 10. — It. lit. super admissione Eccles. Colon. in opido *Luden* ibid. N. 41. — Quitancia finalis comitum de *Euersteyne* sup. offic. Lude et opido pred. 1354. pat. in reg. piloso N. 448. — Literas sup. opido Lude requ. in reg. paruo Dni Frid. N. 109. 521. 542. — Lit. confirmationis principal. sup. castro Peremunt cum allodio in *Oezendorpp* pat. in reg. antiquo paruo. N. 63.

637) Der Lib. *jur.* et feud. pag. 148. giebt die Notiz des Textes über Wiedenbrück ohne Zusatz; die über Lüdinghausen fehlt ganz.

ibi *Fermentum, judicium, Theoloneum* et *Judei* pro media parte sunt Archiepiscopi, de quibus marscalcus nichil tollit.[658])

Menden. Rodenberg.

Nota officium de *Menden* in quo quodlibet maltum facit in Susato duo. — Primo soluit scultetus de curte sua pro pensione IIII malta siliginis, item III malta ordei, it. V malta auene, it. in die beati Martini VI porcos valentes I marcam, it. XII pullos, it. in festo pasche CC oua, it. vnum bonum agnum. — Item due decime apud Menden fecerunt antiquitus XXV malta annone. — Item decima in *Heddinchuysen* VII malta. — It. decima in *Lantensel* VI malta. — It. decima in *Summeren* VI malta. — It. decima in *Wingeberne* et in *Echleze* quas dominus *Hermannus* de *Molendino* occupat, vt asseritur minus juste, prout constat Decano et omnibus de Menden. Pro istis decimis inquiratur dominus decanus de Menden. — Item in *Werninchen* XXVIII scep. siliginis ordei et auene. — It. bona de *Bertincloe* dabunt dre decima successive I marc. — It. mansus in *Hodinchusen* quem tenet filius *Conradi Quaterlant* pro feodo suo. fiat inquisitio de ejus valore. — Item in festo Petri ad cathedram et beate Gertrudis dabunt alii mansi apud Menden VII scep. tritici, it. LXXIII scep. auene, it. eodem tempore pro *Vortgelt* V sol., it. in *pullis* CXX et plus. — Notandum quod *curtiales* preripiunt de predictis mansis ad suos proprios vsus annuatim XX marcas. — It. molendinum in Mendene solebat facere LX marcas.[659])

---

[658]) Der Lib. jur. et feudor. p. 148. fügt hinzu: It. confirmatio Abbatisse in *Vreden* spectat ad Archiepum Colon. et Dnus habet ibid. vltra prescripta, singulis decem annis debitum dictum *Coninxschult* videlicet de quolibet integro manso 12 den. et de quolibet medio manso 6 den. quod solet tollere officiatus in Aspel.

[659]) Der Art. Menden findet sich nicht in der Reihefolge der übrigen bei Kindlinger, sondern erst in einer darauf folgenden Recapitulation der Renten des Marschall-Amts nach besonderen Rubriken. Er gehört aber darum in den Text, weil Menden schon lange vor der Zeit, wo die Nachweise über den Bestand des Marschall-Amts aufgenommen wurde, zum Herzogthum des Erzbischofs gehörte. Der Lib. jur et feudor. p. 127. giebt folgende nähere Nachrichten: De *Rodenberg* reperies in castro *Houestat* et de *Aduocatia* in Menden est vna littera *Golsuwini* de *Rodenberg* in Reg. paruo antiquo N. 169. (Urk. N. 356.) — *Herm.* de *Breydenole* inf. Arnsb. 1381, nom. 1 mans. terre arabil. in Susato. — *Henr.* de *Bredenole* inf. à Com. Arnsb. rec. 1 mans. in Vene b. f. — *Wichardus* de *Bredenole* rec. à Com. pred. 1 hob. in *Sutwic.* b. f. — *Adolph.* de *Breydenole* rec. à Com. pred. tertiam partem

Volcmersen, Kogelenberg.

Litera vnionis et concordie *Abbatis Corbiensis* et Dni *Wilhelmi* Archiepiscopi Coloniensis de Opido *Volcmersen*, quod opidani ibidem, nulli terrarum domino, preterquam Archiepiscopo Coloniensi, prestabunt fidelitatis juramentum; patet in Registro clauso, diuisione tertia N. LXXXIII.[660])

---

curt. in *Breydenole* b. f. — *Wick.* de *Bredenole* rec. à Com. pred. curtem ibid. et 2 hobas. b. m. — *Herm.* de *Breydenole* rec. à Com. pred. curtem ibid. cum pertinent. et est ministerialis juratus. — *Herm.* de *Breydenole* inf. de feudo castr. in *Menden* per resignat. *Theoder.* de *Breydenole* 1384. — Renunciat. *Petri* de *Breydenole* sup. feudo castr. quondam *Herm.* fratris sui ad vsum *Johannis Scriptoris*. 1404. — *Engelbertus Dobber* inf. Menden 1385, nom. 2 mans. terre arabil. in *Lodynchem* in paroch. Esleue; facient. ann. 6 maldra silig. — *Rodulphus Dobber* rec. à Com. Arnsb. curtem in *Varenbracht*, 1 hob. in *Hanekebeke* in paroch. Esleue. b. f. — *Wilh. Dobber* rec. a Com. pred. decim. ap. *Camen* et hob. ibid. b. f. — *Godefr. Dobber* et sui heredes resignauerunt dimid. decime in *Suttorppe*, 1414. — *Godefr. Dobber* pred. inf. vt supr. nom. dict. dimid. decime in *Suttorppe* curtem *zor Lyt* et locum dictum *Vryestede* in opido *Bedelike* et est feud. castr. in *Ruden*; item pecunias dict. *Waripenningge* in op. *Ruden*, 2 mald. frugum de molend. *Sneuerdinchuysen*, 1 marc. pagam. Rudens. de molendino *Harderinchuysen*, it. prata int. *Warstein* et *Bedelike*. — Nota quod *Noldekin.* de *Berninchusen* inf. est de dimidiet. predicte decime. — *Frid.* de *Dobber* inf. Susati 1421, nom. dimid. decime in *Suttorppe*, curt. *ter Lyt*, dom. in *Bedelik vpp der Arcken*, dye *Wartzpenninege* in *Ruden* cedent. die Cuniberti. — it. pratum dict. dat *Borchole* sit. infra Bedelike et Warstein. IIII denar. et pratum sunt feod. castr. in *Ruden*. It. 4 marc. ex comitatu Arnsb. — *Godfridus* de *Anruchte* rec. in castro Arnsb, — *Frid. Ducker* inf. Fritzstrom 1403, nom. bona in *Apelterbeke* in quib. Herm. de *Herrike* commorari consueuit, sibi per dict. *Herm.* pro Brutschatze cum *Gertr.* vxore sua, filia dicti *Herm.* supportata et collata. — Lit. *Herm.* de *Lare* sup. feudo castr. in *Menden* per resignat. *Herm.* de *Bredenole* fact; videlic. de bonis ex curia to den *Berken* 15 sol. it. ex manso *Sachteleuens* in *Lenderinchuysen* 16 sol. it. ex manso *Fyenkenken* 12 sol. it. ex manso *Suderhenneken* 15 sol., it. ex manso *Eucrhardi Sachteleuens* in *Brachem* 14 sol., it. ex curia zo *Berge* 14 sol., it. ex manso *Noldekini* de *Bertincloe* 7 sol. pagam. Susat. data Lechenich 1374. pat. in reg. paruo Fr. N. 177. — Lit. infeudat. *Theoderici* vame *Stade* de feudo castr. scil. 6 marcar. reddit. ex curte in *Menden* per resignat. *Herm.* de *Nyehem* 1387. pat. in reg. mag. Fr. N. 418.

660) Volkmarsen und Kogelnberg kommen in dem alten Register über den Bestand des Marschall-Amts nicht vor. Nur die damit und mit Canstein zusammenhängende Comitia in Scerue (Scherveve) wird weiter unten im Texte genannt, woraus hervorgeht, daß der Erz-

Volmestein, Raffenberg. 461)
Nota igitur quod summa denariorum omnium redditum

bischof um diese Zeit (1293 — 1300) diese Besitzungen schon hatte. (v. Spilcker Beiträge. B. 2. S. 128. u. folg.) Wir haben daher um die Uebersicht aller zum westfälischen Herzogthum damal gehörigen Orte vollständig zu erhalten, die obige Stelle, welche der Lib. jur et feud. p. 131. irrig unter der Ueberschrift Volmestein, Raffenberg giebt, im Texte aufgenommen. Derselbe giebt daselbst noch folgende Nachricht: Lit. in qua impensionata sunt molendina Ecclesie in *Volcmersen* cum omnib. pertinent. opidanis ibid. pro hereditaria pensione 21 maldr. silig. per Dnum Colon. 1303. pat. in Reg. magno. Dni Frid. N. 780. Ueber die Burg- und Lehnmannschaft von Kogelnberg giebt der Lib. jur. et feud p. 123. folgende Nachrichten. Nota Literas obligatorias sup. castro *Kogelenb.* et opido *Volcmersen* fact. *Ravonibus* de *Papenheim* pro 2376 flor. pat. in reg. antiq. fol. 30. — It. alia Lit. Episc. Paderb. in qua effectus fuit Marscalcus terre Westphalice, in qua etiam sibi obligata erant castra *Houestat Ruden Nordena Kogelenberg Almen* et opid. *Lude* pro 8000 flor. pat. in Reg. Canonis N. 78. it. 2 alie lit. N. 80. 81. it. 3 alie lit. sup. eodem in Reg. paruo Dni Frid. N. 281, 283, 286. — *Volbert.* de *Mederike* inf. Abg. nom. 4 marc. 3 Hallens. pro denar. comput. de feudo castr. in *Cogelenb.* — Supportat. castri *Mederike* facta per *Herbord.* de *Mederike* Eccles. Colon. pat. in Reg. mag. D. Fr. N. 983. — *Joh. Rauen* miles inf. Arnsb nom. curtem Sculteti infra opid. Susat. it. curt. in *Elftehusen* ppe Susat. it. curt. in *Schierenbeke,* it. decim. et bona in *Vchterpp* inter Susat. et Houest. it. 2 feuda castr. in *Cogelenberg,* de quor. vno hab. 3 marc. 3 Halleus. pro denar. et de alio 4 maldra auene. *Volkard. Rauen* inf. Berke 1376 ex parte Dni *Rauenonis, Herbordi* et *Ludolphi* fratrum ipsius nom. med. partem castri *Caynsten,* it. feud. castr. in *Cogelenberg,* villam in *Odingshusen* cum jurisdict. bona in *Hiddinchusen* ppe Meresbergo it. 4 mans. in *Eyden* in paroch. Heydinchusen — *Heydenr. Rauen* inf. à Com. Arnsb. rec. 4 jug. dimid. mans. lignor. in *Apolderbeke,* b. f. — Lit. compositionis Comit. de *Waldecke* et de condiuisione castror. *Caensteyn, Nordrena* et *Wetterberg,* rep. in reg. antiq. fol. 14. — It. alia lit. de construct. castri Caensteyn et infeudat. facta militib. dictis *Rauene* de *Papenheym* rep. ibid. fol. 46. etc. (Wir werden diese Urk. zu den betreffenden Jahren liefern.) — *Herm.* de *Falkensteyn* mil. inf Erenbreitstein 1374, nom. feud. castr. in *Cogelenb.* de quo asserit se habere curtem in *Elsingen.* — *Gotscalc.* de *Brabeke* inf. Paderb. 1376. nom. feud. castr. in *Cogelenb.* de quo habet bona et nemus in *Herxen* et jurisdict. cum 9 areis, b. f. — *Herm.* de *Scheydincgen* impub. inf. Berke 1376, nom. mans. in *Westboderike,* prout quond. *Herm.* pater suus in feudo habuit et *Henr.* de *Scheydincgen* mil. promisit pro dicto paruo, quod quamprim. peruenerit ad annos pubertat. prestabit duo fidelitatem de bonis antedict. — *Herm.* de *Scheydincgen* inf. à Com. Arnsb. recep. 1 mans. in *Boderike* et 3 casas ibid. b. f. — Dnus *Lambis* de *Scheydincgen* inf. à Com. pred. rec. 1 domum in *Holte* in par. *Vlederike,* 1 decim. in

42

predictorum qui in denariis sunt computati, quos habent castrenses et infeodati et quidam minus juste tollunt ascendit

---

Delinchouen, 4 marc. reddit. de curte in *Wicke*, 1 decim. in *Nyehem*. b. f. — Lit. vendit. castri *Scheydinegen* fact. Eccles. Colon. per *Herm. Freseken* pat. in Reg. mag. Dni Frid. N. 841, 849, 1843. — 1415 inf. *Herm.* de *Scheydinegen* de 4 Kotstede in villa *Bodrinege*. — *Vlricus* de *Eschenberg* inf. Berke, nom. feud. castr. in *Cogelenb.* de quo asserit habere in domo integra 4 denar. et in dimid. domo in *Volcmersse* 3 denar. it. dimid. feudi castr. in *Wetterberg*; it. ratione feudi homag. habet quartam partem terre et silue *vppme Hagen*. — *Theodor.* de *Dailiwich* rec. in castro Arnsb. — *Conr. Henr.* et *Herm. Spiegele* milites et *Joh. Spiegel* fratres, inf. Susati 1398, nominauerunt communit. et diuisim castr. *Deysenberge*, 9 maus. terre arabil. pro castri *Deysenberge*, it. feud. castr. in *Cogelenb.* it. 2 curtes in *Nederen eslaegen* spectant. ad feud. castr. supradict. it. bona dicta te *Alden Brilon*.

681) Unter der Ueberschrift: Volmestein Raffenberg giebt der Lib. jur. et feud. pag. 131. irriger Weise einige, in der vorigen Note mitgetheilte Nachrichten über Volkmarsheim. Von den Schlössern Volmestein u. Raffenberg selbst aber, giebt er eben so wenig eine allgemeine Nachricht, als das alte Register des Marschallamts; obgleich Volmestein damals längst cölnisches Lehn war. Dagegen werden folgende Nachrichten über die Burgmannschaft mitgetheilt: *Theoder.* de *Altena* mil. inf. Brulo 1371, nom. feud. castr. in *Volmensteyn* de quo habet maus. *tome Hoyne* et petiuit dict. feud. castr. concedi xpine vxori sue in dotem. — Id. *Theod.* inf. a Dno Adolpho — It. *Gerh.* de *Altena* inf. a Dno Engelb. Archiep. Colon. de Vrygraniatu in *Balue* — *Herm.* de *Altena* mil. inf. a Com. Arnsb. recep. cur. in *Westwich* cum molend. b. f. — *Deytmarus* de *Altena* mil. inf. a com. pred. rec. 1 mans. in *Geueren* et castrum in *Herdryngen*, 1 maus. in *Suedinchusen*. b. f. — Lit. demonstrat. feudi *Theoder.* de *Altena* de redditib. 3 marcar. brabantinor. ex manso suo *Ouerberge*, pat. in reg. clauso. divis. 7. N. 56. — Lit. *Theod.* de *Altena* de f. castr. in *Volmenst.* post mort. ips. et vxoris sue *Cristine* ad Eccles. deuoluendo. pat. in reg. parvo D. Fr. N°. 15. — *Heluvicus* de *Kortze* inf. Lechenich 1371, nom. decim. in *Berchem* de feud. castr. in *Volmenst.* — *Theod. Huysman* mil. inf. Brule 1371, nom. decim. in *Alurechtinchusen*, it. 3 marc. monete Tremon. de curte in *Korne*, it. de feudo castr. in *Volmensteyn*, it. 6 marc. monet. tv. current. it. 15 scuta de theloneo Berkensi. Nota non recepit. — It. idem *Theod.* inf. a Dno Engelb. recep. decim. in *Alberinchus.* it. decim. in *Frylinchus.* it. de feodo castr. in *Berka* vnde habet in *Euersberne* 5 marc. it. in *Berka* in thelon. 15 scudat, it. rat. feodi de curte in Korne 3 marc. — Lit. ejusd. *Theoder.* de reconcessione feodi castr. in *Volmesteyn* pat. in reg. clauso. div. 5. N. 5. — Lit. *Theoderici* de *Vytinchoue* dicti *Schele* de aperto etc. castro in *Hadelenbeke*, de nouo in feud. concesso vna cum 8 marc. ex fermento in *Dorsten*, post mort. *Sanderi Malemans*, pat. in reg. mag. D. Fr. N. 584. — *Theoder.* de *Leytene* mil. inf. Berke 1378, nom. decim. in

ad MC et V marcas et nota quod petitiones opidorum huic summe sunt incluse. — Item nota summa annone quam etiam alii et non marscalcus tollunt est MM et CCC maldra annone. — Item summa denariorum, quos marscalcus Johannes extra summam superius positam de supra computatis redditibus tollit ascendit ad C nonaginta marcas, vno solido minus. — Item summa annone, quam tollit marscalcus, est CC maldra; LXX maldra siliginis et ordei et CCC maldra ac XL maldra auene.

Summa harum duarum summarum pecunie, quam tam alieni, quam marscalcus tollunt, ascendit ad MCCC marcas, V marcis minus. Et nota quod de *conductu* nichil est computatum et quod multi redditus perierunt de monetis et aliis. — Summa vero predictarum duarum summarum annone vniuerse in vniuerso et per totum ascendit ad MM et CCCCCCCCC et X maldra annone.

Judicia et jura Ducis Westphalie.

Item nota quod Archiepiscopus habet in vniuerso per totam Westphaliam hec judicia Gograuiatus que sunt XII videlicet in *Heruorde Ruden Geseke Eructhe Gograuiatum vpper Hare,* item in *Bryton,* item *Medebeke,* item in *Susato;* item in *Werle,* item in *Menden,* item in *Swelma*[642]) item in *Rekelinchusen.*[643]) Hec judicia in medietate sunt Archie-

---

Heuens in paroch. *Herbede,* it. X marc. brabantin. ex theolon. Nusciensi. — *Herm. Vrydagh* tutor *Arnoldi* de *Hatnege* inf., à Duo Engelb. in Blankenstein 1364, de 7 marc. Colon. denar. qui Tentlose dicuntur de curte Dni in *Hagene* et 1 marc. de bon. in *Vey* et *Holthuysen* rat. feudi castr. in *Volmesteyne.* — *Gerwinus* de *Hatnerge* rec. à Comite Arnsb. advocatiam in *Eystpe.* — *Alb. Zobbe* recep. in castro Rekelinchusen. — *Goiswinus van der Reke* inf. Arnsb. 1389, nom. mansum dict. *Koperinchhoeue* in paroch. de Herbede, de quo hab. 19 maldra annone 1 porc. et 1 antam. — *Joh. van der Reke* inf. à Com. Arnsb. rec. 1 mans. sit. in *Walthuysen* h. f. — ao 1393, Poppilstorpp, *Frider. Schilinck* de Buro inf. nom. decim. dict. Tentlose zu *Hagen,* rat. feudi castr. in *Volmensteyn.* cet. rep. in cast. Ruden. — Lit. inf. *Bernardi* filii *Ludkini* dicti *Mostart,* de feudo castr. in *Raffenb.* quod quond. *Henr.* de *Hatnerge* possidebat, data 1373.

642) Von Schwelm kommt in dem alten Register weiter keine Nachricht vor. Es war damal nur ein Dorf und gehörte der cölnischen Kirche. Erzbisch. Friedrich III. übertrug es am 2. Mai 1392 nebst Aspel, Rees, Lyn, dem Zoll zu Kaiserswerth dem Dorfe Hagen u. dem halben Gerichte zu Bockum an Graf Adolf v. d. Mark. Es gehörte also 1444, wo der Lib. jur. et feud. Theoderici zusammengetragen wurde, nicht mehr zu Cöln u. kommt deßhalb auch in jenem nicht mehr vor.

643) Recklinghausen ist in dem alten Register nicht besonders aufgeführt. Im Lib. jur. et feud. pag. 1 steht eine Bestätigung seiner Rechte u. Freiheiten Erzbischofs Heinrich v. 1235, sodann folgt von pag. 2 ab, eine ausführliche Rezension seiner Burg- und Lehn-

piscopi et judices ipse vel suus marescalcus in eis instituit pro sua voluntate. — Item Archiepiscopus habet Comitatus hos, qui dicuntur *Vrygrascchap*, in *Rudon*, *Scerue*, *Canstein*, in *Medebeke*; et isti judices dicti *Vrygreuen* auctoritatem judicandi immediate a Rege recipiunt**) et idem seruatur in omnibus comitatibus consimilibus. — Et simili modo omnes *Gograuii* per totam Westphaliam cujuscunque fuerint non debent judicare nisi auctoritate per gladium a Duce recepta. Modo quilibet Comes tales gograuios instituit et destituit et judicant sine Duce quod facere non possunt et infringunt jus judicis. — Item *judicium Gograuiatus* attinens Archiepiscopo habet *Comes* de *Arnsberg* in pignore vt supra dictum est.

Item jus *Ducis Westphalie* est *conductus* a Wesera usque ad Renum sic quod quilibet carrus oneratus III solidos, carruca XVIII denarios et equus cui nullus insedet, vendendus de quolibet pede vnum denarium dabit pro conductu. Et quandocunque conductus violatus fuerit Dux soluet ablata mercatoribus et ad vocationem suam vel sui marescalci omnes gograuii Ducatus sui cum communitate hominum tenentur insequi predones, faciendo eis sequelam que communiter dicitur *Volge*. Et hanc eandem sequelam de jure facere tenentur, quando Dux vult obsidere castrum aliquod propter predicta de eodem commissa, vel castrum edificare pro necessitate sua et defensione terre. Si etiam aliquis vult habere conductum ad mensem vnum duos tres vel quatuor vel annum aut plus, de hoc potest conuenire cum marscalco. — Item quicunque fuerit deprehensus cum littera alterius conductus in illo judicio de eo tamquam de spoliatore judicabitur, quia spoliauit Ducem conductu suo. — Item Dux in omni loco Ducatus sui potest ponere sedem suam et judicare et nullus comparens coram judicio suo habet aliam securitatem comparendi coram eo, quam quod eo jure quod dicitur *oppeslacterecht* veniet et hoc propter descriptum judicare. — Item cum cera Ducis per totum Ducatum suum vbicunque sententia jam est lata de aliquo ad mortem, potest condempnatus arrestari cum nuntio jurato Ducis vel ministeriali suo et tenebitur arrestatus per sex septimanas et iterum sex si Dux est presens, si est vltra alpes in seruitio imperatoris duplicabitur hoc tempus et sit ista arrestatio vt cognoscat Dux de equitate vel inequitate.

---

manen, deren Mittheilung wir unterlassen, weil sie nicht mit unserem Herzogthum Westfalen in Verbindung stehen.

**) Der Lib. jur. et feud. pag. 149 fügt hinzu: Nota privilegium Domini et quod Dominus habet eos corrigere et punire.

Tab. II
1321
1361
1348

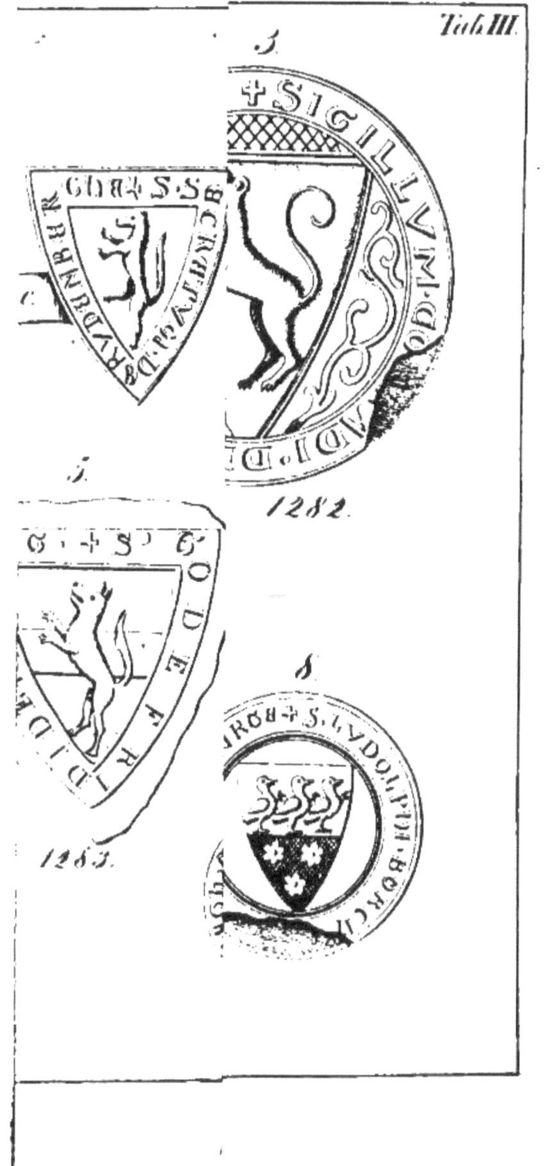
Tab. III.
3.
+ SIGILLVM·DO
1282.
5.
8.

Zeitfracht Medien GmbH
Ferdinand-Jühlke-Straße 7
99095 Erfurt, Deutschland
produktsicherheit@kolibri360.de